李伯森◎主编

中国殡葬史

第七卷
明 清

余新忠　张传勇　张田生　王　静　刘小朦　著

社会科学文献出版社
SOCIAL SCIENCES ACADEMIC PRESS (CHINA)

本书出版受中央财政重大专项资助

《中国殡葬史》编撰委员会

总顾问 刘庆柱
主　任 李伯森
副主任 袁　德　张齐安　肖成龙（常务）
委　员 刘魁立　陈高华　史金波　宋德金　徐兆仁　刘一皋　刘　军
　　　　　宋大川　杨　群　徐思彦　王贵领　于海广　余新忠　徐吉军
　　　　　陈华文　张国庆　闵祥鹏　路则权　宋亚芬　徐福全　钮则诚
　　　　　尉迟淦　刘易斋　杨国柱　丁新豹　邓开颂　闫志壮　左永仁
　　　　　王　琦　孟　浩　王　玮　李　欣　光焕竹　姜海龙　冯志阳
　　　　　王瑞芳　裴春悦　马金生（常务）

《中国殡葬史》审定委员会

主　任 刘庆柱
委　员 刘魁立　徐兆仁　杨　群　徐思彦　刘　军　刘一皋　宋大川
　　　　　王贵领

《中国殡葬史》编审办公室

主　任 李伯森
副主任 肖成龙（常务）　马金生（常务）
成　员 刘　娟　胡道庆　景力生　周传航　王颖超　刘　杨　张　楠
　　　　　曾寒柳

主编简介

李伯森 1965年生，山东诸城人，中国民主建国会会员，1988年毕业于上海财经大学财政专业，现任民政部一零一研究所所长、民政部生态安葬重点实验室主任。主要科研成果：2003年以来，组织完成91个国家科研项目（课题）；组织制修订32项国家和行业殡葬标准；组织完成"十一五"国家科技支撑计划项目"殡葬领域污染物减排和遗体处理无害化公益技术研究与应用"，其中作为课题第一责任人，主持完成"殡葬园区生态规划与生态建设关键技术研究"课题；主持完成科技部下达的"建立善后保证金制度、完善社会保障体系"国家软科学课题；组织完成国家环保公益"殡葬行业污染控制与环境技术体系研究"重大专项；组织开展"十二五"国家科技支撑计划"殡葬行业节能减排技术与规范"项目、"中国殡葬文化与科技公共服务网络平台建设"（2014～2017）、"殡葬文化建设"等国家财政重大专项等科研工作。在着力加强殡葬自然科学和软科学的并重研究，着力开展殡葬标准化体系建设，着力进一步推动科技成果转化和推广应用，着力搭建多功能、宽领域的科技创新平台建设，着力抓殡仪场所环境监测和产品质检工作，着力开展殡葬文化建设、拓宽殡葬研究新领域等方面，为提升我国殡葬科研的整体水平做出了突出贡献。

本卷作者简介

余新忠 1969年生，浙江临安人，苏州铁道师范学院历史学本科（1991），南开大学历史学博士（2000），日本京都大学博士后（2005）。现任南开大学历史学院暨中国社会史研究中心教授，兼任历史学院副院长和中国社会史学会秘书长等职。入选教育部"新世纪优秀人才"（2010）、天津市"131"创新型人才培育工程第一层次人选（2011）、天津市首届131人才创新团队主持人（2015）和教育部青年长江学者（2015）。主要从事医疗社会文化史和明清史研究。博士论文《清代江南的瘟疫与社会》获全国优秀博士论文奖（2002），著有《清代江南的瘟疫与社会》等著作3部，另有编著和译著5部，在《历史研究》、《东洋史研究》、*Chinese Studies in History* 和《近代史研究》等刊物上发表中日英文论文近80篇。

张传勇 1975年生，山东邹平人，1998年聊城师范学院历史系毕业，获历史学学士学位。2000年考入南开大学历史学院，先后获得历史学硕士、博士学位。现为南开大学历史学院暨中国社会史研究中心副教授，硕士生导师。学术兴趣为明清史、中国风俗史、方志学。2001年以来，先后在国内外发表学术论文20余篇。

张田生 1977年生，甘肃礼县人，南开大学历史学博士，现为渭南师范学院人文与社会发展学院副教授，主要从事明清以来的社会史、医疗文化史研究，发表学术论文10多篇。

王　静 1986年生，山东寿光人，南开大学历史学院博士研究生，主要从事明清以来的社会史、医疗文化史研究，已在CSSCI期刊发表论文多篇。

刘小朦 1990年生，河北安国人，香港大学香港人文社会研究所博士研究生，主要从事明清以来的社会史、医疗文化史研究，已在《新史学》（台湾）等刊物发表论文多篇，编著《道光皇帝》（合作）一部。

目 录

导　论 …………………………………………………………………… 001

第一章　殡葬观念 ……………………………………………………… 029
　　第一节　孝道与厚葬观 …………………………………………… 029
　　第二节　择葬与风水观 …………………………………………… 040
　　第三节　殡葬观念中的佛教因素 ………………………………… 050
　　第四节　宗族与殡葬观念 ………………………………………… 061
　　小　结 ……………………………………………………………… 070

第二章　殡葬礼制 ……………………………………………………… 073
　　第一节　明清国家有关丧葬的律令 ……………………………… 073
　　第二节　皇家的殡葬制度 ………………………………………… 085
　　第三节　官民的殡葬制度 ………………………………………… 092
　　小　结 ……………………………………………………………… 100

第三章　殡葬习俗 ……………………………………………………… 101
　　第一节　殡葬习俗概略 …………………………………………… 101
　　第二节　停丧缓葬的盛行 ………………………………………… 109

第三节　火葬的局部盛行 ··· 127
　　第四节　南方地区的二次葬 ··· 133
　　第五节　夭殇和冥婚 ·· 141
　　第六节　归葬 ·· 149
　　小　结 ··· 166

第四章　殡葬问题及其社会应对 ·· 167
　　第一节　作为社会问题的殡葬 ·· 167
　　第二节　国家的治理 ·· 176
　　第三节　社会的应对 ·· 198
　　小　结 ··· 210

第五章　墓葬 ·· 212
　　第一节　墓地 ·· 212
　　第二节　墓地建筑与坟冢 ··· 227
　　第三节　墓制 ·· 238
　　第四节　葬具与随葬物品 ··· 262
　　小　结 ··· 274

第六章　殡葬的地域特色和民族差异 ··· 276
　　第一节　地域特色 ··· 276
　　第二节　民族差异 ··· 297
　　小　结 ··· 317

第七章　中西交汇与明清殡葬礼俗的变革 ·· 322
　　第一节　传教士与中国葬俗 ··· 322

第二节　晚清西式葬礼的出现……………………………………344
　　小　结……………………………………………………………358

结　语………………………………………………………………362

参考文献……………………………………………………………369

索　引………………………………………………………………399

后　记………………………………………………………………405

导　论

　　人之一生，经历生老病死的考验，求生怕死，似乎是出于人类的本能，于是生与死便成了人类的永恒话题，用人类学家郭于华的话来说，就是"死的困扰与生的执着"。① 面对死亡，尽管人类苦苦挣扎，但显然无法依靠现实的力量来战胜死亡，而只能借助文化来超越死亡，摆脱内心的恐惧和困扰。尽管人类在面对生与死的考验时都会借助文化，比如巫术、宗教、信仰等手段来超越肉身和死亡，追寻生命的意义和安宁，但就具体的认识、行为和礼制等而言，不同的民族、不同的时代却多有差异。中国文明很早就建立了一整套关于死亡的认知体系和丧葬的礼仪制度，并在历史的长河中代有变迁。明清时期是中国传统社会的终点，又是近代社会的开端，探究这一时期的殡葬认知、礼仪、规制等，不仅有助于我们更好地认识和理解中国殡葬文化的固有特征，也可以让我们更好地观察和体验不同文化碰撞中殡葬文化在社会文化中的演变。

一　殡葬史视野下的明清社会

　　自洪武元年（1368）朱元璋创建明朝，至宣统三年清帝宣布退位，历经明清两代，凡543年，是为明清时期。一般认为，明清时期是中国古代社会的晚期，也是近代中国的发轫期。从王朝的角度来说，可分为明、清两个朝代，而现代史学则以1840年爆发的鸦片战争为界，将这一时期分成古代和近代两个部分。虽然自20世纪以来，明清史研究渐成史学界的大宗，相关论著可谓汗牛充栋，但对明清时代做出全方位评述的成果并不多见。实际上，明清存世史料浩繁，历史演进的脉络千头

---

① 郭于华：《死的困扰与生的执着：中国民间丧葬礼仪与传统生死观》，中国人民大学出版社，1992。

万绪,意欲做出全面而系统的评论,着实不易。不过,要比较全面地来观察和思考一个时代的殡葬历史,若不能对这个时代的整体加以理解和把握,则无异于盲人摸象,几无可能。故此,这里将紧紧围绕殡葬这一主题,尽可能地对明清时代的整体态势和特征做一概括。

(一)时代的赓续与嬗变

在一般的认识中,将明清视为一个相对独立的历史时期,应该是自然而然的事。在史学界,明清史也是大家普遍认同的一个历史时期和研究方向。不过对于明清史的具体内涵,不同人及其在不同的语境中其实并不一致。比如作为中国古代史名下研究方向的明清史,一般来说是截至1840年,但若就明清两朝而言,显然应止于1911年。目前,史学界这两种用法都普遍存在。本书则在后者的意义上使用这一概念。

不管怎样,有一点应是一致的,那就是认为在中国的历史进程中,明清是一个与前后历史时代差异较大,而内部相对一致的历史时期。这样的说法渊源有自,有其道理,其中最为显著的莫过于朱元璋"驱除胡虏,恢复中华",重新建立汉人政权后,一反"胡元"之政。而几百年后,另一个少数民族满族定鼎中原后则主动强调"清承明制"。这样的声明和强调背后,虽然很大程度上是为了获得和彰显自身统治合法性,[①]但明清两代在行政制度、法律条文等一些重大问题上,与前代相比(更不必说与民国相比了),具有相对一致性,恐怕也是不争的事实。在明清两代五百余年时间里,就其荦荦大者而言,应有三个关节点:一是元明鼎革,二是明清易代,三是近代开端。尽管现有的研究已经从不同的角度对这三个关节点究竟是断裂还是延续提出不同的思考,推动了学界对明清历史演进态势的理解,[②]不过整体而言,根据上述三个关节点,将其分为明、清中前期和晚清三个历史时段仍然是合适的。只是这些研究在在提醒我们,必须以更加审慎而相对的心态来看待这种分期,历史实际的面相与脉络,远比我们一般想象要更为复杂和多元。故而,当我们在看待一段历史时,一定要从多元的视角和脉络来观察和思考历史的赓续和嬗变,一定要结合具体的主题来理解历史分期。尽管殡葬脱不开与政治的密切相关,但显然更多与社会文化相关。与比较纯粹的政治性议题相比,殡葬观念、行为与习俗在历史进程中无疑更加具有延续性,演变也更为延缓和渐进。故而,当我们以长时段的眼光来观察明清的殡葬史可以发现,虽然

[①] 参阅赵世瑜《明清史与近代史:一个社会史视角的反思》,《学术月刊》2005年第12期;《明清史与宋元史:史学史与社会史视角的反思——兼评〈中国历史上的宋元明变迁〉》,《北京师范大学学报》2007年第5期。

[②] 相关的讨论可以参阅余新忠《中国通史·明清卷》"序章"(待刊稿)。

三个历史分期基本仍可适用，但在鼎革之际显然并不像政治、经济等方面表现出那种明显的变革，甚至并没有明显的变化，只是在政治、经济等因素的影响下缓慢地发展变化，具有相对延迟性。

（二）中外文化交流的不断加深

放在中国历史的脉络中，明清时期可谓是一个古今中外的交汇点。这一时期不仅连接了中国古代史和近代史，而且开启了近代意义上的全球化之旅，中国的历史舞台逐渐由东亚转变为欧亚乃至全球。这就意味着明清时期相对是一个多元文化交汇的时期，集中表现在中外交往和文化交流的不断加深。

在中外交流史上，明清时期无疑是一个非常值得关注的历史时期。就中外交流的历史发展阶段，张国刚曾将其分成三个历史时期：（1）从远古时代到郑和下西洋结束的15世纪前期的"古典时期"。这个时期中国在中西文化交往中多数情况下处于比较主动的、强势的地位。（2）晚明盛清时期，即从15世纪后期到19世纪初叶的"近代早期"。这个时期中国与西方在军事上还没有出现侵略与被侵略的关系，在经济上仍然进行大体自愿的贸易往来。虽然中国在经济和科学领域已经逐渐落伍，但西方文明的东渐和中国文化的西传却保持一个互惠和平等的格局。（3）19世纪中期以降的现代期。与前一时期相比，这一时期中学西传明显衰颓，而西学东渐日益强盛，以致出现西潮汹涌的单向流动的局面。近代中国社会开始全面卷入以欧美为主导的世界化进程中，方方面面都脱离不了与西方的关系。[1]从这一分期中，我们不难看到明清在其中所占的分量。在明清五百多年的大部分时间里，虽然中国仍是东亚文明的主导者，但伴随着欧美世界剧烈变动，旧有的纳贡和"集中—再分配"的机制渐次瓦解，逐渐被纳入欧亚世界这一新的体系之中。[2]在这一历史时期，以下几个重要的中外关系方面的历史事件无疑是研究者都耳熟能详的：明前期郑和下西洋；明清之际欧洲传教士的纷至沓来与西方科技文化的引入；近代以降西方文明强势侵入和影响日深。就对中国社会的影响而言，郑和下西洋主要以文化输出为主，而明清之际欧洲传教士带来的西学东渐虽然也给中国社会输入了相当丰富的科技知识乃至文化观念，[3]但显然没有对中国的主体文化观念和文明体系产生根本性的冲击。尽管如此，这些事件无疑开启了中国被卷入全球化和现代化进程的序幕，促发多元文化在中国的引入和碰撞。而19世

---

[1] 张国刚、吴莉苇：《中西文化关系史》，高等教育出版社，2006，第6~7页。
[2] 参阅〔日〕上田信《海与帝国：明清时代》，高莹莹译，广西师范大学出版社，2014，第23页。
[3] 关于明清之际传教士所引入的科技知识，可参阅方豪十分详尽的论述（方豪：《中西交通史》下册，上海人民出版社，2012，第487~724页）。

纪中期以降，伴随着欧美和日本等列强的坚船利炮，西洋、东洋文化竞相引入并不断扩大影响，从根本上促成了中国文化与欧美乃至日本文化全面而深刻的交融汇通。

（三）多民族文化交融的多元一体格局的日渐成熟

费孝通先生"中华民族多元一体格局"理论的提出，不仅很好地概括了历史和现实中中华民族的文化特质，而且也对促进当今中国内部的民族和谐与社会发展起到非常积极的建设作用。[1]这一格局的形成是历史长期发展的结果，但明清时期无疑是这一发展过程特别重要的阶段，甚至可以说多元一体格局正是在明清时期日渐走向了成熟。这一时期不仅差不多一半的时间处在少数民族的统治之下，而且明朝这一汉人政权也是接续于元代政权，所以多民族因素特别明显，加之统治者的重视，使得不同民族之间的交流融通在统一多民族国家的内部不断发展。明代虽然是一个汉人的王朝，不像蒙元王朝那样具有多民族的色彩，但在国内加强少数民族地区的统治和促进民族交融方面并不逊色，甚至有所推进。明初就开始加强对东北等北方地区的统治，在奴儿干等地设置一批卫所，并沿长城设立九个边防重镇，在今甘肃西部、青海北部直至新疆东部设立一系列的羁縻卫所。同时对西南地区也加强统治，促进不同民族间交融。建国后不久，朝廷就派使者联系和笼络西藏的僧俗首领，设立了宣慰司、招讨府等一些羁縻性机构，实行"改土归流"政策。通过这些举措，在稳固边疆的前提下，强化了汉族与少数民间的社会经济往来，推动了民族交流和融合。[2]

进入清朝后，这一特色就表现得更为明显了。作为少数民族创建的政权，清朝统治者一直都非常强调"满汉文武，皆为一体"和各民族均为"一家"的思想。不仅促成满、汉合作，还不断加强了与蒙古、藏、回（包括维吾尔）等族的合作，积极地反对和淡化"华裔之别"的传统观念，有意识地强化各民族大一统的思想，不允许把任何一个民族排斥在国家统一体之外。[3]为此，满族统治者一方面积极向汉文化学习，大体上继承明朝的政治、经济和社会制度；另一方面十分注意保持自身的特色，利用武力、宗教和联姻等手段开疆拓土，既武力征伐，也联姻通好，同时还实行政教合一、移民屯垦、语文翻译、改土归流等举措，不断加强对蒙古、藏、回等少数民族地区的统治，深化民族之间的交流和融合。在相当多的民族地区，形成了经济上互通有

---

[1] 参阅费孝通主编《中华民族多元一体格局》，中央民族大学出版社，1999，第3~38页。
[2] 参阅南炳文、汤纲《明史》（上），上海人民出版社，2003，第162~178、411~426页；郭成康、王天有、成崇德主编《中国历史》元明清卷，高等教育出版社，2001，第134~137页。
[3] 参阅杨茂盛《中国北疆古代民族政权研究》，黑龙江教育出版社，2014，第499页。

无,文化上相互学习,政治上相互同生共荣的民族关系。①在多方位、多层次的交流和汇通中,逐渐形成了中华文明多元一体的整体格局。这一点,从明清帝王庙祭祀对象的演变中也可以明显看出。朱元璋于洪武六年(1733)下令建造历代帝王庙,入祀从三皇五帝到元世祖的18帝,后改为16帝,后又罢元世祖,定为15帝,将全部少数民族的皇帝排除在外。进入清朝后,从顺治初年就逐渐将辽金元等少数民族的皇帝纳入祭祀对象,并不断扩大祭祀规模,到乾隆时,奉祀对象扩展为三皇五帝以下至明末崇祯等全部历代帝王凡188人。此举充分展现了清王朝对中华统绪的继承和发展,借此建立了一个绵延不绝、涵括不同民族和文化的朝代统治体系。②

(四)作为时代主轴的"以孝治天下"

传统儒家提倡"修身齐家治国平天下",孝悌成为立身之本,亦是治国之道,"自古求忠臣于孝子之门"。围绕忠孝进一步建立的"三纲五常"则将其推广为整个社会共同遵奉的行为准则。明清时期,中央集权趋于鼎盛,统治阶级明确树立"三纲五常"、"明天伦之本"的标准以巩固其统治,大力提倡孝治,试图达到"移孝做忠"③的目的。由于受到统治者的高度重视与提倡,致使"孝"与明清的政治、法律、道德等社会生活的各个方面发生关联。"以孝治天下"也因此成为明清的时代主轴和道德教化的首要任务。

朱元璋将孝看成"风化之本"、"古今之通义"、"帝王之先务",认定"垂训立教,大要有三:曰敬天,曰忠君,曰孝亲。君能敬天,臣能忠君,子能孝亲,则人道立矣"。④大力推行孝治天下。终洪武一朝,不仅荐举讲孝、科举讲孝,选官亦讲孝。洪武六年曾罢科举,举贤才,从汉旧制,举"贤良方正"、"孝悌力田"、"孝廉"、"耆民"等。以至于一时之间,"由布衣而登大僚者不可胜数"。⑤

由于朱元璋的大力提倡,整个明代都非常重视孝道。不仅官民孝子大量涌现,诸位帝王也竞相以孝行相标榜。有明一代,12位皇帝的庙号、谥号或陵名多以孝字开头。如朱元璋的"孝陵"、朱祐樘庙号为"孝宗",谥号中更是多有"至孝"、"达孝"、"纯

---

① 参阅杜家骥《清朝简史》,福建人民出版社,1997,第238~251页;赵毅、赵铁峰主编《中国古代史》,高等教育出版社,2002,第781~784页。
② 参阅黄爱平《清代帝王庙祭与国家政治文化认同》,载刘凤云等编《清代政治与国家认同》上册,社会科学文献出版社,2012,第62~75页。
③ 《清世宗圣训》卷10《文教》,"雍正元年己亥"条,收入张之恒点校《大清十朝圣训》第2册,北京燕山出版社,1998,第870页。
④ 夏燮:《明通鉴》,中华书局,1959。
⑤ 《明史》卷71《选举三》,中华书局,1974年点校本,第1712页。

孝"、"广孝"等字样，将"孝"作为最重要的美德。

清朝统治者由于受满族文化和儒家学说的双重影响，对"孝治"更是推崇备至。同时出于论证统治合法性的需要，也极力推行孝治。这些都使清朝的孝治与前朝相比有过之而无不及，"是将孝治推向极致的时代"。[①]

清代的孝治主要体现在对《孝经》、有关"上谕"的颁布和强力推行上。顺治帝编订《御注孝经》，又博采诸家孝行言论着手编纂《孝经衍义》。该书历经两朝，从顺治十三年开始编纂，直到康熙二十八年才告成。[②]雍正则敕撰《孝经集注》，同时将《孝经》定为科举考试的钦定教材，广为推行。《二十四孝》及其衍生出的《二十四孝图说》、《女二十四孝图》等，与《孝行录》、《百孝图》等通俗读物的流传，对民间社会孝的倡导作用亦不可忽视。

康熙九年颁布《上谕十六条》，作为清代孝治的政治纲领，规定民间定期宣讲，家喻户晓。其开篇即是"孝顺父母，尊敬长上"。将教民行孝定为砥砺风俗之先务。所谓"孝为万事之纲，五常百行皆本诸此"。[③]

清朝诸帝皆以身作则，践行孝道。如举办过"千叟宴"的康熙、乾隆都是大孝楷模。康熙幼年丧母，侍奉嫡母孝惠章皇太后如亲生母亲；乾隆则多次陪母亲游山玩水，并隆重为其庆寿。

清代大力表彰孝子顺孙，不仅给银建坊，甚至立祠建庙，列入方志，作为地方风气的考察指标。同时，朝廷将孝道作为任用和考核官员的重要标准。康熙认为："孝为百行之首，不孝之人断不可用。"[④]清代把汉代的"孝廉"和"贤良方正"两个科目合并，特设孝廉方正科。雍正元年（1723）诏直省每府、州、县、卫各举孝廉方正，赐六品服备用。以后每遇皇帝即位就荐举一次。乾隆五年（1740），确定荐举后赴礼部验看考试，授予知县等官。[⑤]同时重视贯彻"丁忧"和"终养"之制，准许官员离职奉养双亲并在其离世之后守丧三年，以报答父母三年乳哺怀抱之恩。

清朝对于孝治的提倡还表现在老人地位的提高上。有清一代，皇帝都十分重视养

[①] 常建华：《清朝孝治政策述略》，收入南开大学历史系编《南开大学历史系建系七十五周年纪念文集》，南开大学出版社，1988，第175页。
[②] 《四库全书总目提要》第32册，《经部》第32《孝经类·孝经类存目》。
[③] 《御制文选》第5集，卷31。
[④] 《清高宗圣训》卷192《训臣工》，收入张之恒点校《大清十朝圣训》第2册，第3548页。
[⑤] 《清文献通考》卷13《选举七》，商务印书馆，1908。

老政策。无论是针对老人的各种优免政策，①为老年士子授予官职，②还是普天同庆的"千叟宴"，③无不体现着中央政府对于老人的重视。各地还纷纷将百岁老人列入方志，作为祥瑞，④激励民间养老、敬老。

清代法律中亦渗透着孝治精神。不仅将"忤逆"作为大罪，给予父母发遣不肖子孙的权力，⑤还将前代已有的"存留养亲"制度进一步完善。《大清律例》规定："凡犯死罪非常赦不原者，而祖父母（高曾同）、父母老（七十岁以上）、疾（笃废）应侍（或老或疾），家无以次成丁（十六岁以上）者（即以独子无异，有司推问明白），开具所犯罪名（并应侍缘由），奏闻取自上裁。若犯徒、流（而祖父母、父母老疾无人侍养）者，止杖一百，余罪收赎，存留养亲（军犯准此）。"⑥此外，《大清律例》还规定，因贫困无法赡养而导致老人上吊自杀的，要按照过失杀人的刑罚，判处儿子杖一百，流三千里。⑦

明清两代，孝道思想最突出的表现是将孝进一步神化。统治阶级将"孝"作为巩固统治，教化民众，维护社会秩序的措施大力推行，不仅在政治、经济、法律、文教等各方面进行保证，还通过颁布圣谕、察举孝子、编写孝行列传等行为确保其深入民间。这些措施在当时确实起到了积极的作用，但是正是在政府提倡孝治、旌表孝行的大环境下，民间的孝道思想与活跃的商品经济发展相结合，掺杂进了浓厚的功利思想和迷信色彩，从儒家传统的"敬鬼神而远之"逐渐神化，甚至庸俗化和愚昧化。明清对于孝道的论述，少了前代"慎终追远"的质朴感情，而逐渐与天地、福禄和鬼神相联系。大量善书宝卷无不大力宣扬孝行的因果报应。如当时通行的善书《文昌孝经》中就有关于孝行福报的论述："唯神敬孝，唯天爱孝，唯地成孝。水难出之，火难出之，刀兵刑戮，疫疠凶灾，毒药毒虫，冤家谋害，一切厄中，处处佑之。"孝子刀枪不入，百毒不侵，还能"生集百福，死到仙班，万事如意，子孙荣昌，世系绵延"。不仅如此，还惠及父母亲属甚至六道恶鬼："孝之所至，地狱沉苦，重重救拔，元祖宗亲，皆得解脱，四生六道，饿鬼穷魂，皆得超升，父母沉疴，即

---

① 雍正《大清会典事例》卷68，文海出版社，1991，第4271页。
② 嘉庆《大清会典事例》卷318，文海出版社，1991，第4347页。
③ "千叟宴"清代一共举办过四次，相关盛况可参见《清圣祖实录》，中华书局，1985，第513~514页；《清仁宗实录》第28册，"嘉庆元年正月"条，中华书局，1986，第73页。
④ 嘉庆《大清会典事例》卷318，第4347页。
⑤ 《清文献通考》卷202《刑八·刑制》。
⑥ 田涛、郑秦点校《大清律例》卷4，"犯罪存留养亲规"条，法律出版社，1999，第99~100页。
⑦ 唐玉萍：《追溯中国古代养老章法》，《政府法制》2011年第6期。

时痊愈。"这样已经将孝道上升到了普度众生的善行。不仅前代已有的《二十四孝》中诸如"哭竹生笋"、"卧冰求鲤"等"孝感天地"的行为被大力推崇，而且在方志中对各种埋儿奉母、割股挖肝等极端行为赋予神话色彩的记载①，更进一步固化了这种观念。

明清时期孝道的异化还突出地表现在厚葬文化上。安葬历史悠久，原意出于本能，不愿看到亲人的尸骸被禽兽蝼蚁吞噬。②这种淳朴的动物本能却在后世大力提倡的"孝道"中迷失了应有的方向，使得丧葬更多地成了一种炫耀。不仅用于彰显死者的身份财富，更是炫耀生者的身份和财富。而亲情和失去亲人的哀痛则沦为隆重的丧葬过程和仪式的附庸。在提倡"孝治"的大环境下，明清时期的孝更是被扭曲为只有一个标准，那就是一定要厚葬父母。"妨生以送死"③历代有之，明清时期的丧葬更是由志哀向美观方面发展，出殡成了炫耀孝行的游行。洪武五年，朱元璋就曾提及民间厚葬之风："近代以来，富者奢僭犯分，力不及者，称贷财物，炫耀殡送。"④中原地区"以各色纸结金银山斗、层楼、驼、狮、马、象及幡幢、帛联；广作佛事斋醮，名曰'同坛'。富贵家更侈张戏乐，走马上竿，亲执挂帐，猪羊油盘，食桌动辄数十，丧家破产，往往有之"。⑤富裕的江浙地区更是"不惜资财，以供杂祀广会，以沽儿童妇女之称誉"。甚至有富人"举父丧，丧仪繁盛，至倩（请）优伎绚装前导，识者叹之"。⑥将本该肃穆的葬礼变成了一场喧闹的狂欢。还滋生了因为家贫不能买地或者一时找不到风水好的地方而长期厝棺不葬的习俗。

（五）社会经济水平的提升和人地矛盾的凸显

明清时期社会经济较以往的历史时期有了长足的进步。主要表现在，农业方面，因为耕作水平的进步和高产农作物的引进，得以产出更多的产品供给更多的人口，这一时期的人口数量也因此有了大幅度的增加。手工业方面，除了生产技艺的提高之外，行业间的分工也日益细密。商业方面，东西、南北方向的贸易网络日益通畅，国内市场的专业化和层级性日趋形成，统一市场逐步形成。市场的繁荣和社会消费风气

---

① 相关研究可参见余新忠《明清时期孝行的文本解读——以江南方志记载为中心》，《中国社会历史评论》第7卷，天津古籍出版社，2006。方志记载这种行为一般伴随着灵异色彩，如割股时没有痛感和出血，父母即时痊愈和过后得到的福报等。
② 吕不韦：《吕氏春秋》卷10《节丧》，书目文献出版社，2002，第3~4页。
③ 刘向：《说苑》卷18，书目文献出版社，2002，第154页。
④ 陈华文：《迷失的孝道——中国厚葬之风透视》，《民间文化》1999年第2期。
⑤ 雍正《陕西通志》卷45《风俗》，雍正十三年刻本，第24页。
⑥ 陈华文：《迷失的孝道——中国厚葬之风透视》，《民间文化》1999年第2期。

的奢靡使得厚葬得以施行。当然,明清社会经济水平的提升带来的影响是多方面的,就殡葬这一主题而言,市场化尤其是统一市场的形成、慈善事业的发展、人地矛盾的凸显等内容相关性较强,以下分别述之。

明清时期,国内外市场都较前一个时期有较大的拓展,国内统一市场形成,城乡市场网络业已形成,市场的专业化也有了较为深入的发展。以明代而论,国内市场有了显著的扩大,主要表现在南北商业贸易路线的开辟和通衢商业市镇的兴起两方面。长距离的贩运贸易有了较大的发展,民生用品贸易逐渐成为长途贩运的主流,徽商、山陕商帮等商帮的出现是国内市场具有相当积累货币资本能力的体现。清代的市场在明代的基础上又有了新的发展。清代前期,国内市场显著扩大,商运路线变长,水运已具备近代规模,商业市镇增多,长距离贩运贸易品种增多,经营也逐渐专业化,市场的商品结构也有相应的变化。但作为主要商品的粮食和布匹,仍旧只占商品总数的很小一部分。[1]近代以来,清政府被迫开埠通商,国内市场与国际市场的交流逐步深入,冲击和促进并存,市场的近代化程度也随之加深,以往相对封闭的国内较低层级的市场日趋开放。[2]铁路的修筑也促进了国内市场的繁荣。[3]市场的繁荣、社会消费风气的日益奢靡,[4]使得铺张的厚葬成了十分平常的现象。

明清时期,社会经济水平较以往的时期有了大幅度的提高,而由此引发的社会问题也较以往更为复杂,慈善组织的嬗变也参与了这一进程。明清慈善组织除了接续了以往体恤鳏寡孤独的传统,同时又有了新的变化,民间慈善组织的兴起尤为显著。明代继续设立了宋元以来就已存在的养济院。与以往不同的是,明代的养济院采取了更为彻底的以里甲制度为基础的原籍地收养主义政策,[5]限制了乞食者的流动范围,某种程度上维持了社会的稳定。在社会对贫弱者救助体恤的同时,另一类人群因为易于传染并对原有的社会生活造成危险而日趋处于被隔离状态。麻风病患者的居住区因为易于感染其他人群,逐渐被从原有的收容机构中隔离开来,成为了远离人们生活区域的所在。[6]明清时期,官方(如养济院、漏泽园)和宗教慈善机构(如福田院)之外,尚有许多需要救助的群体得不到救济,于是民间慈善组织日渐兴起。家族义庄在这一

---

[1] 参阅吴承明《中国资本主义与国内市场》,中国社会科学出版社,1985,第217~266页。
[2] 刘永华:《从"排日账"看晚清徽州乡民的活动空间》,《历史研究》2014年第5期。
[3] 宓汝成:《中国近代铁路发展史上民间创业活动》,《中国经济史研究》1994年第1期。
[4] 巫仁恕:《品味奢华——晚明的消费社会与士大夫》,中华书局,2008,第23~40页。
[5] 〔日〕夫马进:《中国善堂善会史》,伍跃等译,商务印书馆,2005,第44~77页;梁其姿:《施善与教化——明清时期的慈善组织》,北京师范大学出版社,2013,第36~67页。
[6] 梁其姿:《麻风:一种疾病的医疗社会史》,朱慧颖译,商务印书馆,2013,第114~136页。

时期的大幅度增加就是一个突出的现象。类似的慈善机构在富庶的江南地区更为普遍，这与明清时代财富迅速增加和贫民类别的加速形成密切相关。虽然清初禁止类似明代同善会的慈善组织，但育婴堂、普济堂等综合性的慈善组织以及收容寡妇的清节堂在有清一代布满全国，并从大都会延伸到一般乡镇。清代中后期以来，慈善机构出现了"官僚化"和"儒生化"的倾向，组织的规模和管理都较前一个时期有了不同程度的进步。① 开埠后基督教的传播也较开埠前更为迅速，教会的育婴堂、医院等慈善机构以及其提倡的薄葬都对传统中国已有的慈善组织产生了或大或小影响。因而，开埠前后的慈善组织是不能一概而论的。

明清时期，随着社会经济的发展，人口数量较前一个历史时期，尤其是清代人口的增长尤其显著，而田地总数在明万历年后并无大的增长。② 开垦的土地和增长的人口之间的供需并不均衡，两者间的矛盾日益突出。这一问题的出路大致有两端：一是，提高土地的产量，密集型的生产方式在地狭人稠的区域日益普遍，高产的农作引进，作物熟制的改变等都是增加单位面积农作物产量的举措。二是，开发新的区域，以往较少关注的山区、海洋等地区成了新的开垦目标。以往人地矛盾并不突出的区域开始形成新的人地矛盾，比如陕南山区的人口机械增长下的开发，③ 大象在中国境内的分布区域逐渐向南退却，④ 舟山渔场渔业资源日渐损耗，⑤ 都是在人口不断地增长下出现的较以往历史时期不同的人地矛盾。即便是使用了这两种办法，地狭人稠仍未能得到较好的解决。此外，社会经济的发展也导致土地、财富的不均衡占有，少数人占据多数土地后，人地矛盾会进一步凸显。人地矛盾除了带来生存问题之外，殡葬礼仪的各项所需，比如风水观念作用下的墓址选择使得人地矛盾的问题更加复杂。与此同时，人地矛盾的日渐尖锐也使得江南等人多地狭地区停丧不葬和火葬等问题更见突出。

总之，明清时期社会经济水平较以往的历史时期有了长足的发展，与此关联而产生的各种现象，也与以往的历史时期有很大的不同。明清也是从传统走向现代的过渡时期，市场、慈善组织、人地矛盾都在这一时期体现出这一特征，殡葬的历史也因深受上述因素的影响而显得更为复杂。

---

① 参阅梁其姿《施善与教化——明清时期的慈善组织》。
② 梁方仲：《中国历代户口、田地、田赋统计》，中华书局，2008，第705~706页。
③ 张晓虹、满志敏、葛全胜：《清代陕南土地利用变迁驱动力研究》，《中国历史地理论丛》2002年第4期。
④ 〔英〕伊懋可：《大象的退却——一部中国环境史》，梅雪芹等译，江苏人民出版社，2014。
⑤ 李玉尚：《海有丰歉——黄渤海的鱼类与环境变迁（1368~1958）》，上海交通大学出版社，2011。

(六)近世宗族的日渐组织化和民间化

宗族,或者说家族,①这一以"父系世系"为纽带的社会群体和组织,在中国是个相当古老的社会存在。②虽然学界往往将"宗法社会"视为中国传统社会一以贯之的特色,不过必须指出,尽管宗法观念一直在中国社会占据着主流甚至统治性的地位,但在这一观念影响下的宗族作为一种社会组织和形态,在不同时期的表现是有着显著的不同。现有的研究一般认为,宗族的演变大致经历了五个阶段,即先秦典型宗族制时代、秦唐间世族时代、士族宗族制时代、宋元间大官僚宗族制时代、明清绅衿平民宗族制时代和近现代宗族变异时代。③明清时期,特别是明中期以后,以祠堂、族田和族谱为特征的近世组织化的宗族取得重大发展。最近二三十年的研究业已表明,这一时期的宗族普遍出现了民间化趋向。也就是说,原本只有官僚士大夫才有资格组建的血缘组织和开展的祭祀仪式,至此已经"飞入寻常百姓家",成为普遍的组织和行为。而与此相伴随的,则是宗法伦理的庶民化、基层社会的自治化和财产关系的共有化。在这一过程中,并不仅仅只是国家正统宗法伦理的民间化,实际上也是地方士大夫将地方的民间信仰和仪式整合进国家认同的宗法观念及其祭祖仪式中去。宗族的发展实践是宋明理学家利用文字表达,改变国家礼仪,在地方推行教化,建立起正统的国家秩序的过程和结果。故宗族在基层社会实际上起到以宗族的观念和礼仪来"化乡"的功能,宗族也就展现了"乡约化"的特色。这些研究都强调,"宗族形成是一个建构的过程,在这个过程中国家的制度与政策以及意识形态起了至关重要的作用,当然并不否定社会经济变迁的制约与影响"。④这些特性表明,具有组织性并日益民众化的宗

---

① 虽然目前已有学者从人类学和概念史等角度对家族和宗族这两个非常近似的概念在语义上的差别做了细致的辨析,比如石奕龙认为相对于指涉较广的"宗族","家族"是一个更强调直系男性血缘关系指涉范围较小的概念(石奕龙:《宗族与家族:两个不同的概念与指称范围》,载李友梅主编《江村调查与新农村建设研究》,上海大学出版社,2007,第 225 ~ 233 页);而周永志则从概念史的角度认为,"家族与宗族关系并不是两个同心而不同半径圆的关系,也不能将二者等同。二者的关系应是两个不同圆心,且有重叠部分,而范围无大小之分的圆。"(周志永:《概念史视域下的家族与宗族》,《黑龙江史志》2014 年第 13 期)不过在实际的应用中,无论在古代还是现代,无论在学术论著还是现实生活中,这两个概念则往往是相互混用的,而且所指代的意义也基本一致。
② 业师冯尔康先生曾将宗族定义为"是由父系血缘关系的各个家庭,在祖先崇拜及其宗法观念的规范下组成的社会群体"。(冯尔康等:《中国宗族史》,上海人民出版社,2009,第 17 页)对此,钱杭基本认同,不过亦指出综合特别是结合近现代以来的历史来看,"父系血缘关系"应该由"父系世系关系"取代,同时去除宗法观念(钱杭:《中国宗族史研究入门》,复旦大学出版社,2009,第 7 ~ 9 页)。这一修正颇有见地,不过就清代的历史而言,冯先生的定义仍是适用的。
③ 冯尔康等:《中国宗族史》,第 20 ~ 24 页。
④ 参阅常建华《宋以后宗族的形成及地域比较》,人民出版社,2013,第 15 ~ 19 页;冯尔康:《18 世纪以来中国家族的现代转向》,上海人民出版社,2005,第 29 ~ 90 页;郑振满:《明清福建家族组织与社会变迁》,中国人民大学出版社,2009,第 172 ~ 205 页;科大卫、刘志伟:《宗族与地方社会的国家认同:明清华南地区宗族发展的意识形态基础》,《历史研究》2000 年第 3 期。

族已渗透到社会的基层，对基层社会生活的方方面面产生了广泛而深远的影响。

当然，中国幅员辽阔，各地的社会、经济、文化等方面的发展水平各不相同，宗族组织的发展状况和表现形式也多有差异。地域间的差异正是近年来明清宗族史研究的重点所在。①结合本书的主旨以及笔者的体验，首先需要指出的是，虽然传统上主要依靠士人文献和族谱资料构建出来的以祠堂、族谱和族田为特征的组织化的宗族形态，确为这一时期宗族的典型特征，但典型性和普遍性是可能存在时间落差的，而且不同地域典型性宗族发展情况也会存在重大的差异。现有的大量非江南、徽州等地区的宗族研究均已表明，那种具有典型特征、组织功能比较完整的宗族组织，虽然在各地都有出现，但时间上往往比较靠后，直到清初甚至清中期以后才出现。而且数量有限，发展也不平衡，并多有中断。但我们并不能据此轻视宗族观念和宗族力量在基层社会的影响力。孔迈隆（Myron Cohen）通过对华北地区的研究指出，华北地区虽然缺乏江南、东南等地区那样拥有较大规模公产的宗族组织，但其宗族的组织力和影响力往往通过墓祭和新年礼仪来加以展现。②这样的宗族形态不仅在广大北方地区普遍存在，就是在宗族组织兴盛的东南地区也有所表现。郑振满的研究认为，在宋以后宗族发展过程中，是各种形式的祭祖活动，而不是一般认为的祠堂、族田和族谱三大要素在发挥着普遍而一贯的作用。③这些研究表明，以尊祖敬宗意识为核心的宗族观念和通过各种祭祖活动而彰显的组织力和影响力在明清时期是普遍存在的，而具有完备组织形式和架构的典型性宗族组织则是为适应地方社会的实际需求，在一些具有实力和影响力的绅富的推动支持下发展起来的。虽然均有存在，但存在的普遍性和出现的时代，各地多有差异。

由于宗族是以始迁祖为凝聚力和象征物，在不断的子孙繁衍和房支分立中形成。就某一具体的宗族而言，长期来看，其结构必然会处于某种动态的变化之中，而就整体来说，也会存在不同的形式。对此，郑振满依据福建所做的极具创造性的研究表明，明清时期特别是清代的宗族主要存在三种基本类型：一是以血缘关系为基础的继承式宗族；二是以地缘关系为基础的依附式宗族；三是以利益关系为基础的合同式宗族。继承式宗族的基本特征为权利与义务取决于各自依据父系血缘关系而来的继嗣关系，主要与财富及社会地位的共同继承有关，可以说是不完全分家析产的结果。其主

---

① 参阅常建华《近十年明清宗族研究综述》，《安徽史学》2010年第1期。
② Myron Cohen, "Lineage Organization in North China," *The Journal of Asian Studies*, Vol. 49, No. 3 (Aug., 1990): 509-534.
③ 郑振满：《宋以后福建的祭祖习俗与宗族组织》，《厦门大学学报》1987年增刊。

要功能在于传宗接代。在日常生活中，主要借助于宗祧、户籍以及某些族产的共同继承，使族人在日常生活中长期保持较为密切的协作关系。依附式宗族的基本特征为族人的权利及义务取决于相互支配或依附关系。它是继承式宗族在发展和分化过程中，在某些强有力的族人推动下形成的。促进继承式宗族向依附式宗族转化的根本原因在于族人之间的贫富分化，使得一般通行的按房轮值祭祖的制度出现难以为继的情况。这种情况下，就会出现两种可能。一是原来的继承式宗族分解；二是出现某些强支贤人以捐献等方式，实现对族产及相关事务的统一支配，维持原有的宗族系统。有的继承式宗族在分解后，因有少数族人"倡首"捐资，通过修祖墓、建祠堂、编族谱、置族产等方式，对解体的宗族组织重新加以整合，从而形成依附式宗族。这类宗族组织往往有出钱出力的绅富主事，普通族人和支派处于依附地位。合同式宗族的基本特征为族人的权利及义务取决于既定的合同关系，而族人之间的合同关系一般建立在平等互利的基础之上，故可以说，其是以利益关系为基础的宗族组织。它的形成主要与族人对某些公共事业的共同投资有关。这种宗族形式往往出现在族人散居的地区，特别是在商品化程度较高，社会流动性较大的环境中，比如这类宗族组织新移民区就会较为兴盛。① 这三类宗族组织虽然在各地均有存在，但在聚族而居的地区，应以继承式宗族为主，同时会有少数依附式宗族存在；在社会经济发达的江南、徽州地区，则以名门望族、强宗大族等形式表现出来的依附式宗族相对较多；在一些商品经济较为发达的新移民地区，比如台湾，则会出现较多的合同式宗族。②

（七）民间信仰的实用与多元化

民间信仰是中国宗教体系的一部分，为一定范围内不同阶层、行业、社区的人提供一种集体象征和互动空间。③ 从历史变迁来看，宋代以降的民间信仰基本以神明信仰为核心，以祠庙为主要载体。既是一种集体的心理活动，又是基层民众日常生活的重要组成部分，形式多种多样，其形成和发展与不同区域社会的地方文化传统密切相关，反映了乡村社会的内在运行秩序。

---

① 参阅郑振满《明清福建家族组织与社会变迁》，第47~90页。
② 参阅冯尔康《18世纪以来中国家族的现代转向》，第29~90页；郑振满：《明清福建家族组织与社会变迁》，第47~90页；常建华主编《宋以后的宗族形态与社会变迁》，天津人民出版社，2013，第1~21页；秦燕、胡红安：《清代以来的陕北宗族与社会变迁》，西北工业大学出版社，2004，第65~105页；徐斌：《明清鄂东南宗族与地方社会》，武汉大学出版社，2010，第17~64、218~275页；杜正贞：《村社传统与明清士绅：山西泽州乡土社会的制度变迁》，上海辞书出版社，2007，第174~199页；等等。
③ 〔美〕杨庆堃：《中国社会中的宗教：宗教的现代社会功能及其历史因素之研究》，范丽珠译，上海人民出版社，2006，第86~106页。

明清时期的民间信仰在很大程度上延续着宋代以降的民间信仰形态，但也具有鲜明的时代特征。明清国家非常重视民间信仰问题，不管是明代将城隍列为最高通祀对象，还是清代将关帝列为最高通祀；不管是封赐"正祀"，还是打击"淫祀"，都致力于将民间信仰纳入国家统治体系之中，希望借助神明将国家权力渗透到民众生活，实现对广土众民的统治与管理。与国家层面的规范化、统一化形成对照的是，民间社会的信仰始终保持着多元化的面貌，这突出表现在广泛分布于民间社会的多样化的神明体系。按照神格进行划分，主要有自然神、人物神、拟人神等。其中，人物神又可按照身份差异划分为平民、帝王将相、地方官、本地人物神和外地人物神；按照祠神影响范围进行划分，主要包括家内神、村落神、地方性祠神、区域性祠神等；按照祠神与朝廷礼制、儒家正统思想的关系进行划分，主要有正祀与淫祀；根据其与宗教的关系进行划分，主要包括佛教神明、道教神明等。[①]而且，每一种信仰可能包含若干具体人物或神灵，如出现于唐代、传播于宋代、盛行于明清的"五通神"（又称"五显神"），[②]且它们在不同时期有不同的封号。每一个神明又可能衍生出不同的谱系，如关公信仰被佛教奉为伽蓝护法神，被道教奉为"四大元帅"之一，在宋元被诸多皇帝封赐为不同名号的"武安王"，在明清被封赐为"关圣帝君"、"关圣大帝"等。[③]在"多神崇拜"的信仰模式中，它们不但不会发生冲突，反而会有机融合在一起。

不过，民众祭拜各类神明、信仰不同神秘力量的活动，基本是围绕着与生产、生活相关的消灾避祸、预测吉凶、婚丧嫁娶、生育健康、择日择地等内容展开，带有浓厚的实用色彩。例如，明清时期受风水信仰影响在广大南方地区盛行的二次葬。民众之所以深信风水堪舆之术，在很大程度上是受强烈的邀福避祸心理的驱动。在湖州："酷信风水，将祖先坟墓迁移改葬，以求福泽之速效……甚有贪图风水，至倾其身家者，曷不反而求之天理也。"[④]在福建龙岩："又有改葬之陋俗……盖其始虑亲骨入土易朽，易以瓦器，本出于珍护先骸之意，其后为祸福所惑，动归咎于先坟，有一迁再迁至屡迁者，岂孝子慈孙所忍心乎？"[⑤]在岭南地区，既有"葬数岁，子孙有疾厄，则曰

[①] 有关神灵的分类及其体系参见王守恩《论民间信仰的神灵体系》，《世界宗教研究》2009年第4期。
[②] 弘治《徽州府志》卷5《祀典》，《天一阁藏明代方志选刊》第21册，上海古籍书店重印本，1982，第44页。
[③] 乌丙安：《中国民间信仰》，上海人民出版社，1998，第192~194页。
[④] 同治《湖州府志》卷29《舆地略·风俗》，同治十三年刻本，第12页。
[⑤] 民国《上杭县志》卷12《礼俗志》，民国二十八年铅印本，第8页。

葬地独不利于我，清明、岁暮发出之"①的情形，也有"民之贫者多罪坟墓不吉，掘栖他处"②的风气。此外，像祭祀门神主要是为了辟邪御鬼，护佑主人平安；祭祀灶神主要是为了让灶神多说好话，以祈求富贵祥和；祭祀社神是为了祈年报功；祭拜送子观音是为了求子；等等，基本都是出于功利性的目的，且人们为了解决自身的实际需要而游离于各种宗教之间，没有特定的归属。追溯历史，其实这种实用主义的宗教心态在先秦、秦汉时期的民间信仰中已较明显，③到了明清时期变得更加普遍。

明清时期民间信仰的多元性、实用性在一定意义上是儒释道三教互动的结果，而儒释道三教的世俗化、平民化无疑起到重要推动作用。④尽管宋明理学在理念上排斥佛教和道教，明清国家从制度、政策、文化等层面也抑制佛教和道教的发展，但是在宋代以降的社会文化演进过程中，儒释道"三教合一"的趋势日益明显，且持续走向大众化。从民间信仰的层面来看，对儒释道的信仰其实统一于民众的生活之中。明清时期许多地区流行三圣堂、三教堂、三司庙等，同时供奉儒释道三教神圣，有的还供奉其他民间神明。如明代山西晋城的三教堂，民众根据自己的意愿在堂内增设高禖殿、关帝殿、牛马王殿、玄帝殿等，连同三教神圣一同奉祀。⑤又如清代山东博山县的三司庙，不仅供奉有关公、包公、纪公，还设有十王殿，糅合了各种信仰。⑥从历史变迁来看，自佛教传入中国、道教兴起，民间信仰与佛教、道教的互动就未曾中断，并呈现出相辅相成的演变态势。到了明清时期，三教合流持续发展，并与民间信仰形成互生共利的关系。⑦在日常生活中，民众的教育、婚姻、家庭、丧葬、社交等一般是按照儒家的伦理道德规范运行的，而开展各类事项时趋吉避凶、祈福免灾的心理需求大多是由佛教的菩萨、道教的神仙以及其他各类神明信仰来满足的。就具体的社会实践而言，以殡葬为例，明人田艺蘅记述："今俗，疾病则用僧道做斋醮，丧死则

---

① 乾隆《归善县志》卷15《风俗》，乾隆四十八年刻本，第4页。
② 光绪《上林县志》卷3《地舆志下·土风》，光绪二十五年刊本，第13页。
③ 蒲慕州：《追寻一己之福：中国古代的信仰世界》，上海古籍出版社，2007。
④ 参见陈宝良《明代儒佛道的合流及其世俗化》(《浙江学刊》2002年第2期)，以及严明《佛道世俗化与江南民间信仰之关系——以明清时期江南观音、城隍习俗为中心》(《学术界》2010年第7期)。
⑤ 参见张君梅《晋城地区的三教堂考》，《沧桑》2014年第5期。
⑥ 参见民国《续修博山县志》卷13《艺文志》，《中国地方志集成·山东府县志辑7》，凤凰出版社，2010，第491~492页。
⑦ 相关概述参见路遥《中国传统社会民间信仰之考察》，《文史哲》2010年第4期；刘泳斯《民间信仰在"三教合一"形成与发展过程中的历史作用》，《中国文化研究》2012年第3期。有关民间信仰与儒释道互动的历史演进脉络，可参见马新、贾艳红、李浩《中国古代民间信仰：远古—隋唐五代》，上海人民出版社，2010，第217~256、286~327页；王见川、皮庆生《中国近世民间信仰：宋元明清》，上海人民出版社，2010，第23~30页。

用僧道做道场，送葬则用僧道为引导。不惟愚民之家，虽士宦亦有为之者。间为正人君子之所讥笑，则托名曰：'我固知其非礼，奈此先人遗命，不敢违也。'呜呼！君子从治命不从乱命，何惑于异端如此哉！"①尽管田艺蘅是站在维护传统儒家礼制的立场斥责这些行为，但从中不难看出：第一，毋庸讳言，民间举办隆重的殡葬仪式本身就与儒家仁义、孝道、祖先崇拜等渊源深厚，开展哭丧、送葬、祭祀等活动无不留下儒教的印记。第二，僧道在完成儒家丧仪方面扮演着不可或缺的角色。这在清代也屡见不鲜，如清人徐珂记述："太仓丧礼，孝服尚白，用僧道者十室而八九。七日设祭，谓之烧七。七终举殡，十二月腊始行葬礼。有信堪舆家言，停棺庙中，至数十年之久而不葬者，惟知礼者葬则如期。"②此外，像在殡葬期间请风水先生选择葬日和葬地、请礼生写作祭文和告文、请僧人做佛事超度亡灵、由道士做法事解除灾殃、"做七"习俗、中元祭祀等事项无不彰显出殡葬文化深受佛教、道教和其他信仰的影响。总而言之，儒释道信仰混融于民间信仰的世界里，在民众生活中分别扮演着不同的角色、满足着不同层次的需求，总体上保持着和谐相处的局面。

二 学术史回顾

对于殡葬，中国历来甚为重视，它不仅与人们的日常生活息息相关，而且还关涉社会与国家的礼制，故而有关殡葬的探讨，历代相沿，极为丰富。不过近代意义的殡葬史的研究，则起步于 20 世纪二三十年代，以考古学、民族学、民俗学为主导，历史学的研究相对薄弱。③在经历了近半个世纪的沉寂之后，以明清殡葬为研究对象的成果自 1980 年代后期持续涌现，经过 30 多年的积累，相关研究成果已较为丰富。陈华文曾从民俗学的视角回顾了 1983～2002 年重要的丧葬文化研究著作。④时隔十多年，明清殡葬史的研究又取得相当可观的成绩。郎洁曾总结了 1980 年代至 2012 年前后的中国古代丧葬史研究，⑤但遗漏了不少论著，且对明清殡葬史研究语焉不详。为了让本研究更好地建立在已有研究的基础上，在展开正式的探讨之前，特此对 20 世纪特别是 1980 年代以来明清殡葬研究的主要成果做一简要的概述，并对该研究的特征和空

---

① 田艺蘅：《留青日札》卷 27《丧葬用僧乐》，上海古籍出版社，1992，第 507 页。
② 徐珂：《清稗类钞·丧祭类》"太仓人之丧"，中华书局，1986，第 3546 页。
③ 有关 1990 年代以前诸多与明清殡葬文化相关的研究成果可参见夏之乾编《中国各族葬俗研究论著目录索引》，中国社会科学院民族研究所民族学研究室，1989。
④ 陈华文：《关注人类的最终归处——以 20 年来丧葬文化研究著作为例》，《民俗研究》2004 年第 1 期。
⑤ 郎洁：《近三十年来中国古代丧葬史研究综述》，《大音》2012 年第 1 期。

间做一梳理。

总体而言，目前学界有关明清殡葬史的研究大体上可以分为三类。

一是总括性的研究，也就是从整体或某一个方面来论述明清殡葬总体状况或特色。这类研究多为有关殡葬总体或部分内容的通史性著作，明清作为一个历史时期，无疑都会在其论著中占据一定的篇幅。其中丧葬通史性的著作，有徐吉军的《中国丧葬史》（江西高校出版社，1998）、张捷夫的《中国丧葬史》（台北文津出版社，1995）和陈华文的《丧葬史》（上海文艺出版社，1999）等。殡葬礼俗方面的，有徐吉军、贺云翱合著的《中国丧葬礼俗》（浙江人民出版社，1991）、万建中的《中国历代葬礼》（北京图书馆出版社，1998）和石奕龙的《中国民俗通志·丧葬志》（山东教育出版社，2005）等。其中以徐吉军的研究比较具有代表性。徐著《中国丧葬史》第八章为"明清时期的丧葬"，共六节，分别论述了民间丧仪、丧俗、殉葬制度、陵寝制度、西方文明对中国丧葬的影响、士大夫的丧葬观，篇幅不算大，但从多个方面对明清殡葬做了比较系统的论述。这些研究由于作者的学科背景不同，论述的重点往往也多有差异。徐吉军和张捷夫的研究，比较注重殡葬礼制与习俗的历史变迁，而其他从民俗学和人类学出发的探讨往往强调殡葬礼制与习俗的功能和意义。但总体而论，这些研究由于不是有关明清殡葬的专门著作，对相关问题的论述相对比较简单、粗疏，而且基本也没有将明清作为一个重点时期来加以探讨。

除了通史性和整体性的论述，一些断代研究也致力于概述殡葬礼俗的时代发展特色。池雪丰《明代丧葬典礼考述》（浙江大学硕士学位论文，2013）通过广泛搜集丧葬礼仪文献，辅以考古发现，考证了典礼的具体程序，总结了明代丧葬典礼的基本特点。葛玉红《清代丧葬习俗特点之研究》（《辽宁大学学报》2004年第3期）概括了清代丧葬习俗的三个总体特征：等级森严、带有满族特色、具有时代特点（清末民初丧葬礼仪从简、西式丧葬出现、新旧并存）。

殡葬礼制与习俗是日常生活、民风民俗的重要组成部分，因此，有关明清日常生活史、民俗史、风俗史的研究通常会论及殡葬文化。[①]这些著作都有论及明清时期的殡葬礼俗，但在大多数情况下只是点到为止，而且所论也只是殡葬问题的某一个方面。

---

① 代表性论著主要有陈宝良《明代社会生活史》，中国社会科学出版社，2004；冯尔康、常建华《清人社会生活》，天津人民出版社，1990；陈宝良、王熹《中国风俗通史》明代卷，上海文艺出版社，2005；林永匡、袁立泽《中国风俗通史》清代卷，上海文艺出版社，2001；萧放等《中国民俗史》明清卷，人民出版社，2008；周耀明《汉族风俗史》第四卷，学林出版社，2004。

二是专题性研究,即就殡葬中某一具体议题所做的专门探讨。这类研究的内容较为繁复,这里仅就相对集中的主要研究略举数例,有些具体的研究在本书的正文部分会有所论及。大体上有以下几个方面:

1. 皇室陵寝、陵墓

墓葬是殡葬文化的重要物质表现形式,而陵寝是古代墓葬的一种类型,是对帝王墓葬的特称。古代众多统治者为维护身份等级制和强化皇权而制定了严密的陵寝制度。1980年代以来,已有多部专著和诸多论文专门讨论古代的陵寝制度。明清皇室陵寝、陵墓是包括历史学、考古学、建筑学、博物馆学、文学等在内的诸多学科关注的对象,成果颇丰。

明清的综合研究。除罗哲文、罗扬《中国历代帝王陵寝》(上海文化出版社,1984)和杨宽《中国古代陵寝制度史研究》(上海古籍出版社,1985)等颇具影响的通论著作外,近年来也出现了一些专论明清的深入之作。比如有关明代陵寝、陵墓,刘毅《明代帝王陵墓制度研究》(人民出版社,2005)一书全面而细致地考述明代陵寝制度。该书除引论和余论之外,共分三章,分别就明代皇陵制度、王陵制度、帝王陵墓若干问题三个方面展开探讨,认为明代皇陵制度与前代相比创新多而继承少,在选址规则、平面布局、祭祀制度、陵区制度、明器结构等方面都具有鲜明的时代特征。胡汉生《明代帝陵风水说》(北京燕山出版社,2008)着重研究了明代18个帝陵在选址上的风水考量以及陵墓的风水格局,认为虽然风水术中的吉凶祸福之说没有科学道理,其所依据的阴阳五形、河洛八卦等思想也牵强附会,但是风水术所倡导的"吉壤"与现代科学所主张的"宜居环境"有十分相似之处,也符合基本的美学原理。

而有关清代的陵寝、陵墓。宋大川和夏连保合著的《清代园寝制度研究》(文物出版社,2007)可谓代表性成果。该书不仅系统考察了帝王陵寝制度的相关问题,还集中关注了清代的"园寝制度",将宗室、王公、公主、格格、嫔妃等皇室成员的陵墓也纳入考察范围,同时还将清代的陵寝制度放在中国陵寝历史发展的脉络中来展开探讨,对明代特别是清代在陵寝制度上的发展和特色做出了很好的论述。另外,中国第一历史档案馆编《清代帝王陵寝》(档案出版社,1982)是一部彩色图集,主要收集了有关盛京三陵(永陵、福陵、昭陵)、清东陵和清西陵的珍贵历史图片,可以让人直观感受到清代帝王陵寝的面貌。清代宫史研究会主编的《清代皇宫陵寝》(紫禁城出版社,1995)收录41篇论文,其中21篇是有关清代帝陵、后陵、妃子园寝的论文，涉及陵墓建筑、代表性陵寝、陵寝营建和维护、陵寝风水等问题。关于清东陵和清西陵也有不少的论著，比如俞进化《清东陵与西陵》（北京出版社，1981）等。

2. 葬法、葬俗和丧服制度研究

葬法主要涉及如何处理尸体以及将带有尸体的棺材置于何处的问题。不同的葬法蕴含着不同的礼仪、风俗、观念和信仰，与特定时期的政治、经济、制度、社会、文化密切相关。因此，研究葬法是考察殡葬文化的基础。邓卓明与邓力合著的《中国葬俗》（重庆出版社，1992）对悬棺葬、树葬、塔葬、天葬、水葬、土葬、火葬七种葬法的葬制、礼仪、演变、文化内涵等进行一一阐述。此书虽非严格的学术著作，但对我们了解中国古代的葬法十分有益。尽管传统中国存在多种多样的葬法，但是目前受到学术界关注最多的是悬棺葬和火葬。关于悬棺葬。陈明芳《中国悬棺葬》（重庆出版社，1992）从悬棺葬的命名、起源、观念基础、地理分布、文化内涵到悬棺葬的年代、族属与崖洞葬的差异，都进行了颇为深入的研究，是国内第一部系统研究悬棺葬的专著，受到学术界的高度赞誉。而霍巍和黄伟合著的《四川丧葬文化》（四川人民出版社，1992）包含"悬棺葬"一章，专门论述了四川地区悬棺葬的分布、类型、时期、特征。其实，悬棺葬是一种奇特的文化现象，很早就受到学术界的注意，其研究发端于1930年代，到20世纪末已有可观的成果。① 关于明清火葬，虽然尚未见相关专著，但已有不少的论文做了比较系统的论述，比如常建华《明清时期的汉族火葬风俗》（《南开史学》1991年第1期）探讨了明清时期汉族的火葬习俗，认为这种习俗主要流行于东南沿海地区的社会下层贫民之中，佛教的影响、对风水的迷信、停丧不葬、贫穷、人多地少等是其主要原因。明清两代的政权都严厉禁止火葬，但由于无法解决百姓面临的实际困难，因而收效有限。尹德文《清太宗皇太极火葬考略》（《故宫博物院院刊》1985年第1期）列举诸多文献史料，考证了皇太极死后实行火化的史实，并指出满族火葬习俗一直延续到康熙时期，从雍正开始才日渐推行土葬。

殉葬礼俗也是较受关注度的。据考古学的研究，殉葬现象起源很早，先秦时期已是一项制度。虽然历代都有反对殉葬的声音，但这种礼俗一直延续到了晚清民国时期。黄展岳《中国古代的人牲人殉》（文物出版社，1990）系统论述了从史前到明清的人牲和人殉制度，其中与殡葬文化关系密切的人殉在隋唐衰微之后，又于宋元明清时期再度复活，并持续蔓延。此外，作者还考察了明清皇室的宫妃殉葬制度，认为在

---

① 参见陈明芳《中国悬棺葬研究概况及其展望》，《史前研究》2000年卷。

专制背景下，明代大多数从殉宫妃是自愿的，明代宫妃殉葬制度到明英宗时正式废止；满族入主中原以前，皇室从殉的对象除一般宫妃以外，还有大妃、福晋、章京和侍卫，到了康熙年间，清朝正式废止从殉制度。马利红《浅谈清皇室殉葬习俗》（收入支运亭主编《清前历史文化：清前期国际学术研讨会论文集》，辽宁大学出版社，1998）指出，从皇太极开始，满洲皇室开始有限度地禁止殉葬，到康熙时期则全面革除殉葬习俗。

丧服制度是规范人们在居丧期间衣着的制度，作为殡葬礼俗的一部分，其主要意义在于表达对死者的悼念和居丧者失去亲人的悲痛心情。据学者考证，丧服习俗最早可追溯至新石器时代，而具有典型意义的丧服制度则出现于春秋战国时期。[①] 虽然经过不断调整，但由于战国秦汉以来的丧服礼制已较为完备，因此明清时期的丧服制度整体变化不大。正因如此，目前有关研究多集中在整体意义上的丧服制度和唐宋以前的丧服礼制，对明清时期的丧服制度着墨并不多。丁凌华《中国丧服制度史》（上海人民出版社，2000）详尽考述了中国古代的丧服服饰制度、服叙制度及其在法律上的适用、守丧制度，每一专题中都涉及明清丧服制度的演变及其原因、基本特征。在考察守丧制度时，作者还专门分九个方面探讨了明清守丧法的调整，并结合守丧实践和官吏守丧解职制度论述了明清守丧制度的时代特征。赵克生《丧服制度与明代文官的丁忧、夺情和匿丧》（收入氏著《明代国家礼制与社会生活》，中华书局，2012）以明代文官群体为考察对象，将丧服制度与丁忧、夺情、匿丧等礼俗相结合，探讨了丧服制度在实施过程中产生的问题与对策，对研究国家制度的实际运行具有示范意义。

3. 区域性研究

虽然明清都是统一的国家，但是由于不同地域、不同历史阶段和不同民族之间存在社会、经济、思想文化的差异，与殡葬相关的习俗也概莫能外。所以，探究一定地域范围内、不同历史时期的殡葬文化始终是明清殡葬史研究的重要课题。其中比较重要的研究成果有，霍巍和黄伟有关四川的研究，他们在《四川丧葬文化》（四川人民出版社，1992）一书中，分别探究了史前葬制、巴蜀时期的墓葬、秦汉时期富有特色的墓窟和画像砖墓、隋唐五代时期墓葬形制特征和丧葬风俗、宋元明清时期各具特色的代表性墓葬、晚清时期丧葬礼俗的流变以及近现代少数民族的丧葬习俗及其变迁。何彬《江浙汉族丧葬文化》（中央民族大学出版社，1995）总结了江浙地区汉族葬俗

---

① 丁鼎：《试论丧服习俗的起源》，《思想战线》2001年第4期。李玉洁：《中国古代丧服制度的产生、发展和定型》，《河南大学学报》1989年第4期。

的特征，剖析了其中蕴含的丧葬观念，并从文化交融、历史演变、地理环境、风俗习惯等方面探讨了江浙汉族形成特色葬俗的原因。德国汉学家罗梅君所著《北京的生育、婚姻和丧葬——十九世纪至当代民间文化和上层文化》（王燕生等译，中华书局，2001）则利用外国人的见闻、社会学和人类学的实地调查资料、作者本人的采访记录以及一些文学作品，从民间文化和上层文化的关系出发，对19世纪至1980年代北京的平民百姓和新旧上层人物在生育、婚姻和丧葬方面的风俗与习惯、仪式与典礼、观念与行为方式等方面进行了深入浅出的分析。其中第三章考察了老北京民间和上层的丧葬礼俗实际形式，认为传统丧礼用符合伦理道德的无欲无求的"孝顺"形式，来掩盖这种经济利益的盘算，并且还通过葬仪将这种"孝顺"和家庭财富展示给众人，以增加丧家的象征性资本，所以丧主必须表现出对死者的充分"孝顺"。民国以后，新的国家政权不再通过丧礼所指认的天生秩序观念以使自己获得合法性，而以社会及政治改革者面目出现。作者运用社会学、人类学方法对于中国人生礼俗作了文化结构性的分析，指出了中国礼俗变迁中所体现的文化内涵的变迁机制，颇具启示意义。徐吉军《长江流域的丧葬》（湖北教育出版社，2004）以整个长江流域为讨论范围，认为此地域的丧葬文化总体上具有多元性、神秘性和传承性，并从区域、民族、历史、文化、宗教、阶级几个方面总结了长江流域丧葬文化的多元化特征，从丧葬程序、葬法、墓地、墓室、葬具、随葬品、丧葬观念等几个方面综述了长江流域丧葬礼俗。陈华文与陈淑君合著的《吴越丧葬文化》（华文出版社，2008）从先秦吴国、越国的文化及此地区的自然地理环境谈起，较为全面地总结了吴越地区的丧葬文化特征，梳理了吴越丧葬习俗的起源和发展，又分别就葬法、葬式、特殊葬俗、葬礼仪式、棺椁、墓葬形式、丧服、居丧、信仰、风水文化、殡葬改革论述了吴越地区在殡葬方面的区域文化特色，可谓研究区域丧葬文化的代表作。

除了这样比较通论性的区域研究外，还出现一些就明清时期地域殡葬史方面颇为深入的专题论文，这些研究较多地聚焦于南方地区。夏寒《明代江南地区墓葬研究》（南京大学博士学位论文，2006）以明代江南地区的墓葬为研究对象，对该地区的墓葬形制、随葬品以及早期陵墓神道石刻和功臣葬地等方面的问题进行了探讨，并进一步对明代墓葬制度与实践和墓葬所反映的社会风俗变迁展开了阐述。卞利《明清以来徽州丧葬礼俗初探》（《社会科学》2012年第9期）探讨了明清时期徽州的丧葬仪礼，认为当时的殡葬处于礼仪与习俗并存、厚葬与薄葬并行、良风与陋俗同在的矛盾状态之中。地方官府和民间宗族组织一直致力于对丧事活动中礼俗的整合，纠正违礼行为，但效果并不显著。王尊旺、王筱《明清福建停柩不葬习俗述论》（收入赵麟斌主编《闽台民俗散论》，海洋出版社，2006）就明清福建地域内盛行的停柩不葬习俗展开讨论，认为此地的停柩不葬具有功利性、非理性、渐变性、变异性的特征，指出风水说、厚葬说是导致这种习俗的主要因素，官府和地方精英采取一系列措施加以禁止，但作用有限。张传勇《因土成俗：明清江南地区的自然地理环境与葬俗》（《中国社会历史评论》第9卷，天津古籍出版社，2008）在考察明清时期江南自然地理环境的基础上，认为江南水浅土薄的地理环境给人们营葬提出挑战，为了避免水泉之湿、虫蚁之患，人们从选择葬地、浅土葬埋、灰隔葬法以及葬后培土等方面着手应对，这在一定程度上达到了固护棺骸的目的。朱海滨《近世浙江丧葬习俗的区域特征及地域差异》（《中国历史地理论丛》2011年第3期）总结了近世流行于浙江地区的土葬、火葬、二次葬、潮魂葬等习俗的特征与差异，探究了产生这些特征与差异的原因。

4. 以满族等少数民族为中心的研究

明代是由汉族建立的统一多民族国家，施行汉族的礼俗自不待言。满族入关前虽已受到汉文化的影响，但社会的制度、文化、习俗等都与汉族不同，因此，满汉之间的差异以及满族入关前后的演变成为殡葬史学者最为关注的主题。杨英杰《满族丧葬习俗源流述略》（《中南民族学院学报》1988年第6期）按照满族发展的历史脉络论述其主要的丧葬习俗及其变迁。岑大利《清代满族的丧葬习俗》（《故宫博物院院刊》1992年第4期）从九个方面比较了满族入关前后殡葬礼俗的废止与保留。佟悦《清入关前满族丧葬习俗的时代特征》（《满族研究》1993年第3期）聚焦16世纪末17世纪初这一满族殡葬礼俗发生较大变异的时期，主要就殡葬礼仪、人殉制度、火葬习俗及其变化进行了探讨，认为清入关前满族的殡葬礼俗是女真传统习俗接触汉文化后的变异形态，与新形成的满族共同体相适应。汤夺先《清时满族葬俗浅论》（《青海社会科学》2001年第2期）介绍了满族早期的天葬、树葬、水葬、火葬等殡葬形式，并考述了满族土葬的具体仪式，认为清代满族葬俗具有礼轻、受儒家思想尤其是孝文化影响较大、礼节烦琐、禁忌较多、亲情味极浓等特点。刘红力《浅谈古代满族丧葬习俗演变的特点》（《西安社会科学》2010年第6期）着重讨论了满族入关后殡葬礼俗的三个重要变化：葬法由多样走向统一、葬仪封建性增强、废止人殉制度。

关于其他少数民族，学界也有一些探讨。白耀天《壮族丧葬礼仪述论》（《广西民族研究》1993年第4期）阐述了壮族丧葬观念的演变，认为自17世纪以后，壮族文化进入全面接受汉文化的涵化与整合时期，在殡葬礼仪方面逐渐由原来的鼓乐娱尸、巫送死者鬼魂离家，转变为迎接死者鬼魂回家供奉，并根据民族自身传统构建了"送火"、"回家"、"剃发除孝"等礼仪，从而形成一套相对完备的殡葬礼制。姚旭、李向军《包头地区所见明清蒙古族葬俗》（《阴山学刊》2012 年第 1 期）探讨了明代蒙古土默特部阿勒坦汗引入藏传佛教后，蒙古草原丧葬礼俗的变化，评述了民间通行的天葬、火葬和土葬以及贵族的殡葬文化，并考察了清代喇嘛阶层的殡葬仪式、葬式、葬法，认为蒙古族的殡葬礼俗在藏传佛教以及蒙汉互动的过程中吸收了佛教的因素和汉族的习俗。和丽东《论丽江纳西族丧葬方式的变迁》（《云南师范大学学报》2007 年第 5 期）概述了丽江纳西族殡葬方式从古到今的演变脉络，其中，清代"改土归流"是纳西族殡葬礼俗转变的一个契机，由普遍施行火葬到逐渐接受土葬。

三是殡葬社会文化史的研究。这类研究虽然也可以视为专题研究的一部分，但与上述研究较多地立足于殡葬礼俗演变梳理和功能意义的探讨有所不同，其虽然探究的多为殡葬问题，但更多地立足于时代的社会文化特色及其变迁，可谓社会文化史视野下的殡葬研究。虽然目前这方面的研究还不算多，但是当今明清殡葬史研究的新趋向。这类研究就主题来说，大体有以下三个方面。

1. 精英文化与大众文化互动视野下的研究

张寿安《十七世纪中国儒学思想与大众文化间的冲突——以丧葬礼俗为例的探讨》（台北《汉学研究》1993 年第 2 期）从丧葬礼俗入手探究了 17 世纪儒家精英文化和大众文化之间的冲突与互动。传统社会根深蒂固的"风水观念"以及某些现实的社会经济因素，使得当时普遍存在的居丧娱乐化和停葬、缓葬等葬俗丧俗行为，与正统的儒家殡葬礼仪多有抵牾。为此，不少儒家精英试图通过说教、组织葬会和颁布政令等方式来移风易俗，净化俗葬，但结果却并不理想。何淑宜《明代士绅与通俗文化——以丧葬礼俗为例的考察》（台湾师大历史研究所，2000）共四章，分别讨论了明代中叶以后殡葬习俗由俭入奢的转变、士绅批评不良殡葬仪俗、士绅反省殡葬礼制和士绅改革殡葬礼俗四个问题。全书环环相扣，条理清晰，以殡葬习俗为切入点探究明代精英阶层与通俗文化的关系。之后，其专文《以礼化俗：晚明士绅的丧俗改革思想及其实践》（台北《新史学》11 卷第 3 期，2000）综合其书第三、四章的内容，进一步阐述了明代中后期精英文化与大众文化的互动、冲突以及精英凭借其权势对大众文化进行改造的实践。钞晓鸿《明清时期的"停柩不葬"》（收入刘钊主编《厦大史学》第 2 辑，厦门大学出版社，2006）依据地方志资料探讨了停柩不葬现象产生和盛行的普遍性原因以及官府和士绅整顿此风习的诸多措施，并就清代士绅阶层内部在停柩不葬问题上的分歧进行了分析，认为精英阶层的分化削弱了清朝的统治基础。

2. 区域社会文化史视野下的研究

王卫平《清代江南地区社会问题研究：以停棺不葬为例》(《江苏社会科学》2001年第2期)认为清代江南城乡各地广泛存在停棺不葬的问题，其原因或为贫困无力，或为惑于风水，或为地方恶势力的阻葬。这种社会问题蔑视孝道、冲击礼教、污染环境，因此中央与地方政府以及社会团体或组织通过各种方式消除停棺不葬的现象，取得了良好的效果。冯贤亮《坟茔义冢：明清江南的民众生活与环境保护》(《中国社会历史评论》第7卷，天津古籍出版社，2006)从环境史的角度探讨了普遍存在于江南的义冢、火葬、停柩不葬等问题，指出由绅商富室主持的慈善组织维系着大量义冢，维护着环境卫生。他的另一篇论文《土火之争：清代江南乡村的葬俗整顿与社会变革》(收入钱杭主编《传统中国研究集刊》第2辑《社会·历史·文献——传统中国研究国际学术讨论会论文集》，上海人民出版社，2006)指出，清代江南地区存在大量由慈善组织维系的义冢，弥补了官方力量的不足，并以义举的形式，长年维护着地方环境卫生。由于江南土地稀少，下层民众贫乏无力，殡葬多使用火葬的方式，但这与官绅倡导的土葬相冲突，因此，官府多次颁布禁止火葬的命令，以治理火葬习俗，不过，火葬依然盛行。在咸丰朝前后，江南义冢的存续发生了两个重要变化：一是公共卫生意识被纳入官绅提倡土葬的理论中。二是同治以后，由于太平天国引发的战乱造成大量荒地，这给官方提倡土葬，普遍设置义冢提供了契机，对消弭火葬风俗创造了条件。吴琦、黄永昌《清代江南的义葬与地方社会——以施棺助葬类善举为中心》(《学习与探索》2009年第3期)梳理了江南义葬的发展历程，探讨了义葬的组织形态和主要内容，认为义葬对解决停棺不葬、浮尸路毙、阻葬等社会问题和革除殡葬鄙俗、改良社会风气具有重要意义。黄永昌：《清代江南的阻葬问题与社会调控》(收入彭剑主编《近代史学刊》第7辑，华中师范大学出版社，2010)对利用命案、尸骸进行敲诈勒索，阻挠丧葬以谋取私利的行为进行了辨析，认为阻葬主要有五种类型，导致阻葬问题十分严重的主要因素是地方治理的低效和失范。阻葬行为会带来败坏社会风气、激化社会矛盾、增加丧葬成本等消极影响，国家和社会采取各种措施治理阻葬行为，但效果不佳。最终，善会善堂通过提供一系列服务，成为整顿阻葬问题的主体力量。

3. 国家与社会关系视野下的研究

宋继刚、赵克生《明代文官丧葬公文与丧礼制度建设》(《古代文明》2014年第2

期）通过分析一种特殊的政府文书——丧葬文书，指出明代文官死后，国家举行官方祭奠、修坟、安葬等活动，而这些措施的落实有赖于各级政府间传递的公文，因此，这些公文就成为礼制从思想转化为实践的重要载体和媒介。该为认为这些文书可以让我们直观感受到明代由国家主导的丧葬礼制建设，以及国家如何在丧葬层面完成礼仪与行政的有机结合。不过，公文日渐烦冗，且其中的套语和程式化表述使得国家对于丧葬礼制的建设多集中在祭葬内容的审批上，对于最后的执行情况则无法掌控，这显现出国家丧礼建设的局限性。赵克生《明代文官匿丧与诈丧现象探析》（《东北师大学报》2006年第2期）指出，在明代低级文官中，普遍存在匿丧、诈丧的现象，这些现象多衍生自丁忧制度。通过匿丧，官员可以规避丁忧制度带来的经济、政治、身体等方面的损失或不便；通过诈丧，官员可以利用丧假的权利逃避职事，蒙混选关。为打击这些行为，明朝制定了一系列行政法规以及一些法律制度。张传勇《清代"停丧不得仕进"论探析——兼论清代国家治理"停丧不葬"问题的对策》（《中国社会历史评论》第10卷，天津古籍出版社，2009）探析了"停丧不得仕进"的基本内涵、提出背景和实践状况，认为这种规范虽然在个别地区实行过，但由于操作困难，执行的社会成本过高而未推广开来。这背后其实反映出清代国家治理停丧不葬问题的基本理念是劝化，避免使用强制性手段。

纵观近30多年来明清殡葬史研究，取得了不小的进展，不少学者提出了许多新的见解。总体而言，以往的研究具有如下特征：

第一，研究的广度和深度得到加强。1990年代以前，有关明清殡葬史的研究基本集中在概论殡葬制度、丧葬礼仪、文化习俗、墓葬形制与布局等方面。1990年代以来，除了制度的研究之外，葬俗、葬法、丧服、各类殡葬违礼现象、不同层次的墓制和墓地、不同时空和民族的殡葬礼俗等都进入了研究者的视野。而且，相较以往主要关注殡葬史的宏观变化和阐释整体的殡葬文化，近年来的研究逐渐走向深入，无论是对诸多殡葬礼俗的研究，还是对不同时空与民族背景下殡葬礼俗的探讨，都日渐跳出宏大叙事的藩篱。

第二，研究方法日益多元，使得人们从多角度理解殡葬文化。1980年代以前，学界基本依据考古资料以考古学、民族学、民俗学方法研究古代的墓葬、族属等问题，历史学者则多以实证研究方法考察殡葬礼俗。1980年代后期以来，历史学、考古学、民族学、民俗学、人类学、社会学、文学、法律史学等学科的学者纷纷进入明清殡葬史研究领域，多重视野下的殡葬文化随之映入人们眼帘。而且，不同方法的相互借鉴和融合,进一步深化了明清殡葬史的研究。例如,从历史学的角度而言,殡葬礼仪就是一套规程,而在文化人类学者的眼中,殡葬礼仪的展演本身就具有社会功能和文化意义,殡葬仪式中的人、事、物都具有文化象征意义。[①]这无疑给深化殡葬史研究提供了新的思考路径。此外,像区域史、微观史、环境史、社会文化史等研究方法的运用都给殡葬史研究带来了新气象。

第三,随着新兴研究方法的引入,殡葬礼俗背后的社会文化意涵以及与时代的关联开始受到关注。21世纪以来,明清殡葬史研究受区域社会史和社会文化史影响的趋势越来越明显,研究者的问题意识越发鲜明,将殡葬内容与群体、阶层、国家、地域社会、文化象征、中西互动等社会文化因素勾连,注重在情境中理解和阐释殡葬礼俗的实态。在前述大量有关不同时期、地域和民族的研究以及不同视野下的违礼现象及其应对的研究中,我们能够清晰地看到研究者的内在关怀在很大程度上不是殡葬礼俗内容本身,而是以殡葬礼俗的内容为切入点,考察一定时空范围内社会文化的统一性与差异性,探究中国社会的内在秩序和运行机制。

综上,近几十年来史学界明清殡葬史研究取得了长足的进步和较大的成绩。但总体而言,在许多方面仍然相当薄弱,已有的研究也存在着不小有待拓展的空间。概而言之,至少有以下几方面值得重点突破:

第一,研究的不平衡性问题突出。整体而言,在一些通论性的著作中,对明清的部分着墨并不甚多,相对于明清史料的丰富性和与现代世界的关联性,这部分内容在整体中所占的分量显得相对较轻。另外,在有关明清的研究中,对清代的关注胜于明代。尽管从中国古代史的演进来看,明代与清代有许多相似之处,然而,在疆域、地域、民族、信仰、群体、思想、文化等诸多方面,明代与清代都存在显著的差异。虽然明清时期的殡葬礼制大同小异,但是不同地区、不同历史阶段、不同民族的殡葬习俗及其实际状况存在的差异不可小觑,是殡葬文化的一部分。尤其突出的是,目前的研究在某些点上研究比较深入,但缺乏整体性的探究和评论。比如,当前的研究过度集中于明末清初和清末民初两个时段以及南方特别是江南地区。而就殡葬史的内容而言,陵寝、陵墓、殡葬制度的研究远多于殡葬思想、仪式和习俗的研究,且对其他阶层墓葬的研究相比对皇家陵墓研究大为逊色。这种不平衡显然会大大妨碍我们从整体上来认识和把握一个时代的殡葬情况和特色。

[①] 参见周少明《有关中国丧葬仪式的理论探讨》,载叶涛、周少明主编《民间信仰与区域社会:中国民间信仰研究论文选》,广西师范大学出版社,2010,第212~225页。

第二，比较缺乏对殡葬实际状貌全面具体而深入细致的论述。较早的研究，受宏大叙事的影响，较少细致地铺陈礼俗的具体内容，特别是明清作为中国封建或传统社会的末期，故而其殡葬礼俗也往往被视为宋元的余绪而语焉不详。近年来，随着宏大叙事的逐渐失宠，社会史、文化史和区域史研究的不断兴起，相关的研究开始越来越多将殡葬作为切入点来考察某个具体历史时空的状况。这些研究虽然就某一个点来说较为具体深入，但一者缺乏全面性，二者往往着力之处较多在殡葬背后社会、文化意涵的探析和地方历史脉络的梳理上，对殡葬实际状貌的论述也往往有所不足。

第三，对人在殡葬文化中的作用与意义挖掘不足。毋庸置疑，殡葬的各个方面都与人的生产生活、思想观念、实践活动密切相关。殡葬礼制由具体的人制定和执行，殡葬仪式由许多人共同组织和参与，只有注重人的生存状况、生活情境才能在殡葬史研究中体会到人的情感、信仰和行为模式。当前的研究较少涉及殡葬的情境而未能在历史的场景中理解人们的心态与行为。

三 研究思路与原则

明清时代尽管从传统和近代的视角来看是一个承上启下的时代，而且还被视为中国封建或传统社会晚期，但明清时代并非简单地是宋元的余绪，或现代中国的序幕，而是一个具有相对独立性和内部一致性的特色鲜明的历史时期。就殡葬史的研究而言，明清殡葬史无疑是其中不可或缺的重要组成部分，而明清殡葬观念、制度和礼俗的传承和演变，也无不是明清大历史的一分子。故而，探究明清殡葬史不仅是殡葬史研究的题中之意，而且对更好地认识和理解明清社会，也是不可或缺的。

通过以上的论述，可以看到，目前明清殡葬史研究尽管已经取得了不小的成绩，但也存在较大的进展空间，其中最为明显的当为至少还没有著作对整个明清时代的殡葬及其相关问题做出全面系统的梳理，故而撰著这样一部著作，可谓正当其时。针对当前明清殡葬史研究的现状和本书的体例，我们将主要遵循以下思路和原则展开。

首先，针对本书的体例，我们力求主要以叙述方式尽可能全面细致地呈现明清殡葬的具体状貌。作为通史性的著作，我们不追求对某些具体问题的深入研究，也不致力于探索殡葬相关议题背后的社会文化意涵，而是力求在充分吸收已有研究成果的基础上，通过比较系统的资料搜集，尽可能全面铺叙明清时期与殡葬相关的议题：殡葬观念、殡葬礼制、殡葬习俗、殡葬器物和殡葬问题等，力争让读者能够对明清殡葬的基本状貌有一个全面系统的了解。

其次，尽可能将相关论述置于明清历史的大背景下展开。殡葬观念和礼俗等社会上的存续演变，虽有一定自身的理路，但毫无疑问不可能脱离时代的舞台而独立运作，比如是在明清这一大历史背景下展开的。因此，我们在具体的研究和写作中，力求时时刻刻将殡葬议题置于具体的历史时空中来加以认识和理解，利用我们基本都拥有比较系统明清史学训练这一优势，将时代背景作为一根必须联系的暗线，随时介入具体的研究和写作。

再次，努力把握好主流与地区和民族差异之间的平衡。明清中国是一个地域辽阔的统一多民族国家。前面的论述已经表明，明清时代是个多元文化交流融合不断加深的时期，存在着广泛的地域和民族差异，特别是清朝还是一个少数民族政权。因此，我们在研究中必然需要正视这种差异。但与此同时也必须注意到，明和清总体而言都是一个大一统的中央集权王朝。就主体而言，秦汉以来逐渐形成的汉民族的殡葬观念和礼俗及其行为等无疑仍在社会中占据主流地位，即便是清代，统治者在入关后也很快主动采纳了明代的殡葬礼制。因此，作为通论性著作，我们首先必须抓住主流，以汉民族带有普遍性的殡葬观念、礼俗和行为作为我们论述的重点，同时辟出一些章节探讨地域和民族的差异。

最后，努力处理好殡葬观念、礼俗和行为等变与不变的问题。殡葬观念和礼俗，相对于政治事件等，无疑具有相对的稳定性，其变化显得缓慢而延迟。但长远来看，似乎又可以发现其变化其实并不小。比如，同为传统时代的明和清中前期，基本面看似乎没有什么变化，但仔细观察不难发现，随着社会经济的发展，民间的殡葬礼制和风气也在缓慢地改变着，而殡葬问题及其社会应对，更是随着时代和地域的不同而大有差异。晚清时期，整体社会发生了前所未有的变革，但在殡葬议题上变化却颇不明显，甚至很多方面根本没有变化。但在观念和仪式上也确实悄然出现了对日后颇具指向意义的新变化。故而，我们在叙述中，不要求机械地罗列不同时期的变化，而尽可能在具体的论述中展现某些"润物细无声"式的演变。

第一章
殡葬观念

第一节 孝道与厚葬观

中国传统时期各个时代的殡葬观念虽然互有差异，但也有一以贯之的方面，尽管延续性与差异性同样不可忽视。作为中国传统社会殡葬观念中的重要方面，厚葬观在各个时期均不同程度地影响着人们的殡葬行为。在儒家孝道观念的倡导下，"事死如事生，事亡如事存"是"孝之至"，也因此成为人们殡葬行为的道德规范。

明代士人张宁为友人之母做寿序时提到："食必酒肉，衣必纨绮，居则扇枕温衾，疾则割股尝粪，死有厚葼，祭有丰牢，是皆平居母子之当然。"①

说起厚葬，不得不提起历代帝王的墓葬。明清帝王的陵墓大多保存至今，让我们得以一睹其宏伟与奢华。这些陵墓大多工程浩大，自皇帝即位之初便着手营建，耗资从数十万两到数百万两白银不等。此外，随葬品数量之庞大与精美也令人叹为观止。虽然由于受国家财力以及皇帝个人喜好的影响，不同帝王的陵墓规格互有差异，但即使是薄葬的皇陵，如明仁宗的墓葬，其规格也是普通百姓所无法比拟的。

不过，在当时的社会中，最受关注的并非帝王墓葬之奢侈，毕竟朝廷有着明确的殡葬礼制规定，普通人难以目睹帝王陵墓，更无从置喙。不过，奢华的墓葬、精美的随葬品往往会引来贪婪的目光。当清东陵被孙殿英盗掘，不禁让人感叹帝王为自己身后的精心设计，反而让其在百年之后不得安宁。当然，这种对厚葬招致盗墓的看法在明清之前业已存在。

---

① 张宁：《方洲集》卷16《贺钟母沈氏九十寿序》，《景印文渊阁四库全书》集部第186册，第18b～19a页。

在追溯古代厚葬之风时，明清的士人引述传世文献中的种种事例，侧重点皆在随葬品丰富导致墓葬被盗掘。徐乾学在《读礼通考》中列举历代厚葬之例，后加按语云："古之厚葬者不可悉数，厚葬而遭发掘，亦不可悉数，以其非丧礼所关，故不仅载，举此数端，而厚葬之谬，亦可概见矣。"[1] 顾炎武也在《日知录》"厚葬"条开篇便引述《晋书》中盗发汉陵之事，后又长篇转述《吕氏春秋》"节葬"、"安死"两篇之内容，引厚葬导致亡国之例，痛挞厚葬之习。顾炎武虽未在文字中直接表明自身的态度，但其所引无一不是批判厚葬之文字。[2]

叶盛也反对厚葬。他引用陆放翁之家训称"厚葬于存殁无益，古今达人言之已详"，[3] 而且据他的观察，"厚葬墓园多遭盗发之惨"。[4] 明代日用类书《便民图纂》中在"人事防闲"条下列举了一系列日常起居中的注意事项，以防引来盗贼，其中便有"棺中不宜厚殓，墓中不宜厚葬"。[5]

然而，即使站在道德的立场上对厚葬的批评甚多，也有一些别样的声音。有一则故事在明清士人的笔记中被多次转述。宋代张侍郎厚葬，盗墓贼盗走金银珠宝之后，没有破坏他的棺椁，而且将其墓穴掩埋；晏丞相之墓相距不远，盗墓贼发掘之后大失所望，一怒之下将其尸骨砍碎，世人都说"张以厚葬完躯，晏以薄葬碎骨"。听闻这件轶事的文人将此记录下来，虽然他们大多反对厚葬，但面对这个事例，也不得不感叹"事之不可知如此！"[6] 但明代陈汝锜对这一孤证不以为意，他说人自当有幸与不幸，张侍郎虽然偶然幸免，但历史上薄葬导致开棺戮尸之例不胜枚举，即便如秦始皇的陵墓也难逃被项羽发掘之祸。他进而列举了另外一些例子，有人以金束带装殓下葬，后来家道衰落，子孙贫困，便盗发父祖之墓以求财。他感叹道："厚葬之为遗魄殃，宁独盗贼是虞，更当虞不肖种类耳。"[7]

张宁就曾强调墓葬不应过分追求随葬品的华丽，而他迁葬先人只是为了避开水患。他认为"死者归藏于土，终随化"，入殓时的衣衾棺椁，体现的是生者追思之心，死者已经无法享受了。世上有些人甚至把生活中所用的器物置于墓穴之中，"岂知孝

---

[1] 徐乾学：《读礼通考》卷 84，光绪间刊本，第 21 页。
[2] 顾炎武著，黄汝成集释《日知录集释（全校本）》第二册卷 15《厚葬》，栾保群、吕宗力校点，上海古籍出版社，2006，第 876～880 页。
[3] 叶盛：《水东日记》卷 15，魏中平校点，中华书局，1980，第 153 页。
[4] 叶盛：《水东日记》卷 27，第 270 页。
[5] 邝璠：《便民图纂》卷 10，《续修四库全书》第 975 册，第 275 页。
[6] 王士禛：《池北偶谈》卷 21，勒斯仁点校，中华书局，1987，第 498 页。
[7] 陈汝锜：《甘露园短书》卷 6《葬祸》，《四库全书存目丛书》子部第 87 册，第 76 页。

者哉"？张宁自己在操办亲人丧事时，谨遵祖训，"每葬惟谨具衣衾棺椁，男束木带，女戴漆冠，约发削黄，杨木为簪，丧仪用纸，明器用木，金银珠玉一毫不附于体，玩器妆奁一物不入于圹"。①

王鏊在《震泽长语》中说："古人行事殊非今人所及，而今人过古亦有一二事焉。古人多务厚葬，观《西京杂记》，广川王去疾，发魏襄王、哀王、晋灵公之冢，金玉珍怪甚侈，盖不独秦始皇、吴阖闾也。近世山东、河南粥钟鼎尊，匜穷极巧丽，皆墓中物也。今人自棺椁、衣衾之外，虽富贵之家，一物不以殉，不独不为生者之费，亦不为死者无穷之累，此其过古人一也。"②王鏊讲摒弃厚葬作为今人超越古人之一事，他所谓的厚葬，也是以随葬品之多寡来评判。但是古人厚葬之例多为王侯，自非一般人可比。除了皇帝的陵墓，明清墓葬的随葬品较前代确实有所减少，随葬品也多以实用器物为主。然而，不同于今人对于墓葬规制与随葬品的关注，明清时代对于厚葬的讨论更多地体现在丧仪的排场上。殡葬不仅涉及如何正确地处理死者的肉体，以使其灵魂安息，对于生者，也有着重要的意义。

张尔岐曾经比较过古今厚葬的不同侧重。他认为古代的厚葬注重的是"珠玉之饰，含赍之物，器用宝货之藏也"，而在他所处的时代，情况完全不一样了，入殓时装裹遗骸的衣物"衾绞韬冒之属"尚且有人不会置备，更别说用"金镂玉匣、金蚕玉犬"随葬了。既然如此，为何还经常有人苦于财力不济，经历数十年也不能将先人遗骸安葬呢？张尔岐用一段极其华丽的语言给出了答案：

> 缁黄之忏度不敢以废也，侍从之偶俑不敢以缺也，夹道之幡幔铙吹不敢以不盛也，宾客之酒食衣物不敢以不丰也。其甚者，征歌选舞，杂以百戏，非是则以为朴；结缯缚帛，以象楼观，非是则以为陋。于是嘲轰呕哑之声，艳丽诡异之饰，杂沓衢路，充斥原野，妇孺拥观叹骇踊抃，而后快于心焉，而后为能葬其亲焉。富者破产而逐新，贫者举息而蹶赴。一日之费，十年节约而不能偿也；一家之丧，百家奔走而交相病也。③

---

① 张宁：《方洲集》卷 25《方洲新茔碑阴志》，第 18b～19a 页。
② 王鏊：《震泽长语》卷下，收入《丛书集成初编》第 222 册，中华书局，1985，据宝颜堂秘笈本排印，第 41 页。
③ 张尔岐：《蒿庵集》卷 1《后笃终论上》，《四库全书存目丛书》集部第 207 册，齐鲁书社，1997，第 597 页。

在张尔岐的眼中，当时人追求丧礼的排场已经到了一个极端，富者破产营葬，贫者也群起效尤。人们对此已经习以为常，官员不知禁止，旁观者也熟视无睹。因而当葬亲之时，因为没有财力做大丧礼的排场，人们甚至经年累月暴露亲人遗骸，不肯下葬。张尔岐继而发问，这样做真的有益于死去的亲人吗？答案是否定的，这种做法只不过是世人的攀比之心所致，只能愉悦旁观者，而对亲人没有丝毫助益。在他看来，古人的厚葬，虽然也有悖于理，但仍是为去世的亲人考虑；而当时的人，为了"博妇孺一时之贻笑"，做出了近乎侮辱亲人遗骸的举动，丧礼中的排场和装饰，也常常有僭越的嫌疑。这样，即使本心是为了故去的亲人，而实际做法却适得其反，那还不如由华丽转为简约，严格遵守礼制。

洪亮吉也曾做过类似的比较，不过他对于他那个时代丧礼有着不一样的观察视角。他同样认为古今丧礼之"惑"不同，古人之"惑"，是"空地上以实地下"，"一棺之费，累及千金，一圹之幽，藏及百物"，不如此就不能表达人子之孝心。在洪亮吉看来，这一"惑"还算得上是"爱亲"。然而他观察当时人丧礼之"惑"，在于选择墓地耗费时力，"营一家之地，或迟及十年，谋一穴之吉，必访及百辈"，因此导致死者经年累月不能安葬。如果死者的家族富贵，且子孙较多，那么情况就更加糟糕了。兄弟之间往往不互相沟通，分别请葬师、择葬地，导致下葬的时日、地点久久不能确定。在洪亮吉看来，这种做法"祈福之念，十倍于爱亲之心；为子孙之谋，百倍于为祖父之计也"。因而当时人的营葬，更多是为了自身。除此之外，营葬之家延请僧尼道士，作箫鼓铙吹，"丝麻袒免之亲不及僧尼道士之众也，袒跣哭泣之哀不及箫鼓铙吹之喧也"。更加可悲的是，这原本是愚民的行为，却渐渐为士大夫效仿，贻害无穷。[1]

两人的论述很好地总结了明清时期厚葬问题的重点所在，同样是耗资巨大、奢靡无度，"古人"多注重随葬品之规模与品质，"空地上以实地下"，这种做法虽不可取，但其初衷却是为了死者能在身后继续享受生前的荣华富贵，说到底还是为了死者着想；而明清时的厚葬，多讲究丧礼的排场，墓地的风水，以及邀请僧道、演戏奏乐，同样花费不少，但对于死者却毫无益处，这些做法或是违背礼制的僭越行为，或是为了子孙之福而使死者不得安宁，或是为儒者所不能容忍的僧道法事。

明初虽然对丧葬违礼的批评已经出现，但总体而言，由于刚刚经历战乱，经济尚

---

[1] 洪亮吉：《卷施阁集》文甲集卷1《丧葬篇》，《续修四库全书》第1467册，第238~239页。

未恢复，加之明太祖的提倡与整顿，当时的丧礼尚保持着质朴简约之风。① 但随着商品经济的逐步发展，明中期之后社会风气转向奢靡，而丧葬也渐渐出现了诸多违礼僭越的现象，官方与士人极力试图扭转这种奢靡的社会风气。

丧礼讲究排场成为当时的普遍现象，其转折点就在明中期。《皇明条法事类纂》中就有如此的观察，载成化、弘治年间，奢靡之风已经波及日常生活的方方面面，其中"丧葬务外惟多仪相炫，一筵一费或至百金，一葬之营或至伤产"。② 程敏政也对自己居处之地的风俗变迁有着敏锐的观察："新安旧俗，有得于先正之遗风，故好礼尚约，无慕于豪侈之习，四方以为难。数十年来，渐以销散，而莫甚于亲丧，饰殡仪，崇佛事，僭仪逾越，所费不赀。"③ 这种尚奢的葬俗一直延续到了清代。高佑釲在《蓟邱杂钞》中就描述了京师丧礼的奢侈与浮夸："京师丧家出葬，浮费最多。一丧车或至拜仁昇之，铭旌有高五丈者，缠之以帛，费百余匹。其余香亭幡盖，仪从之属，往往越分。又纸糊方相，长亦数丈，纸房累数十间。集送者张筵待之，优童歌舞于丧者之侧，跳竿走马，陈百戏于途，尤属悖礼。"

竭尽全力治丧，本是孝子尽孝的体现；丧仪的排场，本也是为了宣示死者身后的荣耀。在明清的文献中，孝子的具体表现往往有"厚葬其亲"，而对一个人身后荣耀的做法便是"厚葬之"。厚葬本来也是传统儒家所提倡的一种礼仪，真正让明清时期恪守儒家道德的士人所忧心的则是这种"厚葬"的无度发展达到了僭越、逾礼、奢靡的程度，并导致了一系列的社会问题。在这种厚葬之风的影响下，富室竞相攀比，普通人家也开始效仿，丧礼的规模与奢侈程度反而成为评价子孙孝心的一种标准，丧礼也成了人情迎来送往的场合。因而，厚葬也从对随葬品的重视转移到丧仪的操办，由对死者身后世界的关注转移到如何向亲朋好友展现自己的"孝心"。

如同丧礼盛大的排场一样，择葬地的目的也从保存尸骨到为子孙求福。择葬地之所以也会被归到厚葬一类，是因为请葬师与购买吉地的花费在一些士人看来亦属于"浮费"。当然，择葬地引起的最大问题还是因为葬地久寻难得或无力购买吉壤而导致的迁葬，甚至经年累月不下葬。孝子葬亲，本为先人亡魂可有一安息之地，因而葬地的选择亦需慎重，一般来说要避开"风、水、蚁"三害，以防墓穴遭到破坏。因此

---

① 何淑宜：《以礼化俗——晚明士绅的丧俗改革思想及其实践》，《新史学》第11卷第3期，2000。
② 戴金『皇明条法事類纂』（上册）卷22，古典研究会、1966、547頁。
③ 程敏政：《篁墩文集》卷46《翠环处士胡君墓志铭》，《景印文渊阁四库全书》集部第192册，第4b～5a页。

坚持薄葬的张宁也曾为避水患而迁葬其母之墓地。①此种迁葬虽因于"风水",但目的是为了保护先人遗骨,无可厚非。不过,当时之人多惑于风水之说,认为祖先葬地之风水可以影响后辈子孙的命运祸福,以致择葬地成了邀福之行为,而不再是"孝"的体现。吴肃公就曾痛心地感叹道:"死之葬,犹生之养,葬吾亲而必计祸福为行止,则亲之存也,必计福邀报而后乃致吾孝养焉,亲之饿而死者几何矣。"②不过,时人并非要废除择葬地的行为,毕竟择葬地也是程朱等大儒所提倡的。明人管志道就曾倡导"折衷术家祸福之说",而非废除风水之论。术家祸福之说,讲究"一相,二命,三风水,四积阴功,五读书",而他认为应把这几个要素的顺序重新排列:"积阴功为第一,读书次之,风水又次之,相与命勿道也。"他认为葬地的风水取决于祖宗与子孙的德行,"有晦翁之德之功,而为父母求吉地,天必以吉应之","种德之子孙多,则祖宗之气脉厚矣"。③因此,积阴德才是孝的体现。

佛道丧仪也是明清时期被广泛关注的问题。而在这类讨论中,最被关注的则是广泛流行的佛教丧仪,而道教丧仪只是顺带提及。佛教对于中国丧葬的影响,一方面是丧葬中的做法事超度亡灵的活动;另一方面是火葬。而对于厚葬的讨论,往往只涉及前一个方面。康熙《南安县志》抱怨当地丧事"多用浮屠,功果之费用数倍于衬身"。④由此可知做佛事的花费不少。张履祥就曾说:"佛事之费,富者数百金或数十金,贫者亦数金,何不移此以厚于送死之具?"⑤佛教丧仪的流行,与佛教在当时民间的广泛传播有密切关系。佛教丧仪甚至已经融入到了民间丧礼的程序中,其中以"七七"为代表。《清稗类钞》有记载:"太仓丧礼,孝服尚白,用僧道者十室而八九,七日设祭,谓之烧七。"⑥民国《歙县志》也说"七七"之俗"相沿已久"。⑦甚至是否在丧礼操办佛事也会被视作"孝"的标准。弘治《吴江志》便记载了当地如此的风俗:"其父母死,僧归荐之,则人皆歆艳曰:'某人不枉出家,今父母已超升矣。'或俗人请僧荐其父母者,则又歆艳曰:'某人不枉生此好子,今已在天堂矣。'或有一

---

① 张宁:《方洲集》卷25《方洲新茔碑阴志》,第19a~b页。
② 吴肃公:《街南文集》卷3《葬惑辨二》,康熙二十八年吴承励刻本,第30~31页。
③ 管志道:《从先维俗议》卷5《折衷术家祸福之说》,《四库全书存目丛书》子部第88册,齐鲁书社,1995,第454~455页。
④ 康熙《南安县志》卷19《杂志之二》,康熙十一年刊本,第596页。
⑤ 张履祥:《杨园先生全集》卷18《丧祭杂说》,陈祖武点校,中华书局,2002,第526页。
⑥ 徐珂:《清稗类钞·丧祭类》,"太仓人之丧",第3546页。
⑦ 民国《歙县志》卷1《舆地志·风土》,民国二十六年铅印本,第3页。

人不作因果者，乡党已为贬议，共目为不孝之人。以故服缁黄而持锡钵者相煽成风，接踵而去。"①在这种社会压力下，很多人不得不从俗而做佛事。另外，明清许多士人家族的成员往往信佛，尤其是当父母信佛时，士人在操办丧礼时往往会面临着坚持儒家礼仪或是顺从父母意见的两难选择。虽然他们在言论中往往对做佛事的行为严加批判，但实际行动中却不得不妥协，毕竟孝道也要求他们顺从父母的意愿。

与厚葬有关的探讨，大多与"孝"有着密切的关系。如何才是"孝"，这是在营葬中被广泛讨论的问题。徐乾学在《读礼通考》中认为营葬的起源便与孝有着密切的关系。他说："葬者，藏也。孝子不忍其亲制体魄暴露于地上，而坎土以藏之，勿使人见。《孟子》云：'上世尝有不葬其亲者，不忍见狐狸蝇蚋之患，遂归反蔂埋而掩之。葬埋之法盖权舆于此矣。'"②明代毛伯温曾说："不私妻财以奉亲，孝之始也；不藉兄弟以厚葬其亲，哀毁其目，孝之终也；生子自立，克承父志，孝之报也。"③在儒家传统的道德观念中，"生，事之以礼；死，葬之以礼，祭之以礼"是实践孝道的基本原则。明初士人苏伯衡就做过一个很好的类比：

> 子之本乎亲也，犹草之本乎荄，木之本乎根也。草木，植物也，犹能庇其本，人子于其亲，苟不厚报焉，可谓知务乎？生而事之，死而送之，则所以报本也。养之谓事生，葬之谓送死，养不可不厚也，葬可以不厚乎？至于葬，则无所为孝矣。生而养之，或失于薄，犹可得而用吾力也；死而葬之，或失于薄，将复何所用吾力哉？是故易于丧葬，皆取诸大过，与其失之薄，无宁过于厚也。过厚云者，岂曰若后世之厚葬云乎。亦曰，周于身者，必诚必信，不使有悔云尔；周于棺者，必诚必信不使有悔云尔。何莫非我之所当为，故曰，非直为观美也，然后尽于人心。④

从这些论述中我们可以看出，明清士人对于厚葬模棱两可的态度。一方面，其与孝道密切相关；另一方面，厚葬久丧亦是儒家先贤所提倡的。儒家经典中多

---

① 弘治《吴江志》卷6《风俗》，收入《中国方志丛书·华中地方》第446册，台北：成文出版社，1983，第226~227页。
② 徐乾学：《读礼通考》卷82，第1页。
③ 毛伯温：《毛襄懋文集》卷3《罗养晦挽诗序》，《四库全书存目丛书》集部63，第263页。
④ 苏伯衡：《苏平仲文集》卷7《厚本亭记》，《四部丛刊初编》（缩本），商务印书馆，1936，第95页。

有厚葬其亲的论述，因此那些坚持儒家礼仪规范，反对厚葬的士人面临着一个小小的悖论。厚葬之风的兴起往往与先秦儒家联系到一起，而"节葬"反而是墨家所倡导的。墨家曾经批评过儒家所倡导的厚葬久丧，反对那种"棺椁必重，衣食必多，文绣必繁，丘陇必巨"的丧礼做法。明清士人也不得不对此做出回应。王世贞就曾说出厚葬由兴起到遭受批评的过程："自中古之不忍暴露于其逝者，而仁人孝子益思所以致其爱与慭，而财力又足以办之，于是厚葬之所由兴。而所谓革阓、三操、大軷、万领、璧玉、戈剑、鼎钟、鼓壶、舆马、女乐之为殉，其丧必捶涂通垄，而墨翟杨贵之徒得以议其后，曰，奈何加功于无用，而损财于无谓，于是仁人孝子之意穷。"①

面对这种自古以来的质疑，一些儒者批评墨家的虚妄，如清末孙宝瑄便以自己的考证来驳斥墨子引上古三代的事例来反对厚葬的做法。据他的说法，上古圣王仍是三年之丧，因而"墨子之情虚"，并总结道："吾则谓墨子嫉孔门守唐虞三代之法过坚，故为是说以动摇天下人之心，使不信儒者之言耳。"②不过，他实际上只针对了久丧之说，回避了厚葬这一批评。其实，明清士人很容易地便可在儒家经典中找出驳斥墨家的事迹，那便是《孟子》一书中墨者夷子与孟子的辩论。夷子虽然属于提倡"节葬"的墨家，但他却厚葬其亲。孟子在与夷子的论辩中说出了那段葬埋之法由情而起的论断。在这则故事中，夷子的言行不一，也让墨家的倡导大打折扣。明清士人在解说这一节时，无一不站在儒家的立场上强调厚葬为人之常情，即使提倡薄葬的夷子也会良心发动，厚葬其亲。明儒焦竑便说："厚葬其亲，正是夷子良心之发动，有不安于薄葬者……夷子之厚葬其亲，正是其本心之明而有合于仁人孝子之道也，自有其明而固为其学之蔽，自有乎仁孝而不能扩充之以尽仁，不亦可惜耶！"③

虽然厚葬是仁人孝子之道，但毕竟过度的厚葬引发了一系列的社会问题。虽然仁孝之心促使孝子厚葬其亲，但是在实际行为中也要按照自身的财力来操办丧事。为了说明丧礼要"称家之有无"，孔子不同意厚葬颜渊的故事便经常被引用。明代郝敬的《论语详解》中便说：

---

① 王世贞：《弇州山人四部续稿》卷107《文部·敕封钱孺人褚氏墓志铭》，沈云龙选辑《明人文集丛刊》第1期第22种，台北：文海出版社，1970，据明崇祯刊本影印，第1a～1b页。
② 孙宝瑄：《忘山庐日记》，光绪二十四年戊戌五月十八日，收入《续修四库全书》第579册，第677页。
③ 焦竑：《焦氏四书讲录》孟上卷10，收入《续修四库全书》第162册，第260页。

君子安贫，至死不二，生贫而死求富，与生无臣而死为有臣，行诈欺天等也。圣人自待、待子、待门人礼同也。礼所贵厚葬，惟君与亲亲，葬亦称家，竭力而葬，子可知矣。死者所须，一抔之土，七尺之木，一袭之衣，此外皆浮文虚费。葬者藏也，敛手足形，骨肉归于土，皆得为藏。夫子自谓不得大葬，亦不至死于道路，得所而已，得所即为厚，生而箪食瓢饮，死而有棺无椁……说者疑有棺无椁墨道也，夫墨道所以得罪于君子，为其亲丧无服，非为有棺无椁也，傥墨子不为宋大夫，家贫，其子与门人死而薄葬，君子岂非之。后世以墨道为薄，以破产厚葬为儒行，总之不达于礼耳。①

郝敬说明了儒家虽然强调厚葬，但并不提倡"破产厚葬"，葬礼之薄厚要视乎自家财力，因此孔子、颜子亦不得厚葬。这样，他达到了为儒家辩护的目的，薄葬并非仅墨家倡导，儒家也反对超越自身财力的厚葬。也有一些儒者对墨家的薄葬观赞赏有加，比如李贽就很赞赏墨子的节用主张，认为墨子之俭，孔子"不敢辟以为非"。②

正因为厚葬是儒家一贯倡导的丧礼原则，也是明清时期流行的社会风尚，在明人徐允禄为其祖父下葬之后，一位友人对他的行为有所质疑，认为他"不知礼"，他的回复中引经据典，一一驳斥其批评。其中一点便针对厚葬而言，对此徐允禄答复道：

禄与足下共宗孟子，孟子即自谓厚葬其母，亦曰棺椁衣衾之美止耳。记曰："死三日而殓，凡附于身者，必诚必信，勿之有悔焉耳矣。"今大父五寸之棺，以三和土为圹，足矣。即衣衾弟所不知，然我父忍薄其亲者耶，则我父殓于未葬之前，允禄葬于既殓之后，皆可无悔。于记合而于孟子之悦等也，又安得谓弟薄其大父哉。③

在徐允禄看来，"厚葬"仅仅针对墓穴、棺椁、衣衾而言，这些置办妥当，则已尽礼。不过他葬祖父之后"议者四起"，说明他的做法确实与世俗对奢华丧礼的追求

---

① 郝敬：《论语详解》卷11，收入《续修四库全书》第153册，第271页。
② 李贽：《李温陵集》卷19，收入《四库全书存目丛书》集部第126册，第433页。
③ 徐允禄：《思勉斋集》卷12《与友人论葬大父书》，《四库禁毁书丛刊》集部第163册，第341~342页。

不同。他认为，自己真正没有达到"礼"的要求的地方，是"哀不致毁"，是"立身修德"来为祖先扬名。

这种对"厚葬"的理解于坚持儒家礼仪的士人而言颇为允当，既符合了儒家一直强调的厚葬，也避免了过于奢靡而僭越礼制。清代林伯桐的《士人家仪考》中引用《灰椁纪事》，批评世人不懂得营葬真正需要注意的地方是墓穴、棺木，而非衣衾以及丧礼的排场。

> 今乡俗往往于初丧则竭力以尽饰，至葬事则或将就以省费，此倒置也。考魏叔子禧曰："衣衾之华美，不如棺之精密，棺之精密，不如墓之坚致。盖衣衾虽美，不过以慰一时，棺木亦归土之时所重，若坟墓坚致则千百年不坏之物也。今人久暴露不葬，而专美衣衾，又或酒食僧道，靡费不赀，至于营葬则吝财苟成，其亦惑矣。"先君子曰："宜薄敛，宜厚葬。"敛薄则内无物可欲，葬厚则外无隙可乘。①

而前文提倡厚葬的苏伯衡，他的那篇文章是为了赞颂一位尽心葬亲的士人徐宗起。而苏氏之所以称颂徐氏葬亲为"厚"，并非因为随葬品之丰厚，或是丧礼之奢华，而是他尽心营葬，为了选择一块合适的葬地而费尽心力，并称赞道："死矣而事之如生，亡矣而事之如存。"

虽然有着这些对于"厚葬"不同的解读，但是明清时期厚葬确实更多地被视为一种社会问题，并于尚奢靡的社会风气密切相关，士人对于厚葬的批评俯拾皆是。黄宗羲便曾批评奢葬于民生日用害处甚大。他说："民间之习俗未去，蛊惑不除，奢侈不革，则民不可使富也。何谓习俗？吉凶之礼既亡，则以其相沿者为礼……丧之含殓也，设祭也，佛事也，宴会也，刍灵也。富者以之相高，贫者以之相勉矣。"②明人赵行志在做益都知县时便注意到当地丧葬的奢靡之风，"今俗尚侈靡，凡百丧具竟趋华奢，或多置彩棚，劳费不赀，夺哀情于美观之备，破恒产为耀野之资，且倩助于戚里，招聚乎远人，宴乐谈笑之盛，喧林野而竟昕夕，甚非所以重本实而敦孝思也"。因而颁布《广崇俭约规》，详细规定送葬之具、棚厂、路祭等内容，以扭转奢靡风

---

① 林伯桐：《士人家仪考》卷3《营葬不可苟且考》，《续修四库全书》第826册，第70页。
② 黄宗羲：《明夷待访录·财计三》，收入氏著《黄宗羲文集》第1册，浙江古籍出版社，1985，第40~41页。

气。①在明清时代,国家、地方官、宗族、士人皆着力于整治这股流行于社会的奢靡之风,丧葬就是重点整治对象之一。

陈确是其中的杰出代表,他对丧葬极为重视,并提倡"及时、族葬、深埋、实筑",并有"六字葬法",分别为"时、近、合、深、实、俭"。②他提倡俭葬,而且比营葬"称家之有无"更进一步,他主张:"力有所为而礼有所不得为,礼有所得为而力有所不得为,虽圣人弗为。"因此,即使富室也不应厚葬。他认为:"如僧道优伶喧阗人耳,固极痴愚,即广茔高圹,如山如陵,郁然松楸,被阡越陌,观则美矣,于死者曾有分毫之益否乎?"③他还提倡孝子要注重生前细心侍奉父母,虽然孟子说"养生不足以当大事,惟送死可当大事",但是孟子的本意是"养生之事从容易尽,送死之事仓促难尽",并不是说养生事小。而且"惟养生功夫是父母切实受用处;至于送死,虽必诚必信,勿之有悔,而在人子皆发于实心,在父母则尽是虚文矣"。④因此厚葬不如厚养。

总而言之,关于厚葬的讨论多集中在"礼"与"情",礼便是儒家的殡葬礼仪,情便是孝子之心。前文引述了张尔岐对于他那个时代厚葬之风的批评,他亦提供了殡葬如何能符合"礼"的思考。他说:"考夫子所谓勿过礼者,大端有二焉:一者藏体魄之礼,含袭殓裧棺椁宅兆之属是也;一者事精神之礼,朝夕之奠,重主之设,虞祔祥禫之祭是也。是皆切于亲之身者也,有礼以为之制,则限于分者不敢逾;困于财者,圣人亦不强焉。"他讲殡葬的礼分为体魄之礼与精神之礼,体魄之礼所讲便是孝子如何备置衣衾、棺椁和葬地;而精神之礼则是丧礼、居丧以及祭祀时的规范。他期待有了礼的限制,让世人不敢僭越。

对于流行的厚葬之风,张尔岐认为"或造端于古人,沿今所尚,遂大远于礼意,何如安其分之所适,宜量其力之所可,至庶天下无不葬之亲,人子无不致之情乎?"在他眼里,丧礼中的浮华美饰、歌舞宴饮皆是虚文,只有遵从礼制才能让孝子致其情。也有人质疑他,薄葬之时贫乏之家所为,而不足以言富贵之家。他反驳道,薄葬"无损于尊荣而更为美谈",因此要"奢而示之以俭,俭而示之以礼,移风

---

① 赵行志:《广崇俭约规》,收入光绪《益都县图志》卷11《风土志》,光绪三十三年刻本,第5~9页。
② 陈确:《陈确集》别集卷7《葬书下·六字葬法》,中华书局,1979,第494页。
③ 陈确:《陈确集》别集卷7《葬书下·俭葬说》,第496页。
④ 陈确:《陈确集》文集卷5《养生送死论上》,第155页。

易俗诚贵者贤者之责也"。① 张尔岐的论述为明清时期士人对厚葬的探讨做了一个总结。

第二节 择葬与风水观

清代著名的讽刺小说《儒林外史》记载了这样一则故事：

> 吃酒中间，余大先生说起要寻地葬父母的话。迟衡山道："先生，只要地下干暖，无风无蚁，得安先人，足矣。那些发富发贵的话，都听不得。"余大先生道："正是。敝邑最重这一件事。人家因寻地艰难，每每耽误着先人不能就葬。小弟却不曾究心于此道，请问二位先生：这郭璞之说，是怎么个源流？"迟衡山叹道："自冢人墓地之官不设，族葬之法不行，士君子惑于龙穴、沙水之说，自心里要想发达，不知已堕于大逆不道。"余大先生惊道："怎生便是大逆不道？"迟衡山道："有一首诗，念与先生听，'气散风冲那可居，先生埋骨理何如？日中尚未逃兵解，世上人犹信《葬书》！'这是前人吊郭公墓的诗。小弟最恨而今术士托于郭璞之说，动辄便说，'这地可发鼎甲，可出状元'。请教先生：状元官号始于唐朝，郭璞晋人，何得知唐有此等官号，就先立一法，说是个甚么样的地就出这一件东西？这可笑的紧！若说古人封拜都在地理上看得出来，试问淮阴葬母，行营高敞地，而淮阴王侯之贵，不免三族之诛，这地是凶是吉？更可笑这些俗人说，本朝孝陵乃青田先生所择之地。青田命世大贤，敷布兵、农、礼、乐，日不暇给，何得有闲工夫做到这一件事？洪武即位之时，万年吉地，自有术士办理，与青田甚么相干！"②

吴敬梓借笔下人物之口，谈笑间极尽讽刺之能事，将风水堪舆之术批判得一无是处。其中引述的那首七律，却是明人沈周的诗作。明清时期，士人对风水堪舆之术的批评不绝如缕，但仍不能扭转当时的社会风气。责之切正侧面反映了择葬之风流布之广。风水之术经常被认为有着道教或中国民间信仰的色彩，实际上它早已化入中国殡葬的习俗之中，宗教色彩已经大大淡化。明清时期对于风水观念的讨论，不同风水派

---

① 张尔岐：《蒿庵集》卷1《后笃终论上》，第597~598页。
② 吴敬梓：《儒林外史》，人民文学出版社，1977，第513~514页。

别的论争以及风水观念正当性的讨论占据了中心的位置。

正如吴敬梓笔下所言,明孝陵是刘基为明太祖朱元璋所卜选,这是当时很流行的传闻,甚至当今的风水著作仍津津乐道。明人张岱在《陶庵梦忆》开篇便讲道"钟山上有云气,浮浮冉冉,红紫间之,人言王气,龙蜕藏焉",朱元璋与刘基、徐达、汤和商议陵寝选址,三人将各自心仪之处写下,藏于袖中,最终竟不谋而合,选定钟山。① 不论此事真实与否,明孝陵之址确被古代堪舆家盛赞,而刘基也在民间传说中被塑造成一位料事如神的预言家。② 明清帝王大多登基伊始便着手选择陵地。当时负责此事务的专门机构是钦天监。除帝王之外,钦天监亦服务于王公大臣。《红楼梦》中提到贾府邀请钦天监阴阳司官员治丧一事,③ 但阴阳司实际上并不存在,具体执掌这一职责的是漏刻科。明朝皇帝经常邀请民间堪舆大师为自己卜选山陵,明成祖朱棣长陵之卜选便曾请廖均卿、王贤等民间术士参与。④ 明武宗朝工科右给事中许天锡亦曾建言,在钦天监拣选山陵吉地后,仍需于廷臣中推选通晓地理之人前去勘察,如果有疑问的话,便"移文江西等处广求术士,博访名山,务得主势之强,风气之聚,水土之深,穴法之正,力量之全,如宋儒朱熹所云者,庶可安奉神灵,为国家祈天永命之助"。⑤ 到了清朝,为皇帝择葬地之事便很少有民间术士参与了。另外,皇帝也多亲自参与陵墓选址。明神宗在大臣为陵墓风水争执不下时,亲自前往大峪山,留下一番"在德不在险"的论述后,钦定选址。⑥ 清朝皇帝亲临陵墓选址也是屡见于实录记载,顺治帝之孝陵相传是他在狩猎途中亲自拣选的。⑦

上文提到许天锡向明武宗的建言,要到江西等处广求术士。江西派是我国传统风水堪舆术的重要流派之一,参与明成祖长陵卜选的廖均卿更是此派的重要嫡系传人。江西派又称形势派,宗唐代杨筠松为祖师;而与其对应的另一派为理气派,因在宋代开宗于福建,又称福建派。清代丁芮曾总结道:"风水之术,大抵不出形势、方位两家。言形势者,今谓之峦体;言方位者,今谓之理气。唐宋时人,各有宗派授受,自立门户,不相通用。"

---

① 张岱撰《陶庵梦忆》卷1,马兴荣点校,中华书局,2007,第11页。
② 陈学霖:《刘伯温与哪吒城——北京建城的传说》,三联书店,2008,第93~103页。
③ 曹雪芹:《红楼梦》第十三回《秦可卿死封龙禁尉王熙凤协理宁国府》,人民文学出版社,1982,第177页。
④ 刘毅:《明代帝王陵墓制度研究》,人民出版社,2006,第376页。
⑤ 《明武宗实录》卷1,弘治十八年五月丁未,台北:中研院历史语言研究所,1964,第27~28页。
⑥ 《明神宗实录》卷166,万历十三年闰九月丙午,台北:中研院历史语言研究所,1966,第3010~3013页。
⑦ 乾隆皇帝《恭谒孝陵》诗小注云:"相传孝陵吉地乃顺治年间,世祖行围至此,亲指定者。"见弘历《御制诗集·四集》卷19,收入《景印文渊阁本四库全书》集部第246册,台北:台湾商务印书馆,1986,第30b页。

明初王祎论两派源流颇为清晰，他认为堪舆家的理论本自古代的阴阳家。古人建都邑、立家室都需要择地，而殡葬择地始于晋朝郭璞的《葬书》。《葬书》本有二十篇，后人多妄加增改，直到南宋大儒蔡元定删定《葬书》，删去其中十二篇而保存八篇。后世谈论地理之术，皆以此八篇为宗。甚至宋代大儒朱熹也信奉其说，"以谓夺神功，回天命，致力于人力之所不及，莫此为验，是固有不可废者矣。"后世地理之书分为两派。

"一曰宗庙之法"，即理气派，始于福建，此派起源甚早，直到宋代王伋将其发扬光大。"其为说主于星卦，阳山阳向，阴山阴向，不相乖错，纯取五星八卦，以定生克之理，其学浙间传之，而今用之者甚鲜。"

"一曰江西之法"，即形势派，创始人为江西人杨筠松、曾文迪，此后的传人有赖大有、谢子逸。"其为说主于形势，原其所起，即其所止，以定位向，专指龙穴沙水之相配，而他拘忌在所不论，其学盛行于今，大江以南，无不遵之者。"[①]

无论哪一派的风水理论，皆尊西晋郭璞的《葬书》（又称《葬经》）为经典。元代大儒吴澄认为蔡元定删定的《葬书》还不够精细，便又选择其中"至纯者"为内篇，"精粗纯驳相半者"为外篇，"粗驳当去而姑存者"为杂篇。后吴澄的弟子刘则章又为之注释。[②]明中期，郑谧的注释取代了刘则章的注释，成了最权威的版本。[③]这些后世儒者整理的《葬书》遵从唐代以来杨筠松的形势派传统。不过杨筠松在明清也逐渐被两派风水师所共同尊崇。因为杨筠松在风水理论的影响，后世出现了许多托名为杨筠松的风水作品，而起理论则更近乎理气派。甚至所谓理气派象征的罗经，也相传为杨筠松所作。唐宋间分化出来的形势派与理气派，在明清分别有着不同的命运。

形势派在明清宫廷的堪舆实践中占有绝对的优势。正如上文所说，明太祖长陵之

---

① 王祎：《青岩丛录》，中华书局，1991，第16页。又见其《王忠文集》卷20《杂著》，《景印文渊阁四库全书》第1226册，第430~431页。《王忠文集》中此部分列于"丛录"标题之下，皆为其读书所得，他说："予读书青岩山中，遇有所见辄抄以为书，谓之丛录。"丛书集成本《王忠文公集》与四库本排次序有所差异，且无"丛录"部分，大概已分出《青岩丛录》单行，因其"读书青岩山中"，因以为名。这部分内容多为王祎抄录，比如其中关于医书源流的部分（第16~17页）很明显是宋濂相关论述的简化版（见宋濂：《文宪集》卷9《赠医士贾某序》，《景印文渊阁四库全书》集部第162册，台北：台湾商务印书馆，1983，第46b~49b页），天启元年吴恺茂为《丹溪手镜》作序时，将其掠为己用（见朱震亨撰《丹溪手镜》，冷方南、王齐南点校，人民卫生出版社，1982，序第7~9页）。此段堪舆家源流的论述不知何所本，但亦被《四库全书总目提要》（永瑢等：《钦定四库全书总目》卷109，收入《景印文渊阁四库全书》第3册，第3a~b页）以及清代丁芮朴《风水祛惑》引用（见丁芮朴：《风水祛惑》，收入《续修四库全书》第1054册，据光绪元年刻本影印，第14b~15a页），可见王祎抄录书籍之精审。
② 宋濂：《宋学士文集》卷27《葬书新注序》，王云五主编《万有文库》第2集第700种，商务印书馆，1937，第498~499页。《四库全书总目提要》相关文字应本自宋濂的说法，不过将三人之姓名说得更加清楚。
③ 倪岳：《青溪漫稿》卷19《新刊地理四书序》，《丛书集成续编》第139册，台北：新文丰出版公司，1988，第547~549页。

选即宗江西派。而清代同治皇帝之惠陵选址时，选派的五位风水官仅有廖润鸿一人为理气派，而且当五人观点相左时，廖润鸿的观点常不被采纳。[1]而钦天监漏刻科博士高大宾等人共同撰述的《钦天监风水正论》也以形势派理论为主。负责清惠陵选址的大臣之一翁同龢在与慈禧的问对中便坦言以形势派为宗。[2]

形势派的风水理论也多得到文人士大夫的认同。一来被风水术士奉为经典的郭璞《葬书》多言形势派原则，较少涉及理气派的内容；再者，也更为重要的是，宋代大儒朱熹也是形势派的信奉者。[3]陈荣捷认为："朱子绝无风水信仰。其择地处，乃在形势而非吉凶。"[4]实际上，他忽视了重形势其实也是风水理论的一种。因而在明武宗选山陵时，工科右给事中许天锡会建言要"如宋儒朱熹所云者"。洪武年间的儒者郑真从姚江李师家得金溪谢氏所著《黄牛地钤》一部，为书答谢，其中评价道：

> 地理之学尚矣，汉青乌先生著为《葬经》，昔郭璞祖之，迨至唐杨筠松、曾连口相授受，于是龙穴砂水之法，独以江西为宗，宋大儒考亭朱夫子与元定蔡氏亦讲明之，故其立朝论孝宗山陵事尤拳拳焉，是格物致知之学，固非止阴阳技艺之一偏也。[5]

风水堪舆之术被称为"格物致知之学"。明清时期的墓志铭或人物传记，在称赞逝者博学之时，除了强调他通晓经史百家之言，也常常提及他兼通天文、地理、星命、医术、卜筮等数门学问。对于明清时期的士人来说，儒者之学为圣人之道，而其他的学问虽非正统，但也可算是儒者"格物致知之一端"。一来博学也是儒者的追求；二来如能将这些学问用于践行儒者的仁心与济世之道，也不失为一件好事。比如，宣德间工部右侍郎周忱之父周森便是一位"旁通医卜"之儒者，他"尤嗜郭景纯葬法"。有人因贫困而考虑将先人改葬，希冀通过迁葬吉地而让其家转运，周森却说："吉地非可求，苟有善行，将自遇之。"[6]

---

[1] 史箴、汪江华：《清惠陵选址史实探赜》，《建筑师》2004年第6期，第92～100页。
[2] 史箴、汪江华：《清惠陵选址史实探赜》，《建筑师》2004年第6期，第94页。
[3] 关于朱熹对风水理论的重视及其风水学观点，参见张永堂《朱熹与术数：兼论理学与命理学》，收入刘大钧主编《大易集奥》，上海古籍出版社，2004，第914～928页。
[4] 陈荣捷：《朱子之世俗信仰》，收入氏著《朱子新探索》，华东师范大学出版社，2007，第68页。
[5] 郑真：《荥阳外史集》卷37《书谢黄牛地钤后》，《景印文渊阁四库全书》集部第173册，第6a～b页。
[6] 杨士奇：《东里集·续集》卷28《赠嘉议大夫工部右侍郎周君墓碑铭》，《景印文渊阁四库全书》集部第178册，第19a页。

士人对风水之术的理解也常常深合儒者之念,他们往往强调择葬地是为了安顿先人之魂魄,而不是为了求得子孙之福,"阴地弗如心地好",如欲求子孙之福,那便要靠德行之累积。①明中期的官员程敏政葬父便是一个观察当时士人与葬师互动的很好例子。

成化九年(1473),程敏政的父亲程信去世,程信生前官至南京兵部尚书,因得以赐葬。程敏政请葬师谢子期选定葬地于休宁之南山,一尊形势之法。当时前来为程敏政提供建议的葬师不少,很多人并不同意谢子期的选择。之后,随着程敏政及其家人仕途的沉浮,不停地有人非议葬地之风水。17年后,程敏政母亲去世,将要与其父合葬。这时,又有力主方位之说的葬师前来非议原来的葬地,认为会有水填灌其中。程敏政虽然并不相信,但心存疑惑,便亲自监督开启墓穴,只见"有气蓬勃上腾,其土若曝砖、若焙柏,简尚新而不朽,缶油悉凝为蜡而不败",方知此地实乃灵气所钟,深深感叹谢子期择术之精。程敏政也认为,"凡所为择葬者,欲亲之遗体乘生气获安妥而已"。②

程敏政提到的葬师谢昌,字子期,其风水之术为家传,是当时形势派风水的重要代表人物。程敏政称赞他有儒者之风,尊崇经典而唾弃陋术,"使子期而服儒之服,专致力乎儒者之学,吾党之士或当愧之"。③确实,从朱熹开始,形势派的风水理论便有着很强烈的儒化倾向。不仅其代表人物有儒行,与士人关系密切,而且其理论也开始攀附儒家的传统。至晚到明中期,已经有了风水理论的"五经四书"一说。"五经"的具体书目尚难确定,④但"四书"是相当清楚的,那便是谢昌注释并编辑的《地理四书》。其中包括郭璞的《葬书》、唐代卜则巍的《雪心赋》、宋代刘谦的《地理囊金》、宋代蔡神与(名发,蔡元定之父)的《地理发微》。后人将这四部书合为《地理集要》,后三者原无注释,"微词奥义,亦无所发明",因而谢昌"取三书者字为之释而句为之解,其间考据之必精,引用之必切,而一毫附会之私,穿凿之弊,不敢有存焉,由是三书之言,推之郭氏,靡不合者,遂以附于西山、草庐二大儒考定《葬

---

① 王有光:《吴下谚联》卷2,中华书局,1982,第34页。
② 程敏政:《篁墩文集》卷19《先垄碑阴记》,《景印文渊阁四库全书》集部第191册,第1a~3a页。
③ 程敏政:《篁墩文集》卷23《雪心赋句解序》,第20a页。
④ 现存有明刊本吴澄校订、郑谧注释之《新镌地理五经四书解义郭朴葬经》一书(收入《故宫珍本丛刊》第410册,海南出版社,2000),观其书名,明显为"地理五经四书"中的一部,但此丛书中其他部分书目笔者未能得见。其中称郭璞之书为《葬经》,肯定是属于"五经"的一种。可见此处"五经四书"与下文探讨的谢昌对"地理四书"的划分不同,对于后者而言,郭璞的著作为《葬书》,是"四书"的一种。可见当时并没有一种普遍认同的分类,或许只是当时不同出版商与作者的出版策略与宣传方式。但如此的命名方式可以说明,攀附儒家经典的风水书籍更能得到市场的青睐。

书》之后，更名之曰《地理四书》"。①此书一出，当时的名臣倪岳、程敏政为之作序。到了清代，大学士魏裔介最初接触风水之术也是通过《地理四书》。②

也正因为文人士大夫的重视，我们能够找到更多关于形势派的记载，但理气派并非全无声迹。本节开头引述出自《儒林外史》的故事，其中提到"龙穴砂水"，俱是形势派的理论，下面我们便在另一部小说中寻找另一类风水理论的蛛丝马迹。

在清代小说《歧路灯》中，主人公谭绍闻仓促葬父之后，请地师胡其所观其坟地，胡其所认为坟地风水不好，极力主张改葬。

> 胡其所道："你怎的只说一点儿错？……这错大着哩。你不信，只到穴场，用罗经格一格，便知道错了几个字。"又翻身回来，向德喜道："你去车上，取那黄包袱来。"德喜不敢怠慢，车上取了包袱。白如鹏展开，乃是一个不及一尺大的罗经。只见师徒用一根线儿，扯在罗经上，端相了一会。……收了罗经，三人席地而坐……胡其所道："谭兄，这是你的大事，关系非小。若是当日向法妥当，早已这儿埋的几位老先生，抚院、布政俱是做过的，至小也不下个知府。谭兄你如今，不是翰林学士，也就是员外、主事了。总是你这茔，左旋壬龙，配右旋辛水，水出辰库，用癸山丁向，合甲子辰水局。如今看旧日用法，水出未库，用乙山辛向，合成亥卯未木局，八下的爻象，都不合了。所以一个大发的地，不能科第，尽好不过选拔岁荐而已。若照我这个向法，说别的你未必懂的……依我说，不如把这几位老太爷墓子，都要改葬。"谭绍闻面有难色，胡其所道："尽少也要把令祖这墓头，调一调向。"谭绍闻道："这个还使得。只是泉下向法多差异错落，也不好。"胡其所道："那是讲不起的。"于是，胡其所又重新用罗经格了，钉了木橛八个，号定了两个穴口，又说了些虾须蟹眼的蛮缠话，讲了些阴来阳受的缮绎经。谭绍闻也毫末不解，只是赞先生高明，有事重托而已。③

这段引文的细节描述让我们看到了一位风水先生测定葬地的细节，以及相关方位的论述。其中频繁提到的罗经就是罗盘。在传统的印象中，罗经似乎成了风水先生必不可少的道具，实际上使用罗经是理气派的重要特点。

---

① 倪岳：《青溪漫稿》卷19《新刊地理四书序》，第548页。
② 魏裔介：《兼济堂文集》卷6《罗子地理管见序》，中华书局，2007，第153~154页。
③ 李绿园：《歧路灯》，华夏出版社，1995，第385~386页。

理气派的宗师赖文俊本为江西人，曾在福建为官，后弃官浪迹江湖，又称赖布衣。虽为江西人，但他的风水理论与杨筠松为代表的形势派迥异，其术最初在福建流传，故又称福建派。

虽然士人对于这一派风水的正面记载远不如江西派，但通过其中的蛛丝马迹，我们还是可以推测理气派在民间风水实践中的流行。前文王祎说福建派风水"用之者甚鲜"，而形势派盛行于大江以南，可能仅指士人层面而言。程敏政葬父之时，便有倡言"方位之说"的葬师非议谢昌所择之葬地，程敏政在赞扬谢昌的同时，也大力批评了当时大多数葬师"忽于郭氏之书与考亭、西山之论，一从事乎罗经，谓地美恶、人吉凶皆系星卦方位之合否，附会传习以诔人而牟利"。[1]另一位明末的士人赵维寰在讲述他葬父的经历时，也提到了几位葬师倡言祸福之说，力劝其改葬，他们也使用罗经。[2]

郭璞《葬书》开篇便讲"葬者，乘生气也"。为了寻找"生气"，形势派注重山川走势；而理气派则强调与星辰、八卦配合的方位，定方位的重要工具便是罗经。罗经大致分为两种，一种是三合盘，相传为杨筠松所制，故称杨盘，因盛行于徽州，又称徽盘；另一种称作蒋盘，又称三元盘，是明末清初堪舆家蒋大鸿改进三合盘而来。清末金永森讲到两种罗经时，痛斥蒋盘之非，"蒋氏未明三盘之故，而师心自用，变乱古法，此纪慎斋先生所为力辟其谬也。"[3]

纪慎斋先生即清代学者纪大奎（1756～1825），他与稍早的蒋大鸿（1616～1714）一样，都是当时风水之学的代表人物，但二人却代表着理气派之中全然不同的传统。

蒋大鸿，名平阶，早年习儒，好诗文，与陈子龙等名士交好，因当时纷乱的政治环境而未能入仕一展所长。他自幼便随祖父学习堪舆之术，后又受无极子之传，晚年大有所成。在诸多堪舆名家之中，他仅尊杨筠松以及得杨公真传的曾文迪。廖瑀、赖文俊、何溥等人，蒋大鸿皆弃如敝屣。他有感于地理之学伪书充栋，遂作《地理辩正》、《平砂玉尺辨伪》等书，以正视听。[4]

蒋大鸿以儒者而通堪舆之术，尊杨筠松，斥赖文俊，批评当时理气派的重要典籍

---

[1] 程敏政：《篁墩文集》卷19《先垄碑阴记》，第3a页。
[2] 赵维寰：《雪庐焚余稿》卷10《堪舆》，《四库禁毁书丛刊》集部第88册，北京出版社，1997，第581～582页。
[3] 金永森：《西被考略》卷5，收入《四库未收书辑刊》第3辑第16册，北京出版社，1997，第755页。
[4] 赵尔巽等：《清史稿》，中华书局，1977，第13883～13884页；蒋大鸿：《〈地理辩正〉原序》，收入谈养吾《地理辩正谈氏新解》，民国十四年武进聪听堂刊本，"序"，第9～10页。

《平砂玉尺经》为伪书。他也曾说过"形气虽殊，而其理则一，示人以因形求气，为地理入用之准绳也。"①如以这些特点来看，似乎应为形势派的代表。但恰恰相反，他被后世追认为玄空派之祖师，而玄空派风水是典型的理气派。其实这并不难理解。观蒋大鸿《地理辩正》所注解的书目，分别为黄石公的《青囊经》，杨筠松的《青囊奥语》、《天玉经》、《都天宝照经》，以及曾文迪为《青囊奥语》所作的《青囊序》。余嘉锡曾经考证，认为这几部书都是伪书，并非杨筠松的著作，其中引用清代精通堪舆之术的内阁学士高其倬的论断"世传杨公诸书，皆后人伪托，惟《撼龙》、《疑龙》二经，是真书"。做出这种判断的重要原因便是，杨筠松为形势派的代表，而这几部著作却大多是理气派的内容。②蒋大鸿尊杨筠松，但重视的却是这几部书，他的理论当然是理气派。

《青囊奥语》等数部作品本来晦涩难明，蒋大鸿运用周易的先天八卦推演出玄空大卦，运用于堪舆实践之中。他的理论在当时影响很大，他改造三合盘而成的蒋盘也成为了流行一时的罗经。自他之后，理气派又分出玄空一派，影响很大。甚至在蒋大鸿生前，三吴、两浙地区就已经出现了不少自称得蒋氏真传的风水师，并出现了托伪为蒋氏秘本的风水书籍。蒋大鸿对此颇为不满。③

然而蒋大鸿之后的玄空风水理论很快便招致批评，纪大奎便是其中的代表。他为蒋盘在江西术士间流行的状况深感叹惋，并将蒋盘的制作归咎于范宜宾，范氏自称得蒋氏不传之秘而制成蒋盘。但在纪大奎看来，这即不合古法，也不合蒋氏之说。他进而批评蒋大鸿的学说，声称用蒋氏法则所选择的葬地，"未有不速败者"，因而劝诫世人弃用蒋氏的玄空之术，而遵循古人的理气之法。④

但玄空派的传衍未绝。道光年间，章仲山将蒋大鸿视作恢复理气派古法的重要人物。然而他距离蒋大鸿生活的年代已属久远，其间著作纷出，弊端丛生，他感到有必要纠正蒋氏作品在流传中出现的诸多舛误，恢复本来的面貌，因而作《地理辩正直解》。⑤光绪年间孟河医派的马培之也有如此的观察。他认为并不是玄空派的理论不好，只是当时的术士"非失理气，空摩局势；卒井砂水之不明，辄薄峦头，高语玄空，究

---

① 张心言：《地理辩正疏》，中医古籍出版社，2010，第36页。
② 余嘉锡：《四库提要辩证》卷13，中华书局，1980，第733~735页。
③ 蒋大鸿：《〈平砂玉尺辨伪〉序》，收入章仲山著《图注天元五歌阐义》，内蒙古人民出版社，2010，第234页。
④ 纪大奎：《地理末学》，转引自陈良垩《风水学探秘》，中国商业出版社，2010，第347~348页。
⑤ 章仲山：《章氏直解自叙》，收入谈养吾《地理辩正谈氏新解》，序第10~11页。

属道途之莫辨"。他为温明远的《地理辩正续解》作序,盛赞蒋大鸿理气、形势并重,"地理之学,理气、峦头,二者不可阙一。舍峦头,专言理气,则易涉渺茫;舍理气,第讲峦头,则难窥奥窔"。①温明远本人也说,形势一派,如仅从书中观察与传承其意旨与图形,不亲自观察山川,不能窥其阃奥;而理气学说诸家纷纭,实无义理可循。直到他读了蒋大鸿的著作,方知理气较形势为重。②风水理论中形势派与理气派的汇通,在玄空风水中体现得很明显。

明清风水两派的分流明显,后期合流的趋势也清晰可辨。大致而言,形势派是文人化的风水理论,而理气派则更为神秘化。程敏政在讲述其父葬地之风水时便说得头头是道。形势派学说,山川走势了然可见,更容易被士人理解与讨论,加之先辈儒者的推崇,成为明清士人殡葬实践的主流;而理气派的风水师,一来持罗经定向,二来满口天星卦例,没有一定专业知识的人很难明白,正如《歧路灯》里的谭绍闻,听了风水师胡其所的一番话,"毫末不解,只是赞先生高明,有事重托而已",这也确实容易给人故弄玄虚、唬人以谋利的感觉。

清中期的学者林伯桐(1778～1847)清晰勾勒出了风水理论三个阶段的变化:第一阶段是形势派的出现,自此葬地便需要选择;第二阶段是理气派的产生;第三阶段则是由理气派分化而出的"三元白法"(亦即玄空派)。这正是风水理论逐渐专业化与神秘化的过程。林伯桐认为理气派已是地理术中的邪说,而三元白法更是邪说中的邪说,"去圣久远,邪说如猬毛而起,转相荧感,其毒遂横流于天下"。③为了扭转日益信奉风水学说的社会风气,明清的士人采取了不尽相同的策略。明代士人专注于《家礼》的撰述与实践,而清代士人则转向了上古礼学的考据。④同时,对于风水书籍的辨伪也在清代考据学的影响下开始。丁芮朴的《风水祛惑》是其中最具代表性的作品,他对郭璞《葬经》、黄石公《青囊经》以及世传的杨筠松、曾文迪的作品一一进行辨正,认为它们皆为后人托伪之作。⑤稍后的余嘉锡亦在其《四库提要辩证》中对《四库全书》收录的风水书籍进行文献学的考辨。⑥

以往对于风水的研究,或是注意到士人对于风水的批评,或是强调风水在士人中

---

① 马培之:《温氏续解序》,收入谈养吾《地理辩正谈氏新解》,"序",第5～6页。
② 温明远:《温氏续解自序》,收入谈养吾《地理辩正谈氏新解》,"序",第7～8页。
③ 林伯桐:《士人家仪考》卷3《风水亦有流变考》,《续修四库全书》第826册,第70页。
④ 关于这两种倾向,可参见张寿安《十八世纪礼学考证的思想活力》,北京大学出版社,2005,第21～26页。
⑤ 丁芮朴:《风水祛惑》,收入《续修四库全书》第1054册。
⑥ 余嘉锡:《四库提要辩证》卷13,第728～774页。

同样流行。实际上，将两者结合来看，能看到更加复杂的图景。葬地确实需要选择，这大概是明清时代大多数士人的共识，但选择葬地并非不一定需要风水理论，也并不一定是为了子孙后代的福祉，而是为了使死者的遗体与灵魂得到安宁。正如朱彝尊所说："为人子者，苟能审夫测量赣验之说，比化者魂魄得安，虽未必兴福于子孙，庶葬焉而可以勿悔也。"如果受风水师之蛊惑，导致坟茔遭土黏着，被水浸泡，那后悔也来不及了。因而朱彝尊认同为人子需要懂得一些选择葬地的知识。[1]

士人对风水"邪说"的批评只是其中一方面，他们最为关心的还是那些因为沉溺于风水之说而产生的种种社会问题。停丧不葬便是其中最突出的表现，明清的法令对此都明令禁止，士人也对此大加挞伐。这些都会在后文详细论述，此处不再赘言。除了停丧不葬之外，还另有一种更为极端的做法，叫作"洗筋"或"检筋"，凡父母葬后一二年，子女都要将骸骨挖出，刮洗检视，来判断葬地之吉凶，如果骸骨刮洗后是红色，便仍旧掩埋；如果是黑色，就要改葬他处，一年之后仍然要发掘检验。在清代，这样的现象至少在江西和广东都有存在。[2]这种做法让父祖去世后数年都不得安宁，在当时的士人看来，实在是大违礼教与纲常。

针对这种现象，士人一方面大力批评风水的虚伪。明代学者王廷相便说："死者气已散为清风，体已化为枯腐，于生者何所相涉？而谓其福荫于子孙，岂非荒忽谬悠无著之言乎？"[3]当时也出现了一些讽刺风水先生的诗作，比如"风水先生惯说空，指南指北指西东，山中定有王侯地，何不搜寻葬乃翁"。[4]另一方面，不少人强调"择葬地不如择心地"，[5]"阴地弗如心地好"，只要能够积德行善，心地好，阴地自然就好，即使不好，也能化凶为吉。[6]如果惑于风水之说，迁延不葬，是为不孝，哪有不孝之人能够获得福报呢？"地理无凭，饬行于身，行善于家，天则报之，以福几见，有检身乐善，孝恭敬睦，而家不兴者乎？"[7]此言诚至理也。

---

[1] 朱彝尊：《曝书亭集》卷35《葬经广义序》，《四部丛刊》初编第280册，上海书店出版社，1989，据康熙四十八年刻本影印，第298页。
[2] 《皇朝文献通考》卷199，收入《景印文渊阁四库全书》史部第394册，第1b～2a页；蓝鼎元：《鹿洲初集》卷14《潮州风俗考》，收入沈云龙主编《近代中国史料丛刊续编》第41辑，台北：文海出版社，1997，第29a页。
[3] 王廷相：《雅述》下篇，收入《续修四库全书》938册，第172页。
[4] 陈宏谋：《训俗遗规》卷4，收入《续修四库全书》第951册，第218页。
[5] 赵维寰：《雪庐焚余稿》卷10《堪舆》，《四库禁毁书丛刊》集部第88册，第581页。
[6] 王有光：《吴下谚联》卷2，中华书局，1982，第34页。
[7] 蔡世远：《二希堂文集》卷11《丧葬解惑》，乾隆四十八年刻本，第21a～21b页。

到了晚清，在西学影响下，对风水的批评又呈现出一种传统与近代思想的杂糅状态。一部清末批评民间迷信风俗的小说《扫迷帚》便提到，"我闻诸新党家言，中国因风水二字，阻止铁路，阻止开矿……日本不讲风水，而国盛民安；欧洲不讲风水，而富强甲五洲。"[①] 面对近代的列强侵略与民族危机，受西学影响的精英们大力批判中国民间的"落后"习俗，斥之为"迷信"，并将其视作中国进步的绊脚石，风水理论便首当其冲。

第三节　殡葬观念中的佛教因素

吾儒失志二千年，何幸斯人得相权。
佛事不除何燹理，却将闲论著丧篇。
——刘驷《读丧礼司马公不作佛事有感》[②]

丧葬做佛事并非从明清才开始。节首之诗是刘驷读《朱子家礼》一书，至司马光驳斥丧礼做佛事之非一节有感而作。书中司马光提到世俗丧礼中融入佛教因素的有"始死及七七日、百日、期年、再期、除丧饭僧，设道场，或作水陆大会，写经造象，修建塔庙"。这些现象在明清时期依然广泛流行，而司马光对做佛事的批评在明清时期也多有出现。佛教在明清时期开始出现世俗化的倾向，佛教的理论亦明显影响了明代心学的建构。晚明士大夫多有好佛之倾向，顾炎武曾经观察"南方士大夫晚年多好学佛，北方士大夫晚年多好学仙"。[③] 明清时期亦出现了儒释道"三教合一"的趋势，佛教在很大程度上中国化了。虽然这时还有许多秉承儒家正统的士人视佛教为异端，坚持辟佛，甚至乾嘉考据学的目的之一便是清除宋明理学中的佛教因素，恢复正统纯正的儒学，但是，佛教确实已经深入到了社会生活的方方面面，佛教对中国殡葬的影响便是其中重要的一部分。相较于道教这一中国本土宗教以及各种民间信仰，明清时期的士人更加关注佛教对殡葬观念与习俗的影响。虽然在讨论殡葬问题的时候，时人经常将丧礼中的"佛"、"道"并提，但在具体观念的讨论时却完全集中于

---

① 壮者：《扫迷帚》，光绪三十三年商务印书馆刊本，第 36~38 页。
② 刘驷：《爱礼先生集》卷 5《读丧礼司马公论不作佛事有感》，《四库全书存目丛书》集部第 25 册，第 34 页。
③ 顾炎武：《日知录集释（全校本）》第二册卷 13《士大夫晚年之学》，第 805~806 页。

佛教因素。

佛教对死后世界的构想深刻影响了中国人的观念。佛教将世界分为六道：天、阿修罗、人、畜生、饿鬼、地狱，众生在六道中轮回，并经历种种苦难，包括生、老、病、死、怨憎会、爱别离、求不得、五阴盛等诸苦。而以善业、恶业为因，会得到不同的果报，其中前三道是善道，积善业者可入此三道；后三道为恶道，积恶业者方入此三道。

不过，明清时期并非人人对佛教的转世轮回观有着深刻而全面的理解。世俗对于佛教六道轮回观念的理解，最重要的便是地狱、轮回与果报三者。不同的人往往对于佛教观念有着独特的理解，士人往往套用儒家的观念来解释佛教的地狱与轮回之说。

顾炎武（1613~1682）曾经考证地狱之说的由来，但他未将此说尽归之于佛教，反而考察地狱观念的本土起源。

> 或曰，地狱之说，本于宋玉《招魂》之篇，长人、土伯，则夜叉、罗刹之论也；烂土、雷渊，则刀山、剑树之地也。虽文人之寓言，而意已近之矣。于是汉魏以下之人遂演其说，而附之释氏之书。昔宋儒胡寅谓阎立本写地狱变相，而周兴来俊臣得之以济其酷，又孰知宋玉之文实为之祖，孔子谓为俑者不仁，有以也夫。①

顾炎武将地狱之说的来源归之于战国时期的宋玉，而汉魏以下士人方才将之附会于佛教之上。顾炎武对于地狱观念是持否定态度的，因为它反而加剧了人间之酷刑。顾炎武的理解独树一帜。在明清时期，大部分士人皆认为地狱是佛教的观念，虽然很多人驳斥地狱观念之非，但也有人认为地狱有其存在之合理。

明末清初士人魏禧（字冰叔，1624~1680）曾作《地狱论》三篇及补遗一篇，为以儒者观点阐释佛教地狱观的代表。

魏禧开篇便表明自己并非佛教的信奉者，但佛教的地狱之说"不悖于圣人"。孔子作春秋"使非圣人为之，则众人惧矣"，因而圣人未说地狱，众人亦不敢言。不过，圣人曾经说过"上帝、后土、鬼神、善恶、祸福、感应之事"，佛教只是加以推衍并形象化。他以地狱的社会功用来说明地狱存在之必要。他说，三代以上之治世，"礼

---

① 顾炎武：《山东考古录》，收入《丛书集成初编》第3143册，中华书局，1985，第6页。

明刑半，君相治于上，百姓安于下，故鬼神无所事赏罚"，但此后"世衰刑赏乱，善恶淆，人心郁而不平"，有罪大恶极之人，一死也不能抵偿起罪，天下人就不会再认真对待祸福之说，"不必其善福而恶祸也，于是善无所劝而恶无所惩"。国家对于恶人的惩罚，到凌迟为止了。再严厉一些的就是诛杀全家，甚至诛灭九族。但有一些残忍之人并不怕死，也不在乎父母族人之死，那该如何惩罚他们呢？魏禧指出，在地狱中受无穷之苦便是惩罚极恶之人最好的方式了。"人莫痛于身受极刑，刑莫惨于求死不得，求死不得莫甚于死可复生，散可复聚。血肉糜烂可成体，以展转于刀锯鼎镬之中，百千万年无有已。"而且这种恶报全部加之于恶人自己身上，也避免了灭门、灭族的这些残忍又伤及无辜的做法。因而他对地狱之说大加赞赏，"以门诛、赤族洗发地狱之善，真是创论、确论、至论、妙论，足空千古作者"。①

在《地狱论》的中篇，魏禧进一步阐发了上篇的观点，不过视角稍有不同。中篇的论点在于地狱的酷刑能够使人畏惧而不敢作恶。三代以下刑赏不足时，孔子作《春秋》"以名惧之"，讲乱臣贼子之名书之简册，则恶名流传万世。但这"可以动天下之智者，而不可警天下之愚人"，况且有人并不在乎遗臭万年，所以只有靠地狱来震慑他。"刀之，锯之，鼎之，烹之，则未有不叫号，哀痛惨切而求免也。"因而魏禧讲地狱提高到了刑法与《春秋》在社会功用上相当的位置，"刑赏穷而作《春秋》，笔削穷而说地狱也"。②

而《地狱论》的下篇对世俗之人"崇佛灭罪"的说法进行了驳斥。如果崇佛可以灭罪，那么"势力之家不妨穷凶极恶，但出其十一之资即可免罪；是阎罗王衹同畏势苟情之庸吏，而佛乃护党好谀之豪绅"。如果真如此，那只会让豪绅小人更有恃无恐，敢于作恶，那么佛也就"当首坐地狱中一席矣"。魏禧认为这是佛经在流传过程中为了使人信服而造成的误解，如果因此便废地狱之说，那就是因噎废食了。

接下来魏禧又一一驳斥了两种对于佛教地狱之说的质疑。第一种质疑是：佛教未入中国前，三代以上无一人入地狱，为何后世却出现了地狱之说？魏禧回答道：任何事物都是从无到有，天地万物皆是如此。"末世赏罚失措，人心愤结，则必有鬼神焉以泄其不平"，于是有了地狱出现的必要。而地狱的形成在于"心之所思"，魏禧以道教炼丹来做类比，"治金丹者昼夜精思，而神丹生于虚"，所以"心能生气，气能至

---

① 魏禧：《魏叔子文集外篇》卷1《地狱论上》，《魏叔子文集》，中华书局，2003，第84~85页。
② 魏禧：《魏叔子文集外篇》卷1《地狱论中》，《魏叔子文集》，第85~86页。

精，精能成形"，地狱也便由人心所思而产生。第二种质疑是：有了地狱之说后，世间的恶人并没有彻底消失。为了回应这种质疑，魏禧又用孔子作《春秋》来类比，他发问道：《春秋》成书之后，乱臣贼子并没有消失，难道我们就要说《春秋》没有用处吗？①

在这三篇论说之中，魏禧明言地狱之酷刑以补世俗赏罚之不足。不过他亦对地狱之一层——黑暗屎尿地狱产生了疑问，为了解释他对这层地狱的理解，他又作补遗一篇。处于这一层地狱的人"以其罪有害于人耶，则不若鞭挞刲割之痛；以其罪无害于人耶，则眚灾可肆赦矣"，因此这层地狱处于"无罪有罪之间"，天下有如此之人吗？魏禧认为这样的人便是世间欺世盗名之徒，"人之见之则忿然不平之心若杀越人于货者之可仇恨"，但这样的行为又不是国家法度所管辖的范畴，所以死后便将这一类人置于屎尿地狱之中，"幽忧呕秽，以偿其诈伪之高名，而庶几其本心之动"。②

在魏禧看来，佛教地狱之说实际可以起到规范社会行为，震慑不法之徒的作用，而这些对于儒家所要实现的治世都是有所助益的。每篇《地狱论》之后还附有友人的评价，其中皆是附和与称赞之语。《虞初新志》中收录有陈玉璂的短文一篇，其中称："吾友魏冰叔作《地狱论》，其说实有裨于世道人心。"③

魏禧的看法被当时大多数士人接受，但是并非所有人都认同。与魏禧约略同时代的学者梅枝凤评价"魏叔子《地狱论》……愤世嫉俗之谈，而未可谓持身立教之言也。"④阮葵生（1727～1789）也说："魏叔子作《地狱论》，虽曰文人戏笔，然终非儒者所宜。"⑤在正统的儒者看来，"怪力乱神"之类皆不是儒者应该谈及的，因而魏禧的观点虽然有可取之处，但作为儒者不应该谈论地狱鬼神之说。方濬颐则质疑了魏禧的观点。他评论道，魏禧认为地狱之说不悖于圣人，"圣人之言曰：未能事人，焉能事鬼。夫天道，福善祸淫，有感斯应。《易》言：余庆余殃。《书》言：降祥降殃。惠迪从逆，吉凶之理，昭昭不爽，何必与人言鬼哉。"真正的圣人之言是不涉及鬼神之说的。而魏禧存有好奇之心，"空山老儒婆心苦口，意在震世厉俗，而不自知其言之杂

---

① 魏禧：《魏叔子文集外篇》卷1《地狱论下》，《魏叔子文集》，第86～88页。
② 魏禧：《魏叔子文集外篇》卷1《地狱补遗论》，《魏叔子文集》，第88～90页。
③ 张潮：《虞初新志》卷11，收入《四库禁毁书丛刊》子部第38册，第560页。
④ 梅枝凤：《答张某论佛书》，收入沈寿民《闲道录》卷20，《四库全书存目丛书》子部第15册，第720页。
⑤ 阮葵生：《茶余客话》卷14，收入《续修四库全书》第1138册，第114页。

而不纯也"。方濬颐一一驳斥魏禧四篇之论点,并引用季子的批评,进一步认为魏禧虽然自己说"不必崇佛",但实际上已经"以释代儒",甚至达到了"佞佛"的程度,早已背离了圣人之教。[1]

魏禧对佛教地狱论的宽容与利用在明清士人中较为少见,大多数坚持儒家理念的士人对佛教仍是抱持着批评的态度。管志道的立场与魏禧类似,他将佛教的果报之说与风水之术并列,而且善业、恶业之说也与积阴功暗合,因此他认为这可起到移风易俗的作用,并可补儒者之不足。他对佛教果报之说解说较为详细,这在一般士人之中比较少见。他解释说:

> 释氏华报果报之说,释氏分别十善业与十恶业,俱有上中下三品。下中品之善业,讵能胜多生之恶业。故现犹不受胜报,唯上善微有现报。如延龄锡缗等庆,皆华报也。果在所登圣界,及人天二界。下中品之恶业,讵能胜多生之善业,故现犹不受劣报,唯上恶微有现报,如横死绝嗣等殃,亦华报也,果在所坠火涂,及刀血二途。

管志道在此强调的是无论善业恶业,大多不能得到现世的报偿,现世的华报往往很少,果报往往在转世轮回之后。所以即使受祖先余荫身居高位的达官显贵,如果积累恶业,那么即使生前名满天下,身后也将落入火、刀、血三途。有人质疑因果报应是否真的存在,管志道回应道:这就是《易经》所谓的"幽明之故,死生之说,鬼神之情状",如果没有三世因果报应,那么我们如何理解历史上那些善人早夭而无后,恶人却后继有人的现象呢?所以积善之家,必有余庆;积不善之家,必有余殃。表面上善无善报,恶无恶报,只不过是未得到现世的报偿,其果报往往在下一世才会到来。

管志道继续评价宋儒的观点,认为他们"以积善导后学",却没有真正穷尽"余庆余殃"背后的深层次原因,也没有深究善因最终归于何处,因而佛学正好补其缺憾。[2] 管志道用佛教"华报果报"之说来论证儒家的"余庆余殃",其内

---

[1] 方濬颐:《二知轩文存》卷9《书魏冰叔地狱论后》,《续修四库全书》第1556册,第444~445页。
[2] 管志道:《从先维俗议》卷5《折衷术家祸福之说》,《四库全书存目丛书》子部第88册,第455~456页。

在理路与魏禧相同，佛教的思想与儒家思想是相通的，并且可以用来补儒者之不足。

这些佛教与儒家相通互补的看法，在一定程度上反映了明清时期"三教合一"的潮流。明人刘驷也将佛之道与儒之道类比："佛家无甚不是，其所谓天堂地狱之说，不过愚人难化，故没此以化之耳，盖佛之道至于极处与吾道无异。"①但他们的论述皆停留在思想的层面，当佛教真正影响到了中国的丧礼实践的时候，绝大部分士人对它却是大加挞伐，认为佛教造成了丧礼之中浮费以及种种违礼的现象。罗汝怀（1804~1880）在《丧葬论》中总结佛道杂糅之丧俗云："乡俗积习，每遇丧事必延僧道开路，棺下燃灯，昼夜不息，或盛作佛事，谓之超度……召僧道之超度，僧曰佛事，道曰道场，多则三七、七七，简则三日，至简则一日一夕，谓之开路，盖彼法有破地狱、召亡、放焰、拯孤种种繁文，力不及行，则但为之开通路径，以达阴司而已。"②

明人周召对这种殡葬习俗十分不齿。他说："世俗言浮屠诳诱，于始死及七七日，百日、期年、再期、除丧饭僧，设道场，或作水陆大会，写经造像，修建庙塔，云为死者灭弥天罪恶，必生天堂，受种种快乐，不为者必入地狱，刲烧舂磨，受无边波吒之味。"周召接着对佛教的地狱之说分三点进行驳斥。第一，人活着的时候"含血气，知痛痒"，但"剪爪剃发，从而烧研之"，人并不能感觉到痛苦，更何况"死者形神相离，形则入于黄壤，朽腐消灭，与木石等，神则飘若风火，不知何之借使"，这时候再"刲烧舂磨"，人又如何能感觉得到？第二，"天堂无则已，有则君子登；地狱无则已，有则小人入。"而今世人在丧亲之后皆向佛祈祷，以期洗清恶业，这样难道不是视死者为"积恶有罪之小人吗？即使其亲确有罪恶，那岂能是贿赂僧人就能免除的呢？更有甚者，有人为了延请僧人做法事，不惜倾家荡产，与其如此，还不如用这些钱来悉心营葬。第三，佛教之天堂、地狱，如果真有的话，那应该与天地共生，那么在佛法未入中国之前，也有死而复生之人，怎么没有听说有哪一个进入地狱见到了十殿阎罗呢？③

周召的三点驳论基本上可以代表明清士人对于丧礼做佛事的态度，一者否认人死

---

① 刘驷：《爱礼先生集》卷7《奉师凯方先生书》，《四库全书存目丛书》集部第25册，第46~47页。
② 罗汝怀：《绿漪草堂集·文集》卷10《葬丧论》，《续修四库全书》第1530册，第619页。
③ 周召：《双桥随笔》卷9，收入《景印文渊阁四库全书》子部第30册，第14b~15b页。

入地狱受折磨的真实性，一者否认丧礼做佛事超度亡灵之正当性，一者否认天堂地狱的存在。其中，第二点是被明清士人强调最多的。因为不论承认地狱存在与否，绝大多数士人都认为丧礼做佛事超度亡灵是"非礼"之事，也是"无理"之为。即使魏禧那样认为地狱可补儒者之不足的人，也在《地狱论》的下篇斥责"崇佛灭罪"的世俗行为。

明人陈龙正曾批判"超度追荐之谬"。他屡屡读到写经积功德的事迹，比如"诵经若干卷超度，冤魂遂散"，"写经若干卷，遂得脱苦"。他认为这些事全是虚妄之谈。有人辩解称，即使这些故事是假的，也是要"诱人慈善"。而陈龙正却认为这只能导致"纵恶杀生"，空口诵经，有何功德，却让冤魂不能得以昭雪。果真如此，那么只会让"残忍多欲之愚夫"得到便利，贪官不顾民生，聚敛钱财，"量大者不惜于名山大刹，特舍数千金，建造雄工，小者写经雕佛，零星散施，没后又嘱子孙念经追荐"，如此便可洗清罪恶。这样的功德，"乃是不须存心，不须躬行，不须积累，略能分割，囊橐立地，成就十分便益"。这样的邪说，哪里是"导人慈善"，简直是"诱人残忍"。不过，陈龙正并未把这些归咎于佛理之谬，而是"贪僧诳愚，俗以捐赀，托言佛力广大如斯耳，非但吾道之贼，王纲之贼，而亦佛门之贼也"。

明清士人除了关注佛教的天堂、地狱、轮回果报之说，另一个关注的焦点便是佛教丧仪中的"七七追荐"。前文所引对丧礼做佛事的描述已经提到了"七七"做佛事。明人方凤曾说："士大夫居丧不能尽如古礼，而多惑于佛老之说，且如七七、百日、期年必做佛事，出于何典？而七七尤无谓。"他进而批评做七超度为无谓之举，"尝闻之师曰：'吾祖亡曾作首七佛事，以米画为地狱，一僧持杖作地藏佛，以咒破狱而出亡人，至二七、三七复然。'夫首七既仗佛力，亡者已超升矣，而二七、三七又复破狱，则首七之举为妄，而所谓阴司者，其狱屡破屡修，亦费且劳矣。此言可以解惑矣。吴民破家大抵为此，而终莫之悟，惜哉！"①

所谓七七，即从死者死之日开始计算，每七日请僧道诵经超度亡魂，直至七七四十九日为止，此后才可下葬。七七追荐已经内化到了明清的民间丧俗中，即使不做佛事，也要待七七四十九日方可下葬，甚至一些礼制书籍也有"七七、百日、期年"之说。受到考据学风的影响，清代的一些学者很是关系"七七追荐"的由来，有

---

① 方凤：《改亭存稿》卷5《杂著》，收入《续修四库全书》第1338册，第351~352页。

人从其内在逻辑来解释，有的从史籍中考证其由来。

在清人对"七七"的考证中，钱泳（1759～1844）算是稍显另类。他认为：

> 丧家七七之期，见于《北史》、《魏书》、《北齐书》及韩琦《君臣相遇传》。又顾亭林《日知录》、徐复祚《村老委谈》、郎瑛《七修类稿》皆载之。要皆佛氏族之说，无足深考。惟《临淮新语》谓始死七日，冀其一阳来复也。祭于来复之期，即古者招魂之义，以生者之精神，召死者之灵爽，至七七四十九日不复，则不复矣，生者亦无可如何也。此说最通。①

钱泳在读过史籍的记载与前辈学者的考证之后，却认为七七"无足深考"，都是佛教的说法。他反而认为《临淮新语》中这个通俗的说法"最通"。虽然钱泳大多引用他人的看法，不过我们仍可以这段话为线索，来继续探讨这个问题。

钱泳的引文说明了七日是阳来复之期，不过在清人的论述中更普遍的说法是魂遇七而散。王应奎（1683～1760）在《柳南随笔》中解释道：

> 或问人死每遇七日则做佛事，谓之做七，何欤？曰：人生四十九日而魄生，亦四十九日而魄散。曰：何以遇七辄散也？曰：假如人以甲子日死则数至庚戌为一七。甲，木也，庚，金也。金能克木，午又冲子，谓之天克地冲，故遇七而散，至七七日而散尽也。②

汪师韩也说："佛教兴，而人死有七七之期，俗谓天干至七则克，地支至七则冲，以其冲克，为之禳解。"③两人的说法不知源自何处，不过早在明代学者郎瑛（1487～1566）的《七修类稿》中便已经以五行生克来解释七七之意。前引钱泳文字亦曾提到，不过郎瑛的论述在细节上与两位清代学者稍有不同。郎瑛更注重在古人的著作中寻找理论依据。

郎瑛首先批判了世俗的看法："世以死者七日为受罪之时，遂作佛事以解禳，此固妄诞之论。"不过此习传久远，大部分人已不知其中的道理。他首先想到"虞祭有

---

① 钱泳撰《履园丛话》，张伟点校，中华书局，1979，第86页。
② 王应奎撰《柳南随笔》卷4，王彬、严英俊点校，中华书局，1983，第79页。
③ 汪师韩：《谈书录》，收入《续修四库全书》第1147册，第567页。

七之义"，不过这样的解释亦不通。此后他读到了《论衡·订鬼》，其中有言："鬼者，甲乙之神；甲乙者，天之别气。人病死，甲乙之鬼至矣。然而杀鬼之至者，又庚辛之神。何如验之？以甲乙日病者死期常在庚辛之日也。"因此郎瑛想到了五行相克的道理，并推之于七七之说，"以其相克之期，故为之禳解"。① 清人之论述是否受到郎瑛的启发，现在已不得而知。不过清人的解释确实比郎瑛更加精细，郎瑛重在叙述自己如何从古代文献中得到五行相克的思路，而清人则重在解释五行如何冲克。

除了讨论"七七"的意义，清人还关注"七七追荐"的历史渊源，即做七的行为从何时开始。汪师韩考证，史籍记载最早的做七行为在《魏书》之中。北魏外戚"胡国珍薨，年八十，诏自始薨至七七，皆为设千僧斋，令七人出家，百日设万人斋，二七人出家"。另在《北齐书·儒林传》记载，南阳王高绰死后，其师孙灵晖为他请僧人，"设斋传经行道"。七七追荐应自北魏、北齐而始。②

赵翼（1727~1814）对"七七"之俗有着更为详细的考证，可谓集前人之大成而自有发明。他先引明人田艺蘅的说法："人之初生，以七日为腊，死以七日为忌，一腊而一魄成，一忌而一魄散。"再引杨慎（1488~1559）的说法："人生四十九日而七魄全，死四十九日而七魄散。"继而又引述郎瑛的论述。由此，我们可以发现清人对于"七七"意义的解说，大部分本自明代学者。而与明代学者理论的阐释不同，清代学者多从文献中寻找依据。赵翼随后从《易经》、《礼记》中寻找"七七"的蛛丝马迹，虽然这些经典中没有明言"七七"的文字，但他发现"七"这个数字确实具有一些特别的意义。接着，赵翼从辽代王棠的记载中了解到古代诸侯的"七虞"之礼，而后他又在唐人皇甫湜（777~835）为韩愈撰写的神道碑中找到了用僧人做七之记载。不过"七七之祭，实不始于唐"，他也追溯到了北魏、北齐的事迹，进而解释道：北魏时"道士寇谦之教盛行，而道家炼丹拜斗，率以七七四十九日为断，遂推其法于送终，而有此七七之制耳"。如此他又将七七归到了道教的范畴，进而又列举了一些唐宋时期做七的例子。③

在清代学者中，万斯同（1638~1702）的关注点稍有不同，他没有重点讨论"七七"的由来，反而关注"百日"之说。他认为"百日"之说在史籍中最早的记载

---

① 郎瑛：《七修类稿》卷18《义理类》，上海书店出版社排印本，2001，第187页。
② 汪师韩：《谈书录》，收入《续修四库全书》第1147册，第567页。
③ 赵翼：《陔余丛考》第三册，中华书局，1963，第688~689页。

在汉明帝营寿陵之诏，其中有"过百日惟四时设奠"之语。万斯同认同"百日"是佛教的说法，"佛法初入，明帝即用其教"。有人说"古礼三月而葬，三月而卒哭，百日正合三月之期"，万斯同驳斥道：三月是士大夫之礼，天子怎么能用士大夫的礼仪呢？如果汉明帝时已经开始用佛教丧仪，那么北魏、北齐佛教盛行的时候，有"七七"、"百日"之奠也就不足为怪了。不过，万斯同很谨慎地说，在那时，甚至到了唐代中期，世人也没有"尽用其说以为治丧之节"，"七七"、"百日"之说流行天下，尚不知何时。他最后感叹道："正礼不行，而群然以邪说为正礼，庸非司世教者之责哉！"

明清时期的学者纷纷对流行民间之"七七"之俗追本溯源，虽然普遍认为"七七"、"百日"等说法皆与佛教密切相关，但是不少学者还是试图寻找其本土起源，并从中国本土的思想资源（如五行生克）出发去解释其中的道理。大多数学者并不认同丧礼做佛事的做法，这种将"七七"与佛教剥离的做法，可能是一种隐晦的辟佛手段。

"七七"、"百日"之奠，无论是否做佛事，似乎都不是正统的儒家礼仪，不过世俗沿袭既久，已经成为丧礼必不可少的一部分，一些士人还试图探索其内在的合理性。不过，佛教对于中国丧礼的另一种影响则是绝大多数士人所难以容忍的，那便是火葬。

火葬的流行，多因贫困而无力营葬。在明清最为富庶的江南地区，火葬习俗反而最盛。大概因为江南地区地狭人稠，葬地昂贵，贫困者无力求得葬地，因而火葬。[1]关于火葬的来源，有多种说法，有说是元朝遗俗，有说是满洲葬俗，甚至有人还追溯到秦朝对于死罪之人的刑罚。[2]

顾炎武很反对火葬，认为"人之焚其亲，不孝之大者也"。他在《日知录》中考证火葬之源流，其中有提到：

> 而或者乃以焚人为佛家之法，然闻佛之说，戒火自焚也。今之焚者，戒火邪？人火邪？自焚邪？其子孙邪？佛者，外国之法，今吾所处中国邪？外国邪？有识者为之痛惋久矣。今通济寺僧焚人之亲以周利，伤风败俗，莫此为甚！[3]

---

[1] 冯贤亮：《土火之争：清代江南乡村的葬俗整顿与社会变革》，收入《传统中国研究集刊》第2辑，上海人民出版社，2006，第155~172页。
[2] 方凤：《改亭存稿》卷5《杂著》，收入《续修四库全书》第1338册，第352页。
[3] 顾炎武：《日知录（全校本）》第二册卷15《火葬》，第898~901页。

顾炎武还是倾向于"地窄人多"的解释，对于火葬为佛教之法并不十分认同。不过这也从侧面证明火葬源于佛教的说法确实流传于民间。僧人去世皆会火化，大概有人以此认为火葬的起源在于佛教之传播。康熙《寿宁县志》也有记载当地的风俗："信西方异教而火化亲尸。"① 这个西方异教明显是指佛教。

火葬在明清时期受到了广泛的批评，不过也有不一样的声音。袁枚（1716~1797）认为佛教是"九流之一家"，而九流是"君子之所不得已而存焉者也"。在他看来，佛教之本意是好的，对于殡葬而言，"有非其财而可以厚葬者乎，佛知之，故火化"。②

火葬之俗在明清时期的流行，引起了很多官员与士人的重视，在他们移风易俗的尝试中，禁火葬也是重要的一个环节。魏校（1483~1543）的《庄渠遗书》收有他在担任"钦差提督学校、广东等处提刑按察司副使"时为"兴社学，以正风俗"而制定的禁约，其中便有"禁火化以厚人伦"条。他将火化视为不孝，违背明太祖"圣谕六言"中的第一条"孝顺父母"。父母对子女无比厚爱，而不孝之子反而烧化父母之遗体，实在可悲。魏校认为这种陋习的来源是"师巫谬彰邪说，惑乱民心，以西天为极乐，火化为归仙"。这种说法其实杂糅了佛教之西天极乐世界以及道教之成仙。他驳斥道："不知西天是夷鬼之地，父母何居？火化乃炮烙之刑，父母何罪？"这种做法是"以仇报德"，"煎熬其骨肉，必飘散其神魂，日后虽有思亲之时，祭之不享，哀之无益，禽兽同归，天人共怒，家道凶亡，子孙衰替，皆本于此"。③

不过，再多的批判也掩盖不住佛教影响中国殡葬习俗的事实，很多源自佛教的丧礼习俗已经内化到了中国的殡葬习俗之中，成为民间丧礼不可或缺的一部分。虽然明清主流的儒家观念对丧礼佛事持以批评态度，但是也有一些士人开始主动探讨这些习俗的由来，并试图寻找其本土起源，以摆脱佛教影响之束缚，以使民间丧俗得到古代文献与中国本土观念的支持。一些较为宽容的学者甚至认为佛教的地狱之说对实现儒家的社会理想有所助益，并可加以利用。明清三教合流的趋势，在殡葬领域亦有体现。

---

① 康熙《寿宁县志》卷1《风俗》，收入《中国方志丛书·华南地方》第218号，台北：成文出版社，1974，第49页。
② 袁枚：《小仓山房文集》卷20《佛者九流之一家论》，《续修四库全书》第1432册，第218~219页。
③ 魏校：《庄渠遗书》卷9，收入《景印文渊阁四库全书》集部第206册，第19b~20b页。

第四节　宗族与殡葬观念

> 丧以慎终，祭以追远，二者俱为根本，最切之务，不可偏废。①

古人冠婚丧祭四礼之中，丧礼占有十分重要的地位。孟子曾说："养生不足以当大事，惟送死可以当大事。"先贤的教训仍被明清的士人所尊崇，一份清代的宗谱中曾经说道："盖五礼，惟丧礼为大，而丧礼以慎终为先。虽时届仓促，必慎之又慎。附于身者，衣衾从其厚；附于棺者，坟土期其坚；而思哀又不待言矣。至三年中，纵不能如古人之事事尽礼，而大端不可失焉。"②

《周礼》载："墓大夫掌凡邦墓之地域为之图，令国民族葬而掌其禁令，正其位，掌其度数。"③郑玄也说："同宗者生相近，死相迫。"④对于明清的士人而言，这是三代以上葬不择地的证据，它也成了明清时代宗族族葬理想的历史与思想渊源。

族葬是宗族"聚族而居"在死后的延伸。明代大学士邱濬（1420~1495）认为，《周礼》之规定可以随时变通，但其意不能失，对于宗族而言，"居必欲比宫室，若地不能容，不得已而别迁，必合众力为之营构，不失旧媺之规；葬固欲联坟墓，若地有所碍不得已而别厝，必随支派为之布列，而不失族葬之旧。"⑤然而宋濂（1310~1381）则认为"族葬"的事迹情形并非如理想的一样，他感叹由于堪舆家的风水之说，致使族葬之古礼在大江以南尽遭破坏，父子至亲的葬地也常常相隔甚远，"夫以一气所生，喘息之相通，魂魄之相依，乃使之旷绝疏远如此，岂人心天理之所安哉！"⑥清代四库馆臣为风水理论的重要作品《葬书》做提要，也把《周礼》族葬之说作为"三代以上葬不择地"的明证。陈确也曾痛悼族葬之废："族葬之兴废，古今之大利害系焉，岂不重哉！予悲三代以后之民，尽昏昏如醉梦也，病狂者也。"他也把族葬之废归结到风

---
① 《宁乡南塘刘氏四修族谱》卷之首《重修凡例》，收入《湖南名人家谱丛刊》，全国图书馆文献缩微复制中心，2002，据民国十年存著堂木活字印本影印，第83~84页。
② 光绪铜梁《安居乡周氏宗谱》卷1，收入冯尔康主编《清代宗族史料选辑》（中），天津古籍出版社，2014，第868页。
③ 《周礼注疏》卷22，收入阮元校刻《十三经注疏》，中华书局，1980，第786页。
④ 《周礼注疏》卷10，收入阮元校刻《十三经注疏》，第706页。
⑤ 邱濬：《家乡之礼三》，收入黄训编《名臣经济录》卷27，《明代基本史料丛刊·奏折卷》第11册，线装书局，2014，第44a~44b页。
⑥ 宋濂：《宋学士文集》卷30《赵氏族葬兆域碑铭》，《万有文库》第2集第700种第543页。

水之说，"盖葬师之说行，则族葬之礼废。"[1]他也曾做《族葬五善》一文，以劝导世人实行族葬。他认为族葬的好处有五：一为"骨肉完聚而无怨离之鬼"；二为"不费耕地"；三为"昭穆不紊而位前定"，因而不需要择葬地，也不会导致兄弟争利而使父母骸骨久不下葬；四为不需请丧师，不需买葬地，也不会因此而导致种种纠纷；五为方便祭祀，"数世之墓一朝而祭毕"。[2]徐乾学在他的《读礼通考》中讲族葬之制的破坏归咎于秦始皇废分封而行郡县，"秦罢封建而宗法不行，族葬之礼遂废"，而后"邪说如蝟毛而起，淫巫瞽史得簧鼓于期间"，风水堪舆之说渐兴，择葬地之行为渐成风尚，甚至程朱等大儒也认为葬地不可不择，由此导致经年累世不葬。他说："《周官》之法即不可复，而宋赵季明族葬之图不可以不讲也。"他急切地呼吁以赵季明族葬之说来对抗流行的择葬地行为，"使季明之说行则兆域素定，葬可如期；惟数世之后，地不能容，乃始改卜。为子若孙者，祸福之念无所动于中，则葬师不得操其柄，此拔本塞源之论，可以矫敝俗而归诸厚"。[3]

但徐乾学的论述只是一种美好的期望而已。明清时期，在风水堪舆实践的冲击下，族葬已经在很大程度上成为一种理想，一种士人宣扬的"礼"。仍然遵循古礼实施族葬的宗族，在此时已经成为士人笔下大书特书的典范。

族葬作为一种理想虽然仍然在士大夫的论述中不时出现，但明清时代国家与地方社会对殡葬关注的重点已经转移到了"丧礼"。明清两代的帝王皆有着通过移风易俗整顿地方社会秩序的理想，明太祖之"圣谕六言"与清康熙帝的"上谕十六条"都有提到殡葬所应遵循的礼制。"圣谕六言"的第一条便是"孝顺父母"，而孝顺不仅仅是生前的悉心奉养，身后之丧礼亦是重要的一环。明太祖强调应遵循《文公家礼》，"衣衾棺椁务极诚信，修荐求福一切禁戒，三年之内不得饮酒食肉，混处家室"。他强调丧礼当尽哀痛，并批判了社会上流行的拘泥风水、厚葬、做佛事、宴宾客等不合礼制的行为。雍正也在阐发"上谕十六条"时提到"冠婚丧祭各安本分"。[4]

皇帝所倡导的伦理规范也在宗族之中得到了积极的响应，明清许多宗族的家训族规的编写便以圣谕为蓝本。并且在明清宗族乡约化的趋势中，圣谕宣讲已经成为祭祖时的重要环节。明代休宁范氏的祠规便强调"圣谕当遵"，并在宗族祠堂祭祖时宣

---

[1] 陈确：《陈确集》文集卷14《查氏石家漾三世合葬志》，中华书局，1979，第348页。
[2] 陈确：《陈确集》别集卷7《葬书下·族葬五善》，中华书局，1979，第490页。
[3] 徐乾学：《读礼通考》卷82，光绪间刊本，第2～5页。
[4] 参见何淑宜《以礼化俗——晚明士绅的丧俗改革思想及实践》，《新史学》第11卷第3期（2000年）；冯尔康：《略述清代宗族与族人丧礼》，《安徽史学》2010年第1期。

讲圣谕，加强对宗族内部伦常的教化，对于圣谕六言，"凡为忠臣、为孝子、为顺孙、为盛世良民，皆由此出……今于七族会祭统宗祠时，特加此宣圣谕仪节，各宜遵听理会，共成美俗"。①

不仅如此，明清两代也详细规定了丧服制度，基本准则皆本于《仪礼·丧服》，并有所增减损益。丧服制度根据亲疏远近的关系规定了死者亲属守丧期间的服饰，服丧的期限，居丧期间的生活起居规范。丧服由重至轻，分为斩衰、齐衰、大功、小功、缌麻五个等级。明清时期丧服制度经历了明显实用化与平民化的转向，具体体现为亲属范围的扩大、嫡庶区别的缩小、辈行名分的突出、女性服叙的提高、服叙的简化与实用倾向加强，而这些变化与明清时期的宗族形态有着密切的关系。②

明清宗族的族谱中经常有关于遵守丧礼的劝解，除了泛泛而论要遵守"文公家礼"，以及对违礼的行为进行批判，有些族谱同样也刊载服制图，并详细解说，以使族人能够明晰五服关系。四川泸州王氏族谱中便说："今捡丧服总图、本宗九族五服图、大宗小宗三父八母内外服制、祠堂礼制之图，俾肄习诗书者得以籍谱指示，而农工上古及闺门妇女亦得捧谱而遵行矣。"③有些族谱直接从国家颁布的律例中转录服制内容，如山西平定窦氏族谱便转录《大清律例》中的丧服规定。④有些族谱则加以简化处理，如安徽池州《仙源杜氏宗谱》中便载："至于服制，一曰斩衰，用极粗有子带黑色生麻布，不缝下边；凡杖，父用竹，母用桐，长齐心，上圆下方，三年。二曰齐衰，用稍粗生麻布缝下边，杖期、不杖期皆一年。三曰大功，九月。四曰小功，五月。五曰缌麻，三月。父母之丧及嫡孙父殁为祖承重者服斩衰，余则有正丧，有反丧。正丧自父母以上至高祖，反丧自妻子以下至元孙，各有等杀之服，五服之外皆袒免之亲，以白棉布裹额而已。"⑤这份记载更加注重丧服的样式，而对于丧服的适用情形，除了斩衰以外，并没有详细的说明，这也体现出一种简化与实用化的倾向。

国家出台殡葬礼制的规定，也是为了纠正民间的殡葬习俗。洪武初年，"京师人民循习元氏旧俗，凡有丧葬，设宴会亲友，做乐娱尸，惟较酒肴厚薄，无哀戚之情。流俗之坏至此，甚非所以为治"。因此朱元璋"令礼官定官民丧服之制"。⑥朱元璋

---

① 万历《休宁范氏族谱》，转引自常建华《习俗与教化：徽州宗族组织的形成——以休宁范氏为中心》，收入南开大学中国社会史研究中心编《新世纪南开社会史文集》，天津人民出版社，2010，第176页。
② 丁凌华：《中国丧服制度史》，上海人民出版社，2000，第181~182页。
③ 《泸州王氏族谱》卷1，收入冯尔康主编《清代宗族史料选辑》（中），第911~912页。
④ 道光平定《窦氏族谱》，收入冯尔康主编《清代宗族史料选辑》（中），第910~911页。
⑤ 光绪池州《仙源杜氏宗谱》卷首，收入冯尔康主编《清代宗族史料选辑》（中），第908~909页。
⑥ 《明太祖实录》卷37，洪武元年十二月辛未，台北：中研院历史语言研究所，1962，第709~710页。

致力于恢复质朴的小农社会秩序,并在殡葬中力图清除蒙古旧俗。明初社会刚刚从元末大乱中安定下来,尚未完全恢复,故而民间大多无力奢葬。因而,从现今存留的地方志中,有着不少明初质朴丧俗的描述。[①]但我们仍可以从这些材料中看到明初殡葬违礼情况的存在,但到明中叶以后,这些现象再次被视为一种严重的社会问题,其社会背景已经与明初完全不同。

在明中后期的士大夫眼中,俗尚奢靡的风气已经成为一种亟待纠正的社会问题,体现在殡葬领域的有奢葬、僭用丧仪、迷信风水、滥用僧道、大摆筵席等违背礼制的行为。而宋以后中国宗族的一大特点便是以宋儒的社会主张为理论依据,强调以儒家人本主义的伦理政治文化化民成俗,建立稳定的社会秩序。[②]因而在族规家训之中对于诸多社会问题有着积极的回应,殡葬便是他们关注的焦点之一。他们一方面在祭祖时宣讲圣谕以教诲族人,另一方面普及《朱子家礼》中关于冠、婚、丧、祭四礼的仪节。宗族在明清时期已经成为地方社会中一股不容忽视的力量,政府亦逐渐接受日渐兴起的宗族组织,希望借由宗族来维持地方的秩序。

明清族谱中有着很多对民间殡葬违礼现象的观察,比如池州《仙源杜氏宗谱》便记载了流行于徽州、宁州、池州三地的"丧事五大非礼"。

> 第一是以金珠玉帛唅殓,启宵小觊觎之心,开棺烧棺,盗窃殉物,翻乱骸骨,人子不能报亲恩于生前,而反贻亲祸于身后,何其愚也。第二是做佛事谓之超度,吾亲所行皆善,无劳超度,即圣人久祷之意;所行不善,子孙惟有积善以解之,即《易经》干蛊之意,彼何人,斯而能超度吾亲乎?第三是亲房不举火而就食于丧家,饮酒食肉视同喜庆事。第四是亲友赙奠不答以布帛,而答以财物,财物不丰反谓不知礼,致使无力者或停棺不葬,或草草出殡不能成礼。第五是惑于风水久不安葬,不思地理除风水蚁三弊皆可迁葬,乃以亲骸为邀福之资产,久暴露于荒烟蔓草,致野火焚柩,惨不忍闻,不孝之罪可胜诛哉!吾族当去此五大非礼,然后可以言丧礼。[③]

另外《绩溪县南关许余氏谆叙堂宗谱》也提到了丧事的"三大非礼":第一是做佛

---

① 参见何淑宜《以礼化俗——晚明士绅的丧俗改革思想及实践》,《新史学》第11卷第3期(2000年),第52~55页。
② 常建华:《明代宗族研究》,上海人民出版社,2005,第1页。
③ 光绪池州《仙源杜氏宗谱》卷首,收入冯尔康主编《清代宗族史料选辑》(中),第908页。

事，谓之超度；第二是亲房家家不举火而就食于丧家，丧家以酒肉宴客；第三是惑于风水停丧不葬。①总结起来，明清时期宗族关注的主要殡葬问题可以分为四大类：厚葬、做佛事、宴宾客、迷信风水。而"五大非礼"中答谢亲友财物一项并不常出现在时人的论述中，不过这种丧事中互相馈赠、迎来送往如喜事的做法也常常与宴宾客连带讨论。

厚葬是明清时期殡葬中最为突出的问题，亦与其他几个方面的问题密切联系。厚葬一方面是指衣衾、棺椁、随葬品等物品的奢侈与丰厚。李文照曾拟《家训八则》，反对在婚丧礼仪中使用浮华奢靡的器具，"养生送死之具，吉凶庆吊之需，人道之所不能废，称情以施焉，庶乎其不至于固耳。惟是金玉之辉煌，纂组织奇丽，水陆珍奇之供设，骄奢暴殄，诚造物之所忌讳"。②《乳源余氏族谱》也对随葬品有所规定："丧则惟竭力于衣衾、棺椁，遵礼哀泣；棺内不得用金银、玉物。"③大多数家族对于衣衾、棺椁并没有过多的限制，大多强调"竭力为之"，池州仙源杜氏的族谱中也只是说："衣衾棺椁宜称家之有无，不可过靡，袭虚文而失礼意。"④但对于金银玉器等随葬品，大部分宗族皆持反对态度，如绩溪南关许余氏的宗谱便规定："凡棺椁衣衾，称家之贫富，却不可以金玉入殓。"⑤这样做不仅有违礼制，并且会招致盗贼，使死者身后亦不得安宁。

厚葬的另一方面是丧礼用度的烦琐，包括择葬地、宴请宾客以及邀请佛道做法事超度亡魂。这是在族训家规中被讨论最多的问题，比如明代陈龙正便指出："厚葬诚无益而有害。然有财者精择于地理，坚好于圹棺，自是爱亲之心，虽终归野土，亦欲其居之安而留之长流，此之为厚，宜厚则也。世俗薄于此，而馈飨送迎，召僧设忏，费顾数倍，诚大祸也哉。"⑥在陈龙正看来，择地理也是为了亲人阴宅之安宁，无可厚非，但馈赠礼物、迎来送往、招僧徒做法事却是徒耗费钱财。这几个方面虽然也可算作厚葬的一个方面，但在文献中往往被单独讨论。厚葬虽然招致非议，但同样也是儿孙对故去的长辈表达尊崇与孝敬的方式，只要不违背礼制，不过度铺张浪费，也是值得称道的行为。但是做佛事、宴宾客在族训家规中却是需要完全被摒弃的行为。

明清时期丧礼延请佛道做法事已经成为一种常态，许多宗族虽然不能免俗，但在族训家规中却严格禁止。休宁茗洲吴氏的家规中便有规定："丧礼久废，多惑于佛老

---

① 光绪《绩溪县南关许余氏谆叙堂宗谱》卷8，收入冯尔康主编《清代宗族史料选辑》（中），第909～910页。
② 李文照：《家训八则》，收入冯尔康主编《清代宗族史料选辑》（中），第804页。
③ 嘉庆《乳源余氏族谱》卷1，收入冯尔康主编《清代宗族史料选辑》（中），第875页。
④ 光绪池州《仙源杜氏宗谱》卷首，收入冯尔康主编《清代宗族史料选辑》（中），第908页。
⑤ 光绪《绩溪县南关许余氏谆叙堂宗谱》卷8，收入冯尔康主编《清代宗族史料选辑》（中），第910页。
⑥ 陈龙正：《几亭全书》卷22，收入《四库禁毁书丛刊》集部第12册，据清康熙云书阁刻本影印，第10a～10b页。

之说，今皆绝之。"①明代学者陈龙正认为"迎僧道"是殡葬习俗中最令人不齿的行为，"所谓迎僧道，则最不肖子弟所为，或因妇女崇信，或因僮仆规利，或因无知亲友从臾迫胁，子孙见义不确，恐有吝财忘亲之嫌，勉强从之。岂知哭泣祭葬之间，尽哀尽礼，奚忘奚吝？使得其亲守正一生，乃以邪道诬之于身后，事死如事生，固如是乎？倘父母生前有崇佛之癖，正宜为之盖愆"。②但陈龙正自身的经历却是一个悖论。如若父母笃信佛教，那究竟应该坚持儒家丧礼的纯正，还是依照"顺亲"的原则请僧人超度亡魂？陈龙正最终妥协了，他母亲及妻子的丧事皆有僧人诵经做法事，但他仍旧坚持自己百年之后一定要沿革遵守儒家丧礼，坚决不可做佛事。③另有族谱中批判做佛事之荒谬："试思父母行善何劳超度？父母若行恶，惟有行善以解父母之恶，又岂此辈所能超度？临丧不哀，妄信邪说，大非礼一。"④

丧礼中宴宾客是一种常见的行为，亲朋前来吊丧，主家设饭食招待客人亦属人之常情，民间习俗中以素食待客，本无可厚非。但在宴席中出现了越来越多的铺张浪费与违礼的现象，丧家以酒肉相待，歌舞宴饮不绝，丧事反类喜事一般，违背了丧礼要"尽哀"的原则。富家以"贺坟"为名义大摆酒宴，张灯结彩，讲究排场，一般人家也不惜巨费纷纷效仿。⑤明代王畿就在《家谱劝诫》中批判："初丧在殡，亲宾携酒馔往劳之，主人亦自备酒馔共醉饱。又假浮屠超度，披张绣锦，吊客盈门，作乐以娱尸。富者费中人十家之产，贫者鬻田典屋至称贷以从，有不然者，人争嗤笑之，以为鄙吝。"⑥这样的社会风气引起了宗族的反对，在族训家规中往往予以禁止。明代王士晋宗规中便规定："吊者止款茶，途远待以素饭，不设酒筵，服未除，不嫁娶，不听乐，不与宴贺。"⑦清代休宁茗洲吴氏亦将在丧礼中宴饮作乐视为不孝，而"凡有赐吊，悉用素肴相款，出吊之人亦茹素致哀，不得自处不义，陷人于恶"。⑧有些宗族还规定，为了表达丧亲之哀痛，丧家也要食素，不得赴宴作乐。绩溪南关许余氏便说："孝子三日不食，亲邻当具馈粥以劝之食。"⑨婺源三田李氏的规定更加详细："新丧之家三日不

---

① 雍正《茗洲吴氏家典》卷1，收入冯尔康主编《清代宗族史料辑刊》（中），第957页。
② 陈龙正：《几亭全书》卷22，收入《四库禁毁书丛刊》集部第12册，第11b页。
③ 何淑宜：《以礼化俗——晚明士绅的丧俗改革思想及实践》，《新史学》第11卷第3期（2000年），第71页。
④ 光绪《绩溪县南关许余氏谆叙堂宗谱》卷8，收入冯尔康主编《清代宗族史料选辑》（中），第909～910页。
⑤ 卞利：《明清以来徽州丧葬礼俗初探》，《社会科学》2012年第8期。
⑥ 王畿：《慕蓼王先生樗全集》卷8《家谱劝诫·侈靡六》，《四库全书存目丛书》集部第178册，第345～346页。
⑦ 《王士晋宗规》，收入陈宏谋《五种遗规·训俗遗规》卷2，《续修四库全书》第951册，第158页。
⑧ 雍正《茗洲吴氏家典》卷1，收入冯尔康主编《清代宗族史料选辑》（中），第957页。
⑨ 光绪《绩溪县南关许余氏谆叙堂宗谱》卷8，收入冯尔康主编《清代宗族史料选辑》（中），第910页。

举火,各房每日送粥一桶,素菜四盘,以给其子姓一日之食;新丧家下男女,无外大小亲疏,俱要全家斋戒满七,孝子百日,虽有故出外亦然。"①

宗族对于择葬地的做法则较为宽容。为了保证先人墓穴的完好,要尽力避免风、水、蚁三害,使先人骸骨与魂魄不致被破坏,这样的行为无可厚非,甚至值得提倡。但民间择葬地的目的往往是为了给子孙邀福,甚至妄信风水堪舆之说,经年累月停丧不葬,甚至数次迁葬,导致先人的遗骸不得安宁,这在当时的士人看来是要严厉禁止的行为。前文提到的陈龙正便持此种看法。清代常州毗陵胡氏将迷信风水而停丧不葬视为罪恶滔天,"近世惑于风水家言,至有一二十年不葬者。万一不测,罪孽滔天,悔恨无极。谁知祖孙一体,祖父安则子孙亦安,未有亲体不安而子孙能享厚福者"。但胡氏宗谱并未将风水理论一概贬斥,"风水为先儒所不废,但当修德以遇福地,然不可强图徼幸于万一。若专信堪舆,不从心地中作福地,虽得吉兆,恐亦无用"。②故而葬地的好坏还要看死者生前所修福报。绩溪南关余氏也批判风水迷信之非,认为葬地好坏皆取决于心地的好坏,故而应该在生前多多积善,而非以亲人去世作为邀福的资本,宗谱中说:"夫亡者以归土为安,人家祸福由于善恶,故阴地由于心底,心地好当得好地,时日内亦可得好地;心地恶当得恶地,一百年还得恶地,断非地师所能代谋,不求心地而求阴地,以亲死为求福计,大非礼三。"湖南涟源李氏则指出了择葬地与泥风水的区别:"葬必择地避五患,不得泥风水邀福,至有终身不葬,累世不葬。"③所谓"五患"便是宋儒程颐《葬说》中所谓"不为道路,不为城郭,不为沟池,不为贵势所夺,不为耕犁所及"。④这种儒者的说法更加着眼于葬地的保护,而非如风水迷信一般玄而又玄的理论,因而被坚持儒家正统的宗族所接受。

除了这四大方面,宗族对于丧葬违礼的讨论还涉及水葬、火葬等民间习俗,并往往在族规中严格禁止。宗族在族规家训中批判了各类的违礼现象,同时也为家族丧礼制定了行为规范。宗族对于丧礼的规定,其目的并不在这些琐屑的繁文缛节,而是希望通过对族人的教化,实现移风易俗的目的。"冠婚丧祭"都是人生必须经历的大事,也是人们亲身体会并学习礼节的重要场合。明末之后,商品经济的发展与奢靡之风的兴起让恪守传统的士人深刻感受到了世风日下、人心不古。在这种社会背景下,他们希望通过对族人遵守礼仪的规训,来达到扭转世风的目的。嘉庆《乳源余氏族谱》便

---

① 光绪婺源《三田李氏宗谱》卷末,收入冯尔康主编《清代宗族史料选辑》(中),第957页。
② 光绪常州《毗陵修善里胡氏宗谱》卷1,收入冯尔康主编《清代宗族史料选辑》(中),第821页。
③ 涟源《李报本堂族谱》卷首,收入冯尔康主编《清代宗族史料选辑》(中),第948页。
④ 程颢、程颐:《二程集》,王孝鱼点校,中华书局,2004,第623页。

说:"伊川先生曰:'冠婚丧祭,礼之大者。'今人都不理会,人家能存行此等节文,则虽子孙至幼者,亦可使渐知礼义。是四礼者,示成人、正男女、哀亲、追远,人道之纲纪也,可不遵行哉?盖世人少有行者,谓仪节繁多,未免伤财废事,且云今不如古,何必太拘;不知师其义而用其行,至简至易,江河日下,正好砥柱中流,何不可行与不必行之?"族谱中进而指出四礼中的行为规范,对于丧礼的规定也几乎包含了以上的各个方面:"丧则惟竭力与衣衾、棺椁,遵礼哀泣;棺内不得用金银、玉物;吊者款待,不可侈靡;服未除,不嫁娶,不听乐,不以宴贺;丁忧,不入公门;葬必择地,避五鬼,不必泥风水亦邀福;陆世仪先生曰:譬如种子,人心则种子之善否也,风水则地土肥饶也。种子善,虽瘠土未尝不生;种子不善,虽极肥之土,未有种草而得豆,种稗而得谷者。所以儒生重心术,不重风水。至有终身不葬、累世不葬,或盗葬,或侵祖葬,或水葬、火葬,犯律重罪。"①

李文照的《家训八则》中引经据典,讨论丧礼的种种准则,其中列出衣服、饮食、寝处三方面的规范:"始死徒跣袒括,殡而衰杖,期而练服,再期而素服,此衣服之节也。始死三日不食,殡而粥,卒哭而疏水,期而菜果,再期而醴腊,此饮食之节也。始死寝苫枕,虞而寝席枕木,不入中门,再期而后复寝,此寝处之节也。"当然,在李文照看来,"圣人重丧,夫丧有大本焉,有大经焉。恻怛之实,疾痛之情,大本也;节文之具,度数之详,大经也"。②故而丧礼中的"节文"、"度数"虽然重要,但真正的"大本"确是哀戚之情。婺源《三田李氏宗谱》便说:"居丧者务以哀痛为本,不可徒尚虚文也。"③

常州《毗陵王氏支谱》中便引用先贤的论述来强调丧礼中"情"的重要性。

> 擗踊哭泣,丧之文也;衰麻苴杖,丧之节也;棺衾葬埋,丧之具也。子曰:丧与其易也,宁戚。曾子曰:人未有自致者也,必也亲丧乎!颜子曰:丧致乎哀而止。孟子曰:君子不以天下俭其亲。夫三年至丧,得之为有财,固人子所自尽者,于此不用其情,呜呼。至于五服之制,虽有降杀,要当各尽其情之所至。④

---

① 嘉庆《乳源余氏族谱》卷1,收入冯尔康主编《清代宗族史料选辑》(中),第875页。
② 李文照:《家训八则》,收入冯尔康主编《清代宗族史料选辑》(中),第806页。
③ 光绪婺源《三田李氏宗谱》卷末,收入冯尔康主编《清代宗族史料选辑》(中),第909页。
④ 光绪常州《毗陵王氏支谱》卷1,收入冯尔康主编《清代宗族史料选辑》(中),第812页。

第一章　殡葬观念

所以，只要治丧之"本"没有错误，哀戚之情得到了充分的表达，丧礼中偶尔不合礼制的行为便也可以容忍，毕竟不能因为"节文"而丧失了"大本"。我们可以看到，在宗族对于以上四种殡葬违礼行为的批评中，多少有着一定的两面性。族谱中对于违礼现象的批评，大都集中在那些导致严重社会问题的行为之上。厚葬、做佛事、择葬地的行为在某种程度上也是孝道的体现，亦是孝子表达对死者哀思的手段，只要其"情"是正确的，那么这样的行为也无可厚非。

宗族对于殡葬的关注不仅仅体现在移风易俗之上，另一方面也强调族人在殡葬之中的互助行为，以达到睦宗族的目的。睦宗族是明清族谱中普遍强调的原则，并常常引用范仲淹之语"宗族与吾固有亲疏，自祖宗视之，则均是子孙，无亲疏"，并以此唤起族人的祖宗之念、同宗之情。[①]而睦宗族所倡导的，便是在同宗之中扶老幼、恤孤寡、济贫弱，并通过义田、义仓、义学、义冢等手段，使得宗族之中的贫困家庭亦可受到生活物资、教育、婚丧等方面的救济。对于冠婚丧祭这样人生中的重大事件，也要同族互助。贵州紫江朱氏的家谱便规定："须体尊祖则敬宗，敬宗则收族之义，凡族中之贫乏者，遇有冠婚丧祭不能举行者，稍有力之家，当同忧共患，或一身独任，或众擎共举，为之成全其事。"[②]

宗族之中对于殡葬的互助，最普遍的做法便是资助贫困者下葬。沧州交河李氏家训中便有规定："族人有鳏寡孤独贫乏身死，暴露不能买棺埋葬者，合族公办，具棺埋葬以全一脉之情。"[③]当然，也有宗族凡遇丧事，皆要"合族公办"，山东即墨杨氏家族便对族人丧礼有着详细的规定，秉承"凡有丧事，群聚而谋"的原则，由族人各尽其能，分工负责丧事；并在吊唁、出殡、下葬、供饭食等环节出力；如遇贫困无财力治丧者，也要合族相助。[④]除此之外，有些宗族还兴建义冢，以为族中贫乏者提供葬地。《绩溪城西周氏宗谱》认为设义冢"可以为裔孙借急，可以止祖坟盗葬"。[⑤]

明清时期，宗族已经成为维护地方秩序的重要力量，是国家礼仪在地方上的重要

[①] 见湖南涟源《李报本堂族谱》卷首，收入冯尔康主编《清代宗族史料选辑》（下），第1847页；湖南零陵《龙氏六续家谱》卷首下，收入冯尔康主编《清代宗族史料选辑》（下），第1848页。
[②] 贵州《紫江朱氏家乘》卷4，收入冯尔康主编《清代宗族史料选辑》（下），第1849页。
[③] 沧州交河马连坦《李氏族谱》，收入冯尔康主编《清代宗族史料选辑》（下），第1841页。
[④] 山东即墨《杨氏家乘》，转引自冯尔康《略述清代宗族与族人丧礼》，《安徽史学》2010年第1期。
[⑤] 光绪《绩溪城西周氏宗谱》卷19，收入冯尔康主编《清代宗族史料选辑》（下），第1888页。

推动者。丧礼作为最重要的人生礼仪之一，也受到了宗族的特别关注。他们在族谱中所倡导的，也都是国家与地方官府所规定的行为。在殡葬的认识上，他们一方面教导族人遵守国家礼制，另一方面通过禁止违礼的殡葬行为来达到移风易俗的目的。虽然他们改革殡葬习俗的努力效果有限，当时士大夫对于殡葬违礼现象的批评仍然不绝如缕，但作为地方上有声望的大族与重要的领导力量，他们的示范无疑能够起到一定的积极影响。

小 结

本章所讨论的殡葬观念，并非完全始于明清。厚葬、风水观念在中国历史文化中源远流长，影响甚大；佛教影响在唐宋以来流布愈广，一些原本属于佛教的殡葬观念与习俗经历了本土化的历程，逐渐被民间接受；宗族组织在宋代以后的发展，使其成为基层社会移风易俗的重要力量，殡葬便是宗族规范族人行为的重要一环。

不过在明清时期，各种社会中的殡葬观念除了进一步深化与发展，还出现了一些新的特点。中国殡葬中的厚葬观念可谓根深蒂固，明清士人关于厚葬的讨论中，有一点非常突出，那便是将殡葬之"厚"分为两类：一类是墓穴、棺椁、衣衾之"厚"；另一类是随葬品、丧仪排场之"厚"。前一类是孝子尽力营葬，表达孝心的具体体现，被时人认为是合理的厚葬；而后一类在大多数士人眼中已经到了"奢侈"的程度，是社会风俗中应当被革除的陋习，这些做法并非为死者考虑，完全是生者炫耀的手段。明清士人的论述中对于"厚葬"的纠结姿态大多体现在"礼"与"情"的辩证之中，如何在坚持礼制和表达哀思之情中寻找平衡，成了士人讨论殡葬的重点。

风水观念在宋代分化出的形势、理气两派，在明清社会的上层与下层分别占据了主流位置。形势派在明清两代宫廷的堪舆实践中占据绝对支配地位，并且因为宋儒朱熹的提倡，也被文人士大夫认可。这一派风水理论在师徒传承、塑造经典方面皆有模仿儒家传统的趋势，渐渐发展成为一种文人化的风水理论。儒家士人并不耻于学习这一"技艺"，并认为这是儒者"格物致知"的体现。理气派虽然招致正统文人的批评，但在民间社会中的风水实践占据主流，其理论也逐渐神秘化。在清代，两派风水理论出现了合流的趋势。一方面，体现在理论上形势、理气并重；另一方面，两派遵奉的祖师、传承谱系也渐有混合。

　　佛教的地狱、轮回、果报等观念对中国殡葬观念中死后世界的构想有很大的影响。士人对于殡葬观念中的佛教因素多持批评态度，但其中也有别样的声音。在儒家士人中，有些人试图寻找佛教殡葬观念的本土起源；有人认为佛教的地狱、轮回、果报等观念实际上有震慑人心，劝人行善的意味，虽非正统，但对于世道人心有所助益。但对于佛教观念影响下的火葬行为，士人是绝对难以容忍的，对其大加挞伐。

　　《周礼》"族葬"之制虽然仍然存在于明清士人理想的殡葬观念之中，但其实践却早已远去。明清宗族聚族而居，聚族而葬的理想也并不能完全实现。宗族为达到"敬宗收族"的目的，多依靠修建祠堂而非宗族墓地。明清宗族对于殡葬的认知，大多体现在其族规家训中对族人丧礼的规范，倡导遵守服制，禁止殡葬中奢葬、做佛事、宴宾客、迷信风水等行为，提倡族人之间的互助。在明清国家对基层社会管控较弱的背景下，宗族充当了地方社会移风易俗的重要推动力量。

　　不过，讲到殡葬观念，有迹可循的往往是士人的观念，他们所代表的往往是儒家的正统，而对各种民间习俗抱持着批评的态度。本章所讲述的殡葬观念在各个层面上的争论往往是在士人中间进行的，下层的普通百姓的观念却很难知晓。士人的价值观虽然难以代表社会中的绝大多数，但是通过他们的论述还是可以反映出多样的历史图景。一方面，士人作为社会的精英阶层，他们的观念代表着社会的主流价值取向；另一方面，士人们着力批评的社会习俗，虽然被作为一种"违礼"的想象，但也从侧面体现出这些现象的普遍存在。在殡葬观念的任何层面，评价总是毁誉参半，风水、厚葬、做佛事等方面，虽然批评之声占绝对主流，但也不乏士人对之保持着理解的态度，认为只要在殡葬实践中坚持一定的准则，那么这些行为也无可厚非。士人批评的，总是引起严重社会问题的殡葬行为。择葬地如果是为了先人的遗骨能够更好地保存，这是孝的体现，但如果是为了为子孙邀福，便是不可取的行为；厚葬如果能够"称家之有无"，尽力于墓穴、衣衾、棺椁，并无可厚非，但如果追求随葬品之奢华，讲究丧礼的排场，甚至破产办丧事，那便是盲目攀比，对死者无益；佛教的地狱、因果轮回观念虽然不属正道，但对于世道人心也有助益，但如果人们达到佞佛的程度，丧礼中办佛事超度，甚至实行火葬，那便是不能接受的行为。

而宗族则是明清士人实践起殡葬理念的重要社会组织，宗族的族长一般也是地方社会中有名望的士绅，而他们是明清官府控制地方社会所需依靠的力量。他们通过规范族人的行为，推广他们的社会理念，甚至通过乡约等形式影响大众，达到移风易俗的目的。因而宗族殡葬认识，是士人改造地方葬俗的集中体现。

第二章
殡葬礼制

据《明会要》、《大明集礼》等的记载,明代丧葬礼仪的制定主要依据《仪礼·士丧礼》,另外也参考了唐代《开元礼》和宋代《朱子家礼》,这可以清楚地从明太祖洪武元年所定的品官庶人丧礼中看出,其中等级差异要比唐宋时期强烈得多。清代官制的丧葬礼仪沿袭明代,没有大的变化。明清国家对殡葬礼俗严格规范,但在礼制实践过程中有些会出现变化。一些礼制所无的做法也大量存在,并为社会各阶层所接受。

第一节 明清国家有关丧葬的律令

明清有关丧葬的律令,国家层面的主要载于《明会要》、《大明集礼》、《大明律》、《大清通礼》、《清会典》、《清会典事例》、《大清律》等典籍之中。以下主要围绕《大明律》和《大清律例》的相关条文,考察明清有关居丧（守丧）、丧服的律令,以及关于某些葬俗的规制。

（一）对居丧行为的规制

居丧行为纳入法律规范始于魏晋南北朝,至唐宋时期全面法律化、规范化,经过辽、金、元式微。

明初居丧仍沿元俗。洪武元年十二月辛未,监察御史高原侃上言："京师人民循元氏旧俗,凡有丧葬,设宴会亲友,作乐娱尸,惟较酒肴厚薄,无哀戚之情。流俗之坏至此,甚非所以为治。且京师者,天下之本,万民之所见,一事非礼,则海内之人转相视效。况送终,礼之大者,不可不谨！乞禁止,以原风化。"朱元璋于是诏中书省，令礼官定官民"丧服之制"。①此后，明代丧制逐步恢复唐宋礼法，集中体现在《大明律》和《明会典》中。

明初制定法律时，考虑到时代、民俗的发展演变以及居丧之法的操作性，试图在唐宋法律基础上作某些调整，导致《明律》守丧条文有较大修改。主要修改之点有三：第一，删除"居丧生子"条。唐宋律居父母丧生子，处徒刑一年。朱元璋认为不妥："古不近人情而太过者有之，禁令服内勿生子，朕览书度意，实非万古不易之法。若果依前式，人民则生理罢焉。"②后修《明律》时便删除了"居丧生子"处罚之条文。第二，减轻量刑幅度，较唐宋律减刑幅度大致在二至七等之间。第三，缩小有关的亲属范围，除个别涉及期亲尊长外，均限制在父母、夫的范围。明清律同，不同在《大清律例》所增附之例文。以下一并叙述。

《大明律》有关居丧行为的规制，主要为《礼律·仪制》"匿父母夫丧"条。

> 凡闻父母（若嫡孙承重，与父母同）及夫之丧，匿不举哀者，杖六十，徒一年。若丧制未终（父母、夫丧），释服从吉，忘哀作乐及参预筵宴者，杖八十。若闻期亲尊长丧匿不举哀者，亦杖八十。若丧制未终，释服从吉者，杖六十。若官吏父母死，应丁忧，诈称祖父母、伯叔、姑、兄、姊之丧不丁忧者，杖一百，罢职役不叙。无丧诈称有丧，或旧丧诈称新丧者，罪同。有规避者，从重论。若丧制未终，冒哀从仕者，杖八十。其当该官司知而听行，各与同罪，不知者，不坐。其仕宦远方丁忧者，以闻丧月日为始。夺情起复者，不拘此律。③

《户律·婚姻》"居丧嫁娶"条：

> 凡居父母及夫丧，而身自嫁娶者，杖一百。若男子居丧娶妾，妻、女嫁人为妾者，各减二等。若命妇夫亡，再嫁者，罪亦如之，追夺并离异。知而共为婚姻者，各减五等。不知者，不坐。若居祖父母、伯叔父母、姑、兄、姊丧而嫁娶者，杖八十。妾不坐。若居父母、舅、姑及夫丧，而与应嫁娶人主婚者，杖

---

① 《明太祖实录》卷37，第709~710页。
② 徐乾学：《读礼通考》卷115《丧中产子》引《孝慈录》，光绪间刊本，第7页。
③ 怀效锋点校《大明律》卷12《礼律·仪制》，法律出版社，1999，第95~96页。

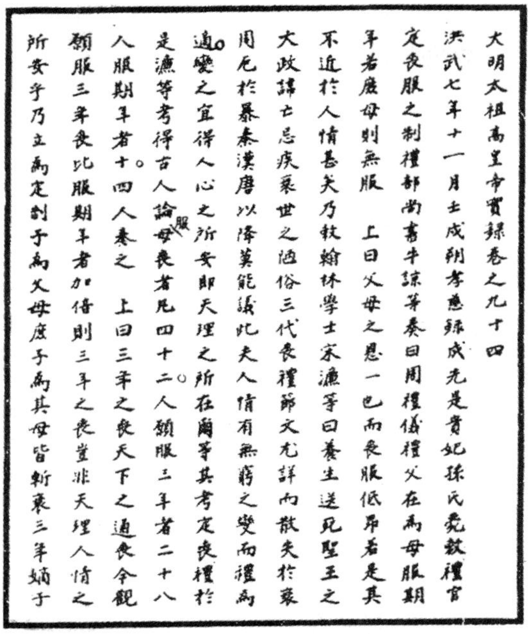

大明太祖高皇帝實錄卷之九十四
洪武七年十一月壬戌朔孝慈錄成先是貴妃孫氏薨敕禮官
定喪服之制禮部尚書牛諒等奏曰周禮儀禮父在爲母服期
年若庶母則無服　上曰父母之恩一也而喪服低昂若是其
不近於人情甚矣乃敕翰林學士宋濂等曰養生送死聖王之
大政諱亡忌疾衰世之陋俗三代喪禮節文尤詳而散失於衰
周厄於暴秦漢唐以降莫能議此夫人情有無窮之變而禮爲
適變之宜得人心之所安即天理之所在爾等其考定喪禮於
是濂等考得古人論服母喪者凡四十二人願服三年者二十八
人服期年者十四人奏之　上曰三年之喪天下之通喪今觀
願服三年喪比服期年者加倍則三年之喪豈非天理人情之
所安乎乃立爲定制子爲父母庶子爲其母皆斬衰三年嫡子

图2-1　《明太祖实录》卷九十四

八十。其夫丧服满，愿守志，非女之祖父母、父母，而强嫁之者，杖八十；期亲强嫁者，减二等。妇人不坐，追归前夫之家，听从守志。娶者，亦不坐，追还财礼。①

综合来看，变化主要有如下几个方面。

第一，匿丧。明代处罚较唐宋律减轻。唐宋律匿父母及夫之丧，流两千里；匿期亲尊葬丧，徒一年。此外，唐宋律中匿期亲卑幼及大功以下亲丧皆有处罚（杖一百至笞四十），《明律》删除。

父母去世而不举哀以匿丧论罪之时间，明清律文规定："其父母丧，计原籍程途，每千里限五十日，过限匿不举哀，不离职役者，俱发边外为民。"②

第二，居丧释服从吉。明代较之唐宋律量刑大为减轻。唐宋律，居父母、夫丧释服从吉，徒刑三年；期亲尊长丧，杖一百。此外，唐宋律中居期亲卑幼及大功以下亲丧未满期而释服从吉均有处罚（杖九十至笞三十），《明律》删除。

① 《大明律》卷 6，第 61 页。

② 马建石、杨育棠主编《大清律例通考校注》卷 17《礼律仪制》，中国政法大学出版社，1992，第 566 页。

第三，居丧作乐。与唐宋律不同者，一是量刑减轻（唐宋律为徒三年）；二是删去唐宋律居期亲丧以下作乐处罚（杖八十至笞四十）；三是删除居父母、夫丧"杂戏"处罚（徒一年）之内容。

又，民间丧事请僧道做佛事、道场，唐以来渐趋普遍。宋初已有禁止设斋作醮的诏令。明清律礼律中正式规定："其居丧之家修斋设醮……家长杖八十，僧道同罪，还俗。"①

第四，居丧参与筵宴。《明律》对居父母、夫丧"参与筵宴"之处罚与居丧作乐、释服从吉之处罚同，较唐宋律"杖刑一百"为轻。

第五，诈称父母丧。《明律》与唐宋律有关条文不同之处在于：仅限于父母丧，而唐宋律则包括五服内缌麻以上亲；量刑减轻，唐宋律诈称父母、夫死徒刑三年、夫已亡诈称新丧处徒刑一年半。

《明律》又规定，官吏父母死，应丁忧而诈称期亲丧不丁忧者，杖一百，罢职役不叙。而唐宋律量刑为徒刑二年半。清代例文中规定："文职官吏人等，若将远年亡故父母，诈作新丧者，问发为民。若父母见在，诈称死亡者，发边外独石等处充军。"②又较律文处罚为重，但主要针对文官。

第六，居丧嫁娶。《大明律》对居丧嫁娶之处罚包括身自嫁娶、为人主婚两种情况，无唐宋律为人媒合之处罚。

第七，冒哀从仕。唐宋律将居丧求仕分为"释服求仕"和"冒哀求仕"两类，分别处徒刑三年与一年，《明律》则合为"冒哀从仕"。明代制度："生员丁父母忧者不许赴乡试，及提学官科、岁二试；举人丁父母忧者不许赴会试；其监生及儒士丁忧者亦不许赴试。"③《大清律例》乾隆五年增修例："凡文武生员及举贡监生，遇本生父母之丧，期年内不许应岁、科两考及乡、会二试。其童生亦不许应府、州、县及院试。有隐匿不报、蒙混干进者，事发，照匿丧例治罪。"④这是指为人后者为本生父母服丧期年内禁试，可以想见为父母丧二十七月内也如此禁试。

此外，《大明律》卷四《户律·户役》"别籍异财"条："若居父母丧而兄弟别立户籍、分异财产者，杖八十。"较之唐宋律（徒刑一年）处罚为轻。此条《明律》原注："须期亲以上尊长告乃坐。"这就进一步限制了告诉人之范围。至

---

① 《大明律》卷12《礼律·仪制》，第96~97页。
② 《大清律例通考校注》卷17《礼律仪制》，第566~567页。
③ 徐乾学：《读礼通考》卷108《丧制一》，光绪间刻本，第6页。
④ 《大清律例通考校注》卷17《礼律仪制》，第566页。

清顺治初年，注内又增："或奉遗命，不在此律。"亦即，若是父母遗嘱同意的，不在处罚范围。①

（二）丁忧与起复

明清时期，维护守丧制度的重心在于坚持官吏的守丧解职制度，即所谓丁忧。

1. 丁忧

明清律对丁忧的起始日期、程序及丁忧期间犯罪问题都做了详细的规定。但只限于父母及承重祖父母（父先于祖父母去世，长孙为祖父母承重），期亲丧服不必奔丧及守制。

明初允许百官闻丧不必等批准即可去官奔丧。至洪武二十六年（1393）始规定，必须等批准后方能奔丧，因此官吏丁忧往往不得见父母遗容，甚至来不及参加殡葬。

守丧期的计算，从闻丧日算起，至二十七月服满，不计闰月。丧期内还要取得原籍官吏及里邻等人关于该父母确系死亡的证明回报有关部门，以防诈称父母丧。二十七月服满后立即启程赴任，"若有过期不行，文移催取到部，果无事故在家迁延者，咨送法司问罪"。②

明代规定武官及某些特殊官职不得丁忧解职。嘉靖十六年（1537），四川道侍御史苏术上疏认为应该允许武臣丁忧持服，明世宗降旨训斥，将其贬黜。③明代受限制的官职，还有钦天监官、匠官等。洪武十九年令钦天监官不许守制，后来准许奔丧三个月。匠官丁忧者，"奔丧二十七日，赴部送监办事"。④

明初以来，衍圣公"凡遇父母之丧，不行丁忧，即请承袭，与军职同"。明穆宗隆庆元年（1567）吏部主事郭谏臣上疏，认为鲁为上世秉礼义之国，孔子为万世礼义之宗。衍圣公为圣人之后，当守礼以表率天下之人。"不使其子孙守三年之制，其何以责天下？"应当让他们一如文臣，遵制丁忧。皇帝准从其议。⑤

清代丁忧守制，旗人和汉官有所不同。在京八旗文武各官遇到亲丧，"例于持服百日之后即入署办事"。不过在27个月内，"仍各私居持服以自尽其心"，可不参加朝会和祭祀等礼仪活动。外任旗员丁忧，原定需归旗守制到27个月。乾隆十四

---

① 丁凌华：《中国丧服制度史》，上海人民出版社，2000，第278～282页。
② 万历《明会典》卷11《丁忧》，《续修四库全书》第789册，第191页。
③ 《明世宗实录》卷202，嘉靖十六年七月己卯，台北：中研院历史语言研究所，1965，第4237页。
④ 徐乾学：《读礼通考》卷108，光绪间刻本，第9～10页。
⑤ 徐乾学：《读礼通考》卷108，第12页。

年（1749）更改为"嗣后外任满洲、蒙古官员丁忧，至京已满百日后，着该旗带领引见"。原因是，"原以旗员人少，若令离任守制，恐致误公"。"满洲、蒙古不似汉人众多，且旗员亦不应听其闲居不得当差。"①在汉官中稍有例外的是钦天监官生和太医院医官，丁忧时均不开缺离任，穿孝百日，即进署当差。

2. 夺情

因公务或军务特殊需要，特命不准去职居丧，令在职守制者，为夺情；官员虽已开缺回籍守制，但不待服满，即命提前补官赴任，是为夺情起复。

明朝以来，大臣丁父母忧而朝廷夺情起复者比比皆是，吏部稽勋司专设"起复科"。明景帝时规定外官不许夺情，但京官未禁。明英宗正统十二年（1447），下令内外大小官员丁忧者，不许保奏夺情起复。景泰四年（1453），吏部都给事中林聪又上疏要求京官不得夺情，得到允准。英宗天顺初年，给事中乔毅奏请革除夺情。明成化二年（1466），大学士李贤丁父忧，诏夺情起复，罗伦疏谏。陆容《菽园杂记》论其事："先是，大臣遭父母丧夺情起复者，比比皆是。至是，始著为令，皆终丧三年。夺情起复者，亦间有之。实出朝廷勉留，非复前时之滥。是则罗生一疏之力也。"②

此后虽也有夺情起复，往往本人推辞、言官疏谏。也有朝廷虽诏起复，但本人恳辞坚决，终于服满三年的。最著名的是正德时内阁首辅杨廷和。正德九年（1514）丁父忧，诏既葬夺服，杨廷和三次上疏恳辞，武宗勉强应允。杨氏终丧之举，在士大夫中备受推崇。

明代夺情起复之事，以万历内阁首辅张居正影响最大。万历五年（1577）十月，张居正闻父丧，虽然装模作样上表乞归，实际不欲奔丧守制，其党羽工部尚书李幼孜、大学士吕调和等遂倡夺情之议。张居正之夺情较以往不同的是，不仅不想守丧三年，甚至连奔丧也想免去，较通常的既葬夺情更进了一步。正好此时天文观察又有星变之忌，于是人言汹汹、引发公愤，编修吴中行、检讨赵用贤等相继论奏以为不可。张居正大怒，用杖笞、削籍、谪戍、罢归等各种手段镇压反对者。最终张居正未奔丧守制。

清代亦有夺情之制，但守制的具体规定有自己的一些特点。

---

① 光绪《大清会典事例》卷138《吏部·守制》，《续修四库全书》第800册，第339页。
② 徐乾学：《读礼通考》卷109《丧制二·变古》，第20页。陆容：《菽园杂记》卷3，中华书局，1985，第27页。

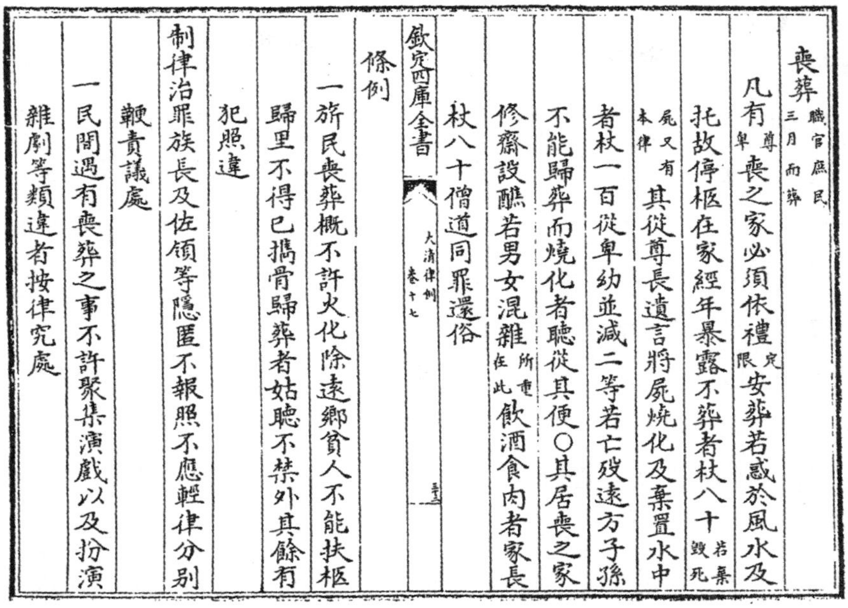
喪葬（職官庶民三月而葬）

凡有尊卑喪之家必須依禮定限安葬若惑於風水及托故停柩在家經年暴露不葬者杖八十（若棄毀死屍又有本律）其從尊長遺言將屍燒化及棄置水中者杖一百從卑幼並減二等若亡歿遠方子孫不能歸葬而燒化者聽從其便○其居喪之家修齋設醮若男女混雜（所重在此）飲酒食肉者家長杖八十僧道同罪還俗

欽定四庫全書　大清律例　卷十七

條例

一旗民喪葬概不許火化除遠鄉貧人不能扶柩歸里不得已攜骨歸葬者姑聽不禁外其餘有犯照違制律治罪族長及佐領等隱匿不報照不應輕律分別鞭責議處

一民間遇有喪葬之事不許聚集演戲以及扮演雜劇等類違者按律究處

图2-2　《大清律例》卷十七《礼律·丧葬》（部分）

清代有“在任守制”，与批准居家服丧不同，虽仍属夺情，但程度不如历朝所谓夺情之深。如，雍正四年蒋廷锡遭母丧，“命廷锡奉母丧还里，葬毕还京，在任守制”。[①]这大概是《清史稿》“宋权传”说的“如常入直，私居持服”。[②]

原本行于武职人员丁忧之时的居丧百日之制，康熙以来实行范围超过武职人员，起初为权宜之计，行之既久，遂成夺情之定制。[③]如《清史稿·穆宗本纪一》：同治五年七月乙丑，李鸿藻丁母忧，“懿旨令百日后仍直弘德殿、军机处。……壬申，李鸿藻请终制，不许。”[④]《清史稿·宣统皇帝本纪》：宣统元年闰二月，军机大臣、大学士那桐丁母忧，“诏夺情，百日孝满改署任，仍入直”。[⑤]

亦有在京守制者。康熙三十三年，李光地督顺天学政，“闻母丧，命在任守制”。李氏乞假回里治丧，经九卿议，“命光地解任，在京守制”。服阕，仍督顺天学政。[⑥]

① 《清史稿》卷29《蒋廷锡传》，第10252页。

② 顺治五年，遭母丧，“请终制，命如常入直，私居持服。六年，假归葬亲”。《清史稿》卷238《宋权传》，第9495页。

③ 陈戍国《中国礼制史》元明清卷，第572～573页。

④ 《清史稿》卷21，第815页。

⑤ 《清史稿》卷25，第971页。

⑥ 《清史稿》卷262《李光地传》，第9897页。

(三)丧服制度

自《仪礼·丧服传》以来,服制遵行以父至尊的原则,对家族其他成员的丧服,若父在,均需压、降。即如对于为母服丧,规定父卒为母服齐衰三年,父在为母服齐衰杖期。这一原则不断引起讨论。魏晋南北朝以来,母服有逐渐加重之势。到唐代,武则天为提高女性地位,提请父在为母服三年之服,《大唐开元礼》的编纂者接纳此项原则,定制父在为母齐衰三年。此后,宋代《政和五礼新仪》、《朱子家礼》乃至明初的《大明令》、《大明集礼》均沿袭此项规定。

洪武七年(1374)九月,孙贵妃薨。贵妃无子,太祖命礼官议丧服之制。礼部尚书牛谅引《周礼》、《仪礼》之制,认为父在则为母服期年,若庶母则无服。太祖以此制不近人情,下令翰林学士宋濂再议。宋濂考定古人议论,显示愿服三年者居多。太祖于是定制:"子为父母、庶子为其母,皆斩衰三年。嫡子、众子为庶母皆齐衰杖期。"并著《孝慈录》一书颁示天下。"命吴王橚服服慈母斩衰三年,以主丧事;敕皇太子及诸王皆服期。"[1]同时制为"服制图",载大明律之首,以法辅礼。这一服制,明清二代均沿袭未改,成为定制。[2]

清朝服制在继承明制的基础上,作了一些改动。其中最大的变化是增加了兼祧之服,这是具有清朝特色的服制,因为清朝是中国古代唯一承认兼祧合法的朝代。乾隆四十年允许独子兼祧两房,相应产生了两房父母及亲属的服制。[3]

明清丧服服饰受《朱子家礼》影响至大。明初《孝慈录》有关丧服服饰制度部分几乎完全照录《家礼》。在法律上,至《大明律》、《大清律例》则进一步简化,对丧服只剩下两条要求,一是布料质地,二是缝不缝边。明清律中的熟布与《家礼》中的熟布不同,前者是指棉布,后者是指麻布。明清两代,棉布在普通民众的衣着材料中已占据了主要地位。自北宋司马光《书仪》以来,丧服服饰制度已发生两极分化:对为父母、夫、妻、公婆之服即斩衰、部分齐衰服饰尽可能维持古礼;而对其余齐衰、大功以下服饰,则随流俗变化。故在棉织品已经普及的明清两代,律中以棉布作为大功以下丧服服饰的材料。明清律"丧服总图"中斩衰服"不缝下边"、齐衰服"缝下边",实际是经典服饰中斩衰"不缉"、齐衰"缉"的简化。经典服饰中"不缉"是指斩衰上衣均不缝边,并不单指"不缝下边";所

---

[1] 《明太祖实录》卷94,洪武七年十一月壬戌条,第1631~1632页;卷93,洪武七年九月庚寅条,第1625页。
[2] 何淑宜:《明代士绅与通俗文化——以丧葬礼俗为例的考察》,台湾师范大学,2000,第49~56页。
[3] 独子兼祧是以一子兼承同父兄弟两房宗祀的特殊继承方式。详见孔潮丽《清代独子兼祧制度述论》,《史学月刊》2009年第12期。

图2-3 九族五服图

说明：摘自《大明会典》。

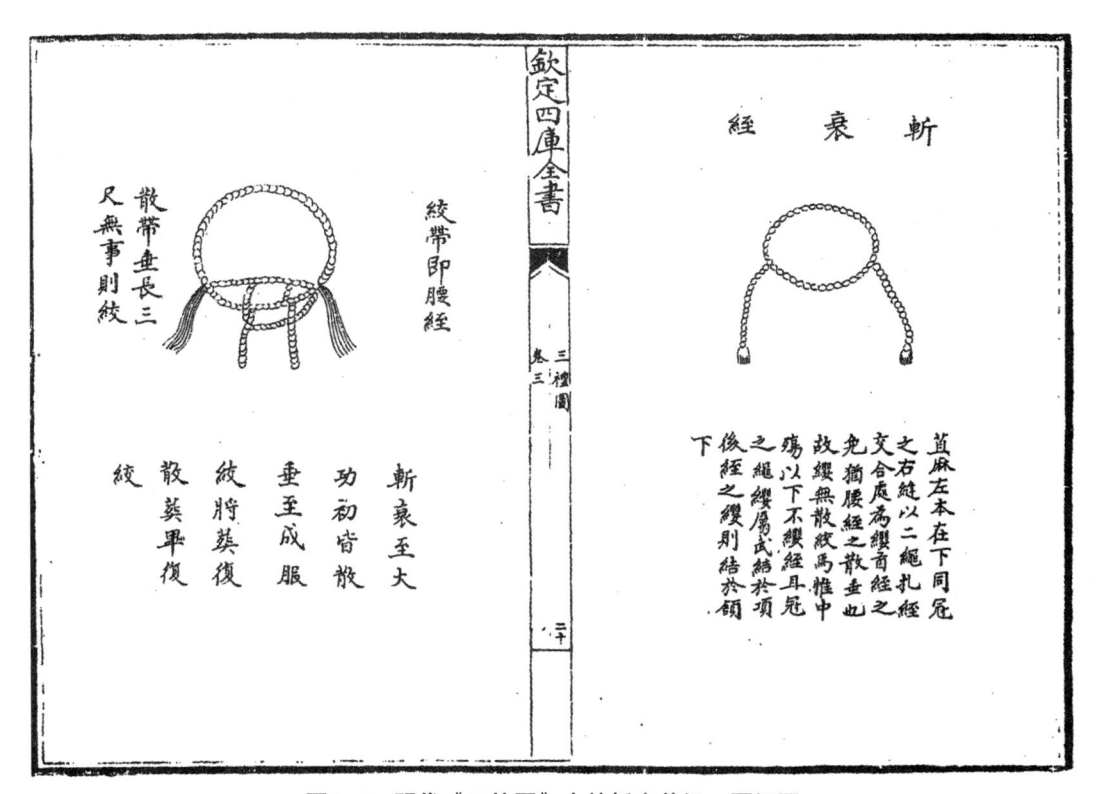

图2-4 明代《三礼图》中的斩衰首绖、腰绖图

图2-5 明代《御制孝慈录》中的斩衰全服图

说明：斩衰，丧服名。衰通"缞"，五服中最重的丧服，用最粗的生麻布制布制作，断处外露不缉边，表示毫不修饰以尽哀痛，服期三年。古代，诸侯为天子，臣为君，男子及未嫁女为父，承重孙（长房长孙）为祖父，妻妾为夫，均服斩衰。至明、清，子及未嫁女为母，承重孙为祖母，子妇为姑（婆），也改齐衰为斩衰三年。

谓下边，仅指上衣下摆处，可见"不缉"与"不缝下边"也是有区别的。①

（四）人殉制度及其禁革

明代前期，人殉之风死灰复燃。皇帝晏驾，以宫妃殉葬。朱元璋死后，有46名妃嫔、宫女殉葬。建文、永乐年间，对这些殉葬者的家属"相继优恤"，如"张凤、李衡、赵福、张璧、汪宾诸家，皆自锦衣卫所试百户、散骑带刀舍人近千百户，带俸世袭"，人称之为"太祖朝天女户"。此后，"历成祖、仁、宣二宗亦皆用殉"。②明成祖"长陵十六妃俱从葬"。为仁宗殉葬的嫔妃有5人，她们是郭氏、王氏、王氏、谭氏、黄氏。其中郭、王二妃"有所出，在例不当殉"，也未能幸免。为宣宗殉葬的嫔妃宫女有10人，她们是何氏、赵氏、吴氏、焦氏、曹氏、徐氏、袁氏、诸氏、李氏、何氏。③正统元年八月，在追赠何氏等10人为妃的册文中说："兹委身而蹈义，随龙驭以上宾，宣荐徽称，用彰节行。"④

不仅皇帝死后以宫妃殉葬，诸王也用人殉。景帝朱祁钰，死时已被废为郕王，以王礼葬西山，犹用殉，"盖当时王府皆然"。⑤据《明史·诸王传》载，至天顺八年英宗朱祁镇废止宫妃殉葬之前，诸王死后人殉的确存在。勋戚大臣死后，也有妻妾殉葬的。即如宣德九年武安侯郑享死，妾张氏自缢以殉，赠"淑人"。

明代废止妃嫔殉葬始于英宗。天顺八年，英宗朱祁镇去世前一天，召皇太子朱见深及太监牛玉、傅恭等人至榻前，谕以"殉葬非古礼，仁者所不忍。众妃不要殉葬"。⑥英宗遗诏在丧葬史上意义重大，正如《明史》所称，此"盛德之事可法后世

---

① 丁凌华：《中国丧服制度史》，上海人民出版社，2000，第112～113页。
② 《明史》卷113《后妃传》，第3515页。
③ 《明英宗实录》卷3，宣德十年三月庚子条，第79页。
④ 《明史》卷113《后妃传》，第3515页。
⑤ 《明史》卷113《后妃传》，第3515页。
⑥ 《明英宗实录》卷361，天顺八年正月乙巳条，第7172页。

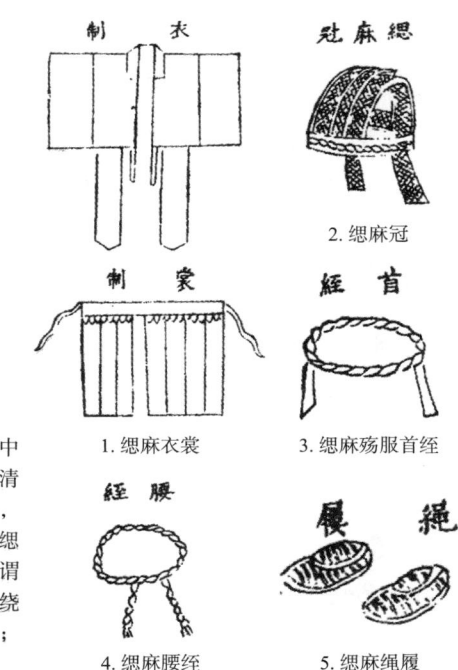

图2-6 明代《御制孝慈录》缌麻服饰组图

说明：缌麻，丧服名，是次于"小功"的丧服，"五服"中最轻的一种，用较细熟麻布制成，做工也较"小功"为细。清代，凡男子为本宗之族曾祖父母、族祖父母、族父母、族兄弟，以及为外孙、外甥、婿、妻之父母、表兄、姨兄弟等，均服缌麻，服期三月。五服之外，同五世祖的亲属为袒免亲，即所谓"素服"，袒是露左臂，免是用布从项中向前交于额上，又后绕于髻。宋人车垓说此仪久废，当时人的袒免亲丧服是白阑缟巾；明清时，素服以尺布缠头。

1. 缌麻衣裳
2. 缌麻冠
3. 缌麻殇服首绖
4. 缌麻腰绖
5. 缌麻绳履

者矣"。① 从此以后，妃嫔获免从死，得以终其天年。

英宗死后，废止宫妃殉葬的遗诏遂为定制。此后，宫廷再未发生宫妃殉葬的现象。外藩王府，有人企图用人殉，但也不敢擅自而行。成化十年，辽王豪墭奏："嫡长子恩镘病故，其继妃冯氏，妾曹氏俱无所出，宜令殉葬。"宪宗不准，批曰："先帝上宾，顾命毋令后宫殉葬，可以为万世法，况王府前此未尝有用殉者。今辽王葬其子，乃欲以其妇殉之，何其戾耶！礼部其移文所司，启王勿用，迁其妇别室，毋令失所。"② 但人殉也没有完全杜绝。成化二十二年，宁河康僖王死，宫人王氏、杨氏、张氏、段氏自经殉葬，赠"夫人"。

清朝入关前，人殉之风盛行。主死奴仆殉，夫死妻妾殉，习以为常。《宁古塔志》记载这一习俗时说："男子死，必有一妾殉。当殉者即于生前定之，不容辞，不容僭也。当殉不哭，艳粧而坐于炕上，主妇率其下拜而享之。及时，以弓弦扣环而殒。倘不肯殉，则群起而搤之死矣。"③ 1616年努尔哈赤称汗建立"大金"政权，仍然沿用这种残酷的陋习。如努尔哈赤死后，大妃阿巴亥和二庶妃阿吉根、代因扎为其殉葬。

---

① 《明史》卷12《英宗后纪》，第160页。
② 《明宪宗宝训》卷2《明礼》，台北：中研院历史语言研究所校印本，第98页。
③ 《昭代丛书·丙集》卷26，上海古籍出版社，1990，第82页。

· 083 ·

《清太祖武皇帝实录》卷四载，太祖遗命以大妃为殉。太祖死后，"诸王以帝遗言告之，后支吾不从。诸王曰：'先帝有命，虽欲不从不可得也。'后遂服礼衣，尽以珠宝饰之，哀谓诸王曰：'吾十二岁事先帝，丰衣美食，已二十六年。吾不忍离，故相从于地下。'"①

正因为殉葬者为威逼而死，所以如果妻妾不止一人，选定谁人殉葬，势必会发生纠纷，甚至会引发政治势力之间的冲突。天聪八年的《殉葬例》，大概就是针对这类问题而颁布的。该条例说："妇人有欲殉其夫者，平居夫妇相得，夫死，许其妻殉，行旌表。若相得之妻不殉，而强逼侍妾殉者，其妻论死。其不相得之妻及媵妾，俱不许殉，违律自殉者弃其尸，仍令其家赔妇人一口入官。有首告者，将首告之人准离本主，夫族兄弟各坐以应得之罪。"②这显然是为人殉大开绿灯。也有怀恩自愿殉葬者，他们往往会受到褒奖和优恤。太宗皇太极死后，牛禄章京敦达里、安达里二人，"以幼蒙恩养，不忍永离，遂以身殉。诸王贝勒甚义之"，分别赠甲喇章京和梅勒章京，"子孙永免徭役，倘干犯重典，应赦者，即与开释，不应赦者减等，官爵世袭勿替"。③

不仅努尔哈赤、皇太极死后有人殉葬，皇后、亲王、贝勒、郡王等也行人殉。早在努尔哈赤称"汗"之前，其福晋（后追谥高皇后）叶赫那拉氏死，努尔哈赤即令四奴婢殉葬。顺治帝的宠妃董鄂妃死后，殉葬人更多。据顺治帝御制《董后行状》：宫女"直欲身殉者数人"。而德人魏特《汤若望传》则直言，"太监与宫中女官一共三十名悉行赐死，免得皇妃在其他世界中缺乏服侍者"。④

这种由关外带来的人殉风气直到康熙年间才逐渐被禁止。康熙十二年，礼科给事中朱裴疏请申禁殉葬："泥信幽明，未有如此之甚者。夫以主命责问奴仆，或畏威而不敢不从，或怀德而不忍不从，二者俱不可为训。好生恶死，人之常情。捐躯轻生，非盛世所宜有。"⑤康熙皇帝准奏。但也仅"禁止八旗包衣佐领下奴仆随主殉葬"，对宫廷皇室仍未言及。不过从此以后人殉现象确是大大减少了。

---

① 大妃之子睿亲王多尔衮任摄政王后，认为有损其母的形象，便把这段记载删除了。所以，《清实录》中的《太祖实录》不见这段记载。
② 《清太宗实录》卷17，天聪八年二月壬戌条，中华书局，1985，第229页。
③ 《清世祖实录》卷1，崇德八年八月辛未条，中华书局，1985，第28页。
④ 〔德〕魏特：《汤若望传》，杨丙辰译，台湾商务印书馆，1960，第323页。
⑤ 《清史稿》卷264《朱裴传》，第9926页。

第二节　皇家的殡葬制度

明清的丧葬礼，君臣官民各有等差，帝后的最为隆重。

（一）帝后的殡葬制度

1. 明代帝后之丧

明代皇帝丧礼的制定，首先要根据其遗诏，由礼部会同内阁或翰林院官集议，向嗣皇帝进"大行皇帝丧礼仪注"，嗣皇帝审定后依礼施行。

明代诸帝都有遗诏，不过文献没有全部载录。遗诏往往提及身后事的处置。如《明史》记朱元璋遗诏有云：

> 丧祭仪物，毋用金玉。孝陵山川因其故，毋改作。天下官民，哭临三日皆释服，毋妨嫁娶。诸王临国中，毋至京师。诸不在令中者，推此令从事。[1]

《明会典》所载与此有所不同。其中，"毋发民哭临宫殿中。当临者，皆以旦晡各十五举哀，礼毕，非旦晡临毋得擅哭"；"当给丧事及哭临者，皆毋跣，绖带毋过三寸"。[2]为《明史》所不载。

《明史》记太祖丧礼，称建文帝诏行三年丧，"以遭革除，丧葬之制皆不传"。[3]但从《明史》来看，建文帝为祖治丧，亦有制度，所不传者，应为丧葬诸仪注。今以《明史》所载最详的太宗朱棣之丧为例，略述明代帝王丧葬之礼。

先述闻丧。因朱棣死于榆木川，所以有奉命监国的皇太子及诸大臣闻讣迎灵之事。"京师闻讣，皇太子以下皆易服。宫中设几筵，朝夕哭奠。百官素服，朝夕哭临思善门外。"闻丧次日，百官素服哭临，宿本署，不饮酒食肉。第四日衰服，朝夕哭临三日，又行朝临十日。此后衰服二十七日，"凡入朝及视事，白布裹纱帽、垂带、素服、腰绖、麻鞋。退朝衰服，二十七日外，素服、乌纱帽、黑角带，二十七月而除"。又定，"凡音乐祭祀，并辍百日。婚嫁，官停百日，军民停一月"。京城自闻丧日为始，寺观各鸣钟三万杵，禁屠宰四十九日。

---

[1]《明史》卷3《太祖本纪三》，第55页。
[2] 万历《明会典》卷96《丧礼一》，《续修四库全书》第790册，第648页。
[3]《明史》卷58《礼志十二·凶礼》，第1446页。

丧至，皇太子、亲王及群臣皆衰服哭迎于郊。"至大内，奉安于仁智殿，加殓，奉纳梓宫。"

此外，对在京监生、吏典、僧道、命妇、军民，在外文武官吏以及命妇与军民也都有相应的规制，不备述。

权殡之后，择期发引。发引前三日，百官斋戒。遣官以葬期告天地宗社，皇帝衰服告几筵。百官衰服朝一临，至发引止。发引前一日，遣官祭祀梓宫必将经过的金水桥、午门、端门、承天门、德胜门，所过河桥，京都应祭祀的神祇及所过应祀神祠。是夕，举行辞奠之礼，嗣皇帝、皇后、太子等人各服衰服行礼。有司准备大升轝等。将发引，设启奠仪，嗣皇帝及太子以下衰服四拜。行奠帛献酒读祝之仪。有司撤去梓宫周围帷幕，擦拭梓宫，将龙辒置于几筵殿前。设祖奠如启奠礼。嗣皇帝、皇后、皇子及宫眷各就拜位行礼。礼毕，内侍官奏请灵驾进发。

内侍官捧谥册宝、神帛出殿置舆内，执事官指挥众人抬起梓宫，内执事执翣左右障护。然后将梓宫置于龙辒上，用彩色帷幕罩饰，正式启行。灵驾启行时，死去帝、后生前所用仪仗排在最前面，后面依次为谥册宝舆、神帛舆、神亭、铭旌，接着是梓宫。嗣皇帝、后妃、皇太子、亲王等后随。行至午门，设遣奠，如祖奠仪。"内侍请灵驾进发，皇帝以下哭尽哀，俱还宫。"梓宫至午门外，升大升轝。皇太子、亲王以下哭送出端门外，行辞祖礼。灵驾进发。皇太子以下步送梓宫至德胜门外，"乘马至陵，在途朝夕哭奠临"。诸王以下及百官、军民耆老、四品以上命妇，沿途设祭。"文武官不系山陵执事者悉还。"

至陵，灵驾降轝，升龙辒，谒献殿。奉梓宫入，行安神礼。皇太子、亲王等俯伏跪拜、奠酒、读祝、举哀。

安神礼后，遣官祀告后土并天寿山，行迁奠礼，皇太子以下诣梓宫前跪。内侍请灵驾赴玄宫，执事官奉梓宫入皇堂。内侍捧册宝置于前，陈明器，行赠礼。遂掩玄宫。

行飨礼，如迁奠仪。遣官祀谢后土及天寿山。而后，在玄宫门外陈设香案，设题主案，题主，"内侍奏请太宗文皇帝神灵上神主"。行奉安神主礼。至献殿，奏请神主降舆升座，行初虞三献礼。

返京途中，皇太子朝夕奠神主，柔日再虞，刚日三虞，后间日一虞，至九虞止。在返京途中由皇太子行礼，还京后由皇帝行礼。

神主至京，百官衰服在城外迎主。皇帝衰服，在午门内迎神主，举哀，步行引导神主至几筵殿，行安神之礼。次日，百官行奉慰礼。

九虞结束后的第一个刚日，行卒哭祭，"自是罢朝夕奠"。卒哭次日，在太庙行祔飨奉安神主之仪。之后，请神主还几筵殿，皇帝亲行安神礼。次日，百官素服行奉慰礼。

大祥，奉安神主于太庙。禫祭，遣亲王诣陵行礼。

明成祖葬祭之仪，与前代诸朝比较，九虞、卒哭、祥、禫之祭实沿袭自先秦葬祭之制，奉安神主之礼、权殡与丧服之制、龙辒之用都见于前代。而如四拜之仪、辞祖之礼、两度奉慰之事、朝夕哭临之后又行朝临礼，以及葬祭之前的地方官遣吏赴京致祭等，应该是明代的特色。

与朱元璋丧礼相比，有不同之处。比如，关于婚嫁与否的禁令，朱元璋遗诏不妨婚嫁，朱棣死后则实行一个月至一百天的禁令。再如，哭临之制，朱棣之丧，群臣既有朝夕哭临，又有朝临。朱元璋之丧，惟朝晡哭临。

后世明朝皇帝丧礼在朱棣丧仪基础上有些小的改动。如为洪武、永乐两帝哭临的命妇无品位限制，而为仁宗哭临之命妇须是一品至四品；为宣宗哭临之妇须是三品以上；世宗之丧，免命妇哭临。[①]

相对于皇帝丧礼，皇后丧礼略有简化，仅由礼部议定，皇帝或嗣皇帝同意后即可施行。洪武十五年，马皇后卒。《明史》记其丧礼，在京文武官员服斩衰二十七日，服素服百日。在京官员，越三日入临，行奉慰礼。武官五品以上、文官三品以上命妇，于第四日入临，"用麻布盖头，麻布衫裙鞋，去首饰脂粉"。军民男女素服三日。"禁屠宰，在京四十九日，在外三日。停音乐祭祀百日。嫁娶，官停百日，军民一月。"以此可见其丧礼之重。

将发引，告太庙，遣官祭所过桥、门及钟山之神。"帝亲祭于几筵，百官丧服诣朝阳门外奉辞。"当日安厝孝陵地宫皇堂。皇太子奠，行奉辞礼。神主还宫，百官奉迎，行奉慰礼。虞礼，神主还宫，朱元璋以醴馔祭于几筵殿，自再虞至九虞，皆如之。遣官告谢钟山之神。以后继行卒哭、小祥、大祥之礼。[②]其内容之多，超出朱元璋遗诏内容之外。

朱棣的徐皇后先于他葬入长陵，其丧多遵高后之仪。

《明史》记嘉靖七年世宗皇后陈氏之丧，其后谓："时中宫丧礼自文皇后而后，至

---

① 上引内容均见《明史》卷58《礼志十二》，第1446~1451页。有关叙述参考陈戍国《中国礼制史》元明清卷，第261~265页。
② 《明史》卷59《礼志十三》，第1455~1456页。

是始再行。永乐时典礼毁于火，《会典》所载皆略，乃断自帝心，著为令。"①此说未必可信。不过，后来的皇后丧葬制度的确略有变化，如音乐嫁娶之禁止与否，谥册之有无焚黄仪，以及服制与服饰的区别等项。②

2. 清代帝后之丧

清人入关前的丧葬之礼，根据清代典制约略可以知道一些仪节。《清史稿》记清太祖驾崩，"远近臣民，号恸如丧考妣"；"国制，除夕、元旦备陈乐舞，至是悉罢"。清太宗驾崩，臣下及女眷举哀，各有其礼。又记世祖登极，侍臣进貂裘，因其色红，却而不服。此日不设卤簿，不作乐。"王大臣等谓已即位，冠宜缀缨，于是军民皆缀缨。"说明，有遇丧摘缨之礼。此外，官员暂停婚嫁宴会，民间不禁。这是在关外时的情况。③就其礼意而言，与中原明帝王丧礼并无二致，只是有一些带有民族特色的仪节。

入关以后，清代帝王丧礼制度与明代相比大同小异。也可以说，清代仪节大体采用明代礼仪。通常的仪节为：大殓后，奉梓宫于乾清宫，设几筵，朝、晡、日中三设奠。王公大臣宗室诣几筵前，副都统以上序立乾清门外，汉文官赴景运门外，武职赴隆宗门外，服缟素，朝夕哭临三日。听选官、监生、吏典、僧道全部素服赴顺天府署朝夕哭临三日。停放27日后，移到殡宫暂时安放，等待下葬。殡宫没有统一处所，顺治、康熙的殡宫设在景山寿皇殿，雍正的殡宫设在雍和宫永佑殿，乾隆、嘉庆、咸丰、同治、光绪的殡宫设在景山观德殿，道光的殡宫设在圆明园正大光明殿。发引时嗣皇帝送至东安门外，或亲送至皇陵。至陵途中所过门、桥皆致祭。途中宿次朝夕奠献，亲王行礼，群臣举哀。百里内地方官素服跪迎道右。

其中也有与明代不同的仪节，比如嗣皇帝是否亲奉梓宫，两个时期就很不一致。

清代为大行皇太后治丧，也采用明朝制度。惟明代行焚黄之仪，清代则无。

清代帝后丧礼，还保留某些满族旧俗，非常隆重复杂。其中特色之处主要有：

火葬。清代帝后及宗室之丧在葬式上的重要变化是以乾隆朝为分界。前期大约以火葬为主流，后期则一般采土葬的方式。这一转变的重要原因在于火葬不利于体现等级高低。因为清朝规定了严格的等级制度，而等级制度在丧葬方面的表现就是棺椁之品、封树之数等等。如果采取火葬，则一烧了之，至少从棺椁上无法体现死者的等级

---

① 《明史》卷59《礼志十三》，第1461页。
② 陈成国：《中国礼制史》元明清卷，第265页。
③ 《清史稿》卷92《礼志十一》，第2689~2690页。

和身份，不利于体现其"哀荣"的原则，也与汉族传统的孝道观念相悖。

陀罗经被。皇帝死后，当日小殓，除衣着贵重华丽外，尸体上还要覆盖陀罗经被。陀罗经被由西藏活佛进贡，一般用白绫制作，上面印有烫金的梵文经咒。皇帝用的陀罗经被为黄缎织金，无色梵字，每一幅都由活佛念过经，持过咒。

百日剃头。满族头顶边缘的头发是要时常剃去的，但是遇父母之丧或帝后之丧则不准剃，必须待一百日满，这是服丧的标志之一。剃头是满俗，自天子至庶人皆然。康熙之丧，据乾隆说，雍正于移葬后始剃。康熙之丧于2月23日满百日，3月27日移葬，则剃头是在百日期满之后。而康熙五十六年十二月初六日孝惠章皇后之丧，于三月十五日期满，康熙命诸人均于四月初七日移葬后再行剃头，亦在百日期满之后。可知百日剃头之期亦可改变，但不能在百日之内。乾隆之后，百日剃头明定于丧制中，并且不许满百日后不剃。至于在百日内剃头的治罪尤严，乾隆十三年三月十一日孝贤皇后之丧，都司姜兴汉、知府金文醇、总河周学健、巡抚彭树葵、杨锡绂，总督塞楞额全以在百日内剃头几乎处斩，后特赦。

丹旐。大殓后，棺柩停放在乾清宫，宫门外置丹旐。丹旐就是幡，是从汉族丧仪中的铭旌演变而来的。不过，丹旐要比铭旌豪华得多，用丝织品制成。皇帝的丹旐为织金九龙绮，皇后用织金九凤绮。设木座立高竿悬挂，每天黎明悬出，日暮取下，放在棺柩旁，发引时以之为前导，殡后焚掉。

蓝批。新皇帝居庐守制，百日后御门听政，朝臣服丧27天。27天之内，皇帝对朝臣所奏之事，不能像平常那样用红笔批复，要一律改用蓝笔，称"蓝批"。部院衙门行文，也要改用蓝印。此制本来只限皇帝、太后之丧，其他人无此制。但也有例外，那就是顺治皇帝的贵妃董鄂氏。她生前受到顺治的恩宠，死后又享殊礼，不仅被追封为皇后，而且顺治帝违例用蓝批达4个月之久。

遗念。帝后生前用过的衣物，除用作随葬品的以外，其余的一部分送给亲属、大臣等人，称"遗念"。清代皇室的遗念赏赐，始于孝庄太皇太后逝后，康熙将太皇太后宫内白金、彩缎等遗物赏赐给科尔沁的王、贝勒等，后又赏赐给其他蒙古王公。他说："尔等皆太皇太后姻戚，齐至丧次，克终其事，殊为可悯。因以太皇太后所遗之物，颁赐尔等。"又说："尔等不必向朕谢恩，可令诣太皇太后梓宫前谢恩行礼。"[①]雍正帝对赏赐制度作了诸多改革，赏赐物品的种类增多，生活用品、小玩意等应有尽

---

① 《清圣祖实录》卷133，第437页。

有，获赏人员的范围也扩大。从规模看，雍正帝"首创"了清代皇帝遗念赏赐制度。

殷奠：清代礼制中有殷奠之礼，是一种很隆重的仪式。在移殡之前，择期将死者生时所着衣服焚烧，并焚大量楮帛。天聪二年（1628）正月初五下谕，"凡殉葬燔化之物，务遵定制，毋得奢费"。后官员各限焚三袭，庶人各一袭，不得新制。[1] 降至清末，奢风更甚，竟有作锦绣新衣来焚烧的，慈禧的殷奠礼即是一例。

（二）皇室成员的殡葬制度

除帝后外，明清皇太子、诸王及其妃的丧事，皇家公主之丧，皆有其制度。

1. 明代皇室成员殡葬制度

明代皇太子之丧较少，且多有不同。洪武二十五年，懿文太子薨，礼部制丧礼：皇帝服齐衰十二日，在内文武官持衰麻服，停大小祀事及乐十三日，停嫁娶三十日。[2] 成化八年，悼恭太子薨，未满三岁，皇帝命丧礼从简，自发丧次日，辍朝三日。服翼善冠、素服，七日而除。嘉靖二十八年，庄敬太子薨，止辍朝十日。百官如制成服，十二日而除。[3]

亲王丧，皇帝辍朝三日。由礼部奏遣官掌行丧葬礼。御祭一，皇太后、皇后、东宫各一，在京文武官各一。自初丧至除服，御祭凡十三坛，封内文武祭一。封内文武官齐衰三日，哭临五日而除。在城军民素服五日。亲王妃丧，御祭一坛，皇太后、中宫、东宫、公主各祭一坛，与亲王合葬。亲王继妃、次妃祭礼与此相同，夫人则止御祭一坛，均造圹附葬。

郡王丧，辍朝减为一日，由行人司遣官掌行丧葬礼。其余多与亲王同，无皇太后、皇后祭。郡王妃与亲王妃同，没有公主祭。郡王继妃、次妃丧礼，俱与正妃同。

世子之丧，御祭一，东宫祭一。遇七及百日、下葬、期年、除服，御祭各一。世孙丧礼，如世子，减七七及大祥祭。镇国将军止闻丧、百日、下葬三祭，奉国将军以下御祭一。

公主薨逝，皇帝辍朝一日至四日不等，赐祭，命有司治丧葬。其仪视诸王稍杀，丧制同，惟各官不成服。[4]

2. 清代皇室成员殡葬制度

清代皇子多夭折，《清史稿》即记有8位早夭者。但以太子之礼殡葬者，仅有一人。

---

[1] 《清朝文献通考》卷195《刑考一》。第6597页；《清太宗实录》卷4，"天聪二年戊辰正月丁卯"条，第56页。
[2] 万历《明会典》卷98《丧礼三》，《续修四库全书》第791册，第20~21页。
[3] 《明史》卷59《礼志·凶礼二》，第1466页。
[4] 《明史》卷5《礼志·凶礼》，第1466~1469页。

清代自雍正初年实施秘密建储法，基本无所谓储贰。但被秘密立为储君者一旦在登基之前死去，则有可能会以皇太子之礼安排丧事。乾隆五年十月，二阿哥永琏早卒。永琏乃皇后所生，已在乾隆元年被秘密立为储君，所以乾隆帝辍朝五日，并谕："永琏系朕嫡子。已定建储之计。与众子不同。一切典礼。著照皇太子仪注行。"①议政王大臣大学士九卿等议礼部奏皇太子丧仪，"除奉旨派出之王大臣成服外。应再令皇太子之侍从执事人员成服。其余俱摘缨七日。于朝会办事公所。缀缨素服。均应如所议行。皇上素服七日。若临皇太子金棺处，请释缨纬。官员军民人等，在京四十日，外省二十日，俱停止嫁娶作乐。至册宝谥号，一应典礼，交各该处敬谨办理。得旨：在京官员军民人等，初祭礼以内，著停止嫁娶作乐。直省于文到日为始，三日内停止嫁娶作乐。余依议"。②这是《实录》中的记载。《清史稿》所录礼臣奏言，则首先说明，"皇太子丧礼，《会典》未载。旧制，冲龄薨，不成服"。③

其余皇子之丧，有视皇子丧的。如乾隆十二年十二月，皇七子永琮薨，未满两周岁。因其出自正嫡，为乾隆钟爱，已有意将其作为储贰，但还没有书旨封贮，所以其丧礼"应视皇子从优"。④道光二十一年，皇长子奕纬卒，命依皇子例治丧。也有视亲王、郡王例的，或在亲王、郡王基础上加厚。如顺治十五年，荣亲王薨，治丧视亲王加厚；雍正六年，皇八子福惠卒，帝辍朝，大内素服各三日，诏用亲王礼葬；乾隆时，皇长子永璋卒，诏用郡王礼葬，辍朝二日。

皇子福晋丧，定制，亲王世子、多罗郡王下及奉恩将军、固伦公主等咸会集。致奠之仪不备述。

亲王暨福晋等丧仪，顺治九年定。亲王丧闻，辍朝三日，世子、郡王二日。后改贝勒以下罢辍朝。敛具各有等差。府属内外咸成服，大祭日除。内外去冠饰，素服会集，各如其例。镇国将军以下不会丧。公主福晋、命妇会丧，临时请旨而行。凡亲王至辅国公，御祭二。镇国将军至奉国将军赐祭二。奉恩将军以下赐祭无文。

又定亲王福晋以下丧，内外会集如制，陈仪卫从其封爵，亲王福晋、侧福晋、世子福晋御祭一。

公主以下丧仪，顺治九年定，固伦公主丧视亲王福晋，和硕公主视世子福晋，郡主视郡王福晋，县主视贝勒夫人，县君视镇国夫人。十二年，定例，下嫁外藩公主至

---

① 《清高宗实录》卷78，乾隆五年十月辛卯条，中华书局，1985，第238页。
② 《清高宗实录》卷78，乾隆五年十月辛卯条，第239页。
③ 《清史稿》卷93《礼志十二》，第2711页。
④ 《清高宗实录》卷305，乾隆十二年十二月乙酉条，第998页。

县主并给御祭文，遣官赴坟读奠；郡县以下，致祭无文。[1]

由上可见，明清时代，由太子至亲王、郡王，再到公主、世子、世孙，他们死后所享有的礼仪具有明显的等级性。其区别表现在皇帝的辍朝时日，自初丧至除服期间的祭奠，以及服制与服饰等方面。这种等级区别与其地位有着较为严格的对等关系。也可以说，他们与帝王的远近亲疏，决定了其丧礼的隆杀之别。比如同为皇子，嫡出和庶出就有不同。此外，皇帝的个人因素在其中会起到很大影响。

第三节　官民的殡葬制度

除上述皇室成员的殡葬制度以外，明清时期通过诏令、律例、礼制等多种形式对官员、士人、普通百姓等其他社会阶层的丧葬礼制也进行了详细的规定。总体而言，殡葬制度内容可区分为两类：丧具规范和殡葬规程。前者是指整个殡葬过程中所用物品的标准，后者是指整个殡葬过程所应遵循的一套制度化程序。

（一）官员的殡葬制度

明清时期，官员在丧葬过程中使用的各类物品都有详细的礼制规定，这些规范建立在严格的品级基础之上。

有关官员丧具，《明集礼》的记载最为详尽。主要包括复衣、盘盆巾栉、袭衣、含、铭旌、小殓衣、大殓衣、灵座、棺椁、庐次、明器、下帐、墙翣、引披铎、纛、功布、方相、卤薄鼓吹、大舆、志石、碑碣、墓圹、赗赠、神主、奠祭器馔、祥禫冠服、吊服。[2] 其规格、质地、数量甚至修饰各有等差，品级越高，所用丧具规格越高、质地越好、数量越多。清代品官丧葬礼制基本沿袭明代，没有多大变化。

袭衣，即沐浴后给死者所穿的衣服。洪武五年（1372）规定："凡袭衣，三品以上三，四品、五品二，六品以下一。"[3]

含，即给死者口中放置物品，一般包括"饭"和"含"两种。饭是用米等填塞死者之口，含是用珠、玉、贝等放入死者口中。明代规定："五品以上饭稷含珠，九品以上饭粱含小珠。"[4] 清代的"含"稍有不同："三品以上用小珠玉，七品以上用金木屑五。"[5]

---

[1]《清史稿》卷93《礼志十二》，第2712～2716页。
[2] 参见《明集礼》，《景印文渊阁四库全书》第650册，第141～163页。
[3]《明史》卷60《凶礼三》，第1485页。
[4]《明史》卷60《凶礼三》，第1485页。
[5]《清史稿》卷93《凶礼二》，第2722页。

铭旌，即写有死者官阶和称呼，用竹竿挑起，竖在灵前的旗幡。明代规定铭旌宽度为"一幅"，即二尺二寸，长度根据官员级别确定："四品以上长九尺，六品以上八尺，九品以上七尺。"① 这比朱熹《家礼》记载的规范有所放宽。《家礼》规定："三品以上九尺，五品以上八尺，六品以下七尺"。② 相比于明代，清代则与《家礼》相近，"三品以上长九尺，五品以上八尺，七品以上七尺。"③

小殓衣。明代礼制未详细区分大小殓衣，统一规定："敛衣，品官朝服一袭，常服十袭。"④ 清代规定在小殓时所用衣物除了常用的殓衣之外，又有复、襌两种："三品以上五称，复三、襌二；五品以上三称，复二、襌一；六品以下二称，复、襌各一。皆以缯。"⑤ 复，即有衣里，可以装入棉絮的衣服；襌，即单层罩衣。较之前代，大为减少与简化。

棺椁。明代对官员棺椁的用材、颜色作出规定："棺用油杉朱漆，椁用土杉。"⑥ 而清代更进一步明确棺材的内衬和棺材外的修饰，且遵照从俭原则。雍正元年（1723）规定，所有级别的官员都用朱棺，内衬都是一层。乾隆年间规定，一二品官"覆棺以销金，青蓝色绮为帷"，三四五品官"覆棺以青蓝，云绮为帷"，六七八品官"覆棺用青蓝，素绮为帷"，九品官及有顶戴官员"覆棺用青绢"。⑦

明器，也称"冥器"，是专为随葬而制作的器物。明代规定："一品、二品八十事，三品、四品七十事，五品六十事，六品、七品三十事，八品、九品二十事。"⑧ 这比唐代的数量（三品以上九十，五品以上七十，九品以上四十）大为减少，但比宋代的数量（四品以上五十，六品以上三十，九品以上二十）有所增加。清代未详细规定数量，只要求"明器从俗"。⑨

墙翣。装饰性帷幔，出殡时挂在棺材两边。明代规定："三品以上四，五品以上二。"⑩ 数量较宋代大为减少。

引、披、铎。引，即出殡时拉棺材用的大绳。披，由浅红色的布帛制成，绑在灵

---

① 《明史》卷60《凶礼三》，第1485页。
② 朱熹：《家礼》卷4《丧礼·立铭旌》，《景印文渊阁四库全书》第142册，第549页。
③ 《大清通礼》卷50《凶礼·品官丧礼·小殓》，《景印文渊阁四库全书》第655册，第500页。
④ 《明史》卷60《凶礼三》，第1485页。
⑤ 《清史稿》卷93《凶礼二》，第2722页。
⑥ 《明史》卷60《凶礼三》，第1485页。
⑦ 乾隆《大清会典》卷54《礼部·丧礼五》，《景印文渊阁四库全书》第619册，第487页。
⑧ 《明史》卷60《凶礼三》，第1485页。
⑨ 《清史稿》卷93《凶礼二》，第2724页。
⑩ 《明史》卷60《凶礼三》，第1485页。

车两边，由人拿着，以防棺材滑落、翻倒。铎，即大铃，由铜制成，是在出殡途中唱挽歌的人用来掌握节奏的乐器。明代规定："一品、二品三引四披，左右各六铎。三品、四品二引二披，左右各四铎。五品以下，二引二披，左右各二铎。"①规格比唐宋时期降低很多。

纛，用来引导柩车前行的大旗。明清时期称为"羽幡"，旗杆一般长九尺，五品以上官员丧葬时由一人举着，六品以下的官员一般不准使用。

功布，一般长三尺，各级官员都可以使用。

方相，出殡时的开路神和驱疫辟邪之神。明清时期，四品以上官员丧葬可以用四个，五、六、七品用两个，八品以下不准使用。

大舆，即柩车，又称"柳车"、"柩舆"。明代对柩车上的饰品进行了规范："柳车上用竹格，以彩结之，旁施帷幔，四角重流苏。"②清代沿袭了这一规定，并对其他配套用品的规格、颜色和数量作了严格的规范："缯荒、缯帏并青蓝色，公、侯、伯织五采，一、二品用销金，五品以上画云气，六、七品素缯无饰。承以杠，五品以上髹朱，六、七品饰红垩。障柩画翣，五品以上四，六、七品二。"③

碑碣。对于皇亲国戚和文武百官而言，碑碣一般配有碑头和底座。明清时期加强了对官员墓葬碑碣的管理："功臣殁后封王，螭首高三尺二寸，碑身高九尺，广三尺六寸，龟趺高三尺八寸。一品螭首，二品麟凤盖，三品天禄辟邪盖，四品至七品方趺。首视功臣殁后封王者递杀二寸，至一尺八寸止。碑身递杀五寸，至五尺五寸止。其广递杀二寸，至二尺二寸止。趺递杀二寸，至二尺四寸止。"④

茔地。洪武三年（1370）规定："一品，茔地周围九十步，坟高一丈八尺。二品，八十步，高一丈四尺。三品，七十步，高一丈二尺。以上石兽各六。四品，四十步。七品以下二十步，高六尺。"两年后，颁布新诏令："一品至六品茔地如旧制，七品加十步。一品坟高一丈八尺，二品至七品递杀二尺。一品坟墙高九尺，二品至四品递杀一尺，五品四尺。一品、二品石人二，文武各一，虎、羊、马、望柱各二。三品四品无石人，五品无石虎，六品以下无。"⑤新诏令增加了七品官员墓地的尺寸，提高了二

---

① 《明史》卷60《凶礼三》，第1485页。
② 《明史》卷60《礼凶礼三》，第1486页。
③ 《清史稿》卷93《凶礼二》，第2723~2724页。
④ 《明史》卷60《凶礼三》，第1487页；清代与明代的礼制几乎完全一样，稍有差别的是把明代"二品麒凤首"改为"二品麒麟首"，参见《清史稿》卷93《凶礼二》，第2723页。
⑤ 《明史》卷60《凶礼三》，第1487页。

图2-7 清代一品官员栗毓美（1778~1840）墓前甬道、石像生和石碑（山西大同浑源县）

品至七品官员坟墓的高度，规定了各级官员坟墙的高度以及墓地配套用品的数量。清代的规格："一品茔地九十步，封丈有六尺，递杀至二十步、封二尺止。缭以垣。公、侯、伯周四十丈，守茔四户；二品以上周三十五丈，二户；五品以上周三十丈，一户；六品以下周十二丈，止二人守之。公至二品，用石人、望柱暨虎、羊、马各二，三品无石人，四品无石羊，五品无石虎。"① 与明代相比，清代品官墓地的配套用品无太大变化，但墓地尺寸有所减少，还进一步限定了守茔人的户数。

奠祭器馔。明代的规定较为粗略，仅提及"祭物，四品以上羊豕，九品以上豕"。② 清代特别对此作出规定："朝夕奠肴馔，午饼饵。遇朔望，则朝奠具殷奠，肴核加盛。初祭，陈馔筵羊酒，具楮币……一品官筵十，羊五，楮二万八千；二品筵八，羊四，楮二万四千；三品筵六，楮二万；四品筵五，楮万六千；羊俱三。五品筵四，楮万二千；六、七品筵三，楮万；羊俱二。"③

除以上各项明清时期共有的礼制之外，乾隆年间还对品官丧礼抬棺者的数量作了限定，一品、二品可以有64人，三品到五品为48人，六品到八品是32人，九品以及有顶戴者的是24人。④

总体而言，明清时期官员的殡葬礼制基本沿袭了唐宋时期的规范，只是变得更加严格、细致。特别是清代，不仅非常重视官员在殡葬过程中的等级性，而且强调殡葬简单、俭朴的原则，严禁官员在殡葬方面的越礼和奢靡行为。

---

① 《清史稿》卷93《凶礼二》，第2723页。有关守茔人数量的规定还可参见乾隆《大清会典》卷54《礼部·丧礼五》，第487页。
② 《明史》卷60《凶礼三》，第1486页。
③ 《清史稿》卷93《凶礼二》，第2723页。另可参见乾隆《大清会典》卷54《礼部·丧礼五》，第487页；光绪《大清会典事例》卷498《礼部·丧礼·品官丧礼》，第840页。
④ 参见乾隆《大清会典》卷54《礼部·丧礼五》，第487页。

（二）士庶的殡葬制度

1. 士人

相对于官员严格而细致的礼制，明清时期对于士人的殡葬礼制并不太多。《明集礼》、《明会典》、《大清会典》、《大清通礼》等主要礼制文献并无专门针对士人的礼制分类，各项用品的规格、质地和数量基本是比最低级别官员或有顶戴而无品级的官员更低一级，且与庶人礼制相差无几。《明史》和《清史稿》在总结明清殡葬礼制时，都将士人和庶人的礼制合称"士庶人丧礼"。不过，在主要的政书文献和礼志记载中还是能够看到一些有关士人殡葬的个别条例。

顺治初年，朝廷对士庶使用的棺材、陪送品、祭奠品制定了规范："士、庶卒，用朱棺，衬一层，鞍马一。初祭用引幡，金银楮币各一千，祭筵三，羊一。大祭同。百日、期年祭，视初祭半之。一月殡，三月葬。墓祭纸币、酒肴有定数。"①

雍正时期对官员、士庶的棺罩做出规定："一二品官用销金青蓝等缎，三四五品官用青蓝云缎，六七八品官用青素缎及青蓝缎，九品官以下官员、生员、监生用青绢。"② 士人殡葬所用棺罩的质地与九品以下官员的相同，都是用青色的丝织物。

乾隆年间，朝廷又对士人殓衣、饭含、铭旌、墓地、志石、柩车、功布、明器等物品的规格、数量作了详细规定："士殓衣、复、禅各一，复衾一袭，常服一称，含用金银屑三，用铭旌……士茔地围二十步，封高六尺。墓门石碣，圆首方趺。圹志二，如官仪。柩舆上竹格垂流苏，杠饰红垩，无翣。引布二，功布一，灵车一。明器从俗。"③ 不难看出，相较于官员，士人殡葬用品减少许多，各项物品的规格、数量，与九品官、有顶戴者类似。

总体来看，明代对士人阶层殡葬没有特别的规范，基本参照较低级别官员的礼制。而到了清代，士人殡葬礼制变得简单和严格。

2. 普通民众

在明清时期，普通民众的丧具是仿照官员的殡葬礼制而确定的，其种类与官员相比减少。按照《明集礼》的记载，主要减少的项目包括椁、下帐、墙翣、引披铎、蠹、卤薄鼓吹、碑碣、吊服。各项用品的质地、规格、数量等不仅比官员和士人大为降低和减少，而且比唐宋时期简化不少。以下就明清时期普通百姓主要的丧具作

---

① 《清史稿》卷93《凶礼二》，第2725页。
② 光绪《大清会典事例》卷498《礼部·丧礼·品官丧礼》，第840页。
③ 《清史稿》卷93《凶礼二》，第2725页。

一梳理。

洪武五年（1372），朱元璋颁布诏令，规范普通百姓的丧具。

> 庶民袭衣一称，用深衣一、大带一、履一双，裙袴衫袜随所用。饭用粱，含钱三。
>
> 铭旌用红绢五尺。敛随所有，衣衾及亲戚襚仪随所用。棺用坚木，油杉为上，柏次之，土杉松又次之。用黑漆、金漆，不得用朱红。明器一事。功布以白布三尺引柩。柳车以衾覆棺。志石二片，如官之仪。茔地围十八步。祭用豕，随家有无。①

万历时期重修的《大明会典》也直接摘录了这一诏令。因此，几乎在整个明代，官方针对普通民众丧具而制定的礼制规范并无多大变化。

清代进一步明确了一些用品的规格、质地或数量："庶人复衾一，含银屑三，立魂帛……庶人茔地九步，封四尺，有志无碣。舆以布衾覆棺，不施帷盖。杠两端饰黑，中饰红垩。馀略仿品官，制从杀。"②可见，清代的变化主要体现在：含变为三块银屑；明确要求设立魂帛；墓地尺寸减少了一半；明确普通百姓的墓地有志石而无碑碣；遮棺只能以布被。

此外，清代还多次发布诏令规范普通民众其他的丧具。

康熙年间，朝廷申饬："官民人等出殡，除量造纸扎、车马、轿、楼、库外，其余奇巧台阁等项，概行禁止。鞍马、衣箱等，丧家力能自备者，照定例数目备用。其或力不能备，除赁用杠举、棺罩、执事外，其鞍马、衣箱等项，徒滋糜费，应行禁止。"③

雍正年间，殓衣、祭奠物品、棺罩等得到规范："军、民故者，前后殓衣五袭，鞍马一。初祭，祭筵二，羊一，大祭同，常祭减半。棺罩，生、监用青绢，军、民春布。"④另外，雍正时期还专门针对棺罩发布命令："兵丁庶民用青布，其力不能自办者，听其节省租用，惟不许逾等。"⑤兵丁、百姓的棺罩质地一般是青布，没有钱财的

---

① 《明史》卷60《凶礼三》，第1492页。
② 《清史稿》卷93《凶礼二》，第2725页。
③ 光绪《大清会典事例》卷498《礼部·丧礼·品官丧礼》，第840页。
④ 《清史稿》卷93《凶礼二》，第2725页。
⑤ 光绪《大清会典事例》卷498《礼部·丧礼·品官丧礼》，第841页。

人家应遵循俭省原则租用棺罩,但无论如何,都不许僭越礼制。

乾隆年间,朝廷进一步规范普通民众丧葬过程中的陪送品、抬棺人数量、祭奠物品等:"兵民发引,陈鞍马一匹,覆棺以布,舁夫十有六人(杠举两端饰以黑,中饰红垩)。祭用楮帛六千,馔筵二席,羊一,馀与有顶戴官员同。"①

综合以上各项殡葬礼制不难看出,明清时期普通民众的殡葬用品简单、俭朴。而从明到清,普通民众的殡葬礼制进一步突出等级性、差异性,变得更加严格、细致。

(三)殡葬仪程

从以上明清时期主要社会阶层的殡葬制度来看,不同阶层在殡葬方面享有的权利差别甚大。不过,除帝后殡葬仪程之外,官民等阶层基本遵循一套相似的殡葬规程。据明清典制,官民殡葬规程包括以下 15 种仪式:初终、小殓、大殓、成服、吊奠赙、择地与祭后土、葬、虞、卒哭、祔、小祥、大祥、禫、闻丧与奔丧、改葬。这些礼仪程序基本可以概括为七项内容,即初终、入殓、停灵、吊丧、出殡、祭祀、居丧,以下分别作一梳理。

初终。从死者将要死亡到入殓前所进行的一系列仪式,总称为"初终"。这些活动主要包括属纩、复、讣告、沐浴、袭、饭含。在举行这些仪式之前,家属要根据血缘关系的亲疏远近和男女之间的尊卑差异更换衣服,并表现出特定的身体样态。例如官员的初终礼,其中一项为:"孝子啼,余皆哭。男子白布衣,披发徒跣;妇人青缣衣,披发不徒跣,女子子亦然。"②

属纩,即以新棉置垂死者口鼻间,观察是否还有呼吸。复,即招魂,是初终礼制中一项重要的仪式,通常认为,这是为了祈求死者复生。讣告,即将死讯告知亲友、同事。沐浴,即清洁尸体。袭,为死者更衣。除这些主要仪式外,初终礼中还有一项"设魂帛、立铭旌"的活动。魂帛置于棺材旁边的灵座上,等到举行告别祖先的仪式时用它来代替灵柩。③铭旌即引魂之旗幡,清代满族使用的旗幡叫"丹旐",其上一般绘有图像或饰物,功能与铭旌一致。

入殓。殓即装裹死者,分小殓、大殓。关于殓衣,清代规定:"官民故者,前后殓衣共五袭。"④小殓在次日,大殓在第三天早上举行。大殓时将棺材放在堂内,再放

---

① 乾隆《大清会典》卷 54《礼部·丧礼五》,第 487 页。
② 正德《明会典》卷 92《丧礼三·品官丧礼》,第 855 页;万历《大明会典》卷 99《礼部·丧礼四·品官》,《续修四库全书》第 791 册,第 30 页。
③ 详细内容可参见司马光《司马氏书仪》卷 5《丧仪一》,《丛书集成初编》第 1040 册,第 54 页。
④ 光绪《大清会典事例》卷 498《礼部·丧礼·品官丧礼》,《续修四库全书》第 805 册,第 840 页。

入被衾，接着由死者的子女将尸体放入棺材，然后用被衾遮盖尸体，最后盖上棺盖，钉上钉子。

停灵。停柩待葬称为"殡"，民间也叫停灵。

吊丧。到丧家进行的吊唁慰问活动，哀悼死者称吊，安慰死者家属称唁。吊丧一般在停灵期间进行。

出殡。这是整个殡葬仪程中最为隆重的礼节之一环，主要包括择地、祭后土、启殡、朝祖、陈列出殡和墓地用品、发引、及墓、下棺、祠后土、反哭等事项。

陈列出殡和墓地用品，即在出发前将吉凶仪仗、方相、志石、明器、铭旌等物品摆放在灵车之前。这些物品依次排列，不能颠倒顺序。

发引，即从丧葬队伍出发至到达墓地之前所举行的仪式，又称"在途"。在发引仪式中，送葬队伍有严格的排序："丧主以下男女哭，步从，尊长次之，无服之亲又次之，宾客又次之。"[①] 在送葬队伍行进的过程中，要哭不绝声，每走一段路程还要进行路祭，以示哀思。

及墓、下棺、祠后土，这几种仪式在灵车到达墓地后举行。将灵柩卸下，举行简单的祭奠活动，主持者将明器按照次序陈列在墓地中，将铭旌、志石放在墓圹门内，然后把灵柩放入墓圹中，并随即摆放其他随葬品，丧主叩头哀哭，之后便进行掩埋，送葬亲属要痛哭。掩埋完成后，立即在墓地左近进行祭奠后土的仪式，以求土地神的护佑。

反哭，即葬毕，回到殡所，升堂而哭，叫反哭。

祭祀。在出殡的一系列活动结束之后，死者家属要进行不同形式的祭祀仪式，以表达哀悼与思念，主要包括六项：虞、卒哭、祔、小祥、大祥、禫。

虞祭。初虞在埋葬后的中午举行，主要分为设祭迎神和献尸两项仪式。再虞在初虞后第一个柔日举行，三虞在再虞后第一个刚日举行。按当时的天干记日法，单日（甲、丙、戊、庚、壬）为刚日，双日（乙、丁、己、辛、癸）为柔日。刚日阳，取其动；柔日阴，取其静。仪式皆如初虞。

卒哭。孝子自父母始死至殡，哭不绝声，殡后思及父母即哭，称"无时之哭"。卒哭是终止"无时之哭"的祭礼，自此改为朝夕各一次哭奠，称"有时之哭"。

祔，即将死者神主牌位放入祖庙，与祖先一起享祭。祔祭在卒哭的第二天早晨举行，家属到场祭拜，并由嫡长子宣读祝辞，告祭祖先。

---

① 正德《明会典》卷92丧礼三·品官丧礼》、卷93《丧礼四·士庶人丧礼》，第860、869页。

小祥，指去世一周年举行的祭礼，一般在祔礼之后的第十三个月举办。举办小祥礼前，嫡长子和其他儿孙要沐浴、准备祭拜的酒食、陈设祭拜的器具等。仪式开始时，亲属要按照次序排列，由嫡长子宣读祝文，以示纪念。此后，亲属们会日渐脱去丧服，换上吉服，并可以停止朝夕哭，改为无时之哭或五日或十日一哭。

大祥，指去世两周年举行的祭礼，一般在祔礼之后的第二十五个月举办。大祥的仪式与小祥基本一致。

禫，指除去丧服的祭礼。《仪礼》："期而小祥，又期而大祥，中月而禫。"[1]仪式与小祥、大祥基本一致。此后，家属可以穿日常的服饰，生活恢复正常。当然，对死者的祭祀并未完全停止，只不过祭祀的参与者、次数、规格等都有缩减。

小　结

明清殡葬礼制大部分沿袭汉、唐以来儒家传统礼制，也有很多新的变化，表现出和社会制度相适应的时代特点。

明清殡葬礼制奠基于明洪武时期。为去除蒙元"胡制"影响，朱元璋"制礼作乐"，恢复汉人礼仪，殡葬礼即其中重要一环。朱元璋所定礼仪，基本为明清两代沿用。

明清殡葬礼制表现出强烈的等级性，上自帝王皇室下至官民，各有等差，等级越高，仪式级别也随之增加，并愈加复杂。

相较于前代，明清殡葬在居丧行为规范、丁忧与起复、丧服制度等方面，有一些变化。至于殡葬仪程，则无大变化。值得注意的是，人殉之风在入明后死灰复燃，皇帝死后多以宫妃殉葬，至英宗皇帝始废止。清入关后，仍旧实行殉葬之制，直到康熙年间才逐渐禁止。清代宫廷丧礼有不少满族因素，比如火葬在入关后继续实行，顺治帝即实行火化，以"宝宫"入葬，至乾隆初年始发布禁令禁止；殷奠即烧毁死者生前所穿衣物和楮帛之仪，则是满族丧葬中最隆肃的礼仪；丧事剪发之礼也被带入关中，纳入宫廷丧礼，直至清末。

---

[1] 杨天宇：《仪礼译注·士虞礼》，上海古籍出版社，2004，第422页。

第三章
殡葬习俗

明清国家礼制与三礼、《朱子家礼》及前代典礼一脉相承，较之其他礼仪，丧礼保存了更多的古礼。但这并不表明，官民士庶都会依此而行。丧葬礼所具有的较强的私人性质，决定了殡葬礼制的实行具有很大弹性。有志于恢复并弘扬礼仪的士大夫可以根据研究心得，以己意办理家人殡葬事务；普罗大众也可依照所在群体对死后世界的想象，以及自身的经济状况，依俗而行。丧葬礼制的复杂、烦琐也决定了它在民间的适用性会大打折扣。所以，尽管礼制清楚地规定了官民士庶的殡葬礼，但这只是希望人们以此而行。地方志书对丧葬礼制的记述有相当的内容，亦当如是观。

殡葬习俗虽极为烦琐，各区域间存在较大差异，但基本程序是一致的。以下先按殡葬程序记述有关习俗，而后分别讨论在明清时代较为突出、较有影响的几项殡葬习俗。

第一节 殡葬习俗概略

（一）初终

病者临终，亲人应该悉数在场，移于正寝，而后有属纩、浴尸、更衣、饭含诸俗。雍正《定州志》记丧葬风俗："父母危笃，移床外庭，子孙兄弟环侍，既属纩，迁于中堂，易衣服衾褥，纳金珠口中，即礼饭含义也。气绝，孝子孝妇等环哭，以白布作枕枕之，锐其两头，实以麦麸，名鸡鸣枕。俗谓冥途不知分晓，耳畔得闻鸡鸣也。蒙面以帛，萦足以丝，即礼缀足义也。命仆者环户挥扇，防尸变也。"[①] 此为北方初终习俗之一斑。

---

① 雍正《定州志》卷4《风俗》，雍正十一年刻本，第54页。

属纩是为测试病者鼻息。虽称属纩，但究竟用不用棉絮，甚或其他轻柔之物，不是太清楚。气息未绝，先移于正堂，即所谓正寝。古礼，属纩之后有复礼，明清时期间有行之者。又或谓悬挂纸钱于门外为招魂，或谓"报庙"即为古皋复之意。①

礼有袭、有殓，殓又有大小之分。小殓在次日，大殓在三日。明清时期，民间多袭殓不分，又或小殓、大殓不分。甚至有谓三日盖棺为小殓，越数日致祭掩柩为大殓者。亦有以具衣衾入棺谓之小殓，三日盖棺谓之大殓者。更有志书谓，无大小殓。②根据明清时期的殡葬习俗观察，病者死亡前后的更衣停灵，部分的与小殓类似，大殓则为入棺。

其更衣，或在气绝之前。一说，大概以气息未绝，身体尚温，便于穿戴。又有一说，未更衣即咽气，实未穿衣，为人子者有不孝之嫌。但此举有悖礼之嫌：老人未亡，岂可忍心为其更换亡衣！且一番折腾，更加重病者痛苦，实为不孝。所以，也有于气绝后更衣的。《金瓶梅》记李瓶儿气绝时，无人知晓，所以更衣在死后进行。吴月娘让李娇儿、孟玉楼找了几件衣服给李瓶儿穿上，"装绑停当"，"西门庆率领众小厮，在大厅上收卷书画，围上围屏，把李瓶儿用板抬出，停于正寝。下铺锦褥，上覆纸被，安放几筵香案，点起一盏随身灯来"。

殓前或有"浴尸"之俗，多且象征性。明代一些地方传说，如果亲子能饮下清洗亲人尸体之水，死者就无入地狱之苦了。清代苏州一带也有这种说法。顾湄《吴下丧礼辨》："今以沐浴余水，令孝子各饮三口。"③广东佛冈厅，"父母殁，子女披发诣溪流汲水，以楮钱掷溪中曰买水，归以浴尸，乃殓。"④

死者所穿衣服，在套（领）数上有单双之分，以数多为厚。材质亦有选择，多取寓意吉祥者。乾隆《博山县志》："丧家装老不用绫绉绸缎，止取绢绵。谓绵者，绵绵；绢者，眷也，犹惓惓也，近亦不拘。"⑤民国《青城县志》亦云："其衣，有九领、七领、五领之分。其衾，上者用锦，下者用布。"又云："忌用皮缎，盖惧来生脱变走兽或断绝子嗣也。"⑥

---

① 乾隆《衡水县志》卷5《典礼志·风俗》，第18页。
② 乾隆《衡水县志》卷5《典礼志·风俗》，第18页。
③ 邵廷烈：《娄东杂著》，广陵古籍出版社，1990，第1页。
④ 道光《佛冈厅志》卷3《土俗》，咸丰元年刻本，第31页。
⑤ 乾隆《博山县志》卷4《风俗》，乾隆十八年刻本，第2页。
⑥ 民国《青城县志》卷2《户口志》，民国二十四年刊本，第10页。

鸡鸣枕使用较为普遍。民国《青城县志》:"其枕为白布缝成,两端尖细翘起,谓之'角枕'。诗言角枕粲兮,即此物。"

灵前点随身灯,又叫长明灯或长命灯,各地多有此俗。雍正《定州志》即载此俗:"灵案烧长明盏,昼夜不息。"

饭含在明清时代很盛行。《金瓶梅》记李瓶儿死后即用此俗,"西门庆旋寻出一颗胡珠,安放在她口里"。民国时慈禧陵墓被盗,兵士从她口中抠出的夜明珠即为口含之用。一说身带此物可防腐。

为死者装裹停当,又有报庙、画影等俗,而后入殓。

报庙为北方地区之俗。人死之后,家人一般到土地庙(在城到城隍庙)去报庙,每天三次送浆水。嘉庆《滦州志》:人始死,停于堂,"率五服卑幼沿街走号,焚楮镪于五道庙。晨夕三次如之。越三日,初昏,居城者在城隍庙,居乡者在五道庙,设虚座,陈酒馔,并列刍车竹马笥箧诸冥器,其主丧先选素纸积联而缕裁之,乃总其本于柄,若麈尾形,俗名托魂树,持以祝,绕庙屋四隅一再周,遂奉置于预设虚座中。亲族以次拜奠,毕,复奉以升于刍车,则燃短炬尽焚诸冥器。亲属入临盖棺,所谓三日小殓也"。①民国《大名县志》录范鉴古《论人死报庙之谬》,可见此俗背后之灵魂观念。

> 吾乡风俗,凡父母死者,男女走哭于土地祠下,焚香楮,日三往焉,三日乃已,名曰"押纸"。三日初昏,父死者以纸作帑,母死者以纸作袱,实楮镪钱纸于其内,持至庙中焚之,哭而归,名曰"送盘缠"。葬之日,人子持箕帚,至土地神前,上下左右遍扫之。扫毕,戴箕帚于首,哭而归,名曰"起魂"。相沿已久,莫知其所由来。诗礼之家,知其非,而未有以革也;稍改变之,初死押纸一次后,使人日三焚香楮于土地神前,名曰"送纸"。余不慊于心者久矣。诘之曰:"何为押纸?"曰:"凡人初死,其魂必跪于土地神前,俟其子女走哭焚楮,始令起,否则终屈膝矣。押纸者,恐亲久跪也。"、"何为送盘缠?"曰:"行必以赆,生尚如此,阴阳一理,故备冥资送盘缠者,为魂之将去也。"、"何为起魂?"曰:"尸将葬矣。于何处所起魂者,使魂附于柩,而识其藏魄之地也。"②

---

① 嘉庆《滦州志》卷1《疆理·风俗》,嘉庆十五年刻本,第53页。
② 民国《大名县志》卷22《风土志》,民国二十三年刊本。

《清稗类钞》记淮安丧俗，对灵魂观念亦有揭示："俗传人死之后，三日内不能即达阎王处所，则暂驻于本坊之土地庙中，此三日间，每夜必往土地庙送饭一次，并多焚纸帛，意似贿嘱土地照应者。"①

病者殁后，请画师为其画遗像，称画影，又叫画真容、画神像，明清时期颇为盛行。《金瓶梅》记李瓶儿死时，西门庆花十两银子请画师韩先生为李瓶儿画了真容："传画一轴大影，一轴半身，灵前供养。……先攒造出半身来，就要挂；大影不误出殡就是了。俱要用大青大绿，冠袍整齐，绫裱牙轴。"卢公明记清末福建习俗，灵堂悬挂死者的画像，称"寿身"。"寿身是坐姿的全身像，通常是在死者咽气之后才急招画师来家里画的，要求尽可能画得像死者本人。如果死者做过官，或曾得到过科举功名，画像中就要着朝服顶戴；如果是个平民百姓，就画讲究的长袍马褂。寿身通常色彩俗丽。"②

（二）入殓与停灵

1. 棺殓

入殓多在死后三日，但由于天气原因，于暑月亦有不及三日者。胡具庆之妻死于康熙五十四年阴历四月十九日子时，"因热不能久停，遂于戌时大殓"。③

入殓前后，有送亡灵之俗，多在死后三日左右举行，称"送三"。因送亡灵必先接来祭奠一番，又有"接三"之称。接三前要到冥衣铺按一定尺码、款式、质量糊一份车马、箱子；接三之日，奏吹鼓乐，迎亲朋吊唁，焚化纸糊车马。如光绪《昌平州志》所载："（三日）这夕用纸人、车马，书死者姓名于纸，小子负之登车，焚之，谓之接三。"④亦有用二日者，雍正《定州志》："第二日夜半，纸作轿马及仆从，门外焚之，俗谓送行。"又，光绪《玉田县志》：丧之次日，以亡者遗衣裹所悬命纸（即悬挂在大门旁的楮币剪条）在歧路鬼祠招魂，称接三，待确认已经接到家中后，"棘人奉命纸升舆，导以鼓乐，戚友及妇人皆从之，西郊焚舆，号泣"。⑤

入殓是将死者遗体平放入棺柩。棺柩内事先铺设被褥等物。棺殓讲求平满，于空隙处塞以死者生时所着衣物，也有将死者生时喜好之物置入者。《金瓶梅》记李瓶儿大殓："到三日，阴阳徐先生早来伺候大殓。祭告已毕，抬尸入棺，西门庆交吴月娘又

---

① 徐珂：《清稗类钞·丧祭类》，第3546页。
② 〔美〕卢公明：《中国人的社会生活》，第93页。
③ 胡具庆：《甲初日记》，国家图书馆藏抄本。
④ 光绪《昌平州志》卷9《风土记》，民国二十八年重印本，第3页。
⑤ 光绪《玉田县志》卷7《舆地志·风俗》，光绪十年刻本，第4页。

寻出四套衣服来，放入棺内，四角又放了四锭小银子。……不一时，放下了七星板，搁上紫盖，仵作四面用长命锭一齐锭起来，一家大小放声号哭。"

吸潮之物也必不可少，以木炭、石灰、灯芯草居多。光绪《周庄镇志》卷四"风俗"："棺内，《家礼》用沥青、米灰加七星板，今易以石灰，无板也。石灰之上铺以纸，纸上藉茵褥，或以帛，或以布，曰香花被褥。……丧主子妇奉尸首足入棺，以纸卷石灰塞空处，令充实平满，曰小葬。《通礼》卷衣为之，今亦易以石灰也。"① 海宁地方，有专门的司殓者曰妥司，"妥司量其棺之容积，先置炭屑于其底，铺衾焉，及冠履整备，乃登棺，其隙处以石炭包、灯草荐遍塞之，掩衾结绪，高与棺平。"②

以物充塞棺内，本意是使尸身平稳，不致摇动。但石灰包的使用，其意远不止此。民国时期无锡人丁彦章《丧礼集要》说："棺中卷衣以塞空处，虽令充实平满，而卷衣未能历久。近世苏人大都用陈年石灰屑合炭平铺棺中之底约二三寸，铺平而后再用灯草铺其上，然后用棉褥铺平，奉尸其中，即盖棉被。两边用皮纸数百张，纸外、棺边隙垫实石灰屑，平满而后皮纸掀开，向棺边卷紧，首前、胫旁、肩际、脚跟、脚边皆用石灰屑，由皮纸包成小包，塞空隙处。尸平卧其中，亦不见石灰痕迹，其法甚善。石灰吸水，或尸腐时全被石灰屑吸受，不致外漏，而石灰受水成胶，更为坚实也。近世普通皆如此用法，惟多与少，密与疏之别耳。"③ 防止尸腐外漏，是停棺于家所必须防备的事情。以此可知，此种棺殓之法，是与停柩之习相关联的。因之，在一些地区格外受到重视。宣统《信义志稿》卷二十"风俗"："殓尸最不容草率，信义有世传其业者，名曰土工。其法，用石灰包四围填实，再以桑皮纸铺尸身，倾入石灰，用两手插之，再倾再插，至极坚密而止，将纸揭开，衣衾不染点污，坚实洁净，他处皆莫能及。郡邑大家遇丧有不惜重金雇用者。"④

大殓时，或有开光明之俗。雍正《定州志》："以绵蘸水拭死者面，又以金簪珥磨水画死者目，俗谓开光明。"《金瓶梅》中李瓶儿死后开光明则在小殓时，"西门庆要与他（李瓶儿）开光明，强着陈敬济做孝子，与他抿了目"。

2. 出殃与回煞

北方地区有所谓出殃的习俗。所谓殃，据传是从死者体内出来的云状气体，有说成禽类的，也有说类似鸡的。待出殃之日，家人躲在外面，以防受到伤害。道光《辉

---

① 光绪《周庄镇志》卷4《风俗》，光绪八年刻本，第7页。
② 民国《海宁州志》卷40《杂志·风俗》，《中国方志丛书·华中地方》第562号，第4页。
③ 丁彦章：《丧礼集要》中卷《酌古》，民国二十二年铅印本，第10页。
④ 宣统《信义志稿》卷20《风俗》，《中国地方志集成·乡镇志专辑08》，第492页。

县志》:"始死,即请阴阳生推出魂时日,至期弃尸床上,合家避出,不留一人,逾时始归。"①

在南方则有回煞之俗,也称"接眚"。煞一般指煞神,它带亡魂辞别旧家,此俗《颜氏家训》"风操篇"已有载,明清时期十分流行。沈复(1763~?)《浮生六记》卷三"坎坷记愁":

> 回煞之期,俗传是日魂必随煞而归,故居中铺设一如生前,且须铺生前旧衣于床上,置旧鞋于床下,以待魂归瞻顾,吴下相传谓之"收眼光"。延羽士作法,先召于床而后遣之,谓之"接眚"。邗江俗例,设酒肴于死者之室。一家尽出,谓之"避眚"。以故有因避被窃者。

出殃与回煞的日期都由阴阳先生推算。将这些内容乃至大殓、出殡等事项,写在一张纸上,此为殃榜,亦即丧事的日程安排。《金瓶梅》中对批殃榜有详细描述:李瓶儿死后,请阴阳徐先生"看时批书",徐先生掐算了李瓶儿的死亡时间,又问了姓氏及生辰八字,批道:"一故锦衣西门夫人李氏之丧。生于元祐辛未正月十五日午时,卒于政和丁酉九月十六日丑时。今日丙子,月令戊戌,犯天地往亡,煞高一丈,本家忌哭声,成服后无妨。入殓之时,忌龙、虎、鸡、蛇四生人,亲人不避。"西门庆希望过了五七出殡。徐先生说:"五七内没有安葬日期,倒是四七内,宜择十月初八日丁酉午时破土,十二日辛丑未时安葬,合家六位本命都不犯。"得到西门庆允准,便写了殃榜,盖伏死者身上。范祖述《杭俗遗风·事丧类》"批书入殓"亦载:"凡人逝世,先叫阴阳门,眷名为山人批书。批书者,选择入殓之时辰,及月建的呼之宜避者,然后以手折开写亲族至友姓名住址,遣夫走报。"

3. 娱尸

明代有所谓"伴丧",吕柟《泾野子内篇》卷六"柳湾精舍语"云:"近见都城大邑于初丧之时,亲朋携酒肴及歌者,甚有自夜达旦之时,谓之'伴丧'。"有些地方,伴丧又称"娱尸",也就是在初丧时作乐,既是娱尸,又算是迎接吊客。②清代各地均存在。雍正《定州志》:"俗未殓三日内,有门外招瞽人说评话者,有梁台演戏者,名伴宿。然绅士家多不用。"乾隆年间,陕西凤翔县知县罗鳌指出:"乃有不知礼义,

---

① 道光《辉县志》卷4《地理志·风俗》,《中国地方志集成·河南府县志辑17》,第31页。
② 张履祥:《杨园先生全集》卷18《丧祭杂说》,第526页。

临期而演戏者，衰麻要绖，方擗踊于门中，彩舞霓裳旋鼓歌于户外。"①

4. 七七

也称"斋七"、"烧七"、"作七"等。人死后，从"头七"开始设立灵座，供木主，每日哭拜，早晚供祭，每隔七日做一次佛事，设斋祭奠，依次到"七七"除灵为止。这种风俗在各地都很流行。七七风俗在汉代还没有记载，南北朝时已多行之，后世相沿不改。明朝福建人"死每七日则备一祭，谓之'过七'，至四十九日而止，或有延僧道做道场功德者"。② 很多上层人士，包括儒者，也往往奉行七七的做法。比如明朝人张萱《疑耀》："里俗人死，每遇七日，辄设奠，七七四十九日乃止。今国朝大臣御祭，亦有七七，虽非通行古礼，但礼亦有之。"说明，明朝的一些大臣也做七。明宫丧礼也已受到佛教的影响。据史料记载，每当皇帝或皇后初丧，每座寺庙都要敲钟三万声。究其本意，"盖佛家谓地狱受诸苦者，闻钟声即甦，故设此代亡亲造福于冥中，非云化者有罪，为之解禳也"。此外，在明代，无论贵贱都为死者烧冥纸，此俗亦行于宫中。水陆道场一类的法会亦习以为常，甚至有的地方盛行火葬之俗。明人田艺蘅《留青日札》说："今俗，疾病则用僧道做斋醮，丧死则用僧道作道场，送葬则用僧道为引导，不惟愚民之家，虽士宦亦有为之者。间为正人君子之所讥笑，则托曰：'我固知其非礼，乃此先人遗命，不敢违。'"③

清后期湖北民俗仍然如此。光绪《咸宁县志》："乡俗惯用浮屠，遵佛教应七之说，自一七至七七，犯七则延僧礼佛，焚楮诵经，谓之'打七'。士绅虽行《家礼》，亦有应七名目。七内做佛事，或五日，或七日，谓之'做道场'。"④

5. 吊丧

成服后，向亲友报丧，而后接受吊唁。吊丧主要在两个时段，一是初丧，二是及葬，中间闭丧。吊丧者以钱物赙赠，丧家则分送布帛（孝布），或酒食酬谢。乾隆《汲县志》载：三日成服，讣闻亲友，治丧受吊，而后闭丧。"开吊时送旌（有约亲友送旌分，丧家备席以款之，谓之'酬旌'，近亦多不行）"，及葬，士大夫家遍送启柩帖，称"引状"，"先期开吊，一切皆如初卒时（有约亲友公奠，亦类酬旌），惟姻亲具祭品、末文以奠，重送死也。葬之前一夕，亲友皆辞灵（有送围碟者，有送面果

---

① 罗鳌：《请禁葬亲演戏暴露少柩孩尸议》，乾隆《凤翔县志》卷7《艺文》，乾隆三十二年刻本，第18页。
② 谢肇淛：《五杂俎》卷14《事部二》，上海书店出版社，2001，第293页。
③ 田艺蘅：《留青日札》卷27《丧葬用僧乐》，第877页。
④ 光绪《咸宁县志》卷1《疆域·风俗》，光绪八年刻本，第35页。

者，丧家款以酒食）"。①光绪《永城县志》亦载："贫者或三日封丧，或七日封丧。封丧后不复吊唁。封丧之期，遍告亲族，门前并粘一帖。……吊客赙赠，初丧以香楮，封丧以钱，以二百、四百至八百为率，至亲厚友无定额。来吊者皆供酒食，亦动辄数百席，与婚娶无异。凡赙钱者，既葬仍酬酒食，间有力难供客而不能葬者。"②

（三）出殡

举殡前，行点主礼。万斯大《与张仲嘉论〈齐家宝要〉》："古人必葬而后题，今世俗大都临举殡时题于家。"③点主者为人所重。清代初年，寿光安致远记其乡俗重视点主："有力者丐郡守县令，次则聘林下缙绅。先期通问，重币以请。至于卖菜求益屡增而后应，犒及舆皂，务从腆渥。至于哀诔志铭之文，用垂不朽者，反操豚蹄盂酒以往，不则嘖有烦言，所谓萝葡瓜薤太平车者，亦不可得。其轻文慢亲，可为浇俗一慨也。"④光绪《平定州志》记点主之俗："题木主用善书者，盥手书陷中粉面名衔姓讳。神主今皆预书讫，空主字上点，题主者用朱笔点之，亦必曾仕宦或科第用文者。"⑤光绪《遵化通志》则载，在点主之外，还有所谓"通神"，即留"神"字末笔，请人加朱竖。又载，点写之前，孝子刺指血蘸笔，或以雄鸡冠代之。

灵柩出门，孝子要摔丧盆。摔丧盆有很多名称，但意义相同。比如，因为要摔破，所以叫摔盆；因为盆的底部往往要钻洞，所以也叫摔漏盆；因为盆子是用来烧纸的，所以也叫打烧纸盆；因为烧纸是要献给死者的，所以也叫摔献。康熙河北《深泽县志》卷四"礼制志"："殡出户，孝子以陶器盛诸果菜倾掷于石，名摔献，憾不得更献于亲也。俗皆以瓦碎于石，昧其义久矣。"道光《辉县志》卷四"地理"记葬俗："自始死以至葬，焚烧纸钱金箔，用一瓦盆，名曰劳盆。葬时用亲人掷破之，以示不再用也。"因为摔盆是继承家产的依据，所以，也叫顶占门份或顶门。这一点，在民间继承当中，是一条不成文的法律。谁摔盆，谁就获得了继承财产的权利。如果无子无女，则由其他近亲承担。《金瓶梅》记李瓶儿死后，因西门庆无子，出殡之日，"那女婿陈敬济跪在柩前摔盆"。《红楼梦》中，秦可卿死后，秦氏无子女，小丫鬟宝珠"乃甘心愿为义女，誓任摔丧驾灵之任"。贾珍喜之不尽，即时传下，从此皆呼宝珠为小姐。⑥

---

① 乾隆《汲县志》卷6《风土志》，乾隆二十年刻本，第3页。
② 光绪《永城县志》卷13《俗产志》，光绪间刊本，第1页。
③ 徐乾学：《读礼通考》卷56，第25页。
④ 安致远：《玉砚集》卷4《杂志》，《四库全书存目丛书》集部第211册，第522页。
⑤ 光绪《平定州志》卷5《食货志·风土》，《中国地方志集成·山西府县志辑21》，第57页。
⑥ 曹雪芹：《红楼梦》第十三回《秦可卿死封龙禁尉王熙凤协理宁国府》，第173页。

葬后，送葬之人回家，有"燎火"等去秽仪式。沈榜《宛署杂记》："送葬归，以盂盛水，置刀其旁，积薪燃火于宅门之外，丧主执刀砺盂者三，即跃火而入，余从者如之，不知何义。"①《金瓶梅》记李瓶儿葬后，众人到家门口，"燎火而入"。

葬后三日，至坟墓祭奠死者。《金瓶梅》记陈敬济葬后三日，"春梅与浑家葛翠屏坐着两顶轿子，伴当跟随，抬三牲祭物来与他暖墓烧纸"。万历《顺天府志》记此风俗，并认为这就是《礼》所谓虞祭。因埋葬当日坟冢初起，或需加培，亦于此日进行，故有称"圆坟"者。光绪《遵化通志》："后三日黎明，孝子诣墓燔薪于前，曰'暖墓'。焚楮哭奠，曰'叫门'。横秫秸凡三，以五色丝系钱悬于上，曰'上梁'。复培土取圆，曰'圆坟'。"②西北地区还有葬后"打怕"之俗。雍正《高陵县志》记丧祭礼："三日，覆山，黄昏于墓上击锣，谓之打怕，焚纸并草。"③

此后，服丧三年，小祥、大祥有祭，至期满除服从吉。

第二节　停丧缓葬的盛行

传统丧葬礼俗实践明显地表现为丰殓厚葬与停丧缓葬，明清时期亦是如此。因处于传统时代末期，这种现象尤为突出。停丧缓葬成为明清时期葬期上的重要特征。

停柩缓葬，明清史籍又有称停柩不葬者。两者略有不同。停柩是一种状态，称"缓葬"表明葬期长。"不葬"，既可指过程，也可指结果。就言说者主观判断，停柩的状态将无限拖延，导致不葬的结果。从此点来看，如果作为一种社会问题，停柩不葬较之停柩缓葬更为严重。本书此处未着意区分。

（一）概况

1. 一般情形

明清时期，停丧缓葬之风极盛。这种习俗普遍存在，江苏、浙江、江西、福建等地尤为严重。社会上各个阶层的人家几乎都存在这种风气。

且看南方地区。明人邱濬《大学衍义补》说："近世江浙闽广民间多有溺于风水之说，及欲备礼以徇俗尚者，亲丧多有留至三五七年，甚至累数丧而不举者。前丧未

---

① 沈榜《宛署杂记》卷17《民风》，北京古籍出版社，1980，第193页。
② 光绪《遵化通志》卷15《舆地志·风俗》，光绪十二年刻本，第8页。
③ 雍正《高陵县志》卷3《冠婚丧祭礼》，雍正十年刻本，第27页。

已,后丧又继,终无已时。"①明末清初,浙江桐乡张履祥讲东南情形:"今之葬者,小祥(周年)以内希矣,大祥(二十五个月)以内亦十不得一二也。近者数年,远者数十年。"②同时期的江西人魏禧也说:"丧礼废阙久矣,三年之内不能行者皆是。"③乾隆年间,福建人林枝春描绘当地停丧不葬的情形说,停放在家里的棺材,一摞一摞的。放置在郊外的棺材,也是摞起来,像一堵堵墙一样,到处都是。④钱塘吴昇(乾隆癸卯举人)在一首七言歌行中叹息说,每日从杭州城内出来的灵车不少,但葬埋的不多,大多被权厝于野。

灵车鼓吹送城隅,却向黄泉结敞庐。
不见佳城歌郁郁,居然夏屋咏渠渠。
黄昏啾啾鬼相语,春露秋霜仍野处。
故鬼惊心风雨侵,新鬼咨嗟无葬所。⑤

类似的记载在地方文献中比比皆是。康熙《嘉定县志》说有一半的人家遇丧不举,光绪《金山县志》则说"俗家死而不葬者反有五之三";⑥康熙《具区志》卷七"风俗"记太湖地区乡里丧葬奢靡,人多思效之,"以是尘积于堂中者十家而五六"。⑦总体来看,大半人家存在停棺不葬的现象。

通常的研究主要集中于南方地区,北方地区虽然没有南方严重,但也具有一定普遍性。比如河南,乾隆初年,河南巡抚尹会一饬禁停柩,讲到"家有久停之柩,地多浮厝之棺"之情形。⑧道光年间,卫辉府共城知县周石藩作《劝葬说》:"共城旧俗,葬每迁延,有一丧经数年而不葬者,有积丧经数十年而亦不葬者。推原其故,侈于殡埋之饰,习惯成风,从俭为之则大滋物议。……其或狃于风水之说而停之,停之而遂忘之。"⑨

---

① 邱濬:《大学衍义补》卷51《治国平天下之要·明礼乐·家乡之礼》,《文渊阁四库全书》第712册,第611~612页。
② 张履祥:《张杨园全集》卷18《丧祭杂说》,第531页。
③ 魏禧:《魏叔子文集》外编卷六《与宗子发论未葬不变服书》,《续修四库全书》第1408册,第451页。
④ 《诚是录》,《亦园亭全集》本,第31~32页。
⑤ 吴昇:《南山北山行》,张应昌编《清诗铎》卷23,中华书局,1960,第847页。
⑥ 光绪《金山县志》卷13《名迹志下·义冢》,光绪四年刊本,第23页。
⑦ 《四库全书存目丛书》史部第223册,第544页。
⑧ 《健余先生抚豫条教》卷3《饬禁停棺暴露》,《官箴书集成》第4册,黄山书社,1997,第716页。
⑨ 《共城从政录》不分卷《劝葬说》,《官箴书集成》第6册,第284页。

在山西，光绪三年，巡抚曾国荃发布《十条教养示》，其一为申禁停厝："今贫者以力薄而不能葬，富者又以葬地而不速葬，以致室停数棺，棺积数世，迨至子孙式微，抛置原野，暴露郊关。"①

在山东，康熙《单县志》记世俗惑于形家："加以单俗繁文多费，黾勉不逮，致有停柩数十年不葬者，甚且终其身以委之子孙，子孙又不能葬者，浮丘暴露，风雨侵损，深可悯恻。"②乾隆初年掖县知县张思勉《劝葬檄》："（掖俗）停柩不葬，竟有迟至六七十年之久，积至三五世之多。前丧未举，后丧又临。子既耽延，孙仍停阁，甚至□元已经成立，而高曾之柩依然在堂。家室屡经变□，□破坏之棺任其抛室。"③

类似记载在北方地区的地方文献中亦不胜枚举。说明北方地区同样普遍地存在这一现象，来华外国人的观察也能说明此点。乾隆年间，英国人马戛尔尼来华，觉得中国人在丧葬方面异于欧人之处，一是厚殓厚葬，一是停柩。他说："凡上流社会之人，力能开设一行号者，父母死，必停柩一年或十数月始葬，否则邻里亲友必责其不孝。"④清代末年，日人曾根俊虎在中国北方游历。让他深感诧异的是，中国人竟然不埋葬棺材，任其朽烂。其描述让人甚感悲惨。

> 上等人的棺材一般置于荒野，有埋在地下者，也有置于地上而不埋者。棺材朽烂，尸骨外露，或为乌鸢竞啄，或为狗狐争食。中等以下没有固定的埋葬之地，或抛于城门内外，或投于城墙之下，或置于屋后角落。更无葬身之处者，或扔在路途，路人践踏而不怪，猪犬溺之而不嫌，牛马粪之而不忌。棺木腐朽，白骨外露，也有人以泥土涂之。此为北地普通的埋葬风习，所以靠近城壁的街道后面必定有棺材纵横，不仅使外国人看了刺目惊心，而且夏天炎热之时，其臭气与条条阴沟交混在一起，刺鼻难受，甚至有害死众多人命者。⑤

2. 停棺地点与形式

前文有关停丧的描述提及停棺之所及其形式。就其地点而言，可以区分为家内与

---

① 光绪《广灵县补志》卷6《政令》，光绪六年刻本，第19页。
② 康熙《单县志》卷1《方舆志·风俗》，康熙五十六年刻本，第16页。
③ 乾隆《掖县志》卷6《艺文》，乾隆二十三年刻本，第25页。
④ 《乾隆英使觐见记》，珠海出版社，1995，第114页。
⑤ 〔日〕曾根俊虎：《北中国纪行》，范建明译，中华书局，2007，第5页。

家外。时人亦每有"停柩于家,浮厝于野"之语。一般认为,富人可以把棺材放到家里,穷人则放置到外面。清末,有人论及此事:

> 富人阀阅增华,房多屋广,虽停棺稍碍方便,亦不必为之深惜。独恨穷户小家,人稠室陋,一棺供于正宇,阖宅俱为寒心,甚有封锢未周,腥臭远达,外来者疑惧,在家者染瘟,生死同居,惨难寓目。①

这是一种情理上的推测,有些记载能够证实此点。即以富人而言,在乾隆山西乡宁志书记载,当地士习,视葬亲为不急之务,"过尽七后,将棺移置堂角,用门隔装成一小室,或用字画为饰,而客位中设筵会亲友,恬不知怪,遂至有十数年不葬者"。②在山东巨野,道光邑志载知县章宏《劝谕安葬文》:"余作宰麟川,窃见闾阎停丧不葬者比比皆是,小民罔知无论矣,即缙绅之家亦多停柩堂室,扃阖门扉,经年累月,狃于俗而不为怪。"③

但更多的还是因人而异、因地而异,贫乏之家也常常停棺在家。道光年间,浙江海盐钱泰吉曾到一些贫寒人家,看到的景象是:"停棺栉比,如行荒冢间。"④还有很多记载看不出家庭状况,可以视为普遍情形。如民国《嘉禾县图志》所述:"其年老多子孙者,或不克葬,柩停于堂,不外厝,示不忍弃其亲,不似都会寄柩于殡园也。"⑤孝子与节孝妇女传中,有一类增益其孝或节孝之行迹,即在熊熊大火中,竭力搬运尸柩或以身护柩,如常昭鱼翼之例。鱼翼母丧未葬,雍正二年,邻人不戒于火,将延及殡室,鱼翼凭棺大哭,坚守不去,忽然出现神异,反风灭火,殡室安然无恙。⑥节孝妇女传记也大量记载与夫柩相伴的情形,其家庭状况则贫富皆有。

停厝于家,有多种形式。若无多余的屋舍可供停殡,则应像前引乾隆《乡宁县志》所载,置于生人起居之地,但以某种形式遮掩。同治《益阳县志》则言:"其殡于家,必护以土,亦无敢累年,防火灾也。"也有停放院内的。

停于外者,或野厝,或屋厝,或自建,或租赁,不一而足。野厝较为常见。光绪

---

① 《停棺不如薄葬说》,《益闻录》第565号,光绪十二年五月初一日,第241~242页。
② 乾隆《乡宁县志》卷12《礼俗》,乾隆四十九年刊本,第9页。
③ 道光《巨野县志》卷23《风俗志·礼仪》,道光二十六年续修刻本,第6页。
④ 钱泰吉:《记曹文学葬兄事》,道光《海昌备志》卷41《艺文十五》,道光二十七年刻本,第3页。
⑤ 民国《嘉禾县图志》卷9《礼俗篇第四》,民国二十七年刊本,第4页。
⑥ 光绪《常昭合志稿》卷32《人物志》,光绪三十年活字本,第28页。

《松江府续志》："或以寡戚，族无子孙，将三寸榇委之道旁野田。"①在浦东，"稍不克葬即殡于野，积榇盈田"。②南汇一带棺柩"暴露田间"，"日积月累遂至尸棺暴露，遍地皆然"。③

水滨路次也可以停放。同治年间，江苏布政使丁日昌《通饬禁止停丧不葬由》指出，"河道两旁，败榇罗列"。光绪二十三年，恽祖翼前往杭州赴任，"舟过嘉兴时，见民家停棺不葬，露骸败榇，抛弃河干，蝇蚋四集"。④

传统时期的城墙内外出于防御之需通常要留出一定空地，也成了城市居民的厝棺之区。《申报》刊登过一篇题为《论城市不可停厝棺柩》的文章。作者"足迹遍天下人"说他游历数省，"凡城闉内外浮厝棺柩，随在皆有，目所经见，要以浙省为最，浙中又以宁波为尤甚"。⑤苏州城齐门内有个叫沙河唐的地方，地方空旷人居稀少。据长洲彭绍升讲，乾隆年间"邑中贫者，死不克葬，辄委棺焉。……既亘三四里，暴棺至数千"。⑥

厝于野外，若非暴露，覆盖之物主要有三类：砖石、泥土与草席之类，砖石之上也有覆土者。道光《永州府志》："扶柩于外，或浅葬，或土砖砌柩之四旁，瓦覆其上，名权厝，俟吉时后葬。"这种形式，河北等地称为"丘"，民国《盐山新志》："力不能葬，及有他故，则停柩于殡宫或近郊。"注云："柩外筑以砖或坯，曰丘房。"民国《广宗县志》亦云："其死后因故不葬，暂厝棺村外用砖垒筑者，俗谓之'丘'。"

在山西等地，有所谓权瘗待葬之柩即浅葬者，也是一种重要形式。袁世焘《续司马温公葬论》记高平之俗，有所谓浅葬之说。但浅葬之柩，"众棺或聚一亩，无兆域表志之存，惟书砖压棺以为验"。结果就会出现砖被挪动，而不识其棺的情形。袁氏过南郊，尝见道旁壕堑十余道，纵横麦陇间。"问之，则浅葬者失其棺而遍索之也。"⑦

也有盖草、席之类的。民国《南汇县志》："南汇习俗多停棺不葬，或盖以草，或砌以砖，置之内外城根及田野间。"⑧在近代出版物中经常可以看到这样的图片，或者以木杆、草席搭成帐篷，置棺于下；或在棺木顶部覆盖或稀或密的柴草，前后两和与

---

① 杨本初：《同善堂碑记略》，光绪《松江府续志》卷9《建置志·公建》，《中国地方志集成·上海府县志辑3》，第478页。
② 光绪《松江府续志》卷21《名宦志》，第2072页。
③ 乾隆《南汇县志》卷25《杂志》，《中国地方志集成·上海府县志辑5》，第25页。
④ 恽毓珂：《显考菘耘府君行述》，清末刻本，第10页。
⑤ 《申报》1878年12月3日。
⑥ 彭绍升：《二林居集》卷10《县学生黄君墓志铭》，《续修四库全书》第1461册，第385页。
⑦ 光绪《续高平县志》卷13《杂著》，光绪六年刻本，第46页。
⑧ 民国《南汇县续志》卷22《杂志》，《中国方志丛书·华中地方》第128号，第1027页。

护墙都裸露在外，近于暴露。

屋厝者，或以废旧宅院。康熙《鱼台县志》卷九"风土"引教谕王谦志之语："丧亲棺厝庭间，数世不葬，往往破宅篱落之间累累暴露。"①

或殡舍。嘉庆年间，绍兴知府奏报当地埋葬风俗，浙西杭嘉等处浮厝的情形是："每有用砖瓦砌成低屋，将棺木暂蔽风雨，名曰砖圹，并有砖瓦砌成高屋，安储棺木，名曰享亭，又曰殡屋。"②民间或建造殡舍出租盈利。杭州城内居民每将棺柩寄存于被称为"攒基"的殡舍中。徐叟《宋人小说类编》："吾杭未葬者，因城中多火患，每出殡于湖，又有筑小屋赁与停厝，谓之攒基，又谓之攒基屋，南北两山其比如栉。"这些殡舍多为附近山民所有，③这种房子可能要小于一般住房，但可以容纳好几副棺木。嘉庆年间西湖山内的一起盗棺案，三个窃犯"先后赴朱王氏等厝屋拨门进内"烧棺挖窃。④杭州城外还有许多专门办理寄柩的大型山庄。清代末年，"钱塘门外之卧龙山庄、宝石山庄、西竺山庄、清波门外之杨庄、净慈寺前之南库房皆为厝柩之所。每停一柩，年需费甚众，南库房索费尤贵，人皆称死人洋房"。⑤

或祠堂。祠堂为宗族追祭先人之所，一般都有较大的内部空间。明代中叶以来，庶民宗族组织相继建起家庙祠堂，人们也往往将棺柩殡于其中，或者在祠堂内外建造专门的殡舍作为祠堂的附属建筑。

或寺庙。僧人的一项重要活动是参与世俗丧葬事务。以空余僧舍或其他房舍作殡房为施主服务，在宋代已然如此。司马光就提到，"俗多殡于僧舍"。明清时代，寄柩寺庙更为普遍，如京城的夕照寺，"前明所建，本朝修葺，然无碑记可考。今为寄顿旅榇之场矣"。⑥根据时人记载，住到寺庙里经常会见到棺材。俞承德《高辛砚斋杂著》："沈梦岩世伯因事寓西湖上某寺，寺旁屋数十楹，为历来厝棺之所。一日世伯事少，间与寺僧谈，僧曰，君欲广睹闻乎？遂偕往寺侧殡室，启钥入，见中停灵柩以千百计，奇形瑰制，类目所未睹。"⑦有一些笔记小说记寺庙遇鬼之事，往往起于庙中所停尸柩。

---

① 康熙《鱼台县志》卷九《风土》，中州古籍出版社，1991年校注本，第245页。
② 不著撰人：《治浙成规》卷8《厝棺被窃仅止撬缝凿孔及烧煏成洞抽取衣饰并未显露尸身一并免参》，《官箴书集成》第6册，第648~651页。
③ 万历《钱塘县志》，《中国方志丛书·华中地方》第192号，第263页。
④ 《刑案汇览》卷20《刑律贼盗·烧洞挖窃西湖浮厝棺内朝珠》，《续修四库全书》869册，第152~153页。
⑤ 民国《杭州市新志稿》卷23《俗尚》，杭州史地丛书本，第12页。
⑥ 汪启淑：《水曹清暇录》卷15，杨辉君点校，北京古籍出版社，1989，第232页。
⑦ 俞凤翰：《高辛砚斋杂著》，《海昌俞氏著书》本，第5~6页。

（二）原因

作为一种重要的丧葬事项，明清时人曾就停丧的历史作过一番考察。顾炎武《日知录》有专条论述。他提出："停丧之事，自古所无。自建安离析，永嘉播迁，于是有不得已而停者。"[①]中国传统上有归乡而葬的习俗，当地方割据之时，死于异地，家人多半认为割据是暂时的，迨天下一统，或有某种便利时，即可将死者归葬故土。故此，大都将死者暂厝。可是若干年过去了，其间不断有人死去，死了又不埋，就形成停丧不葬的风俗。顾氏的分析是符合情理的，后代学者附和者较多。张亮彩《中国风俗史》就持类似观点。

无独有偶，清人梁绍壬也提到类似说法，认为江浙地区的停丧之风起于南宋："杭人缓葬之弊，昔人以为起于南宋，谓欲返骨汴梁，故设为权厝之计。"北宋灭亡以后，很多中原人流落到南方，有些人死后，家人都抱有希望，认为收复东京汴梁指日可待，所以只是权瘗不埋，盼望有朝一日能把死者运回北方，安葬故土，就在江浙地区形成了停丧习俗。事实上，南宋初年，的确有很多人死了以后并不埋葬。王明清《挥麈录》记隆祐太后（宋哲宗的皇后）南渡后不久去世，朝廷想为她建造陵墓。有大臣反对："帝后陵寝，今存伊洛。不日复中原，即归祔矣。"因此应以"攒宫"为名，于是选址会稽营葬。[②]清人徐叟解释说，杭州西湖有"攒基"为租赁停厝之用，"攒宫"正是此意："思返汴京，故暂攒而不葬。"[③]

上面两种有关停丧风俗起源的说法只是众多导致停丧原因中的一类。而且，汉代和南宋也不是停丧缓葬之风的起源时代。停丧缓葬作为一种风气，已经说不清始于何时。根据史书记载，大约汉代以后即已出现。杨树达《汉代婚丧礼俗考》已有归纳。此后一直到明清时代，几乎没有停止过。

造成停丧不葬的原因比较复杂。不同社会地位的人之间、不同地区之间都存在很大差异。不过，有一种认识具有一定普遍性，即所谓"贫者以力薄而不能葬，富者又以葬地而不速葬"。[④]这种观点，有其道理。

办丧事却没有钱，子路问孔子，这种情况怎么办？孔子回答说：这的确是很让人难过的事情，可是，只要有孝心，俭省一点没关系。孔子强调的是内心之孝。但后世强调孝的外在形式——你说你有孝心，有何凭据？那就要看殓袭是否丰厚，棺材是否

---

① 顾炎武著，黄汝成集释：《日知录集释》卷15《停丧》，第886~888页。
② 王明清：《挥麈录》，《宋元笔记小说大观》本，上海古籍出版社，2001，第3579页。
③ 徐叟辑《宋人小说类编》卷3《丧祭类·攒宫》，中国书店，1985年影印本，第2页。
④ 曾国荃：《十条教养示》，光绪《广灵县补志》卷6《政令》，光绪六年刻本，第19页。

华美，丧仪是否盛大。穷困的孝子就要为难了。于是，就有了董永卖身葬父的故事，宣扬的观念是，为了给亲人办丧事可以不惜一切代价。实际生活中，贫困家庭常常身处这种两难境地。一旦按照孔夫子的教诲去做，多半会留下骂名，被认为不孝。反过来，为了父母不惜一切，对一般人而言，似乎又不太现实。在这种情况下，选择只有一个：停丧不葬。

那些以没钱为借口的，往往被认为受各种可以统称为奢靡厚葬之风的影响所致。亦即，财力本可葬亲，但欲求厚葬，就力所不能了。

厚葬的确是中国传统丧葬观念的一大主流。至于厚之所指，各地不尽相同。明末郑与侨《济宁遗事记》指济城丧礼过侈，"一棺罩费至数百金，少亦不下数十金。亲友孝布，约须百金，酒筵之费，又不可以数计。诸需不备，不敢发丧。"① 康熙《咸宁县志》说当地丧葬"率过于厚"，民间多用浮图演乐剧，遇七七、百日及葬常用之。俗曰伴丧。"力不给者，请贷亲族，亦有鬻屋产田园者，以故葬有久不能举。"② 山西高平知县梅建《勒限速葬示》指出，高平停丧缓葬，惑于地理者十之五六，贫无力者十三四。"高平俗尚好奢，自明器下帐舆马帏翣赟送之具，以及僧道斋坛鼓吹作乐，宾朋吊唁饮食供给之费，稍不腆，众共訾焉，于是中人之家以葬为艰。"只好暂缓。③ 乾隆五年，河南布政使朱定元上奏称，上年河南二麦丰收，但他想到的却是有两点需要出示禁止，其一为"丧葬过奢及棺枢久停"。"查豫省俗习愚蔽，每遇丧葬必极尽华丽以为显亲，凡出殡者，专事外饰如绫罗幰盖金缎铭旌，且造作楼台售畜扎塑人物扮演队戏，种种越分，多致过费钱财，不顾贫难揭借，倘不如愿，宁将棺枢久停。"④

实际上，这只是问题的一个方面。在地方志的记述中，经济条件的差异在葬期上呈现出两个极端，即贫者早葬，富者缓葬。嘉庆《滦州志》："其葬期，逾岁者甚少，逾月者恒多。"民国《滦县志》则补充说，"此指富有之家，贫者死后三五日即葬矣。"光绪《高陵县续志》："启殡至葬。三月而葬。"注云："庶人逾月。县俗，贫窭之家多于首七，夏月有于成服日者。富者或于百日、期年。"贫与富之间的这种差别，道光《江阴县志》认为此乃富者笃信风水的缘故，嘉庆《东台县志》则将其归结为"贫者棺薄而葬速，富者棺厚而葬迟"。也有将富者的迟缓归结为应酬多，慎重其事的。

---

① 郑与侨：《济宁遗事记》，山东省图书馆藏清抄本，记事始于嘉隆，终于崇祯甲申。
② 康熙《咸宁县志》卷1《星舆·风俗》，康熙七年刻本，第19页。
③ 梅建：《勒限速葬示》，乾隆《高平县志》卷17《杂志》，乾隆三十九年刻本，第18~19页。
④ 《谨奏为丰年之繁费宜节客民之重利宜除仰恳天恩饬行严禁事》，第一历史档案馆藏乾隆朝录副奏折，档案号03-0331-014。

贫家棺薄，的确是一个需要考虑的问题。永乐《乐清县志》记元代人林甲乙："母亡，家贫不能得美椁，遂以薄棺殓之。越数日，尸坏腐流液，淋漓不能止，居邻皆恶之。"①明清时期名医的传记或传奇故事往往记述一类救治难产而死者的故事，引起名医关注的首先是从棺内淌出的血迹。此点也可说明，如果棺木不美，密闭性即无法得到保障，但棺薄未必是速葬的必然选项（见后文）。

至于笃信风水，用风水术选择牛眠吉地，多非易事。葬地选好后，还要选日子。葬日的选择，要考虑"山向"、死者家属生辰、死者生辰等，所有这些都无抵触，才能确定下来。否则，只能改日子。正如时人批判的，大家庭人口众多，选日子就很难办。算来算去，可能数年之内都无可选之日。更有甚者，如果坟地是子午向的，要等十年才能吉利。所以，葬地、葬日的选择影响了丧葬的顺利进行，是导致停丧不葬的重要因素。

总体来看，作为一种思维定式，同样是停丧，人们往往将贫者与厚葬、富者与风水联系起来。这一观念具有很强的解释力，再多的借口也可纳入其中。不过，在这样的概括之下，不同地域的特点以及个人因素无形中被遮盖了。

第一，在经济发达地区，尤其江南地区，存在着尖锐的人地矛盾，这是导致当地停丧的重要原因。人口增长必须有一定数量的土地提供粮食保证，人口越多，对土地造成的压力越大。活人要从土地上找粮食吃，死人也要入地为安，两者是一种矛盾关系。道光年间，海宁州知州冯翊讲到，东南地区地狭民稠，阡陌占了十之五，园廛占了十之四，可以作葬地的只占十之一二。尺寸之地要埋葬那么多人，葬地怎么能不昂贵，贫者怎能有葬身之地？②另一方面，因为土地是衣食之源，所以一些拥有土地的小农尽管有地，也不会拿出来埋葬死者，故有"中人以下不能有葬地"之说。

第二，自然地理环境影响丧葬。在所谓"水浅土薄"之地或山地，营葬确属不易，以是有耽搁葬事者。乾隆《乡宁县志》记当地停丧习俗，先讲了本地的营葬困难，"山田硗确，卜地为难"。③在江西宁都，道光时期志书记载："葬高则受风而蚁生，葬卑则受湿而水至。州境地势然也。故葬迟自是人子之慎，谓以福荫之故而久暴其亲，殊不尽然。"但迟之又迟，无端侵占，则是形家之言误人不浅。

---

① 永乐《乐清县志》卷7《人物·孝友》，《天一阁藏明代方志选刊》第20册，第15～16页。
② 道光《海昌备志》卷52《采访日记四》，道光二十七年刻本，第4页。
③ 乾隆《乡宁县志》卷11《风俗志》，乾隆四十九年刊本，第7页。

第三，各种原因的阻葬。就拦丧者的身份看，主要有三类。

一是地痞无赖阻葬。婚丧嫁娶，最怕有人搅局。所以，息事宁人，尽快且最大程度的满足捣乱者的要求往往是当事人普遍的心理。以故，无赖、地痞提出许多无理要求，满足不了，就阻挠丧事进行。即如嘉庆《直隶太仓州志》所述："绅衿豪族丧葬，择日受吊，无赖者相率登门，横索酒食，谓之丧虫，如遇喜庆，谓之喜虫。稍不遂意，叫哭争扰，甚至登桌卧榻，滋害不浅。"①如果不堪其扰，丧事可能就要暂缓了。

二是与丧葬有关的专业人员的阻葬。在一些城市或商业化程度较高的地区，丧葬事务多有专业人员办理，抬棺材用脚夫，殓袭、造坟用土工，看坟用坟亲。这些人若无端抬高费用，分区垄断，出丧人家就只能任人宰割了。没有钱，只有停丧不葬。即如康熙年间浙闽总督刘兆麟所言杭城陋弊："一种奸恶棍徒，凡遇民间婚娶死丧之事，借称向日买落地方，派定日子，画定承值，不容他移。"

> 遇丧葬则有把头、吹手、抬材、棺罩、亭夫之类，科索身钱、鉴价、米税、斋包、东道、兴灵、解扛等项，每用至数十人，亦必诈银至数十两不等。更且设立门头、口分、当官等项名色，不论人家贫富，一有用之，自谓坐定地方，向来成例，使人不敢别寻他人，即他人亦不敢承揽当值。稍不遂意，非咆哮肆横即一哄而散，彼素封之家，只得任其诈索，不餍不休。最堪怜者，单寒之士、贫窭之夫，既不能饱其溪壑，又不能别寻雇募，惟有饮泣吞声，听凭酷诈而已。是士民虽欲称家有无，不可得也！②

清代初年，永平府山海城有所谓杠夫，横霸一方，"丧家无不受其捎勒苛索，甚且父母高年无恙，指为奇货，预支工值。本家不敢不应其挟愤而将来莫遗也。若贫不能应其欲，竟致停柩不葬者有之"。③

三是以有碍风水为由拦丧者。在上海，"营葬凡有阴阳宅相望，似近实远者，辄称风水有碍"，即聚众拦丧。④墓地附近一草一木皆事关风水，如果营葬地与他人墓地相邻，邻墓主人如果出面阻拦，理由通常即为破坏了风水。

除此之外，方志所载还有很多情形，和经济状况、风水观念关系不大，也不存

---

① 嘉庆《直隶太仓州志》卷16《风土上》，嘉庆七年刻本，第3页。
② 刘兆麟：《总制浙闽文檄》卷3《禁约婚丧人夫不许分坊诈索》，《官箴书集成》第2册，第464页。
③ 康熙《永平府志》卷5《民俗》，康熙五十年刻本，第30~31页。
④ 康熙《上海县志》卷1《风俗》，康熙二十二年刻本，第21页。

在拦阻的问题。即如，为了合葬，夫妻先死者停柩不葬。光绪《汾西县志》卷七"风俗"载禁令，禁止"父亡母存、母亡父存者"再停柩在家，以待合葬。①停柩者，或仅为妇女。光绪《广平县志》："幼妇死，不令入墓，寄厝茔后，夫死后乃令合葬。"民国《邯郸县志》："妇若先死，择地浮厝，夫死后乃令合葬。"②一些寡妇为了表明自己守志往往选择守棺，饮食起居与共。即如光绪《梅里志》卷十二"节烈"记张耀山之子未娶而殇，聘妻汤氏自愿守志，每日举案馈食如事生礼，夜则偕一老妪宿于柩侧。"与亡夫共朝夕者六十余年，女死始出而合葬焉。"光绪《嘉善县志》卷二八"人物志"记节妇陆渊妻沈氏，年十九而寡，"择一密室厝夫柩，扃其户寝处与俱，历寒暑迹不履阈外，竟以是室终"。③

老丧、少丧亦有差异。顺治《曲周县志》：幼丧速葬，"祖父之丧，停柩经年，速亦不下数月"。④民国时期的地方志对此记载颇多。民国《万全县志》："至葬期，老少丧不一，老丧恒晚葬，有停至数月者，小丧则死后三日、五日或七日、九日即可葬，不另择日，所谓热服不择日者是也。有小丧虽葬不能入坟者，仅能暂厝他处，非俟本家有老葬，不能随入祖茔，正式下葬。"⑤民国《新河县志》亦谓，停丧期限，"以贫富及老丧、少丧而异"，多至数月，有至数年者。⑥民国《洛阳县志略》则指出，年少者多即日而葬，"老者多先殡于家，待夫妇同死然后葬"。⑦老丧迟缓，应与忌讳所谓"热死热葬"有关。民国《文安县志》："葬无定期，大概三年以后。即时葬者，谓之热死热埋，以故停柩不葬，有迟至数十年者。"⑧与此相关，缓葬被赋予新的意义，即停殡时间越长，表明孝心越大。嘉庆《东台县志》说，虽然葬期无定，贫富有别，但"旧俗必以三年为期，不如是转云不孝"。道光《武陟县志》："今乡人往往以不速

---

① 光绪《汾西县志》卷7《风俗》，光绪七年刻本，第5页。
② 民国《邯郸县志》卷6《风土志》，民国二十二年刻本，第6页。
③ 从后世地方文献看，浙江的一些地区在解放前存在年轻寡妇守棺的习俗，夫家不顾寡妇的意愿，将棺柩置于寡妇卧室，或砌于墙，或置床下，为的是让死者看住自己年轻的未亡人。有的寡妇因此被吓出毛病，或得病而死。揭示了寡妇守棺的另一面。见汇章《浙江丧葬型式见闻》，《民俗研究》1989年第2期。
④ 顺治《曲周县志》卷1《地理志·风俗》，《中国地方志集成·河北府县志辑》第61册，第333页。
⑤ 民国《万全县志》卷9《礼俗志》，民国二十三年刊本，第24页。
⑥ 民国《新河县志》卷6《风土志》，民国十八年刊本，第5页。
⑦ 民国《洛阳县志略》，《中国地方志民俗资料汇编·中南卷》，第263页。
⑧ 民国《文安县志》卷7《人民部、风俗表》，民国十一年铅印本，第2页。热死热埋也被称为"血葬"。卢公明《中国人的社会生活》解释"血葬"何以被人轻视："很穷的家庭为了节省费用或其他什么理由，不得不在几天内把棺材埋了，叫作'血葬'。人们认为刚死不到几天，尸体中的血液还没干涸就下葬，就好像是一个官员遇到调任，没有做什么告别欢送仪式，就匆匆忙忙地走了，是很不光彩的。这说明这家人穷到了极点，或说明这家人缺乏人脉，没有什么亲戚朋友关心这个丧事。血葬也是一种骂人的话，骂对方死了也没人伤心悼念，趁早埋了。"

葬为孝，又以不遵例除服为孝。"民国《西平县志》：贫者早葬，富者必停柩待茔地择定，然后举葬。但间有茔地早定，亦必停柩数月不即葬埋者，"盖以为非如此不足伸孝子爱亲之意也"。

不葬为农事，或待农隙，或待寒食。天启《渭南县志》："营葬多在十月农功毕。"①光绪《新续渭南县》补充说："贫者多以寒食葬，不卜日也。"乾隆《蒲台县志》："葬事多于秋冬农隙时举行。"

停丧为待继。山东巨野知县章宏《劝谕安葬文》，其一曰待继，"无子之丧，俗每拘泥于领丧无人，任意延搁，名为待继"。②

为什么人们都要将棺木停放一段时间再埋葬，即使有条件营葬的也是如此？实则与停殡之礼有关。丧礼中有一个"停殡"的环节，就是在大殓之后，把棺材停放在某一特定的场所，经过一段被认为合适的时间，然后下葬的行为。《礼记·王制》说："天子七日而殡，七月而葬；诸侯五日而殡，五月而葬；大夫、士、庶人三日而殡，三月而葬。"（《左传·隐公元年》的说法有些不同："天子七月而葬……诸侯五月……大夫三月……士逾月。"）而且，如果没有到规定的时间就下葬，叫渴葬；过了时间还没下葬，叫慢葬。渴葬和慢葬都不符合礼的要求。

比如说，嘉庆年间陕西洛川知县刘毓秀发布《葬亲示谕》，批评当地人在一七、二七以内出丧，认为时间太短，不符合孝道。他要求当地人至少应该在二十几天、一个月左右出丧。其初衷在于，葬期太促，衣物新备，易生盗墓之案。③道光《大同县志》也批评说：庶民之贫者，多有七日、九日葬者；其富者，亦有经年而后葬者，都是非礼之举。只有那些绅士家及庶民之知礼者，于百日内卜日治葬。

根据胡新生的研究，在先秦时期，天子停殡七个月，诸侯停殡五个月或三个月，大夫、士停殡三个月或两个月，是丧礼中的基本规矩，而且长时间的停殡是贵族阶层特殊的荣耀，时间不够长则被认为非礼。④周代以后，停殡之礼延续下来，只是葬期的长短和身份等级不再具有严格的限制。比如，明代帝王的停殡时间。明代皇帝当中，建文帝不知去向，无所谓葬礼，崇祯皇帝死于乱世，也一样，剩下的13个皇帝当中，葬期最长的是光宗朱常洛，长达一年，最短的是朱元璋，仅有一周，其余的都

---

① 天启《渭南县志》卷5《食货志·风俗》，天启元年增刻万历十八年刻本，第14页。
② 章宏《劝谕安葬文》，收入道光《巨野县志》卷23《风俗志·礼仪》，道光二十六年续修刻本，第12页。
③ 嘉庆《洛川县志》卷19《艺文》，民国二十年印本，第27~28页。
④ 参见胡新生《周代殡礼考》，《中国史研究》1992年第3期。

在3~6个月之间。可以看出，就帝王而言，停殡并无一定之期。[①]民间亦无一定之期，但在观念上至少应该是在当地人看来合乎礼数的时间。而这一时间，往往超越所谓"三月"、"逾月"之制，呈现缓葬的特征。

停殡引出的问题是，大殓之后处于停殡状态，如何判断它是在停殡，即以后肯定要安葬，还是一直会这样延续下去成为事实上的不葬呢？实际上，两者之间并没有截然的区分。也可以说，停丧缓葬乃至不葬可以视为殡礼的自然延续。

（三）停丧缓葬与社会生活

明清时期的各种载籍有意无意间经常提到停厝之柩，表明停柩存在于日常生活的各个方面。人们在家里可能要守着先人之柩，出门可能会看到他人之柩，经常会听到有关棺柩的传闻，尤其是闹鬼之事。

1. 守棺生活

丈夫过世，如果决定守寡，而且自己还很年轻，身边缺少子息，很多寡妇会将夫柩置于卧室，朝夕相伴，寝食劳作与俱。或"纺车织具并置柩侧"，[②]或"倦即依夫柩旁少息"，[③]或"每食，置饭一盂柩前"，[④]或夜晚"寝柩处"。遇到打雷下雨，则"侍立其旁"、"呼夫数声"，以免亡夫受到惊吓，倘家贫屋漏，或"以伞覆其上"，或以稻草遮盖。[⑤]她们时常轻抚夫棺，年长岁久，或"抚木几穿"。[⑥]

康熙《莱阳县志》记载了王章之母赵氏的传记，为我们展现了孤儿寡母的守柩生活。王章两岁的时候就失去了父亲。他看到别的小孩都有父亲，就觉得奇怪，回家问赵氏自己的父亲在哪里？赵氏指着停在屋里的棺木说："而父也，长睡此中矣！"未说完，就已泣不成声。在接下来的日子里，赵氏日夜坐在柩旁纺织，王章偎在身边读书。王章长大一些后，经常与坏孩子厮混，屡教而不改。赵氏很懊恼，让他跪在柩侧，施以体罚。而后，以头抢地，痛苦欲绝，不住地责备王章："汝无良，吾徒苦耳！天乎！不如蚤从而父九泉也。"王章哀求自责，赵氏才回转心意。之后，等到王章入郡庠，才得以葬父柩。这时，距其父去世已过去24年。[⑦]

[①] 陈戍国：《中国礼制史》元明清卷，第256~259页。
[②] 光绪《南汇县志》卷16《列女》，光绪五年刻本，第27页。
[③] 《法华乡志》卷6《列女》，民国十一年铅印本，第21页。
[④] 乾隆《镇洋县志》卷12《人物类下》，乾隆十年刻本，第20页。
[⑤] 光绪《平湖县志》卷19《人物·列女》，《中国方志丛书·华中地方》第50号，第1916页；光绪《常昭合志稿》卷35《列女志二·义烈》，光绪三十年活字本，第7页。
[⑥] 嘉庆《增修宜兴县旧志》卷8《列女》，《中国方志丛书·华中地方》第22号，第386页。
[⑦] 康熙《莱阳县志》卷10《艺文志》，康熙十七年刻本，第16页。

孝子传的记述也多围绕亲柩展开。若停棺在室，或夜卧柩侧，或出告返面，毕恭毕敬。若停棺在野，则隔三岔五前去探望。若有大水，或其他可能祸及棺木的自然灾害，会不顾一切赶去守护。这些记述，反映了明清时期停丧缓葬下人们生活的一个侧面。

明清载籍也对于一些违背礼义的行为提出批评。正像乾隆《乡宁县志》所说的，停棺于家者，设筵会亲友，竟毫不避讳。其他如娶妻生子，视停棺而不见。这应当也是停丧下人们的生活实录。

2. 鬼故事盛行

明清时期有关鬼的故事多与暴露的棺木有关。《点石斋画报》刊登过一幅题为"更夫遇鬼"的图画，配文写的是：杭州城武林门内有义仓，附近空地放着一具棺柩，时候很长了。相传死者系自缢身亡。棺柩经雨淋日炙，逐渐枯裂。有一天深夜，更夫经过时，隐约听到剥啄之声，恍惚看到有人徘徊在荒烟蔓草中。更夫想到这是厝棺处，顿时吓得毛发直立，惊慌逃走。附近村夫知道后，和他一起回来一看究竟，走近一看，"见一鬼绕棺走"，把众人吓得仓皇逃奔。第二天，由善堂出面掩埋厝棺，"而是怪乃绝"。

图3-1 更夫遇鬼

资料来源：《点石斋画报》第3册，上海画报出版社，2001，第147页

更夫遇到的鬼是厝棺引起的，善堂掩埋之后也就不再闹鬼了。类似故事，在明清时人的记述中十分常见。道光年间，常熟有位王姓老者，善言鬼故事，郑光祖《醒世一斑录》记录了这些故事的主题，其中有：

  一谓妇死产子棺中，鬼出求食，投纸钱于水而浮。
  一谓僵尸追人，走尸攫人，缢鬼溺鬼讨替迷人。
  一谓积棺枯庙，僵尸男女自为配合。
  一谓僵尸夜出，置《易经》棺上，晓回不能复入。①

---

① 郑光祖：《醒世一斑录》杂述5《老鬼丛话》，《续修四库全书》第1140册，第197页。

即如俞凤翰《高辛砚斋杂著》记杭州谢某遇雨,"避某氏殡宫廊下",忽然听到屋中细碎声,透过门隙一看,"见一少妇独坐理发",吓得他掉头狂奔,回家数日病卒。① 周广业也记述了海宁查氏某乙的一件"鬼祸":他在年轻时外出,猝遇风雨,天黑路滑,道旁有小屋"有灯如豆,一妇人坐而致衣",妇人迎查进屋,交谈之中,查因故抽刀,"灯遽灭,乙手触棺和,四面有壁,大呼叫,邻近把炬火出之,始知小屋实某氏妇殡宫,乙为所摄入而不自知也"。②

很显然,这些所谓的鬼都是厝棺之内的尸体在作祟。作祟的尸体,抑或变为僵尸。僵尸通常有两类,一是"新死未殓者,忽跃起搏人",所以一般人家要有人手持扫帚看护尸体。二是久葬不腐之尸容易成为僵尸。纪昀谓:"久葬不腐者,变形如魑魅,夜或出游,逢人即攫。"③郑光祖亦记僵尸:"血肉之躯,死无不变。乃亦有不变者,因故棺开或尸干如腊,或竟如初死。"他记录了道光年间的两件所谓"僵尸"异事。一件是,有外乡病死昭文,其棺厝置空地五年后,家人来捡骨,开棺后见到的情景是,"尸如初死,衣帽已毁而尸肉发硬,不干不腐,眼珠仍绽,唇与舌色稍黑,亦皆如故"。另一件是金山桂死后,过了两年,人们为他易棺营葬,发现"其尸亦未腐"。④郑氏所谓的僵尸在江南地区较为常见。他认为僵尸是"秉妖厉之气而然也"。实则不然。依照我们对殓葬以及葬埋习俗的讨论,可知这样的习俗在客观上具有防腐的效果:由于棺内大量吸湿干燥剂的使用,以及棺柩的密闭性,会使棺内微生物活动减弱,利于尸体保存。即如《续当湖外志》所云:

> 凡人死盖棺后,或厝或葬,万无一开,其中光景皆不可知。惟穷苦者无遮无蔽,日久棺朽,骨殖暴露,无一不化者。长毛之乱,葬厝棺木,尽行开露,凡遇瘦弱之人,冬天就木而多用石灰者,俗谓之金银葬,大半不烂,其人缩短,皮肉皆贴骨风干,长者不满三尺,如寒天风肉状而更觉干瘪,数日后重复朽烂,不可向迩矣。⑤

郑光祖不相信僵尸会祸害人,"至若僵尸迷人,走尸攫人,见之小说,得之传闻

---

① 俞凤翰:《高辛砚斋杂著》卷1,第9页。
② 周广业:《蓬庐文钞》卷8,《续修四库全书》第1449册,第588页。
③ 纪昀:《阅微草堂笔记》卷10《如是我闻》(四),天津古籍出版社,1994,第222页。
④ 郑光祖:《醒世一斑录》卷5《鬼神·尸异》,《续修四库全书》第1140册,第34页。
⑤ 马录昭:《续当湖外志》卷7,光绪元年白榆邸舍刻本,第4页。

者，均难轻信"。①但是一般人相信这种不腐之尸即是僵尸，会在夜间出来活动。甚至于认为停棺本身就会导致僵尸为祟："人死以入土为安，久暴于外，阴阳搏击，而体魄不安，其出而作怪者，正其急于求安也。理之所有，不必为事之所无。"②因此，很多有关僵尸的故事与停棺有关，而棺中之尸并不一定要被确认为未腐之尸。

《点石斋画报》有一幅题为"游魂为厉"的图画，配文写道："稗官野史所载僵尸，不一其形，有新死未殓而即成者，有停棺不葬感受精气而复成者，有谓见日月必朝拜，见生人必尾追者，种种恶状，不可殚述。然目击其事者殊罕闻也。松郡东乡有荒冢，无力埋葬者辄置棺其上。近于月白风清之夜，有游魂出而为厉，夜行者至斯，往往心寒胆裂，草木皆兵。"于是好事者纠集多人揭开棺盖验看，结果厝棺之家将参与人员一并告到县署。作者趁机讽劝停棺之家，"总之，停棺不葬，开罪有由，子孙不自咎而转咎他人也何哉！"

时人相传，僵尸每于夜间出来活动，所以如果见到厝棺两和上有光滑的洞或者棺盖无故打开，差不多即可认定棺尸已经成僵。每届黎明，外出的僵尸一定要返回棺中，否则，天光一亮，僵尸就会仆地，真正地"死"掉。③所以，僵尸虽可怕，但容易制伏。只要在棺盖上张贴《易经》，或者弹上木匠的墨线，就可以阻止僵尸返棺，方法不一而足。不过，要彻底断绝后患，时人常常用火焚烧，之后方得平安。

3. 棺中藏宝

一般而言，人们忌讳死亡，盛放尸体的棺柩自然也不愿接近，所以自古以来棺柩就成了别有用心者藏匿物品的工具。明清时期，停棺亦成为藏匿非常物件之所。

《点石斋画报》刊登过一幅图片新闻，"前月秒下关地方有游勇二人伐薪江岸，误坏一朽棺，睨而视之，败絮中裹有银鞘，乃相约取之。以夜谋泄，为同伴觉，麕聚而来，瓜分而散"。④配文解释说，相传南京被清军攻陷前，太平军已将大量财宝分藏各处，游勇发现的东西可能是太平军所藏。平湖仵作杨某也发过类似的横财。他在帮人烧棺时，误启他棺，"中皆朱提（即银子）也"，他和同伴扛了两口袋回去。⑤又，青浦诸联有一位亲戚某氏住泗泾附近，自言一天之内发了数次横财。他以操舟为业，

---

① 郑光祖：《醒世一斑录》卷5《鬼神·尸异》，第34页。
② "更夫遇鬼"，吴友如等绘《点石斋画报》第3册，上海画报出版社，2001，第147页。
③ 袁枚：《子不语》卷13《僵尸求食》（申孟、甘林点校，上海古籍出版社，1998，第252页）：杭州更夫任三以法阻止僵尸入棺，僵尸相告："今为尔所魇，不能入棺，吾其死矣！"《续子不语》卷4《僵尸拒贼》：僵尸"毋令见天光，则与人无异"。（上海古籍出版社，1998，第566页）
④ "勇得鞘银"，吴友如等绘《点石斋画报》第4册，第21页。
⑤ 马承昭：《当湖外志》卷4，光绪元年白榆邸舍刻本，第4页。

一日自松江返棹，有人途中登船，不意滑倒毙命。某氏彷徨无措，忽然想到"某地新置一棺"，打算将这个身材矮小的人塞进去了事，没想到发财了，"至恰四望无人，启棺探手验深浅，岂知中非人也，银也！"他于是取出银子，把死人装进去。①某氏所言，虽然只是他的白日梦，但反映出现实中有人将贵重物品藏诸棺木的事实，也反映出人们的一种潜意识：希望走运碰上藏宝的棺材。

除了藏匿财物之外，别有用心者还会将危险品或违禁物藏于棺内或者棺柩四旁。光绪年间，苏太各属土客矛盾尖锐，时有械斗，客民往往将器械藏于棺木中，置于义冢之上，以为攻击之用。此类报道常常见诸报端。十五年某月，"嘉定北门外义冢上忽有新棺七具，均未盖泥。查询附近乡人，俱称不知谁氏之所殡者"，居民因此"颇觉惶恐"。②光绪三十四年出版的《舆论时事报》也刊登了一幅图画，说的是上海闸北谭子湾乡妇杨赵氏，"前日赴田工作，瞥见棺木下藏有马枪四枝，遂负之归，讵为匪徒所闻，向氏硬取不遂，声言图劫"。③

从表面上看，随处可见的棺柩似乎都很平常，没有什么可值得怀疑的。事实上，人们停放棺柩的地点及其状态并非没有讲究，人们有时会凭感觉对某些棺柩产生怀疑。袁栋《书隐丛话》指明这一点："江南巨盗，劫掠多贷，往往以空棺盛之，或置林莽，或置湖滨，委任致疑，终不敢动，不日间即为官捕所发者在在有之。"他举例说，吴江同里镇罗星洲寺垣后芦苇浅涩中忽置一棺，袁某一家仆偶过其旁感到蹊跷，"是人所日经之地，且非置棺之所，其形状位置俱属可疑"。于是"意以为必是盗所埋赀也"。果然，不久即为官捕搜获而去。④

4. 死而复生

死而复生的传闻亦多与停丧有关。古人解释长时间停殡，一说冀其亲生还。这是孝子的良好愿望，在绝大多数情况下，亲人是不可能生还的。但现实中，有一种假死现象，其人有死亡的表征，却未真正死亡，如果在其复苏前即葬埋，就会失去生还的可能，造成永久性的死亡；如果停厝不葬，则通常会被救活。这样的事情在文献中多有记载。嘉庆《淞南志》卷八"杂识"：龙江近村有一村民帮助小妾毒打其妻，"妻恚

---

① 诸联：《明斋小识》卷1《掘藏》，《笔记小说大观》第28册，江苏广陵古籍刻印社，1984，第11~12页。
② 《厝棺疑窦》，《益闻录》第872号，光绪十五年五月廿一日，第266页。
③ 上海时事报馆编《舆论时事报》，收入《清代报刊图画集成》第9册，全国图书馆文献缩微复制中心2001年版，第354页。
④ 袁栋：《书隐丛话》（乾隆九年自序），《续修四库全书》第1137册，第483~484页；又见《同里志》卷21《杂录》，同治六年铅印本，第5页。

毙遽绝",其夫赶紧买薄棺殓之,浮厝于外,"越三日,微闻棺中救命声,惊相传语,其夫乃舁归,启视,固未死也",其妻又活了十五年乃卒。①妇女由于难产出现昏厥的假死现象,在很多情况下并非真死,常熟名医俞嘉言等人就救活过假死的产妇。

  北城外多败屋,居民每停柩其中。嘉言尝见一棺底缝中流血若滴,惊问旁邻,则曰:"顷闻某妇死,昔柩于此。"嘉言亟见其人,语之曰:"汝妇未死,凡人死者血黦,生者血鲜,可启棺速救也。"盖其妇实以临产昏迷一日夜,妇以为死,故殡焉。闻俞言,遂启棺,诊脉未绝,于心胸间针之,针未起而呱呱作声,妇亦苏矣。②

  被俞嘉言救活的产妇是幸运的。在很多地方,难产而死的妇女往往被认为不祥,可能会被残伤肢体,甚至以火化之。天启《吴兴备志》载名医凌汉章游常熟,听到邻居徐叔元家有哭声,"往问之,乃其子妇以产难死,叔元以为不祥,将舁出付火葬"。③

  还有一类死而复生的异事与盗棺有关。盗贼在发棺时,无意中将假死之人救活。青浦赵屯桥陈姓人家的童养媳,偷吃鸡肉时被姑撞见,"仓皇下咽,哽喉而死"。既殡,停棺于野。一天后,小偷前来行窃。当地窃贼的规矩:"凡贼盗棺,必先击尸胸,然后撕剥。"媳被击打三下之后,"喉间格然,下其所吞鸡,即有偡偡声",竟然又回过气来。④

  有一类民间故事,以"鬼妇育儿"作为主题,讲述一位形迹可疑的妇女在买东西后留下的是冥钞,人们跟踪发现她竟然钻进棺材,人们发现女子因难产而死,身边竟有一个婴儿。这类故事得以成立的关键是,孕妇死后一直被停厝。这种情形并非只是故事,难产而死的妇女被棺殓之后,腹中胎儿可能会降生,因母柩未葬得以生还。这在明清载籍中是很常见的。《重辑枫泾小志》载雍正时某姓妻暴亡于产前,厝于野数日,后有过其旁者闻儿啼声,感到奇怪,赶紧告诉其夫。夫至厝所,"因破棺,见生儿坐于旁"。此子成人后,人们以"鬼儿"呼之。⑤"鬼儿"一称表示出自鬼胎(死人),

---

① 嘉庆《淞南志》卷8《杂识》,《上海乡镇旧志丛书》第13辑,上海社会科学院出版社,2006,第92页。
② 光绪《常昭合志稿》卷48《轶闻》,光绪三十年活字本,第23页。
③ 天启《吴兴备志》卷13《艺术征第八》,《景印文渊阁四库全书》第494册,第435页。
④ 《明斋小识》卷10《盗棺尸活》,《笔记小说大观》第28册,第76页。
⑤ 《重辑枫泾小志》卷10《拾遗》,《中国地方志集成·乡镇志专辑2》,第140页。

某些方面应该异于常人。吴靖符《客窗闲话》所载无影人的故事，就反映了人们的这种观念。

> 宁氏之妇将产而殁，出殡于外。人闻柩中有儿啼声，往验之信，于是启后和，果有赤婴在焉。携归乳育，及五六岁，行日中无影，履地无声，人皆呼之为鬼子。亲邻俱轻之。

"鬼子"长大后弃文学武，入伍靖边，升到总兵之职，后回乡营葬母柩。①

第三节　火葬的局部盛行

明清时期，火葬主要盛行于东南沿海地区和周边少数民族。本节主要论述明清时期汉族火葬的基本情况，并分析其原因。

（一）概况

明朝初年，承宋元遗习，各地仍盛行火葬。朱元璋即说："近世狃于元俗，死者或以火焚而投其骨于水。伤恩败俗，莫此为甚。"②直至清代末年，江苏一些地方仍流行火葬。就资料所见，火葬主要盛行于浙江、江苏、福建、广东、广西等地。

在江苏，火葬最盛行的地方是苏州府、松江府和太仓直隶州。乾隆年间，巡抚陈宏谋曾描述过苏州地区的火葬情况。从四面八方聚集到苏州的人口非常多，苏州又是水乡，葬地很少，所以停柩众多。一些丧家先是以火葬为名，对尸柩火化，把焚烧后的尸骸盛入坛子，接着将之沉入河底，名曰水葬。③

在浙江，早在洪武三年明政府即"禁止浙江等处水葬、火葬"。可见该地的火葬盛行。在湖州府武康县，嘉靖邑志载"士大夫之家不用浮屠，但乡里细民多用火化，官府虽禁之，未能尽革"。④金华府浦江县，"民家有父母兄弟妻子死者，或贫不能葬，或畏恶疾传染，往往付之火化"。⑤

与江浙相邻的福建也很盛行火葬。明代文人冯梦龙曾论及寿宁县的火葬。他说，

---
① 吴靖符：《客窗闲话》卷下《无影人》，《海昌俞氏著书》本，第17页。
② 龙文彬：《明会要》卷18《礼十三》，中华书局，1998，第290页。
③ 陈宏谋：《培远堂偶存稿》卷10，光绪丙申秋鄂藩署重刊本，第36~38页。
④ 嘉靖《武康县志》卷3《风俗志》，嘉靖二十九年刻本，第10页。
⑤ 嘉靖《浦江志略》卷2《民物志》，嘉靖五年刻本，第4页。

寿宁的火葬较多，按当地习俗，老人死后不能葬在祖先的坟地，先是停厝，继而火葬。甚至一些富家因择地不易，停柩百年，家道中落后，子孙也将尸柩火葬。①清代有人还分析了闽台沿海地区流行火葬的原因，沿海民众将父母尸柩先是停厝，最后火化，将骨骸放入瓦罐。这种习俗始于当地"坍涨靡常"，为了使祖先尸柩免遭水淹，丧家将之火化后装入瓦罐，在迁徙中便于携带。久而久之，这种做法成为习俗。②

除了江浙闽沿海一带盛行之外，火葬在岭南也不时见到。广东归善也有火葬，只不过性质与江浙一带的不同。在归善，丧家将先人灵柩埋葬后，如果家庭有人患病或遭灾，丧家则认为是先人埋葬有问题，解决的方式是将先人坟墓掘开，将尸柩焚烧，把骨骸盛入名曰"金罐"的瓦罐，然后迁葬。如果病者还未痊愈，丧家则继续迁葬。③广东澄海的火葬主要存在于贫民之中，他们无力厚葬，或寻找风水宝地，就以火葬了事。④可见，同为火葬，尽管广泛存在于南方地区，但因为社会生态的不同，其性质有着明显的差异。

明清时期贫民人家死人，往往浮厝棺木，临时寄柩，到清明、中元、冬至这些节日将棺木和尸体焚烧。如江苏金山县，"贫民逢清明、冬至烧棺累累，名曰火葬"。同治年间，翰林院侍讲学士钱宝廉也说杭嘉湖百姓："乃于中元、冬至两节前后，相率而为火葬之举，其发冢开棺而烧尸者，谓之明葬；其发冢烧棺而不见尸者，谓之暗葬。"⑤

乾隆年间，海盐县举人吴文举《悯俗》诗，描述了家乡火葬的场景。"长者镵，短者斧。榇毁棺开速厝火，赫然焰起如流虹。"又说，"须臾烬灭人散去。残骱飘零委霜露，饥乌哑哑飞下树"。⑥作者描述的火葬是一件十分残酷的事情，毁榇开棺，火焚尸体，乌鸦啄食残余的焦肉，等等。

这首诗中，火化之后，任"残骱飘零"。光绪《金山县志》记当地风俗，亦谓"火化后谓之散骨，满路遗骸"。⑦也有将骨灰置于水中的。天顺年间，危山《义冢记》记桐乡县风俗，"闾阎小民半无葬觇域，亲死往往焚其骨，弃于河"。⑧陈宏谋说这种

---

① 冯梦龙：《寿宁待志》卷上《风俗》，陈煜奎校点，福建人民出版社，1983，第55页。
② 徐宗幹：《斯未信斋杂录·罕庐杂记》，台湾文献丛刊本，第28~29页，转引自方宝璋《闽台民间习俗》，福建人民出版社，2003，第196页。
③ 光绪《归善县志》卷15《风俗》，光绪十三年刻本，第4~5页。
④ 嘉庆《澄海县志》卷6《风俗·丧礼》，嘉庆二十年刻本，第6页。
⑤ 《禁火葬录》，庄建平主编《近代文史资料》第10册，上海书店出版社，2009。
⑥ 张应昌编《清诗铎》卷23《风俗·丧葬》，第845页。
⑦ 光绪《金山县志》卷13《名迹志下》，《中国地方志集成·上海府县志辑10》，第154页。
⑧ 光绪《桐乡县志》卷4《营建志》，《中国方志丛书·华中地方》第31号，第15页。

做法叫水葬。

若置骨灰于坛,则有不同的处置方式。在海宁,葬地稀缺,农民火化尸棺后,"贮骨于坛,置之田隅"。[①]海宁所在的浙西地区也有将骨灰坛悬置桥下的习俗。比如康熙年间,浙江巡抚赵士麟就提到:"又闻浙西风俗,将骸骨焚毁,用布袋盛贮,悬挂桥梁之下,舟楫往来,千人属目,更为残忍。"[②]袁枚《子不语》卷二"算命鬼先生"记,浙江湖州某人划船经过桥下时,竹篙不小心把一个骨坛碰落,结果闹鬼了。在不经意间提到了这一风俗。

又或将骨灰坛掩埋或置于墓圹。杨忠愍《戒火葬文》:"自火葬之说兴,焚其身,灼其骨,或投残烬于湖水,或贮瓦缶而埋之。"[③]在福建古田,火化后"藏诸罐,骨长不入,以斧碎之,两手捧而瘗诸圹"。[④]在寿宁县,盛放骨灰的器皿称为"金瓶",其葬法为:"别为虚棺,内设木板,凿数孔,以置骨瓶,曰'金瓶位',美其名也。位设则亲房共分之,举所停棺火之,而拾骨依次以厝,有余不足,授受必价。更有余位,他人亦得议酬而附骨焉。不尽亲族,而先授他人,则讼。"[⑤]

在盛行火化的地区,或有固定的火化场所。崇祯《太仓州志》记载:嘉靖十七年(1538)知州林蟹辟出漏泽园4处,各广10亩为义冢,先是城无义冢,北门外有化人坛,郭内外贫家力不能营墓者,人死,多冒禁焚之。[⑥]又或有专职于此者。乾隆五十七年,绍兴知府李享特禁为害风俗诸事,其一为"禁焚烧尸棺":"贫人浮厝棺木,于清明、冬至日,即有恶棍借烧图利。"[⑦]又据陈宏谋,苏州"地方射利之徒,专设烧人坛,砌有砖圈,置有铁斧打□器具,寄棺房屋,凡远近贫民死后,无论有主无主之棺,俱送坛户火化,积薪焚骸","六门外存有官坛名目,以供当差者"。[⑧]

(二)成因

关于火葬禁而不止的原因,嘉兴府桐乡县的张履祥曾指出:"火葬一事,历代所禁。然而不止者,一惑于桑门之教,一惑于风水之说,一诱于贫而无财。……谚曰'三吴无义,死无葬地'。"[⑨]张氏在此指出火葬的原因有三点:佛教影响、迷信风水、

---

① 民国《海宁州志稿》卷40《杂志》,《中国方志丛书·华中地方》第172号,第4330页。
② 赵士麟:《读书堂彩衣全集》卷44《抚浙条约·埋骨》,《四库全书存目丛书》集部第240册,第318页。
③ 《禁火葬录》,庄建平主编《近代文史资料》第10册,上海书店出版社,2009。
④ 陈盛绍:《问俗录》卷2《风俗》,书目文献出版社,1983,第69页。
⑤ 冯梦龙:《寿宁待志》卷上《风俗》,福建人民出版社,1983,第55页。
⑥ 江苏省地方志编纂委员会编《江苏省志·民政志》,方志出版社,2002,第756页。
⑦ 乾隆《绍兴府志》卷18《风俗》,乾隆五十七年刻本,第49页。
⑧ 陈宏谋:《培远堂偶存稿》文檄卷10《禁火葬檄》,第36~38页。
⑨ 张履祥:《杨园先生全集》卷18《丧祭杂说》,第528页。

贫穷，而我们看到的大量史料也支持他的观点。但是这三点还不能概括所有的情况，下文简要论述明清时期火葬在局部地区盛行的原因。

第一，自然环境的制约。明清火葬盛行的地区多为人多地狭的江南、东南地区。这些地方是当时经济最为发达的地区，人口增长很快，但耕地紧缺，寸土之地必耕，再加上土地的集中，相当多的贫穷之家"无立锥之地"，自然没有自家的坟地。城市的平民阶层（如手工业者）就更不容易找到坟地了。而各州县官府要经常购置"义冢"供丧家无偿使用也不是一件轻而易举的事。葬地的难得是实行火葬的重要原因。这一点从地方志中的大量记载可以清晰地反映出来，如浙江嘉兴"南方水乡土隘之地间有染之"，[①]浙江金华"余则从火化，盖缘义冢未广，或苦于无地，亦染佛教然也"。[②]更有人直接指出，土地的稀缺是最根本的原因："此不尽由无力营葬，亦非过信风水，大抵植桑惜地，故乡间之地浮厝骨墩，弥望皆是也。"[③]有研究表明江南地区的火葬呈现出"山乡少、水乡多；城区少、乡村多"的特点，山乡相对容易找到葬地，而城区义冢较多，故火葬较少。[④]太平天国之后大量无主荒山的出现加快了禁火葬的推进，在在显示火葬主要是因为受自然环境的制约。

第二，贫困。土葬除了需要葬地，还需要大量的丧葬费用，而贫穷之家无力负担。前文有大量的资料证明火葬主要在贫民中流行，这主要是由于丧家经济条件的限制。《清俗纪闻》中曾讲到贫家的丧事，他们连基本的仪节都很难做到，养家糊口的压力非常大。

> 极贫下贱者，则在各种用具齐备后立即入殓，若当日不能备齐，亦有隔二三天再入殓者。即使是父母之丧亦不得服丧，而须即日送葬，次日即出门从事买卖或雇工。无初死之奠、葬后回家之奠祭、属纩等类之事。[⑤]

在此情况下，如果他们选择方便节省的火葬也就不足为奇了。

第三，佛教的影响。佛教重灵魂的超度、轮回，鄙视肉体，视之为灵魂升华的累

---

① 《桐乡县志》，清嘉庆四年刻本，《中国地方志民俗资料汇编·华东卷》，第670页。
② 康熙《永康县志》卷6《风俗》，清康熙三十七年刻本，第30页。
③ 民国《双林镇志》卷15《风俗》，民国六年上海商务印书馆铅印本，第7页。
④ 冯贤亮：《坟茔义冢：明清江南的民众生活与环境保护》，《中国社会历史评论》第7卷，天津古籍出版社，2006。
⑤ 〔日〕中川忠英编著《清俗纪闻》卷11《丧礼·贫家之丧事》，方克、孙玄龄译，中华书局，2006，第482页。

赘，肉体被抛弃得越彻底，灵魂就越"无所牵挂"，故行火葬。这是由于对灵魂的认知不同所致。前文提到过的浙右水乡即使是有条件土葬的富人也行火葬，反映了佛教的影响。张履祥也将"桑门之教"列为火葬的首因。湖州地区"贫者惑于苾刍，甚付亲骸于一炬"。①有人不愿意埋入义冢，也是因为佛教的影响："非稍温者不能有葬地，又不欲为义葬，则从佛荼毗，付一炬而拾骨以瘗，恬不知痛也。"②

第四，迷信风水。明清时期葬埋多讲究风水，而许多人拘泥于风水，为了找到一块好的葬地停柩多年，迁延日久，最终火葬。如上海奉贤地区"葬信风水，甚有因拘忌而竟至不克葬者，至用火化尤为可悯"。③嘉兴地区"俗最信风水，有迁延至数十年不葬者，至付亲柩于一炬，则忍心尤甚"。④此外，有一种情况是死者葬后家中不宁，认为葬地不良，需要改葬，故开棺焚尸，如福州地区"火葬之习……多由葬后家中弗吉，以为葬地不良所致，乃开坟焚尸，贮以砂瓮，另谋改葬"。⑤还有一种情况是以火葬邀富贵，如福建宁德地区，"亦有谓火化易于发祥，焚棺瘗骨者"。⑥

第五，特殊情况的死亡，有时也行火葬。如客死他乡而无力扶柩归里者，往往火葬，既便于携带，又不受法律追究；非正常死亡者或婴幼儿、传染病死亡者以及无主尸首等也实行火葬。由于这些都是比较特殊的情形，可能更多地需要从文化方面解读而不是用来说明火葬在某一地区盛行的原因。

需要指出的是，对于尸体的处理，光从道德的角度去考虑是不够的，因为它也关乎健康与卫生。尽管当时人没有现代公共卫生的观念，但是也从"尸气"、"疫气"的层面提出要尽快处理尸体，以防瘟疫蔓延，尤其是在灾后出现大疫的情况下更是如此。明末湖州的沈氏在回顾了当时严重的水旱之灾后，曾讲了这样一段话：

> （崇祯）十五年元旦，大雪，好种田，人相庆，以为丰年有兆矣。岂意春后大疫时行，乞丐盈门，尸骸载道。诸大家好善者，各舍钱雇人收殓，人多无棺，但用土覆土埋火葬，随地而施，以免秽气而已。⑦

---

① 嘉庆《长兴县志》卷14《风俗》，清嘉庆十年刻本，《中国地方志民俗资料汇编·华东卷》，第4页。
② 光绪《嘉兴县志》卷16《风俗》，清光绪三十四年刻本，《中国地方志民俗资料汇编·华东卷》，第6页。
③ 《奉贤县志》，清乾隆二十三年刻本，《中国地方志民俗资料汇编·华东卷》，第34页。
④ 道光《武康县志》卷五《地域志·风俗》，道光九年刻本，第3页。
⑤ 民国《闽清县志》卷5《礼俗志》，民国十年铅印本，第4页。
⑥ 乾隆《宁德县志》，《中国地方志民俗资料汇编·华东卷》，第1273页。
⑦ 《沈氏奇荒纪事》，载蔡蓉升纂、蔡蒙续纂：《双林镇志》卷31《文存·附条议》，上海商务印书馆，民国六年铅印本，第48页。

这里我们注意到，好善者对无主尸体的处理，采用了土覆、土埋、火葬的方法，随地而施。此前为抵制火葬而兴起的慈善义举也开始反过来用火葬处理尸体。当然，我们可以视之为特殊情况下的危机处理，古人并非考虑到火葬可以减少疾病传播的"卫生性"，这与我们现在的认识恰恰相反。比如，清初的林起龙论曰：

> 近有好事之辈，设立坛厂，每于小儿出痘之年，购求夭亡尸骸，虽经瘗埋，亦必刨出，堆集如山，架火焚烧，烈焰张炽，腥闻于天，神人掩鼻，毒气熏蒸，恶味氤氲，流行传染。以致婴孩生出一等怪症，似痘非痘，似疹非疹，似斑非斑，一二日间，即涉危笃。虽有良医，莫敢措手，共相诧愕，咸谓天生异灾，不知致此之由。频年以来，冤枉赤子，何啻数万，离城二三十里，即无此证。岂非明验欤！①

显然，尸体如果不及时掩埋，就会污染环境，更使"秽气"袭人，致人不祥。但即使是火化，时人也认为其间产生的秽恶之气是产生瘟疫的重要根源。从这个意义上讲，反对火葬除道德考虑外，还具有卫生的意义。

清末民国时期，火葬已经基本禁绝，多数改为土葬。晚清人们对火葬的态度已经发生了很大的变化，以至于伍连德在东北鼠疫中为防疫而意欲以火葬来处理尸体时面临很大的压力。1911年，面对日益蔓延的鼠疫疫情，伍连德有感于当地坟场中诸多未经处理的尸体隐患巨大，毅然挑战当地人对火葬的恐惧，向朝廷请旨火葬，得到了官方的支持，大规模焚尸。这应是中国社会第一次大规模从公共卫生的角度来实施火葬。②

这里有趣的是，在尸体的处理问题上，近代的公共卫生意识已经出现，而其与传统观念的冲突也非常明显。梁其姿先生曾指出，注重公共卫生的观念在嘉道以来已经较为普遍，尸体的处置已不再只是一个伦理的问题，还是一个卫生问题，关涉民众的健康和生命。③我们前面已经讲到，明清时期人们普遍认为火葬产生的秽恶之气是瘟疫的重要原因，而义冢的兴起本来也是为了反抗火葬，但到伍连德的时代，火葬已经

---

① 周扬俊：《温热暑疫全书》，第78～79页，转引自余新忠《清代江南的瘟疫与社会——一项医疗社会史的研究》，中国人民大学出版社，2003，第141～142页。
② 有关东北鼠疫的基本情况可参阅焦润明《清末东北三省鼠疫灾难及防疫措施研究》，北京师范大学出版社，2011。
③ 梁其姿：《施善与教化：明清的慈善组织》，第229页。

转而成为控制瘟疫的重要手段，许多义冢也焚化无主尸体。从防疫的视角来看，火葬已经成为义举的一种形式了。而同样有意思的变化是民众已经习惯土葬，即使医学观念上已经认为火葬更加具有卫生意义，但仍从传统道德的角度不忍将亲尸付之一炬。上层的引导与民众的认识似乎常常不在一个拍子上，丧葬中的土火之争变得更加微妙。

综上所述，承宋元火葬风行之遗风，明清时期火葬仍在局部地区盛行，其中以地狭人稠的江南、东南地区为主。由于火葬与儒家传统的伦理道德相悖，历代朝廷多有禁令，而明清时期官方对火葬也基本采取严禁的态度。只是清代在入关之初曾沿袭满洲旧俗，允许火葬，但康熙时期已经开始反对，雍正十三年的一道上谕鲜明地提出严禁火葬，这是满族葬俗汉化的转折点。此后历朝皇帝都继承了严禁火葬政策，而尤以乾隆、同治时期成效显著。明清官方除了颁布各项禁令，还在各州县建立义冢，与民间慈善力量一起遏制火葬在民间的盛行。经过明清两代的努力，火葬逐渐式微，到清末民国时期基本上全部实现了土葬。对尸体的处置不仅是伦理问题，也是卫生问题，这在晚清表现得尤为明显，丧葬中的土火之争不仅事关教化，也关系民生与卫生。从最初的泽及枯骨，到后来的国家自强、为活人让利，无不呈现出鲜明的时代特色。

第四节　南方地区的二次葬

所谓"二次葬"，是指对死者尸体或遗骨进行两次或两次以上分别处理的葬式。明清时期，时人多称之为"捡骨"、"揭骨"、"洗骨"、"改葬"等，其发生区域主要是在南方地区，与火葬盛行区有一定重合。

《墨子·节葬下》提到"楚国之南有炎人国者，朽其肉而弃之，然后埋其骨，乃成为孝子"。其地域相当于现在的南岭及两广一带，是古代越人之地。考古工作和田野调查的成果表明，在中国古代越族分布的地区，存在大量的二次葬遗迹和遗俗。广东曲江石峡遗址的石峡文化层就发现有二次迁葬和火烧坑的遗迹。明清时期的大量地方志中都曾提到南方地区捡骨重葬、迁葬等的情况，可见习俗传承的延续性。民国《清远县志》明确指出捡骨重葬习俗源于楚之南炎人的习俗。

明清时期南方地区的二次葬，最常见的是把死者先停放或暂埋于一个地方，等尸体腐烂殆尽，再收拾骨殖正式埋葬或加以处理。时人认为等死者的肉体腐烂之后再行处理，是对死者灵魂的尊重。二次葬除土葬之外还在火葬、悬棺葬、树葬中存在。明清时期多数二次葬是在改葬中完成。不过明清时期的二次葬还有其他表现形式，后文会有详细介绍。

根据掌握的资料，南方各地的二次葬具有相对比较鲜明的地域特色，为便于论述，将其划分为江南、岭南、西南、东南等部分。

（一）江南地区的二次葬

明清时期江南地区火葬盛行，地方志的记载显示火葬与二次葬关系密切。以嘉兴府为例，先看其中的几条记载。

同治《南浔镇志》："或有将枢火焚，拾骸骨贮瓮埋之者；或俟尸腐烂后检其骨置瓮中，谓之'揭生骨'。"[①]

光绪《归安县志》："至于初丧作乐暖尸，既死焚尸揭骨，此等恶习，乡愚浊富容或行之，稍有知识者已不忍为矣。"[②]

民国《双林镇志》："乡民有火葬恶习。家属死日，即用土墼厝棺桑地，或一二年，或十数年，视棺木朽烂，逢清明或冬至前一日举火焚之，检骨贮于坛（有僵尸未烂，因火灼筋骨变动若起坐者），亦有揭生骨不用火焚者。尸骨不甚腐，则用刀剪截夹断，惨忍之事，经官严禁，不能挽回。原按，此不尽由无力营葬，亦非过信风水，大抵植桑惜地，故乡间之地浮厝骨墩，弥望皆是也。"[③]

这里提到了当地捡骨葬的几种具体实行办法：一为焚尸揭骨，然后贮瓮埋之；一为待尸体自然腐烂后捡骨，即所谓的"揭生骨"；一为先停厝，等棺木朽烂之后焚尸，然后捡骨；还有一种是尸体不甚腐烂就强行揭骨。其中有两种方法与火葬有直接关系。

这种情况在江南并不少见，安徽绩溪有"拾黄金"的习俗。"其先殡后葬者，年久棺腐，收白骨盛以木匣，谓之'拾黄金'。此风大谬，然习俗相沿，恬不为怪。"[④]浙江湖州乡俗，"每俟数年后，清明、冬至前破棺检骨置瓮中，谓之'揭骨'，向视为恶习"。[⑤]这是直接破棺捡骨，与横沙劈棺改葬的乡俗颇为类似："横沙乡俗，通行劈棺改葬，系崇海流传之习惯。凡人病故，葬棺三年，期满即备骨甏，将棺劈

[①] 同治《南浔镇志》卷23《习俗·丧葬》，同治二年刻本，第10页。
[②] 光绪《归安县志》卷12《舆地略·风俗》，光绪八年刻本，第6页。
[③] 民国《双林镇志》卷15《风俗》，民国六年上海商务印书馆铅印本，第7页。
[④] 嘉庆《绩溪县志》卷1《舆地志·风俗》，《中国地方志集成·安徽府县志辑54》，第365页。
[⑤] 民国《德清县新志》卷2《舆地志·风俗》，民国二十一年铅印本，第7页。

开,以尸骨检出,装入甏中,封盖重葬。此惟崇海人然,其他无有也。"[1]

江南地区二次葬的成因,地方志中多有提及。大致有以下几种:

其一,自然条件的限制。首先,江南地区人多地狭,葬地难得。前面分析嘉兴府的捡骨葬时已经提到民众"植桑惜地",只能选择比较简单节省的办法。其次,江南地区水浅土薄的自然地理环境,给人们的营葬提出挑战。[2]即使选择了葬地也容易出现问题,被迫改葬,比如丽水地区有因"坟茔低湿"[3]的捡骨改葬者。《崇明县志》也曾明言"崇地易坍,迁冢揭骨本非得已,岂知久殡揭骨,顿成恶俗",一方面承认迁冢改葬的必然性,又对此恶俗表示反感,颇为无奈。而"地系涨滩"的沙洲地区,二次葬成为自然的选择:"沙洲人死,列棺圩岸,数年之后检骨入甏,以棺板为器具,谓可以辟邪。"[4]

其二,俗信风水。或泥于风水,迁延日久,不得已而揭骨,如崇明地区"葬礼之失,莫甚于风水之惑。贫不能葬者勿论矣,富者不屑祔祖茔,苟择吉地,露殡日久,柩腐揭骨,以瓮为冢"。[5]

其三,子孙功利性地邀福而迁葬,如湖州地区"湖俗酷信风水,将祖先坟墓迁移改葬,以求福泽之速效……甚有贪图风水,至倾其身家者,曷不反而求之天理也"。[6]

其四,葬后家中不顺利而改葬,如丽水地区捡骨改葬的另一个理由就是"葬后不吉"。[7]

我们可以看到,江南地区的二次葬与火葬关系较密切,绝大多数是因为限于自然环境的被迫行为,社会的主流价值观对其是敌视、反感的态度。

(二)岭南地区的二次葬

岭南地区的捡骨葬风气比江南更盛,甚至有许多义冢不是施棺而是埋"金罐"。民国《花县志》:

> 火葬之说,属内今已尽革。惟惑于风水,葬亲至数年后发棺检骨,贮以瓦

---

[1] 民国《川沙县志》卷14《方俗志》,民国二十九年铅印本,第5页。
[2] 参阅张传勇《因土成俗:明清江南地区的自然地理环境与葬俗》,《中国社会历史评论》第9卷,第258~283页。
[3] 民国《宣平县志》卷4《礼俗志》,民国二十三年铅印本,第56页。
[4] 民国《崇明县志》卷4《地理》,上海古籍书店1964年重印本,第7页。民国《宝山县续志》卷5《礼俗志》,民国十年铅印本,第11页。
[5] 民国《崇明县志》卷4《地理》,第7页。
[6] 同治《湖州府志》卷29《舆地略·风俗》,同治十三年刻本,第12页。
[7] 民国《宣平县志》卷4《礼俗志》,民国二十三年铅印本,第56页。

罂，谓之"金罐"，惨同析骸，多寄山边、路边，以为徐择好山。久则罐倾骨露，见者惨伤。光绪十六年，知县惠登甲出示严禁，以三月为限，令其一律安葬。示谕自今以往，富者集事无迟疑以邀福者，安分无奢望以待时。逾限不葬，作为无主之骸，官督乡董设立义冢，查照罐面字，分别男女，聚而埋之，立石表三代。迨限满三月复展限二月，示谕森严。其时多有葬者，而惠官以瓜期卸任。此惠官恩及枯骨之仁政也，主持乡教者其致意乎。①

由此可见捡骨葬的普及程度。不过，尽管该地区的捡骨葬分布很广，但基本上与火葬没什么太大关系。如广西南宁地区"惟亲故则瘗棺于浅土，三年后启土开棺，拾遗骨于瓦罐而寄诸土，谓之'小葬'"；②广东惠阳地区特殊情况下会出现焚尸取骨的现象，"清明、岁暮发出之，甚而剖棺火尸，剔肉取骨，甘为残酷，至不忍言"。③

岭南捡骨葬的原因主要有以下几点。

1. 为了保护祖先尸骨，使其免受水蚁之害。岭南地区地卑土薄，水蚁之患较常见，故为了保存尸骨必须慎择葬地，葬地不佳才改葬。这一点在地方志中表达得非常明确。

（广西玉林）葬必择地，因南方地卑土薄，非水即蚁，不得不慎。然合期即葬，绝无多年停柩者。辨地气而不泥风水，尚为近理；葬数年后，或验其墓旁封识（用瓦罐藏红布及谷）不佳，则捡骸易葬，似为陋习。④

其他地区也不乏相关的例子，如广东韶关"乡间葬后十年，开冢捡骸，瓮藏之，曰'金葬'。此或患水蚁不得已而迁，姑可。率以为常，非礼也，宜禁之"。⑤尽管地方志的编纂者承认因祖先尸骨受水蚁之患不得已而迁葬，可以理解，但仍以其"非礼"而主张禁止。但人们对墓穴防水防虫蚁一直非常关注，有些地区为了保存祖先尸骨，要捡骨验穴，如广东汕头"葬后十年或十余年则易其棺而贮骨于瓷罂，名曰

---

① 民国《花县志》卷2《舆地志》，民国十三年铅印本，第28页。
② 光绪《上林县志》卷3《地舆志下·土风》，光绪二十五年刊本，第13页。
③ 乾隆《归善县志》卷15《风俗》，第4页。
④ 民国《贵县志》卷2《社会·婚丧》，民国二十四年铅印本，第131页。
⑤ 光绪《曲江县志》卷3《舆地书·风俗》，光绪元年刻本，第8页。

'金罐'。骨黄者复瘗原穴，骨黑者另觅佳城"；① 广东丰顺捡骨后，"其骨黄者复葬原处，如骨黑及湿，则另觅葬地"；② 广西南宁也有"捡骨探坟"之俗，"有泥水则迁他处，否则已"；③ 江西赣州地区的民众也会"葬后十余年自行开视，以验穴之吉否"。④

由上面的分析我们知道，较之江南地区自然条件的限制，岭南地区的捡骨葬、迁葬，更多的是考虑葬地的安全性问题，力保祖先尸骨的完好。此外，他们也具有功利性的目的。

2. 迷信风水，招福避祸的功利目的。岭南地区的二次葬中，有更多更复杂的迷信心理需求，既有主动性的，也有被动性的。主动性的迷信心理，比如为了邀福而"数数迁易"，⑤ 甚至有人将自身的贫苦归咎于坟墓不吉，为了求取财运而迁葬，"掘栖他处，名曰'出租'"。⑥ 客家人中盛行二次葬，孝子贤孙们花钱为先人"捡金"，择宝地再葬，更多的是为了风水，为了祈求先人在天之灵保佑家人平安幸福，兴旺发达。⑦ 被动性的迷信需求，如子孙有疾厄的情况，"葬数岁，子孙有疾厄，则曰葬地独不利于我"。⑧

3. 方便迁葬的实际需求。岭南地区多客家人，他们由于经常迁徙，保留了一些移民社会的特性。明清时期曾有大量客家人迁徙流动，多数人在新的地方安顿下来之后会思念家乡，尤其是父母的祠墓，此时就会考虑将父母遗骸迁葬过来，而捡骨葬为他们提供了一定的便利。如雍正年间，广东兴宁的廖明达为生活所迫移民到四川，稍稍安定下来便急于迎归双亲遗骸："太高祖念母墓在粤，当迁于蜀，命公还粤，负骸来川，卜葬于繁阳山下。公又念姊亦同胞，复迎长姊、次姊及二姊丈同居于蜀。"⑨ 解决了这个后顾之忧，廖明达才真正在四川安定下来。

由以上论述可知，明清时期岭南二次葬风气很盛是由于当地地卑土薄的自然环境，民众为了保存祖先尸骨不得不对水蚁问题多加关注，发现葬地不佳即迁葬，而对

---

① 乾隆《潮州府志》卷12《风俗》，光绪十九年重刻本，第6页。
② 乾隆《丰顺县志》卷7《风土志》，乾隆十一年刻本，第5页。
③ 《武鸣县志》，民国四年铅印本，《中国地方志民俗资料汇编·中南卷》，第888~889页。
④ 光绪《瑞金县志》卷1《舆地志·风俗》，光绪元年刻本，第43页。
⑤ 乾隆《归善县志》卷15《风俗》，第4页。
⑥ 光绪《上林县志》卷3《地舆志下·土风》，光绪二十五年刊本，第13页。
⑦ 参阅罗勇主编《赣州与客家世界国际学术研讨会论文集》，人民日报出版社，2004，第401页。
⑧ 乾隆《归善县志》卷15《风俗》，第4页。
⑨ 《高祖进谷公家传》，《北京图书馆藏家谱丛刊闽粤（侨乡）卷》第46册，北京图书出版社、国家图书馆出版社，2001，第187页。

风水迷信的追求也在很大程度上推动了捡骨、迁葬现象的发生。此外，由于该地区多客家人，迁移较为频繁，捡骨葬也方便了当地社会的特殊需求。

（三）西南地区的二次葬

西南地区多山地，营葬的自然条件明显优于江南，但该地区也存在不少二次葬的现象。该地区的捡骨葬可能主要跟两类人有关。

第一类人是移民。我们知道，明清时期大量的移民涌入四川等地，他们不仅影响了当地的农业生产和商业发展，也带来了新的生活方式和风俗。比如，四川江津地区的地方志讲到当地古时有"改葬之事"，多是由于迷信风水，听信地师之言，但当地后来出现的"捡骨之俗"则是"古礼之所无"[1]，这一习俗可能与新移民的到来有一定的关系。

第二类人是当地的少数民族。嘉庆《黔西州志》曾提到当地苗族的一支"六额子"的葬俗：

人死亦用棺。至年余，即延亲族至墓前，以牲酒致祭，发冢开棺，枯骨刷洗至白为度，以布裹骨复埋。一二年余，仍取洗刷，至七次乃止。凡家人有病，则谓祖先骨不洁云。近经严禁，恶习渐息，亦有读书者。[2]

我们看到，他们的做法与之前提到的捡骨改葬不太相同：六额子更侧重的是"刷骨"，他们相信祖先尸骨的洁净与否直接关乎子孙的健康，故需要将枯骨刷洗至白；刷洗完的尸骨用布裹好复埋，而不是装入瓦罐，也不另择葬地；刷骨的次数多达七次。但这也可称之为二次葬，让我们有机会加深对捡骨二次葬的理解。

由以上的分析可知，西南地区的二次葬非常具有特色。可以说，该地区的二次葬更多地体现了当地社会的包容性和多元性。

（四）东南地区的二次葬

明清时期东南地区的二次葬与火葬基本无关，虽然也受制于自然环境，如福建泉州地区"或墓塌则拾骸贮瓦罐另葬"，[3]但其更关注的是由珍护先骸进而追求邀福避祸的功利目的。福建龙岩地区的方志中曾阐述过这种关注点由珍护先骸而更多地转向邀

---

[1] 民国《江津县志》卷11《风土志》，民国十三年刻本，第10页。
[2] 嘉庆《黔西州志》卷2《地理志·风俗》，嘉庆八年刻本，第11页。
[3] 乾隆《安溪县志》卷4《礼制》，乾隆二十二年刻本，第4页。

第三章　殡葬习俗

1. 拣尸骨　　　　　　　　　　　　2. 将尸骨装入金坛

3. 背着尸骨到新葬地　　　　　　　4. 将金坛放入新葬地，点烛供奉

图3-2　广西壮族拾骨葬习俗

说明：拾骨葬，是在亲人死后，将其尸体埋入土中，待其尸体腐烂后，把骨头依照从头到脚的顺序取出，擦净，再按从脚到头的顺序放入坛子（当地人叫金罐）中立式贮存，又重新埋葬的一种葬法。这种葬仪与移民文化有关，迁徙者可将先人遗骨带回故乡或新的居住地。这一习俗为百越遗风，分布于华南各少数民族、东南亚等地，如壮族、印尼人、越南人。

福避祸的过程。

> 又有改葬之陋俗，云十二年后，棺朽而肉化，以罂易棺，检骸而置其中。骸曰骸金，罂曰金罂。……或曰当宋季南迁，转徙不常，取先骸而珍藏之，便于携带，亦其一说，而未必皆然。盖其始虑亲骨入土易朽，易以瓦器，本出于珍护先骸之意，其后为祸福所惑，动归咎于先坟，有一迁再迁至屡迁者，岂孝子慈孙所忍心乎？①

地方志的编纂者犀利地指出捡骨改葬习俗与其说是为了珍护先骸、便于携带，不

---

① 民国《上杭县志》卷12《礼俗志》，民国二十八年上杭启文书局铅印本，第8页。

· 139 ·

如说是为了自己的祸福。这种为了自身利益而屡迁祖坟的行为实在称不上孝子慈孙的行为。

该地区的民众对风水非常笃信，迁葬的原因基本都与此有关。比如因葬地不吉而迁葬："（福建泉州）惟有因初葬地不吉，数年后拾遗骸迁葬他所……谓蔽于杨筠松、曾文辿诸地师之术"；[1]还有因家宅不宁而迁葬："（福建三明）硋瓮改葬，常常有之。其原因由于葬后家中不利，以为风水致然，乃开坟破棺，拾骨贮以硋瓮，另图改葬。"[2]地方志的编纂者直斥此种"以亲骸为邀福之具"的行为"丧心病狂"，[3]可见这类行为与传统伦理道德的矛盾冲突以及对地方精英的刺激之深。

迷信风水的另一个结果就是导致迟迟找不到葬地，迁延日久，若家道中落，只得草草浅葬然后捡骨。如厦门"始则希图吉穴，迁延日久，渐至门户破落，欲求一高敞地而不可得，草草埋掩浅土中，久则取其骸骨贮小棺中"；[4]南平"俗惑于风水之说……甚至历年既久，棺已朽败，检取遗骸纳入瓦罐而择地迁葬者"。[5]

大体言之，东南地区的二次葬更多地重视利用祖先遗骸邀福避祸，对风水的迷信色彩浓厚，功利性强。

明清时期二次葬在南方地区广泛存在，并具有比较明显的地域差异，因而上文分江南、岭南、西南、东南几个部分来分别探讨明清时期这些地区二次葬的基本情况，并简要分析其原因，每个地区根据其特点各有侧重。江南地区的二次葬与火葬关系较密切，绝大多数是因为限于自然环境的被迫行为，只有一部分人为因素，而社会的主流价值观对其持敌视、反感的态度。明清时期岭南二次葬风气很盛，由于当地地卑土薄的自然环境，民众为了保存祖先尸骨不得不对水蚁问题多加关注，发现葬地不佳即迁葬，而对风水迷信的追求也在很大程度上推动了捡骨、迁葬现象的发生。此外，由于该地区多客家人，迁移较为频繁，故捡骨葬适应了当地社会的特殊需求。西南地区的二次葬颇具特色，与新移民和当地的少数民族关系密切，更多地体现了当地社会的包容性和多元性。东南地区的二次葬，迷信风水的风气浓厚，其关注点由珍护先骸的初衷更多地异化为自己及后代邀福避祸，避免子孙疾厄的方面，功利性强，也常被批判。

---

[1] 民国《永春县志》卷15《礼俗志》，民国十九年中华书局铅印本，第9～10页。
[2] 民国《大田县志》卷5《礼俗志》，民国二十年铅印本，第57页。
[3] 民国《大田县志》卷5《礼俗志》，民国二十年铅印本，第57页。
[4] 道光《厦门志》卷15《风俗记》，道光十九年刻本，第7页。
[5] 民国《建瓯县志》卷19《礼俗》，民国十八年芝新印刷所铅印本，第5页。

通过上面的分析我们可以看到，南方地区之所以存在甚至盛行二次葬，有如下两方面的原因。

第一，思想认识方面的原因。一是祖先崇拜观念。祖先崇拜与鬼魂观念有关，相信祖先在天之灵具有消灾降福的神力，能够庇佑子孙后代平安。死人虽在经济上要受活人控制，但在精神上能左右活人。如有人敢将祖先遗体埋葬在低湿之地，或置于不良环境，子孙必受责罚，因此墓地的选择至关重要；而且如果坟墓破损年久失修或墓地不佳，皆可能触怒灵魂，故每逢家人生病，人们往往随即联想到祖先责罚，或祖先以外的灵魂作祟。在这样的观念下，捡骨改葬就变得更容易理解了，把祖先安顿好了才能保证生活的平安顺利。二是邀福避祸的观念。通过捡骨重葬来邀福避祸，其背后的思想意识是相信风水的力量，并认为祖先骸骨有特殊能力。他们相信祖先骨骸的处置直接关乎子孙命运，而利用风水术选择条件绝佳的宝地可以改变对自己不利的因素，保证子孙后代的兴旺发达。

第二，现实方面的考虑。一是保存尸骨的需要。明清时期的捡骨二次葬与保存祖先尸骨的需要有一定的关系。因为广大的南方地区自然地理环境对营葬有不同程度的种种限制，如葬地难寻、水蚁之患多发等。这样的情况下人们不得不采用迁葬等手段来保证祖先遗骨的安全与完整。二是为了方便携带。明清时期人口流动频繁，南方地区的二次葬与当地的移民社会关系密切，可以说捡骨、迁葬都打上了移民社会的印记，比如前面提到的客家人和台湾人，捡骨葬因满足了他们这种特殊的需求而被传承下来。

第五节　夭殇和冥婚

所谓夭殇，泛指未成年而死亡者。通常把刚出生或者年龄尚幼就死了的称为殇，大一些死了的叫夭折。对于殇婴和夭折的处置习俗上有所不同。

（一）殇婴与讨债鬼

明清时期，对殇婴存在一些特殊的处置方式。北方地区主要是将其抛弃，地方志中多有记载。即如雍正《泽州府志》所载："民俗，小儿死不瘗，弃置原野，任群犬唅呲，谓可免生而不育之累。过者不忍视。"[1]清人临榆县程儒珍《掩骸说》也说："遇出

---

[1] 雍正《泽州府志》卷52《丛谈》，雍正十三年刻本，第49页。

痘年，城隅僻处血肉狼藉，实不堪见。其寻常产而即殇者，亦时时有之。"①甘肃、陕西、山东、河北、河南等北方地区大致如此。

江浙闽赣等南方地区大多先以火焚，而后抛弃。乾隆年间，江西按察使凌燽《禁止溺女并抛弃儿骸》指南赣等府"子女为痘疹所殇者，辄行烧毁，沉弃其骸骨于深渊道路"。②在浙江桐乡，张履祥批评火葬习俗，"其尤难解者，殇子之骨无不焚弃"。邻邑海宁亦盛行焚殇。吴骞《桐阴日省编》说："子女下殇者，无瘗埋之所，率皆焚如。"③广东等地则与二次葬有关。崇祯《兴宁县志》记载，当地葬俗，"出自母腹幼孩以至数龄而夭者，入土三年挖骨焚化，弃灰当路，使人践踏。谓之孩童早得出世。恶习种种，虽半误于俗尚，实半惑于堪舆"。④

上述两种类型的风俗没有严格的地域划分。据《清稗类钞》，在河南也有将因病殇亡的幼孩焚尸扬灰之俗。⑤而在江苏，据《江苏省例》收录光绪十八年《札发代葬婴孩章程》，吴中习俗，富贵之家惑于风水，小孩死了不附葬祖茔，"中下之户则或用布裹或用蒲包，每就空地浮厝，数日之间即已暴露"。

这些死后被抛弃的幼儿，或以幼孩、婴儿称之。具体年龄各地不一，或曰三岁以下，或曰六七岁以下。⑥抛弃的地点，乡村是在田野沟渠，城市则往往扔到城墙根。

明清官绅论及此俗，往往将婴孩死后被弃之惨与生时之爱惜两相对照，认为这是愚夫愚妇残忍刻薄之陋俗，不可理喻。人们为什么这样做？

光绪《续高平县志》收录姬士麟《劝埋婴儿说》，其中论及抛弃殇婴之原因："愚夫妇之论也，谓未至七岁不成丧。……又俗忌云，埋婴儿则后将不再生育。……又俗忌云，埋婴儿不当者，土语也，犹得罪神灵之谓也。"⑦所谓未至七岁不成丧，礼经确有此说，但不成丧并非是指不入土。而埋葬婴儿得罪神灵一说不知所自。最值得关注的是所谓埋葬婴儿影响生育一说。

类似说法大致分为两类，一类是从生育的角度，认为抛弃殇婴利于生育，比如"可免生而不育之累"，或"恐其继之复来也"。另一类则是从婴儿的角度，讲"如此

---

① 民国《临榆县志》卷9《建置编》，民国十八年铅印本，第26页。
② 《西江视臬纪事》卷4《禁止溺女并抛弃儿骸》，《续修四库全书》第882册，第123页。
③ 吴骞：《愚谷文存》卷12《桐阴日省编》，《续修四库全书》第1454册，第304页。
④ 崇祯《兴宁县志》卷1《地纪·风俗》，《稀见中国方志汇刊》第44册，第406页。
⑤ 徐珂：《清稗类钞·丧祭类》，第3547页。
⑥ 李升阶：《埋殇记》，乾隆《赵城县志》卷22《艺文》，第63页。《古今笔记精华》卷4《风俗·晋俗纪略》，上海书店出版社，1992，第21页。道光《重修伊阳县志》卷1《地理·风俗》，道光十八年刻本，第37页。
⑦ 光绪《续高平县志》卷15《杂著》，光绪六年刻本，第30~31页。

婴儿庶得免罪转生"。如何理解这样的习俗？

明人王同轨《耳谈类增》"胡若虚"条有"借宅子"之说。胡若虚在儿子死后，亦昏死过去，苏醒后述说冥间所见。他说自己追了儿子很远，意想不到的事情发生了："儿渐作异状，非吾儿也，反唾我曰：'汝逐我何为？'因转身坐一桥上，见小儿无数。内一儿曰：'我借住汝家几年！'视之，皆其殇儿，益恚恨。"后来，他又在阎罗王那里得知，自己年寿未到，是一误会。"有四子皆晚得，今尚未也。"儿子的寿命一一应验，"特未尽历耳"。"公自是绝不念子。彼不寿，皆'借宅子'。东门吴子死而不哭，其以是耶？"①所谓"借宅子"，即本非自家孩子。又或作"偷生"、"讨生"。明清时期又有殇婴为"讨债鬼"之说。纪昀《阅微草堂笔记》："世称殇子为债鬼，是固有之。卢南石言：朱元亭一子病瘵，绵惙时，吟自语曰：'是尚欠我十九金。'俄医者投以人参，煎成未饮而逝，其价恰得十九金。此近日事也。"②

人们观念上认为，既然不是自家之子，就不能表现出任何悲痛，也不能为其营葬，以免"讨生鬼"得到某种暗示，再次投胎而来，导致生子而不育。即如道光《舞阳县志》所录《厚风俗告示》揭示："乃有一种愚民，自己亲生子女遇有病殇，谓之偷生鬼，将其尸骸残毁抛弃荒郊，以充狼犬之腹，谓自此可免再来托孕。又有头生儿女病殇，必要抛弃不葬，谓以后再产者，皆得长生。"③

一些地方的习俗，子女夭折时禁止家人哭泣。外国人的观察可以证明此点。何天爵在《真正的中国佬》中谈到，如果死去的孩子被确认不是自家的，那么没有任何人或者任何力量能够劝使中国人给死去的孩子一个像样的葬礼，把他埋葬在家族的墓地。如果那样做，将预示着孩子得到了承认。"但是，对于一个理智健全的中国人来讲，他如何能够接受一个邪恶的鬼怪成为其家族的一员？"④英国人司督阁在《奉天三十年（1883～1913）》中对此也有揭示。他说：外国人认为，中国的母亲们把自己孩子的尸体扔到荒郊野外，任凭野狗噬咬，是她们心地不仁慈，岂不知事出有因。明恩溥也有同样的记载："一个小孩的早亡，是恶狗魂灵勾引的结果，而满足这些魂灵的惟一办法，是把小孩的尸体丢弃给现实生活中的野狗。如果不这样做，同样可怕的灾难将把家中的孩子一个接一个地夺走，因此，出于对生者的爱，母亲只好忍痛献出死

---

① 王同轨：《耳谈类增》卷43《外纪鬼篇中》，中州古籍出版社，1994，第370页。
② 纪昀：《阅微草堂笔记》卷5《滦阳消夏录五》，第72页。
③ 道光《舞阳县志》卷6《风土》，道光十五年刻本，第6页。
④ 〔美〕何天爵：《真正的中国佬》，第134页。

者的尸体。"①

　　如果我们考虑到传统时期幼儿死亡率极高这样一个基本事实,也许对于这样的习俗会有所理解。今人根据族谱等文献资料所做的历史人口学研究表明,在清代,大约40%~50%的人在成年(结婚)以前死去。清末长期生活在中国的美国人明恩溥在他的《中国乡村生活》中也认为,由于缺乏照顾,过于迷信,导致半数以上的孩子在两岁以前就夭亡了。对于这样一个事实,从生育的角度考虑,也就不难理解父母们对死去孩子所做的一切了。从另一个角度来看,面对接二连三死去的亲生骨肉,如果将其视为外来之鬼,或许可以缓释父母内心的悲恸。

　　为防止讨债鬼上门而将殇儿抛弃,这只是最为基本的措施。在此基础上,各地还有一些在今天看来有些残忍的习俗。乾隆十三年,陕西巡抚陈宏谋在一份告示中禁止将"已死之少妇幼孩以刀剖腹,以为不令再来"。②也有断指者。山西高平县姬士麟《劝埋婴儿说》:"向见人家因儿女不存,屡生屡死,竟有割去半耳,或截却一指者,以为此子便不再来投胎,此后生育便存活。"③

　　从有关记述看,这样做是恐吓所谓讨生鬼不要再来。如果出于这样的目的,有些地方在幼孩奄奄垂毙时,便认定其为讨生鬼,而将其丢弃。何天爵《真正的中国佬》便有这样的观察,当一个孩子生病无法医治时,令人不可思议的一幕出现了:

　　　　即那可怜的小东西会被浑身剥得精光,然后将其放到院子里的泥地或者砖地上。其父母就这样让孩子躺在那里,静静地观察最后的结果。假如孩子经受住了这种非人的考验,那么就证明他是自己父母的亲生骨肉(实际上在这种情况下能存活下来的孩子寥寥无几);如果死掉了,他就永远不被当做父母的孩子,而被视为一个假托人形的邪恶鬼怪,降临到这个家里是为了兴风作浪、毁人家园。④

　　甚至于在一些地方,父母亲手将其杀死。康熙年间,山东济宁州知州吴柽谈论当地风俗:"凡年幼子女患病医治日久,其势不能生者,辄曰是讨债者。乘危时不待气绝即举而委之郊野,听其为犬狼所食,甚或手毙之,曰弗使再来讨债。非独愚民如是,

---

① 〔美〕明恩溥《中国乡村生活》,张士尊、信丹娜译,湖北人民出版社,2007,第34页。
② 陈宏谋:《培远堂偶存稿·文檄》卷27,第40~41页。
③ 光绪《续高平县志》卷15《杂著》,光绪六年刻本,第31页。
④ 〔美〕何天爵:《真正的中国佬》,第134页。

而士人亦有之。"①数十年后,程穆衡在《燕程日记》中亦记山东戕儿之俗:"盖齐俗以儿病死为妨其弟。故未死,即斧戕其脑。视溅血点数,征其后再举几子。已,复斩其尸数段弃之,曰斩断妄亡。其俗之残薄至此。"②清代河南南阳亦有此俗。光绪《青浦县志》记邑人王清亮在南阳县典史任上禁革陋俗:"南阳俗,幼孩将死,父母举刀斫之,谓恶其再来索债也。"③

如此处置婴儿,有悖人伦。因此,地方志书中官员大多劝止抛弃殇婴、鼓励收埋被弃殇婴。正如当处理类似丧葬问题一样,设置婴儿义冢、捐备小木匣、建造婴儿塔是明清时期官绅解决抛弃殇婴问题的主要做法。

雍正年间,朔平府知府刘士铭《收埋婴儿骸骨示》中提出,嗣后凡有婴儿夭殇,无论男女,"概以白木小匣盛殓,于高旷隙地,深坑掩埋,毋得暴露,致为兽畜所食"。并在朔州捐俸置地备匣,委朔州吏目经管其事。后在郡城如法炮制,只是发给木匣后并不埋葬,而是暂行寄放,"每岁以清明朔火化掩埋"。④在沁州,光绪年间署知州俞镕捐廉买地四亩,四围筑墙收葬抛弃小儿尸骸,以及无归旅榇。据光绪邑志载,此墓被称为"婴儿坟"。⑤光绪年间,高平人姬士麟《劝埋婴儿说》提及途经平阳府"见凡高陵侧遍地小土穴前涂以薄泥"。当地人告诉他,"内皆木匣子,乃埋婴儿处也"。⑥

义冢之外,婴儿塔也在各地建造起来。据乾隆《孝义县志》,乾隆九年知县汪锠在南北二郭门外"以砖砌洞","令儿殇置于其内,严禁抛弃"。⑦霍州南城外旧有婴儿塔,进士朱鼎涟建,年远崩圮,光绪间,绅士董家兴又置地建塔。⑧

对于婴儿塔,清末来华西人表现出浓厚兴趣,对此多有细致描述。美国人夏金《玄华夏:英人游历中国记》记1888年之事,上海城外一条通往法国居民区的道路附近有一座著名的"婴儿塔","父母或者是不愿意埋葬,或者是付不起埋葬的费用,也或许是出于其他不可告人的动机,就把孩子的尸体存放在这个毁于1864年的圆形建筑里面。由于中国允许杀婴,并且也很普遍,这种可怕的建筑在中国俯拾皆是,有些

---

① 道光《济宁直隶州志》卷3《风土》,道光二十一年刻本,第23页。
② 程穆衡:《燕程日记》,乾隆二年二月十七日,上海古籍出版社,1983,第233页。
③ 光绪《青浦县志》卷20《人物·忠义传》,乾隆五十三年刻本,第24页。
④ 雍正《朔州志》卷12《艺文》,雍正十三年刻本,第21页。
⑤ 光绪《沁州复续志》卷1《冢墓》,光绪六年刻本,第53页。
⑥ 姬士麟:《劝埋婴儿说》,载光绪《续高平县志》卷15《杂著》,光绪六年刻本,第30~31页。
⑦ 乾隆《孝义县志·物产民俗志》,乾隆三十五年刻本,第13页。
⑧ 马应午:《南城外婴儿塔记》,光绪《续刻直隶霍州志》卷下《艺文》,光绪六年刻本,第14~15页。

填满了生石灰"。①威廉·埃德加·盖洛《扬子江上的美国人》则把矗立在许多城市郊区的弃婴塔与遗弃女婴联系起来，他记述了南京的两座弃婴塔，圆形、用石灰水刷白，塔旁还有座小房子，外观有点像寺庙。大门旁边张贴着竖写的布告，宣称全部服务是免费的。前院放着一个婴儿盆。儿童夭折后，尸体焚化前先放置在盆里，焚化后骨灰便扔进了塔里。"也许这里只收死去的婴儿，但在帝国的一些地方，活着的女婴也会被扔进这种可怕的弃婴塔里。而且我还听说，人们常常会听到她们从这恐怖的弃婴塔中传出的撕心裂肺的哭声。"②

除了抛弃小孩尸体不希望小孩投胎的做法外，还有一种相反的习俗，希望婴孩转世。儿童夭折，出殡之时，一般在其背上用墨写上他的名字。这是出于民间的一种说法，是为了在孩子转生时，父母可以辨认出自己的孩子。王同轨《耳谈类增》讲了河北阜城民秦仪二子殇后转胎之事，秦氏之所以能认出自己的孩子，就是因为当地习俗，"好于死涂点儿身为记"，于是在二子死后，于长子左掌涂红点，次子右掌涂红点。迨二子投胎来家，"左右掌丹宛然"。王同轨交代，这是从刘道彦处听来的，而秦氏是其至戚。万历《河间府志》亦作了转录。可见这样的习俗在阜城民间是存在的。③

（二）夭亡

对于长到七八岁甚至二十岁，尚未婚配即死亡的，或可统称为夭亡。对于夭亡者，总体而言是要将其埋葬。具体情形，各地不一。

通常情况下，多不会埋入祖茔，即使最终葬入祖茔，亦先暂厝他处，经过一定的仪式后才能进入祖坟；或者要等家中老人过世，顺带将其葬埋；或者为其办理冥婚。

夭亡者的入葬，往往避忌甚多。邻近如有风吹草动，动辄归为亡者作祟。在陕西凤翔，乾隆年间邑令罗鳌指本地丧葬陋习，少年夭折，"容有敛入棺而不埋入土者，委之路侧，日晒风飘，棺缝裂开，尸骸暴露"。究其原因，是所谓"早葬则凶"。"甚且血躯已腐，付诸烈焰之中，魂魄俱沉，疑为祟妖之作。"④乾隆《甘州府志》亦记当地风习，三十以下夭亡者，"辄焚而瘗之"，否则会作祟。⑤乾隆《合水县志》："若殇亡瘗后，里中有病狂者，或谓其为祟，辄迁毁其墓，此为阴阳家所误。"⑥又，胡朴

---

① 〔英〕夏金：《玄华夏：英人游历中国记》，严向东译，李国庆校，国家图书馆出版社，2009，第78页。
② 〔美〕威廉·埃德加·盖洛：《扬子江上的美国人》，晏奎等译，山东画报出版社，2008，第25页。
③ 王同轨：《耳谈类增》卷9《重生篇·秦仪妇》，第77页；万历《河间府志》卷15《闻谈上》引，第4~5页。
④ 罗鳌：《请禁葬亲演戏暴露少柩孩尸议》，乾隆《凤翔县志》卷7《艺文》，乾隆三十二年刻本，第18页。
⑤ 《乡习六条》，载乾隆《甘州府志》卷4《地理》，乾隆四十四年刻本，第45页。
⑥ 乾隆《合水县志》卷下《风俗》，《中国方志丛书·华北地方》第345号，成文出版社，1970，第41页。

安《中华全国风俗志》录寿春风俗："凡幼丧，值春庚申、夏甲子之日，则以为不利，谓将来必有僵尸之患。请术者以朱笔画符数张，贴置棺上。又于临葬时削桃木七根，插于坑侧，谓之镇恶。又有以铁钉钉死者心窝暨四肢者，残忍之行，尤为背绝人道也。"①

有些地方，为防止小孩之魂回家给家人找麻烦，会用一种欺骗的办法阻断他（她）回家的路。清代末年，威廉·埃德加·盖洛提到云南昭通操练场和城区之间的乱坟场附近，有一个专门用来葬小孩的深坑。

> 孩子的夭折会给父母带来巨大的悲痛。当地传说，冤魂离开身体之后，会进入下一个出生的孩子的体内。为了避免冤魂回返，父母们经常把孩子的小尸体切碎，葬在附近的十字路口。在一个传教士的家里，我看见过一个女孩，她的父亲就这样处理过两个孩子。另一个阻止冤魂附体的办法是在死去孩子的身上放一个鸡蛋和一些芥末籽。人们相信，鸡蛋不孵化，芥末籽不发芽，冤魂就不会回来。狡猾而不安的父母小心翼翼地把鸡蛋和芥末籽煮熟，把鸡蛋孵化和种子发芽的日期无限期地推迟。②

上面的情形，主要用以防止夭亡者的作祟。另一种方式，即所谓冥婚。

（三）冥婚

冥婚又名鬼婚、阴婚、冥配，也就是死人结婚，分为死人之间的婚配和死人与活人之间婚配两种形式。冥婚起源非常早，《周礼·地官·媒氏》云："禁迁葬者与嫁殇者。"郑玄注："迁葬，谓生时非夫妇，死既葬，迁之使相从也。殇，十九以下未嫁而死者。生不以礼相接，死而合之，是乱人伦者也。"郑众云："嫁殇者，谓嫁死人也，今时娶会是也。""迁葬与嫁殇"就是冥婚。周礼明确禁止冥婚，认为是乱人伦的行为。说明先秦时代冥婚即已存在。又有人考证，殷商时代的甲骨卜辞中有对殷王娶冥妇的记载。

唐代以来，冥婚风俗十分盛行，至明清时代达到极盛，广泛存在于不同地域、不同阶层的人群之中。各种文献均有记载，比如陆容《菽园杂记》卷五所载山西石州风俗：

---

① 胡朴安：《中华全国风俗志》下编，河北人民出版社，1986，第287页。
② 〔美〕威廉·埃德加·盖洛：《扬子江上的美国人》，第170页。

> 凡男子未娶而死，其父母俟乡人有女死，必求以配之。议婚定礼纳币，率如生者，葬日亦复宴会亲戚。女死，父母欲为赘婿，礼亦如之。①

记载最多的是各地方志，以山西最为突出，即如康熙《隰州志》："男女殇，择年相若者为冥婚。两柩合葬，两家往来婚娅。"从这些记载看，冥婚和正常的婚礼程序大体一致，也有议婚、下聘等礼节。下葬之日，亦须举行仪式。结成冥婚的家庭，也以姻亲关系相互来往。

除尚未婚配的男女死后进行婚配外，已经订婚的男女，一方死亡，另一方跟死者成亲，也是冥婚的一种。清梁绍壬《两般秋雨盦随笔》卷八"冥婚"条即载："今俗，男女已聘未婚而死者，女或抱主成亲，男或迎柩归葬。"

以上冥婚形式从表面上看只是完成一个完整人生必须经历的婚嫁过程，但却承载着中国古老的民间信仰，又和中国的家族结构、生存秩序与灵魂皈依的信仰有密切关联。

相对于寿终正寝者，各种意外死亡即所谓横死者，以及未能正常走完人生旅程的人们，人们认为其是有怨气的，怨气的发泄即通过作祟生人来实现。因之，对于非正常死亡者，通常会有一套不同于正常形态的丧葬礼仪，目的就是安抚、镇压亡者，使其不要危害生人。对于未成年人的冥婚，即是构成这一特殊丧葬形式的重要部分。

通过冥婚，未成年男子即可顺理成章地进入祖茔，接受子孙后代的香火，再无埋入他处日久成为孤魂野鬼之虞。祖坟是祖先们死后居住之地，按照传统观念，子孙与父祖同气，祖坟风水好，就会荫庇子孙。在一定程度上，祖坟关系到家族的盛衰。所以，原则上祖坟只允许寿终正寝的夫妻合葬的情形。那些凶死、夭折的男性家族成员一般不能入葬。还有一种观念认为，祖坟是一个家族兴衰的象征，如果都是寿终正寝的夫妻，即象征家族兴旺发达。若葬入未成年人以及鳏寡孤独者，就象征家族不发达，人丁要出问题。不能入葬祖坟，也就意味着被排斥在家族之外，最终成为孤魂野鬼。改变这种局面，只有实行冥婚。

对一个无嗣夭折男子来说，当然可以为他立嗣，可是如果他尚未婚配，于情于理，有所不通。所以，即便为了立嗣也要先为他婚配。

冥婚并非只是针对未成年男女，成年人也有冥婚，即死者子女为死者举行的婚配。这种形式多半是因为寡妇改嫁造成的。即如康熙《长子县志》卷四"风俗"所述：

---

① 陆容：《菽园杂记》，中华书局，1985，第62页。

"旧县志曰：长子风俗，有买他家殇女而合葬殇男者，有因父先去世，母经再醮，而买他家殇女与父棺合葬者。"

这类冥婚的根本原因还在于，一个人进祖坟是不被祖先接受的，最终还是成为孤魂野鬼。子女们从感情上无法接受。如果不能使自己的亲生母亲与亡父合葬，唯一可行之法即实行冥婚。乾隆《府谷县志》所载生员王璨之妻苗氏的节孝行迹足可说明此点。苗氏19岁守寡，上有瘫痪在床的七十余岁老翁，下有四个月大的遗孤。为王璨营葬时，族人不让王璨棺柩进入祖坟，因为"邑俗，男没妻再醮者为孤墓，不得入祖茔"。在族人看来，苗氏是守不住的，王璨必将成为孤墓。苗氏以死证明不会改嫁，才赢得族人信任，将王璨葬于祖坟旁。苗氏也在守节37年后，于乾隆四十年受到旌表。光绪《潞城县志》引旧志所载秦云省之例，也颇为典型地揭示出这一习俗。

> 乡俗重合葬，鳏寡不入兆域，故子女长殇，必为之冥婚，有秦云省者，其祖殁后，祖母他适，将葬，为族人所遏。里有曹氏妇者，嫠居无依，乃迎养于家，以祖母奉之，曹死，与祖合厝。群啧啧称其孝。[①]

第六节　归葬

死后遗体被送归故乡安葬即所谓归乡葬，是传统丧葬礼俗的重要内容。相较于前代，明清时期人口流动性增加，经商、科考以及官员任职回避制度造成大量人口离开家乡（祖居地或祖坟所在地）。他们一旦不幸客死他乡，就要面对一个如何归乡而葬的问题。明清时期的归乡葬表现出较以往更多的风俗事象。

（一）寻觅尸柩

归葬前的棺材通常有几种处置方式，一是埋于义冢，一是寄放于寺庙等殡舍，或厝置荒野。义冢是一种公共墓地，由于缺少管理，埋葬无序，倘若缺少标示，往往不易辨识。"荒冢累累，莫辨谁何"是万里寻亲的孝子经常遇到的难题。殡舍亦然。虽然知道厝置亲柩的大致位置，但不能确认是哪具。在此情况下，如何确认亲柩？

若无确凿证据，难免要引起怀疑。武进王襄（顺治十七年举人）之例颇有代表性。乾隆《武进县志》王襄小传记其归葬父柩之事：

---

① 光绪《潞城县志》卷4《杂述》，光绪十年刻本，第8页。

> 王襄,父道洽,从族叔于粤东戎幕,久无耗。襄觅父,经百艰,比至,则父与叔俱前卒。遇父友指葬处,扶柩归。母疑非真,命异日勿合葬。未几,棺盖裂,窥见道洽须眉如生。①

在如此简单的记述中,读者无从知道王母为何产生怀疑,从棺盖自裂后的情形看,倘非开棺,大概无法取信于家人。这其实是一种两难。若棺木完好,大概不会将棺木打开。但是,不打开又如何知道到底是不是要找的人呢?

与上述记述相比,有关的孝子归柩叙述几乎都要记述几条能够确认尸棺或尸骸身份的证据。钱泳《履园丛话》有"书周孝子事",记孝子周芳容归葬父骸事。孝子历尽艰险至湖北归州,多方打探,于丛冢间找到父亲坟冢的标示,一块小石碑,上有三行字,分别写明墓主、籍贯、死亡日期,以及立碑日期。禀明州牧之后,启土见棺,棺已朽坏,只得捡骨。"以口衔左臂肉,右手持刀割之,用力过猛,皮裂及肘,又割之,以肉抵父颏腭间,辄胶合如漆。左臂血沾渍骨上,亦深入不流。乃掬泥掩创,裹以疏布,匍匐拾骨。"而后,"又以余墨拓石上字数纸。为归日征信,然后掩石入土"。抵达里门后,将尸骨寄置城东佛舍,"悬所拓石刻字于前"。②孝子的举动皆为使自己确信,更欲他人相信,自己带回的为父骸无疑。

就确认亲骸一节,有一点需要留意:如果未开棺,什么样的证据能证明棺尸身份?一般来说,是要确定棺木本身正确无疑。其前提则是找到正确的厝置地点。如果对地点深信不疑,其他的也就无可怀疑了。乾隆四十三年,河南卫辉人魏正则之父客死山东滕县,魏正则18岁时路过此地,"椎厓上片石埋之"作为记号。50年后来滕县迁葬,在神风的帮助下,找到一个地方,"掘土尺许,得石,抱之狂奔及厓上验之,如符节之合焉",于是捡骨归葬。他大概对此深信不疑,所以仅凭这一记号确认了父骸葬处。③

更多的人在首次见到疑似墓冢或尸棺时,首先要做的是辨识尸棺。棺柩的形制没有多少可以作为标示。作为死者身份标记的往往是棺柩前后的题字。明正统年间,金溪人车振在会试副榜入太学后出关寻父祖遗骸。根据抚州郡志的记述,在先人旧友的指引下,见到祖父之柩,"见椁前和书字俨然,车号踊以首触棺"。可能是他已经相信

---

① 乾隆《武进县志》卷10《人物志》,乾隆三十年刻本,第40页。
② 钱泳:《履园丛话》卷5《景贤》,张伟点校,第142、143页。
③ 道光《滕县志》卷14《杂志》,道光二十六年刻本,第15页。

其人，而看到前和之字更加确定了棺尸身份。①《醉荼志怪》记张孝子寻父，义阡司事者稽查旧册，找到瘗埋之所，但棺前字迹磨灭，孝子始终不敢确认。②故事也许只在突出孝子纯孝感神，所以没有考虑其他可以确认尸柩的可能性，比如开棺。

为何只是相信棺柩外部的东西，而非想要打开棺柩？周芳容打开父棺之前，先禀明州牧，显示开棺是一件严肃的事情。明清律令规定，无故打开他人的棺材是要追责的。③更为重要的是，一旦开棺，其中光景有不可知者，恐伤孝子之心。有关被归葬之尸虽死亡已久仍"面目如生"的记述，其中也许蕴含了这层意思。但是，像华阴张云那样直接开棺的例子也许更为多见。而且，如果要捡骨，棺材是一定要打开的。所以，开棺也许并不是太麻烦的事，只是反映记述者不希望人们这样做。

不仅如此，在把棺柩运回家乡后，大概没有谁要开棺验视，除非另有原因。武进王襄之母虽然怀疑棺柩非真，却也没有提出开棺验看。王同轨《耳谈类增》记神童戴大宾（登正德戊辰科探花）夭折，棺椁抵家，父母伤心过度，"必欲发柩省视衣衾"。不管是否真有其事，从人情的角度完全可以理解。不过，故事主旨是讲述神童无长命这一因果观念的。所以，发柩后竟然发现是一个白发老头。④现实生活中，以棺柩返乡很少再会打开。就所见资料，也没有我们想当然的那样，家属提出要见最后一面之类的要求。

如果能够面对尸骸，通常来说，需要诸如尸骸特征、随身物件一类证据以证明其身份。萧县郑立本到乌鲁木齐寻父，访得墓所，参与营葬的门人还在，应该是确定无疑的，所以在临回乡时才捡骨。但"启柩视之，肤肉悉化，惟左手缺指横纹宛然。远近骇异"。⑤缘何记述这样的情形？原来，郑立本四岁以后就没有见过父亲，所以临行前母亲告诉他，其父有这样一处明显特征。

随身物件也可证明身份。河南内黄人史五常之父洪武间客死广东，当时五常年仅七岁，他50岁时，在官府的帮助下终于找到殡所。他对于父亲可能已没有多少记忆，何况面对的是一具遗骸，能够确定尸骸身份的是遗骸边的大钱，因为其母生前常以归

---

① 光绪《吉安府志》卷63《人物·孝友》，光绪二年刻本，第18页。
② 李庆辰：《醉荼志怪》卷2，"张孝子"条，金东校点，齐鲁书社，2004，第119页。
③ 明清律令对发冢诸情形作了细致规定，虽准许"有故而依礼迁葬"的情形，但毫无疑问，在不能确定的情况下，发冢开棺，倘有人告发，必定要受刑罚。见《大明律》卷18《刑律一·盗贼》，第145页；《大清律例通考校注》卷25《刑律·盗贼下》，第755~756页。
④ 王同轨：《耳谈类增》卷7，吕友仁、孙顺霖校点，第73页。
⑤ 同治《徐州府志》卷22《人物传》，同治十三年刻本，第25~26页。

葬为念，经常唠叨"汝父棺中有大钱可验"。①

在所有可能的证据中，什么具有决定性？孝子周芳容寻父骸，虽然有石碑可以证明葬处无疑，他还是做出一个滴血于骨骸之上的举动。浙江德清沈应科亦然。洪武年间，山东高密战正到福建寻找父骸，有人告诉他葬棺处所，而且冢上的两片石头证明所葬的就是他的父亲。开穴见到骸骨，他同样滴血其上，"祝曰：'是吾父骨，血当渗，否则莫渗也。'祝讫，血渗，屡拭不去"，乃收骨负归。②江西龙泉人刘镐在广西找到父墓，"启视，衣衾宛然"，但孝子仍"刺血验之"，而后负骨归里。③徽州胡茂楠至南安寻父，一位老媪在父亲病革时接受托付，她把墓所指给他，因为没有佐证，惧不敢发。后来偶遇当日负责营葬的土工，印证了老媪的话，他才发墓启棺，"啮指血滴骨，皆食"，于是"恸几绝"。④可见，滴血于骨，往往是具有决定性的依据。这一做法称为"滴血认亲"。传统观念中，父祖骨肉同气，通过血液可判别不同个体之间是否具有血缘关系。康熙年间，海宁丧葬礼仪专家许楣《罔极录》有"论滴血辨骨法"，指出此法应当应用于辨认亲骸："凡人不幸，或幼孤而不知父母死埋之处，丛骸所积，无可分别。又有其亲客死历年久，而子万里寻尸，或兵戈扰攘，亲骸莫辨。孝子惟用滴血之法，则真伪可以立辨。凡系父母真骸，滴血入枯骨，立刻渗入。"⑤

对于滴血辨骨之法，虽然传统知识界有所怀疑，但在社会上应用很广。就各类孝子传的记述来看，此法多非单独使用，而是在大概已经确定的情况下作更进一步的验证。当然，对于什么样的证据足可确认棺骸，可能因人而异。看不出某一种方法的使用与某一类身份、地位之间有必然联系。

在有关记述中，种种"离奇"之事常常发生。虽然反映出孝可格天的传统观念——老天爷总是会成全孝念的，但也反映出这一过程实在不易，所以只能借助不可知的神力。有些神助故事，只是像徽州程德生、卫辉人魏正则那样，帮助找到葬地或棺木，而后又有证物出现。也有一些神助故事我们看不出有什么可资印证，即如乾隆《上饶县志》记清孝子周毓华：

---

① 嘉靖《内黄县志》卷6《人物》，《天一阁藏明代方志选刊》第80册，第36~37页。
② 乾隆《高密县志》卷8《人物志·孝友》，乾隆十九年刻本，第23~24页。
③ 光绪《吉安府志》卷35《人物志·孝友》，光绪二年刻本，第33页。
④ 道光《徽州府志》卷12《人物志·孝友》，道光七年刻本，第17页。
⑤ 许楣：《罔极录》后编卷3，上海图书馆藏拜经楼旧藏抄本，页码不详。江绍原有几篇短文对此有所考察，见《古俗今说》，上海文艺出版社，1996，第24~30、46~50页。

> 周毓华字光仲，父结如，由国学官司城，遭戊子乱，客死德兴黄柏塘，藁葬马墩洲。时毓华方幼，扶母归。越一十七载，往收父骨。封树莫辨。祷之神，有徐老人指示获骸以归。①

看来，徐老人的出现是在祷神之后，是神仙显灵的结果，或者徐老人就是神。"获骸以归"四字背后可能还有一些细节，比如参与殓葬的周母可能反复跟毓华讲起可供辨认的棺椁、陪葬品或尸骸的特征，但或者因为小传容不得铺陈，竟致省略了。昆山曹起凤寻父的过程同样充满神奇色彩。道光《昆新两县志》记：

> 曹起凤，字士元，父子文，自徽州迁昆山，贾于蜀。久之，有蜀客来，知子文已死，而弗详其地。时起凤年十六，将往求父骨，贫不能行。长洲潘为缙赠以百金，属其叔代往，无所获。起凤既壮，念父益悲痛。为缙复赠以金，乃历豫秦至蜀，书帖于背。岁暮抵酉阳，雨雪踣卧土穴中。有项、许二生见之，曰：孝子也。掖归，留之度岁。进酒肉，谢曰：不见父棺，誓不食此。是夕，梦经荒原，一叟与数人坐林中，笑语起凤曰：月边古，蕉中鹿，两壬申，可食肉。觉而识之。偶偕二生过荒原，有棺累累，起凤以梦告二生，就傍近徽人胡某询之，曰：十年前乡人曹氏殡于是，试求之。棺皆有题字，一棺独无。白于官，启棺见骨，渍血验之而沁。有牙牌，文曰蕉鹿。起凤曰：是矣！月边古，胡也！蕉中鹿，牌也！二生为设祭，以馂肉食起凤，曰：子来时，日在壬申，今两阅月，又值壬申，梦尽验矣。起凤哭拜谢，负骨归里。母见牙牌，泣曰：此而父取系牡钥者也。诹日葬之竹沥村。②

曹孝子在一无线索的情况下寻找父骸，关键先要找到大致地点。孝子发现放置棺木的荒原，完全凭借"神示"。接下来发生的事情好像就是按既定程序来的：荒原附近有徽人姓胡，合"月边古"；棺中有"蕉鹿"牙牌，合"蕉中鹿"；此日为壬申，来酉阳日亦为壬申，合"两壬申"；二生再次请他吃肉，合于"可食肉"。整个过程就是天意。在当时相信天意的社会语境中，这样的叙述简直无懈可击。人们会相信，孝子找到的就是父骸。可是，以今日的观念来看，可资验证的大概只是那块牙牌。让

---

① 乾隆《上饶县志》卷10《人物》，乾隆九年刻本，第18页。
② 道光《昆新两县志》卷25《人物·孝友》，道光六年刻本，第36页。

人不敢相信的是，孝子在决定归骨时，并不知道此物是他父亲的。所以，也许存在这样的可能：曹起凤在回家之前，也不能肯定背回来的就是父骸，直到母亲见到了牙牌。

就曹起凤而言，寻亲出行实属不易，潘氏已经赠他两次钱，他找了那么长时间，还差点送了命，总不能空手而归，所以面对疑似棺椁时，他宁可相信就是真的。舍此，还有其他办法吗？这样的情形当时应该比较常见。嘉庆《溧阳县志》记孝子彭世豫：

> 彭世豫，进士士俊孙，父宝文，既生世豫兄弟，寻出游，历三十年不归。世豫只身寻父，全楚两粤，足迹殆遍，荒山瘴水，蛮洞獐溪，略有影响疑似，即往求焉。中间两遭肢箧，一厄沈疴，露宿风餐，几剧虎口，濒死者数矣。辛不悔倦，最后得一彭姓骸骨，将裹而归，忽重不能举，且闻鬼哭，乃仍瘗原处。世豫飘泊五年，伥伥乎如无家，适同里陈嘉猷知宁乡，送之还里，辛。①

很明显，所谓彭姓骸骨并非宝文之骸。由骨骸自己出面阻止孝子险些酿成的不孝之事。所谓"重不能举"、"鬼哭"云云，其实反映了孝子内心的挣扎：在身心极度疲惫之后，如果不带回家，这一辈子可能再也没有机会出来寻找了，即便是疑似。但若将疑似骸骨带回家，万一不是父骸，岂非大不孝！邑志将这一情形写入孝子传是否从另一侧面说明，孝子万里归骨，带回乡的未必就是自己想要带回的。武进王襄之母的疑虑或在于此。

我们所看到的孝子寻找棺骸的过程未必为撰写者所亲见，其中是否存在出于己意的增减或者情节上的编排已不可知。从记述者的角度力求呈现给读者的是，孝子在历经辛苦之后所找到的的确是要找的尸棺。虽然未必一定要迁回去，但绝对不能迁错。因为，这是万里归葬所体现出的孝之根本所在。

（二）归柩与归骨

就大多数归葬者而言，归葬注定充满艰辛。长期以来盛传的湘西"赶尸"风俗，不管这一神秘行为是否实有，毋宁认为它反映了人们的一种真实愿望：如果尸体能够自己翻山越岭，"跳"回家乡，应该省却多少艰辛！②但这样的愿望在出行不易的传统时代是难以实现的。

---

① 嘉庆《溧阳县志》卷12《人物志·孝行》，光绪二十二年刊本，第28页。
② 有关这一习俗，参见郭则沄《洞灵小志》卷7，栾保群点校，东方出版社，2010，第133页；陆群《神秘的湘西赶尸》，《文史博览》2007年第5期。

归柩需要辅助工具，或以舟，或以车，或以畜力，或以人力。不论哪种方式，都需确保尸体安稳，不因路途颠簸而晃动。许楹告诫人们，要慎重其事：万里归丧，水陆程遥，登高涉险，如果没有适当的措施，"不但倾侧可虞，必致体魄紊乱，首足异处。其祸有不可胜言矣"。他建议："此则必用徽人绵裹之法，以固其体。倘旅中衣数不备，更宜加倍用绵，而后可以适远。"① 康熙年间，余姚苏赓言殁于三原旅舍，其友诸作山为其棺殓，考虑到陆行道远，"仿大敛礼，用重棉三十两，绕臂指束骸骨，使无动"。②

至于棺柩本身，本为数块木板连和而成，要长途搬运可能要像王同轨《耳谈类增》"戴探花"条所说的，"凡旅柩，用绳纵横束结甚固"。③

携棺归葬，对归柩者而言有着多方面的考验。如果运柩返乡，若非资财充裕，只能依靠他人资助。山东历城武生杨岳龄徒步四个月赴广东归葬父柩，但"旅费久罄，长途无可为计"，一个姓唐的当地人帮助了他，"多方为之乞贷，始扶榇以归"。④ 天启年间，甘肃临洮李一桂是府学庠生，其父死于陕西靖边任所，一桂奔丧扶榇，不想中途被劫，"资斧一空"，时值隆冬雨雪，"桂鬻身衣觅人同己舆榇"，等到衣服卖尽，绝望地抱柩号泣仆地。幸好有路过官员捐给路费，始得扶柩归葬。⑤ 道光年间，河北正定程振铎往磁州迎次弟棺柩，雇了骡马扛柩旋里，没想到"入宁晋界道路泥泞，兼之资斧不给，骡夫弃柩路侧，进退维谷之际拾得制钱数吊，始得归家"。⑥

以舟载柩是节省人力非常经济的办法，从湖北归州到甘肃华亭数千里之遥，孝子周容半月余就到了家，而且，只是大型船只顺带。为了表现孝子归柩之难，在类型化的记述中往往是在舟行中发生的，或有落水之虞，但在孝子的孝心感召下，往往"风顿息"。可以想见，以舟载柩实属常见。

如果扶榇不便，或力不能及，在尸身业已朽烂的情况下往往会捡骨，或包裹肩负，或置于小型容器担负以行。万历年间，徽州人吴琨在湖南山区找到父棺，"择吉抉棺拾骨，裹以纯棉，内簏笼中，镭缄闼匿"，然后负之穿山渡河。⑦ 江西金溪人李

---

① 许楹：《罔极录》后编卷3《论客死归丧》。
② 邵廷采：《思复堂文集》卷4《苏赓言归榇记》，祝鸿杰点校，浙江古籍出版社，2010，第248页。
③ 王同轨：《耳谈类增》卷7，第73页。
④ 民国《续修历城县志》卷43《列传五·孝义》，民国间铅印本，第2页。
⑤ 乾隆《甘肃通志》卷38《孝友》，乾隆元年刻本，第9页。
⑥ 光绪《正定县志》卷41《孝友》，光绪元年刻本，第4页。
⑦ 吴文奎：《荪堂集》卷7《吴孝子负父骸归葬传》，齐鲁书社，1997，第54页。

琇到广西全州"以二竹笼函骸骨",将父母骸骨返葬家乡。①胡茂楠则以己意制一椟,"中分列格,置其肢体,节次各袭棉裹护之",躬负以归。

在相关记述中,捡骨被视为不得已之举。《右台仙馆笔记》记湖北咸宁樊某卒官广东,不肖子将其柩寄于僧庐,携带赀财不知所踪。数载后,樊某托梦给来到广东的外弟,求他归葬其柩。第二天,外弟找到了其柩。但想到路途所费不细,不免踌躇。这时,樊某又托梦催促外弟,外弟提出:"辇车远涉,事甚非易,若启君之柩,而别为椟以盛君骨,归葬故茔可乎?"②这其实反映出一种观念,对于返葬而言,将棺椁移送回家是最好的方式,捡骨是退而求其次之举。

如果尸体尚未朽烂,有直接缠裹背负的。《清稗类钞》记姜云一至京师,无钱买棺敛父,"乃以敝衣一袭裹尸,负之乞食而还"。③有关这一过程的叙述往往呈现模式化:孝子历尽千辛万苦将父尸背回故里,家人发现尸体仍然"面目如生"。

另外一种方式就是火化。唐宋以来历朝均明文规定,远路归葬,听许焚烧。比如《大明律》:"若亡殁远方,子孙不能归葬,而烧化者,听从其便。"④时人在处理归葬时,是如何面对的呢?

就各类"孝子传"记述而言,呈献给我们的印象是火化归葬十分常见,但仍不能为礼所容,因之不火化成为增益孝子之孝的重要一环。明代黄冈人郑之垣千里寻亲,欲返柩归葬,但有困难,这时"土人示从火化",大概在当地,遇到这种情况,通常是以火化的。郑之垣拒绝了。张萱《西园闻见录》将其列入"孝顺"类,并记郑氏之言:"吾甘夷虏吾父乎!"⑤天顺年间,孝子尚幹归葬父柩,但力有不逮,想要焚化。结果,意想不到的事情出现了。乾隆《怀庆府志》记载:"方举火,天忽大雨,督兵者异其孝,以赀给之。"⑥天降大雨,使父柩免于焚毁,这被看作是孝子孝感所致。

归柩者遇到困难时往往会有类似"土人"的角色出现,劝其火化。结果,要么归柩者通过努力,成功将棺柩返葬;要么归柩者听从劝告,但将要火化时有贵人相助,帮助他返柩。明代江西安福人赵常,母亲殁于黔江,"黔在万山中,前此旅榇或僵地或权厝或用浮屠火化,无有得归者"。赵哀痛万分,千户陈刚同情他,"为募丁壮凿石

---

① 光绪《抚州府志》卷65《人物·孝义》,光绪二年刻本,第12页。
② 俞樾:《右台仙馆笔记》,上海古籍出版社,1986,第302~303页。
③ 徐珂:《清稗类钞·孝义类》,"姜云一孝父母",第2436页。
④ 《大明律》卷12《礼律·仪制》,第96页。
⑤ 张萱:《西园闻见录》卷2《孝顺后》,民国二十九年哈佛燕京学社印本,第37~38页。
⑥ 乾隆《怀庆府志》卷22《人物·孝义》,乾隆五十四年刻本,第20页。

架梁，柩乃竟得归"。①清初山东汶上人张仲泰，其亲卒于汴水驿，棺敛之后，"父同差者劝之曰：去家万里，扶榇良难。不如从北俗火化，囊负而归至便也"。张仲泰心有不忍，卒以棺归。②

但火化仍然是无奈的选择。安徽太平县陈尚老乞贷往闽中奔兄之丧，当地人钦佩其义，"稍稍赙之"。他思量这点钱不能将棺榇运回，只好"火其骨，置一函，负以归"。③康熙《续汶上县志》记邑庠生马璨到湖南平江归父榇，雇人舁抬以行。不想，途遇三藩余部，资财被掠，舁夫逃掉，"计无复之，乃火化，纳竹篾中，自负以行"。④更为重要的是，火化后占用空间小，当旅途中以之为禁忌时，便于藏匿。此点对于旅途投店非常重要。山东平度人李作贡父因家贫远赴口北教读，客死异乡。"作贡再三号痛，欲归柩，不能；欲柴焚，不忍。遂佣工得资，买布缠裹父尸，肩负还家。暮投店宿，店主逐之。一路皆系露宿，五十余昼夜始抵家。"⑤李作贡的事例验证了，如果不火化，往往不得投宿。

归途遇到的麻烦主要有三项：逆旅不纳、舟船不渡、柩不入城与柩不入门。

1. 逆旅不纳

正如很多人对归葬者所劝告的，若携尸归葬，会被逆旅拒纳，只能露宿郊野或夜宿废庙，无疑增加了归途之艰辛。直隶定兴人田九为人童仆，主人殁于武昌，乃扶柩而归，"逆旅例拒，则露宿榇旁"。⑥陕西中部人兰丛碧，其父卒于米脂训导任上，丛碧扶榇归，"夜至旅邸外。雪深数尺，碧守榇雪中，冻楚至不知人"。⑦周子宽妻黄氏，广东顺德人，与夫往居贵定戍所数年，夫死，携夫骨归。逆旅不纳，历尽艰辛：

> 黔多虎，而黄负夫骨，逆旅禁不纳。日汲于涧，拾树枝以爨，夜宿道旁废庙，恒见虎残人，余骼狼藉，无所怖。及至村，黄齿既长，黧黑丑恶，又杂罗施语。⑧

---

① 万历《吉安府志》卷26《孝友传》，《稀见中国地方志汇刊》第20册，第381页。
② 康熙《续汶上县志》卷4《孝义志》，康熙五十六年刻本，第1页。
③ 嘉庆《太平县志》卷6《孝义》，光绪三十四年刻本，第3页。
④ 康熙《续汶上县志》卷4《孝义志》，康熙五十六年刻本，第1页。
⑤ 道光《重修平度州志》卷19《孝友传》，道光二十九年刻本，第27页。
⑥ 乾隆《定兴县志》卷12《杂志》，乾隆四十四年刻本，第15页。
⑦ 民国《续修中部县志》卷3《节孝志·孝行》，民国二十四年铅印本，第32页。
⑧ 《清史稿》卷509《列传二百九十六》，第46册，第14067页。

旅途之艰辛很大一部分在于，若逆旅不纳，只能另觅无人处所守柩度夜。文献所见这些扶柩者的行迹，当被逆旅拒绝时，几乎无一例外地守护棺柩度过长夜。作传者突出了这样的艰辛，或"露宿槥旁"，或"守槥雪中"，或"依槥露宿于外，即风雨骤至不移也"。平湖孝子冯锜往大同迎其父柩，其子冯溥作图以纪实。图凡四幅，其三即所谓"荒村露宿"。朱筠为之诗云：

朝行朔风发，暮行寒月觌。烟火望传舍，槥入辞不受。
父体在中路，儿思暖处宿。父魂在中野，有屋儿思覆。
念此恸五内，背汗忽已透。雾露儿所甘，夜夜守父柩。
梦中见父哭，哀声答清漏。天明告仆夫，扶持慎颠仆。①

诗文极力铺陈孝子在夜间守柩之孝思。因棺槥为逆旅所拒，孝子以未能使亡父魂魄安宁舒适而倍加自责。在这里，我们分明看到孝子白昼扶持行路、夜晚露宿中野不得休息之苦。在父柩归葬故园的第七天，孝子"一恸而绝"。这些记述想要表达的，不在于是否为逆旅所纳，而在于他们守槥本身：槥在旅途，未得安宁，孝子岂有安歇之理！也许应该像道光《徽州府志》金正显归葬父柩那样，"夜停露处，匍匐其傍"。②

也有人对尸骨施以伪装，而后得以住宿。咸丰年间，历城人禚逢春之兄客死他乡，逢春找到兄骨后，"裹以絮被，绳束之"，肩负以行。夜宿逆旅，"托言贩古瓷器"，不让他人发现，晚上则随身而卧。③武昌刘正仕到浙江迎父柩，因无力举槥，捡骸骨置匣内，放于竹篓（篦）中，担之以行。没想到住宿时狗的灵敏嗅觉让他露了马脚："日暮投逆旅，犬辄吠不止，逆旅人觉其异，弗纳，遂露宿。"刘正仕对骸祷祝，"自是犬弗吠，始归而礼葬焉"。大概在这之后即可堂而皇之地夜宿逆旅了。④

2. 舟船不渡

携骨返葬，渡越江海或为舟人所拒。光绪《高密县志》记明初孝子战正，自福建大宁负骨归葬，渡扬子江时被舟人拒绝。"正泣告曰：'吾万里寻父骨，至此不得渡，

---

① 朱筠：《笥河诗集》卷4《冯孝子锜诗》，收入《续修四库全书》第1439册，第511页。
② 道光《徽州府志》卷12《人物志·孝友》，道光七年刻本，第55页。
③ 民国《续修历城县志》卷43《列传五·孝义》，民国间刊本，第5页。
④ 刘传曾：《家殿飏公万里负骸记》（道光二十九年），收入张明祥主编《东西湖区专志·艺文志》，武汉出版社，2007，第206页。

吾将抱骨投江中。'舟人哀其情，竟渡，无虞。"①舟人不让上船，显然是针对战正所负尸骨，但渡江后竟然"无虞"。这一记述颇耐人寻味。其中大约隐含了这样的观念：正常情况下，载运尸骨是会出危险的。乾隆《吴江县志》记正统间孝子吴璋自江西饶州归葬母骨，也遇到类似麻烦。

> （吴璋）母至旅舍卒，乃负骨归。潜至舟中。行至江，遇大风，舟将覆。长年乃搜得其母骸骨，投之江。璋跃入江，抱母骸骨浮于水。风顿息。同舟者感而救之，得归葬先茔，哀慕终生。②

吴璋肯定知道行舟禁忌，所以不是正大光明上的船，半路上果然出了危险。遇到这种情况，船夫的举动明显告诉我们，他知道危险来自哪里。等将搜到的骸骨扔下船，最终的结果是"风顿息"。此三字颇耐人寻味，好像这是吴璋孝感所致。这样的事例在归葬行为中十分常见。除此之外，是否因为骸骨被扔下了船，危险就解除了呢？不得而知。《熙朝新语》记昆山曹起凤负父骨归乡，"过洞庭湖，风作，两日不得渡。同舟者疑之，且大索。孝子恐，祷于洞庭君，风立止"。同舟者与孝子都明白是什么惹恼了神灵，导致湖上多日起风，所以一方要"大索"，孝子则赶紧祷神。"风立止"表明神灵正是冲着孝子所带骨殖来的。

船载尸骨有危险，一旦知道船上可能搭载尸骨，不仅舟人不允许，同行者也会群起反对。俞樾《春在堂随笔》记杭州高人鉴嘉言懿行，有护送使者棺柩自琉球归葬粤省之事。使者死于乾隆间，因为"海船忌载柩"一直未能返柩。道光年间，高氏出使琉球，决意随船载归。先是副使反对，一船之人也群起响应。随之，航行第一天，"风浪大作，舟中人咸归咎，崩角于先生之前者数十人，请弃柩"。高氏不同意，相持之间，"风浪亦息"，"而自此风恬波静，安抵粤东"。③和上引战正、吴璋之例一样，记述者营造出一种紧张氛围，以凸显主人公或孝顺或仁义的品性。但读者明显感受到渡船载尸柩是有危险的。

不仅如此，不幸死于船上也不能停于其上。乾隆《晋江县志》记载，崇祯间，晋江柯日藻与友人乘舟北上淮关，友人死于舟中，"日藻恐舟人弃其尸，秘之寝处"。同

---

① 光绪《高密县志》卷8《人物志·孝友》，光绪二十二年刻本，第31页。
② 乾隆《吴江县志》卷30《人物·孝友》，民国间石印本，第6页。
③ 俞樾：《春在堂随笔》卷6，徐明、文青校点，辽宁教育出版社，2001，第80~81页。

邑清人林鼎汉小传亦载，鼎汉随父至外洋经商，父亲不幸病死船上，习俗是"海艘忌停尸，遇死者辄投之海"。鼎汉只好秘不发丧，和父尸待了十余日，结果"尸乱秽而舟人不闻也"。①

为什么行舟载尸柩会有禁忌？《中华全国风俗志》记寿春风俗："船内不许载死人，俗意以为不利也。"②"不利"是一个十分笼统的说法，用来解释各种名目的禁忌。杜琼（明正统间人）《纪善录》记太湖人徐德用到湖湘间将好友周宗礼父子尸骨归葬，舟人不愿载渡，其理由是："死骨为蛟龙所憎，过江湖有覆溺之患。"③江西永丰人陈道修携负骨从南京南归，舟过扬子江，中途舟人竟将陈父遗骨扔到了江里，起因乃是有鳄鱼追随（"蛟龙戏舟"），把舟人吓坏了。④

总体来说，这样的事例并不是特别普遍，就资料所见，似以东南沿海地区较为多见，但亦应因人而异，不可一概而论。

3. 柩不入城与柩不入门

棺柩途经城池，多绕路而行，行至故乡，多不得入城治丧。这一习俗始于何时不详。康熙二十六年，礼部考察的结果是，此乃"近世"之事。

> 古人有反葬之礼。自汉唐以来，大臣卒于位者，自非赐葬京师，其丧车皆还故乡，至家治丧如常仪。惟开元礼则毁门西墙而入。家礼仪节则由中门而入，安柩于中堂，微有不同。然卒于外而归葬，无不还家者。还家而治丧，无不入城者。乃近世惑于阴阳拘忌之邪说，或谓城门不可入，而殡于郊外者有之；或原居郊外亦不容入宅，而寄于别馆者有之。甚至守门棍蠹乘机挟诈，迫逐难堪。种种弊端，殊堪发指。⑤

这一做法在清代以前的状况的确不是很清楚。根据唐大历十四年（779）的诏敕，"士庶在外身亡，将榇还京，多被所司不放入城，自今以后，不须止遏"。⑥可知唐代即有这样的惯例。明代亦有此忌。陆容《菽园杂记》记载：

---

① 乾隆《晋江县志》卷10《人物志·孝友》，乾隆三十年刊本，第35、37页。
② 胡朴安：《中华全国风俗志》下编，"寿春迷信录"条，第287页。
③ 收入《四库全书存目丛书》史部第91册，第7页。据四库存目提要，该书所录皆为洪武至正统间人。
④ 光绪《吉安府志》卷13《人物志·孝友》，光绪二年刻本，第24页。
⑤ 徐乾学：《读礼通考》卷102《变礼二·卒于道》，第11页。
⑥ 王溥撰《唐会要》卷38，中华书局，1955，第694页。

> 南京洪武门、朝阳门、通济门、旱西门，皆不许出丧。北京正阳门无敢出丧者，余皆不禁。大明门前，虽空棺亦不许过，各门空棺亦不许异入。……亦有带寿榇上京，知有禁，寄门外而止。……外京城则无禁，以为禁者，军卫索赂之术也。如仕辽东故者，返柩必由山海城入。仕陕西故者，返柩必由潼关城入。仕口外故者，必由居庸等关入。此外无他途矣。①

由此可以约略知道，就制度而言，除京城外，其他地方并没有限制棺椁入城之规定。至于山海关之外的咽喉要道是否也有这样的做法，以及这是否只是军卫的索贿之术，尚待进一步考察。就康熙年间礼部所述"近世"情形，是否是讲明代，亦不甚清楚。就明代京城而言，进城治葬是一种恩典，《大明一统志》已载其例。②

清代文献反映出这一禁忌非常普遍地存在。《读礼通考》徐乾学按语："今俗忌柩不入城，各府州县皆然。"唯一例外的是京城，如有礼部执照，准许入城治丧。在此点上，官民有所不同。康熙二十二年，规定出征病故官兵骸骨归旗，准其入城。③ 二十六年定制："凡官员卒于官与官员之父母及妻之丧，皆许归殡于家，城门人役不得阻抑。"④

康雍以来，允许棺椁入城成为一项非常荣遇。光绪《大清会典》："官员卒于任所，及其父母妻之丧，柩回原籍，由部知照该地方官，准其入城治丧，并给发沿途照验执照。若柩回京，不准入城，系二品以上大臣，由部专奏请旨。"⑤福格《听雨丛谈》"入城治丧"条有完整记述："向来职官卒于任所者，灵柩回籍，路经州县城池，均准穿行，到籍日，亦准入城治丧。非没于任所者弗预也。若省会城垣，非勋绩大吏、阵亡官员，向不能入。与外州县稍有区别，皆谓之遵例入城者也。帝城尊严，凡遇赐谥大臣，阵亡将帅，须奉有旨，方准入城治丧。礼臣议恤者，所亦不及。故一时视入城治丧之典，荣于得谥。"⑥光绪八年礼部的一份相关咨文显示，在京官员病故，由其家人取具同乡京官印结粘连投递，由礼部发给本家执照，以便沿途照验，另外发给该省巡抚转饬遵照。⑦

---

① 陆容：《菽园杂记》卷4，第40页。
② 徐乾学：《读礼通考》引《大明一统志》，第10页。
③ 光绪《大清会典事例》卷640《兵部·恤赏》，中华书局，1991，第34页。
④ 光绪《大清会典事例》卷498《礼部·丧礼》，第763页下。
⑤ 光绪《大清会典》卷38《礼部》祠祭清吏司四，《续修四库全书》第794册，第367页。
⑥ 福格：《听雨丛谈》卷11，"入城治丧"条，汪北平点校，中华书局，1984，第237页。
⑦ 《礼部祠祭司奏文》，中国国家图书馆藏抄本。

就制度层面而言，死于外省任上，原则上能够入城治丧，但是如果没有皇帝谕旨，则地方官与守门人役的态度至关重要。略举两例。

直隶深泽人王用臣《斯陶说林》记载，咸丰七年（1857），其父王肇谦死于福建道员任上，棺柩返乡，至县城南关，遇到了麻烦。"（县尉）卫某与县尹某先以借贷未遂，意衔之。至是相约不令入城治丧。"王用臣叔父找了州牧，州牧大怒，"忠灵归里，例准入城，伊焉得挟私阻挠"，特遣州卒莅深迎接。①

曾国藩在同治元年十二月初二日给曾国沅的信中，主张曾国华之柩应该进入安庆城，除了因为城里已经做了准备，还因入城治丧是一种荣耀。"入城治丧，亦世俗哀荣之一端，故京师刻讣闻者，做高脚牌者，均争此一节。本年周军门天受柩来安庆，力请入城，余许之。黎寿民柩求入城，余亦许之。杨镇魁柩求入城，余未之许，乃请一咨求入长沙城，其家因此生感。"②可见棺椁能否入城治丧，地方官有极大权力。

既不能入城，更谈不上入宅。其实，即便家在城外，柩亦不进家门，这是明清时期一项普遍存在的习俗。康熙二十六年礼部文件中已指明此点。此外，贺长龄辑《清经世文编》收录张生洲《柩不入门辨》："俗有违其乡死者，柩归不入门，因殡于外。"盛康辑《续编》又录邓瑶《丧归宜入家论》："不幸以客死，丧抵里门，为之子孙者，乃不迎请入室，遽送之荒郊墟陇间。……盖有舆尸入门，其家不利之说。"可见这一问题应带普遍性。

还有一些相关事例，乾隆《海宁州志》祝守箴传：守箴为万历间贡生，父卒官。乃千里奔丧，返榇归里。柩及门，有宗人诃曰："尸归自外者，及墓不及家。不然，祸且逮后。"守箴坚持己见，手梭缊绋，殡于中堂。③万历中，新安人吴琨将父骸背负返乡，"里门故事，客死者不能复入舍"。只好抱着盛放父骸的篾笼露寝田间，次日在野外举行葬礼。李乐《见闻杂记》（万历辛丑自序）记浙江嘉湖间风俗："凡祖父客死，其柩皆不得入室，何以故？子孙云：冷尸入，后人不利也。"但桐乡钱槐江客死，其子梦得、梦傅迎柩入屋，却绝无一不利，家道兴隆。④乾隆《长兴县志》迻录其事，又引《水一方人札记》孝廉李方壶之事，李扶榇归家，"诸父昆弟聚而哗曰：'俗避舆

---

① 王用臣辑《斯陶说林》卷12《随笔》，中国书店，1991年《海王邨古籍丛刊》影印本，第58页。
② 《曾国藩全集·家书》，岳麓书社，1994，第911页。
③ 乾隆《海宁州志》卷12《孝友》，道光二十八年补刻本，第3页。
④ 嘉庆《桐乡县志》卷8，上海古籍出版社，1986，第686页。按，嘉庆《桐乡县志》卷7《孝友》钱梦傅传：父殁，扶榇归里，"人咸谓柩不祥物，无入门事"，梦傅坚持入室成丧。见第48页。

尸，尸不宜入。入者家索。'"但李方壶坚持舁厝于寝。①

为何在外棺柩不能入城，亦不得入宅？少数学者注意到丧葬与宅门的习俗，但没有就上述问题作正面探讨。②我们感觉，这两种习俗应是死亡禁忌在聚落内外空间上的反应。

我们看到，很多事例证明，有一类城门不但不能进柩，也不能出柩。明代两京有这样的情形，清代京师也有。顺治间，"谕民间丧葬，毋出正阳门，著为例"③。这样的规矩在一些地方城市时有所闻。在杭州，梁绍壬《两般秋雨盦随笔》记载："成化《杭州府志》言：'杭城余杭门在北，不得出居人之榇。'今则移而至于候潮门矣。"余杭门即武林门。④甚至于家中出丧也不由门。《读礼通考》："世俗出丧多不由门，往来别拆墙壁以出。"

棺榇至家不得入门，理由是柩为不祥之物，不利后人。是对于死亡的心理禁忌，认为对家人可能带来灾祸，乃至死亡。民国《吴县志》记康熙间胡士彦妻黄氏之事能证明此点。胡士彦死后被家人焚棺弃骨，黄氏知道后乃"裹还置卧侧"，将卜地以葬。家人大为不满："士彦弟以为不祥，数诟责之。"⑤这一事例表明，将死骸带入家门，无论何种情形，都是禁忌对象。高延在厦门的观察是，习俗禁止尸柩入宅，包括死于宅院附近。他举了一个1887年的事例，一次海难死了上百人，家属就在沙滩上装殓，而后直接抬入墓地。⑥在四川，《右台仙馆笔记》记石泉县刘氏女投入其家屋后的江中自尽，因"蜀俗：死于外者不以尸入室"，家人就想停殡于外。⑦

就不能入家而言，阻力主要来自家族内部，但当事人如果能够坚持己见，棺柩也能进入宅院治丧。此点与民国《井陉县志料》所说相似。该志说，外丧忌舁尸入家，注又云："此普通乡俗也。如家人允许，则不拘于此。"⑧

（三）魂归故里

将棺榇返葬祖居地，运回尸体的同时，还应导引其"魂"随行。笔记小说中的鬼故事经常写到此点。《阅微草堂笔记》记有人在藏匿尸骨的箱子上睡觉，使鬼魂不

---

① 《水一方人札记》卷12《杂志》，乾隆十四年刻本，第79页。
② 王子今：《门祭与门神崇拜》，陕西人民出版社，2006，第183~198页。
③ 《清世祖实录》卷15，顺治二年四月辛酉，第135a页。
④ 梁绍壬：《两般秋雨盦随笔》卷6《古今异俗》，庄葳校点，上海古籍出版社，2012，第229页。
⑤ 民国《吴县志》卷72《列女四》，民国二十二年铅印本，第12页。
⑥ J. J. M. De Groot, *The Religious System of China*（Original Book Store,1982）Vol. Ⅲ , p.841.
⑦ 俞樾：《右台仙馆笔记》卷9，第184页。
⑧ 《风土》第10编，民国二十三年铅印本，第18页。

得安，于是魇之。这则故事最后的结论是："旅魂随骨返，信有之矣。"[1]而在一些记载中，当棺椁即将到家时，死者家属也会在冥冥之中见到亡者。李庆辰《醉茶志怪》"魂归"条：陈姓死于军阵，家人并未知晓。友人归其柩，将至之夕，怪异的一幕出现了：陈某浑身血污现于妻女之前，倏忽不见。"及天明，其友送柩至。"作者议论道，魂随柩归，"可见人之遗骨，亦自郑重"[2]。

在这些记载中，旅魂是否只是随着尸骨返乡不得而知。在很多记述中，亡魂通过关津需要通行凭证。

最为常见的是需要"路引"，可以是阳世官府开具的。袁枚《子不语》卷23"鬼求路引"条，宁夏人莫容非死于太仓，纠缠上知州德龄安（似为德宁安）的幕友，表达了因为没有路引无法归乡之意，其原话是"鬼无路引，不能出境"。知州于是让吏房作文书，"咨明一路河神关吏，放莫容非魂归故乡"。薛福成《庸庵笔记》"旅鬼索路凭归费"条记到，一位幕友客死他乡，他曾设法告诉众人，"我久客思归，而苦无路凭，恒为关津吏所留阻。诸君如能为我办一文书，感且不朽"，诸幕客言于学使者，用鬼姓名填一路票，盖上官印，祷而焚之。[3]

这样的记述并非无稽之谈。纪昀在《阅微草堂笔记》中讲道，在乌鲁木齐时，军吏具文牒数十纸，捧墨笔请判："凡客死于此者，其棺归籍，例给牒，否则魂不得入关。"因为是给冥司的，所以不用朱笔，其印亦以墨。文牒是这样写的："为给照事：照得某处某人，年若干岁，以某年某月某日在本处病故。今亲属搬柩归籍，合行给照。为此牌仰沿路把守关隘鬼卒，即将该魂验实放行，毋得勒索留滞，致干未便。"纪昀以为虚妄不经，没有照例办理，结果怪异之事接连出现：先是得知城西墟墓中鬼哭，"无牒不能归故也"。其后，鬼哭之声竟出现在纪昀居所。在同事的劝说下，纪昀勉强签发牒文，结果鬼哭之声马上消失。[4]纪昀所记官牒之事可能并非向壁之作。

也有通过冥司的。明代苏州人姚希孟，母亲亡殁北京，扶柩南还之际，祭告都城隍，其文云："今将扶柩南还，安厝丘垄，关河修阻，跋涉为难，在生人尚苦津梁之疲，岂冥途独无山川之隔？"希望城隍神为母亲游魂顺利南归提供便利。"伏乞简查

---

[1] 纪昀：《阅微草堂笔记》卷3，第50页。
[2] 李庆辰：《醉茶志怪》卷1，金东校点，第48页。
[3] 薛福成：《庸盦笔记》卷6《幽怪》，丁凤麟、张道贵点校，江苏人民出版社，1983，第204页。
[4] 纪昀：《阅微草堂笔记》卷1，第15页。

幽冥敕付冥司，凡关津隔绝之乡，有土地神祇之守，任其飞渡，无致留难。使希孟苦块之间常在梦中而相会，愿吾母冥漠之际宛如乘传以言归。"①城隍神作为冥界地方官，负有管理地方民众魂魄之责，所以魂归故里需要他的帮助。②

也有通过某种物品加以引导的。卢公明在对晚清福州习俗观察时注意到，客死者尸骨返乡，家里人要到离家有一段路的地方去迎候。"去接灵的人带上一只白色的公鸡，鸡的两脚绑在一起，再让它趴在棺材上。一路上在家属的哭丧声中，白鸡一直保持着这个姿势。也有的时候，白鸡放在死者寡妻的轿顶上。如果死者是一个朝廷命官，白鸡会单独乘坐一顶四抬或八抬的大轿子。在这个地方，棺材或柩车顶上趴一只白公鸡的景象并不是难得一见的。""有的人家不用活鸡，而是放一个竹篾骨架的纸糊的假鸡，大小和颜色跟真鸡差不多。"又说，在接灵回家的路上，每遇拐角处，队伍中就有人高声叫死者的名字，提醒他跟上。有的接灵队伍带了两个道士，一路上敲钹，让亡灵循着这种特别的声响走。"这似乎又说明死者的魂并没有附在白鸡上，而只是跟着大伙儿一起走，白鸡的作用应该只是陪伴而不是负载亡灵。"③白鸡在引领亡魂方面，除了应用于旅榇返乡后的接灵，在归榇过程中也经常使用。甚至于在正常的丧礼中，自停柩之所到墓葬也需要领魂之鸡。④

倘无柩可归或力不能归，即行招魂之葬。民国《余姚六仓志》："客死于外不得其尸者，取其常服，呼其名而招之，谓之招魂葬。"⑤这一习俗较为常见。明代末年，陕西盩厔人李可从战死襄城，其子李颙觅尸不得，计无所出，只好招魂而葬。⑥道光间，卫辉人魏正则到滕县寻父骸，苦寻无果，众人劝他，"盍以纸为主，招魂归，可以致孝"。⑦这样的习俗，应是不得已而为之。

返葬家乡反映了深刻的家族观念和灵魂皈依观念，时至今日仍影响着中国人的丧葬习俗。

---

① 姚希孟：《棘门集》卷6《祭顺天府都城隍之神文》（天启乙丑），《四库禁毁书丛刊》集部第179册，第64页。
② 连晓鸣、康豹主编《天台县传统经济社会文化调查》（民族出版社，2005，第143页）对此亦有介绍。
③ 〔美〕卢公明：《中国人的社会生活——一个美国传教士的晚清福州见闻录》，第113~114页。
④ 张北人出殡，在灵柩前以一只红雄鸡领魂，谓之灵魂鸡。在安东，出殡时在棺上缚一只雄鸡，名灵魂鸡。分见民国《张北县志》卷5《礼俗志》，民国二十四年铅印本，第100页；民国《安东县志》卷7《礼俗》，民国二十年铅印本，第31页。
⑤ 民国《余姚六仓志》卷18《风土》，民国九年刊本，第6页。
⑥ 《清史稿》卷480《儒林列传一》，第43册，第13109页。
⑦ 道光《滕县志》卷14《轶事》，道光二十六年刻本，第15页。

小　结

　　明清时期的殡葬习俗相对于殡葬礼制而存在，既是礼制规范的对象，又可视为殡葬礼制在特定时空中的实践。因而，殡葬习俗与殡葬礼制之间存在密切联系。

　　殡葬习俗存在于社会各个阶层，但就具体的事象而言，会表现出一定的阶层特征。即如停丧缓葬，上至帝王，下至庶民，大多如此。当然，其中的原因不一，人们赋予停丧的意义也有所差异。对于夭殇习俗，以其为讨债鬼，将其抛掷野外，更多的是民间的做法。

　　殡葬习俗也具有显著的地域性。明清时期，"买水"等习俗主要盛行于南方地区，火葬、二次葬也主要在东南地区和少数民族中流行。即便同一事象，也表现出显著的地域特征，二次葬习俗表现得尤为突出。

　　就特定时空的各种殡葬习俗事象而言，它们看起来十分繁杂，实际上它们之间存在密切的关联，统一于有关生死的观念，以及对冥界的想象。这些信仰观念内化于殡葬习俗事象，指导人们这样处理死者遗体，而不是那样。信仰观念的稳定性使得中国传统时代的殡葬习俗代代相传，以致历经千百年后没有多大的变异。当然，明清时期的殡葬习俗打上了时代烙印。火葬已经由元代的大范围盛行至明代转变为相对局部的盛行；清初仍然延续关外火葬习惯，皇室亦加采用。停丧缓葬在本质上是传统礼制中殡礼的延续，但在一些地区，受区域社会因素的影响，演变成不葬。比如，江南地区社会经济的发展使得葬地成为制约人们及时营葬的巨大障碍，这同时导致这一地区盛行火葬。

第四章
殡葬问题及其社会应对

第一节 作为社会问题的殡葬

明清时期,合于礼教的殡葬应该依照儒家丧葬礼仪,以慎终追远、事死如生的观念,竭力表达哀戚之情,固护亲体,以礼营葬,世代守护罔替。但是,现实中存在的诸如火葬、停柩等违礼行为以及盗墓等危及坟茔的行为,构成明清时期一定时空范围内突出的社会问题。

(一) 停丧

明清时期是中国历史上停丧问题最为严重的时期。文献记载表明,停丧不葬现象具有一定普遍性。从地域范围看,以安徽、福建、江西、浙江、江苏等南方省份最为突出。从涉及的阶层看,不论绅衿、庶民,都有足够的理由停丧不葬。停丧不仅是一种习俗,它所带来的观念上的冲突以及水火兵盗对厝棺造成的破坏,使它成为这一时期的一大社会问题。

根据时人的说法,停柩不葬造成了诸多问题。首先,停柩威胁着亲人尸体的安全。常见的是日晒雨淋,棺材受损而裂开,尸骨暴露。尸棺有可能被野火焚烧,或被洪水冲走。一旦遭遇不测,严重违反孝道,对孝子是昊天罔极之痛。从儒家观念来讲,则是名教罪人。《清史稿》中就记述了一则与此相关的故事。湖北潜山人徐大中,没有安葬母亲灵柩,而是将之存放在房子旁边。乾隆四十七年,潜山发生水灾,尸棺被大水冲走。洪水退后,徐氏只在沙中找到母亲尸体的一只脚,脚上还裹着殓装。有路人告知徐氏,离此二里远处的树上挂着一具尸体,尸体用棉布裹着,缺一只脚。闻此消息，徐氏去找，发现母亲尸体脸部的下颌也不见了。他将母亲尸体背负回家，打算改葬。此时有乞丐捡到一个下颌骨，专门送到徐氏家，徐氏将之与母亲尸骨合拢，刚好符合。当地官员听闻此事，想将此事作为孝行上报朝廷，以旌表徐氏。此事遭到徐氏的拒绝，徐氏认为，他没有及时葬母，实属不孝，不可受到旌表。① 这则有关孝的故事恰好在不经意间反映了停葬可能带来的问题。

其次，停葬不葬还会带来丧葬礼仪上的困扰。清人朱轼曾指出，儒家丧礼，袭而后敛，敛而后殡，殡而后葬。既葬，尚需依次举行反哭、虞祭、卒哭、祔祭、小祥、大祥、禫祭，丧期才算完成。从表面上看，停丧不葬只是没有正式葬埋尸体的问题，但在儒家观念中，这一行为却使亡者处于进退不能的尴尬境地。而且，如朱轼所言，停丧不葬通常使丧礼在既殡之后中断，那么接下来的一系列仪式是否还要进行？如何进行？这在礼的范畴内难以说清，亡者将魂魄无依。这当然是对孝道伦理的极大冲击。②

再次，有人尸棺暂厝居室，还可以引发人伦礼仪困扰以及火灾等现实的问题。比如，文人张思勉尝言：

> 夫阴阳道隔，人鬼殊途。以死人之棺而居生人之室，不惟先灵暴露，阴鬼不免夜号，亦且火烛堪虞，仓碎何能措手！即不以不祥为虑，亦无意外之灾，而历年既久，遇有喜庆，祖父母父母之枢瑰处中堂，子若孙居然宴会婚配不疑。丧心害礼，蔑纪乱常，安可忍而为此？③

最后，停柩在烈日的暴晒下，尸体腐烂发臭，还可以引发瘟疫等公共卫生事件。"苏省各属城乡，停棺不葬……现在已届夏令，烈日炎天，不免秽气熏蒸，易生疫疠，亟应一律埋葬。"④

由上可知，在时人看来，停柩不葬有诸多危害。既威胁着亲人尸柩的安全，冲击了国家的意识形态——孝道，又可能产生瘟疫，严重损害公共卫生。

（二）火葬

火葬主要存在于东南和岭南地区，与停丧关系密切。有些丧家数年不葬，却又找

---

① 《清史稿》卷498《孝义传》，第45册，第13777页。
② 朱轼：《朱文端公文集》卷3《停柩》，清刻本，第25~26页。
③ 张思勉：《劝葬檄》，见乾隆《掖县志》卷6《艺文》，乾隆二十三年刻本，第24页。
④ 《江苏省例》，"通饬埋葬暴露尸棺"条，同治八年刻本。

不到理想的风水宝地,便用火葬来处理尸柩。在江苏吴江县,"择地营葬,多信堪舆之术。又其流辈各自为说,故疑而难定,有数年不葬者,悉从火厝"[①]。同时,没有经济能力举行土葬仪式的丧家进行火葬。江苏就经常出现这种现象,"访闻有无知愚民于父母尸棺,无力安葬。每随清明前后,相率焚烧,名为火葬"[②]。广东澄海县也是如此。[③]

火葬对当时的社会造成了很大的冲击。首先,火葬颠覆了儒家保全尸体的观念。按照儒家的正统观念,亲人死亡后,为了保全尸体,丧家必须做穿衣、入棺、再用椁、最后用土覆盖等重重保护。正如《礼记》所说:"葬也者,藏也;藏也者,欲人之弗得见也。是故,衣足以饰身,棺周于衣,椁周于棺,土周于椁。"[④]随着明清时期儒家观念对社会的全面渗透,这种丧葬观念的正统地位进一步加强。

然而,火葬的流行实际上颠覆了这种正统观念。因为火葬中,尸体被完全摧毁。丧家为了完全焚化尸体,采取了诸多在儒家正统观念来看毁坏尸体的做法。一首名为《悯俗》诗对此做了充分的描述:"长者镵,短者斧。椁毁棺开速厝火,赫然焰起如流虹。……嗟尔人子宁无恫,须臾烬灭人散去。残胔飘零委霜露,饥乌哑哑飞下树。"[⑤]为了使棺椁和尸体更容易燃烧,丧家用镵和斧两种农具,尽力破坏棺椁,暴露尸体。没有烧尽的尸体腐肉也被乌鸦吃掉。尸体瞬间消失的这个过程却因为火葬而被丧家坦然接受。这无疑颠覆了儒家竭力保全尸体的观念。

其次,火葬强烈冲击着当时的社会核心价值观——孝道。儒家认为,土葬不仅是保全亲人尸体的方法,而且是尽孝的一种表现。火葬则相反,在毁掉了亲人尸体的同时,也将孝道抹杀了。所以,在当时一些批评火葬言辞中,我们看到孝道与火葬的关联。一首名为《火葬叹》:"嗟乎兄弟本同枝,父兮母兮更将我抚育,乃竟忍心灰其躯,哀哉何异遭殄戮,雷霆罚之胡不速,多少荒郊鬼争哭。"[⑥]在这首诗的作者看来,不顾养育之恩而将父母尸体火葬的行为是子女对父母最大的不孝,与弑杀父母的做法无异。作者对当事人理应遭"天打雷劈"的谩骂,反映了火葬对孝道的强烈冲击。正因为如此,顾炎武认为火葬"伤风败俗,莫此焉甚"。[⑦]

---

① 乾隆《吴江县志》卷38《风俗》,民国间石印本,第3页。
② 《江苏省例·严禁火葬》,同治八年刻本。
③ 嘉庆《澄海县志》卷6《风俗·丧礼》,嘉庆二十年刻本,第6页。
④ 《礼记注疏》卷8《檀弓上》,李学勤主编《十三经注疏》,北京大学出版社,1999,第235页。
⑤ 张应昌编《清诗铎》卷23《风俗·丧葬》,第845页。
⑥ 张应昌编《清诗铎》卷23《风俗·丧葬》,第851页。
⑦ 顾炎武著,黄汝成集释《日知录集释》卷15《火葬》,第560~563页。

最后，火葬公然违背法律，有损于法律的尊严。明清时期的法律都禁止火葬。《大明律》规定："凡是有丧人家，……其从尊长遗言，将尸烧化及弃置水中者，杖一百。卑幼并减二等。"①《大清律》沿袭了《大明律》对火葬的禁令。然而，火葬的流行说明了当事人对法律关于火葬禁令的漠视。时人对火葬的批评也反映了这一点："晚近以来，习元人火葬之恶俗，煎尸肉，灭肢体，……伏读《大清律》云：凡发掘人坟墓、开棺见尸者，绞。卑幼发尊长坟墓，开棺见尸者，斩。残毁他人死尸及弃毁水中者，各杖一百，流三千里。"②在火葬中，作为卑幼的丧家既开棺，又毁尸。按照当时的法律，当事人无论如何必遭极刑论处。然而，火葬的流行说明了禁火葬的法律条文没有被严格执行，这无疑损害了法律的尊严。

总而言之，火葬在当时既悖离了伦理道德，又违反了法律，成为一种比较严重的社会问题。

（三）坟产争讼

坟产争讼是明清时期另一个重要的社会问题。坟产争讼的根本原因在于时人对坟茔的重视。江西婺源县的一份族谱序言就谈到了祖坟的重要性："大抵万物本乎天，人本乎祖，重坟墓所以重本也，重本义也，忘本不义也。薄于义者，祖先不享，天道不容，天道与之，鬼神不佑；厚与义者，祖先享之，天道与之，鬼神助之。"③重视坟茔不仅合乎道德，更重要的是能保佑子孙，得来实际利益。④由于坟茔非常重要，关系着家庭的命运，所以时人非常重视它。如果祖坟遭到侵害，子孙会竭力保护，不惜争讼。明清时期，坟产争讼一直纷纷未绝。⑤

这种争讼存在范围较广。在广东文昌县所有的诉讼案中，坟产类占到了十分之七。⑥在徽州的诉讼案中，坟产类也占到了十分之七。⑦明清坟产争讼不仅多，而且不易解决。一位官员曾说，田土纠纷主要有风水、水利、山场、田界，其中田界和水利一望可知，而风水和山场"有景射，有牵扯，诈伪百出。稍不的实，张断李翻，甚

---

① 《大明律》卷12，第96~97页。
② 民国《崇明县志》卷7《经政志·义局》，上海古籍书店1964年重印本，第10页。
③ 婺源《武口王氏统宗世谱》卷首《炎公祖墓经界公据薄序》，安徽省图书馆藏清雍正刻本。
④ 对于这种关系，日本著名学者滋贺秀三有精辟的论述。见滋贺秀三：《中国家族法原理》，张建国、李力译，法律出版社，2003，第304页。
⑤ 任志强：《明清时期坟茔的纷争》，《安徽大学法律评论》2009年第1辑。
⑥ 谭棣华、曹腾騑、冼剑民编《广东碑刻集》，广东高等教育出版社，2001，第926页。
⑦ 许承尧：《歙事闲谭》卷18《歙风俗礼教考》，李明回等校点，黄山书社，2001。

至两造毁家,案犹未定,皆勘官酿之祸也"。①可见,坟产争讼案不仅消耗官府行政成本,而且给当事人带来了沉重的经济负担。

以徽州的坟产诉讼为个案,似可管窥明清两代坟产争讼的全貌。徽州民众重视祖坟,竭力保护坟产。在明代,徽州的坟产争讼就不少。祁门县,坟茔与山木和继嗣并列为当时三大诉讼案。②到清代,徽州坟茔纠纷还是不断。曾任歙县知县的傅岩对歙县的坟产争讼很有感慨。他认为,徽州崇尚风水,民众对风水宝地竞相争夺和侵占,由此引发的争讼长年不休。③在傅岩处理的所有案件中,坟产案高达七成。④

有学者根据徽州文书对明清两代的坟山纠纷做了统计。在统计到的50件坟产纠纷中,有侵占坟地、盗砍荫木、损毁祖坟、盗葬、侵越坟地、厝棺、霸占风水、其他等8种类型。其中,前5种是主要的,占了总数的92%。⑤

徽州的坟山争讼不仅数量和类型多,而且影响较大,尤其是祖坟和荫木的争讼经常造成了重大的刑事案件。⑥平坟事件就是一个例证。据知县廖腾煃《海阳纪略》记载,休宁县一半以上的民众在外地经商,有些十年回家一次,有的数十年回家一次。这些商人的坟墓因此常年无人祭扫。当地土豪乘机串通这些商人的家族,将上述坟墓平整为田地。当在外经商的民众归来,上坟扫墓发现坟冢变为田地。他们为此呼天抢地,号呼奔走,一方面寻觅祖先遗骨,另一方面告发肇事者。他认为,此类案件一旦发生,无论肇事者是否为豪族势宦,必须对其绳之以法,方可符合情理。

廖腾煃还记述了一件关于坟山争讼的人命大案。休宁县之西乡,汪姓聚族而居,村边有一块山地,汪姓与杨姓两家共有。先是汪肇贞在这块山地埋葬了祖先,后来杨元之也将亡父葬在这里。汪姓家族认为,杨姓坟地损害了他们祖坟的风水。双方因之而起纠纷,相互到官府告状。知县廖腾煃认为此案案情简单,容易判决,就派县丞勘察和处理。不想,案情恶化,出了人命。汪姓不配合县丞调查,家族男子故意失踪,家中只留下妇女。无奈之际,县丞只能带领汪姓女眷和杨姓男子到坟地勘察。在勘察的过程中,汪姓妇女故意喧嚣,汪姓男子突然出现,持械将杨姓族人殴打,致使监生

---

① 《居官日省录》卷3,见张希清、王秀梅《中国历代政治名著全译·官典》第3册,吉林人民出版社,1990,第417页。
② 万历《祁门县志》卷4《人事志·风俗》,合肥古旧书店1961年影印本,第2页。
③ 傅岩:《歙纪》卷5《纪政绩》,陈春秀校点,黄山书社,2007。
④ 许承尧:《歙事闲谭》卷18,第605页。
⑤ 参见韩秀桃《明清徽州民间坟山纠纷的初步分析》,《法律文化研究》,2008。
⑥ 参见赵吉士《寄园寄所寄》卷11《泛叶寄·故老杂记》,黄山书社,2008,第901页。

杨劢祖遍体鳞伤，几乎丧命。同时，汪姓又将70多岁的仆妇殴死，诬赖该妇被杨氏族人打死，进而上诉。经过调查取证，廖腾煃证明了汪氏蓄意制造命案，以图诬告。[①]这个案子本来比较简单，也容易了结，可就是因为汪姓蓄谋，结果出现了人命案，致使案件复杂化，对当事人双方都造成了严重的影响。

上述徽州坟山纠纷引起的人命案是明清两代民间坟山争讼的一个缩影。其中当事人一方故意制造命案以图胜诉的情况，仅仅是坟山争讼案件复杂化的一个因素，还有其他一些因素。坟产多次易主是一个重要的原因。当时的坟地面积大小不一，中等家庭的坟地少则一两亩，多则好几亩良田。如果后来家道中落，为了营生而出售土地，但坟地没有随之出卖。若干年后，田地几经转手，而坟地仍归坟主的子孙。在这种情况下，要是坟地有了纠纷，田地买卖契据等证据很难寻找，案子就不易判决了。[②]坟契不标明四至是坟产案件复杂化的另一个原因。在坟地买卖过程中，坟契经常没有注明坟地的四至，"仅载某某山内坟地一穴，任其迁上、迁下、迁左、迁右等字样"。[③]在没有四至的情况下，坟地地界很难划定，纠纷很难解决。贫者借坟地讹诈是一个常见的因素。[④]坟地在当时价格高昂，有的坟地卖家还根据买家的经济条件来定价，以获得更多的钱财。[⑤]在坟地买卖中，还有"卖阳不卖阴"的说法。湖南湘西沅陵各县就是如此。山地买卖需在契约中注明出卖阴阳，允许买家以后建坟的字样。否则，如果买家后来建坟，卖主就以"卖阳不卖阴"为由，要买家再出重价，另立契约，否则争执不已。[⑥]总而言之，由于时人迷信风水，坟地昂贵，所以在坟地买卖中猫腻很多，卖家借此谋取更多钱财。这无疑大大增加了产生坟产纠纷的可能性。

由此，我们可以认为明清时代坟产商品化了，民间坟产的交易很多。这种交易不被政府重视，相反因为风水问题而遭到政府的斥责。在坟产市场繁荣，却没有相关监管机制的情况下，坟产纠纷必然增多。解决频繁发生的坟产纠纷变成了政府社会治理的重要内容，政府的行政成本因之大大提高。不少官员将坟产诉讼斥之为"缠讼"、"蛮讼"，从舆论上加以批评，以教化民众不可轻起坟产诉讼。然而，从事实来看效果不佳。

---

① 廖腾煃：《海阳纪略》卷下"汪杨命案审语"，康熙刻本，第143～146页。
② 胡旭晟等点校《民事习惯调查报告录》，中国政法大学出版社，2005，第23～24页。
③ 胡旭晟等点校《民事习惯调查报告录》，第208页。
④ 胡旭晟等点校《民事习惯调查报告录》，第24页。
⑤ 参见施沛生编《中国民事习惯大全》第6编"杂录·棺柩浮厝"，上海书店出版社，2002。
⑥ 胡旭晟等点校《民事习惯调查报告录》，第279页。

其中关键因素在于，他们没有认识到坟产商品化是坟产争讼的推手。

由上可知，明清时期，民众认为祖坟与家族的盛衰有着直接的关系，祖坟的地位因之更加重要。在祖坟受到损害时，家族全力抗争。同时，因为坟地价格高昂，坟地交易中猫腻很多，卖家处心积虑从中谋取更多的利益。这些都增加了坟产诉讼发生的可能性，也使得坟产诉讼不易解决，成为当时一个突出的社会问题。

（四）挖坟盗墓

明代的挖坟盗墓活动相对比较猖獗。挖盗者的身份不一，有的是官员，有的是军阀，有的是民间贼匪。万历年间，受皇帝宠信的宦官陈奉就是一个很有名的挖墓贼。兴国州（今湖北阳新县）人漆有光告发徐鼎等人发掘唐代丞相李林甫妻子的坟墓，获得很多的黄金。腾骧卫百户仇世亨将此事上奏万历皇帝，万历皇帝便派宦官陈奉将徐鼎所得黄金收入大内的府库。陈奉一方面对徐鼎等人严刑拷打，搜刮黄金；另一方面挖掘了兴国州境内的所有坟墓，以获取财物。有大臣上奏万历皇帝停止挖掘坟墓，奏议被搁置。[①]陈奉因之有恃无恐，更是肆无忌惮地掘墓。陈奉在武昌征税的过程中，也有掘墓的劣迹。有学者认为，掘墓是陈奉激起武昌民变的直接原因之一。[②]

明代民间的盗墓活动也不少。正德九年，扬州府海门县的骆宾王墓被盗掘。嘉靖初年，顺德府邢台县的元代刘秉恕墓被李淮盗掘，李淮后来被官府擒获。嘉靖八年，山东临朐县的无盐后寝陵被掘，内藏珍宝很多。万历年间，湖州昭明太子妃的墓被盗贼挖开，棺内外珍宝不可胜计。[③]

上述明代的盗墓活动可以分为两类，一类是官员，或者有皇帝指使或放纵的官员所进行的盗墓；另一类是民间贼匪的盗墓。前一类既是社会问题，又是政治问题。说前一类是社会问题，是因为以太监陈奉为代表的盗墓活动对社会造成了恶劣的影响，甚至激化了社会矛盾，引发民变。说前一类是政治问题，是因为不管盗墓者是陈奉还是张献忠，政府都无法出面制裁，他们都是政治人物。至于后一类，是与盗砍荫木等坟产纠纷相类似的民事矛盾，是政府治理社会的重要内容。

具有政治性质的盗墓活动对社会的负面影响很大。明代就有人说："毁掘冢墓则枯骨蒙殃，奸虐子女而良家饮恨。"[④]可见，掘人坟墓与侮辱良家女子一样，性质非常

---

① 《明史》卷193《陈奉传》，第7806~7807页。
② 参见王子今《中国盗墓史——一种社会现象的文化考察》，九州出版社，2007，第173~174页。
③ 沈德符：《万历野获编》卷29《发冢》，中华书局，1959，第757页。
④ 《明史》卷220《赵世卿传》，第5804页。

· 173 ·

恶劣，影响极坏。虽然民间一时对官员或军阀无可奈何，但他们会因之大失人心。清代统治者已经认识到这一点，因此尽量避免以政府为主体的平坟活动。康熙皇帝停止了毁人坟墓的大型工程，对提出不惜毁坏冢墓而治水的方案的官员给予严厉的处罚——削官夺爵，甚至禁止一些地方官员借修宫苑而采伐荫木。雍正皇帝亦很注意保护坟墓，得知因为建仓东便门而毁坏了一些冢墓和祠庙的问题后，责令改建，并修复冢墓和祠庙。① 因此，总体来看，清代具有政治性质的盗墓活动甚少，大量的盗墓活动是民间贼匪进行的。

广州贼匪焦四就是赫赫有名的盗墓者。他原本是驻防在白云山旁的军人，后来以盗墓为业。他手下有几十人，这些人技术分工明确，有听雨、听风、听雷、观草色和泥痕等不同的分类。因为技术很高，他们百不失一。一天，他们外出北郊，中午突然雷雨大作。焦四命众人在四方侦查，自己站在山顶查看。雷雨过后，有一人从东方来报，说打雷之际，脚下震动，地下似乎传来声音。焦四闻之大喜，认为古墓就在东边。第二天清晨，他带领众人开始挖掘。经过一番挖掘和试探，他们终于到达墓室。坟主是一个大贵族，墓室很大，且有人殉，棺中金珠不胜其数，坟主身体下面铺有金箔一尺有余。焦四将这些财宝全部搬走，之后再到市场上交易，因之暴富。②

然而，并非所有的盗墓者都像焦四一样组织严密，技术高超。不少盗墓者获得的回报小，但承担了严厉的惩罚。清代《刑案汇览》就记载了一些盗墓案，如漆王辨到妻兄李万甫家投宿，看见村前有抛洒的纸钱，经询问得知马姓家刚埋葬完毕，于是起了掘坟之意。漆王辨要侄子李百家带路，同阎姓娃同挖，掘坟开棺后，把尸体的衣服带回。不久，东窗事发，官府将漆王辨抓获，被判绞监候，不愿分赃的李万甫也因探听消息被杖一百，徒三年，李百家因带路被杖八十。③

在盛行停枢不葬之地，厝棺多被盗发。晚清《点石斋画报》中有两幅关于盗墓的图画，为我们直观地再现了盗墓的场景。第一幅图名曰"幸遇盗棺"，④ 从图画中的文字可知，广东潮州甲某因为作阴差⑤而抱病不起，家人以为死亡，将其枢置会馆义冢。盗墓贼闻之，当夜掘坟开棺。碰巧甲某苏醒，扶着盗墓者的脚站起来，盗墓贼被吓得

---

① 参见王子今《中国盗墓史——一种社会现象的文化考察》，第187～188页。
② 徐珂：《清稗类钞·盗贼类》，第5341～5342页。
③ 祝庆祺等编《刑案汇览》卷20《发冢》，第734页。
④ 吴友如等绘《点石斋画报》第2册，"幸遇盗棺"，第153幅图。
⑤ 阴差是当地人的一种观念，据说人快要死时，必有地府的差役来勾魂夺魄。但因阳世阳气太重，地府就请阳间的人来协同。这阳世的人看起来就像死人，不吃不喝，无声无息，但完成任务后就还阳，俗称"阴差"。

图4-1 《点石斋画报》中的"幸遇盗棺"和"群贼盗骨"

半死。第二幅图名为"群贼盗骨"。①图画的文字显示，松江西门外白龙潭有片坟地，某年六月中旬，盗墓者撬开了七具棺材，将棺中尸骨盗取，而不取衣物随葬品，听说为了制作闷香和药饵。

由上可知，明清时期的盗墓活动不少，对社会的危害较大。相对来说，明代具有政治性质的盗墓活动，是公然的组织犯罪，对社会的危害更大。当然，民间贼匪的盗墓活动对社会秩序的冲击也不可低估。进入清代，盗墓活动更具民间化的特色，盗墓者身份不一，有的是职业团伙，有的是单独作案，有的原本是守法良民，但因一时邪念而犯罪。盗墓者的数量不少，盗墓成为政府治理的一个重要的社会问题。

上述四类与丧葬有关的社会问题各有特色。火葬是一个地区性问题，主要存在于南方，其中江南最为严重。停柩问题则是全国性的，不过江南更为普遍，负面影响更大。坟产纠纷主要是经济性质的社会问题，因为时人重视祖坟，坟产被商品化，交易价值很高。为此，一些人借坟产进行讹诈勒索，冲突双方为了坟产不惜诉讼，甚至大动干戈，家族之间展开械斗，酿成人命大案。坟产纠纷是政府治理社会问题的重点之一。这三个丧葬问题更多意义上是一种民事类社会问题，盗墓则完全是刑事类社会案件。明清政府一贯严厉打击民间盗墓活动，不过对于政治性质的盗墓，明代政府要么置之不管，要么望洋兴叹。

---

① 吴友如等绘《点石斋画报》第3册，"幸遇盗棺"，第153幅图。

第二节　国家的治理

面对殡葬中的诸多问题，明清时期的政府通过各种法律和政策以及地方官员的应对措施，积极解决这些问题给社会带来的影响。在此，我们分别考察政府对火葬、停柩不葬、坟山争讼、盗墓等四类主要丧葬问题的治理。

（一）对火葬问题的治理

在盛行火葬的宋元时期，政府对火葬问题已有所治理。建隆三年三月丁亥，宋太祖发布诏令，认为火葬严重违反了礼制，即日起禁止火葬。[1]北宋著名政治家韩琦曾在山西禁革火葬，鉴于当地人多地少，韩琦以公帑购买数顷田地，建立义冢，方便贫民土葬。[2]南宋政府在绍兴二十七年和二十八年两次发布火葬禁令。绍兴二十七年要求各地方官效仿韩琦禁火葬的做法，建立义冢，禁革火葬。绍兴二十八年政府针对江浙一带人多地少，没有闲置田地建置义冢的情况，在政策上做了调整，严禁富豪士族进行火葬，贫民和旅客可以火葬。[3]

火葬之风延续到元代，政府对火葬采取了灵活的态度，禁止汉族土著居民死后火葬，对于军人、服役者、远方旅客、各种色目人不禁火葬。[4]

由上可知，火葬在宋元时代就成为一个关于礼仪教化的重要社会问题，受到政府的关注。政府对其采取了不同程度的禁革措施。南宋政府的政策调整在某种程度上反映了火葬问题的复杂性，以及治理火葬的困难。元代政府对火葬的态度比较灵活，根据不同民族和不同身份的民众来定，显示了蒙古入主中原后对儒家文化与其他民族同等对待的态度。

明朝建立伊始，朱元璋就对流行于民间的火葬发布了禁绝的诏令。史料显示，在洪武三年和五年，朱元璋两次诏令天下禁止火葬。洪武三年，"辛巳，令民间立义冢。上谕礼部臣曰：古者圣王治天下，有掩骼埋胔之令，推恩及于朽骨。近世狃于胡俗，死者或以火焚之而投其骨于水，孝子慈孙，于心何忍，伤恩败俗，莫此为甚。其禁止之，若贫无地者，所在官司，择近城宽闲地为义冢，俾之葬埋。或有宦游远方不能归

---

[1] 参见李焘《续资治通鉴长编》卷3，"建隆三年三月丁亥"条，中华书局，1979，第65页。
[2] 江少虞：《宋朝事实类苑》卷32《典故沿革》，上海古籍出版社，1981，第413页。
[3] 《宋史》卷125《凶礼四》，中华书局，1977年点校本，第2917页。
[4] 《大元圣政国朝典章》卷30《礼部三·丧礼·禁约焚尸》，《四库全书存目丛书》史部第263册，第591页。

葬者，官给力费以归之"。①朱元璋应对火葬的措施是政府为贫者建立义冢，为无力归葬官员提供经济补助，对于违反火葬禁令者治以重罪。②洪武五年，朱元璋基本上重申了这一诏令。从诏令来看，朱元璋对火葬治理是很认真的，其决心很大。

义冢的设置并不等于火葬的禁革就得到了执行，还要政府对贫困丧家进行督促，促使他们放弃原有的火葬，在义冢进行土葬。易言之，义冢尽管可以为贫困丧家进行土葬提供客观条件，但还需政府迫使他们改变丧葬的思想观念。史料显示，有些地方官员在任期间执行了朱元璋禁火葬的诏令。成化年间在福州任知府的唐珣，在当地开展了一系列以兴学劝农为主的民生建设，其中包括建造义冢、禁革火葬的移风易俗工作。方志作者称赞其"便民之事无不为"。③明代中后期著名的广东学者黄佐，在任广西提学佥事期间编撰《泰泉乡礼》，为当地教化工作树立典章规范。在《泰泉乡礼》中，黄佐要求丧家不可"作佛事而忍心火化"，如果有人阻挠土葬，丧家可以报官，以追求其责任。④可以看出，禁火葬是政府教化当地民众的工作之一。这些活动表明，明代政府禁革火葬的工作取得了一定的进展。

相对明朝，清朝政府禁火葬的工作就比较复杂而曲折了。清朝是东北少数民族入主中原后建立起来的一个王朝，入关前火葬是女真人常用的葬法。早在努尔哈赤统一之前，居住在黑龙江下游的女真人就对死者进行火葬。不过，火葬在当时只是女真人诸多葬法中的一种，并非主流。努尔哈赤统一后，火葬逐渐流行起来。人死后当天，丧家就在野外将尸体火化，第二、三天举行其他仪式，葬礼就算结束。对于当时火葬盛行的原因，一种解释是，"十七世纪之前，女真人普遍信仰萨满教，十七世纪之后，在中原地区佛教思想的影响下，女真人认为火葬可以使灵魂超度而进入天堂，可以保佑家族平安。明末清初，正值战争频繁时期，满洲八旗兵迁徙无常，居住地域也不固定，清政府又禁止驻防的八旗兵将在驻地置买坟茔和田产。因此，各地驻防八旗兵将死后，其家属'弃之不忍，携之不能'，只能火化骨殖，送归故里埋葬，这就使火葬旧俗得以继续存在。"⑤这种解释指出了入关前进行火葬的两方面原因，一是文化原因，即佛教的影响，也就是说佛教死生观为女真人进行火葬提供了文化依据；二是现

---

① 《明太祖实录》卷53，洪武三年六月辛巳条，第1052～1053页。
② 《明会要》卷18《礼十三凶礼·丧服》。
③ 《闽县乡土志》，《中国方志丛书·华南地方》第226号，第49页。
④ 黄佐:《泰泉乡礼》卷1，《景印文渊阁四库全书》第142册，第595。对于明代地方官员禁火葬的活动，学界着笔较少。常建华教授在《清代国家与社会研究》中提及唐珣和黄佐各自在任地方官期间所进行的禁火葬行动。参见氏著《清代国家与社会研究》，人民出版社，2005，第342页。
⑤ 塔娜:《满族传统丧葬习俗》，《中南民族学院学报》1988年第6期。

实原因，即战争对民众生活习惯的影响以及政府关于购置坟茔和田产的禁令。可见，当时的社会文化决定了女真人对火葬的选择。

定鼎中原伊始，满族还继续实行火葬，即使皇帝、帝后、王公大臣。火葬在清初无疑具有合法性。此后，这种丧葬习俗随着满族汉化的进程逐渐边缘化。从康熙皇帝开始，清廷逐步向儒家正统的土葬靠近，将葬礼与孝道联系起来，为"以孝治天下"的文化纲领服务。康熙皇帝就曾发布诏令，除了贫困不能扶柩归葬者，要求旗人改行土葬。

在政治层面，自康熙皇帝以后的有清一代，针对火葬盛行的社会问题，政府大张旗鼓地进行过两次禁革火葬的运动，第一次是乾隆年间，第二次是同治年间。乾隆皇帝继位之初就发布了禁革火葬的诏令。要求除了没有财力扶柩归葬的丧家，其他丧家一律不得火化，违者以法律惩处。同时，族长及佐领等人负责监督，如果其管辖区内发生火葬，族长等人隐匿不报，将对其与丧家一并处理。[1]这个禁火葬的诏令主要是针对盛行火葬的旗人发布的，尽管没有提及汉族的火葬，但它对汉族社会的禁火葬无疑具有重要的推进作用。

乾隆帝禁火葬的这项诏令精神也进入法律层面，被写进《大清律例》。《大清律例》规定："八旗、蒙古丧葬，概不许火化。除远乡贫人不能扶柩归里，不得已携骨归葬者，姑听不禁外。其余有犯，按律治罪。族长与佐领等隐匿不报，一并处分。"[2]

在乾隆帝禁火葬诏令的影响下，汉族社会的地方官员在当地积极开展了禁火葬的活动。乾隆年间江苏按察使陈宏谋为了解决江南盛行的火葬问题，制定了详细的禁令——《禁火葬檄》。在檄文中，陈宏谋首先说明了制定禁火葬檄文的背景（乾隆帝的禁火葬诏令）、苏州火葬的盛行，回顾了之前民间善堂组织与政府相配合对火葬问题的解决。接着描述了当时火葬之风的复苏，重点列举了进行治理的一系列措施。陈宏谋认为，当时苏州火葬的盛行与以焚烧尸体为职业的坛户之间具有密切的关系，这些坛户一方面专门制造器具，四处焚烧停柩，同时坛户之间组织起来，阻止善堂收集停柩土葬。为此，陈宏谋制定这样一些措施：①打击坛户。没收、毁掉坛户焚烧尸体的器具，对不顾禁令而执意作业的坛户严惩。②调查各处的停柩，对之编号、登记，专门造册，随后送交善堂埋葬。③为了避免因政务繁杂而疏漏此项工作，政府应在杂役中抽出一人，专门负责。如果坛户违抗，地保和堂长可告官，政府追求其责任。如

---

[1]《清高宗实录》卷5，"雍正十三年十月乙酉"条。
[2]《大清律例通考校注·礼律·丧葬》卷17《礼律仪制》，第569页。

果社区领导隐瞒，政府对其与坛户一并处理。④官方没有任何坛户，所以六门外的官坛系冒名、违法。政府对之查处，全部取缔。⑤调查各处官方善堂和义冢运行情况，如果久生弊端，应行整饬。如果当地没有义冢和官堂，政府应倡导士绅成立义冢和官堂，并派专人负责。最后，陈宏谋告诫同僚，禁火葬事关风化，不可忽视。①陈宏谋禁革火葬的措施，通过取缔坛户消除火葬的推手，加强政府监督、帮助善堂增强土葬的动力，整饬废旧义冢和官堂为土葬提供客观条件。

这项措施到底取得了多大的实际效果？乾隆二十四年陈宏谋以巡抚的身份再次到江苏任职。当时江苏火葬之风依旧，他感慨火葬之风积习已久，政府虽然多次整治，但依然存在。为此，他再次制定禁火葬章程。②由此我们可以推测，陈宏谋上次在江苏任职时所推行的火葬禁令取得的效果有限。这次推行的火葬禁令或许同样无法消除火葬，达到移风易俗的目标。可见，当时的火葬问题颇为复杂，不单单是一个风俗或文化问题，单一的行政手段所能获得的实际效果不大。因此，要在禁革火葬、推行土葬问题上获得良好的实际效果，或许还得有其他条件。同治年间推行火葬取得显著成绩就是很好的说明。

同治七年清朝有一次禁止火葬的全国行动。其经过是：浙江嘉兴府石门县举人谭逢仕等人利用进京应试的机会，向同乡翰林院侍讲学士钱宝廉报告了家乡火葬盛行的情况，特请钱氏申奏皇帝例禁。于是钱宝廉奏请严禁火葬，同治帝表示赞同，谕内阁："著浙江巡抚出示晓谕，申明例禁，并恐他省沿此陋习，著各省督抚饬所属州县一并严禁，如仍有火葬者，即行按律治罪。"③与乾隆帝的禁火葬，同治帝禁火葬是全国性的，引发此次运动的是浙江杭州、湖州和嘉兴三府盛行的火葬之风。为了奉行同治帝禁火葬的谕令，浙江巡抚李瀚章专门制定了禁火葬的章程，而且为了使民长久遵行，还将之石刻。该章程要求自公布之日起，丧家务必采用土葬，无力土葬者可葬柩于义冢。如果有丧家仍沿袭旧习进行火葬，地保和邻里举报，无论尊卑，一律治罪。若违反者有功名，其功名将被革除。如果地保邻里不举报，一经他人告发，将以隐匿之罪论处。同时，地方官员与士绅应联合调查无主荒地，建设义冢，以便贫民合葬。如有地痞流氓阻碍丧主土葬，或勒索钱财，允许丧家告官。官府立即捉拿地痞，严惩不贷。④从将禁火葬令石刻的情节来看，浙江巡抚对此次禁火葬高度重视。对于阻葬地

---

① 陈宏谋：《培远堂偶存稿·文檄》卷10《禁火葬檄》，第36~38页。
② 陈宏谋：《风俗条约》，见《魏源全集》第16册，《皇朝经世文编》卷68，岳麓书社，2004，第656~657页。
③ 《禁火葬录》，庄建平主编《近代文史资料》第10册，第1~3页。
④ 《禁火葬录》，庄建平主编《近代文史资料》第10册，第1~3页。

· 179 ·

痞的打击也显示了当地政府禁火葬的力度。

除浙江禁火葬外,其他相关省份也开展禁火葬运动。江苏巡抚丁日昌制定了更为严格的火葬禁令。譬如,对不听劝解,一意毁弃祖父母、父母尸体的子孙将处以死刑。对发掘父母坟茔,将其尸身火葬者,以凌迟、斩立决等酷刑处死。同时,要求所属各地方政府在本年冬至以后、大寒以前一律将停柩埋葬干净,否则唯府厅州县各级官员是问。[①]相对其他官员的禁火葬令来说,丁日昌的这个禁火葬令最为严格,不仅对违反者处以极刑,而且确立各级政府治理火葬问题的时间表,对监督不力的官员问责。

根据研究,这次禁火葬运动取得较大的成绩,其关键因素在于太平天国之后义冢的复兴。战争使江南人口锐减,大量荒地出现,为土葬的推行提供了客观条件——土地。政府和士绅利用这一契机,移风易俗,大力发展义冢,禁革火葬,推行土葬。[②]当时主张禁火葬的湖州知府宗源瀚对此有详细的分析:"国初大儒顾亭林谓:宜每里给空地若干,为义冢,以待贫民之葬,除其租税而更为之严禁。此在承平时尺地有主,能说而不能行。近年则荒废无主之田地山,各庄各圩皆有,前人不能行之事,吾辈适遇可行之日。千载一时,机不可失。但得官绅董事肯用心力,酌量多寡,每村每圩指出荒地、荒山若干,禀定作焉义冢,并各庄自行捐赀,择董经理,不能葬者,悉为代葬。"[③]宗源瀚的这段论析对我们理解之前明清两代历次禁火葬运动的实际效果具有重要的意义。首先,闲置空地是推行土葬、禁革火葬的客观基础。有足够的空闲土地用于建置义冢,土葬才能落实,否则禁革火葬无法推行。其次,江南之所以火葬成风,除了佛教等文化因素外,人多地少是关键。禁革火葬、推行土葬,在某种意义上说是抢夺生者的生存资源,为死者创造空间。其实,明代有人就认识到这个道理。晚明著名文人冯梦龙就说:寿宁多火葬,"非惑于西方之教,其停柩非尽信堪舆之说也。土地稍平者屋之,稍浮者亩之,地几何而堪鬼宅?"[④]最后,战争解决了禁火葬面临的最大困难——人多地少。太平天国之后大量荒地的出现为推行土葬提供了充足的客观条件。

(二)对停丧不葬问题的治理

据明末清初大儒顾炎武考证,从丧葬出现的魏晋到宋代,历代王朝对停柩现象普

---

① 《江苏省例》,同治七年《严禁火葬》。
② 参见冯贤亮《土火之争:清代江南丧俗整顿与社会变革》,《社会·历史·文献——传统中国研究国际学术讨论会论文集》,上海,2007年6月,第155~172页。
③ 宗源瀚:《颐情馆闻过集·守湖稿》卷7《劝葬》,《四库未收书集刊》第10辑第4册,北京出版社,2000,第545~546页。
④ 冯梦龙:《寿宁待志》卷上《风俗》,福建人民出版社,1983,第55页。

遍持反对态度，对涉事官员要予以处理。譬如唐代颜真卿曾弹劾将母亲灵柩寄在僧舍的官员郑延祚。五代周太祖广顺中发布诏令，亲丧未葬者，不得仕进。宋御史张商英也因没有埋葬父母灵柩而遭弹劾，被贬为高邮知县。[①]南宋政府明确制定了禁革停柩的法律。《庆元条法事类》规定："诸父母亡，过五年无故不葬者，杖一百。品官，委御史台阁门弹奏，庶民之家，令州县觉察。"[②]相比广顺诏，《庆元条法事类》对停丧不葬的处理细致化和明确化了，停丧有五年的合法期限，对无特别原因而停丧五年以上者进行惩罚——杖一百，同时将涉事官员和庶民分开监督和处理。在禁革停柩问题上，南宋政府有明显进步，一方面把禁革停柩的政策法律化了，另一方面将管辖范围扩大到庶民。当然，这也从一个侧面反映了当时停柩之风盛行。

元代停丧之风更甚，尤其是江南地区。为此，福建官员奉训赵某申明："是宜明白开谕，限以日月，使依期埋葬，以厚人伦之道，以长孝爱之风。其于教化，岂小补哉？咨请照验施行，更为备申宪台照详，行下各遵一体施行。"[③]

综上所述，魏晋至元代的政府基本上对停柩问题进行了不同程度的打击，力度也有一个加强的趋势。五代周太祖颁布的广顺诏是一个标志性事件，它将禁革停柩的措施制度化了，并与仕进联系起来。这种制度为明清政府制定禁革停柩政策奠定了基础。

明朝建立后，明太祖朱元璋一反元代对儒家文化的歧视，大力推行儒家文化。作为儒家文化的核心内容，丧葬礼仪是他推行教化的重点之一。洪武五年五月，明太祖下诏："及有惑于风水，停柩经年，不行安葬，宜令中书省臣集议定制，颁行遵守，违者论罪。"[④]针对东南地区停丧不葬的风俗，朱元璋"以礼化俗"，一方面就民间风水迷信进行劝化，另一方面要求中书省制定相关政策，严惩停丧不葬者。"违者重罪"体现了朱元璋"重典治国"的精神。

停丧不葬既有风水迷信的因素，也有厚葬观念的因素。为此，朱元璋在禁停丧的诏令中还要求"丧事称家有无，毋惑阴阳拘忌，停柩暴露"。[⑤]也就是说，丧家不可以财力为由，停丧不葬。

对于停丧的期限以及违反者的具体处罚，《大明律》明确规定，停丧不得超过一

---

① 顾炎武著，黄汝成集释《日知录集释》卷15《停丧》，第690~691页。
② 戴建国点校《庆元条法事类》，杨一凡、田涛主编《中国珍稀法律典籍续编》，黑龙江人民出版社，2002，第835页。
③ 陈高华等点校《元典章》卷30《礼制三·葬礼》，中华书局，2011，第1070~1071页。
④ 《明会要》卷18《礼十三凶礼·丧服》，第289页。
⑤ 《明史》卷2《本纪第二》，第27页。

年，违者杖八十。与宋代《庆元条法事类》有关停丧的规定相比，《大明律》对停丧的期限缩短了，前者的时限长短是后者的五倍。对违反者的处罚力度，从表面来看，前者杖一百比后者杖八十要重。但将停丧期限与处罚力度结合起来看，总体来讲，后者对停丧的处罚力度显然要大。同时，前者对停丧者的身份进行了分类，主要明确了对停丧官员的监督和处理。后者则对此没有着墨。对于其中原因，文献没有明确的记载，我们推测，经过元末明初的大规模战争，东南地区人少地多的局面被改变，出现大量荒地。所以，朱元璋在禁停丧的诏令中也没有提到元代地方政府所说的没有葬地而停丧的情况。也就是说，经历战乱之后的明初，停丧的原因只有风水和厚葬观念两个方面的主观原因了，葬地这个客观因素不复存在了。或许停丧之风在明初有所减退，至少从士大夫阶层来讲，似乎可以这样说。这也应该是明初不管是朱元璋诏令，还是《大明律》，在对停丧问题的解决上没有提及对士大夫停丧情况具体应对方式的原因。

为了治理停丧问题，地方官员制定了具体的措施。万历时期，针对徽州丧家将灵柩弃置路旁，或经历二三十年，甚至三四代没有埋葬的现象，当时徽州知府古之贤专门颁布了《行六县劝士民葬亲》的政令，要求丧家限期埋葬，"如有抗违，查照子孙弃尸律令，一体治罪"。[①] 从政策设计来看，古之贤对停丧者按照弃尸罪论处，这个惩罚是十分严厉的。《大明律》规定："其子孙毁弃祖父母、父母及奴婢、雇工人毁弃家长死尸者，斩。"因此，停丧者将被判处死刑。以死刑制裁停丧者的过激行为反映了古之贤治理停丧者的决心和力度。不过，限于材料，我们无法得知这项政令的落实情况。

与古之贤治理徽州停丧问题的政策不同，弘治年间江西提学副使邵宝将停丧与科举挂钩，从而治理停丧问题。《明史》记载："江西俗好阴阳家言，有数十年不葬父母者。宝下令，士不葬亲者不得与试，于是相率举葬，以千计。"按照这条史料，邵宝通过停丧者不得参加考试的措施，取得了停丧问题治理的良好效果。或许"相率举葬，以千计"的说法有史家出于称赞邵宝而夸大其政绩的嫌疑，但这次停丧治理应该取得了一定的成绩。

总而言之，在停丧问题的治理上，明代政府比较重视，中央制定了相关的政策和法律。也有一些地方官员针对当地情况，专门颁布了具体的禁停丧措施。个别官员在

---

① 古之贤：《新安蠹状》下卷《牌票·行六县劝士民葬亲》，转引自卞利《明清以来徽州丧葬礼俗初探》，《社会科学》2012年第9期。

这项工作上也取得了一定成绩。

对于停丧不葬问题，清代政府延续明代政策，明令禁止。《大清律》基本上照抄了《大明律》有关禁止停丧不葬的条文。此外，政府还专门出台相关的政策。乾隆帝两次下诏，明确反对停丧不葬之风。雍正十三年十月，乾隆帝颁布诏令说："朕又闻汉人多惑于堪舆之说，购求风水，以致累年停柩，渐至子孙贫乏，数世不得举葬。愚悖之风，至此为极。嗣后守土之官，必多方劝导，俾得按期葬埋，以妥幽灵，以尽子职，此厚人伦美风俗之要务也。务各凛遵毋忽。"① 在这个诏令中，乾隆帝分析了停丧不葬的原因及社会危害，要求地方官员进行劝化和督促，改变停丧不葬之风。

虽然律有明禁，但清代停丧之风依旧十分盛行。钱塘王复礼在《家礼辨定》（康熙四十一年序）中不禁喟叹："今律中定限三月，若经年暴露不葬者杖八十，而民不遵官不责，何也？"② 康熙年间，杭州张文嘉亦云："国律虽有停柩经年之禁，而卒无有行之者。"③ 江苏按察使陈宏谋在给乾隆帝的奏折中也指出，律例所载"几等虚文"。④

面对这一困境，从朝廷到地方，从官员到士绅，都重新思考既有定制。对此，存在两种意见，一种主张强制落实禁停丧令，另一种则认为应该通过劝化的方式，解决停丧问题。

主张强制执行者认为，停丧不葬事关伦理教化，应该通过强制措施严行禁止。具体操作方式是将停丧者从身份上划分为士大夫和庶民两种，对于前者从仕途上来限制，对于后者则采取暴力，使其就范。康乾时期的重臣朱轼就是这一意见的代表人物之一。他曾作《停丧不葬》，提出用强制的办法，禁革停丧之风：如果守丧期满而没有埋葬灵柩，官员不得升迁，儒生不可参加科举考试。官员补官呈词必须注明成服、安葬和除服的具体日期，同时获得宗族或邻里的担保才能补官。对停丧而谎称埋葬者，如若被告发，全部以匿丧罪论处，担保之人亦受牵连。对丧期满而没有埋葬的庶人，允许宗族和邻里告其暴棺罪。朱轼认为，通过这强制措施，民众对停丧有警觉之心，停丧问题或许能得到彻底解决。⑤

江西按察使欧阳永琦向朝廷提出了类似的建议。他在《请定例禁疏》中提出，停丧者经劝说而不改，应当给予更为严厉的打击：以一年为期限，最长不可超过 27

---

① 《清高宗实录》卷 5，雍正十三年十月乙酉条，第 241 页。
② 王复礼：《家礼辨定》卷 7《丧礼》，《四库全书存目丛书》经部第 115 册，第 300 页。
③ 张文嘉：《齐家宝要》卷下《丧礼》，《四库全书存目丛书》经部第 115 册，第 723 页。
④ 《江苏按察使陈宏谋为整饬停丧不葬事奏折》（乾隆六年六月初二日），《历史档案》2001 年第 2 期。
⑤ 参见朱轼《朱文端公文集》卷 3《停柩》，清刻本，第 25~26 页。

个月，过此期限不葬，举人、贡生、监生不可参加科举考试；应该补官和升迁者，不准申请补官和升迁。如果弄虚作假，除了按照相关法律治罪外，举人、贡生、监生取消功名，官员撤职。对于庶民身份的丧家，地方官员监督其埋葬，如果故意停丧，按照刑律杖责。欧阳永琦同样认为，如果按照这些措施治理，停丧问题或许可以解决。①

对比上述朱轼和欧阳永琦两人的建议，主要内容是相同的，一方面将停丧者按照身份的士庶差别分类处理，另一方面重点整治官员停丧。不同之处主要在于对停丧官员的处理上，朱轼重在预防，即通过补官和升迁申请保证，以及担保人，以促使士大夫速葬。同时以连坐担保人的方式，来加强对违反者的处理力度。欧阳永琦则希望通过适当延长停丧日期（一年到两年半），减轻治理的阻力。这一停丧日期的想法在当时的知识界有一定的共鸣。②

将士大夫作为整治停丧问题的重点，通过仕途来纠正他们的停丧行为，这种措施被称为"停丧不得仕进"。在一个官本位的社会，仕途是士大夫的核心利益，以此限制他们的停丧行为，可谓抓住了解决问题的关键。万斯同对此分析到，与孝敬之心相比，不孝之子的仕进之心更强，如果他们的仕途因停丧而受到限制，为了荣利，则不得不勉力埋葬其亲。③同时，还有人认为停丧者不孝不忠。④如此一来，"停丧不得仕进"的政策不再单单是"以礼化俗"的问题，还关乎皇帝、朝廷的利益。

在主张强制执行者中，除了向朝廷提出"停丧不得仕进"的建议者之外，一些地方官员直接制定了与"停丧不得仕进"相关的措施。即如湖州知府宗源瀚就要求停丧超过期限者，限期三个月，最迟半年以内埋葬，否则依法处理，有功名者则以斥退和除名处理。⑤

以仕途作为解决士大夫停丧问题的利刃，这一主张的问题在于士大夫停丧的现象

---

① 欧阳永琦：《请定例禁疏》，丁守和、陈有进编《中国历代奏议大典》（清代·太平天国卷），哈尔滨出版社，1994，第289页。
② 明清礼制，职官和庶民停丧三个月。为了减轻治理停丧不葬问题的难度，一些人建议将停丧期延长至三年。参见张传勇《清代"停丧不得仕进"论探析——兼论清代国家治理"停丧不葬"问题的对策》，《中国社会历史评论》第10卷，天津古籍出版社，2009，第283～284页。
③ 徐乾学：《读礼通考》卷115《丧制八·违礼二·停丧不葬》，第9页。
④ 张伯行在《亲丧不可久停说》中就将停丧与官员的忠孝挂钩。他说："求忠臣必于孝子之门，在家为孝子，斯在国为忠臣，断未有不孝于亲而能忠于君者也。"因此，应当禁止停丧者仕进。参见张伯行《正谊堂文集》卷9"亲丧不可久停说"，《四库全书存目丛书》集部第254册，齐鲁书社，1996，第123页。
⑤ 宗源瀚：《颐情馆闻过集》卷7《劝葬·简明示谕》，《四库未收书辑刊》第10辑第4册，北京出版社，2000，第546页。

非常普遍，推行难度之大就可想而知了。江苏按察使陈宏谋为停丧不葬事上奏，其结果正反映了主张劝化者的想法。

乾隆六年六月初二日，江苏按察使陈宏谋上奏，提出通过"停丧不得仕进"解决当时江浙等地区存在的停丧问题。

> 凡有一切赴选、赴补内外官员，俱查明父母、祖父母、曾祖父母无有停丧在家及浮厝不葬者，方准地方官起文送部。至会试举人，一成进士便入仕途，应于起文会试之时，亦查其有无停丧在家及浮厝不葬者，方准给文赴试。并于文内声明，倘族邻捏结，地方官朦混给文，查出一并处分。其先经赴选、赴补之员，如有停丧未葬者，定例之后，许其在部呈明，归家营葬，然后赴任。至现任内外大小各官有亲丧未葬者，许其于半年以内，呈明本堂官及本省督抚，咨明吏部给假，葬毕回任。如逾限隐匿不报，察出严加议处。[①]

乾隆帝接到奏折后要求吏部官员议奏。大学士伯臣额等人的意见是：停丧并非丧家故意为之，更不用说出于不孝之意，谋求风水宝地和厚葬是万不得已的事情。这是很难用政策和法律来解决的。陈宏谋的建议一旦执行，胥吏将挨家挨户搜查，也会乘机敲诈勒索，同时地方地痞恶棍借机以告官而谋财，诉讼因此而起。[②] 总体来看，基本上否定了陈宏谋的建议。

吏部官员的理由有其道理。站在丧家的角度来说，停丧或许表明丧家更加孝敬，因为至少从表面来看，丧家停丧的理由是为已故亲人在阴间过得幸福，而谋求风水宝地，以风风光光的厚葬仪式给已故亲人送终。这也很符合人情世故，无可厚非。这是其一。其二，在停丧之风盛行的情况下，要求所有的停丧官员专门请假，回家办理速葬，的确很难落实。因为当时不少官员家有停丧，一旦他们请假回家，不少行政机构将无法正常运作，有些甚至会因之瘫痪。以及停丧的举子在处理停丧后再参加会试，会试有可能无法正常运行。因为当时参见会试的举人多数来自停丧之风盛行的地区。其三，轰轰烈烈地大搞禁革停丧运动，胥吏和地痞的确有可能从中渔利，从而激化社会矛盾。

---

① 《江苏按察使陈宏谋为整饬停丧不葬事奏折》，见中国第一历史档案馆《乾隆初年整饬民风民俗史料（下）》，《历史档案》2001年第2期。

② 参见《劝导及时营葬》，《清雍正至乾隆年条奏》不分卷"乾隆六年条例·吏部"，国家图书馆藏清刻本，第44~45页。

史料尽管没有直接记载乾隆帝对陈宏谋建议的评价，但乾隆帝对其他风俗问题治理的评价可以间接反映出他对陈氏处理停丧问题的心理反应。乾隆四十六年，御史刘天成向乾隆帝奏请严禁浮费问题，乾隆帝对其建议的评价是：说得动听，但难以实行。乾隆帝的理由是，浮费问题既不能用道德来解决，也不可将其作为国家大事，用政策和法律来处理。如果用法律来处理，轻则不足以惩戒，重则会引起社会矛盾。结果民众未得到节俭的益处，反而受到骚扰的苦楚。每年秋审之际处以死刑的人已经很多，他不能再因浮费问题增加犯罪的人。最后，他说出自己的苦衷，这种问题不是不能办理，而是不忍心办理，也没必要办理。①总而言之，在乾隆帝看来，风俗问题不可用行政手段强制解决，只能用教化的方法来引导。

与前代相比，清代政府治理停丧问题具有这样几个方面的特点：第一，停丧受到各级政府的高度重视。皇帝颁布禁停丧的诏令，制定相关律令，地方政府出台严厉的政策。也有官员奏请朝廷拟定更为严格的禁停丧政策。这些都反映了停丧问题在当时社会的严重性以及政府的积极反应。第二，以士大夫作为整治停丧的重点。"停丧不得仕进"政策早在五代时期已成雏形，然而作为一种政策受到广泛关注，实际上是清代的事情。清代不少官员提出以仕途作为限制士大夫停丧的措施，这反映了停丧现象在社会中上层十分突出。第三，清代禁停丧政策的严格化与停丧之风屡禁不止形成了鲜明的对比，说明停丧问题在清代治理具有不小的难度。

（三）对盗墓和坟山争讼的治理

1. 明代国家对盗墓和坟山争讼的治理

（1）国家制度和法律

明代政府非常注重对盗墓和坟山争讼问题的治理，制定了比较详细的禁止盗窃坟墓财产或侵占坟山的相关法律和制度。

《大明律》"发冢"条专门记述了盗挖坟墓和侵占坟山的处罚细则。"发冢"的处罚细则共分五类。第一类是对掘墓者的处罚。这类处罚又分为五种情形：①发掘坟墓，已见到棺椁者，杖一百，流三千里。②打开棺椁，见到尸体者，处以绞刑。③发掘坟墓而未至棺椁者，杖一百，徒三年。④如果盗取在墓穴尚未埋葬的灵柩，杖九十，徒两年半；打开棺椁，见到尸体者，也处以绞刑；盗窃坟墓器物、砖石者，根据赃物，以遭窃罪论处，免黥刑。⑤若身份低下者和晚辈发掘尊长坟墓，与普通人盗

---

① 参见光绪《大清会典事例》卷399《礼部·风教·训伤风俗》，第455~456页。

墓处罚相同。打开棺椁,见到尸体者,斩首。若抛弃尸体,倒卖坟产者,也斩首;同时,对买方和牙行各杖八十,追回买卖钱物,坟地入官。不知情的族人和亲属不连坐。如果尊长发掘身份低下者和晚辈的坟墓,且开棺见尸,缌麻,杖八十,徒三年。小功以上,各递减一等。发掘子孙坟墓,且开棺见尸者,杖八十。如若因故而按照礼仪迁葬者,不受到连坐。

第二类是对毁弃尸体者的处罚。这类处罚分为三种情形:①毁弃他人尸体,以及丢弃尸体于水中者,各杖一百,流三千里。焚毁和肢解在家或在野外为殡葬的尸体等行为者,处以同样的处罚。如果开棺毁弃尸体,从重处罚。②若毁弃缌麻以上尊长尸体,斩首。弃而不失以及髡发若伤者,各减轻一等处罚。肇事者若系缌麻以上的卑幼,依照普通人递减一等处理。③子孙毁弃祖父母、父母,以及奴婢、雇工人毁弃家长尸体,斩首。

第三类是对过失损坏尸体者的处罚。此类处罚分三种情形:①挖地而碰见尸体,不立即掩埋者,杖八十。②因在他人坟墓熏狐狸而烧毁棺椁者,杖八十,徒两年;烧毁尸体者,杖一百,徒三年;肇事者若系缌麻以上尊长,各递加一等处罚,若系卑幼,依照普通人犯罪,递减一等处罚。③子孙在祖父母、父母,以及奴婢、工人在家长坟墓熏狐狸者,杖一百;烧毁棺椁者,杖一百,徒三年;烧毁尸体者,处以绞刑。

第四类是对毁坏他人坟墓的处罚。此类处罚分为两种:①将他人坟墓平整为田园者,杖一百。②在他人主坟地内埋葬,杖八十,限期迁葬。

第五类是对非法处理尸体知情不报者的处罚。地界内有死人,里长、地邻不报官而私自转移他处埋葬者,杖八十;导致尸体失踪者,杖一百;毁坏尸体于水中者,杖六十,徒一年;弃而不失,及髡发若伤者,各减一等处理;盗取尸体衣服者,按照赃物价格,以盗窃罪论处,免除黥刑。①

《大明律》对发冢罪严格而详细的处罚规定,反映了盗墓和坟产争讼问题的复杂性和严重性。首先,此类问题非常复杂,可大致分为五类十八种,而且有些小类中又分为多种情形。总体来说,大多数类别中基本涉及对棺椁、尸身、死者财物侵犯的详细处罚规定。对于不同类型问题的处理,法律都有十分明确而详细的规定。同时,因肇事者与尸体之间身份关系的不同,肇事者受到的处罚也不相同。这反映了当时社会的等级性。其次,这类问题情节非常严重,因此法律根据情节严重程度的不同,分

---

① 参见《大明律》卷18《发冢》,第144~145页。

别处以绞刑、斩首、徒刑、流刑、杖刑、准盗窃罪等。尤其是绞刑和斩首这两种极刑的使用，显示了法律对盗墓者以及毁坏尸体者处罚的程度。这种严厉的打击与当时盗墓之风的盛行有着密切的关系。此外，在上述诸多发冢罪的规定中，关于侵占坟产的规定较少，处罚力度也小。当然，这类案件属于民事纠纷，其他案件应该多属刑事纠纷。当时政府主要打击在墓葬问题上的刑事犯罪，以减少此类问题的发生和对社会的影响。至于关于坟产的民事纠纷，对于当时政府来说是相对次要的事情。

不过如果涉及皇陵财物，问题的性质就不一样了。《明会典》详细规定了政府对盗取皇陵树木的处罚，其中也涉及了对普通坟墓树木的盗取罪。盗取园陵树木者，杖一百，徒三年。盗取坟茔内树木者，杖八十。如若赃物重于本罪，各加盗窃罪一等。凡是盗取皇家园陵树木（凤阳皇陵、泗州祖陵、南京孝陵、天寿山列圣陵寝、承天府显陵的山前山后都限制砍伐树木），验实真正桩楂，比照盗取大祀神御物[①]斩首罪，奏请皇帝定夺，从犯发边充军。盗取土石、开窑烧造、放火烧山者，全部比照前面的处罚裁决。在孝陵神烈山铺舍以外，去墙二十里以内，开山取石、安插坟墓、筑凿台池者，枷号一个月、发边卫充军。在凤阳皇城内外耕种牧放、安歇作践者，问罪、枷号一个月。拾柴打草的各园陵巡守人员不在禁限之列。但是，如果借机敛财、索贿，不用心巡视，以及守备、留守等官员不严加约束，以致手下肆意作弊者，各从重处罚。天寿山皇陵仍照旧例，锦衣卫值班的官校往来巡视。如果派官校出差，卖放作弊，以及以此派遣普通人行骗者，全部治罪。[②]对皇陵财物和产权的严格保护反映了当时丧葬问题的等级性。同样是对坟墓树木等财物的盗取，如果系民间坟墓，按照一般的民事案件处罚，处罚力度较轻；如若系皇陵，则按刑事案件处理，以极刑论处。

除了严格保护皇家陵园，明代政府还对古代帝王、忠臣、烈士、名人陵墓进行了保护。成化二年，明宪宗就发布了禁止侵害、损毁上述陵墓的诏令。[③]

总而言之，在对坟墓的财物和产权保护上，明代政府在制度和法律上进行了积极的制度建设，以打击当时的盗墓活动，解决坟产纠纷，维护社会稳定。同时，"严打"对皇陵的侵害，保护皇家陵墓的神圣性。

政府不仅注重关于保护坟墓的制度和法律建设，还对因公共工程而涉及的迁坟问题非常谨慎。天顺年间，右副都御使崔恭巡查苏松诸府，鉴于漕运经过孟渎十分危

---

① 大祀，帝王最重要的祭祀，指宗庙天地祭祀。神御，指前朝帝王的肖像。大祀神御物指包括先帝肖像在内的祭祀器具、帷帐之类的物品。
② 万历《明会典》卷168《律例九·刑律一·盗园陵树木》，《续修四库全书》第792册，第58页。
③ 《明史》卷13《宪宗本纪一》，第163页。

险，建议开辟七里港到丹阳的新河道，以避开孟渎。当时镇江知府林鹗反对，认为七里港到丹阳距离太远，且途经民众坟墓和房子，建议根据京口闸、甘露坝的原有渠道开凿新河段。崔恭接受了林鹗的建议。① 可见，即使事关漕运的重大工程，其设计和开工也得考虑对民众坟墓的危害。嘉靖九年，京城四郊改建，都御史汪铉奏请迁徙近郊的居民坟墓，礼部主事陈束反对，进谏明世宗，没有被采纳。② 尽管陈束的建议没有被采纳，但作为礼部主事，他反对因改建四郊而迁徙居民坟墓，这反映了当时官员对迁坟问题的谨慎态度，也间接反映了政府对待民众坟墓的慎重态度。政府对民众坟墓的重视态度也可以从万历年间户部尚书赵世卿的一份奏折中看出。在这份奏折中，赵世卿曾说："毁掘冢墓，则枯骨蒙殃。奸虐子女，而良家饮恨。"③ 在赵世卿看看来，毁坏和挖掘坟墓与强奸良家女子一样，给社会带来极大的负面影响，可能会引发民众的强烈反抗。身居户部尚书的赵世卿对迁坟问题的认识，应该在当时士大夫中颇具代表性。由上可知，政府对民众坟墓的态度对官民关系有着不小的影响，因此政府在这方面一贯持慎重的态度。某称程度上可以看作政府间接减少坟产争讼的一种努力。

（2）盗墓和坟山争讼案

明代政府不仅对坟墓保护进行了积极的制度建设，而且努力予以实践。当时政府对盗墓和坟产争讼案件的处理可分为两类：一类是关于当代皇陵、贵族坟墓以及古代帝王圣贤坟墓案件的处理；另一类是关于民间坟墓案件的处理。

皇陵和贵族的坟墓在法律和制度受到重点保护，其案件处理也相应地严格。嘉靖年间，有一个京城居民偷盗天寿山皇陵树木，巡抚杨绍芳按照盗取大祀神御物的法律对肇事者处以斩首。兵部尚书加太子太保王廷相对此不以为然，他上奏世宗，指出大祀神御物指包括帝王肖像在内的祭祀器物、帷帐之内物品，并不包含皇陵树木，因此肇事者应当以偷盗陵园树木罪，处以杖一百、徒三年的处罚。这个案件的处理没有遵照原有的法律，所以量刑不当。明世宗不仅没有接受建议，反而对王廷相处罚，扣除他一个月的俸禄。④ 可见，在皇陵的保护上，政府宁"左"勿"右"，宁可滥用刑罚，以威慑偷盗皇陵财物者，提高皇陵的神圣性。不要说普通民众，即使是受宠信的太监，一旦伤及皇陵也会受到处罚。弘治年间，太监蒋琮经常与民争利，多次被官员弹劾，但没有受到处罚。然而，后来因为发掘聚宝山，伤了皇陵的风水，加上打杀商人

---

① 《明史》卷157《林鹗传》，第4304页。
② 《明史》卷287《陈束传》，第7370页。
③ 《明史》卷220《赵世卿传》，第5804页。
④ 参见《明史》卷194《王廷相传》，第5155~5156页。

等罪，蒋琮尽管被孝宗免除死刑，但被贬为净军[①]，看守孝陵。[②]从搜刮民财、与朝臣对抗的情形可以看出，太监蒋琮在当时很有权势，受到孝宗的宠信，即使如此，一旦伤害皇陵，依然受到处罚。皇陵的神圣性因此彰显无遗。

除了皇陵，在法律的实践中，当朝大臣的祖坟也受到特殊保护。崇祯年间，内阁首辅周廷儒子弟横行乡里，宜兴民众焚毁其住宅，发掘其祖坟。监察御史祁彪佳将肇事者绳之以法，没有因周廷儒而徇私情。周廷儒记恨在心，以祁彪佳考核不合格为由，降其俸禄。为此，祁彪佳以侍奉父母为由，辞官回家。[③]祁彪佳既将挖掘周廷儒祖坟的肇事者擒拿归案，又处理了为害地方的周廷儒子弟，由此平息了社会矛盾。按理来说，这个处理两全其美。周廷儒通过间接的方法，向社会显示了自己的权威，以及自家祖坟的尊贵。

明代政府也保护古代帝王的坟墓。会稽赵伯泰为宋朝皇室后裔，因其祖先宋孝宗、宋理宗和福王赵汝愚的陵墓被豪民侵占上奏英宗。御史王琳认为，福王投降于元朝，随蒙古北去，因此山阴没有福王的坟墓。赵伯泰愤愤不平，再次向英宗上诉。英宗派轩𫐐等人复审。轩𫐐复审后认为，赵伯泰所说不假。英宗于是下诏将肇事豪民戍边，并以停薪处理王琳等人。[④]这显示了明代政府保护古代帝王坟墓的决心。

至于普通民众的坟产纠纷，政府则完全按照民事纠纷来处理。崇祯年间，广州府李绍裘和肖永清二人为一座坟山争讼，推官颜俊彦审理。李绍裘称株木岭一山全部属于自己所有，其证据是碑石和黄册，而肖永清没有证据。肖永清则称新升科税的竹岭名字，实际上在株木岭之外。颜俊彦要求相关县令查阅黄册。广东布政司的批语是，李绍裘对株木岭的产权既载于税赋图册，又为邻里公知。而肖永清所说墓葬距当时已有十三世，新升科税之说毫无依据，肖永清意在冒认。因此，株木岭应按照税赋图册，归属李绍裘。肖永清听守旧界，不得越界占领。[⑤]这起坟产纠纷案完全是一起民事纠纷，政府意在平息纠纷。推官和布政司两位官员都根据黄册和鱼鳞册判断坟地归属，对于冒认的肖永清也没有采取任何处罚。除了税赋图册，地邻也是坟产纠纷的证据之一。还是在广州，黎民福和黄兆龙二人争讼老虎坑坟山，推官颜俊彦就根据地邻征地，加上派人实地勘察，认定该处坟山属于黄兆龙，而黎民福捏造事实，意在欺

[①] 净军，太监中的最低等级。
[②] 参见《明史》卷304《蒋琮传》，第7786页。
[③] 参见《明史》卷275《祁彪佳传》，第7052~7053页。
[④] 参见《明史》卷158《轩𫐐传》，第4324页。
[⑤] 颜俊彦：《盟水斋存牍》，中国政法大学出版社，2002，第584页。

诈黄兆龙。① 佃户也是官府在坟产纠纷中判定的依据。福建莆阳黄起蛟与宋祖熹争讼佛岭山的坟地，县令通过实地考察，且就此询问老佃户郑秉义，最后认定该处坟地属于黄起蛟，其祖坟有两百余年的历史，宋祖熹将葬地归还黄起蛟。② 对于没有证据的坟产纠纷，政府以维持现状，平息事态。"罗承宗、黄惟经争山上一片余地"，当事人双方都无法提出有效的证据。广州府推官颜俊彦说："夫争风水以妥先灵也，乃取不可知之荒坟，而认之为始祖"，将要把地下的祖父尊为祖父了，难道不令人恐惧吗！判定"据该县原审及所绘山图，两山左右有水坑为界，无可相侵。而所争一片余地，委系无名古墓，两姓不得插葬。仍行该县立一石，书'古绝墓'三字，竖其地上，永杜哗争"。③ 在这起坟产纠纷中，推官颜俊彦对双方当事人的训词值得注意，他看出两人争夺坟产的心态，以冒认祖先的不良行为批评了二人。同时，判决维持现状，杜绝后来可能再起的纠纷。颜俊彦还以维持现状的方式判决了一起因为坟地风水引起的纠纷。陈观华、陈万元的坟地与秀林的住宅很近，秀林便挖坑筑墙，损害其风水，纠纷因此而起。颜俊彦认为，秀林的住宅和二陈的坟地可相安无事，判定恢复原来的状态。所以，秀林推倒新筑的墙壁，恢复地界原貌。④ 上述案件可以看出，对于坟产纠纷，一方面政府比较重视，不同级别的官员参与其中；另一方面主要以平息纠纷为主，注意满足胜诉一方当事人的需求，对过错当事人不做额外处罚。

坟产纠纷内容琐碎复杂，五花八门，上述几个案例只是冰山一角。明代徽州文书的诸多坟产纠纷案例呈现了这种特点。根据学者韩秀桃的统计，⑤ 明代徽州文书所载坟产纠纷案共计18起。时间从天顺三年（1459）到天启六年（1626），案件起因主要分为侵越坟地、拆毁坟碑、霸占风水、盗葬、发掘官坟、盗砍或谋占荫木、盗卖坟产七种。⑥ 其中有关荫木的案件最多，有6起，占坟产纠纷案件总数的1/3；侵越坟产次之，共4起；盗葬位居第三，共计3起；霸占风水、发掘官坟和盗卖坟产等共5起。从性质来看，坟产纠纷案更多的是经济上的意义，在某种程度上甚至可以说坟产纠纷实际上是财产纠纷。当然，因为涉及民众的信仰，如果不及时解决，容易酿成大的祸端，

---

① 颜俊彦：《盟水斋存牍》，第392页。
② 祁彪佳：《莆阳谳牍》，杨一凡、徐立志：《历代判例判牍》，中国社会科学出版社，2005，第240页。
③ 颜俊彦：《盟水斋存牍》，第146页。
④ 颜俊彦：《盟水斋存牍》，第381页。
⑤ 韩秀桃：《明清徽州民间坟山纠纷的初步分析》，《法律文化研究》第4辑，2008。
⑥ 在韩秀桃统计的表格中，一些坟产起因的说法有细微的差别，如"盗砍荫木"与"盗伐荫木"，"厝棺"与"盗葬"。在此，笔者根据韩氏对相关案件处理过程的说明，认为从案件的过程来看，这些说法本质上基本相同，只是措辞不一。所以，此类相关联的说法合并为一。

甚至人命案件。因此，官府在接到报案后积极解决，希望尽快平息纠纷。普通民众之间的坟产纠纷是重要的纠纷案件，即使有些经济价值不大。应该指出的是，在这些案件的解决过程中，绝大多数官方参与了，不少案件家族和社会也参与其中。官方与民间社会的关系是，家族和社会提出解决办法，官方提供法律保障。也就是说，家族和社会的解决方法具有官方的性质，官方和社会合作，共同解决坟产纠纷。

由上可知，对民间纠纷案件的解决，政府态度积极。在政府的努力下，有关坟产纠纷的社会治理获得一定的效果。《明史》记载，洪熙年间，清河知县李信圭针对当地民众好发冢纵火的问题，颁布13条禁令，并将之写于村社的牌子之上，在每月初和月中，要求居民学习，以自我警戒。同时，将居民的不良行为也书写于牌子之上，公之于众。在这些制度的引导下，当地发冢的习俗得到了改变。[①]可见，清河县政府对发冢问题的治理取得了良好的效果。或许史官在此有夸大之嫌，但基本的事实应该是存在的。当然，这种治理到底是仅仅发生在有清官李信圭任职的清河县，还是也存在于其他地方？限于资料，我们很难判断。但是，从政府对坟产纠纷案件的重视态度来看，坟产问题的治理应该有一定的保障。

由上可知，盗墓和坟产纠纷在明代是相对突出的社会问题。前者不仅发生在和平年代，也出现于战争期间，成为报复仇恨和发泄怨气的一种方式。后者主要发生在承平时期，不过因受害者的社会阶层不同，其性质也有较大的差异。如果被盗窃和侵越的坟产属于皇陵，那么此类案件就变成了政治事件，肇事者往往被处以严厉的惩罚，甚至被处死。单单以经济价值来论，此类案件的处理显然令人不可理解。实际上，政府是在以严酷的惩罚方式彰显皇权的神圣性。相反，如果被盗窃和侵越的坟山属于普通民众，那么这种纠纷则变成了经济纠纷。政府重在维护受害一方的产权，保护其财产。不过，此类经济纠纷因为容易酿成大案，因此政府比较重视此类问题的解决，也取得了一定的效果。

2. 清代国家对坟山争讼和盗墓的治理

为了治理坟山和盗墓之类的问题，清代政府在制度和法律上进行了积极的建设，制定了更为详细的规定。

（1）清代关于坟山争讼和盗墓的法律

《大清律例》基本上照抄了《大明律》"发冢"律文，同时在细节上做了进一步说

---

① 参见《明史》卷281《李信圭传》，第7197页。

明。其一，界定了当事人身份的范围。譬如，在发掘他人坟冢的条文中标明"他人"二字，在卑幼发掘尊长坟冢的条文中注明"五服之内"的尊长，在发掘子孙坟冢条文中标出"祖父母、父母"等。这些标准更加明确当事人的身份，更有利于官员对法律的实践和民众对法律的认知。其二，明确了犯罪的详细情节。例如，对盗窃未殡埋尸柩前注明未殡埋的含义——尸在柩未殡或在殡未埋；对子孙平尊长坟冢为田地，进而变卖的犯罪做出详细的处罚规定。其三，细化了相关犯罪的刑罚程度。在"斩"和"绞"两种极刑的规定后面增加"监候"二字，意在细化死刑执行的时限，是立决，还是缓期。

在细化律文的同时，《大清律例》对附加了大量的"例"，关于发冢的"例"共计23条。这些"例"一方面对"律"进行了解释，另一方面增加了"发冢"的内容。其中增加了对发掘贝勒等贵族坟冢罪行及其处理的新条文。

清代政府对民间"刨坟毁尸"的祈雨风俗进行了法律整治。北方地区有一种风俗，人们认为天旱不雨是因为新埋坟冢的鬼在作祟，于是将被认为作祟的新坟剖开，打烂尸体，如此一来，天就可以降雨，这被称为"打旱魃"或"打旱骨"。《大清律例》对这种现象规定："凡指称旱魃，刨坟毁尸，为首者，照发冢开棺见尸律拟，绞监候；如讯明实无嫌隙，秋审入于缓决；若审有挟嫌泄忿情事，秋审入于情实；为从帮同刨毁者，改发近边充军，年在五十以上，仍发附近充军；其仅止听从同行并未动手者，杖一百，徒三年。"[①]从这个处罚规定来看，政府将这种风俗完全视为违法，对当事人以及借机报私仇者按照发冢罪处置。同时，将主犯、从犯分别对待。这项法律的制定反映了掘墓问题的复杂性。有些掘墓者并非旨在盗取财产，而是以掘墓泄愤。

清代政府对贝勒等八旗贵族坟墓进行特殊的保护，对发掘此类坟冢者处以极刑。《大清律例》载：

> 发掘贝勒、贝子、公夫人等坟冢，开棺椁见尸者，为首斩立决，枭示；为从皆，绞立决；见棺者，为首绞立决，为从皆绞监候；未至棺者，为首绞监候，为从发边远充军。[②]

[①] 嘉庆《大清会典事例》卷625《刑部·刑律盗贼·发冢》，《近代中国史料丛刊三编》第69辑第683册，第2440~2441页。转引自张传勇《旱魃为虐：明清北方地区的打旱魃习俗》，《中国社会经济史研究》2009年第4期。

[②] 《大清律例通考校注》卷25《刑律·贼盗·发冢》，第756页。

从这条律文可以看出，挖掘贝勒等八旗贵族坟冢者基本上都被处以死刑，开棺见尸者还要被枭首示众。清代政府还对历代帝王以及会典中有祭祀名位的先贤、名臣、藩王坟冢也加大了保护力度，发掘此类坟冢者按照上述挖掘贝勒等坟墓的罪行处罚。如发掘前代郡王和追封藩王的坟墓，除犯死罪外，按照发掘常人坟冢定罪，同时在本罪上加一等。对于盗墓所得金银，地方督抚接收用于修葺毁坏坟冢，所盗珠宝等物品放回坟墓。① 此外，法律还禁止在历代帝王寝陵、先贤、烈士、忠臣坟冢周围放牧、砍柴和耕种，违者杖八十。②

除了严厉打击对贵族陵墓的盗掘犯罪，政府还对各类偷盗寝陵荫木者进行惩处。《大清律例》载："凡在陵寝围墙以内盗砍树木枝杈，为首者先于犯事，地方枷号两个月，发近边充军；其无围墙之处，如在红桩以内盗砍者，即照围墙以内科罪；若在红桩以外白桩以内盗砍者，为首杖一百，徒三年；如在白桩以外，青桩以内，为首杖一百，枷号一个月，如在青桩以外，官山以内，为首杖一百，为从各犯俱于首犯罪上各减一等问拟；其围墙以外并无白桩青桩者，垣照官山以内办理。弁兵受贿故纵，及潜通消息致犯逃避者，各与囚同罪。"③ 可见，当时法律对偷伐寝陵树木的范围、为首和从犯、看守犯罪等情节都做了明确的规定。上述法律的烦琐，一方面反映了政府对保护当代贵族和前代贵族坟墓的重视，另一方面说明了政府加强了打击此类犯罪的力度。

清代法律对坟产争讼也作了一些规定。乾隆三十三年（1768），政府颁布法令："凡民人告争坟山，近年者以印契为凭，如系远年之业，须将山地字号、亩数及库贮鳞册并完粮印串，逐一丈勘查对，果相符合即断令管业。若查勘不符，又无完粮印串，其所执远年旧契及碑谱等项，均不得执为凭据，即将滥控侵占之人，按例治罪。"④ 政府专门对坟山争讼的证据类别作出规定，对没有可靠证据而肆意控告他人侵占者，按照相关法律处理。这项法律反映了两个事实，一个是当时民间坟山诉讼案非常多，另一个是相关案件颇为复杂，当事人提供的证据混乱，政府惩治"讼棍"。政府出台专门的坟山诉讼的证据规定，一方面是规范坟山诉讼的程序，另一方面意在减少此类诉讼。

在坟产争讼中，荫木是一个重要的问题，因此《大清律例》就盗砍和非法买卖

---

① 《大清律例通考校注》卷25《刑律·贼盗·发冢》，第756页。
② 田涛、郑秦点校：《大清律例》卷25《礼律·祭祀·历代帝王寝陵》，第276页。
③ 《大清律例通考校注》卷23《刑律·贼盗·盗园陵树木》，第667~669页。
④ 《大清律例通考校注》卷9《户律·田宅》，第433页。

荫木做了详细的处罚规定。①盗砍他人坟树罪,就涉及犯罪的次数、砍伐树木的数量、犯罪的频率、犯罪者的数量(团伙还是个人)等。譬如,盗砍他人坟树,初犯杖一百,枷号一个月,再犯杖一百,枷号三个月。如果盗伐树木价值高,要附加盗窃罪。犯案至三次者,按照赃物数量和价值,以流刑、绞刑等处置。②对私卖坟茔树木者,以其与坟主是否有血缘关系作了不同的处罚规定。如子孙私自盗卖者,减盗卖罪一等;他人盗卖者,无论所盗荫木数量多少,以前文盗伐荫木的初犯、再犯论处。③子孙私自砍卖祖坟树木,以树木的数量和死活定罪。例如,子孙将祖父坟茔前列成行树木,及坟旁散树高大株棵私自砍卖者,一株至五株杖一百,枷号一个月;六株至十株,杖一百,枷号两个月;……若系枯干树木,不行报官,私自砍卖者照不应重律,杖八十。①坟山争讼的上述规定反映了此类案件的民事性质和经济性质。这类案件尽管不是法律所侧重的对象,却是政府日常工作的重要内容。

(2)清代政府对坟山争讼和盗墓案的治理

从制度和法律的设计来看,政府治理的重点是盗墓案件,但史料显示坟产争讼是地方政府工作的主要内容。

在坟山争讼中,有不少关于盗砍荫木、踩踏坟茔的案件。对于这类案件,政府通常处理的方式是发布一份告示,严禁盗砍荫木,在坟地放牧,踩踏坟茔,授予受害者告发肇事者的权利。歙县洪某坟茔距家较远,无法随时照看,有些人乘机盗砍荫木,放纵牛羊,踩踏坟茔。乾隆十四年三月十日,歙县政府就发布一份告示,禁止"不法棍徒"在洪氏岑山渡秤湾的祖坟山地内盗砍荫木,放牧,践踏坟茔,违者允许地保和看山人告发肇事者,政府将其捉拿归案,追求其责任。②休宁县汪大缓和汪升到政府告状说,因为他们常年在外经商,家里仅留女人,靠近坟地的不法民众因此就经常盗砍荫木,在坟地内放牧,放纵牲畜踩踏坟冢。为此,政府发布告示,严禁盗砍汪氏坟冢林木,放纵牛羊踩踏坟冢,违者缉拿归案,绝不宽贷。③对这类案件,政府很难处理。发布告示,一方面是从法律上保护当事人的坟冢,另一方面也是恐吓肇事者。至于告示的效果如何,限于文献,不得而知了。同时,休宁县男性多数外出经商,妇女在家留守,这类家庭成为今天所说的"空巢"家庭。"空巢"家庭与社会的关系成为当地的一个社会问题。此类坟产纠纷与当地"空巢化"家庭的社会背景有较大的关

---

① 田涛、郑秦点校《大清律例》卷23《刑律·贼盗·盗园陵树木》,第372页。
② 中国社科院历史研究所收藏整理《徽州千年契约文书(清民国编)》卷1,花山文艺出版社,1993,第310页。
③ 《徽州千年契约文书(清民国编)》卷2,第48页。

· 195 ·

系。此类案件深刻反映了商业文化对徽州社会造成的冲击。

侵越坟产也是坟产纠纷的重要组成部分。对此类案件，政府只能按部就班地进行处理。在潘阳县和万年县交界处有条大河，河西北属潘阳县，住有李姓，河东南住有余姓。余姓有大岭、小岭山地六十亩，其在上葬坟种树，常年看管。道光二十六年（1846）八月，有李姓人在小岭砍柴，遭到余姓人阻拦，且被扭送万年县政府。知府要求两县知县联合调查。调查的结果是，余姓六十亩山地，虽然契据丢失，但祖坟墓碑尚可证实，同时粮串、粮册等也能证明。而李姓提供的山契和粮串与此处山地没有任何关系。据此，政府决定，将余姓看管的六十亩山地重新勘定地界，允许其继续种树、葬坟，他姓不得侵夺。[①]这个案件涉及两县，知府为了解决纠纷，派两县知县联合调查，实地勘察，这些工作可谓扎实有序，案件也因此得到了很好的解决，从而避免了李余两姓因坟产引发纠纷，甚至械斗。同时在本案中，粮串和粮册等税赋证明成为断案的重要证据。这与前文乾隆年间政府专门颁布的坟产纠纷证据规范相符合。乾隆二十四年，重庆府巴县政府也通过实地勘察解决了一起坟产纠纷。杜显贵控告蒋坤甫将侄媳葬在距其祖母坟旁四寸处，并在杜显贵父亲坟前开了一块小田地。蒋坤甫供称，侄媳坟地距离杜氏祖母坟冢一丈多远，他开田在先，杜氏葬祖母在后。双方各执一词，巴县正堂遂派人勘察。结果是，蒋氏侄媳坟冢距杜氏祖坟坟茔四尺多，这个距离在禁步[②]之内，蒋氏所开田地也在禁步之内。经过问询，蒋氏侄子承认他们不知道穿心十八步之例，自愿将坟冢迁移他处。县正堂以此结案。[③]对于双方当事人各执一词的案件，政府派人实地勘察，为案件的合理解决、平息诉讼创造了良好的条件。

在有的案件中，败诉一方因为侵越坟产而受到处罚。康熙五十八年，祁门县生员吴家驹在万字山中带有坟山一处，该处坟产原于康熙四十一年购自倪姓，与汪大团的坟山没有任何关系，买卖契约可以证明。然而，由于两处山地相连，汪大团遂起侵占之意，于康熙五十八年二月间私自将石碑立在吴家驹的坟地里。汪大团因此成为侵越他人坟产者，吴汪二人争讼遂起。祁门县正堂查明这一真相后，按照《大清律例》中侵越他人坟产的相关法律对汪大团进行杖责，以杜绝日后再起争端，保护吴家驹的坟

---

① 杨一凡、徐立志：《历代判例判牍》第 10 册，第 240~241 页。
② 禁步指坟地面积的大小，《大清律例·礼律·服舍违式》规定："庶人茔地九步，穿心一十八步，止用圹志。"在道光十四年的一起坟产纠纷处理中，巴县政府明确界定了民间禁步范围，"左右前三面以一丈三尺为禁步"。参见四川大学历史系、四川省档案馆编《清代乾嘉道巴县档案选编》（上），四川大学出版社，1989，第 197~198 页。
③ 四川省档案馆编《清代巴县档案汇编》，档案出版社，1991，第 286~288 页。

产。①在文献中，败诉一方被判侵越坟产而受处罚的案例相对较少。在这起案例中，汪大团因为通过私自立碑，侵越他人坟产。这种行为似乎没有特殊的地方，但被处以杖击。值得注意的是，判决书的书写口吻明显偏向吴家驹一方，着力描述了汪大团侵占、诬赖等行径。由此我们推测，生员吴家驹或许比较有势力，通过政府严惩汪大团，以维护家族的财产和威望。当然，也有可能是主持这次审判的知县比较严厉。

清代徽州文书中有较多的坟产纠纷案，学者韩秀桃对此进行了统计。按照韩秀桃的统计，从顺治十六年（1659）到乾隆五十一年（1786），共有坟产诉讼案32件。在这32起案件中，起因多样，有破坏风水、侵占坟地、侵占祖坟、盗葬、厝棺、盗砍荫木、损毁祖坟、牲畜踩踏坟茔等八种。其中，侵占祖坟7起，侵占坟地5起，损毁祖坟（棺木）5起，盗葬4起，盗砍荫木4起，破坏风水3起，牲畜踩踏坟茔2起，厝棺1起，其他起因9起。这些案件的处理基本上都经过了政府，有的案件诉讼过程很长。祁门县郑倪两姓争讼案从康熙五十九年到雍正三年，历时6年左右，涉及诉讼文书33件。康熙二十九年汪杨两姓争讼案还造成人命案。②徽州坟产案显示，因侵占坟地或祖坟、损毁祖坟而造成的争讼最多。有的案件历时好几年，还有的造成了人命大案。这些都反映了坟产争讼的复杂性。这些案件基本都经过政府来解决，政府在徽州坟产纠纷问题的处理中占据主导地位。不仅徽州，四川巴县也是如此。根据学者魏顺光对巴县110件坟产案件的统计分析，"案件最终经由官府审断而结案的有70件，占110件案子中的63.6%左右"，其他案件也不同程度地经过了政府。③可见，政府主导的坟产争讼解决方式在清代社会具有普遍性。

政府之所以对坟产争讼比较重视，除了维护社会秩序等原因之外，还有一个重要的因素就是当时政府对民间坟地征税。乾隆年间，祁门县康良耀家族在请求政府为保护其坟地荫木免遭盗砍的文书中说过，他们家的坟地栽种的松木和杉木等数是政府征税以办祭祀的重要木材。因此，盗砍者表面上盗砍了他们家的荫木，实际上是偷盗了政府的税赋。为此，他们请政府发布告示，严禁不法之徒盗砍其荫木。④学者梁诸英就此发表了精彩的评论："官府对徽州民间祖先墓地计有山税，故而保护祖先墓地荫木问题对官方国课问题具有重要性，这也是官府对民间盗砍墓地林木发布禁止告示的原

---

① 《徽州千年契约文书（清民国编）》卷1，第180页。
② 参见韩秀桃《明清徽州民间坟山纠纷的初步分析》，《法律文化研究》第4辑，2008年。
③ 参见魏顺光《清代坟山争讼的民间调处——以巴县档案为中心》，《江汉论坛》2013年第2期。
④ 《徽州千年契约文书（清民国编）》卷1，第336页。

因之一。"①

在制度和法律的设计上，政府重点处理的是盗墓之类的大案，民事性质的坟产纠纷案不是其关注的重点。在这种情况下，地方政府对坟产纠纷的解决显得不易。正如张小也所说，清代政府对坟山纠纷处理过程不易，当时法律有关处理民事纠纷的条文甚少，当地官员多以民间习惯法处理纠纷。对于坟山之争，地方官员多按照民间习惯结合情理来判断。为此，他们必须对当地的风土人情有比较深入的了解，且不辞辛苦，不惧繁难。判断坟山归属的依据是多重的，并无一定之规，既容易引发矛盾，也难以明白剖断。遇到非常复杂的情况时，即便是能员亦无能为力，因此官员多倾向于进行调处。②

政府对坟产纠纷的重视也引发了一些民事纠纷的"坟产化"。韩秀桃对此有精彩的分析："实际上，在明清徽州的民间纠纷中，单纯的对于坟地上的树木和山林之争，其本意往往并非是坟地本身，而是借坟地的重要性来强调说明己方的利益的重要，并以此来唤起官府对自己支持的意思表示。也就是说，如果仅仅是单纯的山林纠纷，未必能够引起官府的注意，而一旦与祖坟风水有关的事情，官府一般都会顺应当地的风俗习惯给予必要的关注。"③政府对坟产争讼的处理反映了官方与民间互动的内在逻辑。政府根据自己的利益处理民间的诉讼，而民间则按照政府的偏向在争讼中为自己争夺利益。

第三节　社会的应对

明清时期，民间社会组织随着经济和文化的发展逐渐发展起来，其中宗族和善堂善会是重要组成部分。它们在社会问题的应对中发挥了积极而重要的作用。面对严重的丧葬问题，宗族、善堂善会等社会组织，以及热衷公共事务的个人，采取诸多措施，规范丧葬观念，解决丧葬问题。

（一）宗族对丧葬问题的规范和应对

1. 宗族对丧葬的规范

宗族是传统中国重要的社会组织。明清时期，宗族组织有了新的发展。按照常建

---

① 梁诸英：《明清时期徽州荫木砍伐及地方社会应对》，《中国农史》2003 年第 2 期。
② 张小也：《清代的坟山争讼——以〈守皖谳词〉为中心》，《清华大学学报》2006 年第 4 期。
③ 韩秀桃：《明清徽州民间坟山纠纷的初步分析》，《法律文化研究》第 4 辑，中国人民大学出版社，2008。

华教授的研究，明代政府在推翻元朝之后以恢复儒家思想为目标，利用以朱熹为主的宋儒治国思想，对当时比较发达的宗族进行乡约化，从而达到治理基层社会的目的。①明代政府利用宗族乡约化对基层社会的治理肇基于明太祖时期。嘉靖之前，民间和地方官员对宗族乡约化已有一些尝试，在此之后，地方官员为移风易俗和加强对基层社会的控制强化推行乡约制度。总而言之，有明一代，乡约有一个不断推行的过程。②在政府推行宗族乡约化的同时，宗族积极与政府配合，加强对基层社会的管理和控制，与政府共同治理基层社会。③清朝政府继续推行宗族乡约化，出现了宗族保甲乡约化，宗族因受保甲、乡约的影响而组织化更强。④同时，在共同治理基层社会的过程中，宗族与官府的关系呈现出日益密切的倾向。⑤宗族组织能力进一步加强，其应对家族内部问题和社会问题能力因之而增强。在这种情况下，宗族展开了应对和解决丧葬问题的活动。

面对火葬、停柩不葬、盗墓及坟山争讼等诸多丧葬问题，宗族组织首先通过族谱、家规、契约等文字形式对丧葬观念进行了规范，预防不合礼法的丧葬行为的发生。

明代宗族通过家规、契约、合同等文书制定了一些保护坟产的规范。万历三十年，祁门陈氏的家规就指出，族人埋葬不得有碍祖坟风水，如果祖坟尚有余地，宗族内部务必商议殡葬。坟茔林木也不得私自盗砍，倘若有不遵守者，任凭族尊处置。⑥这些措施旨在保护祖坟风水。

荫木不仅关乎风水，且涉及经济利益，容易引发纠纷。故而，明代宗族的家规和契约中有不少关于禁止盗砍荫木的规定。天顺七年（1463），黄氏在关于家族财产分割的一份阄书中明确规定：来龙、朝山、水口⑦以及各处荫木，直系子孙务必掌管，

---

① 不少学者认为，明代乡约制度指设立约正，宣讲六谕。常建华教授认为，这是对明代乡约制度的狭义理解，广义上的明代乡约制度指《教民榜文》及其相关制度（氏著：《明代徽州的宗族相约化》，《中国史研究》2003年第3期）。常建华教授还认为，宗族乡约化是指在宗族内部直接推行乡约或依据乡约的理念制定宗族规范、设立宗族管理人员约束族人。它可能是地方官推行乡约的结果，也可能由宗族自我实践产生，宗族乡约化导致了宗族的组织化（常建华：《明代宗族研究》，第258页）。
② 参见常建华：《明代宗族研究》，第185、255~257页。
③ 参见常建华：《明代徽州的宗族相约化》，《中国史研究》2003年第3期。
④ 常建华：《清代宗族"保甲乡约化"的开端——雍正朝族正制出现过程新考》，《河北学刊》2008年第6期。
⑤ 王日根：《论明清乡约的属性及职能的变迁》，《厦门大学学报》2002年第2期。
⑥ 祁门《文堂陈氏家谱》卷末《家规》，光绪石刻本，2000年修谱时重刊，第22页。
⑦ 来龙、朝山和水口都是风水名词。旧时堪舆家以山势为龙，称其起伏绵亘的姿态为龙脉。来龙，指龙脉的来源。朝山指穴前远方高大秀丽之山，如宾主相对，成天然朝拱的形状，主大富贵。水口指水流的入口和出口。风水中普遍认为水主财，所以特别重视水口，把它看作保护神和生命线。

不得放纵家人砍伐，违者严惩不贷。①崇祯六年二月休宁县程氏家族制定的《培养荫木》同样明确禁止子孙盗砍荫木，违者重罚，同时将荫木的种类、数量、坏损情况都做了详细的记载："瑶充：椰木六根，春树三根；株树坞：树二根，崇祯二年风吹倒一根，易艮修祠用乞；屋基山：松木一根，榛木九根。"②可以看出，保护荫木和防止被盗砍是明代宗族规范坟产问题的重要举措。

明代宗族还通过订立合同防范族人对坟产的侵占。天启二年，休宁县十四都汪氏订立保护坟产的合同。他们认为，子孙繁乱，人心不古，恐生异端，有必要签订合同，以保护板桥坑口的祖坟。合同规定：从今以后，祖坟风水上下两旁禁步内，不得侵占，违者甘愿受罚白银五十两，入官公用，同时以不孝论处，责令改正。③面对家族内部可能出现的对坟产侵占的情况，汪氏宗族事先合族签订共守坟产的合同，以防不虞。同时，对违反者处以五十两白银的处罚，较为严厉。

由上可知，对坟产的规范和保护坟茔的风水是明代宗族应对丧葬问题的两个主要措施。这也反映出在明代基层社会，坟山纠纷和风水纠纷是丧葬的主要问题。家族对坟山和风水问题的规范与政府对此类问题的治理一道，共同维护了地方社会的秩序。

与明代宗族对单一的丧葬问题的规范不同，清代宗族对诸多丧葬问题进行了规范。停柩不葬是清代严重的丧葬问题，宗族对之给予严厉的批评，同时明确禁止。池州杜氏在宗谱中批评停柩不葬者，指出这些人惑于风水而长久不安葬，为了给自己祈福而选择吉地，将亲人灵柩暴露于荒野，招致野火焚烧，惨不忍睹，这种不孝行为罪该万死。④浦城徐氏的族谱也指责了停柩不葬者迷信风水和借祖先"枯骨以图富贵"的恶行，对停柩可能遭到的水灾和火灾深表担忧，并明确禁止停棺不葬。⑤徽州彭城钱氏则直接要求族人不可因迷惑风水而停柩不葬。⑥可以看出，宗族的组织者认为，不少人停柩不葬，表面上是迷信风水，实际上是通过谋求吉地为自己祈福。因此，对家族内部停柩不葬者，宗族以不孝罪论处。太平县馆田李氏在家法中明确指出，对停柩不葬者"以不孝论"。⑦

---

① 田涛、美宋格文、郑秦主编《田藏契约文书粹编》（三），中华书局，2001，第95页。
② 《徽州千年契约文书（宋元明编）》卷8，第274页。
③ 《徽州千年契约文书（宋元明编）》卷4，第52页。
④ 池州《仙源杜氏宗谱》卷首《家礼四条·丧礼》。
⑤ 徐裴等纂《重修徐氏族谱》卷1，民国三十五年铅印本。
⑥ 参见《徽州彭城钱氏宗谱》卷1《家规》。
⑦ 江南宁国府太平县《馆田李氏宗谱·家法》，转引自朱勇《清代宗族法研究》，湖南教育出版社，1987，第215页。

与停柩不葬一样，火葬也是清代严重的丧葬问题。宗族对之也严格禁止。乳源余氏在家规中要求族人不得实行水葬、火葬。① 漳州浦西黄氏在族谱中明确规定，切不可举行火葬，违者为"大不孝"。② 光绪年间建立的严家祠堂刻有明人王士晋的《宗规》，要求族人不得水葬，尤不得火化，违反者以重罪论处。③ 宗族用命令禁止和违者严惩的方式预防火葬在家族内部的发生。

在族谱和家规中，宗族还对盗葬和盗砍荫木的族人制定了严厉的处罚规定。建宁县巧洋孔氏在族规中就详细记载了对盗葬族人的处罚：在祖先坟茔禁步之内盗葬，房长捉拿犯者丧家长子，鞭笞三十，并要其宰猪祭奠祖坟。如果长子逃躲不出，次子将被捉拿到祖山，族房尊长、绅士等共同监督迁葬，其后押解次子回家，鞭笞丧家。如果长子被捉拿到，加倍鞭笞。④ 通过宰猪祭奠，给丧家以经济惩罚，同时安慰祖先。执行处罚者为房长，在迁葬的过程中当地士绅予以监督。绩溪周氏则通过官方授权制定《禁碑》以预防盗葬。对于盗葬族人，不仅押送官府，追求其责任，而且将其革出宗祠，永不恢复其身份。⑤

在坟地紧张的压力下，一味地截堵不是解决盗葬的有效办法，所以有些宗族采取了疏通的处理方法。在宗族的监督之下，允许族人在祖坟边上祔葬。南丰江氏为避免本族出现盗葬的现象，允许丧家可在族人的监督之下白天送葬，在祖坟边上祔葬，确保其不侵犯祖坟。如若有人通过外戚，晚上私自盗葬，侵犯祖坟，一经发现，宗族召集所有族人，强迫犯者迁葬。如果犯者不迁，将被送交官府治罪。⑥

除了监督，还有一种变通的方法是买葬，即购买祖坟边上的余地埋葬。康熙年以后，新昌漆氏人口增多，坟地紧张。为预防盗葬的发生，宗族决定实行买葬法：凡是想在祖山安葬者，先选定墓穴位置，通知族人，准备20两白银买坟地，4两白银备办酒席。然后合族共同登山开地，确保新开墓穴既要各傍各房祖冢之侧，又无侵碍，以期保全祖坟和风水。后来因为买葬者较多，宗族便订立了《合族禁止买葬莲花形公约》，不再允许买葬。⑦ 值得注意的是，买葬成为漆氏确保宗族内部坟地合理分割的

---

① 参见《乳源余氏族谱》卷1《家规并引》。
② 漳州《浦西黄氏族谱》，转引自陈进国《信仰、仪式与乡土社会——风水的历史人类学探索》，中国社会科学出版社，2005，第584页。
③ 陈宏谋编《训俗遗规》卷2《王士晋宗规·四礼当行》，民国十五年石印本。
④ 欧阳宗书：《中国家谱》，新华出版社，1992，第148页。
⑤ 《绩溪城西周氏宗谱》卷19《禁碑》。
⑥ 《济阳江氏修谱条款》，南丰《济阳江氏分修族谱》，乾隆四十五年刊本。
⑦ 新昌《城南漆氏族谱》。

有效方法，这种方法在一定时期内保障了家族内部的秩序，预防了盗葬的发生。与新昌漆氏不同的是，邵武江氏不许有财力者买葬，以免分夺祖坟灵气。对于违者，告官或罚租入祠。①

针对族人盗卖荫木、碑石等坟茔附属财产的行为，有些家族一方面要求合族维护和看管坟茔，另一方面对盗卖者进行处罚。乳源余氏就规定，对坟茔围墙和房屋维修，修整破损碑石，爱惜荫木什物，芟除杂草，恢复盗葬的坟地。对私自典卖坟产者，送交官府，革出宗祠。②歙县胡氏在族规中规定，经常巡视坟茔疆界和荫木，以防不肖之徒侵犯。③

除了停柩不葬、火葬和坟产纠纷之外，厚葬也是宗族在家规和族谱中要求禁绝的事情。宗族禁止的厚葬包括不做佛事、以酒肉宴请宾客、不以珍宝陪葬等。绩溪县许余氏就将佛事、以酒肉燕客和停柩不葬并列为三大断不可从的非礼；④池州仙源杜氏把用金珠玉帛陪葬、做佛事、饮酒食肉、以财物答谢亲友和停柩不葬作为丧事的五大非礼而禁绝之，说明了金珠玉帛陪葬会招来盗墓的祸端；⑤涟源李氏在宗规中规定，仅用茶水招待前来参加葬礼的客人，对于远道而来者提供素食，不设宴席款待，棺内不得用金银玉物；⑥休宁茗洲吴氏还将在丧礼中使用音乐和饮酒食肉的行为视为不孝，认为这种行为是"自处不义，陷人于恶"，明确禁止。⑦这些宗族对于厚葬的反对和禁绝说明时人认识到厚葬的危害，他们通过在家规和族谱中订立禁止厚葬的规则，预防家族内部厚葬的发生。

总之，宗族通过族规家法对族人的丧葬行为进行规范，起到了预防和教化的作用。

2. 宗族解决丧葬问题的实践

对宗族来说，预防丧葬问题很重要的，但解决更重要。

荫木被盗砍是明代基层社会经常发生的事情。为此，坟主以个人或家族名义与相关责任人，以签订契约的方式保护荫木免遭砍伐。万历三十年，徽州王纬俊购买了汪显的一片坟地，埋葬了亡父。该坟地毗连汪显林地，王纬俊嫌汪家的树木遮住了父亲的坟冢，托中人付给汪显家族钱两，将遮住父亲坟茔的柏树砍掉。还剩一株柏树未

---

① 漳州《浦西黄氏族谱》，转引自陈进国：《信仰、仪式与乡土社会——风水的历史人类学探索》，第584页。
② 参见《乳源余氏族谱》卷1《家规并引》。
③ 参见歙县《蔚川胡氏家谱》卷2，道光二年所录《规条》。
④ 参见《绩溪县南关许余氏悖叙堂宗谱》卷8《悖叙堂家礼·丧礼》，光绪十五年刻本。
⑤ 参见池州《仙源杜氏宗谱》卷首《家礼四条·丧礼》，光绪刻本。
⑥ 参见涟源《李报本堂族谱》卷首"宗规"。
⑦ 《茗洲吴氏家典》卷1"家规"。

砍，王纬俊又托人求汪显将柏树砍掉。为此，王纬俊与汪显立约，王纬俊日后不得以林木争执，汪显也不可再种树遮住王纬俊父亲的坟茔。① 在这起纠纷中，双方当事人自愿签订合约解决纠纷。嘉靖十三年，徽州李帅保砍伐了郑德良祖坟上的林木，被郑德良发现后告到里长。李帅保不愿麻烦官府，通过中人与郑德良签订合约，保证自己以后不再砍伐。合约还规定，郑良德祖上传下来的坟茔林木永远归郑良德管理，李帅保不得侵犯，否则罚银十两，入官公用。② 有些荫木纠纷则通过赴官诉讼解决。万历十四年，休宁县程梅龄、程大中等人因祖坟与族人程五十、程舫的祖坟毗连处被风吹折的松木，到官府争讼。官府念两家原是一族，要求息讼和解。双方当事人听从官府意见，一同到坟山勘定界线，又通过中人，将勘界结果写在合同之中，以免再起争执。③ 在这起纠纷中，宗族的血缘关系成为纠纷解决的催化剂，宗族内部合力，勘定坟界，以合同的方式解决了这起纠纷。

族人在坟地内营建而引起的纠纷也可以通过宗族内部的协议解决。祁门县郑德宽与其兄郑思广共有坟山一处，后来郑德宽迁居祖坟前的田地里，郑思广等人认为，郑德宽此举有碍祖坟风水，于是将其告到官府。里长汪兰玉奉命调查，郑氏兄弟不愿烦乱，愿意自行勘察坟地，解决纠纷。双方共同勘察后，划定坟茔边界，边界之内不许族人侵占，宗族内部每家都应该遵守此协议，违者甘愿罚银二十两，入官公用。④ 坟地是宗族的共同财产，郑德宽私自在坟地建屋的行为被认为因为影响风水而危害了所有族人的利益，因此被告到官府。后在宗族内部协调解决了纠纷。

为了避免纠纷产生之后再解决的麻烦，有些宗族雇人看管坟产。万历年间，休宁汪显玘、汪乞浩、汪敖标等人在叶塘有共同的坟产，他们签订合同雇用许社鬼看守，并养护荫木，规定族人不许私自到坟山砍伐，盗砍一根，自甘罚白米一石。⑤ 从对族人私自砍伐荫木的处罚来看，宗族雇用看管人主要是针对族人对荫木的侵害。崇祯十七年，休宁县王党通过中介介绍，雇用吴时明看管汉洞巧坑的坟地树木。看管人如果查获被盗荫木一份，前来报告，答谢白银一两；查获盗砍荫木的斧头一把，答谢白银二钱；查获刀子一把，答谢白银一钱。查获赃物要符合真情，坟主自行对赃物及

---

① 《徽州千年契约文书（宋元明编）》卷3，第311页。
② 安徽省博物馆编《明清徽州社会经济资料丛编》第1集，中国社会科学出版社，1988，第460~461页。
③ 《窦山公家议》附录2"布政公誊契簿·竹岩公青龙山合同"，周绍泉、赵亚光：《窦山公家议校注》，黄山书社，1993，第295页。
④ 《明清郑氏誊契簿》，安徽图书馆藏。
⑤ 《徽州千年契约文书（宋元明编）》卷6，第229页。

肇事者处理，不会连累看管人。若看管人监守自盗，收受贿赂而释放偷盗者，典卖荫木，将被罚白米一担。此外，看管人每年向坟主缴纳五分银的柴薪，清明日交清。除了庇护坟冢四周的成材树木外，其余山地树木与看管人三七分成。①这份协议非常详细，一是规定了看管人的责任及赏罚制度，二是说明了看管人的报酬以及对坟地非荫木的分成。这份完善和成熟的协议反映了当时坟产协议的流行以及坟山纠纷的复杂性。

由上可知，明代基层社会所能解决的坟产问题较多，包括荫木砍伐、风水侵害、盗葬、看护坟产等，宗族应对坟产纠纷的主要方式是签订合同。这种方式表明了两个事实，一是当地社会的商业关系比较发达，人们通过经济手段解决纠纷；二是宗族和中人的监督使得合同能得到落实，反映出当时基层社会在丧葬之类纠纷的解决上已经非常成熟。同时，在解决丧葬问题过程中，宗族与政府和社会（中人）具有密切而经常的合作关系。

清代宗族不仅在家规和族谱中制定了保护坟产和解决丧葬问题的规约，而且在现实中也付诸实施。修缮坟墓是大家族保护坟产的经常性活动。乾隆十六年二月，苏州屈氏与周象元签订修建坟茔周围篱笆的工程协议，屈氏付给周氏工钱、饭钱及草绳费用共计三两六钱，周氏承诺择日开工，不可耽误，同时将篱笆紧扎坚固。所有费用分两次支付，先于二月二十四日屈氏支付一两六钱，完工后付清其余款项。乾隆十七年二月，屈氏与谢凤岐签订了修缮坟茔的工程协议，协议指出，坟茔面积官尺五十五丈，给工人包工包饭，工钱三两六钱整，两次付清。②屈氏连续两年雇用工人修缮，从而较好地保护坟茔。这反映了当时大家族修缮坟茔的一般情形。

乾隆十七年，苏州屈氏又与周象元签订看管坟茔协议，周象元承诺专门看管坟冢，朝夕巡查，小心保护。之前有荫木患病，他有疏忽之责。今后如果不勤慎照料，少有差失，甘愿送官处置。周象元还与屈氏签订夜晚照看坟茔的协议，周象元领取了看坟所用蜡烛费用三钱六分，自领之后，每夜持灯照看，不得有误。③屈氏为了保护坟墓，不仅白天雇人看护，还雇人晚上巡查。可见，屈氏对坟茔看护十分重视。既给坟茔做了篱笆围墙，又雇人日夜看护。

一旦因坟产纠纷而与外人争讼，宗族为了打赢官司必须齐心合力。为此，有的宗族还签订合，要求族人一致对外。徽州歙县胡宗朝家族长湾口祖坟风水遭到王姓侵

---

① 《徽州千年契约文书（宋元明编）》卷4，第495页。
② 洪焕椿编《明清苏州农村经济资料》，江苏古籍出版社，1988，第650~651页。
③ 洪焕椿编《明清苏州农村经济资料》，第651~652页。

犯。胡氏认为，王姓之所以敢来侵犯，皆因宗族内部人心不齐。为此于顺治七年四月四日签订协议，要求族人同心协力，不得结外害内。如果与王姓打官司，族人务必挺身而出，不可拘情躲缩，违者送交官府，以不孝罪论处。①为了与外姓在坟产纠纷中打赢官司，胡氏宗族订立了要求族人一致对外的协议。这反映了当时徽州社会宗族对祖坟风水的重视程度和保护措施。

不仅宗族，还有合村为了坟产纠纷签订合同，与肇事者争讼。乾隆三十六年金若海等人签订的一份合同就记述了此类事件。徽州禁墨村认为，胡家林石佛山系本村来龙，关乎村民人丁命脉。有村民私自将其出卖，给人打石。窑户为了牟利，控告禁墨村人拒绝其打石。为此，金若海、陈佑三、朱红三、金耀沧等人共同签订合同，齐心与窑户争讼，以保护本村人丁命脉。②为了与他人打赢坟茔风水的官司，全村不同姓氏者齐心协力，共同签订一致对外、控告肇事者的协议。对禁墨村村民来说，这份协议对于纠纷的解决是很有用的。

总而言之，清代宗族对于坟产纠纷及问题的解决投入了不少的时间、金钱和精力，采取了诸多措施。有学者对此有很好的总结，宗族为了保证坟茔的安全，"必须不断地为坟墓培土，清除杂草，种植树木，标明界址，扶正碑石；丈量、记录祖茔的界址和绘制图形；制定族规，禁止族人盗卖坟山和林木；有条件者购置墓田，保护墓园和维持祭祀；与族内外的侵害坟山田地林木者斗争，直至打官司"。③

除了上述维护坟墓及相关设施的举措外，明清宗族通过设立义庄、公共墓地解决族人的丧葬问题。

义庄在宋代出现之始就承担着帮助族人完成丧葬的功能。明清时期的义庄十分发达，各地均有设立，尤以江南地区最为发达。④据统计，仅苏州地区明代建有义庄8个，清代发展到185个，主要分布于吴县、长洲、元和和常熟等县，不少义庄的义田数量巨大，一些甚至超过2000亩。⑤这些数量庞大、实力雄厚的义庄为解决明清时期的丧葬问题创造了坚实的基础。

清末南浔镇大族刘氏义庄就助丧专门做了详细的规定：无力办理丧事者，到义庄报明死亡年月日，义庄支付棺材和丧葬费用二十千文。无力埋葬者，报明埋葬地点和

---

① 安徽省博物馆编《明清徽州社会经济资料丛编》第1集，第567页。
② 《徽州千年契约文书（清民国编）》卷1，第372页。
③ 冯尔康：《清代宗族祖坟述略》，《安徽史学》2009年第1期。
④ 参见李江、曹国庆《明清时期中国乡村社会中宗族义田的发展》，《农业考古》2004年第3期。
⑤ 参见范金民《清代苏州宗族义田的发展》，《中国史研究》1995年第3期。

日期，义庄三年内支付六十千文。对浮厝者支付六千文，给先厝后葬者支付厝费六年八千文，超过六年者不给，并归入族葬。不听劝告而长期停柩，19岁以下丧葬费均减半，结婚、成名以及对教化有贡献者不减，8岁以下不给。清明时节还支付扫墓费二千文。[①]从这些详细的救助规则可以看出，义庄主要帮助贫穷的族人完成丧葬，通过调节救助费用，督促停柩不葬者速葬。同时，对于成名和有益于教化却停柩的族人不减少费用，这反映了义庄在解决停柩问题有阶层的倾向性。拥有1300多亩义田、制钱32500千文的汪氏耕荫义庄也有助丧专门条规：凡是无力丧葬者，无论男女丧葬每项给七十制钱，未婚嫁者减半，10岁以内不给。[②]这一条规为对于周济贫困族人完成丧葬提供了制度保障。

与义庄相比，宗族设置的公共墓地或曰义冢相对较少。只有极少数宗族为维护祖茔和顾恤族人设置义冢，供贫穷族人下葬。[③]明代绩溪东关冯氏建置义冢供贫穷的族人使用。这个宗族义冢持续时间很长，一直到清代光绪年间还在发挥作用。[④]《绩溪城西周氏宗谱》记述了周氏设置宗族义冢的目的、过程等相关内容，义冢的设置可以为子孙解燃眉之急，防止祖坟盗葬之事的发生，是宗族的一件大事。该义冢由胡里族人重建宗祠的过程中筹建，当时筹银150两，100两用于建设宗祠，50两建造义冢。义冢听凭宗族子孙安葬。此外，组织者希望族人继续捐资，拓展义冢土地。[⑤]绩溪周氏建造义冢的过程清楚地反映了宗族义冢能长期运作的原因，即它能得到宗族的保护和监管，并且有族人不断捐资。同时，宗族义冢听凭族人子孙安葬的说法一定程度上预防了祖坟盗葬问题的出现。

明清时期，停柩不葬等丧葬问题的出现一定程度上是生活贫困和坟地稀缺造成的，一旦这两个客观因素得到解决，处理此类问题的硬性障碍就被移除了。宗族义庄和义冢的设置就起到了消除这个客观障碍的作用，所以它们对上述问题的解决有着重要的意义。

总之，明清时期宗族在基层社会的丧葬问题中扮演了重要的角色。他们一方面通过族谱、家规等文书规范族人的丧葬观念和行为，又通过与官方、社会组织或个人

---

① 参见刘锦燕编《乌程刘氏义庄事略》，宣统元年刊本。
② 《吴趋汪氏支谱》卷11《平阳汪氏耕荫义庄祭祀规条》，转引自陈加林《明清以来苏州汪氏家族与社会变迁》，博士学位论文，上海师范大学，2013，第23、26页。
③ 冯尔康：《清代宗族祖坟述略》，《安徽史学》2009年第1期。
④ 参见《绩溪东关冯氏家谱》卷首下"义冢记"，光绪二十九年木活字本。
⑤ 参见《绩溪城西周氏宗谱》卷19《义冢》、《禁碑》。

配合解决丧葬问题。同时，他们还通过合族签订契约与侵犯坟产的外姓进行争讼。丧葬问题的解决强化了宗族的组织力量，反过来，宗族组织又有足够的实力处理丧葬问题。当然，不同地区的宗族组织发达程度不一，情况有所不同。

（二）会社组织的救助

1. 丧葬互助组织：葬会

会社源远流长，发展至明代已形式多样、结构繁复。在明代，以丧葬互助为目的的葬会是重要的会社之一。[①]这种会社分布较广，明末学者颜茂猷在福建龙溪县成立的"善缘会"就属于此类。该会社不分阶层，会员根据自己的财力和意愿出资，交于"公柜"，以备危机和丧葬之需。[②]商人孙节等结成的"孝和会"是为了解决老亲之后事，会员缴纳会费，会社计算一年的积累和花费。会员的亲人逝世后，会社支付会员之前缴纳的会费，如果不够，则予补足。而且一家办理丧事，全体会员为之奔走。[③]孝和会不仅以互助的形式集资帮助会员完成丧事，而且鼓励其他会员提供劳力。

河南名为"吃会"的会社也属于丧葬类。该会十多人于朔望之日在社庙饮酒，每人缴纳余钱百十文，会长储存，以备会员父母丧事办理之需，免除借贷。父亲死后，儿子继续存储，时间愈长，存储愈多。[④]这个会社的特点是每朔望日会员聚会。这种聚会在商议会社事宜的同时，联络了会员之间的感情。徐霈在河南任职提学时，看到一种葬会。其运作程序是，每十家缴纳一些银子，所有银两由约长保管，副约长职司出纳。会社将丧事所用服饰一一备办，存储于柜。会员有丧事，会社则将服饰交给丧家，丧衣、棺椁由孝子自办，其余应酬全部由会员代劳，孝子只执杖哭泣。丧事完毕，服饰还给会社。[⑤]

明清鼎革后，一些葬会延续下来。四川有一种名为"孝义会"的葬会。洪雅县的"孝义会"筹集资金，帮助贫者办理丧事。[⑥]安岳县也有孝义会，亲戚邻居出薪米钱帛，帮助贫困而不能办理丧事者，同时给没有葬地的贫穷丧家提供葬地。[⑦]在经济文化发达的江南也存在一些葬会。乌青镇葬会由张履祥创设，太平天国战争之后士绅宝樾、丁翔高倡行，制定了十二条规则。每十四人组成一会，每会出钱八百文，共计

[①] 参见陈宝良《明代的社与会》，《历史研究》1991年第5期。
[②] 参见郑仲夔《隽区》卷1《品隽》，崇祯三年刻本。
[③] 参见吕坤《去伪斋集》卷3《孝和会序》，道光二十七年刻本，第36~37页。
[④] 王士性：《广志绎》卷3《江北四省》，中华书局，1981，第37页。
[⑤] 徐霈：《四礼议》，收入《明文海》卷75《议》，中华书局，1987，第704页。
[⑥] 参见嘉庆《洪雅县志》卷3《风俗》，嘉庆十八年刻本，第5页。
[⑦] 参见道光《安岳县志》卷2《风俗》，道光十六年刻本，第27页。

三十二千文。一年举行四次会议，以社庙为会所。会议期间，会员通过抽签获得使用费用办理丧事的权利，如果有人急需经费办理丧事而没有抽中签，可向抽中而不急办丧事者借得。乌青镇的这种葬会多达 320 个。①乌青镇经济发达，葬会不仅数量众多，而且资金雄厚。葬会用抽签的方法，决定会员使用葬会资金的权利，这与四川和河南的葬会在运作上有所不同。乌青在江南市镇群体中首屈一指，经济、文化发达，所以葬会资金使用以抽签这种商业化的形式运作。可以想象，在这种运作下，没有抽到签且有借不到他人签的会员也有能力完成基本的丧事。而抽到签而受到葬会资助的丧家能更加体面地完成丧葬。相比之下，河南和四川的经济较为落后，葬会的资金也就薄弱，只能满足丧家完成基本的丧事。由此可以说，经济落后地区的葬会是一种比较原始的民间互助组织，而经济发达地区的葬会尽管基本职能也是互助，但熏染了商业色彩。

江南有些葬会与当地其他助葬类慈善组织没有太大差别，石门县广仁葬会就是如此。该葬会捐建于嘉庆六年，翌年知县谢士划拨八亩余地作为葬地，嘉庆八年举行公葬。广仁葬会非常设机构，在每年 8~10 月办理，11 月择日公葬，有地无力或无地无力埋葬者都可申报。②从运作过程来看，广仁葬会与助葬类慈善组织比较相似。

2. 善堂善会

善堂善会诞生于明后期，清代在很多地方得到极大发展。其功能多样，有掩骼、救生、恤嫠、育婴、惜字等，助丧是其中十分重要的一个方面。光绪八年（1882）上海同善会果育堂的一份开支清单中，所有开支项目共计 37 项，计 20253271 文，其中与丧葬有关的项目多达 8 项，共计 2755611 文，占所有开支的 13.6%。③有些地方的同善会以助丧为唯一职能。乾隆年间在浙江镇海县成立的同善会，仅收集掩埋路旁遗体。④有学者认为，清代慈善组织主要侧重育婴和施棺代葬，而且后者的普及率超过了前者，尤其是江南地区，大多数市镇都有施棺代葬的善会善堂。⑤仅施棺助葬类与综合类善堂就多达 200 余处，其中咸丰年间 20 处，同治年间 88 处，光绪年间 94 处，宣统年间 3 处。⑥以苏州地区的公所为例，在当地 30 个公所中，20 家有施棺助丧的职能，15 家有购置义冢的职能。⑦可见，施棺助葬之类的活动在晚清善堂善会中占据

---

① 参见民国《乌青镇志》卷 23《任恤》，民国二十五年刻本，第 11~12 页。
② 参见光绪《石门县志》卷 3《食货志·养育》，光绪五年刻本，第 102~103 页。
③ 〔日〕夫马进:《中国善堂善会史》，商务印书馆，2005，第 575~576 页。
④ 参见乾隆《镇海县志》卷 6 附《同善院志》，乾隆四十五年刻本，第 1~2 页。
⑤ 参见王卫平《清代江南市镇的慈善事业》，《史林》1999 年第 1 期。
⑥ 吴琦、黄永昌:《清代江南义葬与地方社会——以助丧类善举为中心》，《学习与探索》2009 年第 3 期。
⑦ 宫宝利:《清代后期苏州地区公所的善举活动》，《史学集刊》1998 年第 1 期。

着重要的位置。

江南各地创建的施棺代葬机构名称不一，规模有大有小，都有明确的宗旨。他们大都订立条规，在组织、财力、土地等方面有一定的保障。[①]南浔镇师善堂就是典型代表。该堂成立于康熙六十年，嘉庆七年士绅捐资扩建，购买义地200亩，开设师善堂公所，订立条约，专门办理施棺代葬。其后，师善堂还与地方政府合作，应对地保和差役挟尸讹诈。太平天国战争期间，师善堂遭到毁坏，同治四年得到重建。师善堂的日常事务由坐堂司事处理，每年春秋举行施棺掩埋的善举。选定堂工，两人一组，收拾遗骨，掩埋久停未葬的尸柩，夫妇合埋，其他男女分开掩埋。义冢有专人看守，若遭遇毁坏，随时修补。[②]在坟地昂贵的江南地区，200亩的义地是一片价值不菲的坟地，更重要的是它为解决因无地可葬而造成的火葬、水葬以及停柩不葬等丧葬问题创造了良好的条件。

嘉定县罗店镇怡善堂的代葬条规则显示了清代代葬类慈善组织的运作细节。该堂规定：报葬者应至堂填明葬单，开列死者姓名、住址、与报葬者的关系、停棺何处、葬山坐落等，待堂中商妥，选定葬期，并请亲属监葬。如寡居无后，或儿子年幼，可令亲族偕同地保报葬。如系无主暴露棺木，许保甲地邻查报，由堂中收埋。本堂既为有坟无力者代谋安葬，对无坟无力者也提供义园，代为掩埋。对于因脚夫勒索以致淹留不葬者，如本家自愿投堂，则由堂中经办，如遇阻葬情状，禀县究办。[③]这份详细的规定说明了丧家向善堂申请代葬的程序，对于特殊的丧家还特殊对待，如照顾寡妇守节。专门资助贫困丧家埋葬，无论是否有坟地，还是因脚夫勒索而不葬。这些措施为贫民丧葬问题的解决创造了客观条件。此外，怡善堂还帮助丧家对付阻葬者，消除了土葬的人为障碍。

通过积极有效的活动，这些助葬善堂取得不小的成绩。乾隆年间高凤犀创办的杭州存仁场，以葬本地无力埋葬者，前后施棺共计数万，合五棺为一冢，埋葬暴露尸柩十多万。[④]海宁敦仁堂葬会，仅嘉庆八年至道光二十六年，埋葬男女尸柩共计5720具，数十年来帮助有坟地而无力埋葬者不计其数。[⑤]在救助无力埋葬者的同时，善堂还在灾荒期间掩埋尸柩。道光三年江南遭遇特大水灾，吴县被洪水冲出的浮厝和尸柩甚

[①] 参见王卫平《清代江南地区社会问题研究：以停棺不葬为例》，《江苏社会科学》2001年第2期。
[②] 参见民国《南浔志》卷34《义举一》，1928年刻本，第24~33页。
[③] 光绪《罗店镇志》卷3《营建志·善堂》，光绪十五年铅印本，第5页。
[④] 参见民国《杭州府志》卷73《恤政四》，《中国方志丛书·华中地方》第199号，第1482页。
[⑤] 参见民国《海宁州志稿》卷6《建置志·恤政》，1922年铅印本，第11页。

多,县城体仁堂分赴四处收葬,先后埋葬尸棺三万多具。①

除了免费帮助丧葬,江南还出现了代赊局,为贫民借贷埋葬费用。江阴顾山就有代赊局,家贫不能埋葬者,代赊局提供棺材一具,价值六千文,还借贷杂费两千文。代赊局为贫困丧家救燃眉之急,预防了停柩、火葬等问题的发生。

小 结

丧葬成为社会问题的前提在于国家意识形态对社会的控制。汉代以来,儒家成为国家的意识形态。历代统治者为了加强对社会的控制,通过意识形态的宣传,以及相关的政策法律,教化民众,移风易俗。排斥火葬和停柩,倡导土葬,打击盗墓活动,实际上都是政府移风易俗的表现。

明清时代,火葬、停柩不葬的问题进一步加剧,盗墓活动还在延续,作为一种新的丧葬问题——坟产争讼也出现了,成为政府治理社会的重要内容。这些丧葬问题与当时的社会文化有着密切的关系。人多地少造成坟地稀缺,风水盛行使得人们更加看重丧礼的过程,停柩成为提高社会地位的象征物。明清是中国古代人口史上的大爆炸时期,人口的大爆炸直接造成了土地的稀缺,特别是经济文化发达的江南地区,坟地严重威胁到田地,死人与活人争夺生存空间。这成为丧葬问题社会化的客观原因。风水的盛行则成为丧葬问题社会化的观念因素,上至皇帝和贵族,下至黎民百姓,都对风水十分重视。因寻求吉地而停丧,在不少民众眼里是不证自明的道理。除了风水和坟地之外,商业造成的等级秩序的松动和混乱也是明清时代的特色。在这种社会背景下,社会中层民众不再遵守儒家丧礼对不同阶层停丧日期长短的规定,试图通过增加停丧日期,提高自己社会地位。如此一来,停丧问题被复杂化了。至于火葬和坟产纠纷,与这三个方面社会文化都有密切的关系。昂贵的坟地是火葬形成的客观因素,坟地成为一份价值不菲的财产,坟产争讼的经济意义不容忽视,坟产争讼因风水问题而可能造成人命大案。总而言之,明清丧葬问题因社会生态更为复杂和严峻,同时集中反映了当时的社会文化和体现了时代特色。

面对复杂而严峻的丧葬问题,明清政府在继承前代政府解决丧葬问题的历史经验基础上,创造性地发展了制度设计,制定了严密的法律和详细的政令。明清皇帝都曾

---

① 参见石韫玉:《独学庐诗文稿·四稿》卷1《收葬无主之棺记》,《续修四库全书》第1466册,第680页。

发布过禁革火葬和停柩不葬的诏令,尤其是清代皇帝不止一次地颁布相关敕令。在法律上,明清政府做了周密的设计,明代关于盗墓和毁尸的法律之详细令人印象深刻。清代政府在继承明代相关法律的基础上,通过"例"进一步充实了有关盗墓和坟产问题的律令。除了诏令和法律,地方官员还多次颁布有关火葬、停柩不葬等禁令,告诫民众勿犯。甚至有些地方官员不惜动用极刑,惩罚停柩不葬和火葬的民众。在清代,关于如何治理停柩不葬,以中央政府为代表的教化派与以地方官为代表的强制派之间还发生了争论。这反映了当时政府对丧葬问题的重视。总而言之,明清政府花费了不少的时间、精力和金钱治理丧葬问题,取得了一定的成效。

然而,丧葬问题对政治稳定影响甚小,在不具备公共职能的明清政府看来,它们主要属于教化问题。因此,明清政府对丧葬问题治理的长期性和稳定性不足,特别是明代政府尤为明显。在此情况下,当时成熟的民间组织就大有用武之地。明清民间组织主要由宗族组织和慈善组织两部分构成。宗族组织利用官方推行的乡约化,强化自身的组织力量,加强对族人和基层社会的控制,增强应对基层社会问题的能力。面对丧葬问题,祖宗首先通过族谱、家规等文书,规范族人的丧葬观念,预防丧葬问题在宗族内部的发生。其次,以实际行动解决宗族内部的坟产争讼等丧葬问题,聚集全部的宗族力量,与侵犯宗族坟产的外来力量抗争,为宗族争取利益。总之,宗族在预防和解决丧葬问题的作用不容忽视。慈善组织的力量同样很重要。明清慈善组织十分发达,尤其是江南地区,数量众多,结构完善,经济基础雄厚,其中助葬类慈善组织最为发达。助葬类慈善组织为贫穷丧家提供办理丧事的经费和葬地,掩埋停柩和外露的尸体,在大灾期间收尸埋葬。义冢的作用更加重要。特别是江南地区的义冢,数量众多,分布甚广,与社区联系紧密,解决丧葬问题方便、快捷。除了宗族组织和慈善组织之外,民间互助性的葬会也发挥着作用。如果说,宗族和慈善组织主要是济贫,那么,葬会则是社会中下层民众在丧葬问题上的互助。宗族和慈善组织在经济发达地区对解决丧葬问题作用巨大,但在经济相对落后的地区,宗族和慈善组织不发达,葬会的作用就不容小觑了。

第五章
墓　葬

坟与墓，古义所指不同。墓指地下部分，坟指地上起土部分，故有"墓而不坟"之语。除对葬地有所选择外，对于墓地规制、碑石、建筑，地下墓室（穴）规制、装饰以及棺椁、墓志、随葬之物皆有讲究。

在已发掘清理的明清墓葬中，明代墓葬墓主身份大多等级较高。本章得益于丰富的历史文献，尤其地方文献以及营葬礼书，对明清墓葬进行较为深入的研究。

第一节　墓地

明清时期的墓地，除因选择而形成的小型墓地外，其余多为自成一体的大型墓地。就其中墓主间的关系而论，主要分为有血（亲）缘关系的族葬墓和没有血（亲）缘关系的义冢。明清帝王陵是一种较为特殊的族葬墓。

（一）帝王陵寝

1. 明代帝陵

明朝自太祖朱元璋至思宗朱由检，先后传12世，16位皇帝。其中，15位皇帝和5位追封皇帝分别葬于六处，按世代先后依次为：江苏盱眙祖陵、安徽凤阳皇陵、南京钟山孝陵、北京昌平十三陵、北京海淀景帝陵、湖北钟祥显陵。

盱眙祖陵是明太祖追尊高、曾、祖三代帝后的衣冠冢，位于盱眙县管镇乡明陵村，紧傍洪泽湖。

凤阳皇陵是明代营建的第一座陵园，墓主为朱元璋之父朱世珍和母亲陈氏。

南京孝陵在紫金山独龙阜下玩珠峰，为朱元璋和马皇后的合葬墓。始建于洪武

· 212 ·

十四年，成于洪武十六年。洪武十五年八月，马皇后病故，次月葬入已建成的玄宫。

朱棣迁都北京后，开始以昌平城北天寿山南麓作为万年吉地。包括长陵（成祖朱棣）、献陵（仁宗朱高炽）、景陵（宣宗朱瞻基）、裕陵（英宗朱祁镇）、茂陵（宪宗朱见深）、泰陵（孝宗朱祐樘）、康陵（武宗朱厚照）、永陵（世宗朱厚熜）、昭陵（穆宗朱载垕）、定陵（神宗朱翊钧）、庆陵（光宗朱常洛）、德陵（熹宗朱由校）、思陵（思宗朱由检）共13处，故统称十三陵。从整体上看，明十三陵是以成祖长陵为中心，子孙祔葬于同一兆域。

陵区面积40余平方公里。燕山余脉迤逦西来，成为陵区的自然屏障。其北为天寿山，东为蟒山，盘绕于陵区之左。西为虎峪山，山势峻拔。其南则昌平城后山、汗包山、龙山、虎山等小山峦横列于前。群山之内，川原开阔。水流从陵区东北、西北蜿蜒交汇于陵区中西部，向东南流去，其山川大聚、水抱山环的地理位置，颇具帝王陵区的形胜特点。陵园有墙为界，墙因山折曲，关隘处筑垣及拦马墙，设卡驻兵把守。

景泰帝朱祁钰，初以王礼葬于京西金山，至成化年间恢复帝号，将王坟稍扩其制，改为帝陵，世称"景泰帝陵"。

皇后与帝王合葬皇陵。宫嫔的营葬方式及地点，明代有所变化。

明代前期，皇帝晏驾，以宫妃殉葬，埋葬于十三陵和金山两地。从明永乐中叶到清顺治初年，天寿山陵区除十三座帝后陵墓外，先后建造过皇妃、太子、太子妃和太监坟墓11座。根据《大明会典》记载："孝陵四十妃嫔，惟二妃葬陵之东西，余俱从葬；长陵十六妃，三葬金山，余俱从葬；景陵八妃，一葬金山，余俱从葬。"到明英宗时，"遗诏罢宫妃殉葬"。于是，自"裕

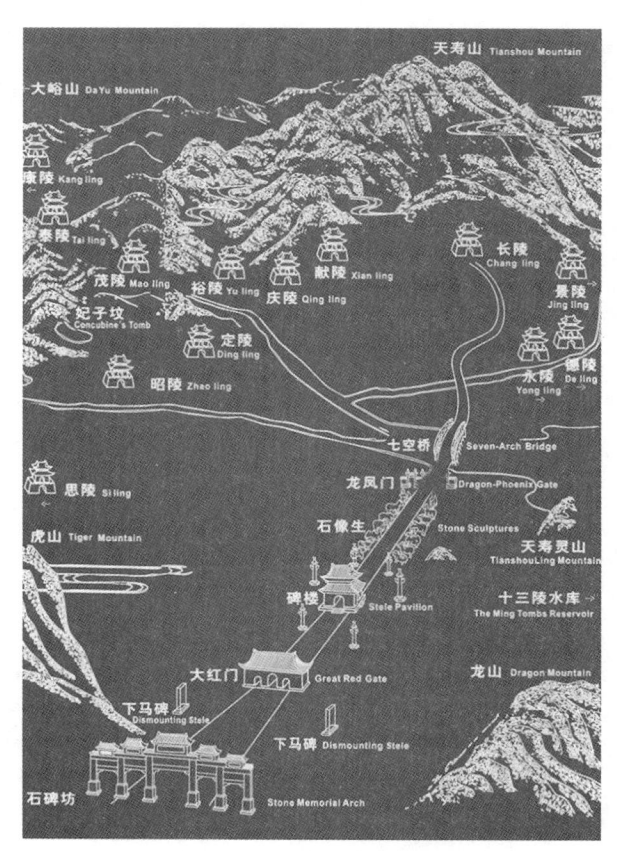

图5-1 明十三陵分布图

陵以后，妃无从葬者"。所谓从葬，即祔葬所属帝陵的玄宫之左右配殿。①

英宗废宫人殉葬后，妃嫔死后各自建立坟茔。从宪宗开始，将诸妃葬于同一墓室。明英宗裕陵之后至明穆宗各朝的妃嫔埋葬情况，据《大明会典》记载："裕陵十八妃，一葬绵山，余葬金山；茂陵十四妃，一葬陵之西南，余俱金山；康陵一妃葬金山；显陵一妃葬金山；永陵三十妃二十六嫔，惟五妃葬天寿山之褥儿峪，余俱金山；昭陵诸妃葬金山。"②生前受宠的妃嫔多葬在陵区之内，坟墓仅次于帝陵。如宪宗皇帝的贵妃万氏，生前深受恩宠。万氏死后，宪宗命人在陵区苏山之下，为其建造坟墓，占地极广。神宗宠爱的郑贵妃死后葬在万氏墓南侧的银钱山下，占地也很广。这类妃子墓，地面也有围墙、享殿、配殿等建筑，地下建筑也非常讲究。此外，绝大多数妃嫔葬于金山一带。金山位于今北京西北15公里，颐和园西，约当青龙桥西北1公里之地。至明后期，这一带的妃嫔墓葬已非常混乱。③

2. 明代王陵

明成祖迁都北京前，皇子夭殇，葬于南京附近。迁都后，葬北京昌平宜山、绵山、宛平、石景山等地，景泰、天顺后，金山一带逐渐成为最集中的夭殇皇子女的墓葬地。蒋一葵《长安客话》："凡诸王、公主夭殇者，并葬金山口，其地与景皇陵相属，又诸妃亦多葬此。"④明末，西郊翠微山也成为妃嫔和夭折皇子女的墓葬区。

已经分封之国并且传之子孙的皇子，以及个别已赴藩封但绝嗣的皇子，一般都葬在各王府所在地附近。根据统计，明代两京加外藩共有太子陵、亲王陵、世子陵等总计大约320座。⑤

明代亲王墓地一般都卜选在藩府周围，分诸王同兆域和诸王异兆域两种分布形态。

同兆域即某藩始封王及其子孙嗣王若干代毗邻而葬于相对独立的自然地理区域内，最为典型的是湖北武昌龙泉镇楚藩诸王陵，八代九王同一兆域，号称"楚藩九寝"。⑥在附近的流芳岭镇，还有若干楚藩郡王、王妃墓，该镇牌楼舒村即发现过楚王家族墓葬。分封在宁夏的庆藩，不仅历代亲王葬于同一兆域，还有几乎所有的本支

---

① 王岩、王秀玲：《明十三陵的陪葬墓——兼论东西二井陪葬墓的墓主人》，《考古》1986年第6期。
② 万历《明会典》卷90《礼部四十八·陵寝》，《续修四库全书》第790册，第587~588页。
③ 王岩、王秀玲：《明十三陵的陪葬墓——兼论东西二井陪葬墓的墓主人》，《考古》1986年第6期；夏连保：《清代妃园寝制度及其对明代妃嫔埋葬方式的继承》，《文物春秋》2012年第5期。
④ 蒋一葵：《长安客话》卷4《郊垌杂记·诸王公主坟》，北京古籍出版社，1980，第86页。
⑤ 刘毅：《明代帝王陵墓制度研究》，人民出版社，2006，第157~172页。
⑥ 同治《江夏县志》卷2《疆土志·古迹附》，同治八年刻本，第56页。

墓室　　　　　　　　　　　　　　　　　　　　　　　　　棺床

图5-2　明代江西藩王宁王朱权墓

说明：墓前原有南极长生宫，前有南极殿，左有泰元殿和冲霄楼，右有旋玑殿和凌江楼。宫前有醉仙亭和一对6.9米高的八棱形华表，上刻道家符篆。宫后墓室隐于山中。墓室系采用青砖砌成券拱结构，全长31.7米，宽21.45米，高4.5米，分前室、次前室、中室和后室四部分。前室用自来石顶住，二门无自来石。中室之后，有券门通后室。后墙正中有一壁龛，两旁用红石作八棱柱，柱下有础，础上有正心坊，坊上有斗拱，以支持出檐。

资料来源：江西省新建县石埠乡璜源村缑岭东麓。

郡王也祔葬于其间。位于今广西桂林东郊尧山的靖江王墓群，是郡王、将军等同支宗亲葬于同一兆域。据统计，现有王、妃合墓十一代，厚葬次妃墓三座，以及将军、中尉、宗室、王亲藩戚墓320余座。[①]在大多数亲王葬于同一兆域的情况下，也有个别亲王别葬的情形。道光《兰州府志》："肃亲王、康王、简王、恭王、靖王、定王、昭王、怀王、懿王九代墓俱在皋兰县平顶峰。按，《县志》又有薛夫人墓及肃王识鋐墓亦在焉。"又记，"安王墓在县西五里圁子湾，宪王墓在县西南二十里周家山"。[②]

诸王异兆域是指某藩历代亲王分别葬于若干处或若干个不同区域中，包括某些亲王自为兆域。鲁藩诸王陵是最典型的异兆域。鲁荒王葬于山东邹城九龙山，而诸嗣王的陵园则分布在邹城、泗水、滕州、费县四地，基本没有统一规划，各自为中心。有些王府的坟墓在自然地理上属于范围比较大的同一区域，但诸王陵相距较远，往往跨州越县，这种情况是一种特殊的诸王异兆域。[③]

3. 清代帝陵

清入关前盛京（沈阳）建有清太祖努尔哈赤福陵、清太宗皇太极昭陵，辽宁新宾赫图阿拉地方建有清代远祖肇、兴、景、显四祖永陵。入关后，除末代皇帝溥仪未建成陵寝外，其余9个皇帝分别在河北遵化县、易县建造了陵园，即清东陵和清西陵。

---

① 罗标元等：《靖江王墓群简介》，《广西文物》1987年第1期。
② 道光《兰州府志》卷4《祠祀志附冢墓》，道光十三年刊本，第13页。
③ 参见刘毅《明代帝王陵墓制度研究》，第242~257页。

清世祖顺治帝建孝陵于遵化昌瑞山，是为清东陵之始。其后，圣祖康熙帝景陵亦建此，至清世宗雍正帝时发生改变。他以"规模虽大，而形局未全，穴中之土又带砂石"为由，对于为他在遵化陵区卜选的九凤朝阳山万年吉地的风水不满意。后由怡亲王允祥、总督高其倬等人在易州泰宁山太平峪选择了寿陵址。世宗虽心喜其地，但因与祖、父之陵相去甚远，心有不安，不敢贸然开工。臣下议奏："谨按《帝王世纪》及《通志》、《通考》诸书，历代帝王营建之地远或千里，近亦二三百里。地脉之呈瑞关乎天运之发祥，历数千百里蟠结之福区，自非一方独擅其灵秀，今泰宁山太平峪万年吉地，虽于孝陵、景陵相去数百里，然易州及遵化州皆与京师密迩，实未为遥远。"于是，雍正皇帝表示"朕心始安"，正式下令另辟易州陵区，是为清西陵。①

清世宗的举动给他的后代留下一个棘手问题，这就是将来如何安排他们自己的埋葬地。乾隆皇帝即位后，经过反复权衡斟酌，决定追随祖父景陵，在东陵为自己选址。并在禅位后降下谕旨，对以后各帝的葬地，从制度上作了安排。他考虑到，若后世子孙皆依父祖而葬，则"孝陵、景陵日远日疏，不足以展孝思而申爱慕"，于是将自己的寿陵卜定于昌瑞山圣水峪。他又念及"若嗣皇帝及孙曾辈因朕吉地，在东择建，则又与泰陵疏隔，亦非似续相继之意"，于是命仁宗万年吉地卜于西陵界内。并预嘱："至朕孙缵承统绪时，其吉地又当建在东陵界内。我朝景运庞鸿，庆衍瓜瓞，承承继继，各依昭穆次序，迭分东西，一脉相承，不致递推递远。且遵化、易州两处山川深邃，灵秀所钟，其中吉地甚多，亦可不必于他处另为选择，有妨小民田产，实为万世良法。"②从而确定了清朝皇帝父子异陵区的袝葬之制。

乾隆虽然为后代做了以昭穆顺序的方式在东西两陵选址的安排，但在他以后的几位皇帝并未严格按照这一规制办事。首先破坏这一规定的是他的孙子道光皇帝。按照乾隆的谕旨，其陵寝应当在东陵陵区内安排，但道光帝并未遵行这一家法。道光元年，先是决定在京城附近的王佐村孝穆皇后安厝之地为自己建造陵寝，被臣下坚决谏止。后又派人在东陵界内选择，选定绕斗峪为结穴之处，经再三斟酌，决定在此处建陵。工程从元年开始，至七年完工。先将孝穆皇后葬入地宫，但不久发现绕斗峪地宫有渗水现象，道光帝大怒，在对有关责任人进行处理后，将建成不久的陵寝夷为平地。后来，虽然又在东陵境内重新选择吉地，但终没有道光帝自己满意的地方，最后在西陵看中了龙泉峪，便不顾乾隆定制，决定在此重新建立陵寝。

---

① 《清世宗实录》卷89，雍正七年十二月壬寅条，第190~191页。
② 《清高宗实录》卷1495，嘉庆元年十二月癸巳条，第1023~1024页。

这一改变导致乾隆创制的昭穆相间的制度无法正常进行。在此情况下，其后按道理应当葬在西陵的文宗咸丰帝，依照父子分葬的规定，便被葬在了东陵。而文宗之子穆宗同治帝死后，在陵址的选择上更加无章法可循，只好在东西两陵之间进行选择。最后按照慈安和慈禧两宫太后懿旨，将陵址定在东陵双山峪。光绪帝生前虽然选定了万年吉地，但由于内忧外患，加之与慈禧太后母子失和，所以直到死后才在西陵金龙峪建造了崇陵。这就形成了另外一种昭穆相间的办法。宣统即位，兼祧穆、德两宗，按照新的昭穆原则，只有安排在西陵界内。他选定崇陵附近的旺龙峪作陵址，并于宣统二年破土动工，但因辛亥革命爆发，清朝灭亡，陵寝建设被迫停工。

　　清代皇后可与皇帝合葬，其他每位皇帝的妃嫔一般另外建造一座独立的"园寝"，在其所从属的帝陵附近集中安葬。这样，历朝的妃嫔所属的统系也就非常清晰，一目了然。这与明代将各朝妃嫔混葬在一起的做法有着显著不同。

　　清东陵共有五座帝陵、四座后陵和五座妃寝园，葬5帝、15后及妃嫔、皇子等共157人。西陵区内有帝陵四座、后陵三座、妃园寝三座，葬4帝、9后以及妃嫔和皇子、公主等总计76人。

　　4. 清代园寝

　　清之前，传统的墓葬等级观念只有"陵"与"墓"两种。皇帝的墓葬称为"陵"（包括"陵寝"、"园寝"、"陵园"），除此之外，即使是诸侯王乃至太子的墓葬，除非朝廷特殊的恩礼，也只能称"墓"。"陵"作为一个特殊的词语，只能特指帝王的埋葬地，普通的百姓墓甚至高级贵族墓葬都不能随便称为"陵"。

　　清代把"园寝"从"陵寝"中分离出来，在"陵"和"墓"之间，加了一个"园寝"的等级，把皇帝和皇后的墓葬称作"陵"或"陵寝"，而将包括皇帝的妃嫔和皇子、公主以及皇族中其他所有封授爵位的宗室贵族墓葬统称为"园寝"。在"陵"与"墓"之间建立起一种与历朝不同的特殊丧葬等级。[①]

　　后金建立之前，努尔哈赤家族成员的墓葬全部都在赫图阿拉，集中葬在一起。后金建国后，努尔哈赤在天命九年（1624）将其祖、父、伯、叔、兄弟、从兄弟及子侄等十数人同时从赫图阿拉迁出，安葬在东京陵内。从迁葬的成员可以看出，当时东京陵仍是以族墓的形式安排的。入关后，宗室墓葬一般均为家族式，以皇子或始封祖立祖，按照传统宗法关系建立家族坟地。皇子受封，是为一小宗，其后裔袭爵者为小宗

---

① 宋大川、夏连保：《清代园寝制度研究》上册，文物出版社，2007，第146~152页。

正派，子孙相沿，按昭穆制度在祖坟建立园寝。其小宗支派，亦按血缘关系，或另立坟地，或葬于祖坟一侧，此其大要。但墓地及墓位的选择受到地形、地势、风水观念及其他各种因素影响，也有小宗袭封者的园寝并不建于祖坟而另选坟地者。如果出现这种情况，则在新的坟地上建立园寝，也依然按照原来的昭穆顺序来排。如原应排于昭位的，依然排为昭位，他的承继者死后，依然排在他的右侧，后世依次相沿。园寝的昭穆安排，依照的是承袭的次序，而不是嫡长顺序。一支之中，可以有坟地一处或数处。但在每一处坟地之上，墓位的布局，昭穆的顺序仍然可寻。

远嫁到蒙古的公主（或格格）薨逝后，有的在其所属领地建立园寝，与额驸合葬。居住在京城的，薨逝后即在京城附近建立园寝。公主、格格薨逝后，除非额驸犯有不可饶恕的罪行或其他特殊的原因，一般都与之合葬。

（二）家族墓地

家族成员聚族而葬，据说起于《周礼》"令国民族葬，而掌其禁令"。郑玄注"族葬，各亲其亲"。孙诒让正义："族葬，盖以先祖居中，子孙以昭穆居左右，所谓生相近、死相迫也。"宋以来，随着风水择葬及其引发的停丧不葬等问题，一些学者提倡以族葬应对。宋赵季明作《族葬图》劝导世人实行，元人谢应芳评价："尊卑昭穆，灿然有序。使观之者心生孝弟，亦犹观老泉苏氏族谱也。"

明清时代，族葬仍被学者不时探讨。其重心在于，择地有无必要？族葬是否适用于南方地区？徐乾学《族葬考》一文极具代表性。该文首先明确提出"古者葬不择地"。据《周礼》，万民葬地同处，各有其穴，不容自择。"是故自天子以下，七月、五月、三月、逾月之期无或愆者，惟宅兆已定而无所容其择也。"《孝经》有云"卜其宅兆而安厝之"，但这并非后世人各择葬之谓。"不知世数无穷，而地域有限，子孙蕃衍，安能尽容，其势必至于改卜。又从他国迁来者，是为别子，始造茔亦须卜。"那么，后世择葬之风从何而来？徐氏分析，自秦罢封建，宗法之制不行，族葬之例遂废；而此后占验、堪舆之说兴起，人们惑于福祸之说，葬亲惟牛眠吉地是求，"贫者不能择地，富者择之太详，于是祖父之体魄暴露中野，有终身不葬，累世不葬者"。讨论至此，徐氏还要解释一个在当时所有反对族葬者都要面对的问题：宋儒程朱也认为地不可不择。

> 然自《孝经》有卜宅安厝之文，虽程、朱大儒，亦以为地不可不择。程子以土色光润，草木茂盛，为吉地之验，而又言五患当避。朱子云形势拱揖环抱无空缺处，乃可用。此皆仁人孝子用心之极致，但一邑之中，一乡之地，求形势拱

揖环抱而五患永绝者不可多得。昔晋有九原,韩有北邙,凡国之冢墓皆萃焉。今则人卜一丘,葬师之法,虽高陵平原,地盈数顷,而所乘止一线之气,所容仅两魄之棺,余皆为彼法所弃而不可用。如此则旧冢未没,新冢日多,安所得千百亿之美地而给之,虽有知礼者告之曰:先王之制,葬期远不过七月,近代著令,概以三月。今律,惑于风水,及托故停柩在家经年不葬者,罪当杖,礼与律不可犯也。其如美地之难得何?吾故以为周官之法即不可复,而宋赵季明族葬之图,不可以不讲也。

……

盖自族葬废而人卜一丘,美地难得,且多阴阳禁忌,迁延岁月,恬不知怪。诚使季明之说行,则兆域素定,葬可如期;唯数世之后,地不能容,乃始改卜。为子若孙者,祸福之念无所动于中,则葬师不得操其柄,此拔本塞源之论,可以矫敝俗而归诸厚,司邦教者所当留意也。[①]

徐氏的探讨,在其他学者看来未必感到满意,因为徐氏并未考虑到各地形势不同给族葬所带来的实际困难。由于聚族而葬,需要一块较为阔大之地,这在北方地区易于获得,南方地区相较而言较为不易,所以很多学者认为南方地区盛行择葬是地理环境所限,不得已而为之。姚莹《读〈葬书〉杂说》:北方地区土厚水深,平原宽广,族葬为易;南方地区地势卑湿,在山陵和江湖之外,宽广平原有限,找块可容一族之地的葬地,实在不易!义冢虽然多人共葬,但若非极其贫困,或无子无孙,谁都不肯葬埋。姚氏的结论是:"是不能不人卜一丘者,势使然也!"[②]

从资料来看,北方地区的确盛行族葬。即以山东地区为例,康熙《泗水县志》记当地风俗:"葬法,合族共域,以昭穆为叙,至数十世不徙,别则称疏。曲阜孔氏自宣圣至今二三千年皆袝祖兆,周回数里,他邑皆如之,此犹《周礼》墓大夫之遗也。"[③]赵执信《礼俗权衡》记山东博山葬俗:"乡俗,一茔之中数世葬焉,附者无算。"[④] 今人对胶东半岛栖霞县宗族墓地的研究也有这样的观点。许多族谱都单列坟图篇以记祖茔

---

① 贺长龄等编《清经世文编》卷63《礼政十·丧礼下》,中华书局,1992,第1590页。
② 姚莹:《读〈葬书〉杂说》,《皇朝经世文续编》卷17《礼正文·丧礼》,《近代中国史料丛刊》第741册,第1035页。
③ 康熙《泗水县志》卷1《方舆志·风俗》,康熙三十八年增刻本,第13页。
④ 赵执信:《礼俗权衡》卷下《殡葬》,《四库未收书辑刊》第3辑第8册,第252页。

方位。从坟图看，该时期墓地的空间布局相当重视宗族世系的排列。以某个祖先为中心的墓地，其子孙坟的排列以"人"字形和"一"字形较为普遍，墓地的空间布局在某种程度上对应着谱系。①

在明清学者的议论中，南方地区，尤其东南之区盛行风水择葬，族中之人各自为葬。比如民国《月浦里志》解释停丧缓葬之由："此由于家必专茔，窆必独穴，无族葬或公墓之制，贫者困于财力，富者惑于堪舆，故连延而不克葬也。"据海宁藏书家吴骞编纂的吴氏家谱，他们家族数世之人分别葬在不同地方，以致吴骞每到清明上坟，要奔波多日。

不过，在文献当中我们还是能够看到很多关于"族葬"的记载。即以浙江海宁为例。海宁盛行风水择葬，邑人陈确曾著文猛烈抨击，他坚持族葬之法。与陈确同时的查继佐，"卜葬两先人，葬兄毅翁于昭穴，先生自为生圹于穆"。②在张京颜为其父张朝晋所编年谱中，记录了康熙五十六年张朝鼎一家十三丧之葬：张朝鼎居中，夫人居右。东祔五子，穴自西而东；西祔诸子妇，穴自东而西。"以男女分昭穆。"③此事又见嘉庆《硖川续志》"列女传"，张朝鼎长子之妻金氏"一遵朱子灰隔之制，用阳明先生族葬法，以中为尊，以男女分昭穆，葬舅姑及夫与夫弟宏进辈及诸娣共十一丧"。④

南方各地考古发掘家族墓地时亦有所见。20世纪后半叶，上海地区清理的明墓多为几座或十几座聚集在一起，最多的有30余座。反映出明代上海地区的埋葬方式，家族葬较为常见。家族成员之间的排列，从发现的家族墓看，方向基本为南北向。排列方式有两种，一种为一字形排列，如松江科贝特公司明墓，三墓九穴排成一横排，每墓三穴，墓与墓之间有一米左右的间隔。另一种为人字形排列，如市区李惠利中学明墓，有7座明墓，其中有一墓居最北，左右各有三墓，两两平行相对，依次而南。卢湾区潘氏墓，中间为潘惠夫妇合葬墓，左右两侧略偏南分别为其长子潘允修夫妇墓和次子潘允徵夫妇墓。据《潘允修墓志铭》记载"葬公于肇溪之原"，《潘允徵买地券》记载"择取吉地一穴坐落淡井庙界肇家浜水北祖茔之穆座壬向丙"。可知，在家族葬中，家族成员之间的尊幼、上下辈关系采用昭穆葬法，既以祖为尊位，向东南、西南两侧推进，同辈平行排列，左为昭、右为穆。⑤

---

① 王日根、张先刚：《从墓地、族谱到祠堂：明清山东栖霞宗族凝聚纽带的变迁》，《历史研究》2008年第2期。
② 沈起：《查继佐年谱》，汪茂和点校，中华书局，1992，第60页。
③ 张京颜编《先府君北湖公年谱》，乾隆间刻本，第14页。
④ 嘉庆《硖川续志》卷10《列女下》，《中国方志集成·乡镇志专辑20》，第974页。
⑤ 何继英：《上海明代墓葬概述》，《上海博物馆集刊》第9期，上海书画出版社，2002。

相较而言，南方族葬与北方有所不同。南方族葬之地以二三世同葬居多，类似北方地区的大面积葬地并不多见，体现出"大择葬、小聚葬"的特征。

与南方家族墓地相关的是祔葬问题。民国《竹林八圩志》记载了乾隆壬辰进士安肃县知县沈可培墓，其子沈铭彝祔。在后者的碑碣上有如下文字："沈竹岑居士全妻张氏寿藏祔葬嘉兴县里仁乡十一都下二庄西天字圩孟庄桥东安肃公墓之昭穴，癸山丁向，墓地二亩四分，只葬我两世四棺，日后我子孙有敢祔葬浮厝者，我必为厉鬼以击之。"①显示族葬不能盛行，除了受地理环境的限制外，风水观念的影响也是重要因素。这也反映出在南方很多地方祔葬祖墓较为多见，但这样的埋葬未必按照与世系一致的次序，导致最后出现类似"丛葬"的景象。

图5-3 明初宰相汪广洋家族的祖坟

（三）公共墓地

明清时期的公共墓地主要是以义冢（或名漏泽园、义地）的形式出现。义冢之制始于宋，正如查揆《宣化府义冢记》（道光十年）所说："殣埋之政，见于史专者夥矣。然或以罪系瘐毙，或以鳏寡无告，或以荒凶兵革，道殣战死，皆一时一事，非有定制。至宋始著令，贫无葬地者，许以官地瘗，后乃有漏泽园，则郡县行之矣。"②

除官办义冢外，民间组织或个人也捐建了大量义冢。这些义冢按照葬人者之间关系可以区分为不同类型。有不区分身份任人葬埋者，这种义冢多为官府或民间设置，

---

① 民国《竹林八圩志》卷2《冢墓》，《中国地方志集成·乡镇志专辑19》，第456页。
② 葛士濬辑《皇朝经世文续编》卷17《礼政·丧礼》，《近代中国史料丛刊》第741册，第1075页。

供一定区域内人群葬埋；也有同业者的公共墓地，多半是同业公会组织设置；还有特定人群的墓地，比如清代京城附近的太监墓葬群等。此外，在处理因战乱或灾荒造成的大量死亡者遗体时，往往通过公共墓地甚或多人葬入一穴的形式。

以下的讨论主要围绕官私举办的区域性义冢展开，着重分析明清义冢的设置与管理、功能的多元化等方面。

1. 义冢的设置与管理

明洪武三年，朱元璋鉴于浙江等处火化之惨，命官司设义冢，以便无地者安葬。[①] 大约至明代中期，由于"历岁滋久，有司视为故事，养济之典虽尚举行，而义阡则废久矣"。弘治十五年，宜兴知县查访各乡义阡，已十废八九。[②] 这可能是一种较为普遍的现象。弘治十二年就有人上奏，南京城凡有死亡多无葬地，又有监察御史说南都之外原有漏泽园被人占种。弘治帝下旨："令天下各该衙门，旧有漏泽园者，重加修饰；无者，即于本处城外选择空地创造，或名漏泽，或名义冢。"[③]

葬地缺乏是导致停丧不葬以及火化等丧葬问题的重要因素之一，因此义冢之设被认为是解决这一问题最直接、最有效的办法。顾炎武认为禁除火葬之法应该是"每里给空地若干为义冢，以待贫民之葬"，然后辅之以厉禁，"庶乎礼教可兴，民俗可厚也！"[④]

就现存方志看，明代各地多在中期建立起漏泽园，各地多少不一，至少有一处设于城北厉坛左近，每年三次官府祭祀无祀之鬼。如苏州府域，见于记载的明代义冢除了有两处建于明初外，都是弘治年以来创置的。整体而言，明清时期江浙等东南地区所设义冢数量较多，这与该地区火化与停丧缓葬之风重新抬头并愈演愈烈有关。官府通过免税、予爵等方式，鼓励人们捐设义冢。明末之前，义冢主要来源于官府的捐助，个人设置不多。明末以后，随着善堂善会在各地的建立，作为与其配套的设施，义冢的数量猛增。经过几百年来不断的建置，江南地区形成了庞大的义冢群。

义冢的管理与维护往往有一定之规。义冢一般有明确的标识。即如万历二年湖州府在乌程县赵湾地方置义冢，"四隅各立石柱，中建石碑一座，刻'义冢'二字"。[⑤]

---

① 《明太祖实录》卷53，洪武三年六月辛巳条，第1052～1053页。参冯贤亮《坟茔义冢：明清江南的民众生活与环境保护》，《中国社会历史评论》第7卷，第163页注释1。
② 嘉庆《重刊宜兴县旧志》卷2《营建志·恤所》，《中国方志丛书·华中地方》第40号，第80～81页。
③ 《明孝宗实录》卷154，弘治十二年九月壬戌条，中研院历史语言研究所，1964，第2735页。
④ 顾炎武著，黄汝成集释《日知录集释》卷15《火葬》，第700页。
⑤ 万历《湖州府志》卷13《恤录》，《四库全书存目丛书》史部第191册，第276页。

这是为了防止地邻的蚕食侵占。冢地周围若无深沟为限，多以砖土垒墙，中开一门，专人启闭，意在保护义冢内尸棺不受破坏；义冢中棺柩一般不会深埋，易于暴露，很多棺柩甚至露置其中。

义冢附近通常建有一些附属建筑，或作殡舍之用，或为看守之人所居。所谓"有室以居守墓禁者，掌其度所，禁其侵争，樵苏毋犯"。[1]看守者或以孤寡无居之人，或以土工，或以僧侣充之。无人看守者应该更多。

葬埋形式：义冢通常划分为若干区块，依次而葬。苏州锡类堂掩埋办法："惧男女之相乱而葬，后子孙莫可识别也，画土为方，方内复为行，列男女，异左右，大书死者姓名于簿，云某人葬某阡第几方第几列第几柩，复揭竹筵于墓左，牢树之以待子孙祭扫，及日后之以礼迁葬者。"[2]这样做的好处是，在有限的葬地内尽可能多地葬埋棺骸，且便于登记标识，不致紊乱。

在江南地区，设立义冢须考虑防水，选址应避免卑下之地。冢址既定，要在四围与中间挖掘深沟。沟壕可以泄水，降低冢地的地下水位，而且壕堑之土可以垫高冢地，不但免于水渍之患，还可相对增加圹井的深度，便于深埋。缪日芑记苏州锡类堂记规条云："惧积潦为害也，于低洼处浚壕三百丈，阔一丈，深六尺，以走潦水、去渫污，即其土培成高地。"[3]又上海果育堂《义冢条约》："一冢地四周各浚深涧大沟，中间起亩，亩间起□，使前后左右水气得以疏泄。"[4]深沟不但可以泄水，还可防止侵占。

尽管义冢在建立之初多有管理规条，但在实践中往往出现很多问题。

首先，易于侵占。杭州西湖接引庵义冢共有103亩土地。明万历太监孙隆置62.5亩，清雍正总督李卫复置19.1亩，其余为冷姓善士捐置。但到雍正六年，李卫所置义田"民已侵其半"。至乾隆前期，"冷氏地石窆堵尚存，孙地最广，年最远，乾没以市虎而崛者最甚"。[5]可见义冢被侵占速度之快。义冢的侵蚀者大多来自同义冢本身有关联的人员。杭州张文嘉《义冢议》（康熙六年）认为义冢的管护人员往往是蠹蚀冢地的硕鼠。[6]嘉庆《嘉善县志》说，在捐助义冢过程中，为逃避田税而"冒告捐地豁粮而布种如故"。

---

[1] 毕大生：《公置义冢序》，嘉庆《珠里小志》卷10《义冢》，《中国地方志·乡镇志专辑2》，第555页。
[2] 乾隆《长洲县志》卷32《艺文二》，《中国地方志集成·江苏府县志辑13》，第424~425页。
[3] 乾隆《长洲县志》卷32《艺文二》，《中国地方志集成·江苏府县志辑13》，第424~425页。
[4] 余治：《第一录》卷8《保墓良规》，《官箴书集成》第8册，第587页。
[5] 沈大成：《学福斋集》卷15《接引庵义冢碑》，《续修四库全书》第1428册，第183页。
[6] 张文嘉：《义冢议》，民国《杭州府志》卷73《恤政四》，《中国方志丛书·华中地方》第199号，第11~12页。

其次，因义冢或被作为暂厝之地，棺柩入土往往不深，易于暴露。甚至直接放置地上，易于遭到破坏，致冢地污秽不堪。张文嘉指出义冢掩埋之弊："官府广锡类之仁，捐置闲地，而监管无人，或有人监管，而住居遥远，民间知是官地，即将棺木乱埋，或委之而去。于是犬彘豺狼撞破尸棺，掮开浅土，使血肉淋漓，白骨零乱，行道之人，不忍侧视。又或看守有人，挨排列葬，而异乡之人，姓名未详，男女之分，混淆莫辨，是亦未为尽善。"①

正因义冢具有暂厝的属性，因此一旦缺乏有效管理，不但葬埋秩序混乱不堪，而且整个冢地即成停棺之所，变为污秽之地。嘉庆《朱泾志》记载金山县朱泾地方的义冢时感慨道："按《周礼·春官·冢人》，冢者，封土为坛垄象冢而为之，故墓之坟者亦曰

图5-4 晚清上海义冢

说明：棺木半在地上，图画题为"活死人"，收入《点石斋画报》第六册，第81页。

冢。今之所谓义冢者，竟作停棺之所，并不掩埋，暴露三二年便不可问，多则仍不免于火化者，甚非设立义冢之道也。"② 乾隆末年，海宁硖川改置义冢，陈涵作记文，描述了旧义冢内的惨象："均系丛厝处，而积久滋多，纵横狼藉，瓦砾之垛，榛莽之翳，狂飙酷日之摧裂，淫霖毒雾之蒸糜，禽畜虫沙之出没，而残剥青磷白骨弥望惨然。"③

2. 义冢功能的多元化

义冢虽然始于宋代，但人们追溯义冢的源头往往找到《周礼》那里，认为周代实行族葬，有王公贵戚的"公墓"，也有国中平民的"邦墓"，人人各有其地，死于道路者也有归宿。周代是令人想往的，后世也应该恢复周礼旧制。④ 也就是说，义冢之设实际继承了古代邦墓葬埋族人以及《月令》"掩骼埋胔"遗意。前者解决了族人贫不

---

① 民国《杭州府志》卷73《恤政四》，《中国方志丛书·华中地方》第199号，第11～12页。
② 嘉庆《朱泾志》卷4《名迹志·义冢》，《中国地方志集成·乡镇志专辑1》，第168页。
③ 陈涵：《添设义冢记》，《硖川续志》卷11《艺文志》，第994页。
④ 毕大生：《公置义冢序》，嘉庆《珠里小志》卷10《义冢》，第555页。民国《南浔志》卷16《祠墓》，第180页。

得葬之忧，后者则是针对路毙之人，包括流民、乞丐以及不幸死于外不得归葬之人。

就后世情形看，大致来说，宋代以前义冢主要起"掩骼埋胔"的作用，瘗埋对象主要是因饥疫死亡之无主者。到了宋代，漏泽园的瘗埋对象不但有寺观无属棺椁以及"死人之不知姓名及乞丐遗骸暴露者"，[1]也包括"贫无以葬或客死暴露者"、"军民贫乏，亲属愿葬漏泽园者"。[2]实际上同时承担了《周礼》"邦墓"和"掩骼埋胔"的职能，贫乏无地之家、无后之人可以埋，有关人员也将路毙者或暴露无主尸骸埋于其中。如果衙门大牢中有罪囚死去，或者被处决，照例会在义冢之中占有一隅之地。即如常熟县的漏泽园，崇祯《常熟县志》载，"漏泽园在宣化门外，凡孤老与囚犯瘗此"。[3]义冢同时具有"厉坛"的性质。葬于义冢者，除去贫乏之家外，都是所谓无祀之人，也就是所谓的"厉"，等同于孤魂野鬼。明代初年，诏令各地设立厉坛，每年清明、中元、十月朔日，请郡邑城隍谒坛赈济无祀鬼魂。明代中期以后，乡厉坛渐废，人们就将仪式改在义冢举行。咸丰《紫隄村志》明确指出："明洪武十五年建乡厉坛，每里一所，今之义冢即其遗意，以埋路毙乞丐无尸亲收瘗者，每年当境城隍土地神于清明中元十月朝节，仿城中三巡会仪，至坛散给饭食冥镪以赈无祀鬼魂。"[4]正是因为这种瘗埋孤魂野鬼的属性，在很多地方义冢就设在厉坛附近。

作为公共墓地，义冢在很大程度上满足了多种人群的葬地问题，有助于解决明清时期各种原因导致的停丧缓葬、火葬等丧葬问题。但是，其局限是很明显的。

就义冢的功能而言，它是葬地，也是权厝之所，两者没有截然的区分。这种角色定位的形成与明清时期的实际社会需求存在直接关系，但这些需求的主体之间存在矛盾，在满足这种需求的同时，也对其他主体造成了伤害，因而产生了不良的社会影响。

人们对于义冢往往有一种负面印象，导致的结果是人们不愿葬埋。明代末年，陈龙正之父为家族义庄所立规条即明确规定，族人有丧，助葬费若干，"勿令投弃义冢，久难辨认"。如果将亲棺委于漏泽园，将会受到惩罚。[5]嘉庆《太仓直隶州志》则说

---

[1] 嘉泰《会稽志》卷13《漏泽园》，宋元方志丛刊本，第6959页；周辉：《清波杂志》卷12《火葬》，中华书局，1994，第508页。
[2] 《宋会要辑稿·食货》六十之四，中华书局，1957，第5866页。
[3] 崇祯《常熟县志》卷4《公宇》，南开大学图书馆藏精抄本，第15~16页。
[4] 《紫隄村志》卷4《坟墓》，《中国地方志集成·乡镇志专辑1》，第271页。
[5] 陈龙正校订《廉宪公义庄遗规》（崇祯辛巳十二月），《几亭全书》卷21《政书·家载》，《四库禁毁书丛刊》集部第12册，第142页。

地方贫乏之家"不忍以祖先遗骸杂于不知谁何之鬼邻"。①乾隆《濮镇纪闻》在"漏泽园"条后加按语称当地火葬成风不能禁革的原因是"无葬地，而又不肯为义葬也"："漏泽园之设，原以收无主之骸，有主者又不欲概从瘗埋，于是赁地而厝，久或付之一炬。"②

总之，在时人看来，葬于义冢就是对亲人的不孝，要受到他人耻笑。时人之所以会将葬亲于义冢与不孝联系起来，一个重要的因素是义冢在承担营葬乡人的"邦墓"之职的同时，也肩负着营葬路毙无主尸骸、罪囚等职能。将亲人尸体与无主尸骸、罪囚同葬一地，很自然地被认为是一种不孝行为。

明末清初以来，由于火葬与停丧不葬之风的兴起，义冢收掩对象势必要包括大量的有主棺骸，因此各方人士在设置义冢之初就要考虑到职能的混同可能对有主棺属带来的消极影响。一般的做法是将罪囚、路毙之尸单独设地葬埋，不与齐民同列。崇祯年间，张国维兴复苏州义冢，规定"禁瘗囚于邻壤"，并改其曰"广孝阡"。雍正十三年，苏州知府姚孔𬭎创建锡类堂，专司掩埋。监局之一的缪日芑在葬埋之法中特别指出："其无主后者不入方内，第葬法如前。而乞丐道死及累囚庾毙无人收视者，别为兆域，不与齐民列。"③康熙十一年，杭州府德清县奉巡抚范承谟之命创立广孝阡数处，范的想法是："查县例有官坛义冢，止埋囚犯孤贫，恐良善百姓似未肯同瘗兹土，若不备为区画，则暴骸日众，有乖化理，饬县于近城郊外择视高阜平阳之所，创立广孝阡数处，凡系无主棺骸，即为收瘗。如有子孙家属，悉劝速行埋葬。"④

将瘗埋囚犯、孤贫者的义冢与埋葬有主、无主棺骸之地分开以打消葬主的疑虑，为什么同时要将名称改掉，比如叫"广孝阡"呢？张国维解释说："俾市井蚩蚩之众，顾名思义，更化易俗，瞻马鬣而兴悲，望松楸而陨涕。死者免毁弃之惨，生者逭流殛之刑。"蕴含了劝孝兴葬之意，也表明葬埋的对象是无地葬身者。实在是用意良深。

义冢具有厉坛职能的传统给时人深刻的印象，即如乾隆年间南汇县广善堂订立《埋骸规议》八条，其一即云："南邑风俗，误认义冢为化人坛，不知厉坛但埋罪囚路毙乞儿，而义冢系仗义好善捐葬无力治葬棺，坛仍可立碑，听子孙扫墓。"⑤

---

① 嘉庆《直隶太仓州志》卷5《营建下》，《续修四库全书》第697册，第80页。
② 《濮镇纪闻》卷2《地宇·总记》，《中国地方志集成·乡镇志专辑21》，第227页。
③ 缪日芑：《锡类堂记》，乾隆《长洲县志》卷32《艺文二》，第424~425页。
④ 康熙《德清县志》卷4《食货志·瘗亡》，《中国方志丛书·华中地方》第101号，第229~230页。
⑤ 乾隆《南汇县新志》卷25《杂志》，乾隆五十八年刻本，第50页。

因此，义冢名称的变更实际也是在打消葬主对于义冢的疑虑。光绪年间，浙江布政使恽祖翼办理掩埋事务，谕令各属置办义冢，但名称不必为"义冢"，目的就是免得"死者子孙心有难安"。[①]

第二节 墓地建筑与坟冢

（一）建筑布局

1. 帝王陵园建筑布局

从陵寝结构布局看，明朝凤阳皇陵基本套用唐宋帝陵制度。从朱元璋修建孝陵始，对陵寝平面布局作了重要改革，主要有以下几个方面。

首先，改变了汉代以来陵墓上封土的形制。从明孝陵开始，封土形制改为圆形。这种形制虽然在六朝以后南方的帝王陵墓经常被采用，但并不是主流。

其次，取消寝宫（即下宫）建筑，扩大祭殿（即上宫）的建筑。与此同时，相应取消了留居宫人日常侍奉饮食起居的办法。取消下宫后，只保留了五供台、神厨和神库。更加突出朝拜祭祀的隆重仪式，使得陵寝祭祀活动具有强化、突出皇权至高无上的政治效果。

再次，陵园的围墙从方形变为长方形，分为三个院落。第一个院落除陵门外，两旁设有碑亭、神厨、神库。第二院落除殿门外，设有祭殿（或称享殿）和两旁的配殿。第三院落除内红门外，设有牌楼坊、五供台（一个香炉、两个宝瓶、两个烛台）和方城明楼。明楼是方城的城楼，中立墓碑。方城之后是圆形大坟，称宝顶，周围砌有砖壁，上砌女墙称宝城。园中的殿宇是方的，地宫和封土为圆的，即所谓"前方后圆"之制。前面的建筑与后面的宝城宝顶全部安置在一条直线上，显出一种纵深幽远的气势。

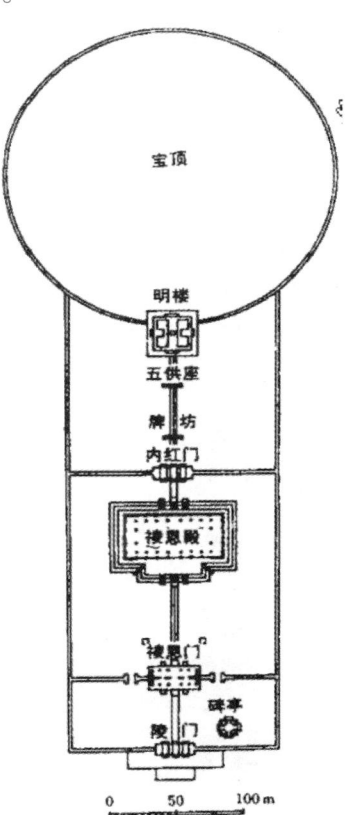

图5-5 长陵陵宫平面图

资料来源：《中国营造学社汇刊》第4卷第2期，1933年。

---

① 恽祖翼：《浙游续识》不分卷《檄办掩埋示》，光绪年刊本，第87页。

最后，神道随地形灵活改变。前代神道一般都是直的，而明孝陵的神道则随地形而改变，直中有弯。长度至少达2000米。陵园之内，有山有水，殿宇、桥亭、门台布置其间，庄严之中不乏灵活自然。孝陵外廊围墙45华里，实际已成为一座自然苑囿。

长陵因孝陵而小有改作，以后其他明帝陵则进入守成时期。陵园之内的十三陵均由神道、陵宫及宫外附属建筑三部分组成。其中，神道以明成祖朱棣长陵的规模最大，保存得也最好。《明史·礼志》："凡山陵规制，有宝城，长陵最大，径一百一丈八尺。次永陵，径八十一丈。各陵深广丈尺有差。正前为明楼，楼中立帝庙谥，石碑下为灵寝门，惟永陵中为券门，左右墙门各一楼，明楼前为石几筵。又前为祾恩殿，祾恩前殿惟长陵重檐九间，左右配殿各十五间，永陵重檐七间，配殿各九间。诸陵俱殿五间，配殿五间，门外神库或一或二。神厨宰牲亭有圣迹碑亭，诸陵碑俱设门外，率无字。长陵迤南有总神道，有石桥，有石像、人物十八对，擎天柱四，石望柱二。长陵有神功盛德碑，仁宗御撰，在神道正南。红门外石碑坊一，门内有时陟殿，为车驾更衣之所。永陵稍东有感恩殿，为驻跸之所，殿东为神马厂。"①

清代皇陵平面布局与明代十三陵多数皇陵相似，亦为前后两进院落，主体建筑的布局方式、建筑形式均与明陵一致，玻璃花门、明楼、宝顶等名称亦沿明朝之旧，只是将前院祾恩门、祾恩殿改为隆恩门、隆恩殿。

图5-6　清孝陵明楼

---

① 《明史》卷60《礼志十四·凶礼》，第1476~1477页。

2. 官民墓地设施

明清官员墓地普遍流行墓前建碑及牌楼式仿木石雕建筑。康熙朝大学士、安徽桐城人张英与妻合葬于龙眠山，坟茔九级台阶，上为拜台，石雕翁仲，前沿四柱牌楼石坊一座，中正横梁上刻阳文"恩荣"二大字，康熙帝、乾隆帝御赐碑二方，分立于牌坊后。墓地两侧有双溪流过。其子雍乾两朝大学士张廷玉的坟墓亦在龙眠山，坟前石牌坊；两方巨型石碑，一方是乾隆帝书的"御制谕文"，另一方亦为乾隆帝书的"御制祭文"，碑文系满文、汉文合书；神道两侧六对石像生，系狮、羊、马、武士、文士等石雕像；五供石桌，上陈香炉、烛台二、宝瓶二，五供桌前有石垫一方，供祭祀跪拜之用；墓穴封顶围以墙；墙外有防土墙；整个坟园有围墙。①

图5-7 清代名臣张廷玉的墓地

说明：张廷玉墓园在安徽桐城，东向略偏南，墓区以墓冢为中心，其下三层地墁石祭台扇形展开，上置供桌、香炉、烛台、香筒等石祭具。再下设九级拜台，中贯神道，两旁依次排列文俑、武俑、马、文豹、羊、狮、贔屃负御祭碑等石像生，石像生前立四柱石坊。石坊下50米为张氏享堂，享堂前设照壁，上嵌雍正书"调梅良弼"、"赞猷硕辅"石匾。

再如四川万源清末恩进士张建成夫妇墓，占地200平方米。土冢长8米、高5米。墓门为石质仿木牌坊式建筑。五重檐庑殿式顶，四柱三开间，飞檐鱼吻，筒瓦复顶，通高7.5米、宽8.9米。廊柱为蹲狮柱础，滚龙抱柱，垂花式门帘。普柏枋上镂空深浮雕各种花卉、戏剧故事和数百人的军士方阵。墓门两侧为甬壁，上面浮雕各式人物、花卉、墓志、楹联。墓前1米处有盔顶亭阁式碑亭，须弥座，通高6.5米。亭檐上浮雕

---

① 冯尔康：《清代宗族祖坟述略》，《安徽史学》2009年第1期。

卷边荷叶，檐下四角撑拱及镂空人物。碑亭前两侧竖无斗龟座石桅杆。杆顶为翘首石狮，通高6米。桅杆前两侧还立石狮一对。碑亭匾额由清季四川总督锡良题"有陪国计"。这样规模的墓葬在川西北有20余座，规模较小的也体现了大致相同的内容。①

坟墓左近多建造有祠庙、庵堂。在墓所建祠堂墓祭祖先的风俗早在汉代已经兴起。宋元时期，墓祠祭祖是最流行的祭祖方式。②明代嘉靖十五年（1536）以后，由于允许臣民祭祖并扩大了官员建立家庙的权力，引起修建宗祠的普遍化，从而导致墓祠的衰落。不过，由于墓祭的特点和习俗的传承，墓祠祭祖仍相当流行。明清时代，坟墓祠堂基本分布于南方，尤以安徽、浙江、江苏为多，多以墓祠、墓庵命名，也有以庐、亭、屋命名的。

此外，墓地多建丙舍，或厝置棺柩，或作为营葬物料贮藏之所，又或为居丧守墓之处。如浙江宁波完氏家谱《丧葬仪》："筑墓舍以专防守。"③袁遂《永慕堂葬法》建议营墓者最好在墓次建房数椽，最好能封锁。"一为账房，一为卧房，一为物料房，一为厨房，一为工作房，皆不可少者。""如左右本有坟堂祠屋更佳。"又说，自己在先茔建屋三椽，"营葬祭扫，皆于此驻宿，颜其名曰永慕堂"。《永慕堂葬法》大约即是袁遂在永慕堂为母守墓期间所作，并以此为名。

（二）坟丘形式

1. 帝陵宝城

由秦汉至唐宋，与陵园布局为方形相配，皇陵封土的形状亦大多为方形或长方形覆斗状（因山为藏者除外）。凤阳明皇陵沿袭此制。自孝陵始，改为圆形。孝陵封土即原独龙阜山体修补而成的圆形大封土堆，名"圜丘"，略呈圆形，直径为325～400米，周围环砌以城垣，以条石为基，上砌城砖，是为宝城。

明太祖将皇陵封土由方形改为圆形，刘敦桢认为是受了长江流域"无方坟之习"的影响。杨宽基本持相同观点，认为圆形宝顶可能和六朝以后南方帝王坟墓采用圆形有关，"六朝坟墓除了那些深藏在山腰里不起坟丘的以外，起坟丘的陵墓都作圆形，不见有方形的"。长江流域流行圆形封土的确是一种传统，除了杨宽所举诸例以外，夹在唐、宋之间的前蜀高祖王建之永陵（在成都）也是圆形封土，封土的下部尚有残存的界土石条。但刘毅指出，明太祖在礼仪制度上颇好革古创新，促使孝陵将封土改作圆形的主要因素很

---

① 马幸辛：《川东北历代古墓葬的调查研究》，《四川文物》2001年第2期。
② 参阅常建华《元代墓祠祭祖问题初探》，载《社会问题的历史考察》，成都出版社，1992。
③ 《中国家谱资料选编·礼仪风俗类》，上海古籍出版社，2013，第167页。

可能不是传统习俗，特别是那些偏安王朝的习俗。实地考察所见，孝陵本身是一种特殊的"因山为藏"，独龙山阜相当于封土的一部分，为了外形美观，体表做了大量人工修补、堆填，圆形更接近于山体的原形，便于人工修饰，这是孝陵封土改为圆形的最直接原因。另外，孝陵玄宫建于山前小丘上，在坟冢四周加砌城垣，不仅有利于保持封土不流失，也有利于防盗，更重要的是突出了威严感，更具感染力。①

明孝陵的这一形制对明代诸陵和清代帝陵的兴建产生了极其深远的影响，此后明清诸陵的建制几乎与其完全一致。明清不同之处在于，明朝皇陵宝顶一般呈圆形或椭圆形，清陵宝顶一般为前方后圆。

2. 土丘坟

坟丘形式各地有较大差异。在北方地区，最常见的是状若馒头的土丘坟。如清初朝鲜使节《燕行录》曾记录北京城外之"坟制"："皇城外（原注：朝阳门外也）平田旷野，皆都人坟墓。环墓皆筑墙设门，松杉蔚苍，碑碣森罗，其有节义可尚者，建牌楼旌之。其坟形上锐下丰，状若帽子，不以莎草封之，只是累土，无龙尾阶砌，或于冢之前面嵌石而为碑。其子孙显达者，墓前竖华表柱两行。都门之外，大抵人家坟冢混无区域。篱落之间，累累皆是。其火葬者，加垩涂坟（原注：坟封之外皆耕种，虽有子孙者亦然。故庶民兆域皆在田中。其葬埋皆平原旷野，无山脉来龙水势合抱之可据，只是撮土成坟而已）。清明日过玉田城外，平陂广漠，累累馒头，尽封新土，上挂一陌纸钱，寨窣野风前。盖其土俗，每年清明日加土坟上云。"②

其形状有如倒置之锅，也有称为馒头形的，也有做成长条形的。在河北遵化，"培土成冢，皆覆釜形"。③光绪《蕲州志》记载："既葬，墓封或用马鬣，或用覆釜。"④

坟墓外部，往往以砖石包砌。光绪《黔江县志》："以石围砌其坟，曰包坟。"⑤同治《长阳县志》："其上合尖如馒首，曰圆顶，外加生土顽石，曰做坟。一二年后，土性坚老，再用方正石条砌成方形或圆形，曰包坟。"⑥苏州一带则用草皮泥层贴于墓表，以心泥固结，能够保护墓土免于雨水冲刷。⑦又或围绕墓冢筑造罗城，以防野兽破坏、

---

① 刘敦桢：《明长陵》，《中国营造学社汇刊》第4卷第2期，1933年；杨宽：《中国古代陵寝制度史研究》，上海古籍出版社，1985，第62页；刘毅：《明代帝王陵墓制度研究》，第78页。
② 〔韩〕林基中编《燕行录全集》第70册，韩国：东国大学校出版部，2001，第97页。陈进国：《坟墓形制与风水信仰》，《新世纪宗教研究》（台湾），第4卷第1期，2005年9月。
③ 光绪《遵化通志》卷15《舆地·风俗》，光绪十二年刻本，第8页。
④ 光绪《蕲州志》卷3《地理志·风俗》，光绪十年刻本，第8页。
⑤ 光绪《黔江县志》卷5《风俗志》，光绪二十年刻本，第49页。
⑥ 同治《长阳县志》卷1《地理志·风俗》，同治五年刻本，第7页。
⑦ 袁遂：《永慕堂葬法》，光绪十八年刻本，第19~21页。

雨水冲刷。海宁陈确《葬书》卷下《葬经》"冗城蓄水"条，认为坟外筑罗城，容易蓄水，多此一举，而且指出"北方皆无之"。① 道光《泰州志》记当地墓冢："冢形圆而高，有资之家环冢筑土圹曰罗匡，树以松柏。"②

3. 椅子坟

浙江、江西、安徽、广东、广西、福建、台湾等地广泛存在一种被现代民俗学者称为"椅子坟"或"龟壳墓"的墓葬样式。地面椁室或者坟堆加上后部的圈式围墙（坟圈），围墙自后朝前作缓坡式降低而在整体上呈现出椅子的形状。它们在形制样式的细节上因地因时而异地存在着许多近似的变体，但有着共同的特点：前低后高、前方后圆。

清人陈盛韶《问俗录》记福建古田县墓圹："东郭墦间，葬冢累累，古邑无有也。民间送死必作墓圹，上用石，次以砖，次以石灰、细沙、土末杵之，谓三合土，坚不可破。空其中，可容三五棺。形若半月，后仰前俯，砌以石墙，勒以石碑，刻以石联。跪拜者石坪，炷香者石炉。或费千金数百金，最下亦数十金。无财不可为悦，故古田停柩不葬者十之七。"③ 这里，陈盛韶注意到福建墓冢"形若半月，后仰前俯"的特征，并且指出这样的墓冢造价不菲。

徐珂《清稗类钞》对福建坟墓的记载则可以看出，椅子坟常常合数世为一墓，且坚固异常。

> 坟墓之制，各地异俗，大率葬平壤者多简率，葬山陵者多坚致。如闽中坟墓，其营造犹近古制，而异其习尚，他处仅夫妻有合墓之义，闽中士大夫之家，常合祖孙父子数世为一墓。其俗以三世计，约几何人，即就山凿一深穴以为圹，广大如屋，中有一石椁，如其家三世共十人者，则此石椁可容置十棺，穴口就石凿三门，含有机括，封固即不可复开。穴上则用磁粉、油泥等，筑一或圆或长方之墓形。其第一世棺入圹后，即封其墓之中门，右一门本虚设，左一门留以启闭，子孙岁时入而洒扫。俟三世棺均入圹，则并左一门亦封之，即永不得开矣。故闽中古墓，虽历时至久，均复存在，纵经兵燹，从无伐墓之举，以其坚不得开也。④

---

① 《陈确集》别集卷7，中华书局，1979，第500页。
② 道光《泰州志》卷5《风俗》，道光七年刻本，第2页。
③ 陈盛韶：《问俗录》，书目文献出版社，1983，第68页。
④ 徐珂：《清稗类钞·祠庙类》，第235页。

从椅子坟的得名可以体会到"交椅"或"太师椅"在汉语和中国社会文化中具有官职俸禄及身份显贵的标志或象征。龟壳墓的得名则与区域民俗文化中的崇龟现象相关，以及龟所象征的"长寿"、"吉祥"、"永恒"、"灵异"等属性。此外，由于东南地区的地形以丘陵或河谷小平原为主，椅子坟和龟壳墓的墓丘造型虽然各异，但都具有防水护坟的功能。更重要的是，这样的坟墓营造样式被认为具有承气接脉、制泄煞气、收迎水等功用，被视为直接关涉风水吉凶和人事祸福。

（三）碑石

墓葬碑石，有墓碑、石像生（包括石望柱、石人、石兽）等。对于它们的使用有着严格的等级规定，尤其帝王陵墓与官民墓葬之碑有巨大差异。

图5-8　清孝陵石像生

1. 帝王陵墓碑石

明代皇陵石像生制度直接继承和发展了唐宋石像生制度。从明孝陵开始，诸种石兽、石人的基本形式已经固定，确立了石兽每种两对，一对蹲坐式跪卧，另一对伫立的形式，这为以后明清使用石像生诸陵所承袭。北京明长陵石像生石兽的内容和排列方式源自明孝陵，在石人中增列了两对勋爵形象，并且恢复了唐、宋诸陵以望柱列于石像生之前为导引的做法，而不同于明初祖、皇、孝三陵望柱夹列于石人石兽之间。清代帝陵石刻群基本沿用明代制度，东陵神道旁的石像雕刻有石马、石翁仲、石狮、石麒麟等18对。清西陵中除光绪帝因处于清末陵前无石雕像外，其他陵主神道旁石雕像有石翁仲、石马、石象等5对。

帝王陵墓用碑，六朝至唐代间或用之，两宋例不用碑，同时代的辽、金、西夏却较多见，至明清始成典制。不仅越来越多，也越来越规范化。明清时期帝王陵墓有三种刊刻不同文字内容的石碑，自前而后依次为神功圣德碑（圣德神功碑）、无字碑（明代）或神道碑（清代）、陵碑（圣号碑）。

神功圣德碑始于明孝陵，位于神道南端，石像生像之前。额篆"大明孝陵神功圣德碑"，明成祖御撰碑文，述明太祖一生功业。护碑以楼。清初，顺治帝孝陵沿用明朝神功圣德碑的基本范式，但在同一碑上以满汉两体文字刊刻，内容相同。清孝陵之后，圣祖景陵、世宗泰陵、高宗裕陵、仁宗昌陵皆于神道前端石像生群像之前立碑铭记功德。当景陵立碑时，雍正帝提出："世祖章皇帝碑文字迹似小，圣祖仁皇帝在位六十余年，功德隆盛，文章字数甚多，一碑不能尽载，建立二碑，一刻清文，一刻汉文。"乃照依清孝陵碑亭样式，建立二碑。[①] 二碑内容同，其排列顺序依当时习惯改为左（东）满右（西）汉，而与清孝陵相反。从景陵开始，碑额题字也由"神功圣德碑"改为"圣德神功碑"，泰、裕、昌三陵同之。

除皇陵外，明代一些藩王的陵墓前也有纪功或纪事碑。但从历年来的考古调查等资料分析，其使用并不普遍，各王陵墓前残存之碑多为皇帝御祭文碑。到了清代，皇子诸王陵墓前纪功碑已经比较普遍的存在，碑文记述墓主生平、彪炳功勋。

明长陵以后，十三陵中的献、景、裕、茂、泰、康六陵原本不再立碑，嘉靖间，明世宗谕令六陵各立神功圣德碑于陵宫前，却始终未亲撰碑文。此后诸帝因循，六陵碑遂成"无字碑"。后来永、昭、定、庆、德五陵修建时皆依制立碑，但也都白板。清朝关内九陵在相当于明陵无字碑的位置上各建石碑及碑亭，碑上以满、汉、蒙三体文字刊刻所葬皇帝庙号及尊谥号，其排列方式为中满文、左（东）蒙古文、右（西）汉文，承以赑屃，《大清会典》一般称之为"神道碑"。

从明长陵开始，各皇陵明楼内正中皆另竖一碑，其上刊刻"某祖（或某宗，为庙号）某（谥号）皇帝之陵"字样，额篆"大明"。清陵明楼之制略有不同，额篆"大清"，碑身刊刻所葬帝后庙谥号，皆用满、汉、蒙三体文字，文字排列方式同神道碑。[②]

2. 官民墓葬碑石

官民墓地，墓碑的使用较为普遍，石像生则多为官宦之家使用。即如康熙《平和县志》所云："圹筑以土，掩坎以土，表之以石，贵者奉朝廷之命始树石烛、华表、

[①] 光绪《清会典事例》卷428《礼部·大祀·陵寝一》，第5册，中华书局，1991，第823页。
[②] 参阅刘毅《中国古代帝王陵墓碑制探析》，《南开学报》2012年第5期。

翁仲、五兽之属。"①此外，坟墓左近有的地方还会树立祭祀后土之碑。光绪《漳州府志》：祠后土，"吾乡多于石碑上书曰司土之神"。②

墓碑是墓冢的重要识别标志，为人重视。萧德本《葬亲保墓琐言》认为，人们以碑铭图志识别坟墓，始于孔子不知父墓之叹。"大凡人家，族中之支庶既至蕃多，祖宗之坟茔必非一处，始以祖茔一圹葬至数冢，渐分数处而冢垒益多，或一山而作数茔，或一茔而为几圹，甚至满山满圹，百冢千垅，年深日久，子孙祭扫，竟莫辨其此茔何祖，彼冢何宗，皆因无碑碣之故耳。"③

明清时代，墓碑的使用较为常见。但地方志书往往强调，立石刻碑者多为"富者"。在浙江太平县，光绪县志记载："富者加砌石条于外，前树丰碑，大书逝者姓名，旁列年月及奉祀者各名，垂示后世。"光绪《常山县志》亦云："殷实家墓门建立石碑，或勒志铭，只书行几某某之墓。"④

乾隆年间，河南光山知县杨殿梓有《谕立墓碑》，指光山民间营葬不立碑者甚多，久之子孙遂不识其祖宗，而指曰荒冢，或他人冒认荒冢以为祖墓，争讼日滋。因此，谕令士庶人等："凡有葬事，先期备一石碑，中刊某人之墓，旁列子孙姓名，临葬，树立墓前，以垂久远，至旧家无碑者，各制碑补树。"⑤同治《郫县志》亦云，当地造坟，"不独墓铭碑记百不得一，即求片石镌姓名、岁月，亦寥寥罕见"，遂有侵盗变卖之事。就志书所见，这种情形在西南地区似较多见。

关于墓碑题字，《清通礼》云："品官墓碑书某官某公之墓，夫人则书某封某氏。八九品以下及庶人碑文曰某官某之墓，无官则书庶士某之墓，妇称某封氏，无封则称某氏。"实际格式，阳面通常大书死者姓名，旁列子孙姓名。萧德本《葬亲保墓琐言》记墓碑格式："务于祖茔前立碑，题曰第几世祖考妣某公氏之墓；于父母墓前立碑，题曰显考妣某公氏之墓。上题某年月，下题某人敬立。字要写得方正肥大。字不可过多，多则字小，易于模糊。刻工刻字要深。如有官衔、封典者，当酌刻碑后。须将讳行、生殁、山向及扦葬年月、四至、亩数一一载明。如碑小不能全载，则名讳、山向、亩数三者必不可阙。"然后将碑上原文载入谱中，或另立簿记，如年久碑有损坏，字不能辨，即可照原文重立新碑。光绪间修《常州左氏宗谱》载《锦园公

---

① 康熙《平和县志》卷10《风土志》，光绪十五年刻本，第6页。
② 光绪《漳州府志》卷38《民风》，光绪三年刻本，第5页。
③ 萧德本纂修《开沙萧氏重修族谱》，宣统二年刊本，《中国家谱资料选编·礼仪风俗卷》，第262页。
④ 光绪《常山县志》卷22《风俗》，光绪十二年刻本，第4页。
⑤ 乾隆《光山县志》卷19《艺文》，乾隆五十一年刻本，第27页。

慎终记·立碑》：

> 碑上字宜少而深大，以便年久尚明
> 男者书法：
> 某处第几世某　官　职
> 左公△△府君之墓
> 某　　向△年△月△　男△百拜敬立
> 女者书法：
> 某处第几世　某字号年多少
> 左母△太△人之墓
> 某　　向△年△月　男△百拜敬立

又指出："必将左字顶头写者，以便年久碑陷入土，上头犹见左字在上，知系左家之墓也。必欲深大者，能耐久也。两旁书小字，有无不妨，故也。书代数、地方者，易查考也。"[①]

明清文献所载，碑铭质地以石为主，亦有木者。萧德本《葬亲保墓琐言》："凡寻常所用石碑，约分三种：曰苏石、曰礬石、曰青石。苏石最坚固耐久，礬石次之，青石又次之。碑下须有石座，年久可不致深陷。"其放置方式、尺寸，各地亦有不同。福建侯官林枫《三礼备览》记南北葬法差异，述及墓碑：

> 南方多用三和土，或砖石为坟。其墓门勒碑，有横有竖，竖者高不过三四尺，横者广不过四五尺，刻葬者官爵姓氏于上，嵌之墓前，贵贱通用。而皆无趺首之制。若特建神道碑，则惟品官有之。其或特赐祭葬，则别勒一石碑于墓，刊所赐碑文。与西北封土为坟、墓前皆立石碑而围以垣者稍不同。[②]

西北地区所谓以垣围石碑，应即当地盛行的碑楼之制。今日所见陕西南部商洛、汉中、安康等地，清代墓前的石雕碑楼一般可分单门式（两柱一门）和三门式（四柱三门），多门式和三柱两门式则少见。单门式碑楼多数由三至四块整石构建而成，两

---

① 《中国家谱资料选编·礼仪风俗卷》，第213页。
② 林枫撰《三礼备览》卷4《葬礼》，福建省图书馆藏稿本。

柱之间镶嵌墓碑，有的再在碑楼的两侧加立半葫芦形护石，使碑楼具有更好的稳定性，又更加美观。三门式碑楼只不过是在单门式碑楼基础上的重复和展开，不同的是碑楼的顶部呈庑殿重檐形式，高低错落，表面浮雕花卉、动物或人物图案，显得规模气势宏大。①

明清墓碑虽等级分明，但其雕刻题材具有浓重的民俗特点，从碑首到碑座旁及碑侧、碑框布满了吉祥图案，寓意广泛。主要题材为：二龙戏珠、海境铺地、鱼鳖江蟹、海水江崖、五福捧寿、祥云、万字不到头、九莲花、瓜瓞绵延、松鹤延年、鹤鹿同春等。较以往朝代的墓碑装饰，明清更趋繁缛，将动物、禽鸟、昆虫、花舟、人物等进行艺术化、理想化和吉祥化组合，世俗文化的意趣一览无余。

墓碑雕刻的地方特色也很显著。湖北利川境内清代的墓碑"福"意图形，以龙、蛇、凤等动物或以植物花卉示意构成。学者认为，这是当时民间墓葬艺术极富时代特征和文化内涵的一种设计，是借神性和权力象征实现自我欲求的心理映射。把"福"字或表示"福"意的象征图形刻于墓碑上，请求祖先神灵赐福和向祖先神灵报答赐福之恩，是利川地方融会巴蜀、汉、荆楚墓葬文化传统的必然结果，也是该地土家社群在求"福"方面的一种反映。②

在宜昌地区，清代墓葬坟前石碑具有浓郁的地方特色。既有仿楼阁式高达5米、雕龙画凤的精品石碑，也有形制单一、用一块青石雕琢成的简易石碑。其形状，有"山"字形、牛角形、方形、意会"山"形、攒顶塔刹（宝瓶）形。"山"字形的碑帽是应用普遍、数量最多、局部变化多样的一种类型。又可分为龙形纹宝瓶型，龙形纹太阳、佛像型，龙形纹宝瓶八卦图形，龙形纹如意型等。③

此外，墓地多植树。古制，天子、诸侯、大夫、士庶坟高及坟树各有等差。《白虎通》：天子树以松，诸侯树以柏，大夫树以栾，庶人树以杨柳。但在明代，即使是百姓也无不在坟旁栽种松柏。④谢肇淛《五杂俎》则说："古人墓树多植梧、楸，南人多种松、柏，北人多种白杨。"⑤《寒夜丛谈》亦载，后世对坟树的等级不加分别，"唯北人坟冢多有树白杨者，至大江以南，无论贵贱，弥望尽松柏矣。"⑥

---

① 王昌富：《镇安发现大量清代墓葬》，《商洛日报》2009年6月3日，第3版。
② 向极鼎、周琼：《利川墓碑"福"意图形的解读》，《中央民族大学学报》2004年第5期。
③ 张清平：《宜昌清代墓前石碑碑帽》，《三峡论坛》2012年第2期。
④ 田艺蘅：《留青日札》卷34《坟木》，第1097页。
⑤ 谢肇淛：《五杂俎》卷10《物部二》，第196页。
⑥ 《寒夜丛谈》卷2，第11页。

第三节 墓制

（一）墓葬形制

明清时期的墓葬，其构造有竖穴墓和横穴墓之分。前者较为普遍，后者则存在于以下情形：一是西北地区，水深土厚，先挖深坑，而后在一侧开掘墓室，如当地盛行的窑洞。即如道光《清涧县志》所述："地开葬圹深丈余，头穿窑孔，或砌砖石如住窑，或壁土如开穴，下窆后迎棺入葬，以石板为门，闭之始筑外圹为冢。"[①]二是山地营葬，依山横向掘洞为穴。同治《桂东县志》："葬不为圹，横穿纳棺，塞以砖石。"三是较大型砖室墓或小型发券之墓，往往留出墓室一头，以便棺椁入室。即古之"隧"。

墓葬形制依据使用材料及营造方式的不同，主要分砖室墓、土坑以及三合土灰隔葬。

根据对明代墓葬的发掘，墓室多以砖石建筑，有单室，有双室；有砖券结顶的，也有石板覆盖的。[②]清代盛行小型砖室墓，以砖结圹，或称砖椁，其营造形制或发券（圈），或盖以明板（石板）。砖券之墓，多先筑三面，上作券，留一侧入口，推棺入内，再以砖石封闭。又或置棺圹内，后营砖券。《阴宅镜》记清代江南地区砖葬："嘉、湖、松三郡之地多砖葬。用大砖为墙者有之，间有用小砖者，以灰沙联络砌之，上用橘囊砖发圈若环桥样式，圈上加平覆砖，三圈三覆用菊花式封圹门，底下踏三合土一尺。习俗所用厚墙实砌亦坚，但总逊打灰隔耳。"[③]亦有以石为椁者。砖石混用，也较为常见。

以土埋棺即所谓的土葬法，多为贫乏之家所用。清代浙江的一些地上葬式，"有未用砖石，而将棺埋入土中成冢，名曰土葬"。[④]光绪《榆社县志》亦云："其筑墓，富者用砖圈，贫民则土穴耳。"

三合土灰隔墓，或称灰隔墓，即以三合土围筑棺椁的葬法。这一葬法从明代中期开始流行，在明墓较多的江苏地区常见。据清代方志，各地多有使用这一葬法。略举数例：

河北遵化，光绪邑志记载营葬或以木椁，或以石椁，或以砖甃，或以炭培，"惟

---

① 道光《清涧县志》卷1《风俗》，《中国方志集成·陕西府县志辑73》，第40、41页。
② 参见贺云翱《江苏明代墓葬的发现及类型学分析》，《南方文物》2001年第2期；何继英《上海明代墓葬概述》，《上海博物馆集刊》第9期，上海书画出版社，2002。
③ 陈泽泰：《阴宅镜》卷3《砖葬》，台北：武陵有限公司，出版年不详，第194页。
④ 《厝棺被窃仅止撬缝凿孔及烧煜成洞抽取衣饰并未显露尸身一并免参》（嘉庆十年），《治浙成规》，道光十七年刊本，第40页。

三合土筑者较良"。其法："率以石灰、沙土各数千斤,柏枝、糯米煮汁和匀,裹棺外,杵捣石筑,久则益坚,价亦较廉,永无他虞,尤人子所宜讲求者。"①

安徽怀宁,道光时期县志记葬法："其葬也,率以三分土、一分石灰相和,用杨条桦浸水,拌土封冢,或用糯米汁拌之。"又载邑人潘金葬法："取小坚石如雀卵大者,并三合土,用杨条桦水合而杵之亿万数,至不可数计无复,石与土之间以铺圹底厝棺其上,又以此土覆棺而卷之,虽置之江湖中千百年,水不得入焉。"②

甘肃甘州,乾隆《甘州府志》："圹内用椁,椁外用隔灰,圹周围用方砖和糯米汁砌之。"③

福建安溪,乾隆《安溪县志》："至于作圹之法,凡有力者皆同。量柩大小,三面及盖顶以三合土灰舂筑,留前不筑。进葬后以砖砌塞。……无力者不能舂灰,只能开土三面,宽八九寸,以灰土泥填实,及盖顶,俟灰土干时,将中土取出,存留灰墙葬之,亦坚固可久。此是择地开圹者用此法。若随择随葬者,棺外裹草入窆,即实以灰土泥,久之草朽,灰土亦不粘棺也。"④

山东博兴,道光《博兴县志》："造圹以实筑为坚,多用灰隔者,岁久灰结坚如石。"⑤

可见,以三合土造葬十分普遍,成为明清时期墓葬的一大特征。

就某一地域而言,上述葬法往往并存,人们一般根据当地风俗以及财力状况选择营葬方法。即如乾隆《福山县志》所述本地葬法："圹或用椁,内沥青,外三合土。或发窆,或砌砖池。稍有力者概不从俭。"⑥给我们的印象是,石椁、灰隔为富者所习用,次之以砖椁,贫者则多以土葬。但这并不否认某种葬法在某些地区是人们优先考虑的。比如三合土灰隔葬在南方地区更为盛行。

以下以灰隔葬法为中心,考察明清时代的墓葬形制。

1. 三合土灰隔葬法

三合土,又作三和土,通常是以石灰、砂子、泥土三种材料按一定比例掺和,以黏合剂调和而成。"石灰得土而粘,得沙而实,岁久结为全石。"墓葬中使用三合土起

---

① 光绪《遵化通志》卷15《舆地·风俗》,光绪十二年刻本,第6~7页。
② 道光《怀宁县志》卷9《风俗》,道光五年刻本,第6页。
③ 乾隆《甘州府志》卷4《地理·风俗》,乾隆四十四年刻本,第39页。
④ 乾隆《安溪县志》卷4《礼制》,乾隆二十二年刻本,第4页。
⑤ 道光《博兴县志》卷5《风土志》,道光二十年刻本,第4页。
⑥ 乾隆《福山县志》卷6《风俗志》,乾隆二十八年刻本,第87页。

· 239 ·

图5-9 晚清名臣曾国藩墓地中的墓冢和碑碣

说明：墓冢为三合泥拌碎石混合封堆，上铺砌花岗石，呈半圆形，底径5米，残高2米。坟地以花岗石墙围护。墓后立碑三通，白玉石碑心，主碑高3米，宽2米，附碑均为龙纹浮雕。墓前有拜台，祭坪约50平方米，东西各立石阙一个。

源甚早。五代以来，长江中游一带出现使用三合土围筑墓圹的新型葬法。后被载入《朱子家礼》，冠以"灰隔"之称。此法遂渐受儒者重视，成为后世儒家的标准葬法。《家礼·丧礼》记灰隔之制：

> 作灰隔　穿圹既毕，先布炭末于圹底，筑实，厚二三寸，然后布石灰、细沙、黄土拌匀者于其上，灰三分，二者各一可也，筑实，厚二三尺。别用薄板为灰隔，如椁之状，内以沥青涂之，厚三寸许，中取容棺。墙高于棺四寸许，置于灰上。乃于四旁旋下四物，亦以薄板隔之，炭末居外，三物居内，如底之厚，筑之既实，则旋抽其板，近上复下炭灰等而筑之，及墙之平而止。
>
> 加灰隔内外盖　先度灰隔大小，制薄板一片，旁距四墙取令吻合，至是加于柩上，更以油灰弥之，然后旋旋少灌沥清于其上，令其速凝，即不透板，约以厚三寸许乃加外盖。
>
> ……
>
> 实以灰　三物拌匀者居下，炭末居上，各倍于底及四旁之厚，以洒洒而蹑实之。恐震柩中，故未敢筑，但多用之，以俟其实尔。
>
> 乃实土而渐筑之　下土每尺许，即轻手筑之，勿令震动柩中。[①]

---

① 《朱子家礼》卷4《丧礼》，《朱子全书》第7册，上海古籍出版社，2010，第916、921页。

这种葬法的思路很简单，主要是在棺木四周上下围筑三合土。因为使用了"灰隔"，而有灰隔葬法之称。但人们对于何谓灰隔有不同理解。从《朱子家礼》看，灰隔即隔灰之板，它不但用来夹筑灰墙，还被用以附着沥青（即松脂），"盖既不用椁，则无以容沥清，故为此制"。①因为，"松脂与木性相入而又利水"。②后世儒者论及灰隔，有以"灰隔"为椁者，也有人认为灰隔乃是三合土灰墙，它虽无椁之称，但有椁之实。万斯同明确指出，灰隔葬法中的灰墙实质上是一种"椁"，这种椁的使用可以在江南潮湿的地理环境中起到保护棺骸的作用，这是其他方法无法替代的。他说：礼，葬必用椁。"古今之葬礼，未有有棺而无椁者，有棺而无椁，必至贫者之所为也。"椁之于棺，周以围护之，延缓其朽坏，故附棺之物虽多，而以椁最为重要。针对司马光有关木椁为无用之物，岁久终归腐烂，"徒使圹中宽大，不能牢固。不若不用之为愈也"的说法，万斯同质疑道：

> 或曰：公秦人也，秦地水深土厚，故可以无椁。若是，则昔之制《周礼》者，独非产于秦地哉！彼何以有椁也？温公之制行于北方尚不可，倘行于南方卑湿之地，则是置棺于水中矣，而可乎？厥后朱子《家礼》虽不为木椁，而易以灰隔之制，则坚与铁石无异，实胜于木椁！此后人所当法也。且《家礼》所以无椁者，以南土卑湿，故不用椁而代之以灰隔，非谓木椁之不当用也，不然而孝子之厚其亲者，庸可以废椁哉！③

朱熹之后，家礼类著述或丧礼著述多对灰隔之法有所探讨。④明后期以来，随着儒家丧礼的复兴，南方尤其江南地区的一些儒者，从嘉靖时代的王文禄（字沂阳）、明末的陈龙正、明末清初的陈确（字乾初）、应㧑谦与张文嘉，直到清后期的袁遂等人，也对营葬之法进行了深入研究。其中，海盐何商隐（人称紫云先生），海宁许楣、范鲲以及张朝晋诸人对朱子灰隔法的发展与完善做出了重要贡献。⑤

---

① 朱熹：《朱子家礼》卷4《丧礼》，《朱子全书》第7册，第916页。
② 范鲲：《蜀山葬书》卷上《灰隔葬法备参说》，咸丰四年《葬书五种》本，第3页。
③ 万斯同：《群书疑辨》卷4《书仪》葬不用椁，嘉庆二十一年刻本，第19~20页。司马光语见《朱子家礼》卷4《丧礼·初终》，《朱子全书》第7册，第903页。
④ 冯善：《家礼集说·丧礼》，万历十七年刻本，第104页；王廷相：《丧礼备纂》卷上，载《王廷相集》，中华书局，1989，第1387页；朱轼：《仪礼节略》卷7《丧礼》，《四库全书存目丛书》经部第110册，第663页。
⑤ 参见张传勇《明清"葬书"及其性质刍议》，载《亚洲研究》（韩国）第3卷，2008年12月。

灰隔葬法原理简单，但要使其坚固持久并非易事。其中，灰、土、沙三种材料的搭配、隔板的使用方式以及筑造之法等，都事关灰椁的成败。浙西诸儒对葬法的各个方面均有详细论述，撮其关键略述如下。

其一，灰墙筑造之法。灰墙务求坚实，需要在材料的配制及筑造两个环节上着力。三合土以石灰、沙子、黏土为主，三者之间的使用比例，人各不同。许楣认为各有未当，他强调，日后灰墙的坚固与否与三合土的比例有重要关系，"总之三和土以灰为君，以土为臣，以沙为佐，以乌樟汁为使，四者缺一不可。石灰得土而腻，得沙而实，得乌樟汁而凝。然土太多则不坚，沙太多则易散"。据此，"断以灰六分、土三分、沙一分为准则"。[①]

筑造之前，需要将三者和匀，有洒水者，有洒酒者，也有以米粥者，最理想的莫如乌樟汁。乌樟即豫木，产于杭州等处山中，"取其叶浸水中一二日，其汁甚黏腻，用以拌灰土，久之坚如石"。据说康熙年间浙江河决，大堤筑造不固，浙人上言当事，"取乌樟叶汁拌土塞之，堤成，至今完固，千里之外尚可用也"。[②]离山较远之地，乌樟叶难以获致，可以糯米粉汤或杨桃藤汁代之。拌好的三合土须不干不湿，抟之成块，撒之成沙。一切就绪，即开工筑造。范鲲《灰隔葬法备参录》记其法云：

紫云先生曰："下灰一二寸，筑极实，又下一二寸。凡举杵欲均，用力欲一，毋轻而重，毋缓而急。重则不可复轻，急则不可复缓。若先后参错，其土乃散而不结。每筑一作毕，洒老酒令遍，然后下第二作，筑毕又如之。"法极善矣。今圹中拟用十二人，各持木杵，先下炭屑一寸许，筑实四旁，又下炭屑，侧厚一寸许，即下三和土二寸许，以木格推之使平。先以草履蹋实，然后以杵杵之。三四人一行，或对面用杵，往来错综；或一顺举杵，盘旋环绕。一杵挨一杵，极齐整而不参错，用力均，举杵一轻重缓急，悉如紫云先生之法。杵至极实，以指爪掐之无痕，然后停杵，下第二作。先以好酒洒遍，四旁下炭末，厚二寸，侧厚一寸，下土仍厚二寸，以木杵推平蹋实，筑法如前。昼夜更番递上，至结顶为毕。[③]

---

① 许楣：《罔极录》卷下《论和灰分数》，咸丰四年《葬书五种》本，第29页。本书所引许楣《罔极录》如未说明，均为《葬书五种》本。
② 范鲲：《蜀山葬书》卷上《灰隔葬法备参录》，第17页。
③ 范鲲：《蜀山葬书》卷上《灰隔葬法备参录》，第17~18页。

这种筑法不仅需要多人一气呵成，且需耐心与技巧，一层接一层，以木杵均匀捣遍，至于手掐无痕的程度。张朝晋为了让人准确掌握筑造要领，用俚言编为口诀，其词云：

四灰六土斗余沙，真者七灰三土一分沙。次第匀排拨汁扒。

满盖平铺无舛错，同声齐力少参差。

中锋端拱如操笔，半杵分移似绾蛇。

后重先轻有缓急，先缓后急，先轻后重，既重不可复轻，既急不可复缓。不凹无凸岂歪斜。

盘旋隅[四]正[四]边四边八角旁紧，聚散聚散之法，或先散后聚，或先聚后散经[纵]纶[横]交互加。左右南北相反相对，相面相背。

从此幽宫期永固，遗骸差免水低洼。①

其二，讲求深埋实筑。所谓深埋，指圹深在三尺以上，所谓实筑，即尽量减少圹内多余空隙。二者统一于圹井（椁）的空间大小及深度。

在圹深一定的情况下，通过夯筑薄底与营造小棺，增加棺柩在地下的深度。棺柩高大华美，往往被视为孝亲之举，然而一旦朽烂，圹内就会过度空虚，致积水坍塌。仅能容身的小棺可以减少这一隐患。夯筑薄底则从另一方面增加圹井深度。灰隔葬法，通常先于圹底铺放一定厚度的炭屑，再布灰土，以稳固圹基。圹底厚度无一定之规，但人们倾向于厚筑。朱子《家礼》的"标准"是"厚二三尺"，这在江南地区不太现实。何商隐告诫人们，圹底不能铺得太厚，因为"江南土浅，开穴时已不能甚深，底弥厚则顶弥高，积于圹下者无益，出于地上者有损，何如深而不露之为安也"。主张"先下炭屑三寸，次下灰渣四五寸，次下砖一层或二层，或不用砖，竟下细灰三二寸，幂以布，置棺于上"。②实际厚度在一尺左右。上海陈泽泰则明确坚持："今土薄，金井浅者，总不能三尺，而一尺自不可少。"③

棺柩下窆，圹壁与棺柩之间势必存有一定空隙，陈确的主张是：营葬"必狭而实。椁仅容棺，棺椁间处，则以灰沙实之。"范鲲则法程朱，以沥青填充。沥青"春夏溶化，秋冬凝结，无隙可以容水"。

---

① 张朝晋：《丧葬杂说》，咸丰四年《葬书五种》本，第6页。
② 何商隐：《阐注灰隔葬法》，载许楣辑著《罔极录》前编卷2《丧葬备考》，吴氏拜经楼旧藏抄本，无页码。
③ 陈泽泰：《阴宅镜》（乾隆乙卯自序）卷3《灰隔》，第193页。

其三，关于外围防护。将棺木放入灰椁，用灰沙实筑之后，即用被称为灰隔内外盖的木板覆于灰墙上口，而后填筑灰土。椁顶处于整个墓圹最上部，重要性不言而喻，许楫有言："至椁顶所系尤重，百世永保全在此处。"① 因此，要使之极厚，轻筑至高出地面之时，渐收而小，中耸旁椭，如山之形。然后覆以炭末、灰渣，杂以碗瓶碎片，实土坚筑，"高七八尺而冢成矣"。② 范鲲以儒家经典语式，将灰隔葬法由里到外的筑造程序形象地展现出来，他说："衣以周于身，棺以周于衣，灰漆、朱漆以周于棺，沥青以周于漆，'灰隔'以周于沥青，三和土以周于'灰隔'，炭末以周于三和土，黄土以周于炭末。"整个墓冢就会密实完固，没有罅隙，死者之体魄即可长保亿万年了。③

"密实完固无有罅隙"正是灰隔之法力求达到的，也是它的突出特征之一。倘非如此，就不能"去树根、远水泉、隔蝼蚁、辟土兽、拒斧镢"。灰隔的作用首先是御湿。吕坤《四礼疑》云："江南下湿，水易浸棺，故作灰隔，假其燥以御湿也。若地高土燥，恐灰隔益燥而渗油。"④ 灰隔之能够御湿，除了实筑的方法以及大量御湿之物的使用外，还在于三合土圹体具有很强的坚固性，一定程度上可以阻止客水渗透。《天工开物》称，三合土"用以襄墓及贮水池"可以"永不隳坏"。⑤ 这对江南地区的墓葬来说具有特殊意义。阻挡虫蚁入棺侵骨是灰隔的另一功能。胡居仁《居业录》云："葬可以无椁，无蝼蚁之地则可，江南多蚁必须椁。依《家礼》用灰隔尤妙。贫甚不能具者，用石灰、炭末三四石，用小石子或石屑和拌以周棺可也，不然，必为蝼蚁所食。"⑥

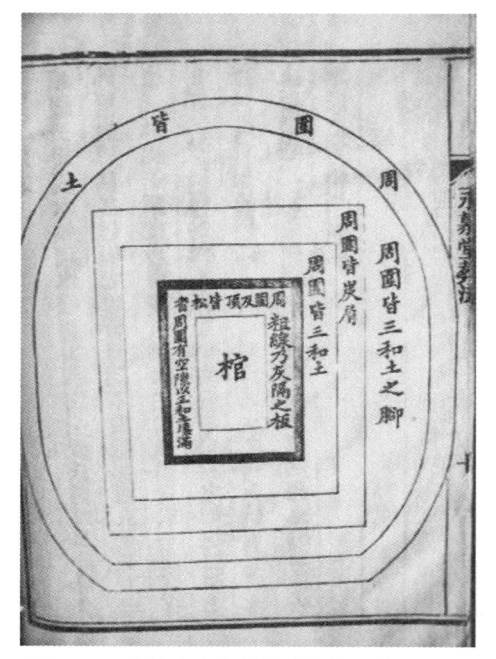

图5-10 袁邃《永慕堂葬法》灰隔葬平面图

---

① 许楫：《罔极录》附记，第8页。
② 范鲲：《蜀山葬书》卷上《灰隔葬法备参录》，第14页。
③ 范鲲：《蜀山葬书》卷上《灰隔葬法备参录》，第11页。
④ 吕坤：《四礼疑》卷4《丧礼》，《四库全书存目丛书》经部第115册，第66页。
⑤ 宋应星：《天工开物》卷11《燔石·石灰》，广东人民出版社，1976，第285页。
⑥ 胡居仁：《居业录》卷5，《丛书集成初编》第656册，第63页。

灰隔法不但使棺骸在一定程度上避免自然因素的破坏，而且，即使浅葬之柩，也不易受到人为破坏。"盖葬浅尤宜用灰，使盗不得入。"①此外，整个坟椁浑然一体，密闭性好，有利于尸体保存，已为考古发掘所证实。②

2. 关于白云葬法

朱熹之后，灰隔葬法呈现多样化的发展态势。正如海宁吴骞所说："灰格葬法本之朱文公《家礼》，然先儒繁简各有不同，亦因贫富不齐而四方各有所宜也。"③不过，不管有怎样的不同，典型灰隔葬法的特征为：纯以灰土，不用砖石。在元明清时代还流行几种使用三合土造墓的做法，与灰隔法十分相近，最具代表性的是所谓白云葬法以及三合土与砖石并用的葬法。后者主要是将三合土筑于砖圹之外，或者筑灰椁于砖墙之内，同样可以起到固护尸棺的功效，但造价较典型的灰隔葬高得多。此处主要探讨有关白云葬法的问题。

在江南各地方志中，一种被称为"白云葬"的葬法与灰隔同时被作为主要葬式载入"风俗"条。民国《海宁州志稿》卷四十《杂志·风俗》："吾乡讲究灰格葬法，以石灰、黄泥、榆樟拌匀，谓之三和土。先开金井，架置铭版，足容其櫬。乃以三和土铺于四周。杵捣之。其法，有三寸打一寸，有三寸打半寸者。墙成脱版。及期下窆，以板盖之，曰封金。捣其顶，厚尺许。俨如石椁云。俭者不脱板，下窆置櫬，亦以灰泥之捣，曰白云葬。非不坚固，但不免土亲肤耳。"

《双凤里志》卷一《地域志》："凡葬礼，开沟，四围实以土沙灰，洒糯米粥，杵筑之坚，然后去工下棺，曰灰墙。开井先下棺，周以灰沙，微筑之，曰白云葬。"

又民国《嘉定县续志》卷五《风土志·风俗》："葬式，曰打灰夹，用石灰颇多；曰白云葬，则用灰较省。"

清代的葬会多用此法义葬。石门县《石邑广仁葬会碑记》（嘉庆十年）："一白云葬：仿朱子法，量棺大小开井，如棺高二尺深三尺，下铺灰尺厚，以槌实，置棺于上。前后左右开掘尺许，以容足为度。置棺后复以灰周围填之，每一尺槌实五寸许，再加灰槌之，平棺，即以棺上铺灰，易槌以足踏实，尺余乃止，运泥成珠。"④

何谓白云葬法？陈龙正谈到俗例用干石灰铺于圹底时说："古人亦有白云葬法，

---

① 范鲲：《蜀山葬书》卷上《灰隔葬法备参录》，第12页。
② 参见霍巍《关于宋、元、明墓葬中尸体防腐的几个问题》与《论宋、元、明时期尸体防腐技术发展的社会历史原因》两文，分载《四川大学学报》1987年第4期、1990年第1期。
③ 吴骞：《愚谷文存》卷12《桐阴日省录上》，第296页。
④ 光绪《石门县志》卷3《养育》，光绪五年刻本，第103~104页。

上下四旁俱多用石灰，言年久则成毡，浑沦如铁。"①应该就是王文禄《葬度》与魏禧《灰椁纪事》所主张的，在砖椁内筑以纯石灰的做法。②但是王、魏二人并未在自己的葬法中提到"白云葬"，而且除了贴棺实筑的方法，看不出它与清代的白云葬存在什么联系。

从上引资料看，所谓白云葬也就是直接布灰于棺周，或"微筑之"，或捣以灰泥，如灰墙筑法。从基本原理看，与灰隔葬一致，或者有的白云葬就是灰隔葬。如果白云葬可以自成一种葬法，从表面上看它与灰隔葬的区别在于不预筑灰墙，贴棺筑灰。不过在此点上，它与灰隔并非截然不同。张文嘉《齐家宝要》所论灰隔法即不用木作隔，贴棺筑灰。③于此可见，白云葬与灰隔在建造原理上并无根本区别。可能正是基于此点，白云葬或称"朱子白云葬法"或"朱子法"。

我们认为，白云葬同灰隔葬的最大区别在于俭省。明清时期以"朱子白云葬法"作为标准葬法的善堂善会，每棺用灰多则五六百斤，少则百十斤。④而灰隔葬法所用石灰占到三合土总量的四成以上。何商隐《阐注灰隔葬法》与袁遂《永慕堂葬法》都认为，大约一棺用灰三千斤，筑墙可厚尺许。⑤其间差距可想而知。灰隔葬法不但用料多，做工亦烦琐，耗时较长。杭州佚名《做灰椁法则》说，一座标准灰隔墓需四十人连续工作三天才能完成，合二百余工。⑥袁遂《永慕堂葬法》则要求，葬一棺，以十二人为一班，每昼夜四班，无少间断，"大约底一昼一夜、两墙二昼二夜、两头一昼一夜、结顶二昼二夜"。⑦不论贫乏之家还是善堂善会，都难以做到此点。因此在打筑效果上，白云葬的"以足踏实"或"每一尺椎实五寸许"，比起灰隔葬"三寸打一寸"、"三寸打半寸"至于"铿然有声、刀锥不入"，其间差距亦可想见。

因其俭省，白云葬在观念上被认为适于贫窭之家。桐乡陆以湉曾建议："其在穷

---

① 陈龙正：《几亭全书》卷22《政书·家载》，第149页。
② 魏禧：《魏叔子文集外编》卷22《灰椁纪事》，《魏叔子文集》，《续修四库全书》第1409册，第260~261页。按，叶权（1522~1578）《贤博编》（中华书局，1987，第23页）也记载："今中人家葬者，用石灰于砖椁内四旁。"
③ 张文嘉：《齐家宝要》卷下《丧礼》，第705页。
④ 参见《硖石广孝会条例》、《敦仁堂葬会规条》，民国《海宁州志稿》卷6《恤政》，第9页；《石邑广仁葬会碑记》（嘉庆十年），光绪《石门县志》卷3《养育》，第104页；沈步垣：《永安局记》，光绪《嘉兴府志》卷24《养育》，第648页。
⑤ 参见何商隐《阐注灰隔葬法》；袁遂《永慕堂葬法》，第4页。
⑥ 不著撰人：《杭俗怡情碎锦》，《中国方志丛书·华中地方》第136号，第50页。
⑦ 袁遂：《永慕堂葬法》，第15页。

乡窭人，或以用砖费大，则朱子白云葬法，价廉而工坚，最宜效法。"[1]但是，由于对造葬材料与工钱的节省，白云葬多贴棺下灰，又以掺土较多，易被认为薄待其亲。康熙《嘉定县志》收录邑人阚选《告母文》，中云："吾母殁时，选之长伯为家督，就一时利便而不为久远计，用灰土藁葬于祖墓之侧。当是时，仅棺周于衣，土周于棺而已。"心怀改葬之念。志书编纂者借题发挥："天下岂有无母之人与！今阚子止因历年之久，又以葬薄而不可合，遂抱痛于无穷，然则世之委其亲于浅土，积之累世，为风雨之剥蚀，及豺狐狸鼠之窟穴者，又何以自容于人世也！"[2]所谓"灰土藁葬"、"土周于棺"，指的就是白云葬法。

这种以石灰围筑于棺周的所谓白云葬法能够起到什么效果？今人编辑的《崇明县志》解释白云葬说："棺材入土时，上下四周围上熟石灰，以求干燥。"[3]这是白云葬功用的一个方面。灰沙受到一定压力，即使不像筑灰墙那样捣实，在土中经过发热也会胶结变硬，一定程度上起到保护尸柩的作用。正如人们评价的，白云葬"价廉而工坚"、"费省而久不圮"。[4]

3. 三合土砖石圹

对于灰隔法，明清儒者的理解有所不同。有人认为灰隔法的核心是全以灰土，不用砖石。留心葬法者认为，砖石之葬难以固护亲体。许榶指出："世人营葬有用砖椁发券者，有用石椁铭板者，殊不知砖椁收湿，不能避水，树根、蝼蚁、豺兽俱可乘隙而入，且发券无久而不倾坠者。要思倾坠之时，砖石压在何处？呜呼！不忍言矣！至于铭板石椁，虽似坚于发券，其害与砖椁无异。"[5]砖葬之患首在收湿，不能避水，直接影响棺骸之长久保存。钱塘王复礼《家礼辨定》引赵司涛语云："近世用砖椁，此极误事。人知砖易收水，不知水渗入砖最不易燥。厅堂砖地围墙砌砖，日久年深，花颣潮湿，虽炎暑常润。况在圹中，日风全无，其害更甚。思图保护，莫善于灰隔也。"[6]海宁张朝晋以亲身经历说明砖圹不足取："环砖结圹，砖色松烂不堪，客水易进。"他于康熙丁丑（1697）奉兄命董理乃父与嫡母葬事，由于"懵昧无知，未识死丧之礼，葬埋之道"，以砖圹速成，未及详慎，致使"水由砖入，浸积棺中，圹底铺纯石灰，引

---

[1] 陆以湉：《冷庐杂识》卷6《葬会》，第403页。
[2] 康熙《嘉定县志》卷23《杂著》，第986~987页。
[3] 周之珂主编《崇明县志》卷32《风俗》，上海人民出版社，1989，第821页。
[4] 《石邑广仁葬会碑记》，光绪《石门县志》卷3《养育》，光绪五年刻本，第103页。
[5] 许榶：《罔极录》卷下《论灰葬法》，第23页。
[6] 王复礼：《家礼辨定》卷5《丧礼》，《四库全书存目丛书》经部第115册，第263页。

水难干,上下四旁俱受潮湿"。十几年后开圹合葬生母,但见嫡母之棺漆髹坚美,仅底部灰漆稍有毁损。父柩则不忍目睹,"布灰脱壳,柩木惨遭腐坏"。被迫改殓迁葬。在范鲲指导下,一遵朱子灰隔法,"不用环砖,纯用灰土,深埋实筑。冀无水泉、蝼蚁、树根、蛇兽之患"。①

砖椁之失还在于以砖圈封顶。砖圈者,以砖块做成发券,覆于金井之上。砖圈之患无穷。陈确指出:"今俗尚发圈,大缪。圈则棺上必空尺许,能容虫兽,且有崩压之患;而隧而进棺,又必不能深也。"②谨防狐兔之患是保护坟墓的一个重要方面,而砖圈适容虫兽,当然不可取。除此之外,最为切中砖圈要害的是砖圈不利深葬,这是很严重的问题。隧而进棺,圹愈深,则入棺之坑道势必深而长,加大了工程量,因此圹井不宜过深。而在葬埋深度一定的情况下,砖圈又会增加圹井高度,地面部分增高会给坟墓的保护带来隐患。所以陈龙正建议代之以明板:"平田发券葬法,亦嫌圹势太高,不如用明板稳妥。"③

我们同时看到,在明清时期还流行一种与灰隔法十分相似的葬法。他们也使用三合土围筑墓圹,但与前述灰隔葬法最大的不同在于使用了砖石之椁。这种葬法在砖石椁内外亦使用灰土,为便于论述称为三合土砖石圹。

《朱子语类》有这样一段记载:"先生葬长子,其圹用石,上盖厚一寸许,六段横凑之,两旁及底五寸许,内外皆用石灰,杂炭末、细沙、黄泥筑之。问椁外可用炭末杂沙土否?曰:只纯用炭末,置之椁外;椁内实以和沙石灰。或曰:可纯用灰否?曰:纯灰恐不实,须杂以筛过沙,久之灰沙相乳入,其坚如石。"④许楹对此大惑不解:"前灰隔法既云石灰得土而粘矣,此又言黄泥不可用,未知何故。"⑤实际上,许楹没有辨明这种葬法与灰隔的区别,将椁内作为实筑的填充料同灰隔葬法中的灰墙等同了。作为贴近棺柩的填充料,如果不愿以"土亲棺",当然不能杂以土了。这实际上代表了当时的一种做法:砖(石)椁内以灰沙或纯灰填实,椁外以三合土筑实。整个坟墓仍是一个密实的整体。即如王文禄的葬法,在砖墙内轻筑以"糯米粥调纯石灰"。魏禧

---

① 张朝晋著、蒋光焴辑《丧葬杂说》,"葬书五种"本,第 4~6 页;张京颜编《先府君北湖公年谱》,乾隆间写刻本,第 5、8 页。
② 陈确:《陈确集》别集卷 7《葬书下·葬经》,第 499 页。
③ 陈龙正:《几亭全书》卷 22《政书·家载》,第 148 页。
④ 《朱子语类》,《景印文渊阁四库全书》第 114 册,第 352 页。又《朱文公集》卷 45《答廖子晦》载有朱子答廖子晦的一段话。朱子说:圹底铺炭末、沙灰,筑之既平,然后安石椁于其上,"椁底及棺四傍、上面,复用沙灰实之。俟满,加盖,复布沙灰,而加炭屑于其上,然后以土筑之,盈坎而止"。《朱子全书》,第 2097 页。
⑤ 《罔极录》卷上《筑土》,第 38 页。

《灰椁纪事》也是在"砖椁"之内贴棺筑以纯石灰。①

与《葬度》葬法极其相似的是徐俌葬法。它是在砖椁内筑造三合土。如从筑造三合土的角度看，实际是取代了灰隔法中的外隔板。这是可以理解的。灰隔之制，外隔板随筑随抽，抽则有使筑土松动之虞，不抽则一经腐烂即成蓄水之地，因此，在很多人看来，代之以砖椁则可作为墓圹的一部分随筑随砌。

至于陈龙正的葬法可能也是出于认识上的不同，认为砖椁外使用三合土既可以确保土不亲棺，又可收到三合土法之利。

如何判断上述葬法与灰隔的关系？大多数时人是为了避免砖石葬之弊才使用灰隔法的，对于这种砖石与三合土混用的做法当然不能表示认可。范鲲的一段话足可说明此点。

> 今世俗用环砖葬，而灰隔之法不讲矣。亦有环砖之外用三合土者，至于沥青则用者绝少。环砖之葬，与夏之堲周相似，然旁穿隧道而攒柩于其中，拟天子之制矣。且环砖所砌之圹必宽大，宽大则或受风以翻棺，或受水以浸棺，或容盗贼以启棺，或穴狐兔以毁棺，设砌不牢固，即致崩坏，则覆压是惧矣。纵使极其坚固，然棺木先毁，则圹中愈宽大，其为害尤有不忍言者，况砖者，土得火力而成，火力既去，复为土矣。且比化者，无使土亲肤，而思用之乎？近有用三合土于砖圹之外者，司马氏以为用于木椁尚嫌岁久腐烂，圹中宽大，况砖圹乎！其不能坚固也明矣！②

更多人明确表示，灰隔与砖石无涉。清中期高安朱轼指出："吾乡开圹毕，用砖砌圹底。又罗其四围，弥以油灰，乃下椁。灰隔之法，不用砖砌。"③陈梓称赞范鲲的葬法是"化天下之暴露而速归于窀穸，且化天下之砖圹而竭诚于灰隔"。④张朝晋也将朱子灰隔法的特点归纳为"不用环砖，纯用灰土"。

另一种观点则将这种砖石与三合土混用的葬法称为灰隔法。徐乾学《读礼通考》卷九七《丧具三·灰隔》收录的文献记载的都是贴棺实筑或椁内外皆实以灰沙的做

---

① 《魏叔子文集外篇》卷22，《魏叔子文集》，中华书局，2003，第1042~1044页。
② 《蜀山葬书》卷下《居丧质疑录》，第24页。
③ 朱轼：《仪礼节略》卷7《丧礼》，《四库全书存目丛书》经部第110册，第663页。
④ 陈梓：《陈一斋先生文集》卷4《范蜀山葬书跋》，第2页。

法，包括上引《朱子语类》以及《灰隔纪事》主张的葬法。①虽然徐氏没有明确表示什么，但读者总会认为"灰隔"项下的文献当然应该是讲灰隔的。现代研究者则将一切使用了三合土的葬法概称为灰隔法。霍巍将灰隔法定义为："所谓'灰隔'，又称为'灰椁'，它是用'三合土'（通常用石灰、砂子、黄土三种成分混合而成）或者石灰糯米汁浇浆灌注、覆盖包裹整个椁和墓圹，形成坚固严密的保护层。"并将徐俌夫妇墓形式称为典型的灰隔墓葬。②

如何看待这种分歧？我们认为，上文对于灰隔实质的讨论已经表明灰隔之制的本质特征不在于用三合土将整个墓圹筑实，而在于不用砖石，纯用灰土。因此，这种砖圹之外用三合土的葬法在本质上与灰隔有异，名称上也不宜使用灰隔法。

魏禧和王文禄也未将各自主张的葬法冠以灰隔之名。魏禧分别以"砖椁"、"灰椁"指称外围砖墙与棺周所筑纯灰，并且圹顶用砖圈是其选项之一。《葬度》未明确指明此种葬法的名称，但在字里行间不时出现"灰隔"一词，不过都用来指代"三合土"，比如他说"埲底须筑灰隔一尺厚"。张文嘉《齐家宝要》则明确将《葬度》葬法称为"砖椁法"。③这就表明，在人们的认识上，葬式的名称是依据椁性质确定的。灰隔之法在规格上低于砖石葬，因而使用砖石之椁者即使椁内外使用了三合土或者灰浆，也不能称为"砖（石）椁"，只是对纯用灰土者方称为灰隔。

为什么有人会将上述葬法称为灰隔？一种可能的原因是，人们对灰隔之制的本质存在误解。三合土法即灰隔法是一种使坟墓坚实的营建方法，被广泛应用，其主要填充材料是三合土，但作为方法的三合土法与作为材料的三合土之间并不存在对等关系，如果认为使用了三合土的葬法就是灰隔法，那就不太妥帖了。

砖石葬之害前文已有述及，人们为什么仍然使用？

首先，从观念上说，石灰沙石较之砖石为廉价，并且三合土筑成的灰墙带有土色，易被认为薄待其亲。陈确在《砖灰椁解惑说》中记载了怀疑灰葬之法的人们通常持有的观念："疑者不过以砖贵而灰土贱，砖成冶，而三和不离水土，无使土亲肤之意谓何。"他认为这是"慕虚名"。④

---

① 徐乾学：《读礼通考》卷97《丧具三·灰隔》，光绪间刊本，第9~13页。按徐氏未将朱子《家礼》灰隔之制列出，原因可能是灰隔之制已在卷八二《葬考一·葬法》出现，不便重复引述。
② 参见霍巍《关于宋、元、明墓葬中尸体防腐的几个问题》与《论宋、元、明时期尸体防腐技术发展的社会历史原因》两文，分载《四川大学学报》1987年第4期、1990年第1期。
③ 张文嘉：《齐家宝要》卷下《丧礼》，《四库全书存目丛书》经部第115册，第705页。
④ 《陈确集》别集卷7《葬书下·砖灰椁解惑说》，第498页。

其次，人们对灰隔本身心存疑虑。诚如许楣所言："三合土之法甚繁且难——其间曲折苦心，作法微妙，实非笔墨所能悉，总在竭诚虚心以求之。诚得其法则坚美，洵可同于磐石；不得其法，则朽敝更劣于砖椁。嗟嗟！灰葬一事，虽可羡，尤可畏也。"①张朝晋也明确指出，三合土法"工役繁多，稍有舛错，先后无伦，轻重失序，其土散而不结，徒滋扰费，贻误靡穷"。②

同样强调灰葬之难，许楣、张朝晋等人强调的是灰土的筑造环节，还有人强调，灰土既成，在其坚固之前如果不能避免某些因素就会使整个工作前功尽弃，其中最主要的就是淫雨浸泡。华惊槎认为，筑三沙（即三合土）"期于坚固，便如一块，三沙相似，若无水淹，三沙自然胶硬如石矣——常见术者言，三沙在土中，岁久坚于石，但怕水淹，亦难发枢。"③冯善主张给灰隔加底，目的即在此。"灰沙须发热过乃坚，若不用椁隔之，则天雨地泉，浸湿灰沙，不能坚结，故用椁隔之。则椁外灰沙纵然浸湿，而椁内者自能发热坚固，及椁朽腐，而灰沙已皆坚结。所以椁加底盖，非无谓也。"④

正因三合土法不易成，所以有人对其效能产生怀疑。常州杨文言（清初人）说："家大人《旭楼集》中载迁葬曾大父卓庵公事记言，江南地圹中多水，三合灰土片片如云母坚结之说，颇不可信。"并说魏禧来常州，杨父得见《灰椁纪事》，就其中"灰土及石盖"问题同魏禧作了深入探讨，并且告诫杨文言等要慎重对待。⑤

许楣对三合土法坚信不疑，但他清楚不得其法的严重后果，因此当很多人慕名向许楣请教灰葬法时，他并不认为是件好事，反倒觉得很恐惧。他甚至提出，如果灰葬不得其法，反不如以砖椁为安。"窃以灰葬苟尽其法，诚有磐石之安，但今之为灰葬者徒务其名，不求其实，于是松脆拆裂，其害不可胜言。反不若椁砖做得坚致，犹得数十年之固耳。"⑥

再次，人们认为砖石的缺点可以得到改进。陈龙正对于墓砖的烧制十分讲求："春土松，秋土坚，造坯以秋月为胜。稻秸火柔，麦秸火烈，烧砖以麦柴为良。先期秋月，取净土，募陶人为坯，反复转踏五六遍，然后入范，愈转愈粘，愈粘愈坚，

---

① 《罔极录》卷下《论灰葬法》，第23～24页。
② 《丧葬杂说》不分卷《筑三和土歌》，《葬书五种》本，第6页。
③ 华惊槎：《虑得集》卷4《治丧记要》，《四库全书存目丛书》子部第83册，第563、565页。
④ 王廷相：《丧礼备纂》卷上，《王廷相集》，第1387页。
⑤ 徐乾学：《读礼通考》卷97《丧具三·灰隔》，第13页。
⑥ 《罔极录》卷下《论三和土筑不坚厚无宁砖葬》，第58页。

否则粗松燥裂，必不可用。烧毕，选其火力最足敲之声如金石者，如式琢方磨光以待。"①王文禄强调用火砖，因其干燥，不生水，烧制这样的砖较普通砖要花费更多的钱财，"必与高价，则泥细而熟，烧且透，而砖必坚"。"色青声响"是判断砖块烧透的标志。王氏还在父母圹砖的两面分别印上他们的姓氏以及自己的名字，以防成为他人日后有用之物。②

砖石用于圹顶尤其为人诟病，陈龙正很清楚明板生润滴水之弊，但其优势亦显而易见。"山中防盗，不可不用。平田发券葬法，亦嫌圹势太高，不如用明板稳妥。"况且，其弊端可以通过改进明板的形状加以消解："其法，选独幅天池石，厚尺许，长阔一准堁墙。琢其下面之四边，与墙砖贴缝者，令极平细。其中空堂，欲起湾三四寸许，如覆瓦式。倘有湿气，使溜归两旁，不致滴入棺盖。"③

再如砖圹，陈确尽管批评砖圹易毁，他在顺治十六年改葬先人时仍然使用了砖圈。"石板恐其坠，木板恐其朽，砖圈法本好，只恶其中空而浅露耳。今吾圈而不隧，先悬棺，以灰沙实筑中隆如圈者，而后以砖圈之，俾无空隙，则两得矣。虽深之又深可矣。城门桥梁，皆用砖筑之。葬法非尽砖圈之罪也。"④

经过以上处理，圹内虽用砖石，但砖石与棺木之间，以及整个墓圹都为灰沙所填充，外部又有三合土围裹，能够起到与灰隔葬同样的效果。

（二）墓室装饰

宋代以来，伴随"藏尸"观念的发展，人们讲求对尸棺的固护，墓室渐趋小型化，甚至贴棺实筑。帝王贵戚与部分高官墓葬依然保持较为复杂的墓室，小型的砖室墓在各地较为多见。这些墓葬的装饰趋于简洁朴实，随葬品数量、种类的减少，包括壁画在内的豪华装饰也快速消亡，模拟死者生前生活空间的风气大大减弱，墓葬成为真正意义上容纳棺椁尸体的地下空间，只有少数墓葬承袭了绘制壁画的传统。

明清墓室装饰，不论壁画，还是砖雕或画像石，发现数量相对较少。迄今发现的明清壁画主要在北方地区。这些墓葬除了独立存在的单座墓外，还有延续多年的墓地，如山东章丘女郎山元明家族墓、甘肃漳县徐家坪元明汪氏家族墓、四川平武王玺家族墓等。明代墓室建筑装饰继承了元代墓室建筑装饰中的仿木结构建筑，在砖室壁

---

① 《几亭全书》卷22《政书·家载》，第148页。
② 《葬度》，上海古籍出版社1988年影印《说郛三种》本，第1436、1437页。
③ 《几亭全书》卷22《政书·家载》，第148~149页。
④ 《陈确集》文集卷18《筮葬》，第411页。

画墓和画像石墓中都有这样的墓室，如南京中央门外蕲国公康茂才墓和成都凤凰山蜀王子朱悦燫墓。前者用砖雕，后者用石雕和琉璃。

明清壁画墓，壁画题材内容和表现手段在前代基础上有所继承，社会生活和时代风尚也得到相应的反映。壁画中常见家居宴饮和出行等生活题材。能够看出时代新变化的是模仿流行的四条屏花鸟和诗轴所做的墓室装饰，北京门头沟马怀印夫妇墓壁画梅、菊、荷、牡丹四条屏和陕西大荔李氏家族墓中的石刻条屏和诗轴画像均是民间工匠仿效时尚的作品。

民间工匠绘制墓室壁画的技法继承了中国自先秦以来用线条描绘形象的传统，多用墨线勾勒，再分别填以红、黑、绿、黄、赭、蓝等不同的颜色，河南荥阳原武温穆王夫妇墓、登封豆卢店李彪夫妇墓和河北石家庄市陈村刘福通夫妇墓等墓中的壁画都是如此。这些出自民间工匠之手的墓室壁画虽不是艺术创作，依样本而画，但技法运用相当成熟，人景配合适当，构图协调，色彩鲜明，线条简洁流畅，人物形象生动。表明绘者有较高的绘画技巧，水平不在宋元墓室壁画之下。只是由于考古报告极少使用彩图，文字描述又多较简略，影响了我们对明代墓室壁画的认识。

略举明代墓壁画之一例。2007年，河北省临城县城关镇发现李席吾墓。李席吾卒于明末，其妻卒于顺治年间。墓葬为砖石混砌竖穴墓，由墓道、墓门、墓室三部分组成，墓室平面呈长方形，东西长3.84米，南北宽3.5米，高3.02米，砖石结构，券顶。

墓室西壁绘有一幅壁画，制作方法是先在石壁上抹一层白灰面，然后在其上作画。壁画高2.3米，宽1.7米，背景为波涛汹涌的大海，远处祥云萦绕，峰峦隐现，一轮红日从东方冉冉升起，一老者与两个侍童脚踏祥云站立在浩瀚无际的大海之上。老者清癯白净，双手持萧，悠然自得地作吹箫状。身后右边的侍童双手捧一灵芝，灵芝上有一硕大寿桃；左边的侍童双手持一卷轴，卷轴斜置于胸前。壁画上边为横格，书"寿域悠远"四字。整幅壁画色彩鲜艳，技巧娴熟，人物逼真，栩栩如生。画面有高山大海、灵芝仙桃，集中表现了墓主人追

图5-11 李席吾墓壁画

求长寿和想得道成仙的美好愿望（见图5-11）。①

目前出土的清代墓葬，包括王室、官僚乃至平民墓中，壁画少见。1987年3月，北京市门头沟区色树乡南港村发现清代马怀印夫妇（生活于乾隆嘉庆年间）合葬墓，墓室为舟篷式，高2.06米，宽2.83米，长3.6米，白灰覆面，平整光洁。室内东、西、北三壁有壁画，南壁用碎石封堵。壁画系单线白描，完整如新。北壁画幔帐，颜色较深，幔帐下是四幅1米高、0.5米宽的花鸟画。由左至右依次为梅花、牡丹、菊花、荷花。墓壁东西两壁是人物画，长3.6米、高1.5米。每侧绘四人，二男二女，人像平均高0.77米。东壁壁画有一桥贯穿整幅画面，桥栏杆雕花纹，无栏杆，柱头上蹲立石狮。桥板横铺，整齐规范，采用了界画技法。桥上有二男二女正在行进，均穿宽袖长袍，衣带向后飞舞，飘飘欲仙。流畅的线条恰到好处地反映了服饰的质感和人物的动感。左侧是一棵高大的梧桐树，树下桥面一只仙鹤昂首而立。一男子穿圆领长袍，手托盘，盘中置小巧玲珑的酒壶，与前边回首相望的女子对视。女子发髻高绾，饰串珠状头饰，手中也托一盘，盘中放着酒杯。另一男子托盒状物，微笑地注视着前面另一女子。女子也托盘，盘中一钵，钵中有勺，旁置两小碗。

西壁的壁画与东壁内容基本相同，也是二男二女手托物品行进在桥上，服饰相同，与东壁画中人物形成男女交叉排列。不同的是其中一女子右手执扇，左手提酒壶。画面右边松树下有一对梅花鹿，空中飞着蝙蝠，取"福禄双全"之义。两幅画合在一起又有"鹿鹤同春"之意。②

明清时期，壁画逐渐不再是装饰墓室的主要形式，简洁的大型条石和繁复精美的汉白玉雕刻取而代之成为陵墓内最华美的装饰。

以明代画像石墓为例，不仅发现的数量明显多于元代，使用者身份也比元代时高，有帝王一级的人物。画像石虽然雕刻的内容和墓室壁画一样，以装饰图案为主，但雕刻却是相当精美，水平也远在元代墓室画像石之上。明神宗定陵前、中、后三殿入口处的汉白玉门罩雕刻精美，显示出皇家气派。四川成都凤凰山蜀王朱椿长子朱悦燫墓和成都潘家沟蜀王及王妃墓是用预制好的石材砌筑的地下宫殿，不仅建筑严整气派，雕刻的装饰也细腻精美。山东长清明德庄朱见潾夫妇墓虽然只在门额和门楣上刻有图像，云龙纹的气势和二龙戏珠的灵动与亲王身份相符合。等而下之的官员和地方富商墓，如四川平武县古城乡小坪山的宣德六年至正德七年龙州宣抚司佥事王玺家族

---

① 临城县文物保管所：《临城李席吾墓清理简报》，《文物春秋》2012年第4期。
② 刘义全：《北京市门头沟区发现清代墓葬壁画》，《文物》1990年第1期。

墓、贵州遵义团溪镇白果村成化十九年播州土司杨辉墓、山西永济祁家坡万历三十三年中议大夫韩楫夫妇墓，这些墓中雕刻的图像，无论构图，还是刻工也都较精美。如四川平武县古城乡小坪山王祥墓，棺室北壁上层雕碑记及左右侍女，中层雕祭台和瓶花，下层雕花卉；东西壁壁龛自上而下各层分别雕飞天、侍女和乐舞、武士、狮和麒麟；顶线刻二龙戏珠藻井，四周满布云气纹。前室东西壁壁龛内自上而下分别雕仙鹤、文官、男侍、狮。图像布局极具生活气息，祭台的设置则把活人与死人联系在了一起。雕刻的人物比例匀称，形象庄重；飞天线条流畅，极具动感；动物和花卉形象饱满，充满生气。

明代虽然墓室装饰的题材内容相对简单，但与佛教、道教相关的内容仍占相当比例。除了上文提到的河南荥阳原武温穆王夫妇墓中有佛教图像外，四川成都蜀僖王墓后殿石门脊顶面自下而上分别刻仙人、龙、凤、狮、垂兽等图像，后殿中室顶为圆形曼荼罗图，外围刻以宝瓶、双鱼等佛教八吉祥。有的墓中仅有佛教内容，如浙江嘉善陶家池明墓第3间墓室内绘有佛像，四川平武小坪山王祥墓和王玺墓内都雕有飞天像。同样也有仅见道教装饰和随葬品的，如北京香山明太监刘忠墓。该墓石门额上刻"栖霞岩"，前室中央石碑背面正中偏上刻八卦乾坤符号，第二道石额上横刻楷书大字"清虚紫府刘仙翁之洞"，后刻楷书小字"长生洞天圣人篆"。

明代墓室建筑装饰在题材内容上的新发展之一是对联的应用。这在成都地区较为突出，已发掘的明墓各个墓室两旁的门枋石上大都刻有对联，数量甚多，内容丰富。如成都北门外正德五年（1510）魏正敬墓石楣上题"寿域"，墓门题对联："青山绿水千年趣，明月清风万古春"；后室门题"甲子岁新开寿域，乙丑年大备工程"。成都华阳桂溪砖瓦厂27号明墓墓门题："地接两江，瑞气绵绵千载厚；山连一脉，福泽悠悠万年长"。[①]除成都外，其他地方的明墓也有题对联者，如北京射击场4号明墓，墓用石材建造，墓门左右题对联："寿域万年安海渥等添万位，佳城千载国朝堂粟益千锺。"横批"一尘不到"。[②]

总体来看，明清墓室装饰，不论是壁画，还是雕砖或画像石，发现数量相对较少，题材内容简单。但是它在广阔的地域内都有发现，说明它具有顽强的生命力，而且除了牡丹、云纹、如意等纹样外，还有生活图景以及与佛教道教相关的内容，其艺术水平也非一无可观。

---

① 张茂华：《成都地区明墓中的对联文化》，《四川文物》2002年第4期。
② 杨爱国：《明代墓室建筑装饰探析》，《贵州大学学报》2003年第1期。

（三）浅葬与浮葬

古人葬亲，惟永安是求。为此，势必考虑葬埋深浅对亲体可能产生的影响。《吕氏春秋·节丧》有"葬浅则狐狸抇之，深则及于水泉"之句，反映的就是对葬埋深度的要求。既不可过深，又不能太浅；深有水泉之害，浅则有暴露之虞。

对儒家丧葬之礼有整理发明之功的宋儒如二程和司马光都主张深葬，"穿地宜狭而深，狭则不崩损，深则盗难入也"。①朱熹则以深葬有水力主浅葬："开圹宜阔而浅，阔则灰能厚，浅则无水害也。"②《朱子语类》记有朱熹与李守约的对话，表明他对浅葬的认同。李守约说，坟墓所以遭人发掘，也是惑于阴阳家之说浅葬的结果，"盖凡发掘者，皆以葬浅之故。若深一二丈，自无此患。古礼葬亦许深"。朱熹不以为然。

> 不然，深葬有水。尝见兴化、漳、泉间坟墓甚高。问之，则曰，棺只浮在土上，深者仅有一半入地，半在地上，所以不得不高其封。后来见福州人举移旧墓稍深者，无不有水，方知兴化、漳、泉浅葬者，盖防水尔。北方地土深厚，深葬不妨。岂可同也？③

后人认为，宋儒所论皆为至理，只是适用地域不同。程子之法适宜中州，难行于南方；朱子之法是为江南水浅土薄者而设。

墓葬之深与浅的确与自然地理环境有关，地域差异较大。总体而言，西北水深土厚之区，可以深葬至丈余。王士性《广志绎》记载，关中之地"葬以四五丈不及黄泉"。④地方志书的记载也表明，西北地区圹深多在一丈以上。光绪《太谷县志》："葬求深固，有穿地至数丈者。"⑤在华北平原，开圹一般也在五尺。道光中，山东济宁旅归园义冢规条规定"圹深五尺"，同时指明这是以"济宁土薄"、"酌量地脉所宜"制定的。同治年间，直隶通州慈善组织义杠局为预防草率，"开圹定以五尺"。⑥

相较于北方地区，长江以南由于地形地貌的不同也存在一些差异，比如山地、高

---

① 朱熹：《朱子家礼》卷4《丧礼·治丧》，《朱子全书》第7册，第916页。
② 范鲲：《蜀山葬书》卷上《灰隔葬法备参录》，第11页。
③ 朱熹：《朱子语类》卷89《礼六·冠昏丧》，《朱子全书》第11册，第3016页。对于浮葬，朱子则表示出担忧："莆人葬，只是于马鬣上，大可忧！"（第3014页）马鬣者，坟丘之谓。
④ 王士性：《广志绎》卷3《江北四省》，第4页。
⑤ 光绪《太谷县志》卷3《风俗》，光绪十二年刻本，第3页。
⑥ 分见道光《济宁直隶州志》卷4《建置四》，道光二十一年刻本，第14页；王振声：《重建义杠局记》，光绪《通州志》卷10《艺文》，民国三十年铅印本，第110页。

阜易于深葬，在地势低洼之地则倾向于浅葬。清初杭州张文嘉概括地提出："如在山，宜深六七尺，平地止可四尺余，太深则有水也。北方土厚，有穿至丈余者，则各从其宜。"①从各种文字来看，三四尺是江南地区通常的葬埋深度，但这并非圹井的净深。为了避湿，置棺之前，通常在圹底铺设一尺多厚的灰土，将二尺高的棺材放入圹内，棺面通常会与地面持平，甚至高出地面，这种情形较为常见。

即以江南地区而言，浅葬与浮葬与其自然地理环境密切相关。这一习俗可上溯至周代，明清时代更为盛行。陈确批评道，人们认为葬深有水，"始则去深而浅，继且去浅而浮，俗名'培土葬'，举世靡然从之，去葬之道远矣"。②许楣也反对这种葬法，他说：古人主深葬，但后世苟且从事，就浅土封窆，"然唐宋之世犹有深者，每因浚渠凿井而见古冢。降及明代，相沿愈浅，然犹棺在地中。今则棺出地上，略掩以土，便谓之葬，疏略如此，几何而不同于暴弃也乎？"③所谓"棺出地上，略掩以土，便谓之葬"正是浮葬。浮葬的悖礼之处乃是"以封为藏亲之所"，"封"是墓圹之上的封土，乃坟墓之标识，而非葬亲之所。乾隆年间，刘乔松批评浙省石椁葬俗，谓"土葬之益无穷，如在高山，则开井下棺，若在平地，可培土为坟，无有坍塌之患"。④以"开井下棺"对应"培土为坟"，可知后者为地上葬埋。刘氏之言表明此俗在浙省诸府较为多见。

较之地下葬埋，浮葬形式在营葬方式上是相同的，也有砖椁、石椁、灰椁之分，只是建在地上而已。浮葬实例在史籍当中较为多见。许楣经常为人襄葬，在所著《罔极录》中留下不少葬埋事例，海宁人吴琦文之葬即其一。吴琦文葬之日，适逢大雨，"启土三尺而有水"。这种情况是不适于营葬的。但这块葬地得之不易，若另寻葬地，并不现实，只好勉强营葬："四面厚筑土墙，椁底筑灰土三尺余，高出平地，乃定向设木椁，椁外筑灰，灰外筑墙，墙外总作土以护之，迄于成冢。"启土三尺，在椁底筑灰土三尺余，接下来筑造墓圹就在地面以上进行了。许楣告诉吴琦文家人，日后若不能迁葬，一定要不时培土，才能有所补救。⑤

这种做法在海宁一带可能很盛行。范鲲曾批评说："以板夹筑，筑后以浮土附之，终是松浮，非久远之策。"他主张培地而葬："世俗培坟冢，余却不培封而培地，地愈

---

① 张文嘉：《齐家宝要》卷下《丧礼》，《四库全书存目丛书》经部第115册，第705页。
② 陈确：《陈确集》别集卷7《葬书下·深葬说上》，第493页。
③ 许楣：《罔极录》卷下《论深葬》，第19页。
④ 《禁火葬录》，载《近代史资料》总85号，中国社会科学出版社，1994，第212页。
⑤ 许楣：《罔极录》附记，第2页。

厚则葬愈深，此良法也。"①具体做法是："穿圹时须先培土，培土既高，而后穿圹稍大，四旁用板筑墙，密杵坚筑。圹中取方，则圹虽深，而入土者不过一半。无水害而亦不至浅露，然后复高其封，则尽善矣。"他于康熙三十六年（1698）营葬双亲，因贫窭力不从心，不能山葬，卜兆于曹家堰北，"培土开圹，半在地上，半在地下，无湿润速朽之患。窃以为美"。②据襄葬的许楯记载，掘土有五尺之深。③

椁底铺灰、椁外筑灰是江南地区盛行的灰葬之法。与此不同，有一种石（砖）椁坟也浮于地上建造。石椁坟在浙江杭嘉湖地区较为兴盛，乾隆年间刘乔松提到浙省数府富厚之家葬用石椁："往往用石板彻底，四周上下以及罗围，皆用石工，并雕琢花草人物，以及联额，经费千金及数千金者。"如果不这样做，即有薄待其亲之嫌。并说"若用砖石，必用石工浮砌于地面，并开门户以纳棺"。他点出这种葬法的特点：在地上建造石椁，留出进口，待棺柩推入后封砌。刘乔松又大谈"土葬"之益，说石椁葬不如培土为坟，显示很多石椁是不覆土的。④嘉善县也盛行石椁葬，光绪年间知县江峰青说："善邑土薄，殷实之家多结椁浮葬，工费颇巨。"他批评道，古人营葬"亦只营于土中，必不如善邑之浮于土面"，劝谕人们"贴土葬棺"。⑤表明椁外无覆土。在镇海，穷檐小户"葬不用椁，以砖砌，于四围上覆之以石，且无封土"。⑥

覆土之砖椁坟则所在皆有。其形式大致是在地上建造砖圈，而后覆土围护。嘉庆《松江府志》记蔡汝贤在营墓葬父时有这样一事："旁有人以积土来售。畚锸将半，土中微露砖椁。公恻然，亟移原土封之，不复取值。"⑦所谓"积土"，应是积于地上的一堆土，既然能够售卖，当不是一小堆。在搬运将半时"土中微露砖椁"，说明砖椁至少有相当一部分是在地上，由此可以断定所谓"积土"应是一座坟墓，所葬棺柩应该是采用了浅葬甚至浮葬的形式。

江南地区浅葬与浮葬习俗的产生尽管有其客观地理因素，但也往往受到非议。原因并不单单在于它同传统穴葬有别，更在于这种葬式不甚坚固，容易毁坏，有违葬亲之道。许楯称其"不待一举手足之劳而夷为榛莽矣"。⑧陈确也指出浮葬的危害：

---

① 陈梓：《陈一斋先生文集》卷5《诸先生遗言》，宣统三年铅印本，第5~6页。
② 范鲲：《蜀山葬书》卷下《居丧质疑录》，第21、27页。
③ 许楯：《罔极录》附记，第5页。
④ 《禁火葬录》，《近代史资料》总85号，第211~212页。
⑤ 光绪《嘉善县志》卷4《区域志·冢墓》，光绪十八年刻本，第40~41页。
⑥ 光绪《镇海县志》卷3《风俗》，光绪五年刻本，第7页。
⑦ 嘉庆《松江府志》卷83《拾遗志》，嘉庆二十二年刻本，第39页。
⑧ 许楯：《罔极录》卷下《论深葬》，第19页。

今世俗皆惑于葬师之说，谓深则有水，苟为浅葬，浅葬不已，渐且培土高葬，名虽为葬，实同暴露。每见风雨摧残，不出数年，便已坍毁，蚁蛭兔穴，以饱虫兽，乞人掘蛇，猎人掘獾，动遭开发。子孙熟视，无可如何。纵立时收掩，而棺骸残毁，冤痛曷伸！①

浅葬与浮葬是为避免水泉之湿的，却给葬埋带来更大的危害。为了取得浅葬之效而去除浅葬之弊，江南地区的人们对营葬之法加以探求，主要从内外两方面入手，内施灰隔，外培以土。

"培土葬"是浮葬的别称，又有"培土"之法在江南地区广为流行。虽然都是培土，但培土法为既葬之后对坟冢的培筑，并非仅为掩盖浮葬之柩。

地择高阜自古以来就是人们在营葬问题上的共识。《吕氏春秋》认为葬必于高山，方合"葬死之义"："故凡葬必于高陵之上，以避狐狸之患、水泉之湿。"后世留心葬法者，莫不以此为宗。范鲲说："择地莫善于山，惟山可以深藏，虽一二丈无害也。况东南地卑土薄，尤宜于山。"②许楣也在《论山葬》一文中提出"东南卜葬莫宜于山"的观点，详论平原之害与山葬之利。其文云：

东南卜葬莫宜于山，何则？以便深藏也。盖中州土脉高厚，随处可以深阡，随地可以族葬。且地阔人稀，平原千里，荒坵古墓永无耕凿之患。南方土薄，浅葬既同暴露，深葬又虞水泉，且山多于田，人稠地狭，三尺之土，众所共争。……盖东南平原之害非一，城郭、道路、沟洫、村落、井窑既所不免，而万峰绵亘，湖海环聚，田土不及其半，民居如织，咸以播种为生，故虽新阡之墓，易世以后，耕犁之所必及，新且难保，何有于旧！呜呼！平原之害如此，而古墓之在山中者往往松柏参天。……则又何苦而不去田而就山也！山葬之美不胜言，深坎以藏不惧水患，一善也；程子五患皆所不及，二善也；不耕之地，人所共弃，深合古人死不害人之旨，三善也；山地荒僻无用，规制可以稍敞，或建墓祠或筑书舍，庐墓隐居，耕樵自适，四善也；粮税差轻，他日不为子孙之累，五善也。孝子怀深长之思者，自当惟山是求矣。③

---

① 陈确：《陈确集》文集卷15《投当事揭》，第367页。
② 范鲲：《蜀山葬书》卷下《居丧质疑录》，第19页。
③ 许楣：《罔极录》卷下《论山葬》，第22页。

水浅土薄的自然地理环境使得"浅葬既同暴露，深葬又虞水泉"，正是江南人遇到的两难境地。与平原之葬相比，高山之葬有利而无害。既可深葬，又无水湿、犁耕诸患。嘉善陈龙正对此深有感触：

  古名贤诸墓大抵在山。顷阅余杭邑志，其安堵可历数者，以十百计，其为年以千百计。且不必皆名墓也。近观吾邑累累畎亩中，曾有宋元墓乎？葬平原不如葬山，非为地理，为人事也。①

所以，江南地区的山地丘陵往往是坟墓聚集之区。吴县《横金志》卷七《舆地·冢墓》云："吾里故多山，名贤逸士之藏多在焉。"②杭州南北二山是"百万居民坟墓之所在"。③

山葬虽善，但江南多平原，多数人只能葬在平原之上。即使靠近山区，如果财力不足，也只能望山兴叹。在不得已葬于平原的情况下，人们思考如何保护坟茔。海盐王文禄认为，在坟上多多培土同样可以收到山葬之效："坟者，土之坟起者也，惟山为宜，且五害不侵。然吴下多平原，焉得人皆山葬！须积客土成山，高大则气暖，且不易侵掘。"④许樾对此极为称道，说自己"最爱斯语，每三复赞美，真先得我心"。他概括出平原培土的十大好处：

  培土之美不胜言。固护棺椁，一善也。暖气熏蒸，二善也。筑灰或有不足，但多积土，亦足以固，三善也。深葬则惧水，浅葬则不固，今培土高厚，则不必深而自同于深，四善也。土愈厚则水患愈绝，五善也。土愈高，则树根去椁愈远，六善也。土石相间，层层筑实，土兽不能入，七善也。大雨崩腾，即使发洪，止冲浮土，于下无损，八善也。兵寇充斥，使内无可欲，决不掘入数丈，以发吾棺，九善也。百年以后子孙消亡，耕锄终亦不易，十善也。要之，培土非独平原，即山葬亦宜若是，特平原为尤要耳。⑤

---

① 陈龙正：《几亭全书》卷21《政书·家载》，第151页。
② 《横金志》卷7《舆地·冢墓》，《中国方志集成·乡镇志专辑5》，第292页。
③ 万历《杭州府志》卷19《风俗》，《中国方志丛书·华中地方》第524号，第1369页。
④ 王文禄：《葬度》，《续说郛》卷30，《续修四库全书》第1191册，第428页。
⑤ 许樾：《罔极录》卷下《论平原培土》，第40页。

平原培土，虽不在山，却有山葬之利！培土需要的土方是庞大的。王文禄和许楣说积土成山，太过笼统。陈确向张履祥请教丧葬问题，估计是为其先人"葬地上"即浮葬之事。张履祥回答说，在墓圹不能加深的情况下，"若每岁培土数寸，积之十载，即有数尺。由是而积之不已，虽越寻丈不难至也。天下后世即不无沧桑之虞，又焉有耕犁之能及于高垄乎？"①八尺为寻（一说为七尺），十尺为丈，寻丈之土应该是相当高大的。样子大概像陈确所形容的"广茔高圹，如山如陵，郁然松楸，被阡越陌"。②这种高大的坟墓在江南地区十分常见。民国《川沙县志》卷十《卫生志》记载："礼云：古也墓而不坟，又云古不修墓。今吾川境独多坟墓，满目累累，既高且大。"

为什么要培筑得如此高大？如前所述，平原地区的墓葬埋葬深度不够，即使不是合葬墓，也必须有足够多的土方才能将墓圹盖住；如果是浅葬或浮葬，需要的土方更多。并且，为了防止坟墓因过高而坍塌，事先要在墓基更大范围内培垫厚土，而后起坟。一般的坟丘，除了作为识别标志外，还有一项功能："加土于平地之上，故防墓崩而可以不修，盖墓虽崩，仍不见棺也。"③就浮葬而言，棺柩露出地面，需要更多的土方才能将其盖住，露出的越多，需要的土方就越多。如果培土较少，一旦棺椁塌陷，会有暴露之惨。培土的意义正在于，可以防止此类情况的出现，收到与深葬一样的效果。正如许楣所言："培土高厚，则不必深而自同于深。"④

许楣对于培土之法极为推崇，声称自己留心葬事二十多年，经历颇多，心思用尽，"独信培土一事为不易之法"。⑤这一做法在江南地区十分盛行，不仅在平原地区，山葬也广为使用。证明它是一种适于江南自然地理环境的营葬之法。许楣精辟地论述了这一点：培高一尺，即有一尺之益，高一丈有一丈之固，高数丈即有数丈之深。"中州土厚，其深出自天然，南方土薄，以人力积土成山，其深固与北方无二。深藏之计，无出于此。"⑥

在水浅土薄之地，通过培土增加墓圹与地面的距离，既收到因浅葬而得以避湿之效，又使得因避湿而浅葬之弊得以消解，等同于水深土厚之地。

由于明清时期盛行停丧缓葬，"浅土"掩埋也是停厝待葬的方式之一，所以判断

---

① 张履祥：《杨园先生全集》卷2《答陈乾初》，第33页。
② 陈确：《陈确集》别集卷7《葬书下·俭葬说》，第496~497页。
③ 江青峰：《劝谕贴土葬棺示》，光绪《嘉善县志》卷4《区域志》，第41页。
④ 许楣：《罔极录》卷下《论平原培土》，第40页。
⑤ 许楣：《罔极录》卷下《论固护祖茔以培土为第一义》，第50页。
⑥ 许楣：《罔极录》卷下《论固护祖茔以培土为第一义》，第48页。

一座浮埋于地上或半在地上的棺柩是葬是厝非常困难。上海陈泽泰《阴宅镜》（乾隆乙卯自序）介绍过一种不易被盗的厝棺之法："苏州人家，间有掘土一二尺，发圈砖砌，而上盖重土筑实。人见与葬无异。"①道出浅土厝具有厝葬难辨的属性。有些事例也足可说明此点。光绪《唐栖志》在"坟墓"项下记载了贡生姚湘和布衣徐璋士（殁于道光二年）的厝所，又录陈墉《徐君权厝志铭》，称徐璋士殁后二十余日，"其家奉君柩浅葬于仁和水南祠之东"。志书撰者解释为何将"厝所"列入"坟墓"条："栖里水乡，地少人稠，山之可作墓兆者尤鲜。虽世家亦往往以厝地作墓田，日久培土即为坟茔。故虽厝址所在，即坟墓也。"②说明厝所与坟墓之间的界限非常模糊。在很多情况下，厝所与坟墓的转化仅仅就是在原有的厝地培土加厚，暂厝之所便成为永葬之地。职是之故，清代律例甚至一些地方法令都有对停厝与葬埋的区分，以便与墓葬有关的案件发生后区别量刑。③

第四节　葬具与随葬物品

（一）葬具

棺椁之制，椁周于棺，故有外椁内棺之说。明清时期，护棺之具有木、石、砖之别。木椁多见于社会等级较高的墓葬。灰隔葬、砖石墓葬中，多以薄木板围护木棺，其性质是否为椁，当时的学者有争论。以砖石贴棺结砌之圹，实质即是椁，故有砖椁、石椁之称。有关情况已在墓葬形制一节论及。此处仅探讨木棺及其他形式的棺椁。

棺木材质有楠木、樟木、杉木、柏木、桐木、柳木等，以楠木最为贵重。明人谢肇淛《五杂俎》："楠木生楚、蜀者，深山穷谷，不知年岁，百丈之干，半埋沙土，故截以为棺，谓之沙板。佳者，解之中有文理，坚如铁石。试之者，以暑月作盒，盛生肉，经数宿，启之，色不变也。然一棺之值，皆百金以上矣。"④上海毛祥麟也说，楠木之棺"水不能啮，蚁不能穴，每具辄值千金"。⑤在地方志的记述中，使用者往往与其经济状况相关联。万历《新昌县志》说："棺柩，富室宦家用沙木为最厚，衣衾亦

---

① 陈泽泰：《阴宅镜》卷3《攒厝坚固之法》，第219页。
② 光绪《唐栖志》卷17《坟墓》，光绪十六年刻本，第18页。
③ 张传勇：《似葬非葬：明清江南地区的浮厝习俗》，《民俗研究》2009年第1期。
④ 谢肇淛：《五杂俎》卷10《物部二》，第194页。
⑤ 毛祥麟：《墨余录》卷14《楠木棺》，上海古籍出版社，1985，第225页。

称是。中家棺用杉松，至下家则以薄为其道尔。"①光绪《遵化通志》则说："棺以柏为上，松次之，杉木惟世族始用，常人用柳，犹胜于杨。"②

据海宁周广业考察，"天成、开运以来，俗尚巨棺，有停之中寝，人立两边不相见者"。③江南地区很早以来就流行小棺，宋人昆山李衡临终遗言："此间土薄水浅，棺以小为贵，仅可周身足矣。"④清人海宁王载宣《慎终录要》主张，棺柩中空长度"人身自头顶至足跟量准尺寸，外加四寸可也"，加上前后板即两和的厚度约七寸二分即可。前和高二尺一寸五分，后和高一尺九寸。⑤嘉善陈龙正也主张制棺不可太宽太长，"如料富，则量逝者形躯裁减之。礼云，棺周于身。勿惜损料。尤忌太高，高阔俱宜二尺四寸，或二尺六寸，以环视见方为度"。用意是："太高则上空，既无用，而圹势因之不得不高，坟势因之不得不稍薄。留棺中无用之空虚，损圹外宜厚之封土，岂善事哉！"⑥海宁许楹也说："棺小则不多占圹地，棺虽美，无不朽者。"高大之棺，纵使抱棺实筑，日后棺朽，"其中之空虚也甚矣哉！"⑦

传统上，棺柩形状为前宽后窄，前高后低，与人的形体相似。其弊端是，由于金井是一个标准的长方形，棺柩落井封顶，棺材后半部两侧以及顶部与井壁间即留有较大空隙，尽管可以灰沙筑实，但总不如少一些为好。因此，陈龙正强调棺木"以环视见方为度"。张朝晋制棺之法也是"两和皆平准，无凹凸状，世人谓之柜式"。⑧这种做法在明代后期苏州一带即是如此，王文禄《葬度》说"苏匠制若经匣样"，即四四方方的形状。

一副好的棺柩，标准即是密实，即封闭性强。首先需要棺柩本身保持长久不坏。其次，制作要保证接缝严密。人们强调制棺不可用钉，因为"钉缝漏气"，且钉易生锈。有"雌雄簨"之法，可不用铁钉而将棺板紧密凑合一处。其法，木板接合处做成几个凹凸形状，"凹则下丰上杀，凸则上丰下杀，簨簨凑洽，完密无罅"。⑨棺材制成后尚需髹漆。

髹漆的重要性人所共知。髹漆利水，可有效防止潮气腐蚀，加入磁灰，又可增加

---

① 万历《新昌县志》卷4《风俗志》，《天一阁藏明代方志选刊》，上海古籍出版社，1964，第3页。
② 光绪《遵化通志》卷15《舆地·风俗》，光绪十二年刻本，第6页。
③ 周广业：《循陔纂闻》卷2，《续修四库全书》第1138册，第594页。
④ 万历《重修昆山县志》卷11《杂记》，《中国方志丛书·华中地方》第433号，第563页。
⑤ 《慎终录要》，《愚谷文存》本，第310页。
⑥ 陈龙正：《政书·家载》，《几亭全书》，第148页。
⑦ 许楹：《罔极录》卷下《论实筑》，第25页。
⑧ 张京颜编《先府君北湖公（张朝晋）年谱》，三十九岁条，民国抄本。
⑨ 张京颜编《先府君北湖公年谱》，四十八岁条。

棺柩密闭性能，达到长久"比化者"的目的。福州孟超然《丧礼辑略》述漆棺之法："今南方敛毕，奉尸入棺，以漆灰严封隙处，自是皆灰和桐油涂之，或七遍或九遍，乃漆。其有力者则用磁灰和生漆涂之，有多至十五六遍者。磁灰入漆坚如铁石，闻葬久有木朽，而漆不能脱者，亦人子慎终之道也。今北方用漆犹几无。"①清代末年，美国传教士卢公明在福州也有类似观察："棺材内部的所有缝隙先贴上布条，再抹上油灰都填平补好，使其有很好的密闭功能。讲究的还先在内部上油漆，这项费用由女婿承担。尸体落棺后，表面要上很多道油漆。油漆里掺了陶瓷碎片碾成的粉屑，形成了一层坚硬的壳。富裕人家一般是每个'七'的最后一天加上一道漆，一共上七道。一幅用上等木料制作的棺材经过这样的处理之后，可以保证尸体放上几年不埋，也不会出现令人尴尬的渗漏现象。"②无锡丁彦章《丧礼集要》也说："近人棺用瓷灰和生漆布底，更有用瓷灰而后再加苎麻和漆胶髤其上，坚固异常，入圹经久不坏，乃孝子欲父母遗体久安于地下也。"③有感于此，吴骞强调："棺全赖漆，漆而忽焉，是无棺也。"主张棺内漆四次，棺外漆十次即可，力不能者也要六次，不可草率。但又强调，漆棺次数不可过多，过多反有剥落之虞。

层层髤漆颇费时日，有力之家一般预置棺柩，以免临事仓促，髤漆不及。王载宣《慎终录要序》云：古人六十即置备棺木，"诚以棺不易成，非一二日可为者"。张朝晋是张履祥的私淑弟子，康熙四十七年（1708）张朝晋为杨园侧室陆氏制寿棺一副，未及相赠，在两年后改殓其父骨殖时用上了，原因是来不及赶制棺木，"盖仓卒，患别制不及漆也"。④

棺木内外多有象征福寿的字体或吉祥图案。韩国佚名《燕行录》讲到中国北方地区的棺椁："棺椁之制，状如舟船，涂以髤漆，列于市廛，或用金泥书寿字。"⑤常熟王应奎《柳南随笔》则载："世俗制棺，其前和辄刻'寿'字或'福'字。"⑥上海果育堂《施棺代赈条约》中也说，民俗制棺，在和头"雕花贴金"，"并刊阴阳二卦"。⑦书刻逝者名姓的也十分常见。

---

① 孟超然：《丧礼辑略》，《亦园亭全集》本，第9页。
② 〔美〕卢公明：《中国人的社会生活：一个美国传教士的晚清福州见闻录》，第112~113页。
③ 丁彦章：《丧礼集要》中卷《酌古》，第10页。
④ 陈梓：《陈一斋先生文集》卷6《敦行录》，宣统三年铅印本，第2页；张京颜：《先府君北湖公年谱》，三十七岁条。
⑤ 〔韩〕林基中编《燕行录全集》卷70《燕行录》，第98页。
⑥ 王应奎：《柳南随笔》卷5，中华书局，1983，第88页。
⑦ 余治：《得一录》卷8，《官箴书集成》第8册，第597页。

2011年发现的西安泾河工业园明代秦藩王大管家张氏家族墓就有多具保存较好的漆木棺。有的棺外侧在黑漆底上绘制红绿花卉和描金的纹饰，有的则贴有金箔装饰。有的漆木棺上绘制的图案十分华丽鲜艳，绘有凤凰、牡丹、仙鹤和池塘小景等图案，色彩鲜艳，图案完整。①

由于缓葬、火葬或改葬，捡骨往往盛以小棺或瓮坛。吴中习俗，停丧数载，如欲举葬，即捡骸置小棺中。陈梓《迁小棺》序云："吴中俗，亲死概不谋葬，为厝亭野间，阅一二十载，如举窆，棺已腐矣，乃拾骸小棺中，良可哀也。"其诗则以死者的口吻自嘲到，即使这样，还得感谢儿辈孝思，这要比火化捡骨好多了。②各地方志多记载火葬捡骨贮瓮之俗。光绪《常昭合志稿》："贫家田塍厝葬，年深柩朽，往往以瓦坛改埋其骨耳。"③嘉庆《桐乡县志》："更有乡愚延僧道将尸火化，拾骸骨贮于瓮，埋之荒野（名曰火葬），此风，南方水乡土隘之地间有染之。"同治《乌青镇志》引《志稿》："或有将柩火焚，拾骸骨贮瓮埋之者。或俟尸腐烂后捡其骨置瓮中，谓之揭生骨。"改葬或二次葬也有用瓦罐者。乾隆《安溪县志》："或墓塌则拾骸贮瓦罐另葬。"④在将乐县，乾隆时期"治葬皆先置棺入土，全无砖石为椁，不数月而物化，及其既化，又起筋骸装入瓦罐，再为掩埋"。⑤

（二）随葬品

进入明清之后，由于墓室小型化，可以随葬的空间被大大挤压，随葬品数量相对减少。

上海地区已发掘整理的明墓，保存较好的墓内大多数有随葬品，一般为两三件，多的上百件，最多的潘允徵穴室内有随葬品168件。随葬品有铜镜、饰件、木家具明器、木桶、锡制祭器服饰、折扇、文房四宝、度牒、书籍等，其中以铜镜数量最多，以饰件、木家具明器、木俑、服饰、折扇、文房四宝最有特色，以度牒、说唱本、木船明器、木升较少见。这些随葬品或置于棺内，或放于棺椁之间。⑥

又或于圹壁作小室，放置随葬器物。即如赵执信《礼俗权衡》对山东博山县葬俗的批评，当地葬以灰隔之法，但"于容棺之前，更筑一室，著几席琴书明器之属"，

---

① 文艳：《泾河工业园张氏家族墓发掘又有新发现5具明代漆棺纹饰色彩鲜艳》，《西安日报》2013年1月21日，第7版。
② 陈梓：《删后诗存》卷1《迁小棺》，嘉庆二十年胡氏敬义堂刻本，第13页。
③ 光绪《常昭合志稿》卷6《风俗》，光绪三十年活字本，第13页。
④ 乾隆《安溪县志》卷4《礼制》，乾隆二十二年刻本，第4页。
⑤ 乾隆《将乐县志》卷1《风俗》录知县李永锡禁示，乾隆三十年刻本，第2页。
⑥ 参见何继英《上海明代墓葬概述》，《上海博物馆集刊》第9期。

导致穴中存有空隙。①陕西临潼吕绣峰纂修《相公庄吕氏家谱》(咸丰十年刊),记墓中规制与随葬物:"其墓中,余曾为三叔父大人于幽堂两面半壁间,左右相对开二方窑,高一尺有余,宽二尺余,深不及尺。一面安放茶碗、烟袋、酒壶、砚台之类,一面安放文房及小部书与平日玩好之物。幽堂门内左右,近地各开一小窑,左窑放水一礶,右窑放油一礶,油上用漂子燃灯。棺之大头左右放童男女,小头放瓦五谷礶五个,不拘大小,内各实以五谷。安置妥帖,安魂帛于前,将棺上土用新布巾拭净。铭旌上人名,用翦刻存好,装红帖套内,以备过日送去。铭旌顺盖棺上。"②

简而言之,明清时代随葬物品大体有铭旌、实物、明器三类。

1. 铭旌

明清志书记载营葬多有"覆铭旌于柩"之句。所谓铭旌,即书有死者姓氏、职衔的布料,葬时盖于柩上。

同治间刻湖南《湘潭兰下王氏四修家谱》记铭旌之制:"铭旌,所以识死者之柩,在家则悬之于柩右,出葬则竖于柩之前。用绛帛为之,长短有制。今士庶人家专取其长,似亦奠亲之意。如书待诰赠,即诰赠者然犹为妨,但曰旌旗属也。今人有以竹架树者,则大失旌之义,此不必从。书用粉书,其书式或□官,或□处士□公字行几之柩。妣可类推大人、孺人等称酌量书之。旁不必题孝子名,又不必题显者名。"③

光绪《遵化通志》记铭旌及题写习俗:葬前,"延齿德尊望者题铭旌,大书亡者封衔、氏字、年数于朱绢。其长寻有半。"书写者于左侧列衔,以另纸书写名姓。"葬时,以旌覆棺,留名纸返题者,而后覆土。"

1973年,四川铜梁县发现明嘉靖三十九年(1560)云南阿迷州刺史李三溪墓,在墓室后龛,有一幅铭旌,长2.86米、宽0.35米,绫底,白粉楷书"奉直大夫云南阿迷刺史三溪李公柩"。④这样的实物不太多见。

2. 实物

日常生活用品在随葬品中经常见到。除地域上的差别,以墓主身份与生前爱好不同,规格、数量与品质也存在差异。

钱币。明清墓中随葬的钱币大体可分三类:一是历朝各代的流通货币;二是金、银、纸币;三是专为陪葬而制的冥币。有明一代,前朝的旧钱和明朝的制钱一直处于

---

① 赵执信:《礼俗权衡》卷下《殡葬》,收入《赵秋谷先生集》,乾隆间刊本。
② 上海图书馆编《中国家谱资料选编·礼仪风俗卷》,上海古籍出版社,2013,第188页。
③ 上海图书馆编《中国家谱资料选编·礼仪风俗卷》,第191页。
④ 重庆市博物馆:《四川铜梁县明代石椁墓》,《文物》1983年第2期。

流通领域，而由于历史原因和经济发展水平，导致了北方地区旧钱多，而南方制钱多的现象，这种情况直接反映到当时的墓葬上。北方地区的明墓如果出铜钱，十有八九会是唐宋旧钱，而南方地区明墓中则是旧钱和制钱都有出土。①

铜镜。上海地区几乎每座明墓都有铜镜出土。数量不等，差别很大，但至少有一枚。至于那些富裕的墓主人拥有铜镜的数量则相当可观，有的多达数十枚，如上海浦东陆家嘴明嘉靖年间的通议大夫詹事府詹事兼翰林院学士、赠礼部右侍郎陆深、陆楫父子夫妇合葬墓内出土有21枚铜镜，数量之多，实为罕见。②棺内两端各置一镜的情形较为多见，如诸纯臣及其妻杨氏胸前及足部的棺"和"上有铜镜各一面。③铜镜多有铭文，诸如"长命富贵"之类，或配以灵龟、仙鹤、仙长、老树纹，寓意长命富贵。

油缸。浙江西安县，嘉庆县志记载："葬礼，用石椁，贫者用砖，以油缸燃灯置椁中，亦仿骊山鲵鱼膏意也。"④在浙江湖州，清代寿茔（生圹）之中，"贮油一缸，内燃长命灯"。⑤

食罐。置食罐的习俗在民间较为普遍。雍正《直隶定州志》："盛饭以瓷瓶，俟葬纳诸圹中，或亦《葬仪》苞筲瓮甒之义。"⑥光绪《遵化通志》："始死，设食罐，每饭必祭，添肴馔其中。至葬之前夕，添食品至满，纳葱其中，罩以红布，系以五色线，授家妇抱之，至葬所置棺前埋之。凡亡者有子无妇，则置罐予怀，或并无子，则并棺舁之，多以为憾，盖甚重也。"⑦

梅瓶。明代大型砖室墓中，瓷质梅瓶是常见的一种随葬品。梅瓶每每出于皇帝、皇后、皇妃、公主和皇子得封的郡王等的大型砖室墓中。数量体现等级制度。有人认为，墓葬中的梅瓶实际上应是统治者专门使用的一种"风水瓶"。⑧

3. 明器

明器也称冥器，是专门为随葬而制作的一种特殊器物。它采取特殊的方式制作，目的是为了取代实用器物。明器种类繁多，各地多有不同。无锡华悰韡《虑得集》：明器，"今俗用饭团、竹棒、过河棍、生炭、纸钱及一应邪说之物。"⑨乾隆《平定州志》则云：

---

① 夏寒：《浅议明墓中的古钱》，《四川文物》2006年第2期。
② 周丽娟：《上海地区汉墓和明墓出土铜镜》，《东南文化》2005年第6期。
③ 孙维昌：《上海市郊明墓清理简报》，《考古》1963年第11期。
④ 嘉庆《西安县志》卷20《风俗》，嘉庆十六年刻本，第13页。
⑤ 同治《湖州府志》卷29《舆地略·风俗》引《野语》，同治十三年刻本，第12页。
⑥ 雍正《直隶定州志》卷4《风俗》，雍正十一年刻本，第54页。
⑦ 光绪《遵化通志》卷15《舆地志·风俗》，光绪十二年刻本，第8页。
⑧ 孔繁峙：《试谈明墓随葬梅瓶的使用制度》，《文物》1985年第12期。
⑨ 华悰韡《虑得集》卷4《治丧记要》，《四库全书存目丛书》子部第83册，第564页。

"志石或易为木,明器则有木偶人马、楼阁、幡幢、引路菩萨之类。"①

明器质料,从唐末五代以来出现纸质者,到宋时已为主流,其他质料明器逐渐减少。宋人赵彦卫《云麓漫钞》卷五说:"古之明器,神明之也。今之以纸为之,谓之冥器,钱曰冥财。"②纸质明器或可统称为纸扎,广泛流行于各地丧葬活动中,举凡楼阁、人物、牛马、元宝都可以纸为之。陕西临潼吕氏清代家谱记明器:"今呼为纸扎,各按品级,如车马、杠箱、衣箱、盥盆、烟袋、茶碗之属。"③大量制作精巧的纸扎往往在葬前焚化,因之或被认为靡费无益。康熙《单县志》批评当地风俗:"顾葬时好为下里伪物,禺车禺马,充塞街衢,橕旐灵輀,饰以锦绣,秉畀烈焰,靡费无益。富者斗胜,贫者效尤。相习成风,莫之能革。坐是繁文太盛,葬每愆期,议者为之叹息。"④又或置于圹内。今已难见其原貌。

明清时期明器种类繁多,分为俑、动物、交通工具、生活用品、家具等。

明代多木俑、陶俑,也有仅见于帝王和王族官僚墓的石俑。墓俑在题材上比较单一,据考古发现只有仪仗俑(少数配置侍俑)。藩王墓一般以象辂为中心,数百件仪仗俑排列前后左右。官僚墓俑以肩舆为中心,几十个仪仗俑排列在前。人物造型偏重于写实。值得一提的是,1973~1980年在四川铜陵先后发现石椁墓六座,共出土石俑100多件,大约高20~40厘米。肩舆俑五件,其中一件表现官员乘八人大轿的出行场面,从轿形看大约是六品至九品的官员。前有持旗、鸣锣、衙役等仪仗俑,后有牵马、负物、抬箱等侍从俑。人物均穿长袍,戴尖顶风帽。从这些轿夫看,作者刻画出人物不同的形象,而动作保持基本协调,他们似乎走得很慢,又好像走走停停,人物造型和动作令人觉得非常有趣(见图5-12)。⑤

图5-12 四川铜梁明代石椁墓出土肩舆俑

---

① 乾隆《平定州志》之《食货志·风俗》,乾隆五十五年刻本,第77页。
② 赵彦卫:《云麓漫钞》,中华书局,1996,第83页。
③ 吕绣峰纂修《相公庄吕氏家谱》(咸丰十年刊本),《中国家谱资料选编·礼仪风俗卷》,第188页。
④ 康熙《单县志》卷1《方舆志·风俗》,康熙五十六年刻本,第16页。
⑤ 重庆市博物馆:《四川铜梁县明代石椁墓》,《文物》1983年第2期。

第五章　墓葬

清代墓俑目前发现较少，较为有名的是清初吴六奇墓出土的陶俑，再现了官衙场面和内室侍女环绕的生活状态，是清代达官生活的真实写照。其官衙场墓俑，不同身份者各环立衙座之后，造型和服饰各异，有作捧文书、捧宝剑、捧大伞和背弓矢之状。这些俑都是压模成型，后经加工，故造型有所变化，似比明代陶俑生动些（见图5-13）。①

图5-13　吴六奇墓出土官衙场面陶明器及各种职别的陶俑

家具与生活用品。上海明代潘惠、潘允徵父子墓棺椁间，放置成套的家具。这些家具模型，从室内陈设床、榻、厨、箱、桌、椅、凳、几、衣架、盆架等到生活用器马桶、座桶、面盆、脚盆、各种盒子，应有尽有。成为研究明代家具与日常生活的重要参照物。②

在具有普遍性厚葬心理倾向的明清时代，随葬品的多寡往往成为厚葬与俭省的重要指标。时人对于随葬品的议论，除了以其无用累及民生，导致停丧不葬外，还经常提醒，随葬品往往成为盗墓者觊觎的对象，不要让这些所谓孝亲之举成为祸亲之源。

（三）墓志

墓志又称圹志，是记载和标识墓主身份及墓址的物件，作为墓主的随葬品，入葬时同棺椁一起埋于穴中。多数墓志为石质，也有砖、陶及瓷质。典型墓志为石质方形，刻写墓主姓氏、世录、官职及生平事迹卒葬年月等，此为"志石"。另外，志石之上往往覆盖一块斗方形石以保护志石文字不受损坏，此为"志盖"。志盖覆斗顶面

---

① 杨豪：《清初吴六奇墓及其殉葬遗物》，《文物》1982年第2期。
② 王正书：《上海潘允徵墓出土明代家具模型刍议》，《上海博物馆集刊》第7期，上海书画出版社，1996，第304~315页。

·269·

以篆书或隶书刻写墓主姓名、官职及时代。

陆容《菽园杂记》记时人重视墓志的情形："前辈诗文稿，不惬意者多不存，独于墓志表碣之类皆存之者，盖有意焉……士大夫得亲戚故旧墓文，必收藏之，而不使之废弃，亦厚德之一端也。"[①]张瀚《松窗梦语》则云："墓志不出礼经，意以陵谷变迁，欲使后人有所闻知，但记姓名、爵秩、祖、父、姻娅而已。若有德业，则为铭。今之作者纷纷，吾不知矣。"[②]今人余英时认为，这一现象与明中叶以来商人的推动有关。比如，唐顺之提到三类可笑之事，其一为："其屠沽细人有一碗饭吃，其死后则必有一篇墓志。"这一观察在李乐《见闻杂记》（万历辛丑自序）卷三第161条得到印证："唐荆楚川先生集中诮世人之死，不问贵贱贤愚，虽椎埋屠狗之夫，凡力可为者，皆有墓文。此是实事。"[③]

上述史实反映了明代社会的一个面向。在明清时人的文集中，墓志铭往往占有相当比例。这一事实也从另一个层面说明，墓志的使用带有一定的普遍性。但是，作为一种墓葬用品，墓志刻石是要耗费金钱的，就此而言，它与丧家的社会地位或财富能力存在一定关联。如果我们看一下墓志主人的身份，即可明白此点。所以，地方志对墓志的记述，往往是表明此物的使用，因人而异，因财力而异。光绪《清源乡志》即说："志铭、碑碣，视乎其人。"[④]民国时期的志书也有类似说法。民国《东平县志》说，当地葬俗也有埋墓志于柩前者，但通常是因为其人生平事绩卓著，故勒石以志之，"常人则否"。[⑤]民国《汤溪县志》提到当地有葬入地契之俗，由地师书写，然后又提到墓志，"其得有搢绅先生为之志若铭以刊之石者，盖万而未能一也"。[⑥]

也有资料显示墓志的使用与否可能与地方风气有关。万历年间，麻城人熊吉《墓志不可无说》认为，墓志对于标识墓主身份至关重要。但"今之治葬者，惟修斋醮盛旛旐而独略此，不知送终垂远，在此不在彼也"。[⑦]同治《房县志》也说，圹中通常会有契砖，"而志铭、碑表则鲜闻焉"。

---

① 陆容：《菽园杂记》卷1，中华书局，1985，第10~11页。
② 张瀚：《松窗梦语》卷7，中华书局，1997，第141页。
③ 李乐：《见闻杂记》上册，上海古籍出版社，1986年，第285页；唐顺之：《答王遵岩》，见《荆川先生文集》卷6，四部丛刊本，第119页；余英时：《士商互动与儒学转向》，氏著《现代儒学论》，上海人民出版社，1998，第74~75页。
④ 民国《东平县志》卷10《风俗》，光绪八年刻本，第10~11页。
⑤ 民国《东平县志》卷5《风土志》，民国二十五年铅印本，第7页。
⑥ 民国《汤溪县志》卷3《民族志》，民国二十年刻本，第50~51页。
⑦ 光绪《麻城县志》卷42《艺文志》，光绪二年刻本，第37页。

明清墓志基本为方形，较之前代，大形体者增多。根据西安碑林所藏 25 方明代陕西宗室墓志，尺寸都在 50～85 厘米之间，其大小似乎与志主身份无关。大致趋势是越往后期尺寸越大。①墓志均配盖。宋代以来，志盖刻饰趋于简单化，明清墓志盖就极少装饰了。

墓志铭多有溢美之词。隋唐时期人们重视的是墓中人而非撰文之人。宋、元以后，看重的是由谁来书碑，已失立碑本意。清人对此批评说："宋、元、明人不察，遂仿之以为例，竟有叙述生平交情之深，往来酬酢之密，娓娓千余言，而未及本人姓名家世一字者。甚至有但述已之困苦颠连，劳骚抑郁，而借题发挥者，岂可谓之墓文耶？"②

又，吕绣峰纂修《相公庄吕氏家谱》（咸丰十年永思堂刊本）述丧礼："志铭总宜早刻，如殡期、山向未定，文内先将此处空下，事定补刻，庶免临时草率，甚有刻印不及，志石不能随葬之弊。"③说明因来不及刻印而不能及时随葬的情况应该是有的。

（四）买地券

买地券是中国古代以地契形式置于墓中的一种随葬明器，又称"地契"、"买地契"、"地券"、"冥契"、"幽契"。

较之宋元时期，明清特别是清代买地券实物留存较少，有关买地券的文献记载也较为少见。所可见者，康熙二十三年（1684）刊本《刘氏家藏二十四山造葬全书》卷四《斩草破土》："铁券以铁为之，或梓木为之。今人多以砖瓦，长一尺，阔七寸，以朱书其文，顺写一行，倒写一行，须令满板，不空缺。要单行，不可双行。二块合文在内，以铁钱扎腰，葬之日，埋于墓所。"④同治《房县志》也说，圹中通常会有契砖。民国《衢县志》亦载："椁内纳地契，以砖朱书之，其言鄙俚不经，大率仿古志铭遗意。"注云："古有斩草文书之铁券，或梓木为之。其文朱书，顺一行，倒一行，须令满板，不可空缺，用单不用双，似即此类，非是志铭遗意。"⑤似乎说明，买地券在一定地域范围内是很常见的。

买地券的常见形制，如安徽桐城陶时明正统九年墓出土买地券，灰砖质，正

---

① 张越：《西安碑林藏明代宗室墓志综述》，《文博》2013 年第 2 期。
② 钱泳：《履园丛话》上《丛话三》，中华书局，1979，第 82 页。
③ 《中国家谱资料选编·礼仪风俗卷》，第 188 页。
④ 转引自鲁西奇《中国古代买地券研究》，厦门大学出版社，2014，第 579 页。
⑤ 民国《衢县志》卷 8《风俗志》，民国十八年铅印本，第 5 页。

| 玉扳指 | 玉牌 | 玉带扣 | 翡翠璧 |

| 翡翠手镯 | 水晶眼镜片 | 帽饰 | 铁件 |

| 铜钱 | 铜珠 |

图5-14 清代泉州府同安县秀才苏养斋墓葬中出土的文物

资料来源：靳维柏等《厦门市翔安区清代苏养斋墓发掘简报》，《福建文博》2015年第2期。

方形，边长31厘米，正面上方从右到左横书阴刻楷书体"阴契券文"四字。四字下方阴刻竖书券文16行，共408字。背面从右至左阴刻竖书道教符咒语8行16句，计64字，左侧从上至下阴刻篆字图章一枚，文字莫辨。正反面阴刻文字内均涂有朱红，应为朱砂。[①]

---

① 汪炜、赵生泉、史瑞英：《安徽合肥出土的买地券述略》，《文物春秋》2005年第3期。

买地券文书（刻）写格式，有直行，有横行，有正一行倒一行，也有的作盘香式。有的列券额或券首单行标题，也有不分券额券首连续写刻，还有券尾加画符箓的。与俗世行文格式多有不同。比如，1995 年洛阳孙遇诰墓出土万历三十七年买地券，泥质灰陶，边长 47 厘米、厚 5.5 厘米。正面有朱色边框，题目为横额，自左至右朱色楷书，为"幽堂券式"。正文自左至右竖行，朱书行楷 20 字，满行 20 字，共 300 余字。①

吴庆坻《蕉廊脞录》记明人郎兆玉墓砖刻地券，文凡十五行，"首行顺刻，次行逆刻，以后各行皆然"。其文云：

惟大明国_{大明提行}。浙江杭州府仁和县義同坊二图土地范明大王_{大王以下为第二行，即倒写}。祠下，居住信士郎斗金、奎金、壁金，有父亲郎兆玉，别号明怀，赐_{赐字提行}。进士第、奉政大夫、直隶淮安府同知。于天启六年六月十四日戌时，往九仙山采药，忽遇大仙，赐酒三杯，酩酊一梦，不还。就凭白鹤仙指引，用九万九千九百九十九贯文，买到皇天后土王真龙福地一穴，坐落钱塘县定北五图徐村土名显圣鸡三位夫人祠下，东至青龙，西至白虎，南至朱雀，北至玄武，上至青天，下至黄泉。今具六至，明白给付，与明怀翁为万年阴宅。倘有邪神野鬼、魑魅魍魉侵僭坟穴者，将券投至东岳圣帝案前，以法驱遣。自安葬之后，福荫科甲联芳，位登台鼎，子孙荣盛，永保千秋。此券。天启_{天启以下提行}。七年七月二十一日申时。立券人皇天后土王_押

  _{下列三行}牙人张坚固_押

  李廷实_押

  代书人白鹤仙_押

  _{四押字作篆文，曰"荣华富贵"。}

  地券_{二大字，作篆文。}②

2005 年，广州出土的清人吴方灵墓买地券，券文为行书、草书相结合，字体大小不一，而且书写格式也是自右往左，隔列字体倒置，即从右边起，第一列倒写，第二列正写，依此类推。最后的第九列大写"大王的笔"四字。③

券文内容有一定之式，多涉及墓主籍贯、身份、生卒时间、墓地方位、买地时间、

---

① 邢富华等：《洛阳出土明代买地券》，《文物》2011 年第 8 期。
② 吴庆坻：《蕉廊脞录》卷 6《郎兆玉墓砖刻地券文》，中华书局，1990，第 177~178 页。
③ 《淘金坑惊现清代"颠三倒四"墓志》，载《新快报》2005 年 10 月 19 日。按，文章作者误将买地券作为墓志。

地价、四至、墓葬神煞、威慑语、立券时间、立券人姓名等，土地是从阎罗王、东王公、西王母、后土等神灵处买得，地价为九万九千九百九十贯文，见证人是张坚固、李定度等。

买地券中极少记载卖地人具体名姓。记载实在卖地人姓名的，见于万历三十七年孙遇诰墓买地券，券文中云"地属洛阳县生员吴本厚之地"，土地所有者是吴本厚，乃亡者长孙孙晖的岳父。合肥杏花乡五里岗大队望塘出土明崇祯六年郎朝用墓买地券，也记载了卖地者："择此高原，卜到大西门外坐□八里岗，庐州卫军人李应华屯地岗垅一块，正作佳城。"①

今日所见明清时期买地券，除刻于砖、石之上，有些是写在砖瓦表面。此外，根据调查材料，民国以来有大量的买地券是写于纸上并用于焚化。这样的情形应该可以上溯到清代，甚至更早。由此，有学者推断：今日留存下来的明清买地券较少，并不足以得出明清时期各地均较少使用买地券的结论；更可能的情况是：由于很多地区主要将买地券写在纸或砖、瓦表面，而不是刻于石、砖上，所以留存下来的较少。②

小　结

入土安葬是传统中国处置死者遗体的主要方式，墓冢因此成为保藏死者遗体、追思死者的重要场所。对于墓冢的营建与保护也成为体现孝道的重要形式。因此，墓冢对于中国人具有特殊的意义。

除重视墓地的选择外，在埋葬地点上注重家族合坟共域。明清时期，北方地区盛行族葬，南方地区在时人的议论中似乎倾向于人各为葬。实际上，受地理环境以及风水福祸观念的影响，南方地区盛行择葬，墓地呈现大择葬、小聚葬的特点。皇家帝王陵寝是一种较为独特的族葬形式。公共墓地类型多样，供不同类型的人群使用。

墓地建筑布局、规格及碑石等具有严格的等级性，并具有一定地域性。坟丘形式各地也有所差异。

墓葬形制方面，最为突出之处在于随着《家礼》的推广，明代中期以来灰隔葬法在各地出现，成为传统砖室墓之外一种重要的营葬方法。灰隔墓葬的出现对于墓室装饰及随葬物品产生了重要影响。壁画等装饰在灰隔墓中几近于无，随葬品小型化，数

---

① 汪炜、赵生泉、史瑞英：《安徽合肥出土的买地券述略》，《文物春秋》2005年第3期。
② 鲁西奇：《中国古代买地券研究》，第628～631页。

量大为减少。传统砖室墓在入明以后墓室空间减小，也影响到随葬品及墓室装饰。

　　棺椁在材质、制作方面皆有讲求，一副好的棺椁，辅之以适当的殓袭，而后葬以灰隔，往往成为保藏尸体以致不朽的必要条件。随葬品以生活用具为主，墓志在社会中上层人群中使用较为普遍，买地券留存相对较少，可能与其材质及书写方式有关。

第六章
殡葬的地域特色和民族差异

第一节 地域特色

千里不同风,百里不同俗。作为风俗中的核心内容,丧俗在不同的地域有一些差别,这些差别就是丧葬的地域特色。明清时代,已经有人注意到不同区域之间丧俗的差异。"吴越之民多火葬,西北之民多葬平地也。"[①]火葬在江南的盛行以及平地葬在西北的流行恰恰反映了当时丧俗的地域特色。为了凸显明清时代丧葬文化的地域特色,我们选择了华北、江南和岭南三个区域,对其丧葬文化分别考察。之所以选择这三个区域,是因为一方面是明清时期这三个区域已经发展出了特色鲜明的经济和文化,另一方面史学界对这三个区域做了大量而深入的研究,我们可以借鉴其成果,把区域文化与丧葬文化更好地勾连起来,从而进一步认识丧葬文化的特质。

(一)华北的丧葬文化

1. 华北的区域范围

不像"江南"、"关中"、"岭南"、"中原"等概念在中国古代文化中早就存在,"华北"的概念是在近代才形成的。据考证,"具有地域概念的'华北'一词,是19世纪末期在外国势力逐渐深入我国和国人注意维护主权的语境下形成的,通过媒体、社团、知识界和民众等多个路径的传播,使之被赋予政治、经济、文化、水利、地理等多重内涵,并借助地方行政管理机构的设置,成为人所皆知并广泛使用的具有空间

---

① 谢肇淛:《五杂俎》卷6《人部二》,第116页。

概念的词汇。"①可见,"华北"的概念是在近代西方文化与中国文化的碰撞中形成的,具有自然和社会两重属性。

关于华北的空间范围,学界看法不一。有的学者认为华北泛指黄河中下游地区,在行政范围上包括今天的京津和陕晋冀鲁豫两市五省;有的主张华北包含河北、山东、河南省大部分地区和江苏、安徽两省的北部,以及山西省东部和陕西省的一部分;还有学者认为近代华北区域大致包括现在京津和晋冀豫鲁两市四省,以及内蒙古、陕西部分相邻地区,即黄河中下游地区。②鉴于学界对华北的地域范围尚未形成共识,结合丧葬文化的特征,对华北的地域范围做一个界定。本文关于华北的地域范围指京津和晋冀鲁两市三省,以及河南省北部地区。

2. 华北的自然环境与社会生态

华北地形复杂多样,有高原、平原、丘陵、山地等。太行山以西是黄土高原,以东是华北平原,燕山山脉以北是坝上高原,山东半岛系丘陵。总体来说,华北地势西北高,东南低。华北山脉较多,西边有吕梁山脉、太行山脉,北边有燕山山脉,西南有伏牛山脉、大别山山脉。太行山以西的黄土高原海拔多在1500米以上,华北平原主体部分海拔多在50米以下,分布在渤海和黄海沿岸的滨海平原海拔更是在5米以下。

华北水系较多,大的有北边的海河、横贯东西的黄河和淮河三大水系。大的水系包含众多小的水系,如海河水系包含较大的水系有海河、滦河以及徒骇马颊河。海河又包括蓟运河、潮白河、北运河、大清河、子牙河、漳卫河。不过在广大的华北地区,这些水系的密度与江南或者岭南的水系密度是无法相比的。整体来看,华北地区水流分布比较分散。华北地区总体上属于温带大陆性季风气候,从季节分布来看,夏季降水较多,冬季降水较少;从地区分布来看,西部受山脉影响,气候比较干燥,东部地区相对湿润。

明清两代的都城都设在华北地区的北京。与其他地区相比,华北地区受到当时政治的影响更大。明清两代政府都主张以儒家文化治天下,十分重视意识形态的宣传和对基层社会文化的控制。作为基层社会的一项非常重要的公共活动,丧葬自然成为政府治理的对象。因此,华北地区的丧葬文化受到官方政治和意识形态的强烈影响。

明清时代的华北经济虽然比不上同时代的江南地区,但也有很大的发展。主要变

---

① 张利民:《"华北"考》,《史学月刊》2006年第4期。
② 学界还有一些关于华北地域范围的看法,对这些不同看法的梳理参见张利民《论华北区域的空间界定与演变》,《天津社会科学》2006年第5期。

现为两年三熟制的普及、经济作物种植面积的扩大以及农副产品加工业的发展。华北两年三熟制大约始于明代中后期，顺治年间位于鲁西平原的孔府大多数屯庄都已实行豆麦复种，平均复种指数为117；而此时的山东尚处于明末战乱后的恢复时期，故复种应是沿明代旧例。康熙年间毛家堂、夏家铺二庄的复种指数分别为120和140；乾隆年间美化等庄的复种指数已高达150左右。华北两年三熟制的搭配是以麦—豆—秋杂轮种为主。无论哪一种搭配都是以豆麦复种为核心，即先种越冬小麦——麦收后复种大豆，晚秋收获——翌春种植大秋作物，如高粱、谷子、棉花等。粮食种植结构的上述变化具有十分重要的意义：第一，小麦、大豆、高粱取代粟谷成为华北平原的主要粮食作物，提高了粮食的商品率和小农的经济收益。第二，两年三熟制的普及提高了耕地复种率，同样面积的耕地可收获更多的粮食，可以养活更多的人口，为国家提供了大量的赋税。"华北平原三省田赋约占全国总额的30%左右，在国家财政中占有十分重要的地位。万历年间冀鲁豫三省人口1512余万，耕地18516万余亩；清嘉庆间人口增至7998万，耕地增为24489万余亩；耕地增长仅30%，而人口增长了4倍还多，人均耕地从明代的12亩降至仅3亩零。"① 作为基层社会的一种重要活动，丧葬需要足够的经济支持。它不仅涉及丧家的经济条件，而且与丧家戚友的经济条件也有着密切的关系。② 因此，丧葬在某种角度上也是一种经济活动。明清时期华北的经济发展为这种特殊的经济活动提供了比较坚实的基础。

3. 华北丧葬文化的地域特色

与江南和岭南等其他区域的丧葬文化相比，华北的丧葬文化具有以下几个方面的地域特色。第一，慎迁葬，基本上是一次葬。民众对迁葬十分谨慎，很少迁葬。直隶的广平府、曲周县和顺德府的三个地方的方志对于迁葬的书写是一样的，即"葬多在祖茔，慎迁葬也"。③ 可以看出，在华北的这些地方，民众对葬地的选择相对较小，基本上是现成的。一般情况下，死者都葬在祖茔，祖茔是一个家族公共的墓地。也就是说，祖茔一方面为族人提供了免费的葬地，另一方面其风水已经被证明。正因为如此，当地民众对于迁葬十分慎重，没有特别的情况一般不会迁葬。当然，华北地域广大，上述丧俗并非是普遍的，个别地方也因迷信风水而轻易迁葬。在华北北部的迁安

---

① 许檀：《明清时期区域经济的发展——江南、华北等若干区域的比较》，《中国经济史研究》1999年第2期。
② 在举办丧礼期间，一般情况下戚友都要进行适当的赙赠。这种情况在华北地区的丧葬活动中非常普遍。
③ 乾隆《广平府志》卷11《风俗》，乾隆十年刻本，第31页。乾隆《曲周县志》卷10《风俗》，乾隆十二年刻本，第3页。乾隆《顺德府志》卷6《风俗》，见《中国地方志集成·河北府县志辑67》，上海书店出版社，2006，第93页。

县就是如此，"惟风水之说，中于人心。每当春秋之际，则延请青鸟之家游于阡陌，此家启攒，彼家迁葬，人子无非为妄邀福泽计"。[1]迁安县民众之所以轻易迁葬，信仰风水只是表面现象，真正的目的是为子孙祈福。也就是说，名义上是为了死者，实际上是为了生者。总体来看，在华北地区一次葬占绝大多数，轻易迁葬只是个别现象。

第二，注重棺材的质料和墓穴的装饰。华北不少地方棺椁并用。直隶柏乡县和赵县的方志有着同样的记载："家无贫富，凡力所能为，棺必具椁。"[2]在这些地方，只要财力允许，丧家都要为死者准备椁。棺椁一里一外，小棺材套大棺材，这样更有利于保护尸体，免遭外力侵害。在直隶宛平县也是如此，"治棺务从厚，椁称之"。[3]可见，椁在华北直隶地区丧葬中经常出现。

丧家一方面追求棺材的数量，另一方面追求质地。在直隶满城县，"其棺椁以柏为上品，次则用柳木或用砖砌，名曰'地椁'。"[4]柏木之所以被视为棺木中的上品，是因为它有纹理细、质地坚硬、能耐水等许多优点。尤其是质地坚硬和耐水两个品质正好符合棺椁的功能，即防水浸和外力冲击。由于柏木昂贵，财力中等的丧家退而求其次，用柳木做棺椁。柳木的优点是质地细密，但防腐能力差。还有的丧家用砖砌墓穴作为椁。直隶遵化民众对棺椁质料的选择很讲究，"棺以柏为上，松次之，杉木惟世族始用，常人用柳，犹胜于杨。底实以灰，里灌以蜡，外髹以漆，皆称家之有无。无殉以金王（"王"是"玉"的别字——著者注）者，椁不常用，或以木，或以石，或以砖甓，或以碳培，惟三和土筑者较良。率以石灰、沙土各数千斤，柏枝、糯米煮汁和匀，覆棺外，杵捣石筑，久则益坚。价亦较廉，永无他虞，尤人子所宜讲求者。"[5]松木因为对气温反应快、容易膨胀、不易自然风干等特性，很难加工。但一旦干燥后定型，加上色泽清纯亮丽，纹理均匀细密，味香等优点，就成为丧家做棺椁的上选。因此，如果无力购得柏木，丧家就选择松木。杉木受到世族的青睐，是因为其有味香、纹理顺直、耐腐防虫、容易加工等优点。柏木、松木、杉木是华北社会上层丧家的选择，而中等人家则经常用柳木。杨木因为结构疏松，耐腐性很差，价格最为便宜，为社会下层丧家的选择。对于普通人家，称心如意的一幅棺材都不易获得，再购买一幅价格

---

[1] 民国《迁安县志》卷19《谣俗篇·礼俗》，《中国地方志集成·河北府县志辑20》，第144~145页。
[2] 乾隆《柏乡县志》卷10《风俗》，乾隆三十二年刻本，第2页；光绪《直隶赵州志》卷2《风俗》，《中国地方志集成·河北府县志辑6》，第340页。
[3] 康熙《宛平县志》卷1《风俗·丧礼》，《中国地方志集成·北京府县志辑5》，第11页。
[4] 民国《满城县志略》卷8《风土一·礼俗》，《中国方志丛书·华北地方》第193号，第258页。
[5] 光绪《遵化通志》卷15《舆地·风俗》，第6~7页。

更高的椁更是艰难。所以，遵化县大多数财力普通的人家无力用椁，只有在墓穴中能用金玉作为殉葬品的富厚之家才用质料上乘的椁，以显示其财力和地位。无力购买价值不菲的椁，普通人家就用价格低廉的砖、石、碳，用特殊的粘固物——"柏枝、糯米煮汁和匀"构筑牢靠的墓室。这是一种简易而结实的椁，也就是满城县所谓的"地椁"。由此可以看出，棺椁材料的选择反映的是社会阶层的经济差距，在某种程度上甚至可以说，棺椁的使用和质料的选择是社会分层的标识物。《望都县志》将这种情况讲得更为直白，"富者，柏棺三四寸，椁五六寸；贫者，杨柳棺二三寸而无椁"。①

棺椁的使用和质料的选择是由丧家的财力直接决定的。大多数人家属于社会中下层，经济条件一般。因此，不少人家根据自己经济能力高低，选择是否使用椁以及棺椁质料的优劣。直隶唐县和定兴县的方志对此都用了同样的表述，"衣衾、棺椁，称家有无"。②"称家有无"一语来自儒家经典《礼记》，"子游问丧具，夫子曰：'称家之有亡'。"③这句儒家经典的话语为大多数财力普通的丧家根据自身条件办理丧事的行为提供了合法性。在国家意识形态大力提倡孝道文化的明清时代，这对于丧家来说是十分重要的。同时，如果结合华北一些地方厚葬的习俗，这种合法性就更加重要了。"君子不以天下俭其亲"④的儒家经典话语给丧家带来了不小的经济压力，迫使他们进行厚葬。在直隶遵化州，"然竟作佛事，以避俭亲之讥"。⑤在直隶玉田县，"丧葬依古礼，俭亲者讥之"。⑥在山西太平县，"士大夫之家，不作佛事，不用俳优，俗反目为俭亲"。⑦在这些地方，在丧葬中节俭会引来世俗的批评，包括士大夫在内的一些丧家因此不得不作佛事和用俳优。作佛事和用俳优尽管不符合儒家正统的丧礼，但因为有了"君子不以天下俭其亲"的儒家话语而获得近似意识形态的支持。这就产生了一个很有意思的现象，俭葬和厚葬两种葬法都因两种儒家的正统话语而获得了各自的合法性，然而两种话语至少表面看来相互矛盾。不过，对于普通民众来说，话语

---

① 民国《望都县志》卷10《风土志·礼俗》，《中国方志丛书·华北地方》第158册，第602页。
② 光绪《唐县志》卷2《舆地·风俗》，《中国地方志集成·河北府县志辑36》，第201页；民国《定兴县志》卷十三"风俗"，民国二十一年刻本，第2页。
③ 《礼记注疏》卷8《檀弓上》，李学勤主编《十三经注疏》，第235页。
④ 这个典故来自《孟子》："孟子自齐葬于鲁，反于齐，止于嬴。充虞请曰：'前日不知虞之不肖，使虞敦匠，事严，虞不敢请。今愿窃有请也：木若以美然。' 曰：'古者棺椁无度，中古，棺七寸，椁称之。自天子达于庶人。非直为观美也，然后尽于人心。不得不可以为悦，无财不可以为悦，得之为有财，古之人皆用之，吾何为独不然？且比化者，无使土亲肤，于人心独无恔乎？吾闻之，君子不以天下俭其亲。'"见《孟子注疏解经》卷4下"公孙丑章句下"，见李学勤主编《十三经注疏》，第114~115页。
⑤ 康熙《遵化州志》卷6《风俗志》，《中国地方志集成·河北府县志辑22》，第47页。
⑥ 光绪《玉田县志》卷7《风俗》，光绪十年刻本，第3页。
⑦ 道光《太平县》卷3《坊里志·风俗》，《中国地方志集成·山西府县志辑52》，第293页。

之间的矛盾并不重要，重要的是能获得其中一种的支持。可见，礼俗之间的关系非常复杂。获得国家意识形态支持的礼在试图控制民间习俗的过程中，不仅遭到民间习俗的对抗，而且受到自身内部矛盾的干扰。

第三，深挖墓穴，以求坚固。为了避免遭到水浸或外力的侵害，明清时代的华北民众讲究深葬，挖的墓穴较深。在山西清源县，"葬求深固"。① 在山西太谷县，"土地平燥，……葬求深固，穿地往往深至数丈"。② 在山西沁源县，"圹直深六七尺以上"。③ 将墓穴深挖数尺，甚至数丈，就是为了确保墓穴牢固。如果结合明清时代频繁的盗墓活动，这种深埋就显得很有意义了。④ 尽管这不能阻止盗墓，但至少降低了墓穴被侵盗的风险系数，给丧家以心理安慰。华北西部民众深挖墓穴的习俗与当地黄土高原的自然环境是分不开的，厚厚的黄土层为深挖墓穴提供了良好的条件。

第四，城隍庙和土地庙在丧事中具有重要的地位。明清时代的华北有一种普遍的丧俗，就是在老人去世后，丧主携家带口到城隍庙或土地庙祈祷。在直隶天津县，"亲初殁，男妇哭奠于城隍庙、土地祠"。⑤ 在直隶大名县，"庶民初丧，男女群走，哭于城隍庙或土地神祠，谓之'押纸'。"⑥ 在一些地方的农村，丧家求拜的是土地庙；在城市的是城隍庙。在直隶宁河县，亲人去世后"入室号泣擗踊，逾日'送路'。备灯笼、火炬、制引鬼牌，诣城隍庙，乡间诣土地庙"。⑦ 城隍庙在城市丧葬中的重要地位与在城隍信仰在明清时期的发展有很大的关系。作为一种信仰，城隍在中古时期就出现了，但在明清时期有了突破性的发展。明初朱元璋将城隍信仰制度化，下诏给各地城隍封爵，将城隍纳入国家祭祀之中。此后，城隍庙在明清两代的地方上普遍建立起来，大多数县城都有城隍庙。作为与现实社会中的地方官相对应的冥界的管理者，⑧ 城隍神在基层社会丧葬中具有很重要的地位。民众在世时受地方官员的管理，死后要马上到城隍庙报到，接受地方城隍神的领导。因此，在亲人去世后，丧家必须立刻到城隍庙，向城隍神说明情况。在农村，情况也是如此，只不过土地神代替了城隍神。有些地方的农村，丧事发生后，丧家到五道庙或龙王庙祈祷。在直隶遵化县，

---

① 光绪《清源乡志》卷10《风俗》，《中国地方志集成·山西府县志辑3》，第468页。
② 民国《太谷县志》卷4《礼俗》，《中国地方志集成·山西府县志辑19》，第406页。
③ 民国《沁源县志》卷2《风土略》，《中国地方志集成·山西府县志辑40》，第318页。
④ 关于明清时代的盗墓活动，参见王子今《中国盗墓史———一种社会现象的文化考察》，九州出版社，2007；殷啸虎、姚子明《盗墓史》，上海文艺出版社，1997。
⑤ 乾隆《天津县志》卷13《风俗·丧葬》，乾隆四年刻本，第3页。
⑥ 乾隆《大名县志》卷20《风土志·风俗·丧礼》，乾隆五十四年刻本，第1页。
⑦ 光绪《宁河县志》卷15《风物志·风俗》，光绪六年刻本，第4页。
⑧ 关于城隍信仰在明代的制度化，参见日本学者滨岛敦俊《明初城隍考》，《社会科学家》1996年第6期。

"乡居者赴五道庙"。① 在直隶延庆州,"初丧之时,……村堡中则哭于龙王庙"。② 按理说,龙王庙是掌管降雨的神祇,与生死无关,延庆民众不该在丧事中拜龙王神。可见,在延庆民众心目中,龙王神承担了其他地方土地神和城隍神的职责。华北民众在丧事中还祷告五道神。"五道神"又称"五道将军",是佛教中位居阎罗王之下较低等的掌死之神,也是道教中一位神祇,唐代已经在民间广泛流行。③ 由于这位神灵掌握死亡,所以受到华北民众的崇信。在亲人去世后,丧家向五道神祷告,希望讨回死者灵魂,求其复生。直隶良乡县,"初终,诣五道、土地等庙,焚纸求魂"。④ 在直隶清苑县,"初终……,夜诣神庙,告神求魂"。⑤ 不仅农村如此,在城市也是一样,只不过是到城隍庙求魂。在山西偏关县,"人家男妇死后,每夜必于城隍庙呼魂,谓之'叫夜'。"⑥

第五,等级观念浓厚。华北距离政治中心的京师最近,尤其是直隶,是京畿所在省份,可谓全国的政治中心。政治的核心是权力,权力的表现形式是等级差别。丧礼是传统社会表现等级差别的重要方式。在大力倡导儒家孝道文化的明清时代,儒家丧礼的等级性在华北表现得较为明显,其中之一就是杠夫的数量。杠夫是殡葬时抬棺的职业工人。地位越高的丧家,抬棺的杠夫就越多。相反,地位越低的丧家,杠夫就越少。在直隶遵化县,"丧舆,异以六十四人为最多,次以八数递减,以平稳无哗为上。"⑦ 以64人作为最高的等级,依次以8人递减。这样一来,以杠夫数量为标准,丧葬就分为8级,最低等级杠夫8人。山西大同府的杠夫则分为24人和32人两个不同的等级。⑧ 就遵化和大同两个地方比较,距离京师更近的遵化丧礼的等级更为细密,距离京师较远的大同丧礼等级较为简略。

或许因为杠夫数量在丧礼中非常重要,所以在有的地方杠夫借机牟利,以群体的形式危害丧家。天津就出现了这种情况。据康熙《天津卫志》载:"明时,鼓乐抬扛分三卫地方,甚为丧家之害。至清禁革,兼有义扛,永杜此患。"⑨ 扛夫和鼓乐两个丧葬职业团体,对天津卫、天津左卫、天津右卫三个地方的丧家都造成了很大的危害。此事发生在

---

① 光绪《遵化通志》卷15《舆地·风俗》,第6页。
② 乾隆《延庆州志》卷3《风俗·丧礼》,乾隆七年刻本,第36页。
③ 参见贾二强《说"五道将军"》,《中国典籍与文化》1994年第1期;薛文礼、郭永平《晋北部落村的五道神:民间信仰的"冷热"反思》,《民族文学研究》2011年第3期。
④ 光绪《良乡县志》卷1《地舆志·风俗》,光绪十五年刻本,第33页。
⑤ 同治《清苑县志》12《风俗·丧礼》,同治十二年刻本,第4页。
⑥ 民国《偏关志》卷上《地理志·风土》,民国四年刻本,第30页。
⑦ 光绪《遵化通志》卷15《舆地·风俗》,第8页。
⑧ 参见乾隆《大同府志》卷7《风土·丧葬》,乾隆四十七年刻本,第5页。
⑨ 康熙《天津卫志》卷2《风俗·丧礼》,国家图书馆藏清抄本,第3页。

距离京师门口的天津卫，这说明了扛夫作为一个群体数量不少，而且组织比较严密，否则他们很容易被地方政府镇压。扛夫群体之所以能实现利益集团化，关键在于当地丧葬十分重视扛夫的数量和质量。易言之，一定数量的扛夫在一个比较体面的丧礼中是不可或缺的，离开了扛夫，丧葬就难以进行。作为明代形成并发展起来的一种基层社会的非法暴力组织，扛夫集团进入清初被政府严厉镇压。同时，其角色被义扛（免费的扛夫）所替代。然而，进入清代中期的乾隆年间，危害地方的扛夫集团又出现了。乾隆《天津县志》记载："鼓手、扛夫分占地方，为丧家害。"[1]可见，扛夫在天津的势力非常强大，竟然分成不同的派系，划定各自的势力范围。这更有利于扛夫威胁和控制丧家。

华北丧礼等级观念浓厚的第二表现是文人对丧葬中僭越礼仪的批评。按照儒家说法，丧礼中的各种仪式都应按照死者地位的不同而表现出等级差异，送丧的仪卫随从之多少是丧礼等级的重要表现之一。然而在明清时期，随着商品经济的发达，社会的等级秩序受到较大的冲击，一些富有的商人不再遵守政治等级，在婚丧等重要的活动中使用与自己身份不相称的仪式。在丧葬中，这些富有群体通过僭越性的礼仪来提高自己身份。在天子脚下的顺天府，僭越性的丧礼就很普遍。"一丧车或至百人昇之，铭旌有高五丈者，缠之以帛，费百余匹，其余香亭、幡盖、仪从之属，往往越分。"[2]在距离京城稍远的直隶献县也有类似情况，"其仪卫之僭，则较昏礼尤多"。[3]扛夫、铭旌、仪从都很有规模，从经济的角度讲可以称为厚葬；但从政治的角度讲，则是僭越。这种规模的丧葬与王公大臣的丧葬没有多大差别。因此，庶民与官员之间的身份等级差别也因丧礼的相似性而模糊了。这对于注重身份差别的文人士大夫"是可忍，孰不可忍！"为了维护社会等级秩序，文人士大夫利用编撰方志的机会，对丧礼中这些僭越行为进行了不遗余力的批评，呼吁庶民服从等级秩序。

由上可知，华北的丧葬特色与区域的自然环境和社会文化有着密切的关系。在五个丧葬特色中，前三者主要是由自然环境决定的。一次葬、追求棺椁质料、深挖墓穴等丧俗之所以盛行，关键在于这些丧俗符合华北自然环境。华北绝大多数地方的土层很厚，地下水位很低，气候比较干燥，流水不易淹没墓穴。这使得深挖的墓穴既干燥，又坚固，尸棺不易水浸。否则，即使上好的柏木棺材，在不时水浸的情况下依然很容易腐朽，更不用说柳木等容易腐朽的棺椁了。一言蔽之，在这样的自然环境下，

---

[1] 乾隆《天津县志》卷13《风俗·丧礼》，乾隆四年刻本，第3页。
[2] 光绪《顺天府志·京师志十八·风俗》，光绪十年刻本，第6页。
[3] 乾隆《献县志》卷4《礼乐·风俗》，乾隆二十六年刻本，第35页。

民众一般对地下的墓穴干燥度很放心。当然，华北地域广袤，地形复杂，沿海地区的地下水也很浅。在这些地方就出现了厝棺现象。在滨海的宁河县，"幸不至有停柩之弊，然居之近水者，往往于河滨浮厝，经历岁久，多被淹没、暴露"。[①]之所以如此，关键在于当地海拔很低，地下水位很高，地下很容易挖到水层。在这种情况下，找一个适宜的墓穴何其难也，即使找到，水浸的可能性很大。民众不得已采取浮厝的方式。浮厝在华北大多数地区十分罕见，但在沿海流行。显然，自然环境是这种现象的决定性因素。由此似乎可以说，在丧葬的形成和发展中自然环境的作用很多时候比社会文化更大。

当然，社会文化的作用亦不容小觑。上述华北丧葬特色中后面几个则与当地的社会文化有直接的关联。城隍庙、五道神在丧葬中的重要地位，丧葬中浓厚的等级观念，以及焚烧死者枕头等习俗则与华北政治文化关系密切。城隍庙在明初的制度化使得求拜城隍神的习俗华北各地普遍存在，并且放在丧事伊始，一些地方还在丧事期间每天晚上求拜。丧俗中等级观念浓厚则是华北接近全国政治中心京师的地域特点的反映。对丧礼的僭越实际上是庶民阶层提升自己身份地位的表现，只不过这种活动以孝道为掩护，表面上更加符合国家的意识形态，减少了上层社会的阻力。尽管如此，文人士大夫高唱等级秩序的合法性，不遗余力地批评庶民丧礼中的僭越行为。这种批评反映了华北文人强烈的政治意识。当然，我们也要看到，僭越行为背后的经济因素。一些庶民丧礼中存在侈靡的铭旌、明器以及人数众多的仪从等所谓的僭越现象，是以这些庶民雄厚的财力为基础的，这种基础无疑是华北经济发达的表现。当然，华北地域广大，其中不同地区间的经济发展不平衡，有些地区水平较低，有地区经济水平较高。而且总体来看，与江南相比，华北居民的经济水平不高。

（二）江南的丧葬文化

1. 江南的自然环境和社会生态

关于江南地域范围，有多种说法。[②]在这里，基于丧葬文化的特点，我们选择其中一种说法。这种说法认为明清时期的江南包括苏州府、松江府、常州府、镇江府、

---

① 光绪《宁河县志》卷15《风物志·风俗》，光绪六年刻本，第4页。
② 关于江南地域范围的多种说法，李伯重有很好的概括："在各个研究者的论著中，'江南地区'大则囊括苏皖南部、浙江全省乃至江西大部，小则仅有太湖东部平原之一角。界乎其中者，则有苏松常镇或苏松嘉湖四府说、苏松杭嘉湖五府说、苏松常杭嘉湖六府说、苏松常镇杭嘉湖七府说、苏松常镇宁杭嘉湖八府说、苏松常镇宁杭嘉湖徽九府说、苏松常镇宁杭嘉湖甫绍十府说，等等，不一而足。"参见李伯重《简论"江南地区"的界定》，《中国社会经济史研究》1991年第1期。

江宁府、杭州府、嘉兴府、湖州府、绍兴府、宁波府、太仓州,共计10个府1个州。[①]这一地区主要指长江三角洲及其周边地区,包括今天的江苏南部、上海和浙江北部。

江南地区主要以平原为主,也包含一些低山丘陵。这些平原包括长江三角洲平原、杭嘉湖平原和宁绍平原。长江三角洲平原囊括镇江和扬州以东,北部抵达扬州运河和东串河,南部到杭州湾。这一区域海拔很低,一般在3.5米以下,有些地方还低于3米。江阴以下的沿江平原多由长江古沙洲和沿岸相连而成,海拔仅2~3米,容易被海水淹没。地表物质为淤泥物和湖积物,同时孤丘分布很广,这些孤丘为天目山的余脉。杭嘉湖平原指太湖以南,浙西丘陵以东,钱塘江口和杭州湾以北。这块平原由泥沙堆积而成,地势平坦,海拔在10米以下。宁绍平原包含杭州湾以南,西起钱塘江,东北至大海,南接四明山、会稽山北麓。地表由潮汐、浪沙挟带的泥沙和南缘山岭冲击下来的泥沙堆积而成,海拔在10米以下,除少数孤立山丘以外,地势平坦。

江南地区气候为亚热带气候,年平均温度在15~19℃,降水量十分丰富,年平均降水量为1000~1500毫米,降雨多在夏季6~8月。梅雨后期常出现大雨和暴雨,容易发生内涝灾害。江南有水乡泽国之称,湖荡河流交织,水网密布。太湖沿岸有大小河流200余条,组成太湖水系。黄浦江水系由斜塘、拦路港、淀山湖、俞汇塘、泖港等构成。杭嘉湖以南地区有钱塘江、曹娥江和甬江三大水系。

低海拔、平原型的地势,密集的水网,丰富的降水三个自然条件成为江南丧葬文化形成和发展的客观基础。

在明清时期,自然环境相当优越的江南地区无论是在经济发展上,还是在文化水平上,在全国位居领先地位。江南水网密布,为人们水上交通提供了极大的便利,船只成为当地重要而快捷的交通工具。江南陆上交通也很发达,桥梁遍布城乡。平原地形和充足的降雨量为农业生产创造了天然的有利条件,农业生产已经发展到集约化水平,水稻种植一年二作,手工业生产亦有很高的发展水平,蚕丝和棉纺织业与农业生产并重。农业和手工业的发展促成了大量市镇的产生,当地的市镇可谓星罗棋布。这些市镇不仅辐射国内华北、华中、西南、西北等地区,而且影响到当时的世界经济,江南的丝织业远销东南亚、欧美一些国家。江南发达的经济吸引了大量的人口,当地人口之密集,冠绝全国。发达的经济为文化的发展奠定了雄厚的基础。明清时期的江南文化发展水平甚高,苏州的紫阳书院,杭州的敷文书院、诂经精舍,无锡的

---

① 参见余新忠《清代江南瘟疫与社会——一项医疗社会史的研究》,第11~12页。

东林书院等闻名全国,培养了众多优秀的人才,科举鼎盛,图书出版和收藏更是冠绝一时。有了高水平的经济和文化,江南民众的生活自然相对比较优越,不仅在国内是最好的,甚至比同时期的英国、法国等国家的民众生活水平还高。① 发达的经济文化为江南丧葬文化的发展亦提供了有利的社会资源。

除了经济和文化之外,江南的地少人多社会环境也是影响丧葬文化的重要因素之一。1850年以前的几百年中,江南是全国人口最稠密的地区。明初江西、福建、浙江、江苏四省人口占全国总人口的51%,江南人口占四省人口的27%,江浙两省人口的46%。1620年是明代江南人口最多时,人口数量约2000万;太平天国前夕的1850年,人口约3600多万。② 到清代前期江南人口密度每平方公里超过500人,人均耕地不足2亩。③ 如此少的人均土地使得葬地非常紧张,造成了死人与活人争夺土地的局面。康熙二年(1663),著名思想家陈确曾讲述了家乡杭州府海宁县的这种情况。"每葬一棺,必博求良产,动废数亩,其茔封开广者,或至一二十亩,农民拱手,不敢复业,可为大痛。今一邑之中,终岁举葬者,不啻百家,岁废千亩,是夺千人之食也。"④ 遭受明末清初战争创伤的海宁县葬地尚且如此紧张,明代中前期和清代中后期的情况就可想而知了。

2. 江南丧葬文化的地域特色

在独特的自然环境和社会生态影响下,江南的丧俗表现出了这样几个比较明显的特点。⑤ 第一,普遍的停柩和厝棺习俗。受风水和厚葬观念的影响,明清时期华北和岭南也存在停柩不葬的现象。在华北,河北东光县就有因风水或财力而停丧的现象,⑥ 在山西泽州府也是如此。⑦ 在岭南的翁源县,民众为了寻找吉地,停柩不葬。⑧ 在潮州府,为了"择地寻龙",有丧家停柩数十年。⑨ 然而,在华北和岭南停柩并非普遍

---

① 参见余新忠《清代江南瘟疫与社会——一项医疗社会史的研究》,第49～60页。
② 参见李伯重《江南早期的工业化(1550～1850)》,社会科学文献出版社,2000,第392～404页。李伯重界定的江南,其地域范围比本文所说的小,不包括绍兴府和宁波府。因此,如果按照本文江南的地域范围,明清时期江南人口的数量比李伯重研究出的还要多。关于李伯重对江南地域范围的界定,参见氏著:《简论"江南地区"的界定》,《中国社会经济史研究》1991年第1期。
③ 这个数据是许檀根据梁方仲的研究推算的。参见许檀:《明清时期区域经济的发展——江南、华北等若干区域的比较》,《中国经济史研究》1999年第2期。
④ 陈确:《陈确集》文集卷15《投当事揭》,中华书局,1979,第366页。
⑤ 应当说明的是,下文关于江南地区殡葬的几个特点在其他地区也不同程度的存在,只不过江南地区非常普遍和严重,而这种程度上的差别正是由江南的经济和文化所决定的。
⑥ 参见光绪《东光县志》卷2《舆地志下·风俗》,光绪十四年刻本,第2页。
⑦ 参见雍正《泽州府志》卷11《风土》,雍正十三年刻本,第6页。
⑧ 参见嘉庆《翁源县新志》卷4《舆地·风俗》,嘉庆二十五年刻本,第8页。
⑨ 参见乾隆《潮州府志》卷12《风俗》,光绪十九年重刻本,第6页。

现象，不停柩的地方是多数。在华北宁河县，丧葬"各随其家之贫富，以为丰敛"，无停柩不葬者。[1]涉县民众也不信堪舆，不停柩。[2]在岭南贵县也没有停柩现象。[3]与华北和岭南相比，停柩不葬和浮厝在江南成为普遍现象，几乎存在于整个江南。比如在松江府青浦县，"至士大夫之家，葬事一听地师，或因择地不易，或因用费浩大，积至数十年不葬"。[4]这在本书的第三章中已有详细的论述，此不赘述。

第二，社会中下层民众的偷葬习俗。何谓"偷葬"？"间有葬者，累丧并出，乘暮宵行，名曰'偷葬'。"[5]可见，"偷葬"指的是傍晚或夜晚送葬。丧家为何要在晚上送葬？"其葬也，亲戚族党咸来，丧家具酒肴以待。有贫不能办者，绝不通知，潜自经营，蓦然就窆，曰'偷丧'。"[6]"殡之日，用鼓乐、僧道前导，戚友咸来送殡。族繁者酒食甚费。有贫不能办者，乘夜就窆，不闻哭泣声，谓之'偷丧'。"[7]从这些史料可以看出，偷葬的丧家属于社会中下层民众。在经济发达的江南社会，厚葬之风盛行，在出殡之日，丧家要给前来送葬的亲戚、朋友、族人提供酒食，同时送葬还要用乐队、僧人、道士。这些活动需要一笔不小的费用，对于豪门大族不是问题，他们反而乐意支出，以此显示家族的经济实力和社会地位；对于经济条件较差的社会中下层民众，这些费用实在太高。然而，如果他们不为送葬的亲友和族人提供酒食，不仅会被众人笑话，而且背负不孝的罪名。为了完成送葬的活动，又避免这些负担，他们不通知戚友和族人出殡的日期，晚上偷偷地把灵柩抬至墓所下葬。在送葬的过程中，不能哭泣，这无疑是很违背人性的。然而，为了逃避经济压力，贫困的丧家只能吞声忍泪了。

明清时期江南的经济非常发达，商品经济十分活跃。发达的经济对社会结构造成了一定的冲击，其中一个重要的表现就是贫富分化比较明显。富家大族为了显示家族的经济实力和社会地位，提高家族声誉，在丧葬上不惜一掷千金。这些丧家在出殡之日，对前来吊念和送葬的戚友和族人提供很丰厚的回馈，以达到炫富的目的。"至吊者临门，丧家给其吊币，厚其犒赠，于是不问亲疏，或且趋而为利，而乡里惟酒食是

---

[1] 光绪《宁河县志》卷15《风物志·风俗》，光绪六年刻本，第4页。
[2] 参见嘉庆《涉县志》卷1《疆域·风土》，嘉庆四年刻本，第3页。
[3] 民国《贵县志》卷2《社会·婚丧》，民国二十四年铅印本，第131页。
[4] 乾隆《青浦县志》卷1《风俗》，乾隆五十三年刻本，第15页。
[5] 光绪《宝山县志》卷14《风俗·丧葬之礼》，光绪八年刻本，第2页。
[6] 道光《武康县志》卷5《风俗·丧礼》，道光九年刻本，第3页。
[7] 同治《安吉县志》卷7《风俗·丧》，同治十三年刻本，第5页。

贵（"贵"应是"责"的别字——著者注），葬时地邻抑又甚焉。"①"四方送葬者辐辏而会，主家各有程仪及舟车、仆从之犒。"②这些豪门大族在出殡之日为宾客不仅馈赠丰厚的礼品，还提供交通费，甚至直接给现金，这无疑是一种赤裸裸的炫富行为。这种行为引来了周围的众多民众，因此方志作者用"四方送葬者辐辏而会"一语来形容当时盛大的场景。富家大族提高了葬礼的规格，建构了江南的厚葬文化。因此，当地民众认为丧家理应为来宾和墓地的地邻提供酒食，否则就是非礼或不仁。在厚葬文化的压力下，普通民众为了掩饰自家的寒酸，避免因葬礼而负债，不得已而"偷葬"。可见，是否偷葬在某种意义上成为一个家庭经济水平的标杆。公开送葬，厚酬来宾，说明这个家庭家资丰盈；相反，偷葬则反映出一个家庭经济拮据，收入较低。易言之，偷葬成为明清时期江南社会贫富分化严重的一个重要表征。

第三，地痞阻葬和"丧虫"闹丧。江南人多地少的客观条件造成了坟地拥挤，不同坟地之间的间距较近。当地民众又崇信风水，同时认为距离较近的坟地会侵害自家坟地的风水。因此，江南经常出现村民因为风水阻拦丧家埋葬的现象。在松江府蒸里镇，"遇有葬事，村氓无知，惑于风水有碍，辄为阻拦"。③在松江府枫泾镇，村民阻葬的风气就成为当地浮厝的重要原因之一。④

这种风气被一些地痞、无赖等社会边缘群体利用，他们经常借口风水阻拦送葬的丧家，以索取酒食和讹诈钱财。阻葬恶习在清中期的乾隆时代就很常见了，可以推想它存在的时间应该不短了。在松江府嘉定县，"若夫乡村恶少，借口风水关碍，聚众拦丧，婪诈酒食、银钱，不餍不止。此滨海恶习，尤宜痛惩"。⑤从"此滨海恶习，尤宜痛惩"一语来看，当地民众对此深恶痛绝。这些边缘群体为了达到目的不择手段。在双林镇，"乡民有阻葬恶习，不论营葬、浮厝，辄视其家之贫富，需索埠费，一不遂意，则纠众阻拦，不许登岸，甚至桥门、水埠多方堵塞砖灰等物，任意攫取抛撒"。⑥双林镇以外的湖州府其他地方也是如此。"更有阻葬恶习，纠集奸匪，横索酒食、银钱，厥费倍蓗于营葬。溪壑不饱，或颠倒其棺，或异以投诸河，或持耒耜斫斩之。并有事后百计侵损，使人不敢望墓而祭，不第塞流断巷，伐树纵火之为也。营葬

---

① 民国《杭县志稿》卷13《风俗》，余杭县志办公室影印，1985，第35页。
② 乾隆《乌程县志》卷13《风俗·丧礼》，《中国方志丛书·华中地方》第596号，第858页。
③ 宣统《蒸里志略》卷二《疆域下·风俗》，《上海旧志丛书》第8辑，上海社会科学院出版社，2005，第10页。
④ 参见光绪《重辑枫泾小志》卷1《志区域·风俗》，光绪十七年铅印本，第14页。
⑤ 乾隆《嘉定县志》卷12《杂类志·风俗》，乾隆七年刻本，第9页。
⑥ 民国《双林镇志》卷15《风俗》，民国六年商务印书馆铅印本，第7页。

家每以兆域所在，隐忍以餍其欲，刁风遂滋蔓不可遏。现示严禁，再俟详禁，立石以垂永久。"①说白了，这些边缘群体就是光天化日之下沿路抢劫的土匪，他们以收取埠费的名义向丧家诈钱。这种收费没有标准，完全根据丧家经济条件的高低。对不顺从的丧家，他们采取了诸多等暴力行为。更有甚者，事后他们还进一步报复，阻止丧家祭奠。在祖先崇拜的传统时代，灵柩和坟墓在人们心中的地位是神圣不可侵犯的。如果灵柩或者坟墓遭到损害，丧家很有可能拼命保护。然而，这些边缘群体竟然光天化日之下经常侵害丧家的灵柩或坟墓，可以想见他们绝对是手段残忍的黑社会组织，其势力一定不小。他们的抢劫行为不仅严重伤害了丧家的心理，而且大大提高了丧家的经济压力。对于这种反社会行为，政府严厉打击，为了宣传和威慑将禁革的政令刻在碑石上。

从乾隆朝就出现的阻葬恶习存在了很长时间，在晚清同治年间仍然存在，②可见地方政府对之治理的效果似乎不佳。不过到了光绪朝，一些地方政府对阻葬的禁绝取得了一定的成效，至少双林镇的情况是这样的。"阻葬恶习，清光绪初，镇人蔡亦庄以崇善堂名义，请官禁，事发辄惩。顾遇葬地属别县，本镇巡司汛官所不能治，必由府饬县转司。而葬期限定，官署行文例延时日，故仍阻难。后请府饬两县连衔，饬分司通融办理，著为例，由是事发，不别县界，得迅行禁令，甚者即逮首事人，然犹行之。三四年屡发屡惩，各乡人普知阻葬之干例禁，此风始得净绝。"③从镇一级地方政府不能治理，还得由府一级政府向县一级政府发令，要求相连两县联合治理，以肇事者头领遭到逮捕后依然阻葬等情况来看，阻葬的社会边缘群体势力很大，而且组织完善，机动灵活，大有会党之风。因此，不同地方政府联合起来，花费三四年，坚持不懈地整治，阻葬之风才被铲除。在双林镇阻葬之风的禁革上，士绅蔡亦庄做出了重要的贡献。

与地痞的阻葬相比，"丧虫"闹丧的问题就小得多。一方面这个问题发生的范围较小，主要在昆山县、新阳县、太仓州一带。另一方面，所谓的"丧虫"没有任何组织，其实就是一些求食的乞丐，他们借豪门大族宴请吊客之际，蹭吃蹭喝。在太仓州，"缙绅豪族丧葬，择日受吊，无赖者相率登门，横索酒食，谓之'丧虫'，如遇喜庆谓之'喜虫'。稍不遂意，叫骂争扰，甚至登桌卧榻，滋害不浅。前镇洋县知县冯

---

① 同治《湖州府志》29《舆地略·风俗》，同治十三年刻本，第 11 页。
② 同治《南浔镇志》卷 23《风俗·丧葬》："更有阻葬恶习，纠集奸匪，横索酒食、银钱，厥费倍蓰于营葬，此最为人心风俗之害。"同治二年刻本，第 10 页。
③ 民国《双林镇志》卷 15《风俗》，商务印书馆，民国六年铅印本，第 7 页。

圣世严惩治罪，责付丐头收管，其弊稍除"。[1]这些乞丐可恶之处不是在于借机蹭吃，关键在于不仅人数较多，而且强行索食，甚至为了达到目的做出"登桌卧榻"的流氓行为。知县冯盛世亲自出马治理，这说明"丧虫"闹丧在当地比较普遍，影响较大，"丧虫"也有一定的势力，并非地方士绅所能控制。

"丧虫"闹丧之风的形成有一个过程。在昆山和新阳两县，"至吊客所具仪物，丧家概谢不受，故率赁之肆中，或用空束，以至无行贫生借吊丧希赠赍，俗称'丧鬼'，皆丧礼之大坏者（此在康熙间则然，今吊客仪物虽不必尽收，然无空束者。惟无籍之徒，遇富家开吊，混入诸流丐中，喧豗婪索，务餍其欲，虽屡经官长惩削，此风犹未熄也）。"[2]可见，"丧虫"闹丧之风的形成与当地丧家迎接吊客的规矩有关，丧家不接受礼物的规矩为"丧虫"提供了机会。"丧虫"起初主要为求得一饭的穷民，后来乞丐加入进来，同时求食变成了抢食，成为非法活动。从官府屡禁不止的情况来看，这个现象有着非常适宜的社会生态。

由上可知，普遍停柩和厝棺、偷葬、阻葬和闹丧是明清时期江南丧葬的三个主要地域特色。这三个丧葬特色都与江南社会经济和文化有着密切的关系。普遍的停柩和厝棺与江南人多地少、水网密布、迷信风水等因素紧密关联；偷葬、阻葬和闹丧在某种意义上是江南经济发达后贫富分化的产物，不管是偷葬的贫寒之家，还是阻葬的地痞以及闹丧的"丧虫"，他们都是江南社会的下层民众。

（三）岭南的丧葬文化

1. 岭南的自然环境与社会生态

岭南指越城岭、都庞岭、萌渚岭、骑田岭、大庾岭等五岭以南的地区，在行政区域上相当于今天的广西东部、广东、海南以及港澳等地区。

从地理特征来讲，岭南大致可分为北部、中部、南部三大地理区域。北部为山地丘陵，包括广东的北部和东北部、广西的东北部；中部为河网密布的冲积平原和三角洲平原，镶嵌部分山地丘陵，包括北江中下游、东江下游、西江中下游等；南部沿海平原台地，间有少量山地丘陵，以及近岸海岛，包括潮汕平原、粤东平原、珠江三角洲、漠阳江、鉴江河谷平原、雷州半岛广西北部湾沿岸、海南岛沿海等。这三种不同的地理区域造就了岭南不同的文化类型，北部形成了客家文化，中部为广府系文化，

---

[1] 嘉庆《直隶太仓州志》卷16《风土上·风俗》，《续修四库全书》第697册，第272页。
[2] 道光《昆新两县新志》卷1《风俗》，《中国地方志集成·江苏府县志辑15》，第24页。

南部成为福佬系和广府系共有的海洋文化。①

岭南地处热带、亚热带，年平均气温较高，阳光充足，雨量充沛。地下水位高，河流纵横，有韩江和珠江大的水系，小的水系更多，有鉴江、漠阳江、南渡江、昌化江、万泉河、南流江、钦江、防城河等，可谓河网密布。

岭南自然环境的特点是相对封闭。北部有雄伟高大的五岭，南部是浩瀚的大海，东西部有阴那山、莲花山、罗浮山、云开大山、十万大山。这种自然环境对岭南的社会文化和历史发展有着十分深远的影响。

珠江三角洲和潮汕平原是在宋元以后形成的。这两个区域自然条件优越，地势平坦，河流纵横，土壤肥沃，交通方便，为明清时代的岭南经济和文化的发展提供了客观条件。②

明清时期的岭南地区在行政区划上包括广东和广西两个省。明代广东省设有十个府和一个直隶州，共计75个县。这个十个府包括广州府、肇庆府、韶州府、南雄府、惠州府、潮州府、高州府、雷州府、廉州府和琼州府，一个直隶州为罗定州。清代广东省行政区划大体上继承了明代的建置，但也有一些变化。一方面将南雄府改为南雄直隶州，③另一方面增加了连州直隶州、嘉应直隶州、连山直隶厅、佛冈直隶厅。总之，清代广东省包括九府、四直隶州、两直隶厅、七散州、七十八县、一散厅。明代广西包括桂林府、平乐府、梧州府、浔州府、柳州府、庆远府、南宁府、太平府、镇安府、思明府、思恩军民府共十一府、四十八个州、五十个县。有清一代，广西的区域建置有一些变化。清初，广西省下辖九个府——桂林府、柳州府、庆远府、思恩府、平乐府、梧州府、浔州府、南宁府、太平府。到清中期，广西省增加了泗城府、镇安府两个府和一个郁林直隶州。清末，又增添了上思和百色两个直隶厅，一个归顺直隶州。至此，广西共辖十一府，两个直隶厅，两个直隶州。

明清时期，尽管岭南在中原文人士大夫眼里尚未脱离"烟瘴之地"的恶名，但其社会的经济文化有了很大的发展。经济上，岭南东部的广东在明清两代商品经济日益繁荣，明初重开会通河，大运河得以畅通；加之整顿大庾岭山路，沿赣州南下越大庾岭到两广的商路益加便畅，南北贸易更为频繁。海外贸易方面，万历之后又有较大的增进。秦汉以来就作为对外通商口岸的广州，地位尤显重要。明代在嘉靖元年

---

① 司徒尚纪：《岭南历史人文地理——广府、客家、福佬民系比较研究》，中山大学出版社，2001，第11~12页。
② 参见陈代光《岭南历史地理特征略述》，《岭南文史》1994年第1期；李权时、李明华、韩强主编《岭南文化》（修订本），广东人民出版社，2010，第4~8页。
③ 嘉庆十二年南雄府改为南雄直隶州。

（1522）关闭泉州、宁波市舶司，清代也在乾隆二十二年（1757）关闭江、闽、浙三关。唯有广州未曾闭关，成为对外通商的唯一港口。作为广东的经济核心区珠江三角洲和韩江三角洲，从以水稻为主的比较单一的作物逐渐改为种植品种繁多的商品性农作物，形成多种农作物组合型的农业结构，因而也就成为海内外商品生产的基地。素称落后的广东一跃而进入国内先进经济区的行列。[①]在这一时期，岭南西部相对落后的广西也发展较快。尽管无法与同时期江南等地相媲美，但商品经济也出现繁荣的景象，"商贾辏集"，"荷担贸易，百货塞途"城市和圩市建设有了较大的发展。[②]明清时期岭南经济的发展为丧葬文化的发展奠定了坚实的物质基础。

由本土文化、中原文化、百越文化和海外文化组成的岭南文化在明清时期也有较大发展。丘浚、陈献章、海瑞、屈大均、陈恭尹、梁佩兰、黎简、张锦芳、黄丹书、吕坚、石涛、周位庚、罗存理等众多著名文人的出现推动了当地文化的发展。尤其是明代著名文人士大夫丘濬，官至户部尚书兼武英殿大学士、《宪宗实录》纂修总裁官，博览群书，涉猎甚广，著述甚丰，著有《琼台会集》、《家礼仪节》、《大学衍义补》、《邱文庄集》、《投笔记》、《本草格式》等。其中《家礼仪节》从国家意识形态上对规范岭南丧葬文化产生了十分深远而重要的影响。同时，明代中叶以后，受儒家文化和嘉靖年间"大礼仪"问题的影响，岭南宗族文化发展较快，民间修祠祭祖之风越来越浓。到清代中后期，宗族成为基层社会的重要组织力量。[③]宗族在丧葬文化中具有重要的地位，对岭南丧葬文化的发展具有举足轻重的作用。

2. 岭南丧葬文化的地域特色

明清时期岭南社会的丧葬文化也具有全国其他地区丧葬文化的共性，如厚葬、重风水等。潮州"民间丧葬，附身附椁之具皆知慎重，有吊唁者必盛筵款饮，谓之'食炊饭'。送葬辄至数百人，澄海尤甚。葬所鼓乐优觞，通宵聚乐，谓之'闹夜'，至旦复设酒肴。丧家力不给，则亲朋代设。凡遇父母丧，无不罄囊鬻产，仿效成风。……且多惑于堪舆，择地寻龙，有停棺数十年未就窆者。"[④]陪葬品、宴饮、多人送葬、鼓乐丧戏等程序，使得潮州丧礼的费用攀升。为了使丧葬达到标准，丧家负债甚至破产也在所不惜。可见，葬礼耗费之多。为了风水而停柩几十年，停柩之风也很炽热。高州府石城县（今廉江市）也是如此，"殡殓从厚，……于死者就暝之日，七七四十九

[①] 参见叶显恩《〈明清广东社会经济研究〉序》，《中国社会经济史研究》1985 年第 3 期。
[②] 吴小凤：《明清广西商品经济史研究》，民族出版社，2005，第 233～235 页。
[③] 参见叶汉明《明代中后期岭南的地方社会与家族文化》，《历史研究》2000 年第 3 期。
[④] 乾隆《潮州府志》卷 12《风俗》，光绪十九年重刻本，第 5 页。

内，每计至七日，即备牲醴祭奠，或遇三、五七期，用鼓乐，延僧道礼忏，谓之'修荐'。亲友诔奠，多用猪羊、酒果、挽幛，主人报礼。……但富家颇惑风水之说，间有停柩多年而未葬者。"① 在丧礼期间，丧家每一个"七"都要举办特别的仪式，一共七次，每次都有一定的规模，轻者以宴席招待宾客，重者用鼓乐和僧道。如此一来，丧葬费用肯定很高。

从区域上来看，这两个注重厚葬和风水的地方都是经济比较发达的岭南南部地区，前者出于潮汕平原，是明清时期岭南经济文化的中心之一；后者地处桂粤交界，是明清时期粤西地区重要的政治、经济、文化中心。总而言之，这两个地区发达的经济为厚葬提供了雄厚的物质基础。

除了共性，受自然环境和社会经济文化的影响，明清时期岭南的丧葬文化还表现出了一些鲜明的个性。第一个就是取河水浴尸。这个葬俗在岭南南部地区很盛行。在广州府番禺县，老人"始死，则召师巫开路，安魂灵，投金钱于江，买水以浴"。② 在肇庆府恩平县，死者"将殁，亲人衰绖徒跣至江浒，匍匐望水哀号，投钱于水而归，浴尸以殓"。③ 在太平府龙州县，"以孝子肩刀，亲友左右扶，鞠躬哭泣赴河请水"。④ 在取河水浴尸的丧俗上，广东番禺和恩平的特点是用钱买水，即所谓"买水浴尸"。相比之下，广西龙州县没有用钱买水，但突出孝子的悲伤情节，即亲友左右扶。广东和广西地区在"取水浴尸"丧俗上的差异，在某种程度上说应该是两地经济发展水平不同的反映。前者经济发达，丧俗中突出经济因素，后者经济落后，只能用感情来替代金钱。岭南北部也存在"买水浴尸"的丧俗。在嘉应州平远县，老人"始死，子往河浒焚纸钱，取水浴尸，谓之'买水'。"⑤ 这个粤北山区县经济比较落后，所以人们用纸钱来代金钱，以完成"买水浴尸"的丧俗。可见，"取水浴尸"丧俗在岭南不同地区有着一些细微的差异，这些差异是不同地区经济发展水平存在差距的反映。

买水浴尸的风俗在岭南历史悠久，宋代周去非在《岭外代答》中就有记载："钦人始死，孝子披发，顶竹笠，携瓶罂，持纸钱，往水滨号恸，掷钱于水而汲归浴尸，

---

① 光绪《石城县志》卷2《舆地·风俗》，光绪十八年刻本，第34页。
② 同治《番禺县志》卷6《舆地四·风俗》，同治十年刻本，第5页。
③ 道光《恩平县志》卷15《风俗·丧葬》，道光五年广州富文斋刻本，第7页。
④ 民国《龙州县志》，转引自《中国地方志民俗资料汇编·中南卷》，第920页。孝子肩上扛着大刀的习俗存在于西南少数民族的丧俗中，是以武祭丧的表现。参见郭振华、白晋湘《以武祭丧：西南少数民族丧葬习俗中的武术文化探微》，《武汉体育学院学报》2012年第11期。
⑤ 民国《平远县志》卷2《风俗》，民国二十四年铅印本，第36页。

谓之买水。否则邻里以为不孝。"①宋代，"买水浴尸"的风俗在钦州就很流行，这说明该风俗早在宋代之前就存在很长时间了。随着明清以来岭南社会的儒家化，"买水浴尸"的风俗受到正统丧礼的排挤。一些文人士大夫就对此予以批评。晚清翰林史澄，尽管生于番禺，但对家乡"买水浴尸"丧俗的批评很不客气："粤俗，亲死，子孙结队出户，至滨河所，投钱水中，跪取盆水归，为死者浣濯，谓之'买水'，非是则群以为不孝。亲丧之初，停尸在堂，弃而不顾，鼓乐前导，以是为孝，忍乎哉？宋周去非《岭外代答》已讥买水浴尸之非，此风由来已久。"②作为高级文人士大夫，史澄显然对家乡"买水浴尸"丧俗的合法性提出质疑，并以正统的儒家礼仪为标准做了分析和批评，同时以宋代文人周去非的说法给自己观点做旁证。然而，周去非关于钦州买水浴尸的说法似乎没有表现出任何批评的意思。显然，否定"买水浴尸"的风俗更多的是清代文人的正统观念。或许由于受到批评，这种风俗在晚清年间被简化了。据光绪《四会县志》载，在四会县，老人"始死，孝子诣江滨投钱于江，舀盆水归浴尸，谓之'买水'。近多先遣人挑水回出门前跪舀之"③。从孝子亲自到江边买水，到孝子在门口要挑的水，"买水浴尸"丧俗的关键环节被省略了，即孝子亲赴、投钱于江这两个环节。因此，晚清年间"买水浴尸"徒具形式了。这种变化凸显了岭南丧俗的时代性。

岭南丧俗的第二个地域特色是丧葬中相对更喜用鼓乐。在广东潮州丧葬中，"无不用僧尼鼓乐，彻户声喧"④。在广东香山县，"于死者就瞑时，即动鼓乐"⑤。在广西藤县，"丧礼用鼓乐"⑥。可见，这些地区的丧礼民众都用鼓乐。在岭南有些地方，士大夫之家不同鼓乐，普通民众则用。在广东归善县丧礼中，"在宋多用鼓乐，或作佛事。故苏子有'钟鼓不分哀乐事'之句，言婚丧皆用乐也。归善之俗，沿革不变，惟士大夫执礼者遵行邱文庄仪节，不用鼓乐"⑦。在广西钦州，"丧礼，昔用乐，诚如苏轼所讥'钟鼓不分哀乐'者。近各属暴富者或沿习未变，士大夫悉遵丘浚仪节矣"⑧。从这些地区的丧礼可知，士大夫大多用儒家正统丧礼，普通民众喜好鼓乐。

---

① 周去非：《岭外代答》卷6《食用门·买水沽水》，杨武泉校注，中华书局，1999，第239页。
② 民国《清远县志》卷4《风俗》，民国二十六年铅印本，第41页。
③ 光绪《四会县志》编1《风俗》，光绪二十二年刻本，第65页。
④ 乾隆《潮州府志》卷12《风俗》，光绪十九年重刻本，第5页。
⑤ 光绪《香山县志》卷5《舆地下·风俗》，光绪五年刻本，第18页。
⑥ 光绪《滕县志》卷5《舆地志·风俗》，见《中国方志丛书·华南地方》第124号，第134页。
⑦ 乾隆《归善县志》卷15《风俗》，第4页。
⑧ 道光《钦州志》卷1《舆地·风俗》，道光十四年刻本，第50页。

在用鼓乐的民众中，一些人属于暴富阶层，在丧礼中用鼓乐意在炫富。同时，士大夫之所以弃用鼓乐，一个重要的因素是受到苏轼"钟鼓不分哀乐事"诗句刺激。苏轼是宋代著名文人士大夫，元祐九年（1094）曾被贬到惠州。在惠州，他看到当地人在婚丧两类性质相反的仪式中都用鼓乐，且穿着没有明显的差别，感到好奇，写下"钟鼓不分哀乐事，衣冠难辨吉凶人"诗句。岭南在宋代中原文人士大夫眼里是蛮夷烟瘴之地，尤其是习俗，更是与儒家的正统礼仪有很大的差别。因此，苏轼做此诗，或许更多的是表达了自己的一种观感，但客观上批评了岭南文化的落后。到了明清时期，苏轼的这句诗深深刺激了岭南的文人士大夫，他们把丧礼中用鼓乐作为一种落后的象征来批判，主张弃用，遵从以朱熹《文公家礼》或丘浚《家礼仪节》为代表的正统儒家丧礼。因此，明清岭南方志在提到丧礼中的鼓乐时就用苏轼的诗句，警惕这种丧葬文化的落后性，奉劝时人抛弃愚昧的蛮夷习俗，应用文明的正统丧礼。

事实上，丧礼用鼓乐的习俗并非仅仅出现在岭南地区，其他一些地区也存在。在湖北长阳县的丧礼中就有鼓乐，"诸客来观者，群挤丧次，擂大鼓、唱曲，或一唱众和，或问答古今，皆稗官演义语，谓之'打丧鼓'、'唱丧鼓'。"[1]山东蓬莱县也用鼓乐，"四日成服，主人加斩衰、麻衣、蒜结、挂门钱，用鼓吹，无论远近亲族，俱来吊祭。至，以鼓为节，主人跪哭于柩次，宾拜毕鸣点，乃出次叩谢。"[2]在山东峄县，"殡时，延僧道斋诵，鼓吹、幢盖"。[3]如果说长阳县属于少数民族地区，丧礼中用鼓乐是当地民众尚未开化的表现；那么作为儒家文化的中心之一山东，其民众在丧礼中用鼓乐的习俗就很难解释了。因此，明清时期，在丧礼中用鼓乐，并非仅仅出现在岭南，其他一些地区也不同程度地存在。

问题是，为何明清岭南方志作者经常把丧礼中用鼓乐作为岭南地区落后的象征，而加以批评呢？可能合理的解释是，这种批评实际上是明清时期政府在岭南地区推行当地文化儒家化的表现。明代中叶以来，政府一直用儒家文化对广东基层社会进行渗透，以修祠祭祖为中心的宗族文化建设就是重要的表现之一，到18世纪广东宗族社会基本成型。[4]同时，以魏校、黄佐为代表的广东地方官员毁坏淫祠，设立乡约、社学、里社等也是政府推行儒家文化的表现。[5]在这一过程中，作为儒家文化的核心

---

[1] 同治《长阳县志》卷1《地理志·风俗》，同治五年刻本，第6页。
[2] 道光《重修蓬莱县志》卷3《文治志·风俗》，道光十九年刻本，第18页。
[3] 光绪《峄县志》卷6《风俗考·婚丧》，光绪三十年刻本，第5页。
[4] 参见叶汉明《明代中后期岭南的地方社会与家族文化》，《历史研究》2000年第3期。
[5] 参见井上彻《明代广东的城市与儒教化》，《传统中国研究集刊》第5辑，上海人民出版社，2008。

内容之一，丧礼是不可或缺。正因为如此，明清时期的岭南方志作者不遗余力地为儒家正统丧礼摇旗呐喊，将宋代著名文人的"钟鼓不分哀乐事"诗句作为重要的文化资源，对丧礼中用鼓乐的习俗污名化，倡导岭南民众遵从朱熹的《文公家礼》或丘濬的《家礼仪节》。从这个意义上来说，明清时期岭南丧礼中用鼓乐的特色是时人建构出来的。

岭南丧俗的第三个地域特色是有些地区的丧礼中有巫师。在广东南海和新宁两县，老人"始死，则召巫师开路，安魂灵"。① 在广东遂溪县，"送葬用巫祝，鼓吹明器"。② 在这些地区的丧礼中之所以出现巫师，一个重要的原因是受到周边少数民族丧俗的影响。在广西西部和北部的少数民族的聚居区，巫师在丧礼中非常重要，基本上承担主持人的角色。在凤山县，苗族和瑶族的"丧祭极简单。死即入棺，请一小觋略作符法，即告了事"。③ 在凌云县，"诸猺……延觋诵咒超度"。④ 相比之下，在广西北部全州丧礼中，巫的地位因为道士有所降低。"猺民素迷信，死后停柩厅堂，请巫道作斋。"⑤ 巫在岭南少数民族的葬礼中承担主要的角色，具有重要的地位。苗族和瑶族的丧俗影响了岭南汉族的丧俗，⑥ 因此，在岭南一些汉族地区的丧俗中，巫也承担了一定的角色和功能。

综上所述，明清时期岭南丧俗的地域特色主要有买水浴尸、用鼓乐和信巫三个方面。在这三个方面中，买水浴尸显然与当地的自然环境具有密切的关系，主要是由当地降雨量较大、地下水位较高等地理特征决定的。后两个丧俗与当地的社会文化关系十分密切。鼓乐尽管明清其他地区也存在，但被文人士大夫视为岭南文化落后的表征而加以排斥。其实，这只是文人士大夫在岭南基层社会推行儒家化政策的策略而已。然而，以礼化俗并非易事，尽管其背后有强大的国家意识形态的支持。所以，岭南丧俗中还存在向来被视为蛮夷文化表现的巫师。巫师的存在说明了民间丧葬文化具有强大的抵抗力，意识形态志在控制和统一民间文化，用儒家丧礼代替民间丧俗，但成效不是很大。从这个角度上说，明清方志等文献中大量关于丧俗的记载其实是国家意识

---

① 同治《南海县志》卷8《舆地略·风俗》，同治八年刻本，第10页；道光《新宁县志》卷4《舆地略·风俗》，道光十九年刻本，第9页。
② 光绪《遂溪县志》卷10《礼俗》，光绪二十一年刻本，第25页。
③ 民国《凤山县志》，转引自《中国地方志民俗资料汇编·中南卷》，第942页。
④ 民国《凌云县志》第3编《社会·风俗》，《中国方志丛书·华南地方》第202号，第79页。
⑤ 民国《全县志》第2编《社会·风俗》，民国二十四年铅印本，第67页。
⑥ 在广西西部的百色厅，汉人的葬礼不用僧道，只请巫师。"居丧，屏僧道，任巫师。"参见光绪《百色厅志》卷3《舆地·风俗》，光绪十七年刻本，第19页。

形态的一种书写。在这种书写中，儒家丧礼被树为正统，佛道等方面的丧俗被视为异端。不过，不少关于丧俗中佛道文化的记载反映了意识形态对民间文化的无奈。总而言之，在丧俗的书写中，国家意识形态与民间文化之间的博弈揭示了民间丧葬文化具有强大而持久的耐力和韧性。

这一节我们讨论了明清时期丧葬文化的地域特色。华北、江南和岭南三个区域的丧俗特色相对比较明显，尤其是华北的深葬、对墓穴的装饰、身份等级观念等，江南的偷葬、阻葬等，岭南的买水浴尸、喜用鼓乐等，令人印象深刻。不同地区特色鲜明的丧葬文化与各地区的自然环境和社会生态之间具有密切的关系。一个地区特有的自然环境为丧葬文化的形成提供了客观条件，社会生态则成为丧葬文化的发展创造了空间。反过来，丧葬文化集中反映了一个地区的文化特色，并将某些文化聚焦和放大。从这个角度上来说，丧葬是了解区域文化的一个很好窗口，通过这个窗口，我们可以看到该区域文化的堂奥。

第二节　民族差异

丧葬文化是一个民族文化的核心内容，不同文化的民族在殡葬方面表现出一定的差别。明清时期，中国境内的民族众多，一些民族的丧葬文化独具特色。为了深入了解清代丧葬文化的民族特色，我们对资料相对丰富的满族、蒙古族、回族和藏族的丧葬文化进行全面的梳理，呈现他们的文化个性。

（一）满族的殡葬文化

原居住于东北地区的满族是一个古老的民族，其祖先可以追溯到先秦时期的肃慎，两汉魏晋时期的挹娄，南北朝时期的勿吉，隋唐时期的靺鞨，两宋时期的女真。

据《晋书》记载，满族的祖先挹娄崇尚土葬。死者当日就被埋葬于野外，丧家用树木交叉做成棺椁，以宰杀之猪作为葬品置于棺椁之上。挹娄人崇尚刚烈之气，父母死亡，男子不哭，否则被认为不够坚强。[①]同时，葬品的多少因贫富而不同，富者的葬品多达数百头猪，贫者的葬品则几十头猪。这些葬品被视为死者的粮食。棺椁与葬品一起用土掩埋，在棺椁的一端系上绳子，绳头露出地面。丧家用酒浇灌绳头，直至

---

① 参见《晋书》（第 8 册）卷 97《四夷》，中华书局，1974，第 2535 页。

绳头腐烂为止。祭祀没有固定时间。①到南北朝时期，勿吉人除了继续实行土葬外，还进行天葬。《魏书》载，春夏父母死亡，丧家立即埋葬，为了不使坟墓淋雨，在坟上建筑房屋。如果秋冬死亡，尸体则被用来作为捕貂的诱饵，这样丧家可以捕得更多猎物。②可以看出，勿吉人的葬法按照气候来安排，春夏实行土葬，秋冬则天葬。隋唐时期的靺鞨实行土葬，受中原殡葬文化的影响，他们的坟墓采用封土石室墓，墓室一般作长方形，墓碑用石块砌成。除了土葬，靺鞨葬俗中还有火葬。③两宋时期的女真人则崇尚火葬其火葬分为有葬具火葬和无葬具火葬两种，葬具主要是木棺与石棺。木棺火葬多是先将尸体火化，将骨灰和随葬品装入木棺，在墓穴内将其焚烧，然后封土成冢。石棺火葬则是先将骨灰装入木匣或布袋中，再将其置入石棺封土掩埋。"烧饭"和"梨额"是女真人葬俗中两个重要的内容，前者是将死者生前喜爱之物，诸如奴婢、鞍马、衣物、食物等统统烧掉，供死者享用，后者指亲友在为死者哭丧时，用刀刃将额头划破，血泪同流，此俗被称为"送血泪"。④

明朝末年，在努尔哈赤的带领下，女真部族逐渐强大起来，此后逐鹿中原，建立了强大的清王朝。入关之前后，满族的葬俗发生了较大的变化，经历了一个较为漫长地融入主流文化的过程。

在入关前，满族葬俗有多种葬法。尤其是在努尔哈赤统一女真之前，满族先民因居住区域不同，其丧葬习俗也不尽相同，既有土葬、火葬，也有树葬。居住在黑龙江下游的女真人，"男女老死，刳其腹焚之，以灰骨夹于木植之。溺死者以渔叉叉其尸，裹以海豹皮埋之，曰变海豹矣。熊、虎伤死者，裸蹲其尸，作熊、虎势，令人射中，带矢埋之，曰变虎、熊矣"。⑤显然，在黑龙江下游女真人的丧葬文化中，非正常死亡者的殡葬方式带有浓厚的巫术色彩，溺死者的灵魂通过裹上海豹皮变成海豹，具备了游泳的能力，从而消除了溺死的可能；被熊、虎所毙者，则被扮成熊、虎，然后射中，似乎通过这种方式丧家就射杀了肇事的熊、虎，为死者报了仇。这种做法也就是所谓的巫术"相似律"，即通过模仿海豹、熊和虎，丧家就能实现自己想要对死者做的事情。除了火葬，树葬也是当地人崇尚的一种葬法。他们将死者的棺柩悬挂在树上。我们推测，对于树葬，满族先民最初的动机是为了避免尸体被森林中的野兽

---

① 参见夏剑钦、王巽斋点校《太平御览》（第7册）卷784《肃慎》，河北教育出版社，1994，第308页。
② 参见《魏书》（第6册）卷100《勿吉》，中华书局，1974，第2220页。
③ 杨英杰：《满族丧葬习俗源流述略》，《中南民族学院学报》1988年第6期。
④ 杨英杰：《满族丧葬习俗源流述略》，《中南民族学院学报》1988年第6期。
⑤ 《全辽志》卷6《外志》，《辽海丛书》第1册，辽沈书社，1985，第685页。

吃掉，同时树神信仰也是一个重要的因素。库页岛上的女真人，在父母死后，刳去肠胃，将尸体曝干，出入背负，饮食必祭。至三年然后丢弃。①生活在绥芬河流域和图们江流域的女真人，将死者的尸体挂在树上，并在树下宰食马肉，将皮鬣尾脚悬挂，并置生时所佩弓箭，部族首领死后则实行火葬。②居住在新宾苏子河流域的女真人，以土葬为主，人死则停放在家，杀牛祭祀，三年后择向阳处埋葬。安葬时，将平时所穿衣服也一同埋葬，并将生前所乘马匹宰杀，去其肉而葬其皮。③爱新觉罗瀛生在回忆满族先民葬俗时说："女真人沿先世之俗而行火葬，直至入关后才学汉俗而改行土葬。"④从上述史料来看，瀛生的口述只是部分反映了满族丧葬文化，这些丧葬文化应该流行于入关前后。事实上，火葬和土葬在满族先民中都曾出现过，只不过因为时间久远只存留火葬，土葬从而消失在满族人的记忆中。努尔哈赤统一女真各部后，火葬逐渐盛行起来。老人死后，第二天就在野外举行火葬，焚烧尸体。同时，子孙及族人一起聚会，宰杀牛马，一起吃肉或哭泣。二三日之后，仪式结束。⑤对于火葬盛行的原因，有学者从努尔哈赤时期的社会特点和宗教信仰进行了解释。"十七世纪之前，女真人普遍信仰萨满教，十七世纪之后，在中原地区佛教思想的影响下，女真人认为火葬可以使灵魂超度而进入天堂，可以保佑家族平安。明末清初，正值战争频繁时期，满洲八旗兵迁徙无常，居住地域也不固定，清政府又禁止驻防的八旗兵将在驻地置买坟茔和田产。因此，各地驻防八旗兵将死后，其家属'弃之不忍，携之不能'，只能火化骨殖，送归故里埋葬，这就使火葬旧俗得以继续存在。"⑥应该说，这个解释比较符合当时满族社会的思想观念和文化心理，具有一定的道理。

火葬被认为"国制"，满洲臣民，无论身份高低贵贱，都不能更改。⑦史料记载了包括皇帝在内的满族贵族火葬的详细过程。努尔哈赤、皇太极和顺治帝死后都实行

---

① 参见严从简《殊域周咨录》卷24《女直》，《清入关前史料选辑》第1辑，中国人民大学出版社，1984，第117页。
② 《世宗实录》，世宗二十一年正月己丑条，东京：笠井出版社，1956。"父母死，编其发，其末系二铃以为孝服；置其尸于大树，就其上宰马而食其肉，张皮饭尾脚挂之，兼置生时所佩弓箭；不忌食肉，但百日之内不食禽兽。"
③ 《成宗实录》，成宗十四年十月戊寅条。"亲死则殡于家，亦杀牛以祭，三日后择向阳葬之。其葬之日，常时所服之物并葬之，且杀其所乘之马，去其肉而葬其皮。"
④ 爱新觉罗瀛生：《老北京与满族》，学苑出版社，2005，第88页。
⑤ 潘喆、孙方明、李鸿彬编《清入关前史料选辑》第3辑，中国人民大学出版社，1991，第473页。
⑥ 参见塔娜《满族传统丧葬习俗》，《中南民族学院学报》1988年第6期。
⑦ 萧奭《永宪录》卷2上："火化，国制也，无尊贱皆然。平时所服御悉从。……满洲臣民不改其制。"朱南铣点校，中华书局，1959，第121页。

火葬。努尔哈赤死后被火化，骨殖存于东陵。崇德八年八月（1643），皇太极去世，其尸体先被保存于沈阳故宫崇政殿内，直至期年，即顺治元年（1644）八月才被火化。只不过文献对此记载比较隐晦。① 年仅24岁的顺治帝患天花不治而死，也"以礼焚化"。满族贵族也普遍火葬，当时还有专门对皇族火葬时间的详细规定。和硕亲王死后，先停枢于丧家，等坟茔建造完毕才出殡，期年火化；多罗郡王和多罗贝勒死后，停丧五月出殡，七月火化；固山贝子以下、公以上者，停丧三月出殡，五月火化。其他官员停丧一月，三月火化。② 火葬时间的长短依据死者官爵的高低而定，满族贵族以此显示了其地位的高贵，皇帝更能显示其社会顶端的身份和地位了。

当时的葬法还有人殉。满清入关后，这种葬俗被禁止。康熙七年，礼科给事中朱裴上奏，请求废除人殉制度。至此，从法理上，满族人殉习俗走到了历史尽头。

入关以后，满族在保留一些原有葬俗的同时，加快了殡葬文化融入主流文化的进程。作为中原殡葬文化的核心内容——土葬，受到皇帝及贵族的推崇，以政令的形式强制推行。入关后的第一部法律《大清律集解附例》就要求对违犯者严厉惩治。"其从尊长遗言，将尸烧化及弃置水中者，杖一百。从卑幼，并减二等。"③ 然而，当时顺治帝和满族贵族都实行火葬的事实使得这项法律成为具文。身体力行火葬是从康熙帝开始的。康熙帝是清代皇帝中第一个死后火葬的。积极推行火葬禁令的是乾隆帝，他即位不久，就专门发布诏令，禁止火葬，实行土葬。④ 同治七年，针对江南盛行火葬的社会问题，同治帝发布上谕，敕令在各省全面实行火葬禁令。⑤ 这项禁令进一步推动了满族葬俗土葬化的进程。满族丧葬文化的变迁经历了两百多年，从关外盛行的火葬，到入关初土葬和火葬混杂，再到清中期土葬成为主流，最后火葬完全消失。满族丧葬文化的变迁说明丧葬文化发展需要一个长期的过程，即使是在行政强行干预的情况下。

禁止火葬，实行土葬只是满族丧礼融入主流文化的内容之一，儒家丧礼中的等

---

① 参见尹德文《清太宗皇太极火葬考略》，《故宫博物院刊》1985年第1期。
② 参见《清世祖实录》卷68，顺治九年九月辛巳，第14页："和硕亲王薨，停丧于家，俟造坟完，方出殡，期年而化；多罗郡王、多罗贝勒，停丧五月出殡，七月而化；固山贝子以下，公以上，停丧三月出殡，五月而化；……官民停丧一月出殡，三月而化。"
③ 沈之奇：《大清律辑注·礼律·丧葬》，法律出版社，2000，第418页。
④ 《清高宗实录》卷5，雍正十三年十月乙酉条，第8199页。
⑤ 《清穆宗毅皇帝圣训》卷10《圣治》："翰林院侍讲学士钱宝廉奏请严禁火葬一折。火葬之习，久干例禁。近来浙江杭、嘉、湖等府尚有此弊。若如该士所奏，实于地方人心风俗大有关系，亟宜严禁，以挽颓风。著浙江巡抚出示晓谕，申明例禁，并饬他省沿此陋习，著各省督抚通饬所属州县，一并严禁，如有似前火葬者，即行按律治罪。其嘉兴府向有恶棍阻葬等事，并著李瀚章饬令各州县从严惩办，以儆刁顽。钦此。"

级观念和忠孝思想也为满族逐渐接受，并成为不可逾越的一种重要礼制。入关前，满族已经开始仿效和接受儒家的一些丧礼，但未严格执行。皇太极爱妃宸妃去世，亲王以下、章京牛录以上，女以固伦公主以下，命妇以上，都参加了葬礼。丧殓用品都从厚，丧礼仪仗从东门出，在地载门外五里殡葬。之后，皇太极还进行了月祭、小祥、大祭祀，期间禁行朝贺、宴舞。在月祭期间，蒙古科尔沁各部贝勒公主和额驸，都来参见。①这些规格几乎超过了皇后的丧礼，它体现了皇太极悲切的心情，也说明当时丧制等级并不严格。②皇太极还对一些在宸妃丧期内不穿孝服不送葬，弹弦歌舞的满洲官员给予免职。③这些官员的行径，事实上反映了入关前满族殡葬文化等忠孝观念淡薄。同时，皇太极对这些官员的处置也客观上加强了丧制中的忠孝观念。皇太极死后，顺治帝即位当天不设卤簿，不作乐，军民都缞缨，官员暂时停止婚嫁和宴会，但民间可以不遵守此禁令。顺治帝在给蒙古、朝鲜等附属的诏令中还说，皇太极的祭葬礼仪一切俭朴。④

入关后，满族丧礼中的等级和忠孝观念全面强化，厚葬也成为风尚。顺治帝的丧礼就是很好的体现。顺治十八年，顺治帝逝世，康熙帝截断发辫，穿孝服，王、公、百官、公主、福晋以下，宗女、佐领、三等侍卫、命妇以上，男性摘冠缨截发，女性去掉装饰，剪发。大殓期间，满朝文武朝夕哭丧三日。"音乐、嫁娶，官停百日，军民一月。……听选官、监生、吏典、僧道，咸素服赴顺天府署，朝夕哭临三日。诏至各省，长官帅属素服出郊跪迎，入公廨行礼，听宣举哀，同服二十七日除，命妇亦如之。军民男女十三日除。余俱如京师。"⑤皇帝一人死亡，全国哀丧，不仅中上级官员，即使基层官吏，甚至"跳出三界外，不在五行中"的僧道也参加了丧礼。顺治帝丧礼规模之宏大，等级之严格，显然非昔日关外的皇太极丧礼所能媲美。在参与丧礼的过程中，举国民众也向皇帝表达孝忠，清廷也以此来使臣民认可和接受其政权。由此可以看出，丧礼不仅是生者对死者表现哀悼的方式，而且关乎政治。丧礼的等级性则是政治身份的体现，当局对君主举行国丧则是宣示其政权的合法性。而民众在参与国丧的过程中，也身体力行了孝忠皇帝的观念。顺治帝的丧礼在某种意义上是一种全民政治表态的运动，也是清廷对其政权合法性的表演。在这项运动中，民众对清政权的认

---

① 参见《清太宗实录》卷38、57、58。
② 参见孙彦贞《满汉葬俗异同及演变》，《中国历史文物》2005年第5期。
③ 《清太宗实录》卷61、64，第1407、1452页。
④ 《清史稿》卷92，第2690页。
⑤ 《清史稿》卷92，第2690–2691页。

同得到了加强。在这场政治表演中,清廷政权的合法性全面扩展。在定鼎中原不久,清廷举行全民参与的政治表演,对于政权合法性的构建显得格外重要。

　　应该指出的是,满族在接受中原儒家殡葬文化的同时,并非完全剔除自己的特色,而是保留了一些丧俗。丧期内百日不薙发就是其中之一。《清稗类钞》载,父母逝世,子孙居丧期间,不薙发。这种丧俗,从天子到庶民,都一一遵行。[1]乾隆帝还对违反此项葬礼的官员进行了严惩。富察氏皇后丧期内,山东沂州营都司姜兴汉、奉天知府金文涛等人百日薙发,被拿刑部问罪。乾隆帝考虑到地方偏远,礼部没有声明,犯者愚昧等因素,免除姜氏等人的死刑。男性截断发辫和女性去掉装饰也是满族保留下来的风俗。如前文所述,顺治帝宾天,康熙帝就截断发辫,宗室女性也去掉装饰品。还有,女性为死者束发也是清中期满族丧礼的一个民族特色。乾隆二十六年十二月,满洲领催沃楞额病故。第二年,其年仅24岁的未婚妻来沃楞额家,束发并去掉耳环,穿孝服,坚持守节,侍奉其孤寡婆母。民俗学家金受申对满族妇女孝服的记述可以作为沃楞额未婚妻束发丧仪做注脚。他说:"妇女最重的孝服是为自己的丈夫穿孝,夫死,妻应该摘取两把头,拆开头鬏和燕尾,另扎一个大把,用青线扎把,把大把分成两绺,编成两个小辫,辫梢散开不系辫绳。头把上案白骨扁方(内务府人用铜扁方),长只三四寸,用发绕住将辫撂在脑后,然而用大庄粗布包头带子将头上缠好,结于头后用针卡主,所余带子即垂在身后,太长的可以拴在腰带上,这叫做'拆头撂双辫'。"[2]还有拆头撂单辫,即儿媳为翁姑穿孝,以同样的方式扎辫,只撂一个辫子。孙彦贞对这些满族特色的丧仪做了这样的解释:"显而易见,清代的割辫、拆头束发,同不薙发习俗一样,都是儒家丧葬理念在满族冠服制上的形象体现。清代统治者正是通过这样的契合,为满族固有丧俗找到合理的解释,在保持自己民族性的同时,也迎合了汉人的文化传统。"[3]从民族融合的角度来说,这种解释无疑有道理的。然而,从风俗的形成来说,满族上述葬仪,尤其是截断发辫、不薙发等,在入关之前就已存在。而孙氏将这些丧俗说成是儒家丧礼理念的体现,实际上是将前者当成后者的结果。这种因果关系是否存在还值得商榷。因为,不同民族的丧俗有不同的表现形式,但其中总有一些相似性。这些相似性如果没有文化传播的直接证据,很难考证出其因果关系。

---

[1] 徐珂:《清稗类钞·丧祭类》,第3540页。
[2] 金受申:《老北京的生活》,北京出版社,1989,第109页。
[3] 孙彦贞:《满汉丧葬礼俗之异同及演变》,《中国历史文物》2005年第5期。

满族丧葬仪式的具体过程,《清稗类钞》有较为详细的记载。旗人死后,尸体不停放在炕上,而是置于太平床上,即正屋的木架上。丧事崇尚单数,所以死者所穿衣服必须是七件或九件,且质料必须是棉布。殓后二三日之内,喇嘛诵经,名曰接三,即死者第三日回煞。接三的意思就是迎接死者魂魄。在家停柩的时间多少不等,多则达一月之久,少则五日。开吊和发引与汉人丧俗相同。日期逢单数七,丧家延请僧人诵经,五七之日,丧家焚烧布帛,至六十日,则烧船和桥。船和桥有金银两种颜色,用于死者在冥界渡河。丧期三年,孤子,即年幼丧父者,在坟茔之侧,睡在薪草之上,啜粥食素,为父母守墓。① 这个记载基本包括满族丧礼的主要环节:①停尸,即将死者停放在太平床上。②小殓,即为死者穿衣,衣服的布料和数量都有特别规定。③接三,即迎接死者灵魂在死亡后的第三日返回家中。④开吊和发引,日期必须是单数七,具体内容与汉俗相同。⑤守墓,孝子为父母守丧三年,且寝食苦行。除了这五个环节外,停柩期限也有规定,多则一月,少则五日。焚烧布帛和纸船及纸桥也是重要的内容。不过,《清碑类钞》的记载还是比较简略,遗漏了一些细微的环节和内容。

《黑龙江志稿》对满族葬礼的描述可以弥补上述遗漏,凸显满族普通民众丧俗的详细情节。该文献记述,父母初丧后,当日小殓。富者著华服袍褂、秋帽、官靴,贫者著布袍、布靴、秋帽或便帽,将银块或铜钱放在死者手中,衔铜钱或金银,珍玉之类。家人即日成服,男戴无缨秋帽,服前后开襟之白布长衫,束白布带,长一丈二尺,足著青布靴;女子散发,戴白布包头,著白衫,不开襟。庭中立高杆,上端系红色幡,一日两次祭祀,男左女右,祭毕返回供灵前。二日或三日,择吉日大殓。棺形上窄下宽,盖深而高;棺内以铜钱铺成人形,钱数等于死者年岁。用清水洗死者面目,谓之"开光"。三日举行送三,与民籍、汉军同。亲友毕至,送供献物品及纸扎、香烛、纸箔及冥镪等物,于城隍庙前或郊外焚化。每日两次祭祀哀哭。殡期短促,或七日,或九日。先二三日讣告亲友。庭前支席为棚,设宴鼓乐,开奠、领奠,亲族均在丧次,谓之守灵。发引前夕,行辞灵礼,亲友均祭。发引时,以白布挽柩,孝子肩承之,亲友咸送至墓所。富贵者用石修圹,内作屋形,设炕庋棺,或用椁及以砖砌之,再用瓦器贮油燃灯,或历岁余始熄,谓之万年灯。贫者木棺土埋而已。丧毕,丧主返庐谢客。越三日,亲友同往验坟。每七日皆致祭于墓,亦有延请僧道诵经者。至百日大祭,除孝服,换素服,计二十七阅月服满。三年,书死者名讳于族谱,举行家

---

① 徐珂:《清稗类钞·丧祭类》,"八旗丧葬"条,第3549页。

祭祔祖礼。[①]这则史料呈现了几个细微的情节：①小殓的时间和过程，死亡当日小殓，死者手中被放置铜钱或银块，口中含铜钱或金银或珍贵玉石。同时，丧家须穿特殊的衣服、鞋子和帽子，当然，丧衣的质量因丧家的贫富不同而有差别。②成服的男女区分，男子穿白布褂和青布鞋，值得注意的是，女子的发式与前文金受申所说的束发有所不同，这里指散发，与束发应该不同。这是否可以推出，满族丧俗有些地域上的差异？毕竟，黑龙江与北京相隔甚远，地处边疆。按照"千里不同风，百里不同俗"的说法，这种推测应该有一定的合理性。③门幡，即庭中高杆上悬挂的红色幡，男左女右，一日两次祭拜。④大殓中，棺材样式和棺材中所铺的铜钱形状、数目也很有文化意味。棺中铺铜钱，显然是为死者享用。有意思的是，铜钱不是随便摆放，要铺成人形。可以想见，死者完全停放在铜钱上，这预示着死者死后十分富贵，睡在金银财宝上。原来的"烧饭"习俗，即焚烧死者生前所有的衣物、食物、马匹等私人物品，已被焚烧冥物的习俗所替代，显然后者较前者更为节省，更有文化象征意味。⑤发引时，孝子抬灵柩，而非戚友。⑥坟茔的建造因丧家的贫富不同有较大差异，富者的坟墓实际上是用石头或砖块建筑的房子，棺材放置在炕上，房子内还有照明长达一年有余的燃油灯，即万年灯；贫者的坟墓仅是原始的土圹，棺材直接掩埋。由此可见，在传统社会，殡葬也是一种社会分层的标杆，死者的社会地位不同，其坟墓的规格有相应的差异。⑦出殡后祭祀三年，起初七日一次祭祀，百日大祭，之后丧家脱去孝服。三年，丧期结束。

在明清时期的各少数民族中，满族殡葬文化的发展方式相对比较特殊，这与其社会发展的进程有直接而密切的关系。从地处东北一隅的相对落后的社会，到努尔哈赤建立后金政权，再到入关后定鼎中原，创建统一而强盛的大清王朝，满族经历了跳跃式的发展。在这一进程中，满族殡葬文化通过融入主流文化的方式，推陈出新，同时保留了自己的一些特色。最值得注意的是，满族的殡葬文化也影响了全国殡葬法律的建设和发展，朝廷对火葬的态度表现得最为明显。

由上可知，明清满族的丧葬文化具有这样几个特点：①明清满族丧葬文化的发展速度很快。在努尔哈赤统一前，满族先民的丧葬文化在葬法上表现出多样性，有树葬、土葬、火葬等多种。在努尔哈赤统一后，火葬成为主流的丧葬文化，同时人殉制度成为一大特色。入关之后，火葬逐渐被符合国家意识形态的土葬所代替，人殉制度

---

① 《黑龙江志稿》卷6《地理志·风俗·丧葬》，黑龙江人民出版社，1992，第254~255页。

也被淘汰。可以看出，满族的丧葬文化在几百年里经历了巨大的变化。②与明清时期其他少数民族的丧葬文化相比，满族的丧葬文化与儒家文化融合最彻底。从清朝建立伊始，满族贵族通过行政力量，不断以儒家丧葬文化为标准，改造满族原有的丧葬文化。到晚清，这个改造过程彻底完成，满族丧葬文化整体上与汉族丧葬文化基本趋同。③明清时期满族丧葬文化的发展受到国家力量的干预最大。入关之后，满族将丧葬文化提高至意识形态的高度，作为满族文化文明化的重要内容。因此，皇帝一马当先，首先采取土葬，要求满族社会中上层也采取儒家的丧葬礼仪。同时，通过诏令和行政力量对拒不实施儒家丧葬礼仪的满族贵族进行处罚。

应该指出的是，作为清代处于统治地位的民族，满族的丧葬文化对其他民族的丧葬文化也产生了影响，尤其是汉族。地域的因素使得北方汉族更容易受到满族文化的影响。在京师以北的延庆州、宣化县、赤城县和怀来县等地的丧礼中，在送葬之日，死者用过的枕头要焚烧于门前或街头。延庆州"尤可异者，父母既死之后，凡生平所用之枕，必焚于门前，以致人畜践踏。此风之陋者也。"①在怀来县，"出灵日，扫地土并枕弃于街焚之，任踏践焉"。②就连延庆州的方志作者对于这种丧俗都感到奇怪，并将其视为陋俗。有意思的是，民国《宣化县新志》认为这种焚烧枕头的习俗是为了消毒，"发引之日，出死者枕内所装荞面皮，焚于门前，借以消毒，各家皆然。"③这种说法显然是近代科学的解释，不符合传统文化。这种方志作者都感觉奇怪的习俗显然是外来的。如果联系满族的烧饭习俗，这种习俗或许能得到一个比较合理的解释。我们认为，满族将包括衣服在内的死者遗物全部烧毁的习俗传到汉族地区，发生了改变，变成了仅仅焚烧枕头的习俗。当然，在文化交流的过程中，影响是双向的。在丧葬文化的交流上，满汉两个民族之间也是互相影响的，满族改革火葬，实行土葬的事实即是明证。

综上所述，满族是一个古老的民族，从先秦时期的肃慎，到明清时期的满族，期间历经了几千年的发展。其中在两宋和清代，这个民族两次建立了政权。两宋时期女真族建立的金朝政权是区域性的，清代满族建立的政权是全国性的。在金朝和清朝，满族丧葬文化都有一个融入主流文化的过程，只不过后者更为彻底。有意思的是，随着金朝政权的灭亡，女真族的文化退回原来的游牧狩猎时代，其丧葬文化也随着退

---

① 乾隆《延庆州志》卷3《风俗》，乾隆七年刻本，第36页。
② 光绪《怀来县志》卷4《风俗》，光绪八年刻本，第8页。
③ 民国《宣化县新志》卷8《礼俗志·丧礼》，《中国地方志集成·河北府县志辑10》，第388页。

化。这就是明朝女真族时期的树葬、火葬、土葬等丧葬文化。努尔哈赤统一满族之后，满族的丧葬文化有了一个大的变化，火葬成为主流。入关之后，满族贵族致力于满族文化儒家化，满族的丧葬文化在国家行政力量的强烈干预下，火葬和人殉也被土葬所代替。在满族丧葬文化融入主流文化的同时，也影响了中原主流的丧葬文化。

（二）蒙古族的殡葬文化

明清时期蒙古族的葬法多样，主要有土葬、天葬、火葬、石葬多种葬法。土葬是蒙古族比较传统的一种葬法。一种说法认为，在16世纪中叶黄教传入蒙古地区之前，土葬是蒙古族主要的葬法。[①]土葬的基本做法是，入殓前，用哈达或白布裹住尸体，或装入布口袋。同时将死者生前所用的衣帽、蒙古刀、酒壶、旱烟等放入棺木中。然后请喇嘛占卜，选择葬地。丧家挖掘墓穴，之后掩埋。如果用坐棺，则以石块砌成蒙古包形状，将棺木置于其中，再做封闭。[②]坐棺主要用于喇嘛、尼姑等人。这应该与佛教徒坐化观念有很大的关系。死者入棺后，被掩埋在墓穴中。

天葬和火葬都是佛教传入蒙古后产生的殡葬方式。前者多存在于贵族之中，后者则主要流行于平民中间。据《新疆志略》记载，蒙古人崇尚火葬，贵族死后，丧家洗浴尸体，用白布裹住，抬至高原，将尸体置于柴堆之上，喇嘛诵经，举火焚烧尸体。尸骨被完全烧成灰烬，丧家则交相庆贺，认为死者生前没有罪恶，死后升入天堂。最后将骨灰与药屑和净土混合在一起，抟成塑像，占卜吉地，进行埋葬，之上垒土成塔形，有的垒土还像尖顶小屋。平民死后，其尸体被衣服裹住，由马驮至喇嘛占卜之吉地，任由乌鸦啄食，狐狸和犬等野兽吞噬。尸体旁边设有火炬，送葬者必须跳跃火炬才能回家。回家途中，不可以返回偷看。尸体被吃光，丧家则很高兴。要是三天以后，尸体还没有被禽兽吃掉，丧家则很忧惧，认为死者生前罪大，连鸟兽都不吃，将遭到阴间惩罚。为此，丧家还得再次延请喇嘛诵经，让鸟兽尽快吃掉尸体。丧礼完毕，民众认为死者的地方凶险，全部迁徙。[③]

关于西北蒙古人对各种葬法的选择，《西域图志》的说法是，准噶尔部蒙古人没有丧制，有些人根据《珠露海书》[④]，用五行葬法。这种葬法认为，如果应该金葬，尸体则被埋葬在山里；如应木葬，则悬挂在树上；如应火葬，则焚烧；如应水葬，则沉入河流；如应土葬，则埋在地下。如果丧家不用五行葬法，则迁走蒙古包，将尸体弃

[①] 参见王钟翰主编《中国民族史》，中国社会科学出版社，1994，第626页。
[②] 参见卢明辉《清代蒙古史》，天津古籍出版社，1990，第422页。
[③] 许崇灏：《新疆志略》，民国三十四年正中书局铅印本，第58页。
[④] 《珠露海书》是蒙古族的星相书。

置于路旁，自死亡之日起，诵经49天，期间不杀生，死者儿子不剃头。有的丧家相反，儿子以剃发为孝敬的方式，所以在丧期也剃发。死者妻子则剪发，去掉耳环，不穿外褂。在丧期49日内，忌穿色彩鲜艳的衣服。①可见，西北准噶尔部蒙古人的葬法相对比较自由，有的用五行葬法，有的则直接弃尸路旁。这也就是所谓的"不立丧制"。这种五行葬法中的五行应该是受到中原五行文化的影响。

五行葬法在东北地区的蒙古族中也存在。据史料记载，辽宁阜新县的蒙古族葬礼是人刚死之后，先被安置在床上。家人打开窗户，将棺材从窗子移入室内，再把尸体放进棺材。然后延请大喇嘛，根据死者的死亡时期，确定不同的葬法。如果应该火葬，丧家将尸体焚烧，把骨灰放在坛罐中，最后埋在地下。要是水葬，丧家则将水盛在盂中，放在墓穴底部，把灵柩放在上面，再做掩埋。如若金葬，灵柩放在墓穴后，上面以铁片覆盖，然后掩埋。棺材的样式有两种，一般人用卧式，长方形，与汉族的相同。喇嘛与尼姑用坐棺，圆式，高三尺多。在葬礼的整个过程中，喇嘛念经是最主要的内容。富贵家庭延请众多喇嘛，丧礼时间也很长，期间提供肉食和果品，同时用米肉煮粥，施舍贫者，给大寺庙的喇嘛施舍最多，耗金钱动辄数千。贫穷的家庭则量力而行。②

有学者认为，不同的葬法是由社会经济形态的决定的，半游牧半农耕社会的蒙古民众多采用土葬，纯游牧的蒙古民众使用天葬。③从上述分析来看，事实并非完全如此。更可能的情况是，经济形态对葬法有一定的影响，但并非决定因素。

社会阶层也是影响葬法选择的一种重要因素。不同的葬法与社会阶层有一定的关系。一般来说，上层贵族喜欢火葬，下层民众常用天葬，其实两种葬法的依据都是佛教的死亡观念。不同社会阶层对不同葬法的选择说明了佛教对不同社会阶层的不同影响，以及不同社会阶层对佛教接受的选择性。

尽管蒙古族"不立丧制"，葬法也相对自由，但在居丧期间，丧家要遵守一定的禁忌。在西北地区的蒙古族中，子女为父母，妻子为丈夫，守孝百日，平辈则守孝49天。期间，不可穿着华丽，不能剃发，不可洗澡，不举行或参见宴会。守丧完毕，方可出门进行正常的社会活动。亲人死亡，丧家祭祀，没有庙祭，每次遇到忌日，则陈设果品、马乳等祭奠。每至佳节或草青之时，子孙延请喇嘛，至葬处追荐，哭泣

---

① 傅恒：《西域图志》卷39《风俗·准噶尔部·丧祭》，清光绪间铅印本，第10~11页。
② 民国《阜新县志》卷5《礼俗》，民国二十四年正文斋印刷局本，第10页。
③ 参见卢明辉《清代蒙古史》，第422~423页。

祭奠。如果天葬，丧家在室内祭祀，对空哭泣。死者妻子是否守节，完全按照个人意愿，没有强迫。① 与中原汉族不同的是，蒙古族居丧期间一般不设灵堂，不摆贡品，不穿孝服，不烧纸，不用音乐，只请喇嘛来念经。②

在蒙古族丧葬文化中，还有一些隐语。在乌兰察布等地，家中长辈死去，家人忌讳说"死人"，应该说"老了"。喇嘛呼图克图（活佛）和达赖喇嘛死了称为"圆寂"，不说"死"字。③ 这种不用"死"而用隐语"老"或"圆寂"的习俗，其实不仅流行于蒙古族的丧葬文化，在中原汉族文化中也广泛存在，而且一直流传到今天。在这里，隐语的使用其实重塑了死亡的本意，其目的一是为了表达对死者的尊重，二是尽量淡化死亡而给丧家带来的不祥气氛，给丧家以心理安慰。包括蒙古族丧葬文化在内的明清丧葬文化中隐语的使用，集中体现了语言与文化之间的关系，文化表达以语言为工具，同时语言通过象征意义重塑文化，二者相互促进。因此，我们看到，不同民族的丧葬文化通过不同的用语，呈现出丰富多彩的内涵，而各种用语也丰富了丧葬文化的内容，促进了它的发展。总而言之，丧葬文化中语言的象征意义是一个很有意思的现象。

从历史发展的长时段来看，蒙古族的丧葬文化也有一个发展的过程。这与 12 世纪以来蒙古族社会较为剧烈的社会变迁具有十分密切的关系。12 世纪以来，蒙古社会经历了巨大的变化。先是在成吉思汗的开创下建立强大的元朝，在经历短暂的辉煌之后帝国奔溃，蒙古贵族被迫退居北方草原，但仍然能雄霸一方，不时与明王朝展开角力。满族兴起后，满蒙联姻，蒙古成为清代统治者的一个重要臂膀。在剧烈的社会变迁中，丧葬文化也随之发生了一些变化，其中最主要的是坟头的出现。16 世纪中叶之前，蒙古族大多实行土葬。④ 蒙古贵族死后，棺椁用梡木两片，其中被凿空，空间大小与人身大小相合。尸体被置于梡木之中，棺木用髹漆封闭，涂上三圈黄金。之后，灵柩被送往北园陵之地深埋，地面以万马践踏成平地。坟上长出青草后，与周围没有差别。如若丧家想以后到墓地祭奠，在开穴下棺时，应当牵一只母骆驼及其子，将驼子宰杀。在祭奠时，以该母骆驼为向导，母骆驼踯躅悲鸣之处，便是坟墓所在地。⑤ 这种殡葬方式之所以不设坟头，尽量消除坟墓的外在迹象，关键在于防止坟墓被盗。

---

① 参见陈希豪编著《新疆史地及社会》，民国三十六年正中书局印本，转引自丁世良、赵放主编《中国地方志民俗资料汇编·西北卷》，第 336、342 页。
② 参见卢明辉《清代蒙古史》，第 422 页。
③ 参见卢明辉《清代蒙古史》，第 422 页。
④ 参见王钟翰主编《中国民族史》，第 626 页。
⑤ 参见叶子奇《草木子》，中华书局，1959，第 60、63 页。

因为在贵族的坟墓中，有金银珠宝等不少贵重的陪葬品。当时法律规定，禁止盗墓，盗窃贵族坟墓者处以死刑，盗窃平民坟墓者必须赔偿。从这个法律条文看，当时有不少盗墓者。

这种隐没坟墓的殡葬方式到了清代变成了有坟头的陵寝。蒙古王公贵族死后，停柩三年或七年。停柩期间，丧家叠石造屋，将灵柩藏于其中，这种石屋被称为陵。在陵寝旁，专设守陵户，守陵户被称为"陵丁"。死者官爵等级不同，其陵丁的多少也不同。一般来说，亲王十户，郡王八户，贝勒、贝子六户，镇国公、辅国公四户，台吉以下和对清廷无功绩者，均无守陵户。[1]现在蒙古各地还能看到清朝王公贵族的陵寝。

从没有坟头、极力隐没坟墓，到专门设置陵寝，并派陵丁看守，蒙古丧葬文化在元明清的几百年里发生了明显的变化。这种变化发生的背后是蒙古社会文化的变迁。与前一种丧葬文化相适应的社会文化是游牧文化，在这种文化中，蒙古民众随着游牧而四处迁徙，居无定所，不可能派人看守坟墓。如果坟墓被盗，丧家也很难抓到盗墓者，即使丧家是地位显赫的贵族，甚至皇帝。然而，到了清代，蒙古族已经发展到半游牧半农耕社会，尤其是蒙古贵族在与满族联姻后不再因为政治动荡而四处迁徙，基本上有了固定的居住地。在这种情况下，派人看守坟墓以防止盗窃成为可能。加之受到汉文化的影响，蒙古贵族也开始模仿中原文化，以陵寝制度炫耀自己的社会地位和财富，丧葬观念发生了很大的变化。这就是蒙古丧葬文化随着社会变迁而发生变化的表征。

除了上述主要变化外，葬法也是一个重要的变化。16世纪后半期黄教传入蒙古，对蒙古社会产生了重要影响，丧葬文化就是其中之一。在此之前，蒙古人主要实行土葬。随着黄教的传入，火葬在蒙古贵族中逐渐盛行。同时，人殉制度也随之消亡。在此之前，一些贵族死后，其宠信的妻妾和奴隶也要随之埋葬。火葬盛行后，蒙古贵族不再实行人殉。

应当指出的是，相对来说，丧葬文化的变迁还是比较缓慢。民国时期，蒙古社会发生剧烈变动，但东北的蒙古族丧葬文化并没有发生多少变化。民国二十三年（1934）编撰的《奉天通志》指出，当时社会风尚日新月异，但丧礼还是沿袭原有方式。[2]近代社会文化变化很大，然而东北蒙古社会的丧葬文化依然沿袭古礼。

与明清满族丧葬文化相比，蒙古族丧葬文化的发展具有几个特点：①明清蒙古族

---

[1] 参见卢明辉《清代蒙古史》，第423页。
[2] 翟文选、臧式毅：《奉天通志》卷98《礼俗二·葬礼》，民国二十三年铅印本，第25页。

的丧葬文化与当时主流的儒家丧葬文化保持了一定距离，比如天葬等丧葬形式还继续存在。②坟头和陵墓的出现反映了蒙古族丧葬文化随着社会的变迁，逐渐与当时儒家丧葬文化相融合，尤其是在社会上层。③明清蒙古族丧葬文化的发展比较平缓，受到国家意识形态和行政力量的影响较小。

综上所述，明清时期蒙古族葬法有土葬、天葬、火葬等多种葬法，不少地区的蒙古族流行使用五行葬法。尽管蒙古族"不立丧制"，但在居丧期间丧家还是有一些禁忌。12世纪以来的七八百年间，蒙古族经历了较大的社会变迁，丧葬文化也随之有了不小的变化。与其他少数民族的丧葬文化相比，明清时期蒙古族的丧葬文化有着自己的民族特色。

（三）回族的殡葬

回族在元代还是一个由波斯人、阿拉伯人等组成的穆斯林集合体，当时受到朝廷的信任，遍布全国，"元时回回遍天下"一语就反映了这种情况。进入明代，回民逐渐成为一个新的民族。明初朱元璋实行"禁胡服、胡语、胡姓"的政策，促使回民纷纷改姓，将汉语作为共同语言。伊斯兰教在当时也有了一定的发展，一些回族学者还利用儒家文化解释伊斯兰教经典。清初对回族实行宽松的政策，清中叶以后，由于苏四十三起义和回民起义的影响，对回族的政策逐渐严格起来。明清时期，回族人口也有了较大的增长。回族16世纪主要分布在宁夏、甘肃一带，18世纪以后逐渐向武昌、北京、天津等中东部地区扩散。①

回族全民信仰伊斯兰教，伊斯兰教对葬礼有专门而严格的规定。在中国伊斯兰教中，分有多个宗派。明清时期，回族信仰的教派主要属于逊尼派中的格底目派。格底目派在丧葬方面既保留了穆斯林速葬、薄葬、土葬的特点，又吸收了汉族的某些习俗，亲丧后，亡者的父母妻子都要放声痛哭，儿子要到各亲友家里报丧，各亲友都要前来吊唁，散白布，榨香油，丧家一般都要备宴席款待阿訇和来客。给亡故老人送葬要穿白戴孝，如家中富有，还要挽幛执绋，死后遇头七、二七、三七、四十天、百日、周年、三年都要举行纪念活动。回族也信仰逊尼派中的伊合瓦尼派。伊合瓦尼派是由马万福于1890年代开创的。该派主张"凭经立教"、"遵经革俗"，故而又被称为"尊经派"。在丧葬方面，该派要求亲人无常（死亡）后，父母、妻子和儿女以及前来吊唁者只能饮泣，不能号啕大哭，不准为亡人披麻戴孝，执绋挽幛，也不在亡人入土

---

① 参见王钟翰主编《中国少数民族史》，第639~655页；王怀德、郭宝华《伊斯兰教史》，宁夏人民出版社，1992，第413~422页。

时施散财帛，不主张为亡人宵夜，也不为亡人过七道、四十日、百日和周年等祭日。总之，要革除他们认为的非伊斯兰教习俗。① 可以看出，格底目派的丧礼实际上是明清时期回民在伊斯兰教基础上，吸收汉族丧俗而逐渐形成的，在某种程度上比较符合中国人的信仰特点。而清末形成伊合瓦尼派意在恢复纯正的伊斯兰教丧葬习俗。

　　回族葬礼主要有速葬、薄葬和土葬三个特点。速葬指亲人亡故后，丧家在举行完丧礼后立即埋葬亡者。如果当日可以完成丧礼，便可即日埋葬。否则，第二天必须埋葬。如为等待外地亲人也可拖延至第三天，但三日是最多时间。这就是所谓的"生不选日，死不择时"。旷日持久而不葬，人为导致尸体腐烂，被认为是对亡者的亵渎。② 薄葬指的是亲人死亡后，丧家不以大量的财帛给亡者陪葬。常见的做法是，用白布将死者裹住，然而转到公用的棺材里，在下葬时将尸体从棺材取出，放在墓穴里，直接用土埋葬，不在坟墓放置任何葬品。对此，回族有句谚语做了精彩的描述："无论穷，无论富，都是三丈六尺布。"土葬指的是亲人亡故后，丧家在丧礼办完后一般用土埋葬亡者。因为伊斯兰教认为，人类的亡故是归真复命的历程，是真主使其脱离尘世而回归到无初。人是从泥土中来的，死后血肉之躯葬于大地，复转成泥土，是一件很自然、很洁净的事。如果在航行途中亲人亡故，丧家在办完葬礼后可以将尸体投之于江海，进行水葬。③

　　回族的葬礼基本上都体现出上述三个特点。至于丧礼的过程，因为地区的差异，其中会有一些不同。宁夏朔方回族的葬俗是，在病者病危之际，房间内外保持宁静，病者正面卧床，儿子中知事者不时朗诵古兰经，使病者心向真主，不迷恋于世。此时灵魂将要离开身体，非常关键，不容忽视。病者呼吸停止后，被安放在合理位置，设立丧主，延请主持丧事者，换上丧服，在家守丧，三天之内不宴请客人，不做饭。亲朋好友送饭给丧家，且赠送财物，对亡者吊唁。亡者系男性，殓服三件，若女性，则四件。殓服全部用细腻的白布做成，贫富之间没有差别。期间制造棺材和建造坟墓，不看风水，不选择吉日，三天内必须埋葬。在埋葬当天黎明之际，洗浴尸体，给亡者穿上殓服，移至正堂，当地掌教和宾客给亡者行礼。灵柩被抬至墓地，孝子看视坟墓，祷告后掩埋亡者。葬后七日、四十日、百日、周年、三年，丧家都举行祭祀典礼，期间游坟、诵经、施舍财帛、发散粮食是主要的活动。④ 这个丧礼过程体现了回

---

① 参见王怀德《伊斯兰教派》，中国社会科学出版社，第98～110页。
② 参见李学忠《回族的丧葬习俗和穆斯林的生死观》，《宁夏社会科学》1998第1期。
③ 参见李学忠《回族的丧葬习俗和穆斯林的生死观》，《宁夏社会科学》1998第1期。
④ 马福祥、陈必淮：《朔方道志》卷3《舆地志·风俗》，民国十六年华泰印书馆印本，第8页。

族速葬、薄葬和土葬的特点，包含了丧礼过程的主要环节——诵经、浴尸、用白布备殓等。同时，宁夏朔方的回族属于逊尼派中的格底目派，在丧礼中吸收了一些汉族葬俗，如将亡者装入棺材后埋葬，葬后在固定的时间祭祀典礼。宁夏海城回族在葬后不举行任何祭奠仪式。[①]

新疆回族的葬礼有几个环节明显与宁夏回族的葬礼不同。其一是小殓，在对亡者洗浴后，不论男女，丧家都要拔掉其阴、腋毛发，用布带将左右手指拴在一起，两脚的大拇指拴在一起，脸部用花帕罩住。其二，埋葬时不用棺材，且将尸体抛入墓穴。如果尸体面向下，亡者被认为有罪之人，葬后受罪，丧家要进行祈禳。如若尸体面部向上，亡者则被认为有福，以后投胎好人家，丧家摆宴席庆贺。要是尸体侧卧，亡者被认为受命未尽，生前作恶过多，因之折寿，其魂魄必将成为漂泊之鬼，丧家不做祈禳和庆贺等活动。其三，亲人亡故之后，海兰达尔（伊斯兰教苏菲派的修行者）在房上念经。[②]

东北地区回族的葬礼又有一些不同。在小殓过程中，丧家将香料放在死者的耳朵和鼻子中。送葬者必须事先沐浴，妇女不送殡。下葬的过程是，二人托住尸身，将其摆放成头北脚南，身面向西，落入坟中。此时，死者如若嘴巴和眼睛闭上，面带笑容，丧家则皆大欢喜，不哭泣，以为死者已经升入天堂。否则，丧家大哭，以为死者将入地狱，请教长多诵经，以超度之。[③]

宁夏、新疆以及东北三个不同地区回族葬礼的差别，反映了回族葬礼的地域性和多样性。这种地域性和多样性应该是当地文化与伊斯兰教葬礼文化相互影响的结果。

回族丧葬文化的上述特点与明清时期回族的社会发展状况是相辅相成的。在元代，"回回遍天下"的局势已经形成，到了明清，回族文化和社会更是有了新的发展。一方面，回族人口进一步分散到全国各地，逐渐与当地文化融合；另一方面，回族是一个全民信仰伊斯兰教的民族，在发展的过程中力图保持自己文化的独立性。这在明清时期回族的丧葬文化发展方面表现得尤为明显。从上文中我们看到，相对蒙古族和满族的丧葬文化，回族丧葬文化更具宗教和民族个性。

与满族和蒙古的丧葬文化相比较，明清时期回族丧葬文化具有区域性、多样性、宗教性等特点，尤其是宗教性表现最为明显。众所周知，满族和蒙古族都信仰佛教，

---

① 光绪《海城县志》卷7《风俗志·回俗》，《中国方志丛书·华北地方》第341号，第107页。
② 乾隆《回疆志》卷3《丧葬》，《中国方志丛书·西部地方》第1号，第83～85页。
③ 翟文选、藏式毅：《奉天通志》卷98《礼俗二·丧葬》，民国二十三年铅印本，第34～35页。

而中原丧葬文化尽管以儒家文化为指导，但佛教的影响无处不在。因此，由于受到同一种宗教的影响，满族和蒙古族的丧葬文化与中原丧葬文化融合起来，区隔不是很大。相比之下，回族信仰的伊斯兰教与佛教差别很大，因而回族的丧葬文化始终保持了自己鲜明的特征。

（四）藏族的殡葬

藏族是一个全民信教的民族，其葬俗受到宗教观念的巨大影响。明清时期，藏族主要信仰藏传佛教，同时夹杂着一些古老的本教观念。藏传佛教对死亡的认识主要体现在佛教经典《西藏度亡经》（又叫《中阴得度》）之中。公元8世纪由莲花生大师所著的《西藏度亡经》认为，死亡本身只是进入另一种生命形态的开始，而不是生命的结束。死亡只是精神（灵魂）脱离粗陋的肉体，而进入一个新的生命，肉体则于丧失其生命因素之后腐朽。从死亡到转生，需要七七四十九天，这一时期被称为"中阴"。[①]明清时期藏族的丧葬活动也是在《西藏度亡经》指导下进行的。同时，本教[②]万物有灵的观点也对藏族丧俗产生了重要的影响，万物有灵论与人的亡灵不灭论构成了藏族灵魂观的有机整体。[③]总而言之，藏传佛教和本教关于死亡的说法成为藏族丧葬礼仪的依据。

藏人临死时，并不认为今后将不能生存于世间，而是认为其生命的长链完成一节。丧家如果富有，便延请一个喇嘛。喇嘛告知临死之人不要挂念财产、家庭事务，甚至妻子、儿女，死亡只是脱离寄宿之躯壳，当灵魂脱离躯壳后，一生长物，如妻子、儿女、财产也与灵魂分离，这是理所当然的。临死之人应当诵念三宝、自己的守护神，使死后脱离苦海，升入天堂。人死之后，丧家用绳子将尸体捆绑，使死者的嘴巴挨着膝盖，两手插在两腿中间。然后，丧家用平日所穿的旧衣服裹住尸体，装入口袋中，悬挂于房梁。之后，喇嘛念经，丧家为其熬茶，送酥油给大小召寺中燃灯。把死者的财产，一半施舍于寺庙，一半作为喇嘛念经的薪酬，以及熬茶、施舍等活动的费用。[④]家人则坐在死者周围哀悼，亲友赠送丧家银钱或哈达及茶酒以慰问和吊念。[⑤]在此期间，喇嘛昼夜念经，为亡者歌功颂德。喇嘛根据丧家的贫富，收取不同的钱

---

① 参见冯智《雪域丧葬面面观》，青海人民出版社，1998，第1~8页。
② 本教是吐蕃时期流行的一种宗教。随着佛教的传入，本教逐渐衰落，但没有完全消失，而是以佛教的外在形式存在于丧俗等民间礼仪中。
③ 参见冯智《雪域丧葬面面观》，第10~13页。
④ 参见胡朴安《中华全国风俗志》下编，第514~515页。
⑤ 萧腾麟：《西藏见闻录》卷下《丧葬》，中央民族学院图书馆油印本，1978，第10页。

财。喇嘛先是告诉丧家,死者灵魂坠入十八层地狱,非金钱不能营救。丧家当即给喇嘛一些钱财,求其超度禳解。数日之后送葬,喇嘛以哈达为前导,吹喇叭,击鼓,徐徐前行,同时不时回头,以招亡魂。[①]

明清时期,藏族葬法多样,有天葬、地葬、水葬、火葬、塔葬等。其中,天葬最为流行。丧家将尸体交给职业葬师——剐人(洛甲巴),并付给适当的费用。剐人将尸体带到碎尸台,绑在柱子上,先剖开胸部,再剖其腹部,将五脏六腑取出,给麇集在尸体周围的秃鹫吃。剩余的骨头被碎成粉末,加入脑汁,与糌粑混合,喂食于秃鹫。最后死者尸骨无存,丧家欢喜,认为死者由此升入天堂,享受荣华富贵。相反,如果秃鹫不吃死者的骨肉,丧家则认为死者灵魂坠入苦海,请喇嘛超度,设法让秃鹫吃掉。[②]天葬可以从藏民的佛教信仰中得到合理的解释。藏传佛教认为,世间万物由地、火、水、风四种元素组成,这四种元素被称为"四大"。"四大"合和,人即为人,"四大"各离,人即逝世。人死后,人体就回归"四大"元素,因此土葬于地,火葬于火,水葬于水,天葬于风。人死后躯体毫无价值。将躯体施舍给饥饿的天鹰,以拯救将被天鹰吃掉的其他动物的生命。天鹰即秃鹫,在藏传佛教中称为"空行母"。藏民认为,将尸体奉献给"空行母",是一种高尚的功德,可以为死者的灵魂积善行德。按照这种信仰,天葬没有任何残酷性可言,反而是一种合情合理的高尚行为。[③]可见,葬法是文化的产物,任何一种葬法只要与文化相适应,在某种意义上都是合理的。

地葬与天葬差别不大,还是剐人以同样的程序,将尸体的骨头剁碎,不同之处是喂食于群犬。水葬把尸体切成零片,喂食于河流中的鱼虾。火葬则由喇嘛办理,喇嘛将尸体运到野外,放在锅里,加上酥油,锅下面架起柴火,进行焚烧。烧剩的尸骨择地安葬,并树立标记,以便岁时祭祀。塔葬主要用于喇嘛。喇嘛死后,其尸体被涂上香料和药品,被风吹干后,装入神龛或佛塔中,饰以金银,以资永远纪念。[④]剐人者每剐一具尸体,都要向丧家索要银钱数十,因此地葬和天葬只有富人才有财力操办。水葬被认为是一种不幸的葬法,多用于穷人。[⑤]地葬和水葬将尸体分别喂食于狗和鱼,这与天葬将尸体给秃鹫吃的文化解释是一样的,都是以躯体行善积德的佛教文化。对

---

① 民国《西藏》,转引自《中国地方志民俗资料汇编·西南卷》,第920页。
② 民国《西藏纪要》,转引自《中国地方志民俗资料汇编·西南卷》,第917页。
③ 参见冯智《雪域丧葬面面观》,第74~82页。
④ 民国《西藏》,转引自《中国地方志民俗资料汇编·西南卷》,第917页。
⑤ 许光世、蔡晋成编《西藏新志》,宣统三年自治编辑社铅印本,转引自《中国地方志民俗资料汇编·西南卷》,第908页。

于因传染病死亡者、杀人犯、强盗等,藏族实行土葬。

藏族的丧礼因地域的不同有一定的差异性。一般来说,大多数地区的藏民很少用土葬,认为土葬是一种不幸的葬法,但康定地区的藏民,有的将尸体装入大桶,埋入土中,坟上做出塔形,周围插上喇嘛旗。①

藏民还有居丧礼仪,即在百日内守孝男子不能穿华丽的衣服,不得梳洗,妇女则去掉耳环和念珠等装饰品。

与明清时期的满族、蒙古族和回族的丧葬文化相比,藏族的丧葬文化具有鲜明的民族特征。①非宗教人员死后,其尸身都将被剁碎后喂食于动物。天葬将尸体喂食于秃鹫,地葬将尸身喂食于狗,水葬将尸身喂食于鱼。按照藏族文化的解释,这种将尸身喂食于动物的做法是一种高尚的功德。②宗教色彩更加浓厚。在藏族的丧葬礼仪中,喇嘛是主角,丧葬的全过程都要喇嘛主持。同时,在丧家的丧礼开支中,给喇嘛的薪酬占了较大的比重。因此可以说,藏族的丧礼几乎就是一场宗教活动。③明清藏族的丧葬文化独立发展,几乎没有受到中原儒家丧葬文化的影响。这与满族、蒙古族、回族的丧葬文化的发展形成了鲜明的对比。究其原因,关键因素在于藏族的地理环境。与满族、回族和蒙古族相比,明清时期绝大多数藏族人基本上与汉人杂居的情况较少。即使与汉族杂居,藏民的人口也是占多数。同时,当时藏民居住在交通不便、与外界交流不易的西藏地区。这使得藏族的文化发展相对比较独立,丧葬文化也就能保持自己的特色。

由上可知,明清时期藏族的丧葬文化主要受佛教和本教的影响,具有非常浓厚的宗教色彩。明清藏族的葬法多样,其中天葬、水葬、土葬、火葬用于普通民众,塔葬适用于喇嘛等宗教人员。与其他少数民族的丧葬文化相比,明清时期藏族文化有着鲜明的民族特色。

(五)其他少数民族的殡葬

明清时期,除了上述满族、蒙古族、回族、藏族四个较大的少数民族外,还有彝族、壮族、苗族、傣族等其他众多少数民族。在此,我们对西南地区的苗族和彝族的丧葬文化进行简要的介绍。

从明清文献看,时人将苗族分为黑苗、白苗、花苗、红苗、青苗、紫姜苗、东苗等多种。在这些不同类别的苗族中,他们的丧葬文化有一些相同之处。譬如,在丧礼

---

① 尹扶一:《西藏纪要》,转引自《中国地方志民俗资料汇编·西南卷》,第917页。

中多宰牛祭奠。贵州八寨县的花苗,但凡举办葬礼,都要宰牛。①贵州镇远府的黑苗中的生苗,即不懂汉语者的黑苗,在埋葬之前,宰牛酣饮。②宰牛还有一定的仪式。贵州麻江县的苗族,在埋葬之前,丧家准备一头牛和一匹马,延请巫来祈祷,死者的儿子按照一定次序跪在牛的前面,听完祈祷后,由女婿宰杀牛。如果女婿不能胜任,也必须持刀刺牛,之后才由他人代为宰杀,这一仪式被称为"砍利"。在埋葬前,黑苗还要举行"闹尸"仪式,即一些人敲打着铜鼓,吹着芦笙,众人随着音乐跳舞。③闹尸也称"娱尸",分布比较广泛,在土家族、傣族、纳西族、彝族、壮族、傈僳族等西南其他少数民族中也盛行。譬如,土家族把"闹尸"称为"绕棺"和"跳丧","绕棺"包括念咒和歌舞,参加歌舞的人分成二人队、四人队、八人队,多的甚至数十人队、上百人队。他们随着巫师念咒声起舞,在灵柩前边舞边歌。"跳丧"也是歌舞活动,参加者不仅有本村寨的人,还有周围村寨的青年男女。"跳丧"有固定的程序,有专人具体指挥。④

除了闹尸,苗族选择坟地的方法也很有特色。贵州永宁州的苗族在选择坟地时,将鸡蛋掷在地上,认为鸡蛋不破的地方是吉地,以此作为坟地埋葬死者。⑤合葬也是苗族丧葬文化的一个特点。贵州黑苗长时间将灵柩停在寨旁,甚至长达二十年。全村寨选择一个吉日,将几十个、甚至上百个灵柩合葬在一起。⑥到民国年间,这种合葬的习俗逐渐被淘汰。⑦

彝族是明清时期西南地区的一个重要民族。四川越巂彝族的葬俗很有特色,火葬和土葬混用。人死之后,贫家用布、富家用丝绸裹住尸体,放在柴堆上用火焚化。火化后,不用棺椁,直接用土石将骨灰掩埋。前来吊丧的亲戚及村民自备酒肉祭奠死者,然后丧家用自己的酒肉祭奠。祭奠完毕,众人一起饮酒用餐。三年后"做白",即丧家请巫觋诵经,超度死者。在此期间,丧家举行隆重的仪式,首先通知远近亲族。前来祭奠者都送祭祀酒肉,男性穿着光鲜,身披黑毡或白毡,带金银首饰;女性穿金银斗篷,五彩衣裙,乘马而来。众人宴饮完毕,进行赛马,以跑圈决胜负。⑧

---

① 民国《八寨县志稿》卷21《风俗》,《中国方志丛书·华南地方》第156号,第379页。
② 乾隆《镇远府志》卷9《风俗》,《中国地方志集成·贵州府县志辑16》,第90页。
③ 民国《麻江县志》卷5《风俗》,《中国地方志集成·贵州府县志辑18》,第371页。
④ 参见张捷夫《中国丧葬史》,文津出版社,1995,第314~316页。
⑤ 道光《永宁州志》卷10《风土·花苗》,《中国地方志集成·贵州府县志辑40》,第559页。
⑥ 乾隆《镇远府志》卷9《风俗》,《中国地方志集成·贵州府县志辑16》,第87页。
⑦ 参见民国《榕江乡土教材》第3章《乡土社会》,《中国地方志集成·贵州府县志辑16》,第597页。
⑧ 光绪《越巂厅全志》卷10《风俗》,《中国方志丛书·西部地方》第31号,第860~861页。

丧葬是一个民族文化的核心内容之一。明清时期，中国境内民族众多，不同民族的丧葬文化都存在着一定的差异，这种差别凸显了不同民族的文化特色。一方面，不同民族在明清时期进一步融合，文化交流日益频繁，相互影响，民族间的文化差异逐渐缩小。另一方面，不同民族的丧葬文化依然保持着一定的独立性。在某程度上说，丧俗与婚俗一起，构成了民族文化中最具特色的部分。不同特色的丧葬文化就像不同颜色，极大地丰富了明清时期中华民族的文化。

小　结

明清时期，华北、江南、岭南三个区域的丧葬文化具有相对鲜明的特色。总体来看，华北地区的丧葬文化主要突出两个特征，一是浓郁的土文化，二是浓厚的政治等级性。就拿土文化来说，华北广袤的土地以及深厚的土层，为丧葬中创造和发展土文化创造了良好的条件。所以，不管是一次葬、深挖墓穴，还是必须到城隍庙和土地庙去祈祷，都凸显了人们对土地的依赖和信仰。而靠近京城的地缘特点使得华北丧葬文化也熏染了政治上的等级性。

华北丧葬中政治文化浓厚的表现之二是行政长官按照等级秩序，亲自为民间制定丧仪。在山西泽州府，丧葬中侈靡、风水、停柩、鼓吹的风气很浓，"积习难返。陶知州自悦依绅庶名分次第，酌定丧仪，限期葬埋，俗尚少减"。[①]从事情本身的性质来讲，知州陶自悦制定丧仪的目的是为了移风易俗，推行教化。然而，他制定丧仪的原则是"依绅庶名分次第"，即加强丧葬中等级文化。这位知州来自江南常州府武进县，是康熙二十七年的进士。可以想见，他很清楚家乡江南的丧葬"陋俗"与华北泽州的很相似，在江南士大夫普遍好俗的情况下，他在自己家庭的丧事中是否坚持在工作岗位上推行具有严格等级的丧礼，让人怀疑。在江南士大夫之家的丧葬中，且不说突出丧主的身份等级，就是坚持儒家表面的丧仪附身附棺都很不容易了。士大夫都将佛道丧仪摆在中心位置，所谓正统的儒家丧仪被弃于角落。然而，陶自悦能在泽州府推行身份等级鲜明的丧仪，关键因素在于华北有着浓厚的政治文化。易言之，陶自悦之所以能在改革丧俗的活动中取得成功，主要原因是他运用了有利的政治文化资源。

如果说华北丧葬中表现出的是浓郁的土文化，那么岭南丧葬中表现出的则是水

---

① 雍正《泽州府志》卷11《风土》，第6页。

文化。到河里取水浴尸是水文化的第一个表现。受高温多雨的热带、亚热带气候的影响，岭南民众每天洗澡，洗澡成为他们不可或缺的生活元素。为了说明对死者洗澡的重要性，浴尸被置于丧事的一个程序。同时，洗澡水不可随意取得，而是要丧家到附近的河里取水。因地区间经济水平的差距，取水的仪式还有差别。在经济发达的地区，丧家要买水，给河里投钱之后，才能取水。在经济相对落后的地区，情感代替了金钱，丧家在取水的途中只要表现出极度的悲伤，以至于无法独立行走，因此两旁有人专门扶着。无论是情感元素还是金钱元素，它们都表现出了取水浴尸仪式的隆重。这种隆重仪式反映了岭南民众对水的依赖和信仰。

与岭南和华北相比较，江南丧葬总体上表现出是金钱文化。进入明清时期，江南社会的经济文化不仅在全国独占鳌头，尤其在清代与其他地区拉开较大的距离。虽不能说江南社会是一个商业社会，但相比其他地区，商业在社会中的地位越来越高。更重要的是商业逐渐改变着传统农业社会的结构，尽管尚未实现质变。江南社会的这种特点在丧葬中表现的就是金钱文化。在人多地少的江南，农商用地很紧张，坟地不易获得，而风水好、面积不小的坟地更宝贵。然而在经济发达的江南，家资雄厚的民众处处可见。他们为了寻得风水宝地，一掷千金。可以想象，这个过程耗费时日不少，所花金钱的数额一定很可观。这种行为的结果则是普遍的停柩不葬现象，这是其一。

其二，在丧葬中，富家豪族为了炫富，不仅不收吊客赙赠，还送出丰厚的礼品，提供交通工具和仆从，甚至直接馈赠现金。这种做法将送葬仪式变成一个盛大的演出，锣鼓喧天，人山人海，热闹非凡。

其三，也正是富家豪族的这些炫富行为将江南葬礼的规格从经济上提升了很多，一个比较体面的葬礼耗资不菲。更重要的是，一些规矩成为葬礼的必需品，如延请吊客，给其礼品，为地邻提供酒食。相对富家豪族来说，财力平平的家庭毕竟多数。在豪华葬礼面前，他们成为不堪重负的穷人。为了完成丧事，又避免负债累累，一些贫寒之家选择了偷葬，甚至送葬期间不敢哭泣。试想，在最后一次面对刚刚逝去亲人的灵柩，丧家连哭声都不发出，这是何等巨大压力下才能做出的选择。

其四，不管是阻葬，还是闹丧，二者的当事人都是社会边缘群体。不同之处在于前者是组织严密、具有黑社会性质、以讹诈金钱为生的暴力团体；后者"丧虫"则是乘着丧事，向丧家讨饭的穷人和乞丐。后者之所以出现，与上述富家豪族款待吊客的炫富方式有直接的联系。至于前者，他们之所以从良民变成类似土匪性质的群体，利用送葬时机做出一些伤天害理的事情，根本的因素在于江南人多地少，经济发达的社会环境。人多地少造成了不少失地失业的游民，而商业发达的市镇以及为数众多的富家豪族为他们提供了可以通过讹诈谋食的机会。同时，贫富分化造成的仇富观念是这些游民的普遍心理。在这种情况下，他们联合起来，组成会党式的群体，通过阻葬敲诈富家钱财而生存。总之，阻葬和闹丧表面上看是单纯的社会问题，实际上是江南丧葬中金钱文化的表现，只不过这个表现比较隐晦。

应该指出的是，丧葬文化的地域特色是相对的。也就是说，华北、江南和华北三个不同区域之间的丧葬文化特色并非泾渭分明，有些特色并非为一个区域所独有，在其他区域也能看到，只不过存在的范围有着较大的差别。

明清时期满族、蒙古族、回族、藏族四个较大的少数民族的丧葬文化也各有特色。随着定鼎中原的成功，满族居住的地域环境也由原来东北一隅变成了全国各地。随着满族社会的巨大变化，丧葬文化也有了很大的变革。在努尔哈赤统一满族各部之前，满族的丧俗有土葬、火葬和树葬等。在努尔哈赤统一之后，出于适应战争形势的需要，满族的葬俗全部变成了火葬一种方式。入关之后，为了加快儒家化的进程，满族统治者推行土葬，禁革火葬以及人殉等葬俗。经过长期努力，清中期以后火葬基本上在满族内部消失了。与蒙古、回族、藏族等其他几个少数民族的丧葬文化相比，满族丧葬文化的变化最为剧烈，变化的阶段性非常明显。这种特点是由满族社会的政治变迁一手造成的。可以说，政治主导和推进了明清时期满族丧葬文化的发展。同时，作为清代的主政者，满族丧葬文化也影响了中原丧葬文化的发展。其中最大的影响就是禁革火葬政策的推行。明朝建立伊始，统治者就大力推行禁革火葬政策。清承明制，禁革火葬成为清代丧葬文化的法律和政策的重要内容之一。然而，由于清初顺治帝以及一些满族贵族实行火葬，禁革火葬的政策和法律成为具文。尽管清初有一些文人士大夫呼吁在民间禁革火葬，尤其是江南地区，但政府的反应不够积极。直到清中期，朝廷为了彻底革除残留火葬习俗才出台了强硬的政策，江南等地火葬禁革活动才有了较大的作为。可见，中原地区火葬的禁革活动受满族火葬禁革活动的影响较大。

蒙古族是明清时期北方一个强大的少数民族。总体来看，这一时期蒙古族丧葬文化的发展主要受到藏传佛教、五行学说以及社会变迁三个因素的影响。在黄教传入蒙古地区的 16 世纪之前，蒙古族实行土葬。此后，受藏传佛教的影响，蒙古地区也出现了天葬、火葬等葬法。这些葬法一直延续到现代。可见，宗教对蒙古族丧葬文化的影响最大。值得注意的是，中原地区的五行学说影响并逐渐改变了蒙古的丧葬文化。不管在西北地区的蒙古族，还是在东北地区的蒙古族，都存在五行葬法。民众根据星相书《珠露海书》，在金葬、木葬、水葬、火葬、土葬五种葬法中选择其一。除了藏传佛教和五行学说之外，社会变迁也是影响蒙古丧葬文化的重要因素之一。在清代，一些地区的蒙古族开始过上定居生活。蒙古贵族为了显示家族地位和身份差别，向中原贵族学习建立寝陵。因此，蒙古族的坟墓出现了坟头，不再像以前一样因为没有坟头而无迹可寻。这是一个很大的变化。

在丧葬文化上，回族依然保持着鲜明的个性——速葬、薄葬和土葬。尤其是速葬和薄葬，这两个特色使得回族丧俗与汉族、满族、蒙古族等其他民族的丧俗区别十分明显。回族之所以能保持自己鲜明的特色，关键在于其信仰的宗教——伊斯兰教。当然，伊斯兰教有多种教派，回族信仰逊尼派中的格底目派和伊赫瓦尼派，前者的信徒是多数。格底目派的丧俗也吸收了汉族的一些丧俗，如做七、戚友吊丧等。相比之下，伊赫瓦尼派主张保持回族丧俗的纯洁性。除了宗教，区域文化使得不同地区的回族丧俗表现出地域差别。

与满族、蒙古、回族等其他少数民族丧俗不同的是，明清时期藏族的丧葬文化受到外族文化的影响很小。藏族葬法多样，有天葬、地葬、水葬、火葬、塔葬等。对不同葬法的选择受死者的社会阶层、职业、身份等因素影响。如塔葬多用于喇嘛，罪犯多地葬，穷人多水葬。藏族的丧俗有着强大的佛教理论支持，喇嘛在丧礼中具有重要的地位，自始至终主导着丧礼的进行。

西南少数民族族的丧葬具有明显的娱乐气氛，集体跳舞和歌唱的闹丧形式就是典型的表现之一。

由上可知，明清时代的丧葬文化既有鲜明的民族差异，也有明显的地域特色。随着社会的发展，不同民族之间、不同区域之间的丧葬文化交流进一步加强。从不同民族之间丧葬文化交流的角度来说，藏族的丧葬文化强烈地影响了蒙古族的丧葬文化，使其葬法由一元化的土葬走向多元化的天葬、火葬、土葬等。而中原汉族的丧葬文化也悄悄地进入了蒙古族和回族的丧葬文化之中，清代蒙古族的坟墓出现了坟头，王公贵族修建了寝陵，五行葬法广泛存在于回族丧事中。与此同时，少数民族的丧葬文化也渗入了中原汉族的丧葬文化中，尤其是与少数民族聚居区接壤的汉族地区的丧葬习俗中。譬如，河北一带的民众在丧事中焚烧死者衣物，这种习俗实际上是满族烧饭习俗变异的结果。岭南一些地方在丧葬中还能看到巫的影子，甚至巫和道士合作，主持丧礼。这种习俗显然是受西南少数民族丧俗的影响。值得注意的是，尽管火葬在明代之前就存在于中原，但明太祖朱元璋将之视为"胡俗"而大力禁革。这说明在时人看来，少数民族的丧俗对中原汉族的丧俗影响不小。

从区域文化的交流来看，华北民众在丧葬中对城隍庙和土地庙的习俗也传到了江南个别地区，尽管被江南文人士大夫视为异端，遭到批评，但还是顽强地存在着。江南少数地方取水浴尸的习俗很有可能是岭南丧俗传播的结果。停柩不葬的习俗也很有可能是从江南传播到华北和岭南的。江南停柩不葬的习俗表面上是因风水和贫困而形成的，但最根本的原因是人多地少，葬地稀缺的客观现实。因此，在某种程度上江南民众无地可葬，不得不停柩。而华北和岭南就不存在这个现实，至少葬地是容易找到的，即使不是风水宝地，也完全可以寄厝。然而，为何岭南和华北也有停柩现象？可能合理的解释是，在华北和岭南，停柩在某种意义上显示了家族高贵的地位，是富家大族与普通民众划分阶层边界的标识。因此，即使有地可以暂时埋葬，也要停柩。

第七章
中西交汇与明清殡葬礼俗的变革

第一节 传教士与中国葬俗

中西交流在我国传统社会中一直或隐或显地存在。尽管基督教早已传入中国，但明清时期因为来华传教士的数量逐渐增多，其影响也日渐深远。许多来华传教士在华居留多年，对中国民众的社会生活有了更多的观察和了解。其中丧葬礼俗也引起了他们的关注。

一 传教士对中国殡葬习俗的看法

与基督教主要关注丧礼不同，中国人不仅重视丧礼，对葬礼甚至祭礼也同样重视。中国丧葬礼中繁复的仪节让传教士们颇感费解，而在中国的丧葬习俗中，有以下几点是他们普遍比较反对的。

首先，民间丧葬中多用僧道做法事。明清时期的民间丧葬礼仪基本上是以儒家礼制和历代丧制为依据，并根据各地的风俗习惯和当时的社会风尚进行了增删、演变而成。由于佛道在基层社会的广泛传播，丧葬仪式中延僧道诵经超度已经成为比较固定的程式，加之民间社会多以不延僧道为"俭其亲"，故用僧道之风很盛。如上海《宝山县志》记载："丧葬之礼久废。……惟用僧道，十室而九，谓之功德，虽士大夫家亦所不免。"[1]士大夫阶层对僧道介入丧葬也曾提出过许多批评，并试图劝化民众移风易俗，甚至身体力行，躬亲示范，用《家礼》而不延僧道，但事实上却往往难以免俗，

---

[1] 光绪《宝山县志》卷14《志余·风俗》，光绪八年刻本，第2页。

如江西赣州"俗多用浮屠法，鲜有能行古礼者，间有依温公《书仪》及文公《家礼》，俗反用为嗤笑"。[①] 浙江丽水"守道之士或不屑为，众反嗤为不孝，故虽贫家亦勉力效之"，[②] 由此可见当时的社会风气。从地方志的记载来看，有的地区丧礼遵奉《家礼》，如河南郑州"丧葬衷《家礼》",[③] 即明清时期民间丧礼大多既遵从《家礼》，又崇佛道，二者尚能共存，并不存在绝对的冲突。有的士大夫甚至公然为丧葬用僧道辩护："至用浮屠度荐，虽乖典，则尚属仁人孝子之用心，而亦未可尽訾也。"[④]

由于竞争的关系，传教士对中国人原有的宗教信仰充满敌意，在他们留下的文字记载中有大量相关论述。他们认为："佛教和道教中既包含吸引人的成分，也有令人反感的内容。虽然这两种宗教弥补了中国人在信仰上的缺失，但过于矫揉造作的特点和无根无据的教规以及与儒教精神和学说背道而驰的教义却导致了人们对它们的憎恶和不满。"[⑤] 有的传教士还指出，尽管佛教与天主教之间存在诸多相似之处，但这并未增加他们对佛教的好感，反而加深了对佛教的厌恶："对此，天主教徒们早已达成共识。他们的解释是，佛教是撒旦模仿真宗教造出来的一种伪信仰，其目的是要抢先控制人们的头脑，满足民众的需要，抵制真正的信仰。……它们虽然满足了人类的宗教渴求和罪恶本性，但却都使灵魂真正远离了上帝。"[⑥] 更为严重的是，传教士断定佛教和道教是滋生偶像崇拜的温床，"各种崇拜仪式似乎都缘起于佛教和道教",[⑦] 而且游方僧道到各地化缘的同时，也"将偶像崇拜推广至民众当中"。[⑧] 在西方传教士的眼中，诸如烧香拜佛、供奉牌位、焚烧纸钱之类的偶像崇拜仪式都充满了浓厚的"异教"色彩，是亟须改造的，因而在其对中国丧葬礼的批评中，延请僧道首当其冲。有人甚至认为"中国能否真正成为礼仪之邦，取决于中国能否抛弃偶像崇拜，接受、信仰西方文化"。[⑨]

在此需要指出的是，严格来讲，中国人丧葬用僧道更多的是一种习俗，而非信仰。吴藕汀在《药窗诗话》中曾提到民众请僧道的心态："民间有事请教僧道，并无宗教色彩，好比雇班'堂名'做做热闹而已。不必似道学先生那样，用什么'惑于邪

---

① 光绪《瑞金县志》卷1《舆地志·风俗》，光绪元年刻本，第43页。
② 光绪《宣平县志》卷5《风土·丧葬》，光绪四年刻本，第7~8页。
③ 民国《汜水县志》卷1《地理·风土》，民国十七年铅印本，第9页。
④ 咸丰《云阳县志》卷2《风俗》，咸丰四年刻本，第56~57页。
⑤ 〔美〕倪维思：《中国和中国人》，崔丽芳译，中华书局，2011，第111页。
⑥ 〔美〕倪维思：《中国和中国人》，崔丽芳译，第78~79页。
⑦ 〔美〕倪维思：《中国和中国人》，崔丽芳译，第94页。
⑧ 〔美〕倪维思：《中国和中国人》，崔丽芳译，第67页。
⑨ 〔英〕F. H. 巴尔福：《远东漫游——中国事务系列》，王玉括、綦亮、沈春蕾译，南京出版社，2006，第102页。

说''牢不可破的恶习'来对付僧道,毕竟太过认真,不合风土习俗。"①有些西方传教士也认识到了这一点,如1854年来华的美北长老会传教士倪维思就曾明确讲道:"中国人的宗教在很大程度上是一种习俗,而非严肃坚定的信仰。他们只是感到必须要供奉些什么,故而为了使自己问心无愧,也为了避免招致不守礼俗的骂名,中国人就选择将熟悉的人或物作为顶礼膜拜的宗教祭奉对象。"②这样就不难理解,虽然士大夫和传教士都反对丧葬用僧道,但其立足点是有差异的。士大夫是为了移风易俗,而传教士是反对这种偶像崇拜的"异教"行为。③

其次,风水观念。风水观念在传统中国人的日常生活中发挥着至关重要的作用,约束着人们的一举一动、一言一行,而其对中国人丧葬行为的影响更是深远。为了谋得吉地,停丧不葬者有之,捡骨改葬者有之,甚至于争讼械斗。尽管士大夫对厚葬和迷信风水多有批评,但由于他们的经济条件相对较好,加之传统观念根深蒂固,难以以身作则,在移风易俗上有心无力。正如《都昌县志》中所记:"中产以上,择期卜地,多停柩不葬,葬或滋事,则惑于堪舆之说。所谓习俗移人,贤者不免也。"④

西方传教士对中国的风水观念普遍印象深刻,比如麦高温观察到,"遍布这个国家南方的丘陵和山区地带是人们最爱埋葬他们遗骨的地点,这完全不是出于美学的考虑,而只是对风水的迷信,人们认为风水的力量十分强大,可以使死去的祖先的种种努力转化为对活着的子孙后代的祝福。"⑤倪维思在其影响深远的《中国和中国人》一书中也曾经提到,"对中国人而言,最重要的是为父母双亲的坟墓选一块风水宝地,因为这样做可以使子孙后代受到亡灵的保佑",更令他不安的是,"风水这种想象中的科学在中国差不多为全民所信奉,而且,除某些例外情况,受教育阶层显然比普通民众对这一套学说更为痴迷"。⑥一位清末美国外交官何天爵直言:"那些能够冒险不理会风水给死者下葬的人才是真正勇敢的中国人。"⑦因为他发现"(中国)整个民族的思维结构和精神状态都充满了迷信观念。迷信在每个中国人的日常生活中都占据了相当重要的位置。迷信完全控制着人们的经济和生活的规划。……而一个人死后,其后人

---

① 吴藕汀:《药窗诗话》,中国人民大学出版社,2007,第47页。
② 〔美〕倪维思:《中国和中国人》,崔丽芳译,第112页。
③ 传教士对偶像崇拜非常反感,经常在所办报刊中刊登抵制偶像崇拜的文章,如李擎盘《拜偶像丧子(直隶)》,《通问报:耶稣教家庭新闻》第191期,1906年。
④ 同治《都昌县志》卷1《封域志·风俗》,同治十一年刻本,第41页。
⑤ 〔英〕麦高温:《中国人生活的明与暗》,朱涛、倪静译,中华书局,2006,第75页。
⑥ 〔美〕倪维思:《中国和中国人》,崔丽芳译,第130页。
⑦ 〔美〕何天爵:《中国人的本色》,谢旻译,哈尔滨出版社,2012,第94页。

在为他选择墓地的位置、举行葬礼的时间以及入葬仪式等都缺不了迷信。"①

传教士大多认为风水学说是对中国影响最大的迷信观念,与基督教精神相悖离,而且极大地阻碍了中国的发展。麦高温认为中国"最大的祸根之一就是风水","风水作为一种迷信,给整个中国带来了无法估量的灾祸,因为没有什么东西能像它那样,如此地阻碍着一个国家的进步,使广大的地区深深地陷于贫穷"。②

由于迷信风水而造成的停丧不葬等现象,让19世纪的来华医学传教士和海关医官大为不满。他们认为中国人这种处理尸体的方式大大有害于卫生:"梧州海关医官McDonald指出中国法律规定人死后三个月内就必须下葬,但许多人因为风水师建议,尸体停放家中的时间远超过此一期限。芝罘(今名烟台)的海关医官Myers则抱怨当地的'坟场完全没有明确的范围',四处埋葬的尸体必然已经污染了水井,因为地下水在到达井底前必然先从坟墓滤过。"③《万国公报》(由基督教美国监理会传教士林乐知等创办)1878年即曾刊文《劝葬无主棺木》,指出其卫生风险:"夫尸骸暴露,为子孙者不过自觉心上不安,但此后天气日热,似此薰蒸,瘟疫在所不免,官长视民如子,善堂每念好生,若能一举两得,从此朽骨既安,民生不为疫气所染,其功德岂仅食报已哉!"④不过有的西方人却不以为然,何天爵就认为:"死者的延期入葬并不会对生者的健康造成任何影响,因为死者的棺材密封得严严实实,与外界完全隔绝。"⑤

值得注意的是,随着医学和公共卫生理论的发展,中国人也逐渐认识到停棺有可能引发时疫,因而许多地方官开始催葬停棺,如安徽"怀宁县郑大令深恐居民迁延不葬,酿成时疫,特饬地保鸣锣谕众,限一日速葬,如有贫不能葬者,由劝葬总局发给银一两五钱,或亲属无人,则准知其姓字者赴总局报明,俾迁居义冢,立石标碑以备日后稽查认领。"⑥

西方人反对风水观念,还有一个原因就是中国人对风水观念的迷信在一定程度上影响到他们的切身利益,如修路、开矿、建教堂和房屋等。马森就曾指出:"这种迷信观念引起了外国人的注意,因为这给他们制造了许多麻烦。当他们准备竖一根电线杆,或修筑一条铁路,或为了内地的煤来回运行方便而铺条铁轨时,中国官员会以

---

① 〔美〕何天爵:《中国人的本色》,谢旻译,第90页。
② 〔英〕麦高温:《中国人生活的明与暗》,朱涛、倪静译,第95、96页。
③ 李尚仁:《腐物与肮脏感:十九世纪西方人对中国环境的体验》,收入余舜德主编《体物入微:物与身体感的研究》,新竹清华大学出版社,2005,第50页。
④ 《大清国事·劝葬无主棺木》,《万国公报》第491期,1878年,第14页。
⑤ 〔美〕何天爵:《中国人的本色》,谢旻译,第94页。
⑥ 《中国近事·安徽·催葬防疫》,《湖南演说通俗报》第13期,1903年。

'风水'问题为借口来反对这些工程项目。"[①]倪维思也提到风水观念带来的误解:"某家的宅院倘若建在较高的地势之上,就意味着这家的风水必定好过地势较低的邻宅。正是由于这一迷信观念的影响,外国人在中国城市盖房,特别是建教堂时总会遇到重重障碍。常有中国人到当地的领事馆去投诉,指责有些外国人完全无视风水原则,侵损了当地居民的利益。很多事例都说明了中国人在这方面确有不少积怨,他们将各种灾难祸事都归因于外国人所建的住所和教堂。"[②]麦高温则不无遗憾地感慨道:"中国是一个有着丰富矿藏的国家,一旦封建迷信思想破除,这些矿产能够被开发利用,中国必将进入一个繁荣昌盛的新时代!"[③]事实上,风水择葬的确有碍晚清中国的经济发展,当时也有不少中国人注意到此问题。1910年《交通官报》上转载邮传部奏折,提出为筹备路政,应令民间仿行族葬以利交通,只不过仍有所保留:"臣等以为旧俗虽难于骤更,积弊宜去其太甚,其地居僻左者暂可毋庸置议,至于路当孔道,自今以后,宜令仿行族葬之法,庶交通可利推行,兆域亦咸得所,似于庶政颇有裨益。"[④]此提议可谓当时情境下较为可行的方法,也得到允准。

西方传教士对中国的风水迷信多有批评,美国传教士创办的教会刊物《中国教会新报》曾刊登教友来信批判丧葬重风水的习俗:"岂知人生祸福自由天定,非风水地理所能定哉,况积善之家必有余庆,积恶之家必有余殃,古贤云,死生有命,富贵在天,此定论也,奈何执迷不悟,却以释道之妄言奉为金石之确论。"[⑤]1878年的《万国公报》也曾刊文痛批风水之谬:"安分以循礼,行道以听天,夫人苟夙夜扪心,俯仰无愧,而冥冥之中有不赐之福地而自天祐之者哉。若谿刻其心,凉薄其行,而欲以朽骨卜佳城为子孙享百世之福者,纵有是地理,恐亦无此天理也。"[⑥]除了亲自辩驳风水之说,传教士甚至通过登载中国人的相关著作来"以子之矛攻子之盾":"华人多惑于风水之说,吾西士常于新报中辩难之,然其实中国读书明理之士,则未尝为所蔽也。近见《全谢山先生集》中居有《宅经葬经先后论》一篇,援引典博,辩证详核,足以关堪舆家之口而夺之气,爰亟录之,以供众览。"[⑦]

[①] 〔美〕M. G. 马森:《西方的中华帝国观》,杨德山译,时事出版社,1999,第203页。
[②] 〔美〕倪维思:《中国和中国人》,崔丽芳译,第135页。
[③] 〔英〕麦高温:《中国人生活的明与暗》,朱涛、倪静译,第99页。
[④] 《奏筹备路政拟令民间仿行族葬以利交通片》,《交通官报》第27期,1910年。
[⑤] 《登州浸会教友信》,《中国教会新报》第11期,1868年。
[⑥] 《大清国事·葬地说》,《万国公报》第481期,1878年,第19页。
[⑦] 《宅经葬经先后论》,《万国公报》第333期,1875年,第24~25页。

再次，丧礼讲排场、厚葬。明清时期治丧崇尚奢华，"丧不哀而务为观美"，[①]从通都大邑到偏僻乡村，均以丧事为至大之事，竭力措办，甚至成为民众的重要负担。翻检地方志，这样的论述比比皆是，如山东邹平"俗号简朴，而丧葬颇崇外饰，……近日丧葬，侈华更甚"；[②]山东临清"俗向重丧礼，往往破产以葬其亲"；[③]四川万县"惟亲朋来吊，竞尚侈华"。[④]当时的报刊如《益闻录》等中也有大量对奢华丧礼的报道，如：

> 前苏抚吴大中丞太夫人之柩，本月十三日扶运回籍，执事旗牌，王命銮驾，悉照一品礼仪，合城文武各官员，步行恭送，其丧仪之盛，实为吴中所罕睹，柩出东辕门，由护龙街、饮马□、经西道前出胥门外，至官码头下舟，一路行人摩肩接踵，叠附如蚁，直至午后三点钟始纷纷各散云。[⑤]

崇尚厚葬的习俗成为民众的一大负担，有些传教士也认为厚葬是种无谓的消耗，"中国人的这些仪式显然荒谬可笑，但他们为此所耗费的银两却难以估算"。[⑥]

明恩溥敏锐地观察到中国人这种单纯因为一时的炫耀而给家庭造成如此大负担的"愚蠢"行为是碍于面子，并指出孝子们也"从这种炫耀的形式中获得某种满足"，这样就不难理解许多家庭为了给父母办丧事而卖掉了所有的土地，甚至卖掉了房子，因为"若不能为死者办一场像样的葬礼是很没面子的事"。他们心甘情愿和满怀神圣地举办这种非理性的仪式，好像是在向他人表明："看看我吧！无论付出多大代价，我都能把丧事办好！"[⑦]

传教士们普遍认识到仪式对于中国人的重要性。"仪式是中国民族的生命，而中国人对礼仪的绝对遵从是除葬礼外的其他场合绝对见不到的"，"在中国没有比安葬死者更刻板繁复的其他方式"，但是中国传统的丧葬仪式在传教士看来非常混乱，充满了"等待、拥挤、混乱和失调"，而且"多数看起来很奢华的场面也透出一些难以形

---

① 谢肇淛：《五杂俎》卷14《事部二》，第293页。
② 道光《邹平县志》卷18《杂志上·风俗》，道光十六年刻本，第2页。
③ 民国《临清县志》卷11《礼俗志·婚丧》，道光十六年刻本，第21页。
④ 咸丰《云阳县志》卷2《风俗》，第56页。
⑤ 《丧殡盛仪》，《益闻录》第117期，1881年，第212页。
⑥ 〔美〕倪维思：《中国和中国人》，崔丽芳译，第126页。
⑦ 〔美〕明恩溥：《中国乡村生活》，午晴、唐军译，时事出版社，1998，第192～193页。

容的寒酸"。[1]马森这样描述中国人奇怪的送葬队伍:

> 前者(送葬的队伍),像中国人所有的行军队列一样,是一支由各式人马组成的人群。衣衫褴褛、赤膊露胸的苦力步调不一地蹒跚而行。他们挑着最奇怪的担子;死人由一只拍打着翅膀的白鸡在前引道;托盘里放着烤熟的猪肉,也许是一头整猪和几只鸭子;一大堆纸钱放在几只篮子里,还有真的或者纸做的衣服、鞋子、点心盘子、伞、扇子等等。死者的生前好友坐在让人抬着的椅子上,周身缠满白布,只露出两只眼睛和一个鼻子,看起来好像是许多死尸一起走进他们的坟茔,列举这些与一个中国葬礼有关的东西着实枯燥无味。一般地结果是滑稽胜于庄严、愉悦胜于悲伤、杂乱胜于有序。[2]

当时的报刊上也有不少乘丧事混乱而起的案件,如 1902 年《鹭江报》报道漳泉接连发生乘丧盗窃和抢劫之事。[3]除了混乱性,中国人丧葬仪式上的娱乐性也被广为批判。明恩溥就曾提到"英语国家的人若在悲哀时刻娱乐必会受到谴责。中国人则相反,整个服丧过程都贯穿着享乐的内容。世间大概再没有其他地方提供如此轻松吃喝的大好条件。恰如一句谚语所言:'死人升上天堂,活人撑圆肚囊。'"[4]除了大吃大喝,更有甚者请人演剧唱戏、聚钱赌博等,如河南荥阳"丧礼用鼓乐,相习已久",[5]湖北麻城"庶民家亦鼓乐治具,醵钱坐夜",[6]山东寿光"甚而营葬之日,至有设梨园于途,陈百戏于墓者"。[7]甚至有些地方政府也感觉此种习俗不妥,出示严禁,如 1906 年《广益丛报》所记四川的情况。

> 川省风俗,民间如有丧事,往往延道诵经,其腔调锣鼓与剧班毫无分别,又于出殡之前一夕,聚集多人唱剧,名为闹丧,在下等社会行之固多,即绅士之家,亦间或有之,此种恶习于丧礼实属背谬,昨经警察总局出示严禁,并将律例

---

[1] 〔美〕明恩溥:《中国乡村生活》,午晴、唐军译,第 193~194 页。
[2] 〔美〕M. G. 马森:《西方的中华帝国观》,杨德山译,第 218~219 页。
[3] 《漳泉近事·石码·乘丧窃铫》,《鹭江报》第 7、9 期,1902 年。
[4] 〔美〕明恩溥:《中国乡村生活》,午晴、唐军译,第 193 页。
[5] 民国《续荥阳县志》卷 2《舆地志·风俗》,民国十三年铅印本,第 13 页。
[6] 民国《麻城县志前编》卷 1《疆域志·风俗》,民国二十四年铅印本,第 43 页。
[7] 民国《寿光县志》卷 8《民社志·礼俗》,民国二十五年铅印本,第 5 页。

抄示，想可以渐除陋俗矣。①

这种娱乐有余，哀痛不足的现象与西方人简单肃穆的葬礼大相径庭，难怪传教士们经常会不由自主地慨叹："眼前的葬礼与我们观念中的葬礼相距何其遥远！"②在他们看来，厚葬所带来的铺张浪费、混乱仪式以及民众不严肃的态度都明显地背离了基督教的精神。

此外，令传教士感到反感的还有中国的某些特殊葬俗，如明恩溥就曾讲到西方人对冥婚习俗的不理解："为两个死者成婚的做法在中国非常普遍，……（为了延续香火）中国人又发明了一种怪异的办法，即将一个活着的妇女嫁给一个死去的男人。对于这个妇女而言，其动机只能是使自己免遭饥寒，守寡的妇女就经常受到饥寒的威胁；而对于亡夫的家庭来说，其动机则是要保证祖坟的完整。……经过充分的调查之后，并非不可能在这里或那里发掘出与这种风俗相一致的独特事例。对于这一习俗，西方人会表示反感和厌恶，而中国人则感觉自然和合理。"③

综上所述，中国传统社会的丧葬礼俗在传教士的笔下充满了偶像崇拜和迷信的"异教"色彩，并有诸如铺张夸示之类的陋俗。这种观感并不限于传教士，受基督教文化影响的一般西方人也有类似的体验，而这些来华西方人所写的大量游记等著作也影响了整个西方世界对中国的认知："常常有人指出，在现今所有的文明民族中，没有一个民族像中国人这样迷信和轻信，这个看法也常常是正确的。"④对传教士们而言，这恰恰是中国需要基督教的明证。卢公明在其著作《中国人的社会生活》中专辟两章介绍福州人死亡、哀悼与埋葬等一系列有关丧葬礼俗的全程表现形态。在他眼中，中国人的丧葬习俗充斥着异教迷信色彩和灵魂观念，是佛教、道教仪式汇集的舞台。面对这些他眼中"异教"色彩与迷信行为云集的场面，他显得颇为感慨，认为当时的中国人满足于中国这种混乱的宗教状况，"除了自己所拥有的之外，他们不再需要其他任何宗教"，而这正是基督教必须加以改造的局面。⑤

事实上，包括传教士在内的西方人对中国的认识和态度以19世纪为节点，有一个明显的转变过程。比利时学者钟鸣旦（Nicolas Standaert）在其专著《礼仪的交

---

① 《严禁闹丧》，《广益丛报》第112期，1906年。
② 〔美〕明恩溥：《中国乡村生活》，午晴、唐军译，第195页。
③ 〔美〕明恩溥：《中国乡村生活》，午晴、唐军译，第290~291页。
④ 〔美〕明恩溥：《中国人的气质》，刘文飞、刘晓旸译，上海三联书店，2007，第228页。
⑤ 吴巍巍：《西方传教士与晚清福建社会文化》，海洋出版社，2011，第105~108页。

织——明末清初中欧文化交流中的丧葬礼》①一书中详尽地阐述了丧葬礼在 17 世纪中西文化交流中所扮演的角色与功能。他指出，丧礼之重要性不仅在于构建、维系与强化基督徒的身份认同，而且也在于使得基督徒在中国社会中保持整体性。实际上，不仅仅是丧礼，而且还包括其他宗教活动，在维系、凝聚天主教社区的过程中都起到了重要作用。此种情况在禁教之后表现得尤为明显。天主教的宗教活动成为推动天主教社区本土化的主要动力。礼仪的重要性就在于它不仅有助于维系群体认同，而且还关乎不同群体之间的关系，甚至成为冲突的焦点。作者利用大量的第一手资料，从中西双方不同的文本记载出发来讨论，勾勒出来华传教士和中国信徒关于丧礼态度的变迁，即从最初完全使用西方基督教丧礼的纯粹主义和排他主义，后来演变成将中西礼仪交织在一起的折中和调和。与此同时，他们还摸索出一套具体的实践策略，试图以这种糅合了中国丧礼框架和基督教礼仪的中国基督徒丧礼活动来反击外界对基督教否定孝道的批判。

18 世纪中期以来，耶稣会对中国的理想化描述大部分被拒绝或者更确切地说被修改了。耶稣会士所想象的中国在世俗事务方面与欧洲文明基本持平的观点已经不再被认同了。中国人宗教"冷淡"的话语虽然被继承下来，但它所包含的意义已是否定性的了。欧洲的"崛起"及其在全世界范围内霸权地位的建立既为基督教在中国传播创造了有利条件，也决定了传教士对中国社会和文化的认识。传教士们大都采纳了欧洲广泛流行的中国"停滞"的观点，并且用通俗的语言使之进一步扩散。②与之相应的是，由于时代和教派的差异，19 世纪的西方人在传教方面也变得更加强势，不愿再做过多的妥协，"传教士的首要职责就是像他在其他地方传教一样，展示宗教的精神，并且与当地人交往、交流。当然，他一定要充满激情地布道，反对迷信与偶像崇拜；他一定要攻击风水，而且要（这是最困难的工作）让中国人不再搞祖先崇拜。除此之外，他一定要表明，关于耶稣受难的十字架的教义比儒教、佛教、道教、伊斯兰教或任何其他仿佛与其竞争的宗教所要求与坚持的道德标准都要高"。"我们所宣布的一些特殊的教条也一定不能畏畏缩缩地藏起来，或者为了满足无知的异教徒而进行调整，但是应该让中国佬感受到的第一件事就是我们与他们'在精神方面的差别'。"③其西方中心主义的傲慢态度和宗教优越感表露无遗。

---

① 〔比〕钟鸣旦：《礼仪的交织：明末清初中欧文化交流中的丧葬礼》，张佳译，上海古籍出版社，2009。
② 蒋锐：《"他者"的映像——读〈19 世纪德国新教传教士的中国观〉》，《史学理论研究》2003 年第 4 期。
③ 〔英〕F. H. 巴尔福：《远东漫游——中国事务系列》，王玉括、綦亮、沈春蕾译，第 103、104 页。

第七章 中西交汇与明清殡葬礼俗的变革

晚清来华的西方传教士对中国的丧葬仪式颇有微词，但对中国丧葬的影响力多限于皈依的教徒，甚至在教徒中推行西式丧礼时也可能遇到阻力，如《益闻录》所载《襄葬被殴》一文。

> 定海金塘之大平山陈某新入天主教，守规颇慎，上月伊父病故，安柩于祖坟，谨遵教例。其堂兄等嫌其入教，出为强阻，将陈之老母攒殴致伤，当异伤者过定，由董教士备函致愿尊，请为提办，赵司马接信之下，升堂亲验，允准出牌提凶惩究，一面慰□伤者，仍由教堂送至医院调治。①

皈依的天主教徒遵教例安葬父亲会受到族人的阻挠，其母甚至被殴伤。正是因为意识到可能会有这样的风险，有的教堂办理丧事时直接提前申请官方护送。

> 北京宣武门内天主堂近侧养病院中管院贞女抱疾而亡，将殡葬于阜成门外栅栏茔地，法公使恐闲人滋事，照会总署，请为弹压，署王大臣知照北署，派出章京一名，率兵役二十名于六月二十七日到院保护，逶迤自南天主堂转至茔地，一路驱逐闲散人等，大为安靖，堂中殷勤致谢，款以茶点，然后回署。②

随着基督教影响的扩大和中国人对西式丧礼的逐渐了解，中国教徒开始流露出对礼仪规则的渴望。1881年《万国公报》连续四期刊发《请定婚丧通行仪则》。

> 昔古人制礼，原不过表明心意，定尊卑，别嫌疑，后世人心不古，遇事争华，所以孔子曰："礼与其奢也宁俭，丧与其易也宁戚"，不料学士大夫置若罔闻，下之农工商贾，率皆效尤，凡遇婚丧，不问名分之尊卑，不计身家之有无，更不论事之虚实，理之可否，专以多耗财帛为最好，世俗之愈趋愈下，有不可胜言也。近观西人通行之礼，未始不善，独我华人，俗尚虚文，多有嫌其简朴太过者。今请四方奉教之诸君子，公订婚丧仪则，总期文质得中，是中求是，上顺天道，下洽人情，编列条目，逐款叙明实处，类如婚礼，自定姻起，至完婚止，丧

---

① 《襄丧被殴》，《益闻录》第1625期，1896年，第539页。
② 《委护葬事》，《益闻录》第1507期，1895年，第435页。

礼自殡殓起，至埋葬止，希望雅俗共赏，乐意奉行，是所切要。①

虽然最终于1882年第682期声称得到"可谓完璧"②的谢锡恩所作丧婚仪则，但直至1892年《中西教会报》仍称规则难定，聚讼纷纷，有待以后解决。

为今天道流行，福音广布，凡属基督者，无分何国，无别何音，均以主命是遵，圣经是诵，中国婚丧之事多与圣道相违，有心教事者思有以定其规矩准绳而莫能衷于一是，议论纷纷，苦无头绪。中国教会五十年来何者为婚丧一定之规模耶？各省各府各乡各县风俗有不同，各会各家各人志意见有不合，彼曰可此曰否，彼见其短，此见其长，愈议愈难，愈辩愈乱……风俗有可从有不可从，人情有可却有不可却，惟于圣经有不合者去之，于风俗无碍者任之，于国家有禁者劝之，于斯人有益者助之，既与道无碍又与理无伤，从其道不易其俗，守其理不变其常，圣经自有明文，吾侪不宜妄订，倘勉强立章，终属有名无实，惟俟教会大兴，国有明征，自有高明纂议，豁然贯迪，是所仰望也尔。③

作者寄希望于教会大兴后自会制定出可通行于全国的婚丧之礼，但这一愿望直至清亡仍未实现。

二 祭祖与天主教教义的冲突与调适

前文已经提到中国人对丧葬礼仪非常重视，可以说它是中国传统习俗之中最核心也是最稳固的部分。除了烦琐的丧礼和葬礼，中国的祭祀礼仪也相当系统。而祭祖作为祭祀礼仪中最重要的部分，具有保持社会秩序稳定、保证家族这一社会单元延续不断的重要功能。明清时期关于祭祖的文字记载可谓浩如烟海，地方志中有大量关于祭祖的记载，如广东广州地区"俗最重祭。缙绅之家多建祠堂，以壮丽相高。每千人之族，祠数十所；小姓单宗，族人不满百户者，亦有祠数所。置祭田、书田、岁祀外，余给支嗣膏火，应试卷金。清明、重九行墓祭礼。二分及冬至则庙祭。即僻境荒村亦有祖厅昭祀。岁时荐新。祭田，谓之'烝尝'，亦谓'尝产'。余利俵散，谓'分烝

---

① 《请定婚丧通行仪则》，《万国公报》第625期，1881年，第17~18页；第626期，第17页；第627期，第18页；第628期，16页。
② 《雨人评语》，《万国公报》第682期，1882年，第17页。
③ 左斗山：《论教会婚丧之礼不宜轻定》，《中西教会报》第2卷第21期，1892年，第8~9页。

尝'云。"① 而许多家谱也详细论述了祭祖的重要意义及其具体仪节，如《廖氏族谱》中提到"礼云：亲亲，故尊祖；尊祖，故敬祖；敬宗，故收族。盖言敬其所尊，爱其所亲也。"② 由此可见祭祖对于维系家族团结的重要性。该族谱还收录了祭祖的规矩和具体形式，既有成规，又审时度势地加以改进，"烝尝既设，必立成规，以为纲纪，庶措置皆有条不紊。我祖祠历有成规，可为世守，但其间亦有因革随宜、不容执泥不变者，要在审时度势，衷以公论，斯举废皆当"，③ 此外，不同的祖先也有不同的祭祀日期、地点和仪节。

> 祖祠有二，一在孙家嘴，一在新河堰。每年止三祭享。其一在春分前一日，祭太高祖勇睦公考妣墓于成都北关外之繁阳山下，用豕羊各一之仪，祭毕即墓所，为酒食以馂福胙，越明日，具羊豕酒脯祭体用祖暨薛祖妣墓，会馂福胙于祠堂以敦睦宗亲。其二孟秋月之十有六日，薛祖妣生辰，致祭于孙家嘴之祖祠，惟族长暨总理与各方经理人等肃衣冠、具牲醴，奠献不备席，不合族会馂，所以抑冗费、昭节俭也。其三孟冬之月十有三日，体用祖考生辰，四大房裔孙等先于十二晚具豕羊肴馔果品熟食敬祀太高祖考妣，于祠堂左右各设一席，酒馔如前仪，以体用祖考暨薛祖妣为配享，此事亡如事存之义也。堂上设经理四人，司灌献迄于彻馔诸事，又经理四人，立堂下，执荆楚以纠违越礼仪者，所以励严恭、惩不恪也。越十三日，具庶馐牲豕如前仪祀体用祖考妣于祠堂，以四文公考妣为配享，左右各设两席，陈肴馔如前仪，设经理十人，于堂上司事，设执法八人，于堂下纠其违越礼度者，庶祭则受福也。此三祭，历岁皆举，非遇荒旱及有大故不停止也。④

这段文字具体而微地展现了传统社会烦琐而精心的祭祖仪式。廖氏祖祠每年有三次重要的祭祀活动，其一为春分前一日，墓祭勇睦公考妣（即廖氏入川始祖廖明达的父母），次日墓祭体用祖及薛祖妣（即廖明达夫妇），合族会馂；其二为七月十六日（廖明达妻子薛氏生辰），祠祭，不会馂；其三为十月十三日（廖明达生辰），前一日祠祭明达父母，当日祠祭明达夫妇。尽管祭祀地点有墓祭、祠祭之分，祭祀时间有岁

---

① 同治《番禺县志》卷6《舆地略四·风俗》，第5~6页。
② 《四川廖体用祖祠重修族谱序》，《北京图书馆藏家谱丛刊闽粤（侨乡）卷》第46册，第31页。
③ 《体用祖祠尝规八则》，《北京图书馆藏家谱丛刊闽粤（侨乡）卷》第46册，第89页。
④ 《祀典一》，《北京图书馆藏家谱丛刊闽粤（侨乡）卷》第46册，第89~91页。

时节日和先人生辰之别，但从上文所列的丰富供品和复杂精致的礼节安排中，对祭祖的重视洋溢在字里行间，"此三祭，历岁皆举，非遇荒旱及有大故不停止也"。而从我们所掌握的资料来看，对祖先的尊崇和对祭祖的重视不仅仅表现在后人的文字上，也生动地表现在廖明达本人当年的言行中，直接影响了他的生活甚至命运。

前文提到廖明达是廖氏入川始祖，而他之所以在 56 岁高龄举家远迁四川，其中一个重要的原因就是他因反对族人私卖祖茔并在除夕祭祖时"对祖诅詈之"①而遭到群殴，并面临"聚议将溺公于水"②的生命威胁。而当他们全家通过自己的努力终于在四川站稳脚跟，子孙们都视蜀为乐土时，廖明达却产生了思归之意，其原因正是感念"祠墓在粤"，③对此家谱中有生动的记载。

> 我高祖入川后，家日裕，恒顾诸子而泫然曰："今虽丰厚，吾母固未尝一日享此乐也，忍令丘陇远隔乎？"④

廖明达的话直观地反映了事死如生的孝道文化对一个普通中国人的深远影响。作为第一代移民，他对家乡有更多的牵念，尤其是无法祭祀其父母，这是他最大的顾虑，问题的最终解决是通过迁葬，命其子凤绚"负骸来川，卜葬于繁阳山下"。⑤了却了这一桩心事，廖明达才能安心地在四川定居下来。

西方人也认识到祭祖对于中国人的重要性，他们称之为"祖先崇拜"，几乎在每本西方人的中国游记中都可以或多或少地看到"祖先崇拜"的影子，但是与中国人的毕恭毕敬恰恰相反，他们对此持普遍的反对态度。事实上，祭祖确实是基督宗教传入中国以来与中国传统文化发生冲突的核心问题之一。康熙年间，因罗马天主教廷禁止中国天主教徒参加"祭祖祀孔"活动而引发了著名的"礼仪之争"，最后引起康熙皇帝与教皇的直接冲突，康熙帝为维护国家主权，下令禁教，只留有技艺的传教士在宫中服务。此后直到清中叶，清廷对基督教一直采取严厉取缔的方针，屡次发布禁止西洋人在华传教的命令，并订出传教治罪条例，罗马天主教在中国的传教活动陷于停滞。⑥

---

① 《高祖体用公家传》，《北京图书馆藏家谱丛刊闽粤（侨乡）卷》第 46 册，第 121 页。
② 《高祖体用公家传》，《北京图书馆藏家谱丛刊闽粤（侨乡）卷》第 46 册，第 121~122 页。
③ 《高祖体用公家传》，《北京图书馆藏家谱丛刊闽粤（侨乡）卷》第 46 册，第 123 页。
④ 《太高祖妣彭孺人传》，《北京图书馆藏家谱丛刊闽粤（侨乡）卷》第 46 册，第 118 页。
⑤ 《高祖进谷公家传》，《北京图书馆藏家谱丛刊闽粤（侨乡）卷》第 46 册，第 187 页。
⑥ 参见魏向东等编著《中国古代文化史》，苏州大学出版社，1998，第 332~333 页。

为了更好地分析这种冲突的根源，我们先来了解一下西方人是如何看待祖先崇拜的。如前文所述，西方人都注意到祖先崇拜在中国的重要地位，如倪维思指出"中国的国家宗教仪式中最为重要的是祖先崇拜"，"对中国人而言，祖宗祠堂是世上最为神圣的地方"。[①]麦高温更是坦言："如果要寻求一个对中国各社会阶层均具有巨大影响和统治作用的宗教力量，我们会发现：那就是祖先崇拜。在信仰领域中，没有谁可以替代它们的位置，哪怕只是一瞬间的。"[②]何天爵也注意到，"中华帝国内普遍存在着祖先崇拜的现象，社会的每一个角落都渗透了它的影响"，[③]并做出了自己的判断："目前来看，这种祖先崇拜的历史就和这个民族的历史一样悠久。在所有形式的宗教当中，它是最深入人心、最根深蒂固的，而且毫无疑问，它也将会是中国人最后放弃的信仰内容。"[④]

既然祖先崇拜在中国如此普遍而重要，那么西方传教士为什么还要挑战它呢？究其原因，最重要的是西方传教士认为祖先崇拜严重阻碍了其传教活动，这种阻碍主要表现在信仰层面和实践层面。从信仰层面来讲：第一，中国人的祭祖活动充满了偶像崇拜的仪式，与其教义相冲突。中国人祭祖都要有一个具体的崇拜物，一般为祖先牌位，先人画像或者坟墓，这在基督徒看来是不折不扣的偶像崇拜，如倪维思就发现"祭祖在性质和形式上与参拜神佛几无二致，它也包括跪地叩拜、摆放供品、上香燃烛、焚烧纸钱等仪式，有时还会唱堂会"。[⑤]他同时又清醒地认识到这种偶像崇拜形式对人们信仰的误导："中国人的种种偶像崇拜形式确实可以作为证据来证明上帝的启示存在于人类灵魂之中这一真理，但另一方面，这些信仰形式又被设计得如此巧妙以至于他们将灵魂引领得离上帝越来越远，最终使真理蜕变为谎言。"[⑥]第二，中国人的祖先崇拜有浓重的迷信色彩，这主要表现在祭祖不仅是为了表达对祖先的怀念感恩之情外，"还出于想取悦于他们并由此得到惠泽和庇护的动机"。[⑦]这是基于对祖先拥有祸福子孙的能力的迷信。正如何天爵所言："中国人相信死者的灵魂依然萦绕在他们居住的房屋周围以及墓地附近，对此他们深信不疑。同时也坚信这些灵魂拥有不可知的力量，能为他们的后代造福或者招灾。所以，活着的人一定要时常祭拜死去的人，以

---

① 〔美〕倪维思：《中国和中国人》，崔丽芳译，第94、97页。
② 〔英〕麦高温：《中国人生活的明与暗》，朱涛、倪静译，第74页。
③ 〔美〕何天爵：《中国人的本色》，谢旻译，第78页。
④ 〔美〕何天爵：《中国人的本色》，谢旻译，第78页。
⑤ 〔美〕倪维思：《中国和中国人》，崔丽芳译，第95页。
⑥ 〔美〕倪维思：《中国和中国人》，崔丽芳译，第118～119页。
⑦ 〔美〕倪维思：《中国和中国人》，崔丽芳译，第95页。

告慰他们的在天之灵。……毋庸置疑，这些都只是一些迷信的观念和粗俗的做法，然而却都是实实在在存在的，并且受到广大民众的追捧，绝大多数中国人都严格遵守着这项仪式。在人们的这些观念中，或许包含了一些孝心，但是在很大程度上也包含了一份敬畏之心。人们希望与祖先的亡灵们和平共处，并祈求得到他们的帮助和保佑，求福避祸。"①

从实践层面来讲：第一，传教士们出于改善皈依者处境考虑，试图通过对祖先崇拜的批判来为皈依者的不祭祖提供合法性依据。因为他们清楚地知道这些中国皈依者的尴尬处境和身份焦虑，如"在中国，对某个人最刻毒，也是刺激最大的辱骂就是嘲笑他没有祖先，中国人以这种辱骂来对待那些皈依基督教的同胞们"，②"他们因为不再举行祖宗灵堂和坟墓上的仪式而被迫从宗族中分离出来，并受到了迫害"，③"在中国，这些基督教的'异教徒'会遭到批评、辱骂，甚至是会面临人身安全的危险。因为他们不敬天、不祭祖，不对祖先顶礼膜拜"。④第二，传教士们批评中国人祖先信仰的不纯粹，因为他们发现，祖先崇拜对于中国人的吸引力很大程度上在于实际的利益，而非信仰。麦高温就曾公开嘲讽聚餐和土地对于维护中国祖先崇拜的重要作用："在我看来，祖先崇拜之所以在今天仍然存在，很大程度上要归功于这些盛宴，如果有朝一日把它们取消了，那祖先崇拜的精彩之处也就不复存在了。祭祀活动也正是由于这些盛宴而得以延续甚至愈演愈烈。氏族的创立者清楚地明白让子孙们永远缅怀自己不仅仅需要情感上的投入，还需要更多的东西。因此，他们采取以公共地产的形式捐赠遗产，以此作为今后子孙们祭祀时所需的一切费用。……正因为从中可以谋取个人私利，这种制度在中国人心目中就变得根深蒂固了。如果拿走这些土地，取消这些丰盛的聚餐，那么对亡灵的崇敬就会大打折扣，到最后，这种常规的祭祀活动也将渐渐销声匿迹。"⑤

不得不说，麦高温的说法有点夸大其词，而且传教士这种对中国人信仰不纯粹的攻击对中国人的杀伤力是非常有限的。正如钟鸣旦的研究曾经指出的，相较而言，中国人更注重正行，即礼仪程序的正统而天主教则更看重正信，即教义与信仰的正统。⑥

---

① 〔美〕何天爵：《中国人的本色》，谢旻译，第78~79页。
② 〔英〕麦高温：《中国人生活的明与暗》，朱涛、倪静译，第74页。
③ 〔美〕罗斯：《变化中的中国人》，公茂虹、张浩译，时事出版社，1998，第230页。
④ 〔美〕何天爵：《中国人的本色》，谢旻译，第78页。
⑤ 〔英〕麦高温：《中国人生活的明与暗》，朱涛、倪静译，第83页。
⑥ 参阅〔比〕钟鸣旦《礼仪的交织：明末清初中欧文化交流中的丧葬礼》，第31~32页。

而这种对正信与正行的偏重恰恰又为二者的冲突与调和提供了可以缓冲与妥协的空间。从历史事实来看，自17世纪耶稣会传教士所做的通融到清末丁韪良等人所提倡的妥协，都是在这一层面上做出适应中国国情的调整。与此同时，中国社会对个人信仰基督教的行为也表现出了一定的宽容和接纳，如《嘉定县续志》记载："邑之有天主教，远在明季。其信徒多航业、渔业中人，除星期日集于教堂外，每日必诵经祈祷，行瞻弥撒礼。其教中规约较耶稣教为严紧。耶稣教之教堂在吾邑有监理、圣公、浸礼等会，信之者多中下社会。"[1]上海《宝山县续志》记载："上海之有教会，始于清道咸之间，吾邑以偪近商埠，传播亦较早，顾前志讫于光绪七年，其时耶教业已风行而未有记录，事关国交掌故，不宜湮没而失传。虽在咸同之际，宣教者率借民居，罕建讲舍，信徒未众来去不常，近则堂宇盛兴，帝天临汝之言遍及乎四境，即学子亦多有信奉者。"[2]

需要注意的是，这种调和也确实面临着相当大的阻力。就基督教这一方来说，由于教派和时代的差异，其对祖先崇拜的态度有很大的差异。比如，19世纪德国新教传教士特别反对耶稣会士对中国人祖先崇拜和祭祀孔子的妥协态度。大多数耶稣会士把祖先崇拜和祭祀孔子只看作是国家的习俗和单纯的礼节，并且认为完全可以把它们与基督教协调起来，而新教传教士从一开始就坚持祖先崇拜与基督教根本无法调和，必须坚决予以拒绝。前文已经讲到，19世纪以来，伴随着欧洲崛起，西方人在传教方面也变得更加强势，不愿再做过多的妥协。清末，以丁韪良为代表的传教士曾经呼吁各差会容忍中国人"祭祖祀孔"。在1890年上海新教传教士大会上，该问题曾被作为议题加以讨论，可是丁韪良等人曲高和寡。从中国这方面来讲，尽管宗族对族人入教缺乏约束力，但是，当信仰基督教的个人试图把基于信仰的行为带入宗族的"集体空间"时，便遭到了阻抗。孙江在《作为他者的"洋教"——关于基督教与晚清社会关系的新阐释》一文中，曾列举了三个生动的案例来说明个人基督徒面临非基督世界时的处境，指出他们如何处理信仰与自己所置身的地方社会的关系是一个十分重要的问题。[3]太平天国在强制推行其丧葬仪式的过程中也遭到了人们的抵抗，而且这种强硬做法也加深了人们对基督教的反感和恐惧。

通过以上论述，可以清楚地看到祭祖与基督教教义的冲突以及艰难的调适。那么

---

[1] 民国《嘉定县续志》卷5《风土志·风俗》，民国十九年铅印本，第4页。
[2] 民国《宝山县续志》卷5《礼俗志·教会》，民国十年铅印本，第24页。
[3] 参见孙江《作为他者的"洋教"——关于基督教与晚清社会关系的新阐释》，《江海学刊》2008年第1期。

中西方争议最根本的原因是什么呢？笔者认为最根本的是中西双方在灵魂观念和文化传统上的差异。

第一，灵魂观念的差异。西方人推崇身心二元论，即躯体和灵魂是两回事，而且基督教重灵魂，轻躯体，认为躯体只是灵魂的一个寄居场所，死亡是灵魂的"解脱"（解去锁链），死亡文化中重灵魂的"升华"。"灵魂平等"、"灵魂需要安静"等传统心理影响深远。与之相应的是，基督徒关注的是灵魂的得救，认为人死后会进天堂，"去躺到父的怀中"，天堂和人间是截然不同的两个世界，也就是所谓"神圣"和"世俗"两相对立的世界。[1]而中国人大体是以一元论的眼光来看待与死者有关的一切（包括躯体、灵魂）的。有西方人曾指出："中国人相信，人有三个灵魂，其一在人死后就留在其牌位之中，其二入土为安，其三则进入阴曹地府，等待超生后投胎转世。"[2]事实上，在中国人的观念中，它们是和谐的统一体，都与死者视为一体，除了少数圣人死后可升天为神成仙外，绝大多数人死后其鬼魂是要到阴间去的，而且阴间与阳间并不是截然对立的世界，阴间的生活是阳间生活的延续，死去的人在阴间也和阳间一样要吃、穿、住、行，一样要生活。在这种情况下，就形成了死者与生人之间的奇妙关系，即死者一方面需要生人祭祀以维持其在阴间的生活，另一方面却能从精神上控制生人的祸福。这样的"交易"使得后人对祖先的祭祀从简单的追思感恩，更多地发展为邀福避祸，即敬、畏多于爱。由此可见，中西方的灵魂观念是截然不同的，也就不难理解二者在祭祖问题上的对立。

第二，事死如生的孝道文化。传统中国社会，儒家孝道文化的意识形态深入到每个中国人的内心，并深刻影响了他们的言行，而且"以孝治天下"也是历代统治者所推崇的。这令西方人感到惊叹，"可以说，孝道被认为是中国唯一的本土宗教，每一所学堂的每一本书上都可以看到有关孝道的内容。孝道也被传授着，贯穿整个教育过程的始终。朝廷总是试图通过各种手段和方式向人们灌输孝道的思想，直至将它变成所有美德的同义词，变成宗教的最高追求"。[3]在此情形之下，儒家强调的对父母"生，事之以礼；死，葬之以礼，祭之以礼"以及"事死如事生"成为中国丧葬的指导思想被民众遵行，并且被统治者提高到"慎终追远，民德归厚"的社会治理高度。[4]

---

[1] 参见王夫子《殡葬文化学：死亡文化的全方位解读》，中国社会出版社，1998，第272~273页；王莹《身份建构与文化融合——中原地区基督教会个案研究》，上海人民出版社，2011，第146~147页。
[2] 〔美〕倪维思：《中国和中国人》，崔丽芳译，第95页。
[3] 〔美〕何天爵：《中国人的本色》，谢旻译，第26~27页。
[4] 参见王夫子《殡葬文化学：死亡文化的全方位解读》，第255页。

可以说，儒家对民众的教化正是在孝道的旗帜下进行的。西方并无这样的孝道文化，而是以上帝、灵魂的名义对民众进行教化。对祭祖的争论其实暗含着对教化权力的争夺。在祭祖与孝道有无必然关系的问题上，处于宗法社会的中国人认为这是毋庸置疑的，而西方人则认为此关系并不成立。对此中国人也感到疑惑，一部较早的反教作品《辟西洋天主教说》劈头第一条便称："天主教既教人孝父母，何不叫人祀祖先？"进而推论，基督教不让人拜祖先，就是不让人拜君、亲、师，"其意总在叫人一切不认得，心心念念只有一个西洋人"。[①]西方人不认可祭祖与孝道的关系也有充分的理由。一方面，他们自身由于没有"事死如事生"的孝道文化，故而对孝顺的理解仅限于生时，认为祭祖根本无必要；另一方面，通过他们的观察，认为中国人的祭祖通常是徒具形式的，与真正的孝顺并无必然联系，更多的是为了求福避祸，与拜神佛在形式和性质上无异，所以是可以取消的。这种立场和认识上的对立也导致了二者之间的冲突和难以调和。

事实上，祭祖对于中国人的重要性根深蒂固，远非基督教一己之力可以撼动。1907年无政府主义杂志《新世纪》曾连续刊文鼓吹"祖宗革命"，称"家庭遗毒至深，人类蒙害甚切，而家庭中之最愚谬者，更莫甚于崇拜祖宗，故作祖宗革命"，指斥"不主祖宗革命者非至愚则自私。"[②]并提出祖宗迷信的四大罪恶和具体的实行方法。

（戊）祖宗迷信之四大罪恶

（一）反背真理，颠倒是非。阻数千百年智识之改良，阻数千百兆人民之进化。

（二）肆行迷信之专制，侵犯子孙自有之人权。

（三）耗民力民财于无用之地。富贵者丧祭之时，祭筵无数，腐臭弃置，值巨金之焉物，顷刻烧毁，于此无形之中，伤害民生无算。

（四）攘夺生民养命之源。攘可耕之田为墓地，忍听耕者之流离。

……

（己）实行祖宗革命

……

（一）于书报演说中发阐此种新理，破数千百年之迷信。

[①]《辟西洋天主教说》，中国第一历史档案馆藏朱批奏折（咸丰七年五月二十九日），转引自孙江《作为他者的"洋教"——关于基督教与晚清社会关系的新阐释》，《江海学刊》2008年第1期。
[②]《祖宗革命：家庭革命之一》，《新世纪》第2期，1907年，第2~3页。

（二）凡遇含有祖宗迷信性质之礼仪，（祭丧葬等）皆持公理以拒之。

（三）平坟墓，火神牌，以为警世之钟，借行传布之法，或将墓碑神位，送入博物院，资后来考人智进化者之研求。

（四）凡主张祖宗革命者，当嘱其子孙，于其死后，勿以昔日待祖宗之法相待，或笔之于书，俾子孙之懦者，或受他种强权所阻者，亦得勉行祖宗之革命。①

此文条分缕析，看似系统完备，但仍影响甚微，由此我们也更容易理解传教士对改变中国人祖先崇拜的无力。

三　太平天国的丧葬礼俗中的基督教色彩

清代官定的丧葬礼仪大致沿袭明代，基本没有什么太大变化。然而随着西方传教士的到来，中国传统的丧葬仪式也悄然发生了一定的变化。在传教士和皈依的本土基督徒的推动下，西方的丧葬观念和习俗开始进入中国，并产生了一定的影响。这一现象在太平天国的丧葬观中得到了充分的体现和反映。②确切地说，太平天国的丧葬礼俗可谓是一个极端而突出的例子。

明清时期西方文明对中国的传统丧葬礼俗及观念产生的重要影响以太平天国的丧葬礼仪最为突出、最具代表性。据李文海先生《太平天国统治区社会风习素描》一文，③太平天国的"丧葬观"反映在以下五个方面。

第一，"升天是头等好事，宜欢不宜哭"。④据呤唎《太平天国革命亲历记》一书记载，有一位广西老兄弟（即太平军老战士）在上海城内一座礼拜堂的布道会上宣传说："我们有了这个宗教（即拜上帝教），就觉得心中十分快乐，我们把死看作一生中的最快乐的时刻；我们有人死了，大家都不哭，反而互相庆贺这个快乐的时刻，因为一个弟兄已得到荣耀上升庄严光辉的天堂。"根据太平天国教义，并不是人人都可以上天堂的。他们认为："凡晓得在皇上帝面前悔罪，不拜邪教，不行邪事，不犯天条者，准上天堂享福，千年万万载威风无了期；凡不晓得在皇上帝面前悔罪，仍拜邪教，仍行邪事，仍犯天条者，定罚地狱受苦，千年万万载哀痛无了期。"⑤因此，人死"宜欢不

---

① 《续祖宗革命》，《新世纪》第3期，1907年，第3页。
② 参阅徐吉军《中国丧葬史》，江西高校出版社，1998，第483页。
③ 李文海：《太平天国统治区社会风习素描》，《太平天国学刊》第3辑，中华书局，1987，第30页。
④ 《天条书》，《太平天国》第1册，上海人民出版社，1957，第77页。
⑤ 《天条书》，《太平天国》第1册，第73页。

宜哭"只是对太平军自身和其他皈依皇上帝的人而言，不适用于民间所有的人。

第二，"丧事不可做南无（即做佛事），大殓、成服、还山俱用牲醴茶饭祭告皇上帝"。① 这与太平天国宗教排斥异教，只敬皇上帝独一真神的教义相一致。太平军所到之处，拆毁僧寺、尼庵、道观，驱逐和尚、尼姑、道士。这样，民间已无条件做佛事，只好根据拜上帝教教义、仪式举行葬仪，祈祷天父皇上帝，求其开恩，"准小灵魂□□□得上天堂，得享天父皇上帝大福"。又恳求天父皇上帝看顾家中大小，个个安康。临盖棺成服、还山下柩时，还要大声唱道："奉上主皇上帝命，奉救世主耶稣命，奉天王大道君王全命，百无禁忌，怪魔遁藏；百事胜意，大吉大昌。"②

第三，"所有升天之人，俱不准照凡情歪例，私用棺木，以锦被绸绉包埋便是"。③ 依太平天国法规，以人死用棺为犯天条，禁之甚严。

第四，"父母死，禁不得招魂设醮"。洪秀全在金田起义前就曾宣传："死生灾病皆天定，何故诬民妄造符？作福许妖兼送鬼，修斋建醮尚虚无。"④ 起义后，他设立删书衙，除删改四书五经外，凡"他书涉鬼神丧祭者削去"，这就从根本上推翻了中国古代传统丧葬礼仪的理论基础，这种观点后来通过拜上帝教为广大太平军将士所接受。前述在上海宣传死之快乐的广西老兄弟还说过这样的话："你们烧香、点蜡烛、烧锡箔有什么用呢？"洪仁玕在《资政新篇》中也曾提出过禁止"修斋建醮"。

第五，反对丧葬讲风水。洪仁玕极力反对风水迷信，他在《葬墓说》一文中力辟选墓地讲风水的习俗，指出这种做法是由那些为人子者以父母骨骸为求富贵之具的"妄念"所产生的，应该彻底抛弃。这与他们在《天历》中摈弃择日之说和《资政新篇》中"革阴阳八煞之谬"相一致。他们认为"今动言风煞，致珍宝埋没不能现用"，建屋"宜就方正，勿得执行风水，不依众向，致街衢不直"。否定风水决定命运。

由于以上葬礼观的影响，在太平军中"一切佛教的丧礼和一般中国人的祭祀旧俗都被严加禁止。他们建立了基督教的殡葬仪式，由主持仪式的教士在柩旁祈祷"。⑤ 由以上论述不难看出太平天国丧葬礼俗中的基督教色彩，比如视死亡为灵魂得到救赎、升入天堂的好事，不做佛事，不招魂设醮，不迷信风水。这些做法正好呼应了前

---

① 《天条书》，太平天国壬子初刻本，《太平国》第1册，第77页。
② 《天条书》，太平天国手写本，罗尔纲、王庆成主编：《太平天国》第1册，广西师范大学出版社，2004。
③ 《贼情汇纂》卷8，中国史学会主编《太平天国》第3册，第229页。
④ 《原道救世歌》，中国史学会主编《中国近代史资料丛刊·太平天国》，第89页。
⑤ 〔英〕吟唎：《太平天国革命亲历记》上册，中华书局，1961，第254页。

文所讲西方传教士对中国丧葬习俗的批判，迥异于中国传统的丧葬礼俗，是对中国传统的一种背离。然而，我们还应该认识到，尽管有基督教的色彩，但太平天国并未完全领会基督教的教义，骨子里也未彻底脱离中国的传统，他们做的仅仅是一种形式上的改变，是不中不西的。

太平天国主张"升天是头等好事，宜欢不宜哭"，固然与中国传统视丧事为大凶，宜哀毁尽礼大相径庭，但是也不完全符合基督教的教义。因为包括天主教在内的基督宗教都主张重视灵魂的宁静，认为不宜在丧葬礼上大哭，但也从未提出"宜欢"，他们追求的是一种肃穆的氛围，由此可见太平天国的"宜欢不宜哭"学到的仅仅是皮毛，并未真正领悟基督教教义。

太平天国主张丧事不做佛事，不设斋醮，他们采取的做法是通过拆毁僧寺、尼庵、道观，驱逐和尚、尼姑、道士来破坏人们做佛事的条件，以保证对上帝的一神信仰。这种一神信仰确实带有浓厚的基督教色彩。但是我们还应该看到，太平天国并未认识到基督教反对佛道的最根本原因。是因为他们的偶像崇拜形式，即便在祭祖问题上有所妥协的耶稣会士也坚决反对佛道教的偶像崇拜，甚至连天主教敬奉耶稣像也被斥为偶像崇拜而引起天主教徒的极力辩解，也摆脱这种严重的指控。太平天国反对佛道只领会到了一神信仰的层面，而未触及更核心的偶像崇拜，而且这里提到的"用牲醴茶饭祭告上帝"本身就是一种偶像崇拜的形式。此外，基督教反对招魂是因为他们的灵魂观念与中国不同，太平天国反对招魂是认为死生天定，斋醮无用。

太平天国反对风水迷信，在当时的中国是难能可贵的，尤其是当时包括洪秀全等高级将领在内的太平军多数都为笃信风水的客家人群体，能认识并做到这一点并不容易。这与基督教反对迷信是一致的，不同的是，太平天国反对的是借先人骨骸邀福的"妄念"，而基督教反对的是认为尸骨具有超自然力量的迷信观念。

通过以上几个方面的对比，我们不难理解，相同或相似的行为不代表相同的思想，太平天国的丧葬礼仪反映的还是中国人骨子里那种注重正行而对正信不太关心的传统。

需要说明的是，在太平天国的丧葬礼俗中最不中不西，也最极端的一条是禁止棺葬。太平天国的禁棺葬非常特殊，既不符合中国的传统，也与当时基督教的葬法不同。中国人历来重视对尸体的遮蔽和保存，棺葬传统源远流长，在对葬地的选择时考虑的一个重要因素就是利于尸骨的保存。根据比利时学者钟鸣旦的研究，欧洲丧礼在11～15世纪间曾经历过观念的四大转变，其中之一在13世纪左右，人们越来越重视遗体的掩藏，将其安放在棺柩中，而非像此前那样暴露在人们的视线中。①也就是说，在太平天国的时代，西方丧葬礼本身已与耶稣的葬礼有很大差别，用棺柩在西方已经成为常态。

不管太平天国推行禁棺葬的具体原因为何，可以肯定的是，这种极端的形式激起了中国人的极大不满和激烈反抗。在当时动荡的大环境下，太平天国的丧葬改革其实是非常脆弱的，加之以激进的手段简单粗暴地强硬推行，更加速了其灭亡。

从时人的记载中不难看出太平军的巨大破坏力。生活在道光至同治年间的安徽桐城人许奉恩在其《里乘》一书中曾记载了太平天国破坏棺柩的史实："既贼蚁聚吾皖，四乡枯柩，贼或舁以筑营，或劈以为薪，白骨狼藉于道。先妣殡后，卜兆以无吉壤，暂为权厝。癸亥冬，有数贼窜至厝室，将燃棺木为御寒计。"②祖先的灵牌、民间信仰生活中的神佛，在太平军旋风所到之处尽被打倒。而太平军的这种野蛮破坏活动也在一定程度上加深了人们对基督教的反感和恐惧。作为太平天国运动的牺牲者，佛、道二教对基督教是不会抱有善意的。如一位天主教传教士写道："太平军所到之处，庙宇、寺院均遭破坏，寺庙珍宝抢劫一空，佛教、道教受到猛烈冲击，僧侣也无影无踪了。在许多地区，这反而为天主教的宣传福音扫清了障碍。"③而曾国藩在《讨粤匪檄》中也惊讶太平天国"窃外夷之绪，崇天主之教"之所为，"此岂独我大清之变？乃开辟以来名教之奇变，我孔子、孟子之所痛哭于九原凡读书识字者，又乌可袖手安坐，不思一为之所也。"④事过多年，周汉在《鬼叫该死》文章里称："长毛贼洪秀全、杨秀清、石达开就是鬼叫大头目，一反就闹乱遍天下，几十年才能斩尽杀绝。你们年轻人不晓得长毛反的情形，你们问问老人看。"⑤历史记忆通过文本的再生产得到了强化，进而影响到一定范围内人群对基督教的认知。

前文提到孙江在《作为他者的"洋教"——关于基督教与晚清社会关系的新阐释》一文中，曾列举了三个生动的案例来说明基督徒个人信仰并未受到过多地干预，但是他们若试图将之推广到一个群体，必然受到抵制。在一个宗族内尚且如此，那么太平军试图依靠军事力量强制推广到其所到之处的大半个中国，其激起的民愤和反抗可以想见。需要说明的是，我们不能将这种反抗简单归结为宗教方面的冲突，

---

① 〔比〕钟鸣旦：《礼仪的交织——明末清初中欧文化交流中的丧葬礼》，张佳译，第24~28页。
② 许奉恩：《里乘》，文益人校点，齐鲁书社，2004，第313页。
③ 〔法〕史式徽：《江南传教史》第2卷，天主教上海教区史料译写组译，上海译文出版社，1983，第125页。
④ 曾国藩：《曾文正公全集》第7册，中国书店，2011，第293页。
⑤ 《教务教案档》第5辑（三），台北：中研院近代史研究所，1973，第1298页。

而应该认识到这也涉及日常生活矛盾的积累以及战争对民众实际利益的损害（尤其是破坏棺柩）。

太平天国的这种丧葬礼仪显然不符合当时中国的国情，也不符合中国几千年来的民俗传统和绝大多数民众的心理，因此遭到了其统治区内广大群众的抵制。可以说这一政策的推行在一定程度上影响了太平军的声誉和可能获得的支援，加速了其灭亡。事实上，老百姓仍然实行传统的棺葬，举行传统的葬礼。到太平天国后期，一些将领（如李秀成）和地方政权已置禁止棺葬的政策于不顾，在自己的辖区内认可棺葬和传统葬礼。[①]

第二节　晚清西式葬礼的出现

明末清初，西方天主教传教士的东来开启了新一轮的中西方文化接触。鸦片战争爆发后，中西方的交流更加密切而深入。反映在丧葬上是晚清时期出现了新的西式葬礼。它们既不是中国固有的，也不是纯粹西方的，而是中国人在吸收西方葬礼的基础上与传统相合后形成的新丧葬方式。与太平天国强制生硬的推广方式不同，晚清西式葬礼的出现与当时中国社会的实际情况比较吻合，反映了时代的变迁。

经历了工业革命的欧洲迅速崛起，西方列强凭借着强大的经济实力向全世界进行武力扩张，同时也将带有西方烙印的近代文明传播到世界各地。当落后的中国被迫打开国门之后，它也不由自主地被纳入到世界文明的近代化行列中。无论衣食住行，还是婚丧嫁娶；无论休闲娱乐，还是风俗礼仪，大凡近代中国民众日常生活的各方面都受到了西方近代文明的冲击，而最先受到冲击的则是一些被辟为通商口岸的城市。清末光宣之间，受西俗东渐影响，沿海开埠城市渐渐出现了丧事戴黑纱、送花圈、开追悼会等活动及建殡仪馆、公共墓地等新措施，新式丧礼开始流行。

一　从跪拜礼到鞠躬礼

近代以来，西方国家的社会政治礼仪开始传入中国，加之西方民主思想对国人的影响逐渐增强，传统的跪拜礼受到前所未有的挑战。这种挑战最先表现在政治生活和社交礼仪中，反映了人们对平等的追求。晚清丧葬礼仪中出现的从跪拜礼到鞠躬礼的

---

① 参见李文海《太平天国统治区社会风习素描》，《太平天国学刊》第3辑；严昌洪《中国近代社会风俗史》，浙江人民出版社，1992。

变化正是这种脉络下的产物,而当时围绕这一问题曾产生了一系列的争论。

在以严格的等级制度和尊卑观念为特色的中国传统社会中,长期流行的基本礼仪是跪拜礼。直到清代,跪拜礼仍很普遍,而且主要是对尊长使用的礼节,所以废除跪拜礼被认为是对君权、族权和神权的挑战。[1]在"死者为大"的传统丧葬礼仪中,跪拜礼更是使用时间最长、频率最高的礼节。

晚清时期,西方文化强势进入中国,其影响力也与以往不可同日而语。随着西学书刊的大量传入和国人出国机会的增多,中国人对西方礼仪了解渐多。日趋严重的民族危机也促使有识之士反思中国的传统,以求奋发图强。清末,民主、平等思潮日炽,反对跪拜之声渐起,认为跪拜是"卑躬俯首,生气毫无",大有伤于人格。一些仁人志士意识到礼仪背后蕴含着深刻的权力关系,关乎国民的精神面貌和整个国家民族的发展,必须加以改革,而跪拜礼首当其冲。

清末民主革命者认识到,中国的跪拜礼与西方鞠躬礼有着实质上的不同,它是建立在森严的封建等级制度之上的,含有臣服、不平等的意味,而且培养了人们的愚忠愚孝思想,泯灭了国民的独立人格意识,应该加以废除。谭嗣同、梁启超等人将废除跪拜礼上升到了维新救国的高度,并在实践中积极推行,如梁启超在1897年冬受聘于湖南时务学堂时,即倡议"废跪拜、易服色、抑君权、伸民权",[2]但由于遭到顽固派的痛诋而未能实现。一些反对康梁"新学"的守旧派还借此攻击维新派的改革主张图谋不轨,包藏祸心,"废跪拜之礼"是要取消君臣之义。[3]

20世纪初年,反对跪拜礼的呼声随着反对封建专制制度的政治运动而高涨。有人感慨:"席地之俗已去,固非日本、土耳其之比矣,乃复有三跪九叩首诸名号,而习其劳者如体操,真是文胜之国有虚伪的习俗。"[4]还有人指斥:"叩头也,请安也,长跪也,匍匐也,唱喏也,恳恩也,极人世可怜之状,不可告人之事,而吾各级社会中,居然行之大庭,视同典礼,这是中国的奴隶仪式。"[5]最终这种改革还是自上而下逐渐推广的。

1906年1月24日,两广总督岑春煊下令废除下级官员进见督抚时的屈膝跪拜,因其不但"婢膝奴颜,有伤气节",而且"违犯王章,习非胜是"。此后,江苏、江

---

[1] 参阅严昌洪《中国近代社会风俗史》,第252页。
[2] 胡思敬:《梁启超》,中国史学会主编《戊戌变法》(四),上海人民出版社,1957,第47、48页。
[3] 参阅丁伟志、陈崧《中西体用之间——晚清文化思潮述论》,社会科学文献出版社,2011,第206页。
[4] 《广解老篇》,《大陆》第9期,1903年8月。转引自严昌洪《中国近代社会风俗史》,第252页。
[5] 《箴奴隶》,《国民日日报汇编》第1集,台北:中央文物供应社,1983,第21页。

西、湖北、河南等省皆于当年废除了下级进见上级时的跪拜大礼，而代之以三鞠躬之礼，实际上通常只鞠一躬。当然，他们没有废除臣下对皇帝的跪拜，更不是从根本上废除跪拜礼节。1910年10月，资政院一些较为激进的民选议员公开提出了"请废跪拜礼节"的建议案。①

1911年的辛亥革命推翻了封建帝制，同时也否定了维护这一制度的跪拜礼。1912年1月初就有人在《申报》发表文章，提出"拜跪、脱帽之礼，概废不用，但用鞠躬点额（军界所用之额手礼能通行最佳）"。②孙中山领导的南京临时政府首先正式规定用鞠躬代替跪拜。

1912年2月12日，隆裕太后和宣统皇帝在养心殿举行了中国历史上的最后一次朝见仪式。外务大臣胡惟德、民政大臣赵秉钧、邮传大臣梁士诒等人，第一次摒弃跪拜礼，以三鞠躬礼朝见了隆裕太后和宣统皇帝。昔日森严的等级观念、贬抑人格尊严的跪拜礼至此淡出了国家的政治生活。

在晚清充满变革的时代大势中，丧葬礼仪的变化相对要缓慢一些，当时只是露出一些端倪，真正地推行还要等到民国时期，跪拜礼的废除也是如此。晚清丧葬中的跪拜礼远未绝迹，但已出现用鞠躬礼的个例。尽管最初将西式鞠躬礼用于丧礼时，行礼之人不甚习惯，但这种变革的趋势已非常明显。1912年，北洋政府在《礼制》中规定，丧礼用脱帽三鞠躬礼，寻常庆吊用脱帽一鞠躬礼。1917年，湖南慈利县已出现了还乡官员在为父举行的丧礼中废止跪拜礼，改行三鞠躬的情况，不意此一新式仪节引起满堂哗然，"阶下群声哗沸，谓'以鞠躬易稽颡，父死之谓何?! 兹礼也，不欲观之矣'，则一哄立各散去。"③尽管遇到守旧势力的反对和抵制，但毕竟表明新的礼俗改革已在逐步推行。一些偏远地区仍有待教育推广，如甘肃平凉地区"青纱代白之服制则尚未使用，鞠躬代跪之仪式则尚未使用，若非教育普及，此种旧习殆难骤革也。"④有些地区已经开始出现折中的办法，如山东聊城"参灵之礼，晚辈多行跪拜礼，平辈以上则行鞠躬礼"。⑤在实践过程中，由最初吊奠时平辈行三鞠躬礼、晚辈仍行拜跪礼，发展到晚辈也改行三鞠躬礼；由仅吊奠者行鞠躬礼、孝子仍行拜跪礼，发展到部分孝子也行鞠躬礼，这种新式礼仪最终为人们所接受。

---

① 《宣统二年第一次常年会资政院会议速记录》第27号，1910年铅印本，第76页。
② 《服式刍议》，《申报》1912年1月7日。
③ 民国《慈利县志》卷17《风俗》，《中国方志丛书·华中地方》第295号，第4~5页。
④ 民国《增修华亭县志》卷2《礼俗志》，《中国方志丛书·华中地方》第554号，第65页。
⑤ 民国《清平县志》第4册《礼俗志·礼节》，《中国地方志集成·山东府县志辑07》，第23页。

二　从吊丧到追悼会

吊丧，又称"开吊"或"成服开吊"，多指初丧及丧家成服后接受亲友至丧家吊唁并致以一定赙仪的仪式。在传统丧礼中，吊丧者一般情况下多以钱物赙赠，而丧家则分送布帛（孝布），俗称"散孝"，或以酒食酬谢。如光绪《永城县志》记载："贫者或三日封丧，或七日封丧。……吊客赙赠，初丧以香楮，封丧以钱，以二百、四百至八百为率，至亲厚友无定额。来吊者皆供酒食，亦动辄数百席，与婚娶无异。凡赙钱者，既葬仍酬酒食，间有力难供客而不能葬者。"[1]由此可见其烦琐靡费。

明清时期这种传统丧葬习俗中的开吊在清末继续存在，多在丧家或寺院等公共处所举行。当时的报纸上经常报道盛大的吊丧场面，如《益闻录》中就有多则。

> 苏抚吴中丞太夫人之丧，甫逾二七，而所属大小文武之恭送挽联素幛者，已不可胜数，自大堂以至内厅，四壁悬挂，殆无寸罅，近复纷至沓来，颇患无可位置。至省城省外之特来吊唁者，每逢七期，必臣门若市，轿马如云，而辕上亦设有素筵，极形丰盛，来客无不饱餐以去。并闻上月十九日，阖省官员之与中丞同乡者，复公设满汉素筵，赴辕伸奠，计是日到者六十余人，皆异常悽感云。[2]

> 本月初七为海门厅吕司马贤彬太夫人开吊之期，地方官绅戚友舆马纷来，祭轴挽联约百余件，张遍厅事，缟帷素旐，一片哭声，真觉麻衣如雪云。[3]

> 江阴淮军统领张景春军门卒于石头城畔，已列前报，第军门入殓以后，棺柩尚未搬回，仍寄金陵逆旅中，故乡桑梓未得望云宦境风尘，空嗟落月，公子等衔哀遍告，定期于三月十二三日间假江阴北门内粮台局暂设孝帷，开丧受吊，城内外官绅士庶凡平日与军门有交谊者均往致意，提标太湖营水师各官员同袍兴感，咸于是日申唁，一掬西风之泪，痛洒苍凉，固不俟宿草萋萋，始发白杨之悼叹也。[4]

---

[1]　光绪《永城县志》卷13《俗产志·风俗》，光绪二十九年刻本，第1页。
[2]　《唁丧繁盛》，《益闻录》第108期，1881年，第158页。
[3]　《开丧热闹》，《益闻录》第200期，1882年，第409页。
[4]　《开丧受吊》，《益闻录》第1464期，1895年，第177页。

上述三例都是晚清官绅之家的丧葬仪式，采用的还是当时普遍存在的传统吊丧方式，但场面宏大，前来吊唁者也多是当地有头有脸的人物，时人对此颇为艳羡。不过受西方习俗的影响，在清末的光宣年间兴起了追悼会的丧礼形式。比如在北京地区，"开吊者有之，追悼会者有之"。徐珂在《清稗类钞》中对此有详细的论述。

> 凡有丧者，择期设奠于家，或假寺庙庵观，或假公共处所，则宗族戚友咸往祭唁，且致赙仪。于讣文声叙之，曰某日领帖。帖，束也。宾至时，必先投名束也。俗谓之开丧，又谓之开吊。
>
> 光、宣间，有所谓追悼会者出焉。会必择广场，一切陈设或较设奠为简，来宾或可不致赙仪。然亦有于定期设奠受人吊唁之外，别开追悼会者，无论男女，均可前往。其开会秩序如下：一，摇铃开会。二，奏哀乐。三，献花果。四，奏琴（唱追悼歌）。五，述行状。六，读追悼文。七，奏哀乐。八，行三鞠躬礼。九，奏琴（唱追悼歌）。十，演说。十一，奏哀乐。十二，家属答谢，行三鞠躬礼，即闭会。
>
> 至在事职员则如下：主礼员一人，庶务员二人，男招待员八人，女招待员八人，献花果二人，述行状一人，读追悼文一人。礼简者如下：一，摇铃开会。二，报告开会宗旨。三，宣读祭文。四，宣读诔词。五，行三鞠躬礼。六，述行状。七，演说。八，家属答谢来宾。九，奏乐散会。[①]

晚清新兴起的追悼会常设在广场，一切陈设更为简洁，来宾可以不送礼，不限男女，都可参加。有的人家甚至吊丧与追悼会并用，定期设奠受吊外，另开追悼会。不过，尽管当时的追悼尚未完全程式化，但也有了一套仪式秩序，并将一般人与在事职员做了区分。一般追悼会分12个步骤，即摇铃开会、奏哀乐、献花果、奏琴、述行状、读追悼文、奏哀乐、行三鞠躬礼、奏琴、演说、奏哀乐、家属答谢。显然不像传统丧礼那样繁复。而在事职员的追悼会步骤更为简洁，包括九个部分：摇铃开会、报告开会宗旨、宣读祭文、宣读诔词、行三鞠躬礼、述行状、演说、家属答谢、奏乐散会。不过需要设立专人负责各项事务，如主礼员、庶务员、男招待员、女招待员，而献花果、述行状、读追悼文也另设专人。

---

① 徐珂：《清稗类钞·丧祭类》，第3544页。

传统的丧祭先根据死者等级划分为官员之丧、士人之丧、庶人之丧。不同的丧葬仪式礼节繁简不一，场面不同，如官员之丧前后共分27道程序，而士人之丧与庶人之丧的程序则依次减少。新兴的追悼会打破了传统丧礼等级森严的局面，同时引进了西式丧礼中敬献花束、花圈（或花篮）和奏哀乐的礼节，仪式既庄严隆重而又简便易行。此外，追悼会"必择广场"、"无论男女"，挑战男女有别、内外有别的丧葬传统，是对传统丧礼在观念上、空间上的冲击。

当时的一些有识之士也率先采用这种新式的丧葬礼，如1905年李叔同为母亲办丧事，改吊丧为开追悼会，并在《大公报》上发布"哀启"，声明概不收受呢缎、轴幛、银钱、洋圆等物，但可以送挽联、纪念诗文、花圈等；参加追悼会的人，不行旧礼，愿意者改行鞠躬礼。李叔同特意为母亲写了哀启，整个仪式简朴感人。

> 本月二十九日天津李叔同之母王太妇人开追悼会，备有西餐，以饷来宾，其哀启如下：敬启者。我国丧仪繁文缛节，俚俗已甚。李叔同君广平，愿力袪其旧，爰与同人商酌，据东西各国追悼会之例，略为变通，定新丧仪如下：（一）凡我同人，倘愿致敬或撰文诗，或书联句，或送花圈、花牌，请毋馈以呢缎、轴幛、纸箱、扎彩、银钱、洋圆等物。（二）诸君光临，概免吊唁旧仪，倘愿致敬，请于开会时行鞠躬礼。（三）追悼会之仪式：甲开会。乙家人歌哀词。丙家人献花。丁家人行鞠躬礼。戊来宾行鞠躬礼。己家人致谢来宾行鞠躬礼。庚散会。同人谨白。①

其中，李书同还亲自为母亲写了哀歌，这是中国近代最早用于追悼会的哀歌，歌词如下：

> 松柏兮翠蕤，凉风生清闱。母胡弃儿辈，长逝竟不归。
> 儿寒复谁恤，儿饥复谁思。哀哀复哀哀，魂兮归乎来。②

晚清一般追悼会多由亡者的家属和朋友参加，规模较小，而对一些有贡献、有声望人物的悼念活动则规模较大，参加者也更为广泛，这种追悼会通常称为公祭。陈天华、姚洪业牺牲后，革命党人组织了对二烈士的公祭活动。他们的灵柩运抵长沙后，

---

① 《天津追悼会之仪式及哀歌》，《大公报》1905年7月24日。
② 《天津追悼会之仪式及哀歌》，《大公报》1905年7月24日。

先"集各界于左祠,演说国事",进行悼念活动;然后,"万人整队送之山陵",挽联都带"标语"性质;入葬时,所有会葬人众一体在灵柩前行三鞠躬礼。

由吊丧演进为开追悼会,反映出丧葬活动中人际关系的演变。随着丧葬活动向公共空间的扩展,吊唁行为不再限于亲友之间,变得更加公开、开放。追悼会的出现使传统丧礼从烦琐走向简洁,节省大量的人力物力。

应指出的是,晚清时期出现的追悼会仅仅是一个开端,其影响非常有限,甚至民国时期民间社会中传统的开吊仍然大量存在。如上海的一些偏僻地区,"缙绅家送葬,仍有用街牌执事者,惟乐工、炮手多已屏绝,间用军乐;今有开追悼会用新礼节者,然所见亦罕"。[①]但毕竟风气一开,尤其是经过民国政府的推介、宣传,追悼会还是逐渐推广开来。

三 殡仪馆、公墓与火葬场的出现

人固有一死,死而殓之,殡而葬之,古今中外,莫不如是。19世纪以来,殡仪馆、公墓和火葬场的出现是晚清殡葬中的新现象。它们多出现在与西方交往甚密的几个通商口岸城市,而这一新兴事物的兴起主要是受到西方文化影响。它们的主要服务对象也是旅居中国的外国人,因而中国早期的殡仪馆、公墓与火葬场与租界密切相关。上海作为近代中国第一批开放的通商口岸之一,是中国对外交流以及与西方接触最多的地方,它在吸收外来文化和习俗上也较其他地方更为便利,具体到丧葬方面也是如此。事实上,晚清中国出现的殡仪馆、公墓和火葬场多始自上海。

1843年上海开埠之后,来沪的外国人越来越多,客死中国的外国人如何处理的问题逐渐提上日程。英国驻沪领事馆首倡公墓之议,得到积极的响应。于是,1844年上海就出现了第一个商业性公墓,由英国人在租界开办山东路公墓,这也是近代中国最早的公墓。这处公墓经营到1868年时,整个墓区被占满,只得对外宣布关闭。

自山东路公墓出现之后,便不断有外国人在沪开设公墓营业。1859年,英租界工部局在浦东陆家嘴建浦东公墓,主要埋葬亡故轮船船员;1863年,英租界工部局置地开设八仙桥公墓;1865年,英租界和法租界工部局共同修建了上海唯一一家联合公墓;1873年,上海日本领事馆购马车路(后改名卡德路,即今石门一路)土地一处,建日侨墓地。

---

① 民国《川沙县志》卷14《方俗志》,民国二十九年铅印本,第4页。

为了管理这些经营性公墓和办理外侨入葬手续，上海英租界工部局1866年2月在其卫生处之下专门设立了"公墓股"，专事外侨土葬申请和公墓管理，这也是在上海出现的第一个殡葬管理机构。1896年，工部局决定在涌泉路购置64亩土地用以修建新公墓和火葬场，涌泉路公墓被外国社团认为是"最好的公墓"。此后又陆续新建了一批公墓，如1905年，建卢家湾公墓，专葬外国人，占地23亩，由法租界公董局管理；1907年3月，由一批寺院的日本人发起，设立法光株式会社，花洋银14000元购当时的宝山土地一处，设立日侨公墓和火葬地；1913年，殡葬慈善机构普善山庄创立，从事火化露尸业务。随着近代公墓不断出现，上海还出现了几家犹太公墓，这些公墓由于迁葬、改建如今已不复存在。

西方殖民者根据自己的需要创建了可以根据种族、财产、宗教等划分等级的公墓。对于死者，各租界只关心自己国家的人，中国人一般都被排除在市政公墓之外。公墓一般都是给外国人，即西方居民预留的。在公墓问题上，对西方人来说宗教也起着非常重要的作用。中国人通过预订也可以安葬于涌泉路公墓，1913年之前中国人偶尔被埋葬在此，因为"他们都信奉了基督教"。之后，随着人口增长和信教人数增多，更多的中国人希望被埋葬在涌泉路公墓。对此，卫生处官员规定：在建成中国人的公墓之前，将中国人每年的安葬人数限制在20例左右。法租界内的公墓是真正的市政公墓，只有中国居民被排除在外。中国人必须自行解决安葬问题。

中国传统社会没有公墓，与之类似的只有义冢，即"家必专茔，窆必独穴，无族葬或公墓之制，贫者困于财力，富者惑于堪舆"。[①]这种情况一致延续到晚清，当时的城市里，除了专葬外国死者的万国公墓和专葬教会死者的教会公墓外，中国人只有义冢而少公墓。20世纪初，上海建立了第一个中国人开办的经营性公墓——万国公墓，这是中国人自办的第一个近代意义上的公墓。万国公墓初名"薤露园"，1909年由浙江上虞商人经润山在徐家汇虹桥路购地20亩筹建，于1914年建成，共有墓穴6000余个。该公墓后来被沪杭甬铁路占用，1917年薤露园由经润山的妻子汪国贞接管，并西移至张虹路购地重建，改名"薤露园万国公墓"。一般中产之家无力购置墓地，若将先人葬于荒郊，又觉有失身份，公墓正好介于二者之间。虽然也是各家乱葬，但各墓之间有较大的距离，且排列整齐。地下可修建墓穴，地上可以树碑，封土可用砖石材料装饰，四周植树，比乱葬岗子气派很多，而且公墓也有利于市政管理，后来逐渐

---

① 民国《月浦里志》卷4《礼俗志·风俗》，民国二十三年铅印本，第3页。

得到推广。

需要说明的是，晚清中国的义冢与公墓并非简单的承接关系，两者在很长一段时间内并存，甚至产生冲突。一般情况下，通商口岸租界的公墓与中国慈善团体的义冢互不干扰，比如《津门杂记》中记载："海大道西，有地数亩，环以矮墙，中植树木，为外国茔地，旅榇难归者，即于此丛葬焉，各立碑碣，以记姓氏。"[①]天津租界的外国公墓自成一体，与义冢并无矛盾。而上海的情况就比较复杂，两者最激烈的冲突是1874年及1898年两次四明公所事件。创建于1790年代的四明公所是旅沪宁波籍人组成的、带有慈善性质的同乡团体，其主要职能是掩埋、停厝及运送客死异地的同乡灵柩回籍，本来与租界互不干涉。但是1849年后，四明公所地产划入法租界。法租界公董局对公所的义冢，尤其是厝柩的丙舍深怀不满，认为它们是传染疾病的根源，大大有碍租界环境卫生。在1862～1863年的年度报告中，董事会明确表示："为了消灭这些坟墓，决不在任何尝试面前后退，不管这种尝试有多么艰巨。"[②]其强硬的态度加深了法租界与公所之间的芥蒂，最终酿成两次"四明公所事件"的流血冲突。后来随着市中心地价的飙升以及卫生防疫知识渐入人心，在租界当局的压力和城市自治法规的约束下，四明公所被迫早于上海其他同乡组织、慈善团体而将寄柩所迁至郊外。对此，竹枝词中多有咏怀之叹。

四围马路各争开，英法花旗杂处来。怅触当年丛冢地，一时都变作楼台。[③]

万里通商海禁开，千年荒冢幻楼台。可怜酒地花天里，夜有青磷泣草莱。[④]

受西方影响，晚清中国又出现了新的丧礼设施——殡仪馆。它是专门负责办理丧事的场所，可以为丧主提供丧葬用品，并为悼念活动服务。它的出现改变了由死者家属在自己家里办理丧事的做法，承担了提供社会殡葬服务的任务。19世纪末年，美国人韦伦斯在上海设立"松茂洋行"，专理外侨殡殓，这是由洋人经营的第一家殡仪馆。

中国传统处理殡葬事务的场所是家中或祠堂、寺庙，而且是整个宗族以及邻里互帮互助式的服务，依赖的是血缘和地缘关系，是一种人情交往，同时包括同乡、同

---

① 张焘：《津门杂记》，收入沈云龙主编《近代中国史料丛刊》第57辑，第295页。
② [法]梅朋、傅立德：《上海法租界史》，倪静兰译，上海社会科学出版社，2007。
③ 龙湫旧隐：《洋泾竹枝词》，转引自顾炳权《上海风俗古迹考》，华东师范大学出版社，1993，第475页。
④ 以湘浦：《沪游竹枝词》，转引自顾炳权《上海风俗古迹考》，第476页。

业组织在内的慈善组织也会提供此类的服务。殡仪馆的出现对中国人而言是全新的事物，它将丧葬事务置于一种陌生的、专门的特定空间。这种特殊的服务本质上是一种商业行为，抹去了传统丧葬中温情脉脉的人情色彩。这种空间转换和人际关系的改变对时人而言是不小的冲击，加之费用昂贵，故中国人少有问津。

虽然传统中国人多采用土葬，官方禁止火葬，但火葬因其简单经济，曾在南方地区局部盛行。不过中国传统的火葬方式是将尸骨直接放在柴堆上焚烧，黑烟滚滚，秽恶冲天。晚清出现的火葬场使用火葬炉焚尸，改变了传统火葬的方式，更加安全、卫生。上海出现的第一个商业性火葬场即为静安寺公墓，同时兼营火葬场，由公共租界工部局于1896年建立。此外，涌泉路公墓和日侨公墓也兼营火葬场。上海火葬场建立的另一个原因是照顾英国殖民者中锡克教徒的需求，因为锡克教最大的特点是对死者尸体进行火葬。1911年，工部局接受锡克教徒的请求，在四川路虹口公园对面附近建设了一家火葬场，后来随着附近房屋的增多，两年后被迫迁移到打靶场附近。晚清火葬的实行顺应城市化发展对空间的限制和防疫需求，开始逐渐被人们接受。但是，火葬主要是外国人或极少大城市居民采取的一种丧葬形式，大多数人死后仍是土葬。晚至1929年，山东德州济阳县风俗调查表中仍显示："有无火葬情事，无。"[①]

四 一些其他变化

晚清丧葬中还出现了一些其他的新现象，大致而言包括新式讣告、花圈、挽联、奏哀乐、洋乐、新冥器、臂缠黑纱等。清末北京还出现了一些为了办丧事而专门出租马车的马车行，马车多在送葬时系白色、蓝色两种彩绸，以表示哀悼。这种以租赁马车来办丧事的行业是前所未有的，它是晚清丧葬的又一新内容。

晚清讣文开始出现新的格式。以男讣文为例，据《清稗类钞》记载，新式男讣文云："某某侍奉无状，痛遭先考某某府君讳某某，恸于某年某月某日某时，以某病卒于正寝。距生于某年某月某日某时，享寿几十有几岁，某某亲视含殓，即日成服。定于某月某日下午几时至几时，在家设奠。哀此讣文。"[②]此讣文交代了死者的诸多情况后，又有言"以女、媳、孙女、孙媳、曾孙女、曾孙媳列于同辈男子之后者"[③]。而旧式讣文除与新式讣文一样介绍死者身份、一些时间情况外，在一开始以"不孝某罪

---

① 民国《济阳县志》卷1《舆地志·风俗》，民国二十三年铅印本，第28页。
② 徐珂：《清稗类钞·丧祭类》，第3541页。
③ 徐珂：《清稗类钞·丧祭类》，第3541页。

孽深重，不自殒灭，祸延先考皇清诰授某某大夫"①出现。这一形式的开头太过形式化，也太过不近人情。将旧式讣文与新式讣文比较可知，新式讣文更实用，也更符合现实生活的实际。

此外，开始在报纸上登载讣告。古代报丧多用书面形式，称"讣告"或"讣闻"，由专人送达。1905年天津《大公报》首先登载一则《讣闻登报》的消息，即介绍性的宣传文字："讣闻登报，外国习以为常，近日华报亦屡屡见之，可谓输入文明之现象也。"作为一种"输入文明"的举措，1906年4月7日《大公报》登出天津金融家严信厚的讣闻，这也是天津的第一份现代讣告的实例。可见当时的天津在接受新事物方面非常迅速。

丧礼中花圈、挽联、洋乐的使用。晚清传统丧葬的有些迷信内容渐被抛弃，一些丧家不再搞焚烧刍灵车马楼库等活动，丧礼也开始办得节俭起来，一般都是根据家境量力而行。如天津甲辰科最末一位状元刘春霖在1907年采用文明办法为其妻举办了简单丧礼。葬礼不请僧道诵经，不用纸糊楼库，原定于初六发引，因当日大雨，于是改为初七。对于这样的举措，尤其是下葬日子改期，引起社会议论，乡党毁誉参半。《大公报》以"丧仪文明"为题报道："中国婚丧礼仪，每掺杂以种种迷信之陋习，故有志之士多有倡议改良者，然锢蔽已深，骤难更变。今刘殿撰能毅然行之，殊堪佩服，特志之以为世俗劝。"②从当时媒体报道的丧葬仪式来看，使用挽联挽幛已经相当普遍，如"恭送挽联素幛者，已不可胜数，自大堂以至内厅，四壁悬挂，殆无寸罅，近复纷至沓来，颇患无可位置"，③"祭轴挽联约百余件，张遍厅事"，④"挽联祭轴百有余件"，⑤"四壁悬祭幛甚夥，挽联则气象壮阔者颇不乏人"，⑥甚至报纸上也会刊登一些新颖、有意义的挽联。如：

丁太夫人之丧，曾中堂挽联云："毕生师于曹大家，五世同堂，九秩延年，惟盛德克膺福庆；有子才如陶士行，泽流江表，名倾海国，致贤母备极恩荣。"又金廉访安清挽联云："皇华六月，靡盬不遑懔慈训，以建远猷，赫赫然中国有

---

① 徐珂：《清稗类钞·丧祭类》，第3541页。
② 《丧仪文明》，《大公报》1907年10月18日。
③ 《唁丧繁盛》，《益闻录》第108期，1881年，第158页。
④ 《开丧热闹》，《益闻录》第200期，1882年，第409页。
⑤ 《丧仪盛观》，《益闻录》第206期，1882年，第444页。
⑥ 《丧仪纪盛》，《益闻录》第1022期，1890年，第567页。

人，是母是子；眉寿百年，俾尔无害贻孙谋，而承厚泽，巍巍乎西池一老，多福多男。"二联皆确切新警。①

更有些人像前文提到的李叔同一样，公开声明不收锡箔、素纸、冥器等物，碰上丧礼只要领香一炷或写一副挽联就可以了。还有的人效仿西方丧葬仪式，如送花圈。《图画日报》有这样一篇报道："丧葬馈送花圈，向惟西人有之。以鲜花最为高洁，故特将陈诸死者之墓，以表敬意。近则华人亦纷纷效之，试观大出丧除各种仪仗外，必有花圈列入，即此可见。"②晚清民初，有些靠近沿海的小城镇也悄然发生了变化，如受上海开埠后社会新风的影响，南浔市镇传统的礼俗也在发生变化。陈其业在《湖属六县自治状况·风俗改良事项》有谓："吴兴民风，尚称敦朴，惟城区及南浔镇，已稍染沪杭习气。"③不仅南浔，上海周边的其他城镇也有类似的变化，"城镇中清末盛行挽对"。④在上海、广州等地，丧葬中使用洋乐已屡见不鲜，如"近来各处，凡婚丧之事以有西洋鼓吹为体面，上海尤甚。即有预备此种鼓吹，待人雇佣者，顾曲调不多，宜不审所宜。今日甲家雇之以丧，则为之前导而鼓吹之"，正如《海上竹枝词》中所描述的热闹而又杂乱的景象："丧仪究竟胜他邦，开路先看印捕队。谩诩新兵供借用，挽歌军乐不同腔。"⑤广州的情况与此类似，尤其是在浩浩荡荡的出殡行列中出现了军乐队，高奏"前进，基督的士兵们！"的乐曲，成为莫大的讽刺。⑥

洋货冲击下出现新冥器。广州作为中国沿海一大门户，不可避免地受到西俗冲击，人们的生活方式受洋货冲击发生了许多变化，这在丧礼中也折射出来。如在广州等最先受西风影响的地方，冥镪已变为"冥币"、"冥洋"，昔日纸做的堂皇殿宇已变为耸拔的洋楼，纸轿纸马又为纸扎黄包车、汽车所代替。⑦

丧服也有新的变化。旧式丧服虽然还占主流，但也出现了新的变化，有的男人左手臂开始围以黑纱，女的胸际缀以黑纱结。四川虽处于内地，却也受到了西方风俗的冲击和影响，很多上层人物、开明人士尝试新式的葬礼。在服装上，主人和男宾在左

---

① 《丁太夫人挽联》，《中国教会新报》第120期，1871年，第11页。
② 《丧葬馈送花圈之新异》，《图画日报》第142号。
③ 参阅李学功《南浔现象：晚清民国江南市镇变迁研究》，中国社会科学出版社，2010，第67页。
④ 民国《嘉定县续志》卷5《风土志·风俗》，第8页。
⑤ 朱文柄：《海上竹枝词》，转引自顾炳权《上海风俗古迹考》，第438页。
⑥ 参阅严昌洪《中国近代社会风俗史》，第103页。
⑦ 参阅严昌洪《中国近代社会风俗史》，第103页。

腕上佩戴黑纱，女宾在胸前戴黑纱，在悼念祭奠仪式上，陈设挽联、花圈，并在灵前安放死者的照片。这几乎与现在无异了。

尽管上文论述晚清丧葬中出现了诸多新事物和新现象，但是其影响毕竟有限。总体而言，传统丧葬还是占主导地位。即使在北京城里士庶人家在治办丧事时，"灵前仍设拜垫，亲友往吊者，概用跪拜，不用鞠躬"。尽管国内有人急于推行丧事鞠躬礼，但民间难以接受，遭到强烈反对，故民间多仍用跪拜礼，只是一切从简。就算在上海、天津这样的大城市中，传统丧葬也大行其道。如晚清天津丧礼仍然非常传统："民间亲将殁，择吉方停逍遥床，置亲于上，殁后，请阴阳生择时成殓，俗传三日魂灵上阴府望乡台，孝眷均痛哭于灵下，是日送路，五日成服，首七诵经，绅士家行家祭礼，开吊，殡期发引前一日行祖奠礼，焚烧纸绢扎彩，亲友送挽灵绫幛对联甚夥。"①而且还盛行奢靡的大出殡。

> 津郡每遇丧事，辄高搭捲棚，门竖牌楼，开丧受吊，虽在平民，其气象居然大家，每七延请僧道礼忏诵经，尤重出殡之举，穷奢极侈，过分越礼，且隆而重之曰大殡，前用銮驾半副、黄亭两座，次则官衔执事百余对，开道铎、清道旗、闹丧鼓，依序而行，然后炉亭、香亭、影亭、灵亭、彩旛、伞盖、朝服、鲜花、僧道、行香、魂轿、魂旛、铭旌等事，送殡亲友相间徐行，一路长吹细乐、香盘提炉、对马旗枪，不下数百人，最后引路神童、玻璃绣金高杠棺罩，以数十人舁之而行，其后则送丧车轿多至十数乘，其幢□旗帜之赁价、执事夫役之工食，一切费用，恒有糜千金者，殷富之户尚不足深惜，其左支右绌东挪西移者，亦难以屈指计，谓不如是不足为宗族交游光宠。②

天津这种出大殡的习俗在《点石斋画报》中也有反映，《丐头出殡》③一图描写：天津有一个乞丐头，平时游手好闲，但能雄霸一方。他病死后，群丐为他大办丧事，聚资请来僧道仪仗，后面丐子丐孙麻衣如雪，执绋步行，多达百余人。沿街还设有路祭，其排场比得上达官贵人。只是这些乞丐的衣服还是那么褴褛龌龊，脸色还是那么黝黑。很多观看出殡的人无不嗤之以鼻。丐头出殡如此排场，大户人家的更是气派。

---

① 张焘：《津门杂记》，收入沈云龙主编《近代中国史料丛刊》第57辑，第93页。
② 张焘：《津门杂记》，收入沈云龙主编：《近代中国史料丛刊》第57辑，第93~95页。
③ 《丐头出殡》，《点石斋画报》酉集，第35页。

据《中华全国风俗志》记载:"上海一年中,必有两次不为死人吊,专引生人笑,惊天动地的大出丧,此诚上海之特别现象,最足以证明流俗心理'不为己'之奇拙也。"①《上海风俗古迹考》也有言:"近代上海洋场中,名人出丧,大事铺张,送葬以印度巡捕为先导,后用新兵,吹奏军乐,队伍排得极长,以此为荣。前清邮传大臣盛宣怀出葬,费金三十万,浮靡之极。"②余槐青在《上海竹枝词》中揶揄道:"丧仪绚烂满长街,今古中西一例排。经费宽筹三十万,破天荒是盛宣怀。"③崇尚奢靡的丧家为图新奇屡出奇招,甚至雇用学生送丧。

  近上海有万姓买办,为其妾治丧,(妾年仅风信,出身北里,讣文居然称太夫人)销费巨万,出殡时,仪仗烜赫,为向所未有,柩之前后,衣冠中人执绋徒步者不知凡几,士女空巷往观,交口称美,若有窃议其僭侈者,众以为非狂则呓也。文明哉,上海之风俗!
  未几又有某洋行买办卒,其丧仪之盛,与万妾埒,而其中独有一特色,为万氏所无者,则行列中有学生队。
  或又曰,某买办之家人欲力求丧仪之驾出万妾上,查得万妾丧仪有兵而无学生,故添雇此项,以为竞胜壮观之计。④

奢侈攀比到这种程度真是令人大跌眼镜。大城市、大人物尚且如此,中小城市和农村的丧事活动仍由传统的行业和家庭承担,供祭、念经、做佛事,亲朋好友吃豆腐饭,出殡、建坟埋葬,仍按这套旧习进行,出殡时队伍越庞大,送行人马越众多,耗资越昂贵,丧事就越威风。而对于农村普通的民众来说,更是大量沿用着传统的丧葬习俗,如山东寿光"臂缠黑纱,闾里中未之见也";⑤商河"父母死袖蒙青纱,惟有职务者用之;民间仍遵旧制,素衣、素冠,终三年之丧"。⑥在山东夏津,直到民国时期臂缠黑纱仍充满争议,"臂缠黑纱,乃持服之一种,虽形式之间与古礼所谓斩衰者不同,其表示守制则一也。民国以还,政学各界维新者每假此以代素履,守旧之士讶

---

① 胡朴安:《中华全国风俗志》下编,第214页。
② 顾炳权:《上海风俗古迹考》,第436~437页。
③ 余槐青:《上海竹枝词》,转引自顾炳权《上海风俗古迹考》,第437页。
④ 《沪上某氏丧仪行列中之怪物》,《大陆(上海1902)》第3卷第6期,1905年,第3~5页。
⑤ 民国《寿光县志》卷8《民社志·礼俗》,民国二十五年铅印本,第3页。
⑥ 民国《商河县志》卷1《舆地志·风俗·丧礼》,民国二十五年铅印本,第63页。

为不经，亦见智见仁之类耳。"①

更有甚者，寄居海外的华人，其丧事仪节仍尽遵中国传统，以致引起西方人的好奇和围观。1881年《画图新报》报道当时在美华人的丧礼：

> 中国丧仪，中国人视之固为常礼，西国人视之则为罕见，有中国人之寄居美国纽约尔克者，适有丧事，其礼节尽遵中国葬常人礼，故登之新闻。其灵柩出殡，临穴安葬时也，有一华人，端坐灵柩前，丧舆首，亦由人肩抬行，彼则于路间，频将纸钱挥洒，有人询其故，答云，亡者如欲归家探视，可循此纸钱迹行来，复有一人云，非也，杠，亡人一路行来，恐有魔鬼邪神，拦亡人灵魂，阻其行路，有此纸钱抛出，魔鬼邪神皆得钱，可放亡灵安然过而入墓地矣，及置柩穴内，将亡人生时衣服，与使用等物，在其足下以火化，并就地秉烛焚香，罗列汤羹粢盛，清酒三献。虽其如是，在中国人视之为尽礼，在西国人视之为无益，灵魂与肉身既离，无知觉寒饥，何用衣食，此无用之风俗，中国人当知禁除也可。②

无独有偶，1907年《新世纪》发文称中国驻意公使丧妻，"其一切丧仪，悉照支那旧法，尸停五日发臭，邻家责其有碍人之卫生，发丧，'孝子'哭踊，观者塞途，视为怪物，更如种种上香供饭诸迷信，不可胜书。"③

小　结

晚清丧礼出现的这些新变化与当时动荡的社会背景息息相关，是内外因素共同促成的结果。尽管传教士早已对中国丧葬礼颇有微词，甚至提出尖锐的批判，然而其影响非常有限，但是随着传教活动的深入，一方面直接使一部分人皈依，改变其信仰习俗，另一方面通过文化活动传播西方文化和科学知识，改变中国人的知识结构和传统观念，对接纳新事物，摒弃旧习俗采取更为积极的态度。传教事业的发展使当时的中国人对西式丧葬礼仪不再感到那么陌生和排斥，相反，对西式丧葬礼有了更多的包容

---

① 民国《夏津县志续编》卷5《典礼志·礼俗·丧》，民国二十三年铅印本，第28页。
② 《丧葬仪规》，《画图新报》第2卷第1期，1881年，第7～8页。
③ 《在欧洲之支那人》，《新世纪》第15期，1907年，第2页。

性。如孙江指出，一些宗族对其族人皈依基督教并采用基督教丧葬礼采取了包容的态度，只要他不试图在整个宗族内推广其丧葬礼，宗族组织默认其存在。[①]

鸦片战争后，西方人凭借一系列不平等条约获得种种特权。在通商口岸建立租界为西式葬礼的展示和推广创造了条件，成为中国人窥视、模仿西方生活习尚的窗口。事实上，晚清中国西式葬礼的出现最早也是发生在通商口岸的租界。

随着进入中国的西方人越来越多，西方日常生活方式在中国得到更充分的展示。具体到丧葬而言，原来零星出现并且带有浓厚宗教色彩的传教士丧葬礼并不太为中国人关注，而晚清中国人所见西方丧礼越来越多，西方人普遍简洁肃穆而又符合现代卫生观念的丧葬仪式越来越吸引上层人士的注意。更为重要的是，军事上的节节败退严重打击了中国人的文化自信，如夏仁虎描写北京人这种心理变化："庚子巨创以后，都人心理由轻洋仇洋一变而为学洋媚洋。"[②]西人地位今非昔比，西方生活方式也成为文明的象征，由原先的"异类"变成后来的"时髦"。在晚清文明—野蛮话语下，中国的社会精英不再从信仰层面抵制西式丧葬，而是把西式葬礼与基督教的联系刻意地人为剥离，淡化其宗教色彩，只是去模仿他们"文明"的方式。这些有机会接触到欧风美雨的中国人在耳濡目染之下也逐渐接收了西式丧葬礼的一些内容。另外一个原因是洋货在日常生活中的渗透。由于低廉价格的吸引，洋货逐渐冲击着中国人的生活习惯，使得他们自觉不自觉地改变原有生活方式，接受某些外来的生活方式。据清末民初人陈作霖记载，到清道光年间，"凡物之极贵重者，皆谓之洋，……大江南北，莫不以洋为尚。"[③]生活方式的这种变化又容易使人们滋长崇洋思想。清末许多年轻人崇洋心理颇为盛行，"他们看着外国事，不论是非美恶，没有一样不好的；看着自己的国里，没有一点是的，所以学外国人惟恐不像"。[④]"洋帽洋衣洋式鞋，短胡两撇口边开，平生第一伤心事，碧眼生成学不来"，[⑤]是一部分人外表与崇洋心理的生动写照。

此外，大众传播媒介对西洋风俗的评介使人们大开眼界，并帮助人们有目的地选择、学习对自己有用的事物。一部分有幸到国外游历、出使、留学、考察的中国人不仅用日记、游记，而且还现身说法介绍、传播刚刚从西方学来的新习尚，这些都对社

[①] 参阅孙江《作为他者的"洋教"——关于基督教与晚清社会关系的新阐释》，《江海学刊》2008年第1期。
[②] 夏仁虎：《旧京琐记》卷7《时变》，收入《旧京琐事 旧京琐记 燕京杂记》，北京古籍出版社，1986，第85页。
[③] 陈作霖：《炳烛里谈》，转引自陈登原《中国文化史》下册，辽宁教育出版社，1998，第300页。
[④] 《大公报》1903年4月17日，第5版。
[⑤] 《公余日录》卷10，转引自复旦大学历史系编《中国传统文化的再估计》，上海人民出版社，1987，第262页。

会风气的开化起了促进作用。

太平天国运动对晚清新丧礼的出现起到了巨大的助推作用。一方面，虽然太平天国中的西方宗教观念并不纯粹，其丧葬政策也多有偏激之处，并未很好地推行，但是其丧葬理念还是极大地冲击了传统观念如不请僧道、反对迷信、男女平等，这些都为人们接受新丧礼提供了一定的思想条件。另一方面，太平军所到之处厚葬难为，让人们深切地体会到人生的无常，烦琐的殡葬耗资巨大，不与活人争利的观念逐渐被人们接受，丧葬方式与孝道的紧密捆绑也渐松弛。在这种条件下，丧葬不得不变得简洁、实际，新式丧礼成为更多人的选择。

晚清新丧礼的出现还有一个重要的原因是城市化进程的发展。随着近代城市的发展，其空间日渐扩展，但仍然难以应对大量人口涌入带来的压力，地价日升，丧葬用地不得不尽量缩减。而且随着卫生防疫观念的传播发展，传统丧葬中的某些方面尤其是厝柩问题逐渐被视为有碍卫生，不得不向更偏远的地方转移。另外，随着市政管理的日渐完善，相关法规越来越严格，这也使得新的丧葬方式成为更合时宜的选择。城市发展的迅速和不可逆性，使得晚清新的西式丧葬最早也最快在城市扩散开来。

此外，我们应当认识到，丧葬演变特别是新旧交替必然要有个渐进的过程。虽然旧的意识形态受到了一定程度的冲击，但由于丧葬礼俗较之其他礼俗（如婚嫁礼俗、寿庆礼俗等）具有更为顽强的传承性，丧葬的"礼"和"俗"比较统一，群众基础很深，难于一时从根本上彻底改变。另一方面，辛亥革命在某种程度上只是政权的更替，其他方面的旧意识形态则是任其自然存亡。故清末尤其是民初的名人葬礼，几乎都是新旧、中西并存的，无论仪仗、响器，均大搞"土洋结合"，与中国传统的民俗前后穿插而行。在某种程度上，新的形式仅仅作为传统形式的附加部分成为一种点缀。这也反映了丧俗变化的局限和不彻底。

在中国近代社会转型过程中，丧葬礼俗改革的许多内容，如薄葬、短葬的提倡，遗体处置方式的改革，丧服制度的变通等，一定程度上打破了传统的文化观念，体现了时代的进步精神，在中国社会从传统走向现代的历程中发挥了很大的积极作用。当然，丧葬礼俗的演变速度很缓慢，沿海与内陆差异很大，各地呈现出明显的不平衡性，这是了解与研究近代丧葬礼俗不容忽视的因素。

需要注意的是，尽管晚清西式葬礼的影响还非常有限，但西式葬礼的地位已经不可同日而语。即民众对西式丧葬礼的观感已悄然发生了变化，由最初视其为异端到时髦的新事物，甚至被认为是文明的象征。1907年《新世纪》两次刊文嘲讽驻意公使之妻丧礼仪节尽遵中国旧俗，乃"野蛮"之举："此辈在支那为此，拘于习惯而然，其不能改变野蛮之风，已难见谅，况当此新世纪身居文明之土乎？吾谓其丧礼野蛮，非因见笑外人而言，实因其迷信恶俗，有背科学公理。"[①] 又指出称其为野蛮"非随意嘲笑"，乃因为"较合于公理者则为文明，较背于公理者则为野蛮，如丧仪之繁重伪饰，足以扰他人之安乐，损生者之精神，乃不合于公理者也"。[②] 在文明—野蛮的时代话语下，传统丧葬礼仪的地位也悄然发生变化。

显而易见，清朝末年的丧葬礼俗中出现了相对文明的西式丧礼，它是中国近代丧葬礼俗发生变革的开端。缠黑纱、鞠躬、花圈、挽联、开追悼会等诸多进步文明的丧葬习俗正是从这一时期开始的。

观念的转变是渗透式的、缓慢的，以润物细无声的方式由量变累积成的质变，这种变化意义深远，对人们心理和生活方式的冲击具有一定的延续性，在合适的时代条件下蓬勃发展，直接影响到后面的历史进程，而晚清时期恰恰是这种转变最重要和微妙的开端。

---

① 《在欧洲之支那人》，《新世纪》第 15 期，1907 年，第 2 页。
② 《野蛮之计度》，《新世纪》第 24 期，1907 年，第 2 页。

结　语

明清已矣，但殡葬的故事仍在继续。抚今忆昔，我们显然不只是想发思古之幽情，而是希望通过对历史的梳理和总结更好地理解和认识当今之现实。为此，有必要在具体论述的基础上对明清时期殡葬特色做一概括和总结。与此同时，殡葬作为历史演进和历史上人们日常生活的重要内容，不可避免地凝聚着时代演变的信息。通过对明清殡葬史的梳理，也有助于我们更好地来理解明清时代特色和演变趋向。需要指出的是，殡葬史的很多特色是长期以来逐步形成的，未必为明清时代所特有，所以我们的总结虽然希望突出明清时代的特色，但有些基本的特点可能也需要有所论及。

通过前几章的论述，我们认为明清时期的殡葬至少有以下几个方面的特征。

一　殡葬具有明显的稳定性和演变的延缓性

就基本内涵而言，殡葬大体可分为观念、制度和礼俗等几个方面。从这几个方面来说，明清的殡葬在大的方面与前代并没有特别大的区别。比如在殡葬观念上，相对于西方社会特别注重死者灵魂的超度，[①]国人则显然更重视尸体这一肉身的安置，而且从一贯的"事死如事生"观念出发，国人对殡葬的操办和认识带有明显的现实和功利目的，而先人身后世界的想象也十分的世俗化。[②]这些特点，不仅明清时期如此，可能对整个中国历史来说也是一以贯之的。此外，如本书第一章所言，明清时期士人所讨论的殡葬议题大多并不是什么新话题，诸如风水、厚葬、使用僧道等等，就基本面

[①] 参阅〔法〕尼埃尔·亚历山大—比东：《中世纪有关死亡的生活（13-16世纪）》，陈劼译，山东画报出版社，2005。

[②] 参阅郭于华《死的困扰与生的执著：中国民间丧葬仪礼与传统生死观》，第181～191页。

而言，可谓大体是历史话题的延续。而在制度上，明清时期虽然做了一些调整，比如居丧规定的人性化，对官员丁忧的相对灵活处理等，但整体上的变化并不明显。而殡葬的仪式和习俗的变化就更不明显了，礼俗规定的殡葬仪式程序，比如初终、入殓、停灵吊丧、出殡、祭祀和居丧等，与前代是基本一致的。

不仅如此，明清时期的殡葬观念、礼制、习俗等即便发生了一些变化，也往往表现得较为缓慢，而且相对于政局的变动与政治制度的改革，还具有颇为明显的稳定性和延迟性。这一方面便体现在一些新的观念和礼俗的出现，不仅被接受有一个较长的历史过程，而且即便国家和部分士人所接受，甚至被视为文明的象征，整体社会接受度仍然是个很大的问题。这一点在晚清西式殡葬观念和礼仪的引入及其遭遇中可以得到充分的说明。另一方面，对于殡葬问题，即便国家做了制度上的变革，也往往会受到社会旧有习俗的强烈抵抗甚至消解，落实也是非常缓慢的过程。比如清初满族统治者开始禁止传统的火葬方式，但一直要到清中期，满族的火葬习俗才逐渐改变过来。又如明清对于人殉的禁革，也同样经历了较长的过程。甚至有些禁令，因为有违民情实际，还难以真正落到实处。比如明清的统治者都对厚葬提出评判，谕令禁止，但实际上民间的厚葬风气往往依然如故。

二 明清殡葬历史体现了鲜明的时代特征

虽然从自身的特点来说，殡葬历史变迁具有明显稳定性和延缓性，但它毕竟不可脱离时代而存在，不可避免是大历史的一部分，殡葬史的时代性也是毫无疑问的。而就明清时期而言，放眼中国的整体历史乃至世界史，殡葬的特色是十分鲜明的。这主要体现在：首先，在整体上体现了明清古今中外交汇、多元交融并存的特点。明清时期的殡葬，虽然整体上继承了中国自先秦以来逐步形成的殡葬传统，但在观念和礼俗等方面也出现了一些因民族交融和中外交流而出现的新因素，比如清代满族居丧期间百日不剃发的习俗成为很多地方的民俗，清初火葬的相对流行，晚清西方殡葬礼仪的引入和实践等，无不体现了这方面的特点。其次，比较突出地体现在殡葬问题及其社会应对上。殡葬的观念、礼制和仪式等，虽然各个时代可能大体相似，但这些内容引发的社会问题及其应对却往往因为时代的不同而大相径庭。从前面的论述中我们可以看到，这方面的时代特色是相当鲜明的。比如，停柩不葬或缓葬、阻葬问题不断凸显，既有惑于风水观念方面的因素，但同时也与地方社会厚葬风气，人地矛盾的不断加剧，所谓无业游民的日渐增多等密切相关。火葬这一风习源于佛教，明清特别是清代民间火葬的相对盛行，既有满族的因素，更重要则是因为当时一些经济发达地区土地资源的紧缺，所以即便同样的火葬，也具有时代的特征。又如江南等发达地区的厚葬之风，不仅屡禁不止，甚至愈演愈烈，显然跟当地较高的经济发展水平有关。既然殡葬可以彰显孝道，提高家族的影响力，而又有能力操办，又何乐而不为呢？又如，在殡葬问题的应对上也同样如此，其中特别明显的是家族和社会力量在应对殡葬问题上开始发挥越来越重要的作用。相对坟山纠纷、盗墓等问题的解决，政府往往主动寻求宗族的帮助，这无疑跟当时宗族的日益组织化和民间化分不开。而面对停葬、缓葬乃至无主尸体的处理等问题，当时日渐发达的慈善组织，善会和善堂往往以十分积极主动的姿态加以应对，在解决相关问题上发挥了举足轻重的作用。这十分鲜明地展现明清社会力量不断强大的时代特色。最后，在殡葬观念、礼仪及行为等方面一些比较细小的变化也具有明显的时代性。比如殡葬观念中，厚葬的问题历来是一个讨论的中心议题，虽然明清时期士人总体上对厚葬持批评的态度，但也出现了一些相对缓和和认可的声音。他们将殡葬之"厚"分为两类：一类是墓穴、棺椁、衣衾之"厚"；另一类是随葬品、丧仪排场之"厚"。认为前一类是孝子尽力营葬，表达孝心的具体体现，是合理的，只是对后一类厚葬给予批评。同样出于不断升级甚至绝对化地对孝道的强调，在归葬问题上，明清时期涌现出了一系列令人惊叹甚至不可思议的行为，不仅凸显了明清殡葬行为的独特性，也成为明清孝道文化特色的重要体现。

三 明清殡葬承上启下，开启了中国殡葬的新纪元

明清时期是个划时代的历史时期，西方文明的到来以及世界整体历史格局的改变，逐渐将中国社会引入了到一个全新以西方现代文明而非传统的中华文化为基础的运作体系中，中国社会开始逐步而剧烈的变动。虽然殡葬在晚清的变化，从基层和民间来说，可能感觉并不明显，但从具有引领和主导作用的精英殡葬观念和行为来看，中国的殡葬已经在走向现代化的道路上迈出坚定的步伐。不仅一些新的观念和葬俗已经在上海等都市出现并被越来越多的人接受，比如关于薄葬、短葬观念的提倡，追悼会、殡仪馆、公墓和火葬场等新生事物的出现和日渐广泛运用等，而且更为重要的是，在时代潮流的影响和社会精英的积极倡导下，对西式葬礼、西式殡葬观念的认知也开始悄然发生的重要的变化。由最初视其为异端、洪水猛兽到时髦的新事物，甚至开始被认为是文明的象征，社会进步的重要载体。显而易见，清朝末年的丧葬礼俗中出现了相对文明的西式丧礼，它是中国近代丧葬礼俗发生变革的开端。缠黑纱、鞠躬、花圈、

挽联、开追悼会等诸多进步文明的丧葬习俗正是从这一时期开始的。观念的转变是渗透式的、缓慢的，以润物细无声的方式，由量变累积成的质变。这种变化意义深远，对人们心理和生活方式的冲击具有一定的延续性，在合适的时代条件下蓬勃发展，直接影响到后面的历史进程，而晚清时期恰恰是这种转变最重要和微妙的开端。

四　明清殡葬体现了宋元以来礼学发展和儒学思想与大众文化互动的趋向

殡葬行为向来以礼为指导，乃是传统时期礼不可或缺的内容，故与礼学的发展有着极为密切的关系。以三礼为基本内容的礼学一直以来就是儒学的重要内容。虽然从礼学的研究和阐释的角度来看，宋元明时期是一个相对不够活跃的时期，但作为理学的一部分仍不无发展。特别从实践的角度来看，宋元以来的理学出现了经世致用的动向，朱熹对《家礼》的撰述颇为明显表现了其希望通过制定具体而相对切合实际的礼来规范社会秩序和民众生活的意图。明代虽然在礼学方面本身并没有太多的发展，但随着阳明心学的兴起，士大夫开始更多希望通过自己的实践，在日常生活中实践礼、阐释礼，并实现"以礼化俗"。进入清代后，随着礼学的复兴，出现了礼学治世的实用主义倾向，并提出了"以礼代理"的诉求。[①]明清时期，士大夫特别注重撰述考订家礼之类礼书。他们往往以朱子的《家礼》为基础，配合现实，以编纂或注释的方式，不断改编以合实用的各种礼书，比如邱濬的《家礼仪节》、黄佐的《泰泉乡礼》等。在这些礼书中，殡葬礼仪是非常重要的内容。借此，明清之际甚至可以说出现了一场丧礼改革运动。[②]台湾学者何淑宜就此指出，从明中期到清初这段时期，"除了《家礼》的注释书籍如雨后春笋般的出版以外，也出现了一些只以丧葬礼或丧祭礼为主题的礼书"。这类丧葬礼书的撰述不再以诠释礼文为重点，而是主要着重对民间丧葬习俗诸如佛道丧仪、火葬、风水等的抨击。[③]张传勇则进一步指出，"同样，如果我们将目光投向营葬的领域，就会发现，在《家礼》注释类著作探讨灰隔葬法的同时，《葬度》等专门的论葬礼书也出现了"。[④]他们一方面通过对礼书的编撰来捍卫正统的

[①] 参阅张立文、祁润兴《中国学术通史》宋元明卷，人民出版社，2004，第175~192页；林存阳《清初三礼学》，社会科学文献出版社，2002，第44~90页；张寿安《以礼代理：凌廷堪与清中叶儒学思想之转变》，河北教育出版社，2001，第1~8页。
[②] 参阅王汎森《权力的毛细血管：清代的思想、学术与心态》，北京大学出版社，2015，第36~77页。
[③] 何淑宜：《明代士绅与通俗文化——以丧葬礼俗为例的考察》，第156~169页。
[④] 张传勇：《明清"葬书"及其性质刍议》，《亚洲研究》（韩国）第3卷，2008年12月。

儒家殡葬利益，另一方面也在不断通过自身积极实践、倡导来努力净化俗葬俗丧，力图让儒家精英文化积极向民间渗透。[①]尽管由于殡葬本身的复杂性，这些精英的努力未必完全成功，但从这些士绅有关殡葬的作为中，确实可以比较明显观察到明清礼学发展和上下层文化互动的态势。

五 出现并发展了在殡葬史具有重要意义的灰隔葬法

灰隔葬法被认为是明清时代儒家的标准葬法，它的出现和发展在宋以来的殡葬史上具有重要意义。中国传统墓葬以砖室墓为主，这种墓葬对于"附棺"之道未为尽善，不能有效避免水蚁浸蚀，以及人为盗发破坏。迨至五代前后，长江中游地区出现以三合土围筑棺椁的新型葬法，有效地解决了这些问题。这一葬法后经宋儒发扬光大。在理学思想影响下，丧葬观念发生重要变化。理学非常强调"孝道"，将其作为践履儒家伦理道德的一个重要标准。因而，丧礼中"事死如生、事亡如存"的传统道德观念得到强化。与前代相比，丧葬中更加重视对尸体的保护，出现了"藏尸"观念。以司马光、二程、朱熹等为代表的著名理学家对儒家传统丧礼中的择地与营葬之法做了相当的总结，充分利用已有的各种物质技术条件对营葬方法加以改进。[②]他们在敛袭、棺木的用材、葬地需要避免的祸患（即所谓"五患"、"四害"）、葬埋深浅、墓圹的筑造诸方面展开集中探讨。其中最值得注意的是，朱熹从实际出发，提倡尤其适于南方地区自然条件的使用三合土夯筑墓圹的做法，并命名为灰隔法。这对后世影响极大。其一，开启了儒者探讨营葬方法之风气，家礼类著述论及灰隔葬法时大多会有所阐发。明代中叶以后，在一些地区出现了探讨营葬方法的专书。礼学著述也在丧礼部分，集中探讨营葬之法。这是明清礼学研究中引人瞩目的现象。[③]其二，灰隔葬法综合使用三合土、沥青（松脂）、木炭等材料，可使亲体永安，避免水浸、蚁啮、盗发诸患，确保坟冢与青山同在，千年永固。这在营葬技术发展史上具有极为重要的意义。灰隔葬法与精当的敛袭相配合，客观上能够起到防腐之效。今天在南方潮湿多雨的地区经常发掘出未朽的明清古尸，与灰隔葬法的使用密不可分。[④]其三，由于关

[①] 张寿安：《十七世纪中国儒学思想与大众文化的冲突：以丧葬礼仪为例的探讨》，《汉学研究》第 11 卷第 2 期，1993 年 12 月。
[②] 秦大树：《宋代丧葬习俗的变革及其体现的社会意义》，《唐研究》第 11 卷，北京大学出版社，2005，第 325～327 页。
[③] 张传勇：《明清"葬书"及其性质考辨》，《亚洲研究》（韩国）第 3 卷，2008 年 12 月。
[④] 霍巍：《论宋、元、明时期尸体防腐技术发展的社会历史原因》，《四川大学学报》1990 年第 1 期。

注如何安固、保藏亲体，厚葬观念有所变化，认为应该将钱物用在敛袭、墓圹的营造上，而不是仪式等场面上。其四，严格意义上的灰隔墓，除棺椁外，没有其他多余空间，使得随葬物品大多只能置于棺内，因之数量大为减少，也更为小型化；壁画等墓室装饰基本消失。这也成为墓葬发展史上的重要变化。

六 殡葬是宗教和民间信仰展现力量的重要场域

殡葬主要涉及的是对死人的处置，直接关系着世人对人身后世界的认知与想象。可以说，人正是通过殡葬连接着生死、人鬼和阴阳两界，而对死亡、鬼混和阴间的恐惧和想象正可谓是民间信仰以及宗教产生的重要根源。因此殡葬成为宗教和民间信仰展示力量的重要场域也就十分自然了。郭于华通过对中国殡葬文化的研究指出："这在客观上必然强化民间的鬼神信仰和祖先崇拜。而作为原本相信来世生命和成仙不朽的佛、道之说则更与民间传统的生命观一拍即合，水乳交融了。"[①] 而从我们前面的论述来看，这一点在明清时代也表现得十分明显。对于一般的民众来说，殡葬活动可能是他们日常生活中最需要和神道设教发生关系的地方，做佛事、做道场以及家族的祭祀等，无一不与宗教和民间信仰直接发生着关系，而且明清民间信仰的多元与实用特色，也与殡葬文化的世俗性和功利性相融洽和吻合。

七 殡葬礼仪是宗族和乡里社会重要的凝聚力量

相当程序化的礼仪无疑是殡葬的主要内容。到明清时期，这套礼仪已经变得相当成熟，不仅非常标准化和具体化，而且也早已内化为民间习以为常的习俗。尽管各地的殡葬习俗不尽相同，各有特点，但总体上应该大同小异。这套礼仪程式的举行，无疑不只是为了追悼亡者先人，同样还有着重要的现实和功利目的。这在前面相关议题的具体论述中已经有所分析，于此特别值得指出的就是其中的凝聚宗族和乡里社会的功能。这一功能不仅体现了中国文化的特色，而且应该也在明清时代表现得尤为显著。虽然家族组织早已存在，但以祠堂、家谱和族田等特征组织化的宗族普遍存在于民间社会则是明清时期才有的现象。上文已经谈到，家族在民间的殡葬活动和应对殡葬社会问题中起着非常重要的作用，而另一方面也可以说，殡葬以及祭祖活动也是宗族组织最为重要的活动。这类活动的举办明显起到了团结族人、凝聚人心的作用。人

---

① 郭于华：《死的困扰与生的执著：中国民间丧葬仪礼与传统生死观》，第183页。

类学家杨庆堃通过对近代华人社会观察研究指出:"通过葬礼上的一系列活动,丧主家庭与直系亲属以外更为广泛的人群重温固有的关系,以重申自己的家庭在社会中的地位,从而使家族组织得以巩固。这是在努力强化丧失某一家庭成员后的家庭的社会、经济地位。……在家庭祭祀中,这种秩序性的仪式活动,其作用是显示家族组织成员的地位。如果家族的规模过大,成员间平时相对缺乏亲密接触,就很有必要利用家族祭祀这种场合重新强化这一庞大家族组织的结构性地位,而家族祭礼的另一重要也恰恰于此。……祭典仪式还有助于保持群体对宗族传统和历史的记忆,维持道德信仰,群体的凝聚力借此油然而生。通过所有家族成员参与的仪式,家族不断地强化自豪、忠诚和团结的情感。"[1]虽然杨氏考察的是近代华人乡村社会,但就通常认识而言,近代乡村社会的基本形态很大程度上乃是明清时代的延续,比较多体现了明清时代的特色。杨氏这一研究相当充分地说明了殡葬仪式在凝聚家族团结中所起的作用。而对于乡里社会来说,一方面由于明清时期往往聚族而居,在凝聚家族的同时,实际上也是对乡里社会的凝聚;另一方面,对于一些杂姓村来说,举办殡葬仪式时所需的相互协助也有助于强化时人的地域意识,起到一定的凝聚作用。

---

[1] 杨庆堃:《中国社会中的宗教:宗教的现代社会功能与其历史因素之研究》,范丽珠等译,第48、54~55页。

参考文献

一 基本史料

（一）正史与实录

魏收:《魏书》,中华书局,1974。

房玄龄等:《晋书》,中华书局,1974。

脱脱等:《宋史》,中华书局,1977。

张廷玉等:《明史》,中华书局,1974。

赵尔巽等:《清史稿》,中华书局,1977。

《明太祖实录》,中研院历史语言研究所,1962。

《明英宗实录》,中研院历史语言研究所,1963。

《明武宗实录》,中研院历史语言研究所,1964。

《明世宗实录》,中研院历史语言研究所,1965。

《明神宗实录》,中研院历史语言研究所,1966。

《清世祖实录》,中华书局,1985。

《清圣祖实录》,中华书局,1985。

《清太宗实录》,中华书局,1985。

《清高宗实录》,中华书局,1985。

《清仁宗实录》,中华书局,1986。

（二）政书礼制类

陈高华等点校《元典章》,中华书局,2011。

《大清通礼》,《景印文渊阁四库全书》第 655 册,台北:台湾商务印书馆,1986。

《大元圣政国朝典章》,《四库全书存目丛书》史部第 263 册,齐鲁书社,1996。

丁彦章:《丧礼集要》,民国二十二年铅印本。

葛士濬辑《皇朝经世文续编》,《近代中国史料丛刊》第 741 册,文海出版社,1973。

光绪《大清会典事例》,《续修四库全书》本,上海古籍出版社,2001。

怀效锋点校《大明律》,法律出版社,1999。

嘉庆《大清会典事例》,文海出版社,1991。

林柏桐:《士人家仪考》,《续修四库全书》第 826 册,上海古籍出版社,2002。

刘锦藻:《清朝文献通考》,浙江古籍出版社,1988。

龙文彬:《明会要》,中华书局,1998。

马建石、杨育棠主编《大清律例通考校注》,中国政法大学出版社,1992。

《明集礼》,《景印文渊阁四库全书》第 650 册,台北:台湾商务印书馆,1986。

乾隆《大清会典》,《景印文渊阁四库全书》第 619 册,台北:台湾商务印书馆,1986。

上海大学法学院等点校《大清律例》,天津古籍出版社,1993。

沈之奇:《大清律辑注》,法律出版社,2000。

田涛、邓秦点校《大清律例》,法律出版社,1999。

万历《明会典》,《续修四库全书》第 789~792 册,上海古籍出版社,2002。

王复礼:《家礼辨定》,《四库全书存目丛书》经部第 115 册,齐鲁书社,1997。

王溥:《唐会要》,中华书局,1955。

徐乾学:《读礼通考》,光绪间刊本。

徐松:《宋会要辑稿》,中华书局,1957。

雍正《大清会典事例》,文海出版社,1991。

张文嘉:《重定齐家宝要》,《四库全书存目丛书》经部第 115 册,齐鲁书社,1997。

张之恒点校《大清十朝圣训》,北京燕山出版社,1998。

朱轼《仪礼节略》,《四库全书存目丛书》经部第 110 册,齐鲁书社,1997。

朱熹:《家礼》,《文渊阁四库全书》第 142 册,上海古籍出版社,2003。

祝庆祺编《刑案汇览》,《续修四库全书》第 869 册,上海古籍出版社,2002。

（三）地方志

永乐《乐清县志》，《天一阁藏明代方志选刊》第 20 册，上海古籍书店重印本，1981。

弘治《徽州府志》，《天一阁藏明代方志选刊》第 21 册，上海古籍书店重印本，1982。

弘治《吴江志》，《中国方志丛书·华中地方》第 446 号，台北：成文出版社，1983。

嘉靖《内黄县志》，《天一阁藏明代方志选刊》第 80 册，上海古籍书店，1982 年重印本。

万历《钱塘县志》，《中国方志丛书·华中地方》第 192 号，台北：成文出版社，1974。

万历《重修昆山县志》，《中国方志丛书·华中地方》第 433 号，台北：成文出版社，1983。

万历《吉安府志》，《日本藏中国罕见地方志丛刊》，书目文献出版社，1991。

万历《湖州府志》，《四库全书存目丛书》第 191 册，齐鲁书社，1997。

万历《新昌县志》，《天一阁藏明代方志选刊》第 19 册，上海古籍书店，1981 年重印本。

万历《祁门县志》，万历二十八年刻本。

天启《渭南县志》，天启元年增刻本。

天启《吴兴备志》，《景印文渊阁四库全书》第 494 册，台北：台湾商务印书馆，1986。

崇祯《常熟县志》，南开大学图书馆藏精抄本。

顺治《曲周县志》，《中国地方志集成·河北府县志辑 61》，凤凰出版社、上海书店、巴蜀书社，2006。

康熙《寿宁县志》，《中国方志丛书·华南地方》第 218 号，台北：成文出版社，1974。

康熙《德清县志》，《中国方志丛书·华中地方》第 491 号，台北：成文出版社，1983。

康熙《南安县志》，康熙十一年刊本。

康熙《咸宁县志》，康熙七年刻本。

康熙《永平府志》，康熙五十年刻本。

康熙《莱阳县志》，康熙十七年刻本。

康熙《续汶上县志》，康熙五十六年刻本。

康熙《泗水县志》，康熙三十八年增刻本。

康熙《平和县志》，光绪十五年刻本。

康熙《单县志》，康熙五十六年刻本。

康熙《宛平县志》，《中国地方志集成·北京府县志辑05》，凤凰出版社、上海书店、巴蜀书社，2002。

康熙《遵化州志》，《中国地方志集成·河北府县志辑22》凤凰出版社、上海书店、巴蜀书社，2006。

康熙《天津卫志》，国家图书馆藏清抄本。

康熙《瑞金县志》，《日本藏中国罕见地方志丛刊》，书目文献出版社，1992。

雍正《陕西通志》，雍正十三年刻本。

雍正《高陵县志》，雍正十年刻本。

雍正《定州志》，雍正十一年刻本。

雍正《朔州志》，雍正十三年刻本。

雍正《泽州府志》，雍正十三年刻本。

乾隆《甘肃通志》，乾隆元年刻本。

乾隆《博山县志》，乾隆十八年刻本。

乾隆《掖县志》，乾隆二十三年刊本。

乾隆《乡宁县志》，乾隆四十九年刊本。

乾隆《凤翔县志》，乾隆三十二年刻本。

乾隆《镇洋县志》，乾隆十年刻本。

乾隆《武进县志》，乾隆三十年刻本。

乾隆《甘州府志》，乾隆四十四年刻本。

乾隆《高密县志》，乾隆十九年刻本。

乾隆《归善县志》，乾隆四十八年刻本。

乾隆《怀庆府志》，乾隆五十四年刻本。

乾隆《晋江县志》，乾隆三十年刊本。

乾隆《南汇县新志》，乾隆五十八年刻本。

乾隆《光山县志》，乾隆五十一年刻本。

乾隆《甘州府志》，乾隆四十四年刻本。

乾隆《丰顺县志》，乾隆十一年刻本。

乾隆《福山县志》，乾隆二十八年刻本。

乾隆《安溪县志》，乾隆二十二年刻本。

乾隆《广平府志》，乾隆十年刻本。

乾隆《曲周县志》，乾隆十二年刻本。

乾隆《孝义县志》，乾隆三十五年刻本。

乾隆《潮州府志》，光绪十九年重刻本。

乾隆《顺德府志》，《中国地方志集成·河北府县志辑67》，凤凰出版社、上海书店、巴蜀书社，2006。

乾隆《绍兴府志》，乾隆五十七年刻本。

乾隆《长洲县志》，《中国地方志集成·江苏府县志辑13》，江苏古籍出版社，1991。

乾隆《柏乡县志》，乾隆三十二年刻本。

乾隆《天津县志》，乾隆四年刻本。

乾隆《大名县志》，乾隆五十四年刻本。

乾隆《延庆州志》，乾隆七年刻本。

乾隆《大同府志》，乾隆四十七年刻本。

乾隆《献县志》，乾隆二十六年刻本。

乾隆《青浦县志》，乾隆五十三年刻本。

乾隆《嘉定县志》，乾隆七年刻本。

乾隆《上饶县志》，乾隆九年刻本。

乾隆《镇远府志》，《中国地方志集成·贵州府县志辑16》，凤凰出版社、上海书店、巴蜀书社，2006。

乾隆《回疆志》，《中国方志丛书·西部地方》第1号，台北：成文出版社，1968。

乾隆《乌程县志》，《中国方志丛书·华中地方》第596号，台北：成文出版社，1983。

嘉庆《直隶太仓州志》，《续修四库全书》第697册，齐鲁书社，1997。

嘉庆《滦州志》，嘉庆十五年刻本。

嘉庆《澄海县志》，嘉庆二十年刻本。

嘉庆《溧阳县志》，光绪二十二年刊本。

嘉庆《太平县志》，光绪三十四年刻本。

嘉庆《松江府志》，嘉庆二十二年刻本。

嘉庆《西安县志》，嘉庆十六年刻本。

嘉庆《涉县志》，嘉庆四年刻本。

嘉庆《翁源县新志》，嘉庆二十五年刻本。

嘉庆《增修宜兴县旧志》，《中国方志丛书·华中地方》第399号，台北：成文出版社，1983。

道光《巨野县志》，道光二十六年刻本。

道光《海昌备志》，道光二十七年刻本。

道光《佛冈厅志》，咸丰元年刻本。

道光《重修伊阳县志》，道光十八年刻本。

道光《滕县志》，道光二十六年刻本。

道光《徽州府志》，道光七年刻本。

道光《昆新两县志》，道光六年刻本。

道光《舞阳县志》，道光十五年刻本。

道光《兰州府志》，道光十三年刊本。

道光《怀宁县志》，道光五年刻本。

道光《博兴县志》，道光二十年刻本。

道光《济宁直隶州志》，道光二十一年刻本。

道光《武康县志》，道光九年刻本。

道光《宁都直隶州志》，道光四年刻本。

道光《恩平县志》，道光五年刻本。

道光《钦州志》，道光十四年刻本。

道光《泰州志》，道光七年刻本。

道光《新宁县志》，道光十九年刻本。

道光《重修蓬莱县志》，道光十九年刻本。

道光《太平县志》，《中国地方志集成·山西府县志辑52》，凤凰出版社、上海书店、巴蜀书社，2005。

道光《昆新两县志》，《中国地方志集成·江苏府县志辑15》，江苏古籍出版社，1991。

道光《永宁州志》，《中国地方志集成·贵州府县志辑40》，凤凰出版社、上海书店、巴蜀书社，2006。

道光《厦门志》，道光十九年刻本。

同治《南浔镇志》，同治二年刻本。

同治《长阳县志》，同治五年刻本。

同治《江夏县志》，同治八年刻本。

同治《清苑县志》，同治十二年刻本。

同治《徐州府志》，同治十三年刻本。

同治《湖州府志》，同治十三年刻本。

同治《安吉县志》，同治十三年刻本。

同治《湖州府志》，同治十三年刻本。

同治《番禺县志》，同治十年刻本。

同治《长阳县志》，同治五年刻本。

同治《南海县志》，同治八年刻本。

光绪《当湖外志》，光绪元年白榆邨舍刻本。

光绪《遂溪县志》，光绪二十一年刻本。

光绪《百色厅志》，光绪十七年刻本。

光绪《正定县志》，光绪元年刻本。

光绪《抚州府志》，光绪二年刻本。

光绪《吉安府志》，光绪二年刻本。

光绪《麻城县志》，光绪二年刻本。

光绪《昌平州志》，民国二十八年重印本。

光绪《周庄镇志》，光绪八年刻本。

光绪《咸宁县志》，光绪八年刻本。

光绪《金山县志》，光绪四年刊本。

光绪《常昭合志稿》，光绪三十年活字本。

光绪《广灵县补志》，光绪六年刻本。

光绪《南汇县志》，光绪五年刻本。

光绪《归善县志》，光绪十三年刻本。

光绪《桐乡县志》，光绪十三年刻本。

光绪《续高平县志》，光绪六年刻本。

光绪《续刻直隶霍州志》，光绪六年刻本。

光绪《清源乡志》，光绪八年刻本。

光绪《潞城县志》，光绪十年刻本。

光绪《高密县志》，光绪二十二年刻本。

光绪《宁河县志》，光绪六年刻本。

光绪《顺天府志》，光绪十年刻本。

光绪《黔江县志》，光绪二十年刻本。

光绪《漳州府志》，光绪三年刻本。

光绪《常山县志》，光绪十二年刻本。

光绪《太谷县志》，光绪十二年刻本。

光绪《通州志》，民国三十年铅印本。

光绪《嘉善县志》，光绪十八年刻本。

光绪《镇海县志》，光绪五年刻本。

光绪《唐栖志》，光绪十六年刻本。

光绪《良乡县志》，光绪十五年刻本。

光绪《东光县志》，光绪十四年刻本。

光绪《瑞金县志》，光绪元年刻本。

光绪《宝山县志》，光绪八年刻本。

光绪《重辑枫泾小志》，光绪十七年铅印本。

光绪《石城县志》，光绪十八年刻本。

光绪《四会县志》，光绪二十二年刻本。

光绪《怀来县志》，光绪八年刻本。

光绪《香山县志》，光绪五年刻本。

光绪《峄县志》，光绪三十年刻本。

光绪《海城县志》，官报书局排印，年代不详。

光绪《嘉善县志》，《中国方志丛书·华中地方》第59号，台北：成文出版社，

1970。

光绪《上林县志》，光绪二十五年刊本。

光绪《金山县志》，《中国方志丛书·华中地方》第 140 号，台北：成文出版社，1972。

光绪《松江府续志》，《中国方志丛书·华中地方》第 143 号，台北：成文出版社，1972。

光绪《宣平县志》，光绪四年刻本。

光绪《滕县志》，《中国方志丛书·华南地方》第 124 号，台北：成文出版社，1968。

光绪《越嶲厅全志》，《中国方志丛书·西部地方》第 31 号，台北：成文出版社，1968。

光绪《益都县图志》，光绪三十三年刻本。

光绪《清源乡志》，《中国地方志集成·山西府县志辑 03》，凤凰出版社、上海书店、巴蜀书社，2005。

光绪《玉田县志》，光绪十年刻本。

光绪《遵化通志》，光绪十二年刻本。

光绪《唐县志》，《中国地方志集成·河北府县志辑 36》，凤凰出版社、上海书店、巴蜀书社，2006。

光绪《嘉兴县志》，光绪三十四年刻本

光绪《直隶赵州志》，《中国地方志集成·河北府县志辑 06》，凤凰出版社、上海书店、巴蜀书社，2006。

宣统《信义志稿》，《中国地方志集成·乡镇志专辑 08》，江苏古籍出版社，1992。

民国《上杭县志》，民国二十八年铅印本。

民国《宣化县新志》，《中国地方志集成·河北府县志辑 10》，凤凰出版社、上海书店、巴蜀书社，2006。

民国《宣平县志》，民国二十三年铅印本。

民国《迁安县志》，《中国地方志集成·河北府县志辑 20》，凤凰出版社、上海书店、巴蜀书社，2006。

民国《榕江乡土教材》，《中国地方志集成·贵州府县志辑 16》，凤凰出版社、上海书店、巴蜀书社，2006。

民国《麻江县志》，《中国地方志集成·贵州府县志辑18》，凤凰出版社、上海书店、巴蜀书社，2006。

民国《太谷县志》，《中国地方志集成·山西府县志辑19》，凤凰出版社、上海书店、巴蜀书社，2005。

民国《沁源县志》，《中国地方志集成·山西府县志辑40》，凤凰出版社、上海书店、巴蜀书社，2005。

民国《续修博山县志》，《中国地方志集成·山东府县志辑07》，凤凰出版社、上海书店、巴蜀书社，2004。

民国《清平县志》，《中国地方志集成·山东府县志辑89》，凤凰出版社、上海书店、巴蜀书社，2004。

民国《夏津县志续编》，《中国方志丛书·华北地方》第35号，台北：成文出版社，1968。

民国《寿光县志》，《中国方志丛书·华北地方》第65号，台北：成文出版社，1968。

民国《望都县志》，《中国方志丛书·华北地方》第158号，台北：成文出版社，1968。

民国《满城县志略》，《中国方志丛书·华北地方》第193号，台北：成文出版社，1969。

民国《商河县志》，《中国方志丛书·华北地方》第354号，台北：成文出版社，1976。

民国《济阳县志》，《中国方志丛书·华北地方》第387号，台北：成文出版社，1976。

民国《杭州府志》，《中国方志丛书·华中地方》第199号，台北：成文出版社，1974。

民国《华亭县志》，《中国方志丛书·华中地方》第554号，台北：成文出版社，1976。

民国《歙县志》，《中国方志丛书·华中地方》第246号，台北：成文出版社，1975。

民国《慈利县志》，《中国方志丛书·华中地方》第295号，台北：成文出版社，

1975。

民国《麻城县志前编》,《中国方志丛书·华中地方》第357号,台北:成文出版社,1983。

民国《八寨县志稿》,《中国方志丛书·华南地方》第156号,台北:成文出版社,1968。

民国《凌云县志》,《中国方志丛书·华南地方》第202号,台北:成文出版社,1974。

民国《偏关志》,民国四年刻本。

民国《双林镇志》,民国六年商务印书馆铅印本。

民国《余姚六仓志》,民国九年刊本。

民国《文安县志》,民国十一年铅印本。

民国《新河县志》,民国十八年铅印本。

民国《衢县志》,民国十八年铅印本。

民国《万全县志》,民国二十三年刊本。

民国《青城县志》,民国二十四年刊本。

民国《大名县志》,民国二十三年刊本。

民国《杭州市新志稿》,杭州史地丛书本。

民国《临榆县志》,民国十八年铅印本。

民国《续修中部县志》,民国二十四年铅印本。

民国《东平县志》,民国二十五年铅印本。

民国《续修历城县志》,民国间刊本。

民国《安东县志》,民国二十年铅印本。

民国《汤溪县志》,民国二十年刻本。

民国《吴县志》,民国二十二年铅印本。

民国《井陉县志料》,民国二十三年铅印本。

民国《张北县志》,民国二十四年铅印本。

民国《阜新县志》,民国二十四年刊本。

民国《贵县志》,民国二十四年铅印本。

民国《平远县志》,民国二十四年铅印本。

民国《清远县志》,民国二十六年铅印本。

民国《杭县志稿》，余杭县志办公室影印本，1985。

顾炎武：《山东考古录》，收入《丛书集成初编》第3143册，中华书局，1985。

冯梦龙：《寿宁待志》，陈煜奎校点，福建人民出版社，1983。

傅恒：《西域图志》，清光绪间铅印本。

傅岩：《歙纪》，陈春秀校点，黄山书社，2007。

江苏省地方志编纂委员会编《江苏省志》，江苏古籍出版社，2000。

马福祥、陈必淮：《朔方道志》，天津华泰印书馆，1927。

沈葵：《紫隄村志》，上海古籍出版社，2008。

许崇灏：《新疆志略》，民国三十四年南京正中书局铅印本。

张伯英总纂、崔重庆等整理《黑龙江志稿》，黑龙江人民出版社，1992。

张明祥主编《东西湖区专志》，武汉出版社，2007年。

周之珂主编《崇明县志》，上海人民出版社，1989。

（四）笔记小说、杂著

周辉：《清波杂志》，中华书局，1994。

赵彦卫：《云麓漫钞》，中华书局，1996。

周去非：《岭外代答》，杨武泉校注，中华书局，1999。

王明清：《挥麈录》，《宋元笔记小说大观》，上海古籍出版社，2001。

叶子奇：《草木子》，中华书局，1959。

沈德符：《万历野获编》，中华书局，1959。

叶盛：《水东日记》，中华书局，1980。

王士性：《广志绎》，中华书局，1981。

陆容：《菽园杂记》，中华书局，1985。

蒋一葵：《长安客话》，北京古籍出版社，1980。

叶权：《贤博编》，中华书局，1987。

王祎：《青岩丛录》，中华书局，1991。

张瀚：《松窗梦语》，中华书局，1997。

张岱：《陶庵梦忆》，中华书局，2007。

田艺蘅：《留青日札》，上海古籍出版社，1985。

华惊桦：《虑得集》，《四库全书存目丛书》第83册，齐鲁书社，1995。

陈汝锜：《甘露园短书》，《四库全书存目丛书》第87册，齐鲁书社，1995。

管志道:《从先维俗议》,《四库全书存目丛书》第 88 册,齐鲁书社,1995。

沈榜:《宛署杂记》,北京古籍出版社,1980。

王鏊:《震泽长语》,《丛书集成初编》第 0222 册,中华书局,1985。

谢肇淛:《五杂俎》,上海书店出版社,2001。

王同轨:《耳谈类增》,中州古籍出版社,1994。

张萱:《西园闻见录》,哈佛燕京学社,民国二十九年铅印本。

李乐:《见闻杂记》,上海古籍出版社,1986。

郑仲夔:《隽区》,崇祯三年刻本。

吴敬梓:《儒林外史》,人民文学出版社,1977。

顾炎武著,黄汝成集释《日知录集释(全校本)》,栾保群、吕宗力校点,上海古籍出版社,2006。

周召:《双桥随笔》,《景印文渊阁四库全书》第 30 册,台北:台湾商务印书馆,1986。

王士禛:《池北偶谈》,中华书局,1987。

萧奭:《永宪录》,中华书局,1959。

赵翼:《陔余丛考》,中华书局,1963。

钱泳:《履园丛话》,中华书局,1979。

王有光:《吴下谚联》,中华书局,1982。

王应奎:《柳南随笔》,中华书局,1983。

福格:《听雨丛谈》,中华书局,1984。

陆以湉:《冷庐杂识》,中华书局,1984。

吴庆坻:《蕉廊脞录》,中华书局,1990。

袁栋:《书隐丛话》,《续修四库全书》第 1137 册,上海古籍出版社,2002。

阮葵生:《茶余客话》,《续修四库全书》第 1138 册,上海古籍出版社,2002。

周广业:《循陔纂闻》,《续修四库全书》第 1138 册,上海古籍出版社,2002。

郑光祖:《醒世一斑录》,《续修四库全书》第 1140 册,上海古籍出版社,2002。

汪师韩:《谈书录》,《续修四库全书》第 1147 册,上海古籍出版社,2002。

郎瑛:《七修类稿》,上海书店出版社,2001。

赵吉士:《寄园寄所寄》,黄山书社,2008。

纪昀:《阅微草堂笔记》,上海古籍出版社,2001。

汪启淑:《水曹清暇录》,杨辉君点校,北京古籍出版社,1989。

陈盛韶:《问俗录》,书目文献出版社,1983。

毛祥麟:《墨余录》,上海古籍出版社,1985。

俞樾:《右台仙馆笔记》,上海古籍出版社,1986。

俞樾:《春在堂随笔》,辽宁教育出版社,2001。

吴炽昌:《正续客窗闲话》,时代文艺出版社,1985。

梁绍壬:《两般秋雨盦随笔》,上海古籍出版社,2012。

薛福成:《庸盦笔记》,江苏人民出版社,1983。

俞承德:《高辛砚斋杂著》,咸丰六年刻本。

夏仁虎:《旧京琐记》,收入《旧京琐事　旧京琐记　燕京杂记》,北京古籍出版社,1986。

张潮:《虞初新志》,《四库禁毁书丛刊》第38册,北京出版社,1997。

曹雪芹:《红楼梦》,人民文学出版社,1982。

徐叟:《宋人小说类编》,中国书店出版社,1985。

李绿园:《歧路灯》,华夏出版社,1995。

王用臣:《斯陶说林》,中国书店出版社,1991。

许奉恩:《里乘》,齐鲁书社,2004。

李庆辰:《醉茶志怪》,齐鲁书社,2004。

壮者:《扫迷帚》,商务印书馆,1907。

《古今笔记精华》,上海书店出版社,1992。

郭则沄:《洞灵小志》,东方出版社,2010。

许承尧撰《歙事闲谭》,李明回等校点,黄山书社,2001。

诸晦香:《明斋小识》,《笔记小说大观》第28册,江苏广陵古籍刻印社,1984。

(五) 诗文集

程颢、程颐:《二程集》,王孝鱼点校,中华书局,2004。

刘驷:《爱礼先生集》,《四库全书存目丛书》集部第25册,齐鲁书社,1997。

宋濂:《文宪集》,《景印文渊阁四库全书》集部第162册,台北:台湾商务印书馆,1986。

宋濂:《宋学士文集》,商务印书馆,1937。

郑真:《荥阳外史集》,《景印文渊阁四库全书》集部第173册,台北:台湾商务印书馆，1986。

杨士奇:《东里集》,《景印文渊阁四库全书》集部第 178 册，台北：台湾商务印书馆，1986。

张宁:《方洲集》,《景印文渊阁四库全书》集部第 186 册，台北：台湾商务印书馆，1986。

魏校:《庄渠遗书》,《景印文渊阁四库全书》集部第 206 册，台北：台湾商务印书馆，1986。

程敏政:《篁墩文集》,《景印文渊阁四库全书》集部第 191~192 册，台北：台湾商务印书馆，1986。

毛伯温:《毛襄懋先生文集》,《四库全书存目丛书》集部第 63 册，齐鲁书社，1997。

李贽:《李温陵集》,《四库全书存目丛书》集部第 126 册，齐鲁书社，1997。

王畿:《慕蓼王先生樗全集》,《四库全书存目丛书》集部第 178 册，齐鲁书社，1997。

徐允禄:《思勉斋集》,《四库禁毁书丛刊》第 163 册，北京出版社，1997。

邱濬:《大学衍义补》,《景印文渊阁四库全书》第 712 册，台北：台湾商务印书馆，1986。

王祎:《王忠文集》,《景印文渊阁四库全书》第 1226 册，台北：台湾商务印书馆，1986。

赵维寰:《雪庐焚余稿》,《四库禁毁书从刊》第 88 册，北京出版社，1997。

方凤:《改亭存稿》,《续修四库全书》第 1338 册，上海古籍出版社，2002。

倪岳:《青溪漫稿》,《丛书集成续编》第 139 册，台北：新文丰出版公司，1988。

苏伯衡:《苏平仲文集》,《四部丛刊初编》(缩本)，商务印书馆，1936。

唐顺之:《荆川先生文集》,《四部丛刊初编》(缩本)，商务印书馆，1936。

王世贞:《弇州山人四部续稿》,沈云龙选辑《明人文集丛刊》第 1 期第 22 种，台北：文海出版社，1970。

陈龙正:《几亭全书》,《四库禁毁书丛刊》第 12 册，北京出版社，1997。

王廷相:《王廷相集》，中华书局，1989。

姚希孟:《棘门集》,《四库禁毁书丛刊》第 179 册，北京出版社，1997。

魏禧:《魏叔子文集》，中华书局，2003。

黄宗羲:《黄宗羲文集》,浙江古籍出版社,1985。

魏裔介:《兼济堂文集》,中华书局,2007。

赵士麟:《读书堂彩衣全集》,康熙三十五年刻本。

朱彝尊:《曝书亭集》,《四部丛刊初编》第 280 册,上海书店,1989。

张履祥:《杨园先生全集》,中华书局,2002。

陈确:《陈确集》,中华书局,1979。

沈大成:《学福斋集》,《续修四库全书》第 1428 册,上海古籍出版社,2002。

朱筠:《笥河诗集》,《续修四库全书》第 1439 册,上海古籍出版社,2002。

周广业:《蓬庐文钞》,《续修四库全书》第 1449 册,上海古籍出版社,2002。

洪亮吉:《卷施阁集》,《续修四库全书》第 1467 册,上海古籍出版社,2002。

罗汝怀:《绿漪草堂集》,《续修四库全书》第 1530 册,上海古籍出版社,2002。

方濬颐:《二知轩文存》,《续修四库全书》第 1556 册,上海古籍出版社,2002。

张尔岐:《蒿庵集》,《四库全书存目丛书》集部第 207 册,齐鲁书社,1997。

安致远:《玉硁集》,《四库全书存目丛书》集部第 211 册,齐鲁书社,1997。

朱轼:《朱文端公文集》,清刻本。

张伯行:《正谊堂文集》,《四库全书存目丛书》集部第 254 册,齐鲁书社,1997。

吴肃公:《街南文集》,康熙二十八年吴承励刻本。

孟超然:《亦园亭全集》,嘉庆二十年刻本。

弘历:《御制诗初集》,《景印文渊阁本四库全书》集部第 246 册,台北:台湾商务印书馆,1986。

陈梓:《删后诗存》,《四库未收书辑刊》第 9 辑第 28 册,北京出版社,1998。

宗源瀚:《颐情馆闻过集》,《四库未收书辑刊》第 10 辑第 4 册,北京出版社,2000。

蓝鼎元:《鹿洲初集》,收入沈云龙主编《近代中国史料丛刊续编》第 41 辑,台北:文海出版社,1997。

蔡世远:《二希堂文集》,乾隆四十八年刻本。

袁枚:《小仓山房集》,《续修四库全书》第 1432 册,上海古籍出版社,2002。

吴骞:《愚谷文存》,《续修四库全书》第 1454 册,上海古籍出版社,2002。

彭绍升:《二林居集》,《续修四库全书》第 1461 册,上海古籍出版社,2002。

陈梓:《陈一斋先生文集》,宣统三年铅印本。

邵廷采：《思复堂文集》，浙江古籍出版社，2010。

曾国藩：《曾国藩全集》，岳麓书社，1994。

魏源：《魏源全集》，岳麓书社，2004。

（六）资料汇编

安徽省博物馆编《明清徽州社会经济资料丛编》，中国社会科学出版社，1988。

北京图书馆编《北京图书馆藏家谱丛刊闽粤（侨乡）卷》，北京图书馆出版社，2000。

戴金『皇明条法事類纂』東京、古典研究会、1966。

邝璠：《便民图纂》，《续修四库全书》第975册，上海古籍出版社，2002。

丁世良、赵放主编《中国地方志民俗资料汇编·西北卷》，书目文献出版社，1989。

丁世良、赵放主编《中国地方志民俗资料汇编·中南卷》，书目文献出版社，1991。

丁世良、赵放主编《中国地方志民俗资料汇编·华东卷》，书目文献出版社，1995。

冯尔康主编《清代宗族史料选辑》，天津古籍出版社，2014。

洪焕椿编《明清苏州农村经济资料》，江苏古籍出版社，1988。

湖南省图书馆编《湖南名人家谱丛刊》，全国图书馆文献缩微复制中心，2002。

江少虞：《宋朝事实类苑》，上海古籍出版社，1981。

〔韩〕林基中主编《燕行录全集》，韩国：东国大学校出版部，2001。

刘俊文主编《官箴书集成》，黄山书社，1997。

潘喆、孙方明、李鸿彬主编《清入关前史料选辑》，中国人民大学出版社，1984。

全国图书馆文献缩微复制中心编《清代报刊图画集成》，全国图书馆文献缩微复制中心，2001。

上海古籍出版社编《宋元笔记小说大观》，上海古籍出版社，2007。

上海图书馆编《中国家谱资料选编》，上海古籍出版社，2013。

四川大学历史系、四川省档案馆编《清代乾嘉道巴县档案选编》，四川大学出版社，1989。

四川省档案馆编《清代巴县档案汇编》，档案出版社，1991。

谭棣华、曹腾騑、冼剑民编《广东碑刻集》，广东高等教育出版社，2001。

田涛、美宋格文、郑秦主编《田藏契约文书粹编》，中华书局，2001。

王钰欣、周绍泉主编《徽州千年契约文书（清民国篇）》，花山文艺出版社，1993。

徐珂：《清稗类钞》，中华书局，1984～1986。

〔日〕學習院東洋文化研究所『李朝實錄』東京、1956。

杨一凡、田涛主编《中国珍稀法律典籍续编》，黑龙江人民出版社，2002。

杨一凡、徐立志主编《历代判例判牍》，中国社会科学出版社，2005。

张潮等编《昭代丛书》，上海古籍出版社，1990。

张应昌编《清诗铎》，中华书局，1960。

中国史学会主编《中国近代史资料丛刊·太平天国》，上海人民出版社，2000。

中研院近代史研究所编《教务教案档》，台北：中研院近代史研究所，1973。

金毓黻：《辽海丛书》，辽沈书社，1985。

庄建平主编《近代文史资料》第10册，上海书店，2009。

（七）报刊

《大公报》

《大陆》

《广益丛报》

《湖南演说通俗报》

《交通官报》

《鹭江报》

《申报》

《画图新报》

《图画日报》

《万国公报》

吴友如等绘《点石斋画报》，上海画报出版社，2001。

《新世纪》

《益闻录》

《中国教会新报》

《中西教会报》

（八）其他

吕不韦：《吕氏春秋》，书目文献出版社，2002。

刘向:《说苑》,书目文献出版社,2002。

李焘:《续资治通鉴长编》,中华书局,1979。

李昉:《太平御览》,夏剑钦、王巽斋点校,河北教育出版社,1994。

朱震亨:《丹溪手镜》,冷方南、王齐南点校,人民卫生出版社,1982。

吴澄校订、郑谧注释《新镌地理五经四书解义郭璞葬经》,收入《故宫珍本丛刊》第410册,海南出版社,2000。

郝敬:《论语详解》,《续修四库全书》第153册,上海古籍出版社,2002。

焦竑:《焦氏四书讲录》,《续修四库全书》第162册,上海古籍出版社,2002。

王廷相:《雅述》,《续修四库全书》第938册,上海古籍出版社,2002。

沈寿民:《闲道录》,《四库全书存目丛书》子部第15册,齐鲁书社,1995。

黄训编《名臣经济录》,《明代基本史料丛刊·奏折卷》第11册,线装书局,2014。

宋应星:《天工开物》,广东人民出版社,1976。

黄宗羲:《明文海》,中华书局,1987。

夏燮:《明通鉴》,中华书局,1959。

纪昀等:《四库全书总目提要》,台北:台湾商务印书馆,1983。

阮元校刻《十三经注疏》,中华书局,1980。

孙宝瑄:《忘山庐日记》,《续修四库全书》第579册,上海古籍出版社,2002。

金永森:《西被考略》,《四库未收书辑刊》第3辑第16册,北京出版社,1997。

张心言:《地理辩正疏》,中医古籍出版社,2010。

陈宏谋:《训俗遗规》,《续修四库全书》第951册,上海古籍出版社,2002。

丁芮朴:《风水祛惑》,《续修四库全书》第1054册,上海古籍出版社,2002。

许楣:《罔极录》,咸丰四年刻"葬书五种"本。

范鲲:《蜀山葬书》,咸丰四年刻"葬书五种"本。

程穆衡:《燕程日记》,上海古籍出版社,1983。

陈泽泰:《阴宅镜》,台北:武陵有限公司,出版年不详。

许楣:《罔极录》前后编,上海图书馆藏吴氏拜经楼旧藏抄本。

张京颜编《先府君北湖公年谱》,乾隆间写刻本。

〔英〕F.H. 巴尔福:《远东漫游——中国事务系列》,王玉括、綦亮、沈春蕾译,南京出版社,2006。

〔英〕麦高温:《中国人生活的明与暗》,朱涛、倪静译,中华书局,2006。

〔英〕呤唎:《太平天国革命亲历记》,王维周译,中华书局,1961。

〔英〕杜格尔德·克里斯蒂:《奉天三十年(1883-1913)》,张士尊、信丹娜译,湖北人民出版社,2007。

〔美〕倪维思:《中国和中国人》,崔丽芳译,中华书局,2011。

〔美〕何天爵:《中国人的本色》,谢旻译,哈尔滨出版社,2012。

〔美〕M.G.马森:《西方的中华帝国观》,杨德山译,时事出版社,1999。

〔美〕明恩溥:《中国乡村生活》,午晴、唐军译,时事出版社,1998。

〔美〕明恩溥:《中国人的气质》,刘文飞、刘晓旸译,上海三联书店,2007。

〔美〕卢公明:《中国人的社会生活》,陈泽平译,福建人民出版社,2009。

〔美〕E.A.罗斯:《变化中的中国人》,公茂虹、张皓译,时事出版社,1998。

〔美〕威廉·埃德加·盖洛:《扬子江上的美国人》,山东画报出版社,2008。

〔美〕夏金:《玄华夏:英人游历中国记》严向东译,国家图书馆出版社,2009。

〔日〕曾根俊虎:《北中国纪行》,范建明译,中华书局,2007。

〔日〕中川忠英编著《清俗纪闻》,方克、孙玄龄译,中华书局,2006。

胡旭晟等点校《民事习惯调查报告录》,中国政法大学出版社,2005。

连晓鸣、康豹主编《天台县传统经济社会文化调查》,民族出版社,2005。

婺源《武口王氏统宗世谱》,安徽省图书馆藏,清雍正刻本。

南丰《济阳江氏分修族谱》,清乾隆四十五年刊本。

《绩溪南关许余氏叙堂宗谱》,清光绪十五年刻本。

《绩溪东关冯氏家谱》,清光绪二十九年木活字本。

池州《仙源杜氏宗谱》,清光绪刻本。

二 今人论著

(一)专著

爱新觉罗瀛生:《老北京与满族》,学苑出版社,2005。

常建华:《明代宗族研究》,上海人民出版社,2005。

常建华:《清代国家与社会研究》,人民出版社,2005。

常建华:《宋以后宗族的形成及地域比较》,人民出版社,2013。

常建华主编《宋以后的宗族形态与社会变迁》,天津人民出版社,2013。

陈宝良:《明代社会生活史》,中国社会科学出版社,2004。

陈宝良、王熹:《中国风俗通史》(明代卷),上海文艺出版社,2005。

陈登原:《中国文化史》,辽宁教育出版社,1998。

陈进国:《信仰、仪式与乡土社会——风水的历史人类学探索》,中国社会科学出版社,2005。

陈良荃:《风水学探秘》,中国商业出版社,2010。

陈荣捷:《朱子新探索》,华东师范大学出版社,2007。

陈戍国:《中国礼制史》(元明清卷),湖南教育出版社,2002。

陈学霖:《刘伯温与哪吒城——北京建城的传说》,三联书店,2008。

〔法〕达尼埃尔·亚历山大-比东:《中世纪有关死亡的生活(13~16世纪)》,陈劼译,山东画报出版社,2005。

丁凌华:《中国丧服制度史》,上海人民出版社,2000。

丁伟志、陈崧:《中国近代文化思潮》,社会科学文学献出版社,2011。

丁守和、陈有进编《中国历代奏议大典》(清代·太平天国卷),哈尔滨出版社,1994。

杜家骥:《清朝简史》,福建人民出版社,1997。

杜正贞:《村社传统与明清士绅:山西泽州乡土社会的制度变迁》,上海辞书出版社,2007。

方宝璋:《闽台民间习俗》,福建人民出版社,2003。

方豪:《中西交通史》,上海人民出版社,2012。

费孝通主编《中华民族多元一体格局》,中央民族大学出版社,1999。

冯尔康、常建华:《清人社会生活》,天津人民出版社,1990。

冯尔康:《18世纪以来中国家族的现代转向》,上海人民出版社,2005。

冯尔康等:《中国宗族史》,上海人民出版社,2009。

冯智:《雪域丧葬面面观》,青海人民出版社,1998。

复旦大学历史系编《中国传统文化的再估计》,上海人民出版社,1987。

〔日〕夫马进:《中国善会善堂史》,伍跃等译,商务印书馆,2005。

顾炳权:《上海风俗古迹考》,华东师范大学出版社,1993。

郭成康、王天有、成崇德主编《中国历史》(元明清卷),高等教育出版社,2001。

郭于华：《死的困扰与生的执着：中国民间丧葬礼仪与传统生死观》，中国人民大学出版社，1992。

何淑宜：《明代士绅与通俗文化——以丧葬礼俗为例的考察》，台北：台湾师范大学历史研究所，2000。

胡朴安：《中华全国风俗志》，河北人民出版社，1986。

焦润明：《清末东北三省鼠疫灾难及防疫措施研究》，北京师范大学出版社，2011。

金受申：《老北京的生活》，北京出版社，1989。

李伯重：《江南早期的工业化（1550~1850）》，社会科学文献出版社，2000。

李权时、李明华、韩强主编《岭南文化》（修订本），广东人民出版社，2010。

李学功：《南浔现象：晚清民国江南市镇变迁研究》，中国社会科学出版社，2010。

李玉尚：《海有丰歉——黄渤海的鱼类与环境变迁（1368~1958）》，上海交通大学出版社，2011。

梁其姿：《施善与教化——明清时期的慈善组织》，北京师范大学出版社，2013。

梁其姿：《麻风：一种疾病的医疗社会史》，朱慧颖译，商务印书馆，2013。

梁方仲：《中国历代户口、田地、田赋统计》，中华书局，2008。

林存阳：《清初三礼学》，社会科学文献出版社，2002。

林永匡、袁立泽：《中国风俗通史》（清代卷），上海文艺出版社，2001。

刘毅：《明代帝王陵墓制度研究》，人民出版社，2006。

卢明辉：《清代蒙古史》，天津古籍出版社，1990。

鲁西奇：《中国古代买地券研究》，厦门大学出版社，2014。

马新、贾艳红、李浩：《中国古代民间信仰：远古—隋唐五代》，上海人民出版社，2010。

〔法〕梅朋、傅立德：《上海法租界史》，倪静兰译，上海社会科学院出版社，2007。

南炳文、汤纲：《明史》，上海人民出版社，2003。

欧阳宗书：《中国家谱》，新华出版社，1992。

蒲慕州：《追寻一己之福：中国古代的信仰世界》，上海古籍出版社，2007。

钱杭：《中国宗族史研究入门》，复旦大学出版社，2009。

秦燕、胡红安:《清代以来的陕北宗族与社会变迁》,西北工业大学出版社,2014。

〔日〕上田信:《海与帝国:明清时代》,高莹莹译,广西师范大学出版社,2014。

施沛生编:《中国民事习惯大全》,上海书店出版社,2002。

〔法〕史式徽:《江南传教史》,天主教上海教区史料译写组译,上海译文出版社,1983。

司徒尚纪:《岭南历史人文地理——广府、客家、福佬民系比较研究》,中山大学出版社,2001。

宋大川、夏连保:《清代园寝制度研究》,文物出版社,2007。

王汎森:《权力的毛细血管:清代的思想、学术与心态》,北京大学出版社,2015。

王夫子:《殡葬文化学:死亡文化的全方位解读》,中国社会出版社,1998。

王见川、皮庆生:《中国近世民间信仰:宋元明清》,上海人民出版社,2010。

王怀德、郭宝华:《伊斯兰教史》,宁夏人民出版社,1992。

王怀德:《伊斯兰教派》,中国社会科学出版社,1994。

王莹:《身份建构与文化融合——中原地区基督教会个案研究》,上海人民出版社,2011。

王钟翰主编《中国民族史》,中国社会科学出版社,1994。

王子今:《门祭与门神崇拜》,陕西人民出版社,2006。

王子今:《中国盗墓史》,九州出版社,2007。

乌丙安:《中国民间信仰》,上海人民出版社,1998。

吴承明:《中国资本主义与国内市场》,中国社会科学出版社,1985。

巫仁恕:《品味奢华——晚明的消费社会与士大夫》,中华书局,2008。

吴小凤:《明清广西商品经济史研究》民族出版社,2005。

〔德〕魏特:《汤若望传》,杨丙辰译,台北:台湾商务印书馆,1960。

魏向东等编著《中国古代文化史》,苏州大学出版社,1998。

萧放等:《中国民俗史》(明清卷),人民出版社,2008。

萧腾麟:《西藏见闻录》,中央民族学院图书馆油印本,1978。

徐斌:《明清鄂东南宗族与地方社会》,武汉大学出版社,2010。

徐吉军:《中国丧葬史》,江西高校出版社,1998。

严昌洪:《中国近代社会风俗史》,浙江人民出版社,1992。

杨宽:《中国古代陵寝制度史研究》,上海古籍出版社,1985。

〔美〕杨庆堃:《中国社会中的宗教:宗教的现代社会功能及其历史因素之研究》,范丽珠译,上海人民出版社,2006。

杨茂盛:《中国北疆古代民族政权研究》,黑龙江教育出版社,2014。

杨天宇:《仪礼译注》,上海古籍出版社,2004。

〔英〕伊懋可:《大象的退却——一部中国环境史》,梅雪芹等译,江苏人民出版社,2014。

尹扶一:《西藏纪要》,蒙藏委员会编译室,1930。

殷啸虎、姚子明:《盗墓史》,上海文艺出版社,1997。

余嘉锡:《四库提要辩证》,中华书局,1980。

余新忠:《清代江南的瘟疫与社会——一项医疗社会史的研究》,中国人民大学出版社,2003。

余英时:《现代儒学论》,上海人民出版社,1998。

张国刚、吴莉苇:《中西文化关系史》,高等教育出版社,2006。

张捷夫:《中国丧葬史》,文津出版社,1995。

张立文、祁润兴:《中国学术通史》(宋元明卷),人民出版社,2004。

张寿安:《以礼代理:凌廷堪与清中叶入学思想之转变》,河北教育出版社,2001。

张寿安:《十八世纪礼学考证的思想活力》,北京大学出版社,2005。

张希清、王秀梅:《中国历代政治名著全译·官典》第3册,吉林人民出版社,1990。

章仲山:《图注天元五歌阐义》,内蒙古人民出版社,2010。

赵毅、赵轶峰主编《中国古代史》,高等教育出版社,2002。

郑振满:《明清福建家族组织与社会变迁》,中国人民大学出版社,2009。

〔比〕钟鸣旦:《礼仪的交织:明末清初中欧文化交流中的丧葬礼》,张佳译,上海古籍出版社,2009。

周绍泉、赵亚光:《窦山公家议校注》,黄山书社,1993。

周耀明:《汉族风俗史》第四卷,学林出版社,2004。

朱勇:《清代宗族法研究》,湖南教育出版社,1987。

〔日〕滋贺秀三:《中国家族法原理》,张建国、李力译,法律出版社,2003。

(二) 期刊论文

卞利:《明清以来徽州丧葬礼俗初探》,《社会科学》2012年第8期。

〔日〕滨岛敦俊:《明初城隍考》,《社会科学家》1996年第6期。

常建华:《明代徽州的宗族乡约化》,《中国史研究》2003年第3期。

常建华:《清代宗族"保甲乡约化"的开端——雍正朝族正制出现过程新考》,《河北学刊》2008年第6期。

常建华:《近十年明清宗族研究综述》,《安徽史学》2010年第1期。

陈宝良:《明代的社与会》,《历史研究》1991年第5期。

陈宝良:《明代儒佛道的合流及其世俗化》,《浙江学刊》2002年第2期。

陈代光:《岭南历史地理特征略述》,《岭南文史》1994年第1期。

陈华文:《迷失的孝道——中国厚葬之风透视》,《民间文化》1999年第2期。

陈华文:《关注人类的最终归处——以20年来丧葬文化研究著作为例》,《民俗研究》2004年第1期。

陈进国:《坟墓形制与风水信仰》,《新世纪宗教研究》(台湾) 4卷1期, 2005年9月。

陈明芳:《中国悬棺葬研究概况及其展望》,《史前研究》2000年卷。

重庆市博物馆:《四川铜梁县明代石椁墓》,《文物》1983年第2期。

丁鼎:《试论丧服习俗的起源》,《思想战线》2001年第4期。

范金民:《清代苏州宗族义田的发展》,《中国史研究》1995年第3期。

冯尔康:《清代宗族祖坟述略》,《安徽史学》2009年第1期。

冯尔康:《略述清代宗族与族人丧礼》,《安徽史学》2010年第1期。

冯贤亮:《土火之争:清代江南乡村的葬俗整顿与社会变革》,《传统中国研究集刊》第2辑,上海人民出版社,2006。

冯贤亮:《坟茔义冢:明清江南的民众生活与环境保护》,《中国社会历史评论》第7卷,天津古籍出版社,2006。

宫宝利:《清代后期苏州地区公所的善举活动》,《史学集刊》1998年第1期。

郭振华、白晋湘:《以武祭丧:西南少数民族丧葬习俗中的武术文化探微》,《武汉体育学院学报》2012年第11期。

韩秀桃:《明清徽州坟山纠纷初步分析》,《法律文化研究》第4卷,2004。

何继英:《上海明代墓葬概述》,《上海博物馆集刊》第 9 期,上海书画出版社,2002。

何淑宜:《以礼化俗——晚明士绅的丧俗改革思想及其实践》,《新史学》第 11 卷第 3 期,2000。

贺云翱:《江苏明代墓葬的发现及类型学分析》,《南方文物》2001 年第 2 期。

胡新生:《周代殡礼考》,《中国史研究》1992 年第 3 期。

汇章:《浙江丧葬型式见闻》,《民俗研究》1989 年第 2 期。

霍巍:《关于宋、元、明墓葬中尸体防腐的几个问题》,《四川大学学报》1987 年第 4 期。

霍巍:《论宋、元、明时期尸体防腐技术发展的社会历史原因》,《四川大学学报》1990 年第 1 期。

贾二强:《说"五道将军"》,《中国典籍与文化》1994 年第 1 期。

蒋锐:《"他者"的映像——读〈19 世纪德国新教传教士的中国观〉》,《史学理论研究》2003 年第 4 期。

〔日〕井上彻:《明代广东的城市与儒教化》,《传统中国研究集刊》第 5 辑,上海人民出版社,2008。

科大卫、刘志伟:《宗族与地方社会的国家认同:明清华南地区宗族发展的意识形态基础》,《历史研究》2000 年第 3 期。

孔潮丽:《清代独子兼祧制度述论》,《史学月刊》2009 年第 12 期。

孔繁峙:《试谈明墓随葬梅瓶的使用制度》,《文物》1985 年第 12 期。

郎洁:《近三十年来中国古代丧葬史研究综述》,《大音》2012 年第 1 期。

李伯重:《简论"江南地区"的界定》,《中国社会经济史研究》1991 年第 1 期。

李江、曹国庆:《明清时期中国乡村社会中宗族义田的发展》,《农业考古》2004 年第 3 期。

李学忠:《回族的丧葬习俗和穆斯林的生死观》,《宁夏社会科学》1998 第 1 期。

李玉洁:《中国古代丧服制度的产生、发展和定型》,《河南大学学报》1989 年第 4 期。

梁诸英:《明清时期徽州荫木砍伐及地方社会应对》,《中国农史》2003 第 2 期。

临城县文物保管所:《临城李席吾墓清理简报》,《文物春秋》2012 年第 4 期。

刘毅:《中国古代帝王陵墓碑制探析》,《南开学报》2012 年第 5 期。

刘义全:《北京市门头沟区发现清代墓葬壁画》,《文物》1990年第1期。

刘永华:《从"排日账"看晚清徽州乡民的活动空间》,《历史研究》2014年第5期。

刘泳斯:《民间信仰在"三教合一"形成与发展过程中的历史作用》,《中国文化研究》2012年第3期。

路遥:《中国传统社会民间信仰之考察》,《文史哲》2010年第4期。

罗标元等:《靖江王墓群简介》,《广西文物》1987年第1期。

宓汝成:《中国近代铁路发展史上民间创业活动》,《中国经济史研究》1994年第1期。

秦大树:《宋代丧葬习俗的变革及其体现的社会意义》,《唐研究》第11卷,北京大学出版社,2005。

任志强:《明清时期坟茔的纷争》,《安徽大学法律评论》2009年第1辑。

史箴、汪江华:《清惠陵选址史实探赜》,《建筑师》2004年第6期。

孙江:《作为他者的"洋教"——关于基督教与晚清社会关系的新阐释》,《江海学刊》2008年第1期。

孙维昌:《上海市郊明墓清理简报》,《考古》1963年第11期。

孙彦贞:《满汉葬俗异同及演变》,《中国历史文物》2005年第5期。

塔娜:《满族传统丧葬习俗》,《中南民族学院学报》1988年第6期。

唐玉萍:《追溯中国古代养老章法》,《政府法制》2011年第6期。

王日根:《论明清乡约的属性及职能的变迁》,《厦门大学学报》2002年第2期。

王日根、张先刚:《从墓地、族谱到祠堂:明清山东栖霞宗族凝聚纽带的变迁》,《历史研究》2008年第2期。

魏顺光:《清代坟山争讼的民间调处——以巴县档案为中心》,《江汉论坛》2013年第2期。

吴琦、黄永昌:《清代江南义葬与地方社会——以助葬类善举为中心》,《学习与探索》2009第3期。

王卫平:《清代江南市镇的慈善事业》,《史林》1999年第1期。

王卫平:《清代江南地区社会问题研究:以停棺不葬为例》,《江苏社会科学》2001年第2期。

王守恩:《论民间信仰的神灵体系》,《世界宗教研究》2009年第4期。

汪炜、赵生泉、史瑞英:《安徽合肥出土的买地券述略》,《文物春秋》2005年第3期。

王岩、王秀玲：《明十三陵的陪葬墓——兼论东西二井陪葬墓的墓主人》，《考古》1986年第6期。

王正书：《上海潘允徵墓出土明代家具模型刍议》，《上海博物馆集刊》第7期，上海书画出版社，1996。

夏寒：《浅议明墓中的古钱》，《四川文物》2006年第2期。

夏连保：《清代妃园寝制度及其对明代妃嫔埋葬方式的继承》，《文物春秋》2012年第5期。

向极鼎、周琼：《利川墓碑"福"意图形的解读》，《中央民族大学学报》2004年第5期。

邢富华等：《洛阳出土明代买地券》，《文物》2011年第8期。

许檀：《明清时期区域经济的发展——江南、华北等若干区域的比较》，《中国经济史研究》1999年第2期。

薛文礼、郭永平：《晋北部落村的五道神：民间信仰的"冷热"反思》，《民族文学研究》2011年第3期。

严明：《佛道世俗化与江南民间信仰之关系——以明清时期江南观音、城隍习俗为中心》，《学术界》2010年第7期。

杨爱国：《明代墓室建筑装饰探析》，《贵州大学学报》2003年第1期。

杨豪：《清初吴六奇墓及其殉葬遗物》，《文物》1982年第2期。

杨英杰：《满族丧葬习俗源流述略》，《中南民族学院学报》1988年第6期。

叶显恩：《〈明清广东社会经济研究〉序》，《中国社会经济史研究》1985年第3期。

叶汉明：《明代中后期岭南的地方社会与家族文化》，《历史研究》2000年第3期。

尹德文：《清太宗皇太极火葬考略》，《故宫博物院院刊》1985年第1期。

余新忠：《明清时期孝行的文本解读——以江南方志记载为中心》，《中国社会历史评论》第7卷，天津古籍出版社，2006。

张传勇：《清代"停丧不得仕进"论探析——兼论清代国家治理"停丧不葬"问题的对策》，《中国社会历史评论》第10卷，天津古籍出版社，2009。

张传勇：《似葬非葬：明清江南地区的浮厝习俗》，《民俗研究》2009年第1期。

张传勇：《旱魃为虐：明清北方地区的打旱魃习俗》，《中国社会经济史研究》2009年第4期。

张君梅：《晋城地区的三教堂考》，《沧桑》2014年第5期。

张利民:《"华北"考》,《史学月刊》2006年第4期。

张利民:《论华北区域的空间界定与演变》,《天津社会科学》2006年第5期。

张茂华:《成都地区明墓中的对联文化》,《四川文物》2002年第4期。

张清平:《宜昌清代墓前石碑碑帽》,《三峡论坛》2012年第2期。

张寿安:《十七世纪中国儒学思想与大众文化的冲突:以丧葬礼仪为例的探讨》,《汉学研究》第11卷第2期,1993年12月。

张晓虹、满志敏、葛全胜:《清代陕南土地利用变迁驱动力研究》,《中国历史地理论丛》2002年第4期。

张小也:《清代的坟山争讼——以〈守皖谳词〉为中心》,《清华大学学报》2006第4期。

张越:《西安碑林藏明代宗室墓志综述》,《文博》2013年第2期。

赵世瑜:《明清史与近代史:一个社会史视角的反思》,《学术月刊》2005年第12期。

赵世瑜:《明清史与宋元史:史学史与社会史视角的反思——兼评〈中国历史上的宋元明变迁〉》,《北京师范大学学报》2007年第5期。

中国第一历史档案馆:《乾隆初年整饬民风民俗史料》(下),《历史档案》2001年第2期。

周丽娟:《上海地区汉墓和明墓出土铜镜》,《东南文化》2005年第6期。

周永志:《概念史视域下的家族与宗族》,《黑龙江史志》2014年第13期。

郑振满:《宋以后福建的祭祖习俗与宗族组织》,《厦门大学学报》1987年增刊。

Myron Cohen, "Lineage Organization In North China," *The Journal of Asian Studies*, Vol. 49 No. 3 (Aug., 1990).

(三) 论文集

李友梅主编《江村调查与新农村建设研究》,上海大学出版社,2007。

刘大钧主编《大易集奥》,上海古籍出版社,2004。

刘凤云等编《清代政治与国家认同》,社会科学文献出版社,2012。

罗勇主编《赣州与客家世界国际学术研讨会论文集》,人民日报出版社,2004。

南开大学历史系编《南开大学历史系建系七十五周年纪念文集》,南开大学出版社,1988。

南开大学中国社会史研究中心编《新世纪南开社会史文集》,天津人民出版社,2010。

叶涛、周少明主编《民间信仰与区域社会：中国民间信仰研究论文选》，广西师范大学出版社，2010。

余舜德主编《体物入微：物与身体感的研究》，新竹：清华大学出版社，2005。

赵清主编《社会问题的历史考察》，成都出版社，1992。

索 引

B

宝顶 227，228，230，231

报庙 102，103

碑碣 92，94，96，97，221，231，235，240，270，352

奔丧 77，78，98，155，162，

殡仪馆 344，350，352，353，364

薄葬 10，21，29，30，34，36，37，39，112，310，311，312，320，360，364

C

成服 21，29，30，34，36，37，39，112，310~312，320，360，364

城隍庙 103，281，282，284，303，317，321

出殡 8，16，64，69，93，94，97~99，104，106，108，114，116，127，146，165，287，288，300，304，328，355~358，363

传教士 3，147，165，264，322~327，329~331，334~337，340，342~344，358，359

祠堂 11~13，62，63，71，114，201，220，230，332，333，335，352，367

D

大殓 88，89，92，98，102，104~106，120，121，301，303，304，341

《大明会典》 81，97，98，213，214

《大明律》 73~76，80，151，156，170，181~183，186，187，192，

《大清律例》 7，63，73，74，76，79，80，151，178，192~196

大祥 87，90，98~100，109，110，168

丹旐 89，98

道教 14~16，34，40，50，52，58，60，255，272，282，323，329，330，342，343，

盗墓 29，30，120，167，173~176，186~189，192，194，195，198，199，202，210，211，269，281，309，364

道士 16，32，58，165，287，296，320，341，342

地理四书 42，44，45

帝陵 18，212~215，217，227，228，230，231，233

《点石斋画报》 122，124，174，175，224，356

吊服　92，96

吊丧　66，98，99，107，290，316，320，347～350，363，

丁忧　6，20，25，68，74，76～79，100，363

夺情起复　74，78

E

二次葬　14，22，133～135，137，138，140～142，166，265

F

发引　86～89，98，99，303～305，354，356

饭含　96，98，101，103

坟产争讼　170，171，173，187，189，194，195，197，198，210，211

坟墓　14，15，38，61，95，109，128，135，137，141，170，171，173，174，186～190，193，194，196，204，205，213～215，225，229，233，235，248，250，256～258，260～262，289，298，304，308，309，311，320，324，325，335，336，340，352

坟山　171，172，176，186，189～192，194～200，203～205，364

风水　8，10，14，16，18，19，21～24，32，34，40～50，54，61，62，64，65，67，68，70，71，109，110，116～118，128～131，134～138，140～142，148，169～172，181～183，185，189，191，197～205，210，216，218～221，231，233，267，274，278，279，286，288，290，292，293，311，317，318，321，324～326，330，341，342，362，363，365

佛教　14～16，19，34，50～57，59，60，66，70，71，107，129～131，177，180，255，282，299，306，307，312～315，319，320，323，329，330，341，343，363

浮厝　110，112～114，119，126，128～130，134，142，172，185，206，209，221，262，284，287，288

祔祭　99

浮葬　256～259，261

G

改葬　14，43，45，46，49，98，131，133～141，168，247，252，265，324

公墓　40，220，221，224，350～353，364

顾炎武　30，50，51，59，60，115，169，180，181，222

棺椁　21，30，31，36，37，39，62，65，68，70，71，88，92，93，169，186，187，193，207，212，238，243，252，260～262，264，265，269，275，279，280，283，297，308，316，364，366，367

跪拜礼　344～346，356

归葬　79，115，148～151，154～160，177，178，225，364

郭璞　40，42～44，46，48

H

合葬　44，62，90，119，148～150，179，212，213，217，218，220，229，248，254，261，267，316

横穴墓　238

厚葬　8，9，21，22，29～40，60，62，65，69～71，109，111，116，117，128，181，182，185，202，215，269，280，283，286～288，292，293，301，324，327，329，360，362～

索 引

364，367

华北 12，256，260，276～287，297，317～319，321

缓葬 23，109，115，116，119，121，122，166，220，222，225，261，265，363，364

皇陵 18，29，88，188～190，192，212～214，227，228，230，265，363，364

灰隔葬 22，238，239，241～246，248，252，256，262，274，365，366

会社 207，351

火葬 10，19，22～24，34，59，60，67，68，71，88，100，107，126～136，138，140，142，166～170，175～180，199，201，202，209～211，225，226，231，257，258，265，276，298～300，304～307，309，310，314～316，319，320，353，363～365

火葬场 350，351，353，364

J

继承式宗族 12，13

基督教 10，322，325，329～331，336～343，351，359

祭祀 5，11，15，16，18，39，62，77，85～87，98～100，188，189，194，197，205，206，222，227，229，235，281，298，299，301，303，304，307，308，311，312，314，316，332～334，336～338，341，363，367，368

祭祖 11～13，62，64，99，230，292，295，332～339，342，367

《家礼》 48，80，93，105，107，241，243～245，250，274，322，323，365

家谱 61，66，69，137，199，201，202，206，220，230，235，236，266，268，271，333，

334，367

捡骨葬 134～138，140，141

江南 8，10，12，13，15，21，22，24，26，59，117，123，125，130，132～135，137，138，140，166，175，178，180，181，200，205，207～211，222，223，238，241，243～245，251，256～263，276～278，284～288，290，292，297，300，317～319，312，343，355，359，364

焦竑 36

《金瓶梅》 102～106，108，109

柩车 94，96，165

鞠躬礼 344～346，348～350，356

居丧 20，21，23，39，56，63，68，73～76，78，79，100，230，249，258，259，296，302，307，308，310，315，363

K

堪舆 14，16，40～43，46，47，49，61，62，67，70，142，180，193，199，218，220，287，292，324，326，351

L

理气派 41～43，45～48，70

岭南 14，128，134～137，140，168，276～278，286，287，290～297，317，318，320，321

陵寝 17～19，26，41，115，188，194，212，214～217，227，231，234，274，309

漏泽园 9，129，221，222，225，226

M

买地券 220，271～275

满族 2，4，6，17，19，20，22，88，89，98，100，133，177，178，297～306，308，309，312，313，315，319，320，363，364

蒙古族 23，297，306～310，312，313，315，319，320

冥婚 141，146～149，329

铭旌 33，86，89，92，93，96～99，116，266，283，284，356

明器 18，31，86，92，93，96，97，99，116，265～269，271，284，296

明十三陵 213，214

明孝陵 41，227，228，231，233，234

墓地 21，25，32，34，40，71，94～97，99，118，141，143，149，163，197，205，206，212，214，218～222，225，227，229，230，234，237，240，252，273，274，278，288，308，311，325，335，339，341，344，350，351，358

墓圹 92，99，129，232，240，244，248～250，252，257，261，366，367

墓室 21，174，212，214，215，228，238，252～255，265，266，274，275，280，298，367

墓穴 30，33，37，38，44，67，70，71，136，186，201，229，279～281，283，284，297，298，306，307，311，312，317，351，364

N

闹丧 288～290，318～320，328，329，356

匿丧 20，25，75，76，183

Q

《歧路灯》 45，48

齐衰 63，80，82，90

契约文书 195，197，200，203～205

迁葬 30，33，34，43，64，67，128，133，135～138，140，141，147，150，151，187，201，217，223，248，251，257，278，279，334，351

浅葬 113，140，245，256～262

《清稗类钞》 16，34，104，142，156，174，232，302，303，348，353，354

清东陵 18，19，29，215～217

清西陵 18，19，215，216，233

丘浚 292，294～296

R

人地矛盾 8～10，117，363

人殉 19，22，82～84，100，174，214，300，304，306，309，319，363

入殓 30，31，65，98，103，104，106，130，306，347，363

儒教 16，295，323，330

S

丧服 19～21，25，63，73～75，77，80，82，83，87，100，177，181，311，355，360

丧具 38，92，96，97，242～251，280

僧人 16，55，58，60，66，114，287，303

善会 9，10，24，198，208，222，246，364

善堂 9，24，113，122，178，179，198，208，209，222，226，246，289，325，364

神道 21，58，228，229，233，234，236，367

神明 13～15，268

神主 15，86，87，92，99，108

尸骨 30，33，111，134～141，150，158～160，163～165，167，168，175，306，314，342，

索 引

353

施棺　24，135，208，209，264

石椁　238，239，245，247，248，257，258，262，266～268

尸骸　8，24，127，131，132，143，145，146，150，151，153，225，226，325

石像生　95，229，233，234

石葬　249，250，306

守丧　6，20，63，73，74，77，78，183，303，307，311

竖穴墓　238，253

树葬　19，22，133，298，304，306，319

水葬　19，22，67，68，127，129，201，209，306，307，311，314，315，320

随葬品　21，29～33，38，65，70，71，89，99，175，252，255，265～267，269，274，275，298，364

孙殿英　29

T

塔葬　19，314，315，320

太平天国　24，130，180，184，207，209，286，337，340～344，360

天主教　323，330～332，334，336，337，339，342～344

停厝　111～115，121，125，126，128，134，261，262，352

停灵　98，99，102，104，114，363

停柩不葬　22～24，109，111，118，119，167，168，174，176，199～202，206，209～211，232，286，287，318，321，324，363

偷葬　287，288，290，297，318

土地庙　103，104，281，317，321

土葬　19，22～24，88，130～133，169，176～180，209，210，238，239，257～259，261，297～300，304～312，314～316，319，320，351，353

W

《万国公报》　325，326，331，332

万斯同　58，59，184，241

王陵　18，29，41，212～215，227，231，233～234，274

王应奎　57，264

魏禧　51～56，110，246，248，250，251

巫术　1，298

五行葬法　306，307，310，319，320

X

袭衣　92，97

乡约　11，62，72，199，211，295

孝道　5～8，16，24，29，35，69，89，120，167～169，178，274，280，282，284，330，334，338，339，360，364，366

《孝经》　6，218

孝治　5～8，178，338

谢肇淛　107，237，262，276，327

形势派　41～48，70

徐乾学　30，35，62，74，76～78，108，160，161，184，218，249～251

许槤　152，155，241～244，247，248，251，257～261，263

悬棺葬　19，133

殉葬　17，19，20，82～84，90，100，213，214，269，280

·403·

Y

崖洞葬 19

养济院 9

夭殇 141，145，166，214

移风易俗 23，54，60，62，67，69~72，177，179，180，199，210，317，322，324

依附式宗族 12，13

《仪礼》 80，100

衣衾 30，31，37~39，61，62，65，68，70，71，97，102，105，151，152，262，280，364

义冢 24，69，110，125，128~133，135，136，145，149，174，176，177，179，180，206，208，209，211，212，219，221~227，256，325，351，352

虞祭 57，99，109，168

娱尸 22，63，66，73，106，316

浴尸 101，102，293，294，296，297，306，311，312，318，321

园寝 18，214，217，218

Z

藏传佛教 23，313，314，319，320

葬地 15，16，21，22，32~34，38，39，41，44~49，59，61，62，65，67，69，71，111，115，117，118，127，129~131，135~141，152，166，179，182，191，205，207，208，211，212，214，216~219，221~223，225，257，261，274，278，286，289，306，321，326，342，351，366

葬日 16，106，117，148，354

葬师 32，33，44，46，62，219，259，314

《葬书》 40，42~44，46，61，232

斩衰 63，80~82，87，295，357

张尔岐 31，32，39，40

招魂 51，57，98，102，104，165，341，342

志石 92，96，97，99，268，269，271

朱元璋 1，2，5，8，41，63，73，74，82，85，87，97，100，120，127，176，177，181，182，212，222，227，281，310，320

助葬 24，208，209，211，225

砖椁 238，239，246~251，257，258，262

砖石圹 247，248

追悼会 344，347~350，361，364，365

宗教 1，4，9，13~15，21，40，50，231，299，312，313，315，319，320，323，324，329，330，334，335，338，340，341~343，351，359，360，367，368

宗族 11~13，21，39，61~72，114，183，198~207，211，219，220，229，292，295，336，337，343，348，352，356，359，364，367，368

祖先崇拜 11，16，141，289，330，334~337，340，367

族葬 16，20，22，23，39，40，61，62，71，133，206，212，218~221，224，259，274，298，300，303，307，310~312，314，320，326，351

阻葬 24，118，179，209，288~290，297，300，318，319，363

后　记

生老病死大概算得上是人一生之中最重要的几件事，但在以往的历史叙述中却往往只占据很小的分量。自 20 世纪末我在博士阶段的学习中关注疾病与医疗问题以来，便一发而不可收，由疫病而卫生，由医疗而中医知识建构，并进而希望构建关注个人病痛苦难历史，回到人间，聚焦健康的"生命史学"体系。十多年来，从无意到自觉，我其实一直在努力通过自己的研究来关注历史上的生命。殡葬史作为一个专门的研究领域，虽然自己以前并未有多少涉猎，但它显然与我念兹在兹的"生命史学"密切相关。正因如此，当四年前马金生博士就撰写《中国殡葬史》明清卷一事征询于我时，在经历了短暂的犹豫后便接受了他的托付。因为我觉得，从事这一研究将有益于自己更好地搭建"生命史学"的大厦。

当然这只是让我愿意接受这项任务，而敢于接受则不能不归因于我的同事张传勇副教授的加盟。传勇博士的毕业论文探究的就是明清时期江南的停丧不葬问题，而且发表有多篇专题论文，对于明清的丧葬研究已有很好的基础。有了他的支持，我便颇有信心地开始着手组建编撰《中国殡葬史》明清卷的研究团队。很高兴，这一工作得到了张田生博士以及王静、刘小朦和刘希洋等博士生的全力支持。从 2012 年下半年开始，我们便按照计划和分工有条不紊地展开了这项研究。

如今四年过去了，书稿几经修改，虽然肯定还存在这样或那样的不尽如人意之处，但总算可以交付出版了。这项工作，几乎都是我们在从事本职研究工作之余利用休息时间完成的，个中辛苦，自不待言。不过辛苦换来了可见的成绩，终归是件令人感到欣慰的事。这里我要感谢研究团队的每一位成员的辛勤投入和协作配合，虽然在研究团队的组建与运作、整体研究思路和写作纲要的确定、研究和撰写进度的把握以及书稿的修改和完善等方面，我付出了较多的心力，但全书的初稿则主要是各位同人完成的。毫无疑问，没有各位同人的付出和合作，本书就不可能如期顺利完成，特别是传勇博士，在整个过程中出力最多，贡献也最大。各章节的写作分工情况如下：

  导 论 余新忠、刘希洋（南开大学历史学院博士生）
  第一章 刘小朦（香港大学香港人文社会研究所博士生）
  第二章 张传勇（南开大学历史学院副教授）、刘希洋
  第三章 张传勇、王静（南开大学历史学院博士生）
  第四章 张田生（渭南师范学院历史系讲师）
  第五章 张传勇
  第六章 张田生
  第七章 王静
  结 语 余新忠

  最后的统稿和修订由我和传勇博士承担。另外，南开大学历史学院的博士生汪燕平、硕士生郑皓怡也对导论的撰写有所贡献，谨此说明并致谢。

  本书能够问世，首先要感谢金生博士的托付、联络和支持，同时更应感谢李伯森所长领导的民政部一零一研究所对这项研究的慷慨资助，以及不时地督促。得益于李所长为首的《中国殡葬史》编纂委员会富有成效的组织领导，本书在撰写、修订过程中有幸得到了刘庆柱研究员、宋大川研究员、杨群编审、徐思彦编审、刘军研究员、商传研究员、徐兆仁教授、刘一皋教授、朱浒教授和王贵领教授等诸多著名专家学者的批评指正，他们为本书的完善提出了很多极富针对性和建设性的意见和建议，如果说本书还有一些可取之处的话，显然离不开他们的宝贵意见。当然，书中问题与不足均由笔者负责。

  殡葬处理的乃是生命的终结问题，但其实意欲达致社会与人类的生生不息。虽然殡葬史的研究对于我们来说可能会暂告一段落，但我相信借由这套书的促动，中国殡葬史的研究必将蓬勃发展。

余新忠
2016 年 7 月 20 日于津门寓所